합격으로 가는 하이패스

**기본서 반영
최신 개정판**

토마토 패스

국제무역사

1급 초단기완성

변달수 · 남형우 편저

예문에듀
EDU

저자약력

―

변달수

- 제29회 관세사 자격시험 최연소합격(2012)
- 서울대학교 국제대학원 FTA전문가과정(FLP) 수료
- 2022 서울본부세관장 관세행정 표창
- 2023 대한상공회의소회장 상의유공 표창

- 충남대학교 일반대학원 무역학 박사 수료
- 2021 KCA 소비자평가 우수전문인(관세사 부분) 수상
- 2023 관세청장 관세행정 표창
- 보세판매장 특허심사위원회 위원 역임

- 現 다미관세사무소 대표관세사
- 前 국제물류주선기업 ㈜'E'社 대표이사 역임
- 前 한국조세재정연구원 세법연구센터

- 現 대전상의 기업경영자문위원
- 前 'V'社 관세법인 대표관세사 역임

- 한국무역학회, 한국관세학회 정회원
- 공단기 공무원 관세법 강사
- EBS 물류관리사 강사
- 관세청 공익관세사(범칙조사분야)

- 법무부 법교육센터 전문강사
- 토마토패스 무역/물류자격증 강사
- 前 FTA관세무역학원 관세사 관세법 강사

■ 보유자격증

　관세사, 국제무역사, 물류관리사, 국제물류사, 유통관리사2급, 보세사, 원산지관리사, 무역영어1급, 무역관리사, 수입관리사, 외환전문역2종

■ 논문

　- 캐나다 통관제도 연구(한국조세재정연구원, 2021)
　- 국제물류보안환경 변화에 따른 통관업 담당자 관련 제도비교연구(한국조세재정연구원, 2020)
　- FTA를 이용한 수입거래 하에서 발생하는 관세가산세 불복사례 연구(한국관세학회, 2020)
　- 조세심판원 결정 사례를 이용한 FTA협정관세 사후추징 가산세에 관한 연구(석사학위논문, 2018)

남형우

- 제35회 관세사 자격시험 합격
- 現 관세법인 한주 이전가격컨설팅팀
- 토마토패스 무역/물류자격증 강사

■ 보유자격증

　관세사, 국제무역사, 원산지관리사, 무역영어

머리말

더 늦기 전에 책을 집필하게 되어 다행입니다.

효율적인 자격증 공부방법의 부재로 자격증 취득을 위해 먼 길을 돌아가시는 많은 분들이 참 안타까웠습니다. 따라서 이 책은 수험생분들이 먼 길을 돌아가지 않도록 저자가 각종 자격증을 시험을 준비할 때 쓰던 방식을 그대로 적용하여 쓰였습니다.

첫 번째, 이론을 위한 이론은 확 줄이고 합격을 위해서만 구성하였습니다.
쥐를 잡을 때 소 잡는 칼을 사용하는 것은 낭비입니다. 따라서 60점만 넘으면 되는 시험에 100점을 맞기 위한 공부를 하는 것은 불필요합니다. 즉, 이론서의 시험목적상 불필요한 규정은 과감히 생략함으로 수험생들이 단기간에, 더 쉽게 시험준비를 할 수 있도록 구성하였습니다.

두 번째, 국제무역사 시험의 최신 출제경향을 반영하였습니다.
저자가 역대 물류관리사 모든 시험 문제를 직접 풀어보고 그중 중요한 기출문제 및 최근 약 10년의 모든 기출문제를 분석하여 교재에 반영하였습니다. 출제된 파트별 기출표시를 하는 차원을 넘어서, 문제별 선지까지 모두 분석하여 출제빈도수를 체크하여 교재를 구성하였습니다. 또한 시험으로 출제된 문구와 이론서상 문구가 법률 개정으로 인해 괴리감이 존재하는 경우 문구를 법률에 맞게 합치시켰습니다. 결과적으로 이 책은 기출문제를 분석한 내용을 이론서에 반영하였기 때문에 수험생 입장에서는 별도의 기출문제 경향분석이 필요없게 구성되었습니다.

세 번째, 법의 체계대로 무역규범을 공부하여 큰 숲을 보면서 공부할 수 있도록 구성하였습니다.
책을 구성하면서 신경 썼던 부분은 이 책으로 공부하시는 수험생분들이 법과 규정의 체계를 이해하면서 공부할 수 있도록 상위개념과 하위개념의 트리형식으로 구성하는 것이었습니다. 즉, 기존 시중 도서들의 횡적인 교재구성방식에서 벗어나 법령집 형식으로 구성함으로써 법률, 시행령, 시행규칙의 3단 체계를 효율적으로 이해할 수 있도록 하였습니다.

어떤 일이든 익숙해지기 전까지는 어렵게 느껴집니다.
하지만 이는 실제로 어려운 것이 아니라 익숙하지 않은 것입니다. 자격증 시험도 이와 마찬가지입니다. 어렵다고 생각하지 마시고 익숙해질 때까지 반복하십시오. 반드시 합격할 것입니다.

목표를 위해 부단하게 움직이고 있는 당신을 항상 응원합니다.

변달수, 남형우 드림

국제무역사 1급 합격후기 – 서×지

1. 취득 동기

진로를 무역 쪽으로 결정하여 공부하던 중 국제무역사는 필수로 가지고 있어야겠다고 생각이 들어 취득하게 되었습니다. 혼자 책보며 독학을 하기엔 범위도 넓고 어려움이 많다고 느껴져서 인터넷으로 인강을 알아보았고 환급반으로 수강을 한다면 동기부여가 더 잘되겠다 싶어 떨어지더라도 해보자는 심정으로 토마토패스 국제무역사 인강을 선택하였습니다.

2. 토마토패스 장점

국제무역사 시험을 치르기 위한 충분한 지식을 얻기 위해 인강을 선택했습니다. 토마토패스의 국제무역사 강의는 필요한 지식만을 다루고 있어 시간 절약 측면에서 많은 도움이 되었습니다. 국제무역사가 있다고 해서 취업이 잘될까라는 생각에 의욕이 사라질 때도 있었지만 국제무역사 취득의 작은 성취감, 변화가 앞으로 나아갈 힘이 된다는 변달수 관세사님의 조언이 다시 펜을 잡게끔 해주셨고 국제무역사 취득이 저에게 많은 성취감으로 다가왔습니다. 감사합니다!

3. 공부 방법

이론을 모르고 이해를 하지 않으면 2, 3, 4과목을 계속 틀리기 때문에 기출을 풀 때마다, 틀릴 때마다, 공부 쉬는 텀이 길어졌을 때 등을 합쳐서 총 10번 정도 책 정독을 하였고 무슨 페이지에 어느 부분이 있는지 대충 알 정도로 책을 많이 읽었습니다. 그리고 기출문제를 풀고 틀렸던 문제의 비슷한 문제를 계속 틀리지 않기 위해, 맞았던 문제도 정확히 이해할 수 있도록 160문제 전부 풀이하였고 오답정리를 필수로 하였습니다. 마지막 일주일은 하루에 기출 한 개 풀고 풀이, 오답정리하는 방식으로 공부하였습니다.

4. 합격 팁

처음 인강을 듣고 책으로 복습을 하면 어떤 문제가 어떤 방식으로 나오는지 감이 안잡히기 때문에 책 끝부분의 문제와 기출 한 개 정도는 풀고 책을 복습하는 방법이 더 좋았습니다. 문제를 풀고 나면 책을 봤을 때 어떤 방법으로 공부해야 할지 감이 잡히기 때문에 강의를 다 듣고 문제 먼저 푸는 것을 추천드립니다.

56회 국제무역사 합격 후기 - 조*연

1. 취득 동기

저는 무역 비전공생으로 국제무역사를 통해 처음으로 무역 공부를 시작했습니다. 지인이 토마토패스를 통해 타 자격증을 취득에 도움을 받았다는 말을 듣고 큰 고민없이 토마토패스 환급반을 수강했습니다.

2. 토마토패스 장점

토마토패스 교재는 정말 필요한 내용, 암기해야 할 부분을 잘 집어주고 있고 실제 선지들로 구성되어 있기 때문에 교재만 잘 읽고 암기해도 바로바로 풀 수 있는 문제들이 많았습니다. 국제무역사 공부를 시작하신다면 토마토패스 추천합니다!

3. 공부 기간 및 방법

비전공생 같은 경우 2달 정도 공부를 하면 된다는 후기가 많아 저는 여유있는 공부를 위해 9월 1일부터 공부를 시작했습니다. 하루에 많은 시간을 투자한 것은 아니고 짧게는 2시간 길게 공부하면 보통 4~5시간 정도 한 것 같습니다. 집중력이 좋아 하루에 길게 공부가 가능하신 분들은 단기간 공부하시는 것을 추천드립니다. 국제무역사 시험은 깊이는 얕은 대신 양이 많기 때문에 각자 스타일에 맞춰 효율적으로 공부하시는 것이 좋다고 생각합니다.

4. 합격 팁

저는 인강을 모두 들은 뒤 교재를 읽어보며 무조건 암기해야 할 부분들을 따로 필기했고, 그 노트를 시험 직전까지도 읽어보았습니다. 앞서 언급했듯이 범위가 워낙 넓기 때문에 모든 것을 암기하기엔 무리가 있다고 생각합니다. 출제 횟수가 적은 부분은 힘을 덜 주고 자주 나오는 범위를 완벽하게 공부하신다면 합격하는 데에 무리가 없을 것이라 생각합니다.

※ 해당 합격후기는 모두 합격증이 웹상에 인증되어 있으며, 토마토패스 홈페이지 수강후기에서 더 많은 후기들을 확인하실 수 있습니다.

한눈에 보는
Incoterms 2020

■ : 매도인의 의무　■ : 위험　■ : 비용　■ : 부보(Insurance)

INCOTERMS® 2020	수출통관	공장	수출국	선측	수출항	수입항	수입국	양하	관세	수입통관
EXW Ex Woks	매수인									매수인
FCA Free Carrier	매도인									매수인
FAS Free Alongside Ship	매도인									매수인
FOB Free on Board	매도인									매수인
CFR Cost and Freight	매도인									매수인
CIF Cost, Insurance Freight	매도인									매수인
CPT Carriage Paid To	매도인									매수인
CIP Carriage Insurance Paid to	매도인									매수인
DAP Delivered at Place	매도인									매수인
DPU Delivered at Place Unloaded	매도인									매수인
DDP Delivered Duty Paid to	매도인									매도인

인도조건	특징
공장인도	인도 : 매도인의 구내 또는 수출국내 합의한 지정 장소에서 인도 ※ 매도인의 최소, 매수인의 최대부담조건
운송인인도	인도 (1) 매도인의 구내 : 매수인의 운송수단에 적재 (2) 그 외 장소 : 매도인의 운송수단에 적재된 상태 ※ 매도인이 선적선하증권을 발행하도록 지시 합의 가능
선측인도	인도 : 지정선적항의 매수인이 지정한 선박의 선측 또는 바지선에 적재
본선인도	인도 : 선적항에서 본선에 적재가 되거나 또는 조달된 상태
운임포함인도	인도 : 선적항에서 본선에 적재가 되거나 또는 조달된 상태 ※ 매도인 목적항까지의 운임부담
운임 · 보험료포함도	인도 : 선적항에서 본선에 적재가 되거나 조달된 상태 ※ 매도인의 목적항까지의 운임 및 보험부보(최소담보조건 ; ICC C또는 FPA)
운송비지급인도	인도 : 매도인과 계약을 체결한 운송인에게 물품을 교부하거나 조달한 때 ※ 매도인 목적항까지의 운임부담
운송비 · 보험료 포함인도	인도 : 매도인과 계약을 체결한 운송인에게 물품을 교부하거나 조달한 때 ※ 매도인 목적항까지의 운임 및 보험부보(최대담보조건 ; ICC A 또는 A/R)
도착지인도조건	인도 : 지정목적지의 합의된 지점에서 도착운송수단에 실어둔 채 양하준비된 상태로 매수인의 처분하에 놓인 때
도착지양하인도조건	인도 : 지정목적지의 합의된 지점에서 도착운송수단에서 양하된 상태로 매수인의 처분하에 놓인 때 ※ 매도인 양하의무 조건
관세지급인도조건	인도 : 지정목적지의 합의된 지점에서 도착운송수단에 실어둔 채 양하준비된 상태로 매수인의 처분하에 놓인 때 ※ 매도인 수입통관절차 수행 ※ 매도인의 최대, 매수인의 최대부담조건

국제무역사 1급 소개

국제무역사 1급 자격시험은 "무역인력의 폭넓고 깊이 있는 무역실무 지식 함양"을 위하여 시행하는 자격시험이다. 무역 전문 인력에게 요구될 수 있는 무역 업무에 다각도로 활용할 수 있는 심화된 무역지식을 검증한다.

국제무역사 1급 시험제도

- 응시자격 : 제한 없음
- 시험과목

시험과목	세부내용	시험시간	출제형태
무역규범(30)	대외무역법, 통관/관세환급, FTA		
무역결제(30)	대금결제, 외환실무	120분 (09:30~11:30)	객관식 120문항 (4지선다형)
무역계약(30	무역계약, 운송, 보험		
무역영어(30)	무역영어, 무역 관련 국제규범, 무역서식		

- 합격기준 : 과목별로 100점 만점으로 하여 과목별 과락(40점 미만) 없이 평균 60점 이상 획득 시 합격
  ※ 문항당 점수는 3.33점(반올림 적용)으로, 과목당 12문항 이상 맞아야 과락 아님
- 응시현황

연도	응시자 수(명)	합격자 수(명)	합격률(%)
2023	9,184	2,896	31.53
2022	6,399	2,726	42.57
2021	9,861	3,256	33.02
2020	7,703	2,313	30.03
2019	7,180	1,878	26.16
2018	6,347	1,705	26.86

시험일정(2024)

구분	원서접수	시험일	합격자발표
제57회	2024.03.04.~2024.03.17.	2024.03.30.	2024.04.05.
제58회	2024.04.29.~2024.05.12	2024.05.25.	2024.05.31.
제59회	2024.07.15.~2024.07.28.	2024.08.10.	2024.08.16.
제60회	2024.10.21.~2024.11.03.	2024.11.16.	2024.11.22.

※ 시험 관련 사항은 변동될 수 있으니 자세한 시험일정은 반드시 시행처(www.q-net.or.kr) 홈페이지를 확인하시기 바랍니다.

GUIDE
이 책의 구성

합격으로 가는 하이패스 토마토패스

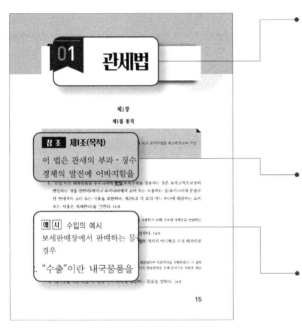

[관련 법]

본 교재는 전체 법령 중 기출되는 40% 정도가 수록되어 있습니다. 따라서 철저하게 시험에 나오지 않는 법, 시행령, 시행규칙에서 삭제된 부분과 교재에 실려 있지 않은 부분은 삭제했습니다. 해당 교재의 법령 부분은 법제처상 법원문을 그대로 표기한 것이니 참고 바랍니다.

[참조]

해당 개념을 공부하면서 시험목적상 같이 보아야 하는 관련된 내용이나, 시험목적상 빈출되지 않는 내용으로 구성하였습니다.

[예시]

국제무역사 시험 특성상 출제되는 계산/사례형 문제를 대비하기 위한 사례형 문제입니다.

[중요도[★]]

최근 약 10개년의 국제 무역사 역대 기출문제를 선지별로 분석하고 개정을 반영하여 시험에 등장한 빈도수와 중요성을 고려하여 표시하였습니다.

[심화]

국제무역사 수험범위에는 포함되어 있는 내용이나 시험목적상 자주 출제되지 않기에 고득점을 노리는 수험생들만 별도로 챙겨 볼 수 있도록 하였습니다.

[관련 규정]

해당 개념을 공부하면서 시험목적상 같이 보아야 하는 관련된 내용을 구성하였습니다.

CONTENTS
목차

PART 03 무역계약

합격으로 가는 하이패스
토마토패스

PART 1 무역규범

▌출제율

관 세 법 ▬▬▬▬▬▬▬ 50%

대 외 무 역 법 ▬▬▬▬ 30%

FTA 특 례 법 ▬ 10%

환 급 특 례 법 ▬ 10%

▌학습전략

① 무역규범은 관세법이 중심이 되어 무역관련법률을 전반적으로 학습하는 것이므로 리걸마인드가 필요하다. 따라서 일반적인 교재구성방식이 아닌 법과 시행령, 시행규칙을 구분하여 공부하는 노력이 필요하다.

② 무역규범의 경우 꼬아서 어렵게 출제되는 경우는 드물며, 오로지 법령의 표현과 다른 표현을 골라낼 수 있는지가 고득점의 핵심이 된다. 따라서 법 문구 자체를 암기하는 것이 좋다.

③ 학습분량이 국제무역사 나머지 3과목에 비해 상당히 방대하고 많은 편이므로 선택과 집중을 하는 것이 좋다.

관세법

제1장

제1절 통칙

> **참 조** **제1조(목적)**
>
> 이 법은 관세의 부과·징수 및 수출입물품의 통관을 적정하게 하고 관세수입을 확보함으로써 국민경제의 발전에 이바지함을 목적으로 한다.

제2조(정의)

이 법에서 사용하는 용어의 뜻은 다음과 같다.

1. "수입"이란 외국물품을 우리나라에 **반입**(보세구역을 경유하는 것은 보세구역으로부터 반입하는 것을 말한다)하거나 우리나라에서 소비 또는 사용하는 것(우리나라의 운송수단 안에서의 소비 또는 사용을 포함하며, 제239조 각 호의 어느 하나에 해당하는 소비 또는 사용은 제외한다)을 말한다. [★3]

   예 시 수입의 예시
   보세판매장에서 판매하는 물품을 보세판매장 직원이 자신이 사용하기 위해 시내의 자택으로 반출하는 경우

2. "수출"이란 내국물품을 외국으로 반출하는 것을 말한다. [★3]

3. "반송"이란 국내에 도착한 외국물품이 <u>수입통관절차</u>를 거치지 아니하고 다시 외국으로 반출되는 것을 말한다. [★9]

   예 시 반송의 예시
   중국에서 수입된 과실주스에 대해 인천세관 내 보세구역에서 샘플링하여 식품검사를 진행하였다. 그 결과 식중독균 다량 검출로 인해 부적합 통보를 받게 되었다. 수입자는 반송통관을 통해 중국으로 전량을 되돌려 보냈다.

4. "외국물품"이란 다음 각 목의 어느 하나에 해당하는 물품을 말한다. [★2]

가. 외국으로부터 우리나라에 도착한 물품[외국의 선박 등이 **공해**에서 채집하거나 포획한 수산물 등을 포함한다]으로서 수입신고가 수리되기 전의 것 [★2]

나. 수출신고가 수리된 물품 [★3]

> 예시 울산항 보세구역 내에 있는 물품을 경기도 광주의 보세창고로 보세운송 하였다. 내륙지인 경기도 광주의 보세창고에 있는 물품은 내국물품이 아닌 외국물품이다.

5. "내국물품"이란 다음 각 목의 어느 하나에 해당하는 물품을 말한다. [★1]

가. 우리나라에 있는 물품으로서 외국물품이 아닌 것

나. 우리나라의 선박 등이 공해에서 채집하거나 포획한 수산물 등 [★4]

다. 입항전수입신고가 수리된 물품 [★2]

라. 수입신고수리전 반출승인을 받아 반출된 물품 [★3]

마. 수입신고전 즉시반출신고를 하고 반출된 물품

6. "국제무역선"이란 무역을 위하여 **우리나라와** 외국 간을 운항하는 선박을 말한다. [★1]

7. "국제무역기"란 무역을 위하여 우리나라와 외국 간을 운항하는 항공기를 말한다.

8. "국내운항선"이란 국내에서만 운항하는 선박을 말한다.

9. "국내운항기"란 국내에서만 운항하는 항공기를 말한다.

10. "선박용품"이란 음료, 식품, 연료, 소모품, 밧줄, 수리용 예비부분품 및 부속품, 집기, 그 밖에 이와 유사한 물품으로서 해당 선박에서만 사용되는 것을 말한다. [★1]

11. "항공기용품"이란 선박용품에 준하는 물품으로서 해당 항공기에서만 사용되는 것을 말한다.

12. "차량용품"이란 선박용품에 준하는 물품으로서 해당 차량에서만 사용되는 것을 말한다.

13. "통관"이란 이 법에 따른 절차를 이행하여 물품을 수출·수입 또는 반송하는 것을 말한다. [★2]

14. "환적"이란 **동일한 세관**의 관할구역에서 입국 또는 입항하는 운송수단에서 출국 또는 출항하는 운송수단으로 물품을 옮겨 싣는 것을 말한다. [★4]

> 예시 부산세관 관할구역 내에 입항하는 운송수단으로부터 부산세관 관할구역에서 출항하는 운송수단으로 물품을 옮겨 싣는 것을 환적이라고 한다.

15. "복합환적"이란 입국 또는 입항하는 운송수단의 물품을 **다른 세관**의 관할구역으로 운송하여 출국 또는 출항하는 운송수단으로 옮겨 싣는 것을 말한다. [★4]

16. "운영인"이란 다음 각 목의 어느 하나에 해당하는 자를 말한다. [★1]

가. 특허보세구역의 설치·운영에 관한 특허를 받은 자 [★1]

나. 종합보세사업장의 설치·운영에 관한 신고를 한 자

17. "세관공무원"이란 다음 각 목의 사람을 말한다.

    가. 관세청장, 세관장 및 그 소속 공무원

    나. 그 밖에 관세청 소속기관의 장 및 그 소속 공무원

18. "탁송품"이란 상업서류, 견본품, 자가사용물품, 그 밖에 이와 유사한 물품으로서 국제무역선·국제무역기 또는 국경출입차량을 이용한 물품의 송달을 업으로 하는 자(물품을 휴대하여 반출입하는 것을 업으로 하는 자는 제외한다)에게 위탁하여 우리나라에 반입하거나 외국으로 반출하는 물품을 말한다. [★1]

19. "전자상거래물품"이란 사이버몰(컴퓨터 등과 정보통신설비를 이용하여 재화를 거래할 수 있도록 설정된 가상의 영업장을 말한다) 등을 통하여 전자적 방식으로 거래가 이루어지는 수출입물품을 말한다.

20. "관세조사"란 관세의 과세표준과 세액을 결정 또는 경정하기 위하여 방문 또는 서면으로 납세자의 장부·서류 또는 그 밖의 물건을 조사(제110조의2에 따라 통합하여 조사하는 것을 포함한다)하는 것을 말한다.

제3조(관세징수의 우선)

① 관세를 납부하여야 하는 물품

관세를 납부하여야 하는 물품에 대하여는 다른 조세, 그 밖의 공과금 및 채권에 우선하여 그 관세를 징수한다. [★2]

② 관세를 납부하여야 하는 물품이 아닌 재산

국세징수의 예에 따라 관세를 징수하는 경우 강제징수의 대상이 해당 관세를 납부하여야 하는 물품이 아닌 재산인 경우에는 관세의 우선순위는 「국세기본법」에 따른 국세와 동일하게 한다.

제4조(내국세등의 부과·징수)

① 수입물품에 대하여 세관장이 부과·징수하는 **부가가치세, 지방소비세, 담배소비세, 지방교육세, 개별소비세, 주세, 교육세, 교통·에너지·환경세 및 농어촌특별세**(이하 "내국세등"이라 하되, 내국세등의 가산세 및 강제징수비를 포함한다)의 부과·징수·환급 등에 관하여 「국세기본법」, 「국세징수법」, 「부가가치세법」, 「지방세법」, 「개별소비세법」, 「주세법」, 「교육세법」, 「교통·에너지·환경세법」 및 「농어촌특별세법」의 규정과 이 법의 규정이 상충되는 경우에는 이 법의 규정을 우선하여 적용한다. [★4]

② 수입물품에 대하여 세관장이 부과·징수하는 내국세등의 체납이 발생하였을 때에는 징수의 효율성 등을 고려하여 필요하다고 인정되는 경우 대통령령으로 정하는 바에 따라

납세의무자의 주소지(법인의 경우 그 법인의 등기부에 따른 본점이나 주사무소의 소재지)를 관할하는 세무서장이 체납세액을 징수할 수 **있다.** [★1]

제2절 법 적용의 원칙 등

심화 제5조(법 해석의 기준과 소급과세의 금지)

① 이 법을 해석하고 적용할 때에는 과세의 형평과 해당 조항의 합목적성에 비추어 납세자의 재산권을 부당하게 침해하지 아니하도록 하여야 한다.

② 이 법의 해석이나 관세행정의 관행이 일반적으로 납세자에게 받아들여진 후에는 그 해석이나 관행에 따른 행위 또는 계산은 정당한 것으로 보며, 새로운 해석이나 관행에 따라 소급하여 과세되지 아니한다.

③ 제1항 및 제2항의 기준에 맞는 이 법의 해석에 관한 사항은 「국세기본법」에 따른 국세예규심사위원회에서 심의할 수 있다.

④ 이 법의 해석에 관한 질의회신의 처리 절차 및 방법 등에 관하여 필요한 사항은 대통령령으로 정한다.

제6조(신의성실)

납세자가 그 의무를 이행할 때에는 신의에 따라 성실하게 하여야 한다. 세관공무원이 그 직무를 수행할 때에도 또한 같다.

제7조(세관공무원 재량의 한계)

세관공무원은 그 재량으로 직무를 수행할 때에는 과세의 형평과 이 법의 목적에 비추어 일반적으로 타당하다고 인정되는 한계를 엄수하여야 한다.

제3절 기간과 기한

제9조(관세의 납부기한 등)

① 관세의 납부기한

관세의 납부기한은 이 법에서 달리 규정하는 경우를 제외하고는 다음 각 호의 구분에 따른다.

1. 제38조제1항에 따른 납세신고를 한 경우 : 납세신고 수리일부터 15일 이내 [★4]

2. 제39조제3항에 따른 납부고지를 한 경우 : **납부고지를 받은 날**부터 **15일** 이내 [★3]

3. 수입신고전 즉시반출신고를 한 경우 : **수입신고**일부터 15일 이내 [★2]

② 수리전 납부

납세의무자는 제1항에도 불구하고 수입신고가 수리되기 전에 해당 세액을 납부할 수 있다. [★2]

③ 월별납부

세관장은 납세실적 등을 고려하여 관세청장이 정하는 요건을 갖춘 성실납세자가 대통령령으로 정하는 바에 따라 신청을 할 때에는 제1항제1호 및 제3호에도 불구하고 납부기한이 동일한 달에 속하는 **세액**에 대하여는 그 기한이 속하는 **달의 말일까지** 한꺼번에 납부하게 할 수 있다. 이 경우 세관장은 필요하다고 인정하는 경우에는 납부할 관세에 상당하는 담보를 제공하게 할 수 있다. [★3]

[관련규정] 영 제1조의5(월별납부)

① 납부기한이 동일한 달에 속하는 세액을 월별로 일괄하여 납부(이하 "월별납부"라 한다)하고자 하는 자는 납세실적 및 수출입실적에 관한 서류 등 관세청장이 정하는 서류를 갖추어 세관장에게 월별납부의 승인을 신청하여야 한다. [★2]

② 세관장은 월별납부의 승인을 신청한 자가 법 제9조제3항의 규정에 의하여 관세청장이 정하는 요건을 갖춘 경우에는 세액의 월별납부를 승인하여야 한다. 이 경우 승인의 유효기간은 승인일부터 그 후 2년이 되는 날이 속하는 달의 마지막 날까지로 한다. [★2]

④ 세관장은 납세의무자가 다음 각 호의 어느 하나에 해당하게 된 때에는 제2항에 따른 월별납부의 승인을 취소할 수 있다. 이 경우 세관장은 월별납부의 대상으로 납세신고된 세액에 대해서는 **15일** 이내의 납부기한을 정하여 납부고지해야 한다. [★2]

  1. 관세를 납부기한이 경과한 날부터 15일 이내에 납부하지 아니하는 경우

  2. 월별납부를 승인받은 납세의무자가 법 제9조제3항의 규정에 의한 관세청장이 정한 요건을 갖추지 못하게 되는 경우

  3. 사업의 폐업, 경영상의 중대한 위기, 파산선고 및 법인의 해산 등의 사유로 월별납부를 유지하기 어렵다고 세관장이 인정하는 경우

⑤ 제2항에 따른 승인을 갱신하려는 자는 제1항에 따른 서류를 갖추어 그 유효기간 만료일 1개월 전까지 승인갱신 신청을 하여야 한다. [★1]

제10조(천재지변 등으로 인한 기한의 연장)

세관장은 천재지변이나 그 밖에 대통령령으로 정하는 사유로 이 법에 따른 신고, 신청, 청구, 그 밖의 서류의 제출, 통지, 납부 또는 징수를 정하여진 기한까지 할 수 없다고 인정되는 경우에는 **1년**을 넘지 아니하는 기간을 정하여 대통령령으로 정하는 바에 따라 그 기한을 연장할 수 있다. 이 경우 세관장은 필요하다고 인정하는 경우에는 납부할 관세에 상당하는 담보를 제공하게 할 수 있다. [★2]

[관련규정] 영 제2조(천재지변 등으로 인한 기한의 연장)

① 법 제10조에서 "대통령령으로 정하는 사유"란 다음 각 호의 어느 하나에 해당하는 경우를 말한다.

  1. 전쟁·화재 등 재해나 도난으로 인하여 재산에 심한 손실을 입은 경우

  2. 사업에 현저한 손실을 입은 경우 [★1]

  3. 사업이 중대한 위기에 처한 경우

  4. 그 밖에 세관장이 제1호부터 제3호까지의 규정에 준하는 사유가 있다고 인정하는 경우

⑥ 세관장은 법 제10조의 규정에 의하여 납부기한연장을 받은 납세의무자가 다음 각호의 1에 해당하게 된 때에는 납부기한연장을 취소할 수 있다.

  1. 관세를 지정한 납부기한내에 납부하지 아니하는 때 [★1]

  2. 재산상황의 호전 기타 상황의 변화로 인하여 납부기한연장을 할 필요가 없게 되었다고 인정되는 때

  3. 파산선고, 법인의 해산 기타의 사유로 당해 관세의 전액을 징수하기 곤란하다고 인정되는 때

⑦ 세관장은 납부기한연장을 취소한 때에는 15일 이내의 납부기한을 정하여 법 제39조에 따른 납부고지를 해야 한다. [★1]

제4절 서류의 송달 등

참조 **제11조(납부고지서의 송달)**

① 관세 납부고지서의 송달은 납세의무자에게 직접 발급하는 경우를 제외하고는 인편, 우편 또는 전자송달의 방법으로 한다.

② 납부고지서를 송달받아야 할 자가 다음 각 호의 어느 하나에 해당하는 경우에는 납부고지사항을 공고한 날부터 14일이 지나면 제1항의 납부고지서의 송달이 된 것으로 본다.

  1. 주소, 거소, 영업소 또는 사무소가 국외에 있고 송달하기 곤란한 경우
  2. 주소, 거소, 영업소 또는 사무소가 분명하지 아니한 경우
  3. 납세의무자가 송달할 장소에 없는 경우로서 등기우편으로 송달하였으나 수취인 부재로 반송되는 경우 등 대통령령으로 정하는 경우

③ 공고는 다음 각 호의 어느 하나에 해당하는 방법으로 게시하거나 게재하여야 한다. 이 경우 공시송달을 하는 경우에는 다른 공시송달 방법과 함께 하여야 한다.

  1. 국가관세종합정보시스템에 게시하는 방법
  2. 관세청 또는 세관의 홈페이지, 게시판이나 그 밖의 적절한 장소에 게시하는 방법
  3. 해당 서류의 송달 장소를 관할하는 특별자치시·특별자치도·시·군·구(자치구를 말한다)의 홈페이지, 게시판이나 그 밖의 적절한 장소에 게시하는 방법
  4. 관보 또는 일간신문에 게재하는 방법

제12조(장부 등의 보관)

① 이 법에 따라 가격신고, 납세신고, 수출입신고, 반송신고, 보세화물반출입신고, 보세운송신고를 하거나 적재화물목록을 제출한 자는 신고 또는 제출한 자료의 내용을 증빙할 수 있는 장부 및 증거서류(신고필증을 포함한다)를 성실하게 작성하여 신고 또는 자료를 제출한 날부터 5년의 범위에서 대통령령으로 정하는 기간 동안 갖추어 두어야 한다. 이 경우 장부 및 증거서류 중 세관장이 특수관계에 있는 자에게 제출하도록 요구할 수 있는 자료의 경우에는 납세지에 갖추어 두어야 한다.

② 장부 및 증거서류를 작성·보관하여야 하는 자는 그 장부와 증거서류의 전부 또는 일부를 「전자문서 및 전자거래 기본법」에 따른 정보처리시스템을 이용하여 작성할 수 있다. 이 경우 그 처리과정 등을 대통령령으로 정하는 기준에 따라 디스켓 또는 그 밖의 정보 보존 장치에 보존하여야 한다.

[관련규정] 영 제3조(신고서류의 보관기간)

① 법 제12조에서 "대통령령으로 정하는 기간"이란 다음 각 호의 구분에 따른 기간을 말한다.

  1. 다음 각 목의 어느 하나에 해당하는 서류 : 해당 신고에 대한 수리일부터 5년
    가. 수입신고필증
    나. 수입거래 관련 계약서 또는 이에 갈음하는 서류 [★1]

　　다. 지식재산권의 거래에 관련된 계약서 또는 이에 갈음하는 서류 [★1]

　　라. 수입물품 가격결정에 관한 자료

2. 다음 각 목의 어느 하나에 해당하는 서류 : 해당 신고에 대한 수리일부터 3년

　　가. 수출신고필증

　　나. 반송신고필증 [★1]

　　다. 수출물품·반송물품 가격결정에 관한 자료

　　라. 수출거래·반송거래 관련 계약서 또는 이에 갈음하는 서류

3. 다음 각 목의 어느 하나에 해당하는 서류 : 해당 신고에 대한 수리일부터 2년 [★2]

　　가. 보세화물반출입에 관한 자료

　　나. 적재화물목록에 관한 자료

　　다. 보세운송에 관한 자료 [★2]

제2장 과세가격과 관세의 부과·징수 등

제1절 통칙

제14조(과세물건)

수입물품에는 관세를 부과한다. [★4]

> **참조**
>
> 무상으로 수입하는 샘플에 대해서도 관세를 부과한다.

제15조(과세표준)

관세의 과세표준은 수입물품의 가격 또는 수량으로 한다. [★3]

해설 특정 물품은 단위당 길이를 기준으로 부과한다.

제16조(과세물건 확정의 시기)

관세는 **수입신고(입항전수입신고를 포함)** 를 하는 때의 물품의 **성질과 그 수량**에 따라 부과한다. 다만, 다음 각 호의 어느 하나에 해당하는 물품에 대하여는 각 해당 호에 규정된 때의 물품의 성질과 그 수량에 따라 부과한다. [★6]

1. 외국물품인 선박(항공기)용품과 국제무역선(기) 안에서 판매할 물품이 하역허가의 내용대로 운송수단에 적재되지 아니하여 관세를 징수하는 물품 : 하역을 허가받은 때

2. 보세구역 밖에서 보수작업시 지정기간이 경과하여 관세를 징수하는 물품 : 보세구역 밖에서 하는 보수작업을 승인받은 때

3. 보세구역 장치물품이 멸실되거나 폐기되어 관세를 징수하는 물품 : 해당 물품이 **멸실되거나 폐기된 때** [★1]

4. 보세공장·보세건설장·종합보세구역 외 작업 시 지정기간의 경과로 관세를 징수하는 경우 : 보세공장 외 작업, 보세건설장 외 작업 또는 종합보세구역 외 작업을 허가받거나 신고한 때

5. 보세운송기간이 경과하여 관세를 징수하는 경우 : 보세운송을 신고하거나 승인받은 때

6. 수입신고가 수리되기 전에 소비하거나 사용하는 물품(제239조에 따라 소비 또는 사용을 수입으로 보지 아니하는 물품은 제외한다) : 해당 물품을 소비하거나 사용한 때

7. 수입신고 전 즉시반출신고를 하고 반출한 물품 : 수입신고 전 **즉시반출신고**를 한 때 [★1]

8. 우편으로 수입되는 물품(일반수입신고대상 우편물은 제외한다) : 통관우체국에 도착한 때 [★1]

9. 도난물품 또는 분실물품 : 해당 물품이 도난되거나 분실된 때 [★1]

10. 이 법에 따라 매각되는 물품 : 해당 물품이 **매각된** 때 [★2]

11. 수입신고를 하지 아니하고 수입된 물품(제1호부터 제10호까지에 규정된 것은 제외한다) : 수입된 때

제17조(적용 법령)

관세는 **수입신고** 당시의 법령에 따라 부과한다. 다만, 다음 각 호의 어느 하나에 해당하는 물품에 대하여는 각 해당 호에 규정된 날에 시행되는 법령에 따라 부과한다. [★4]

1. 제16조 각 호(정상 수입통관절차를 거치지 않은 경우 과세물건 확정시기)의 어느 하나에 해당되는 물품 : 그 사실이 발생한 날

2. 보세건설장에 반입된 외국물품 : **사용 전 수입신고가 수리**된 날 [★2]

제18조(과세환율)

과세가격을 결정하는 경우 외국통화로 표시된 가격을 내국통화로 환산할 때에는 제17조(적용 법령)에 따른 날(보세건설장에 반입된 물품의 경우에는 수입신고를 한 날을 말한다)이 속하는 주의 전주의 **기준환율 또는 재정환율**을 평균하여 관세청장이 그 율을 정한다. [★4]

제19조(납세의무자)

① 본래적 납세의무자 및 신고인의 연대납세의무

다음 각 호의 어느 하나에 해당하는 자는 관세의 납세의무자가 된다.

1. 수입신고를 한 물품인 경우에는 그 물품을 수입신고하는 때의 화주(화주가 불분명할 때에는 다음 각 목의 어느 하나에 해당하는 자를 말한다. 이하 이 조에서 같다). 다만, 수입신고가 수리된 물품 또는 제252조에 따른 수입신고수리전 반출승인을 받아 반출된 물품에 대하여 납부하였거나 납부하여야 할 관세액이 부족한 경우 해당 물품을 수입신고하는 때의 화주의 주소 및 거소가 분명하지 아니하거나 수입신고인이 화주를 명백히 하지 못하는 경우에는 그 신고인이 해당 물품을 수입신고하는 때의 화주와 연대하여 해당 관세를 납부하여야 한다. [★1]

   가. 수입을 위탁받아 수입업체가 대행수입한 물품인 경우 : 그 물품의 수입을 위탁한 자 [★8]

   나. 수입을 위탁받아 수입업체가 대행수입한 물품이 아닌 경우 : 대통령령으로 정하는 상업서류에 적힌 물품수신인 [★1]

   다. 수입물품을 수입신고 전에 양도한 경우 : 그 **양수인** [★9]

   > 예시 "갑을상사"의 위탁을 받아 "동양무역"이 중국 "베이징상사"로부터 중국에서 물품을 반입하여 인천 소재 보세창고에 장치하였다. 송품장상 수하인은 "동양무역"이다. 대금은 해당 물품이 인수된 다음 3개월 뒤에 지급하는 조건이다. 물품이 보세창고에 장치되는 시점에 "갑을상사"는 "한강실업"에 해당 물품을 판매하였다. 이 경우 관세의 납세의무자는 수입신고 전에 물품을 양도받은 양수인인 "한강실업"이다. [★1]

2. 외국물품인 선박(항공기)용품과 국제무역선(기) 안에서 판매할 물품(차량용품과 국경출입차량 안에서 판매할 물품을 당해 차량에 하역하거나 환적하는 경우 포함)이 하역허가의 내용대로 운송수단에 적재되지 아니하여 관세를 징수하는 물품인 경우에는 하역허가를 받은 자

3. 보수작업을 승인받고 보세구역 밖에서 보수작업을 하는 경우로서 지정기간이 경과하여 관세를 징수하는 물품인 경우에는 보세구역 밖에서 하는 보수작업을 승인받은 자

4. 보세구역에 장치된 외국물품이 멸실되거나 폐기되어 관세를 징수하는 물품인 경우에는 **운영인 또는 보관인** [★3]

5. 보세공장·보세건설장·종합보세구역 외 작업시 지정기간의 경과로 관세를 징수하는 물품인 경우에는 보세공장 외 작업, 보세건설장 외 작업 또는 종합보세구역 외 작업을 허가받거나 신고한 자 [★1]

6. 보세운송의 신고 또는 승인을 받은 물품이 지정된 기간 안에 목적지에 도착되지 않아 관세를 징수하는 물품인 경우에는 보세운송을 **신고하였거나 승인을 받은 자** [★1]

7. 수입신고가 수리되기 전에 소비하거나 사용하는 물품(제239조에 따라 소비 또는 사용을 수입으로 보지 아니하는 물품은 제외한다)인 경우에는 그 소비자 또는 사용자

8. 수입신고 전 즉시반출신고를 하고 반출한 물품으로서 수입 신고기간 내에 수입신고를 하지 않아 관세를 징수하는 물품인 경우에는 해당 물품을 즉시 반출한 자 [★1]

9. 우편으로 수입되는 물품인 경우에는 그 **수취인** [★6]

10. 도난물품이나 분실물품인 경우에는 다음 각 목에 규정된 자

　　　가. 보세구역의 장치물품 : 그 **운영인** 또는 **화물관리인** [★9]

　　　나. 보세운송물품 : 보세운송을 신고하거나 승인을 받은 자 [★5]

　　　다. 그 밖의 물품 : 그 보관인 또는 취급인

11. 이 법 또는 다른 법률에 따라 따로 납세의무자로 규정된 자

12. 제1호부터 제11호까지 외의 물품인 경우에는 그 소유자 또는 점유자

제2절 납세의무의 소멸 등

참조 제20조(납부의무의 소멸)

관세 또는 강제징수비를 납부하여야 하는 의무는 다음 각 호의 어느 하나에 해당되는 때에는 소멸한다.

1. 관세를 납부하거나 관세에 충당한 때
2. 관세부과가 취소된 때
3. 제21조에 따라 관세를 부과할 수 있는 기간에 관세가 부과되지 아니하고 그 기간이 만료된 때
4. 제22조에 따라 관세징수권의 소멸시효가 완성된 때

제21조(관세부과의 제척기간)

① 일반적인 제척기간

관세는 해당 관세를 부과할 수 있는 날부터 **5년**이 지나면 부과할 수 없다. 다만, 부정한 방법으로 관세를 포탈하였거나 환급 또는 감면받은 경우에는 관세를 부과할 수 있는 날부터 **10년**이 지나면 부과할 수 없다. [★4]

심화 영 제6조(관세부과 제척기간의 기산일)

관세부과의 제척기간을 산정할 때 수입신고한 날의 다음날을 관세를 부과할 수 있는 날로 한다. 다만, 다음 각 호의 경우에는 해당 호에 규정된 날을 관세를 부과할 수 있는 날로 한다.

1. 과세물건 확정시기의 예외적인 경우에 해당되는 경우에는 그 사실이 발생한 날의 다음날
2. 의무불이행 등의 사유로 감면된 관세를 징수하는 경우에는 그 사유가 발생한 날의 다음날
3. 보세건설장에 반입된 외국물품의 경우에는 다음 각목의 날중 먼저 도래한 날의 다음날

　　가. 건설공사완료보고를 한 날

　　나. 특허기간(특허기간을 연장한 경우에는 연장기간을 말한다)이 만료되는 날

4. 과다환급 또는 부정환급 등의 사유로 관세를 징수하는 경우에는 환급한 날의 다음날 [★1]

5. 잠정가격을 신고한 후 확정된 가격을 신고한 경우에는 **확정된 가격**을 신고한 날의 다음 날(다만, 기간 내에 확정된 가격을 신고하지 아니하는 경우에는 해당 기간의 만료일의 다음날) [★1]

② 특례적인 제척기간

다음 각 호의 어느 하나에 해당하는 경우에는 제1항에도 불구하고 해당 호에 규정된 기간까지는 해당 결정·판결·회신결과 또는 경정청구에 따라 경정이나 그 밖에 필요한 처분을 할 수 있다.

　1. 다음 각 목의 어느 하나에 해당하는 경우 : 그 결정·판결이 확정된 날부터 <u>1년</u> [★1]

　　가. 이의신청, 심사청구 또는 심판청구에 대한 결정이 있은 경우 [★1]

　　나. 「감사원법」에 따른 심사청구에 대한 결정이 있은 경우

　　다. 「행정소송법」에 따른 소송에 대한 판결이 있은 경우 [★1]

　　라. 압수물품의 반환결정이 있은 경우

　2. 이 법과 「자유무역협정의 이행을 위한 관세법의 특례에 관한 법률」 및 조약·협정 등에서 정하는 바에 따라 양허세율의 적용여부 및 세액 등을 확정하기 위하여 원산지증명서를 발급한 국가의 세관이나 그 밖에 발급권한이 있는 기관에게 원산지증명서 및 원산지증명서확인자료의 진위 여부, 정확성 등의 확인을 요청한 경우 : 다음 각 목의 날 중 먼저 도래하는 날부터 1년

　　가. 해당 요청에 따라 회신을 받은 날

　　나. 이 법과 「자유무역협정의 이행을 위한 관세법의 특례에 관한 법률」 및 조약·협정 등에서 정한 회신기간이 종료된 날

　3. 다음 각 목의 어느 하나에 해당하는 경우 : 경정청구일 또는 결정통지일부터 2개월

　　가. 경정청구가 있는 경우

　　나. 국세의 정상가격과 관세의 과세가격 간의 조정 신청에 대한 결정통지가 있는 경우

③ 제1항에도 불구하고 제2항제1호가목부터 다목까지의 결정 또는 판결에 따라 명의대여 사실이 확인된 경우에는 당초의 부과처분을 취소하고 그 결정 또는 판결이 확정된 날부터 1년 이내에 실제로 사업을 경영한 자에게 경정이나 그 밖에 필요한 처분을 할 수 있다.

제22조(관세징수권 등의 소멸시효)

① 관세징수권 소멸시효

관세의 징수권은 이를 행사할 수 있는 날부터 다음 각 호의 구분에 따른 기간 동안 행사하지 아니하면 소멸시효가 완성된다. [★1]

1. **5억원** 이상의 관세(**내국세를 포함**한다. 이하 이 항에서 같다) : **10년** [★3]

2. 제1호 외의 관세 : 5년

② 환급청구권 소멸시효

납세자가 납부한 금액 중 잘못 납부하거나 초과하여 납부한 금액 또는 그 밖의 관세의 환급청구권은 그 권리를 행사할 수 있는 날부터 **5년간** 행사하지 아니하면 소멸시효가 완성된다. [★2]

[관련 규정] 영 제7조(관세징수권 소멸시효의 기산일)

① 관세징수권 소멸시효 기산일

법 제22조제1항에 따른 관세징수권을 행사할 수 있는 날은 다음 각 호의 날로 한다.

1. 신고납부하는 관세에 있어서는 수입신고가 수리된 날부터 15일이 경과한 날의 다음날. 다만, 월별납부의 경우에는 그 납부기한이 경과한 날의 다음 날로 한다.

1의2. 보정신청규정에 의하여 납부하는 관세에 있어서는 부족세액에 대한 보정신청일의 다음날의 다음날

2. 수정규정에 의하여 납부하는 관세에 있어서는 수정신고일의 다음날의 다음날

3. 부과고지하는 관세의 경우 납부고지를 받은 날부터 15일이 경과한 날의 다음 날

4. 수입신고전의 물품 반출규정에 의하여 납부하는 관세에 있어서는 수입신고한 날부터 15일이 경과한 날의 다음날

5. 그 밖의 법령에 따라 납부고지하여 부과하는 관세의 경우 납부기한을 정한 때에는 그 납부기한이 만료된 날의 다음 날

② 환급청구권 소멸시효 기산일

법 제22조제2항에 따른 관세환급청구권을 행사할 수 있는 날은 다음 각 호의 날로 한다.

1. 경정으로 인한 환급의 경우에는 경정결정일

2. 착오납부 또는 이중납부로 인한 환급의 경우에는 그 납부일 [★1]

3. 계약과 상이한 물품 등에 대한 환급의 경우에는 당해 물품의 수출신고수리일 또는 보세공장반입신고일 [★1]

3의2. 법 제106조(계약 내용과 다른 물품 등에 대한 관세 환급)제3항 및 제4항에 따른 폐기, 멸실, 변질, 또는 손상된 물품에 대한 환급의 경우에는 해당 물품이 폐기, 멸실, 변질 또는 손상된 날

3의3. 법 제106조의2(수입한 상태 그대로 수출되는 자가사용물품 등에 대한 관세 환급)제1항에 따른 수입한 상태 그대로 수출되는 자가사용물품에 대한 환급의 경우에는 수출신고가 수리된 날. 다만, 수출신고가 생략되는 물품의 경우에는 운송수단에 적재된 날로 한다.

3의4. 법 제106조의2제2항에 따라 국제무역선, 국제무역기 또는 보세판매장에서 구입한 후 환불한 물품에 대한 환급의 경우에는 해당 물품이 환불된 날

3의5. 종합보세구역에서 물품을 판매하는 자가 법 제199조의2 및 이 영 제216조의5제2항의 규정에 의하여 환급받고자 하는 경우에는 동규정에 의한 환급에 필요한 서류의 제출일

    4. 수입신고 또는 입항전수입신고를 하고 관세를 납부한 후 신고가 취하 또는 각하된 경우에는 신고의 취하일 또는 각하일

    5. 적법하게 납부한 후 법률의 개정으로 인하여 환급하는 경우에는 그 법률의 시행일

제23조(시효의 중단 및 정지)

① 관세징수권 소멸시효의 중단 [★1]

관세징수권의 소멸시효는 다음 각 호의 어느 하나에 해당하는 사유로 중단된다.

    1. 납부고지 [★3]

    2. 경정처분 [★1]

    3. 납부독촉 [★2]

    4. 통고처분 [★2]

    5. 고발 [★2]

    6. 「특정범죄 가중처벌 등에 관한 법률」에 따른 공소제기

    7. 교부청구 [★1]

    8. 압류 [★2]

    ※ 심판청구, 환급청구, 행정소송, 체화공매는 소멸시효 중단사유가 아니다.

② 환급청구권 소멸시효의 중단

환급청구권의 소멸시효는 환급청구권의 행사로 중단된다. [★2]

③ 관세징수권 소멸시효의 정지

관세징수권의 소멸시효는 관세의 분할납부기간, 징수유예기간, 압류·매각의 유예기간 또는 사해행위 취소소송기간 중에는 진행하지 아니한다.

④ 정지효력무효

제3항에 따른 사해행위 취소소송으로 인한 시효정지의 효력은 소송이 각하, 기각 또는 취하된 경우에는 효력이 없다.

⑤ 민법의 준용

관세징수권과 환급청구권의 소멸시효에 관하여 이 법에서 규정한 것을 제외하고는 「민법」을 준용한다.

제3절 납세담보

제24조(담보의 종류 등)

① 이 법에 따라 제공하는 담보의 종류는 다음 각 호와 같다. [★1]

1. 금전
2. 국채 또는 지방채
3. 세관장이 인정하는 유가증권
4. 납세보증보험증권
5. 토지
6. 보험에 가입된 등기 또는 등록된 건물·공장재단·광업재단·선박·항공기 또는 건설기계
7. 세관장이 인정하는 보증인의 납세보증서

제25조(담보의 관세충당)

① 담보의 관세충당

세관장은 담보를 제공한 납세의무자가 그 납부기한까지 해당 관세를 납부하지 아니하면 기획재정부령으로 정하는 바에 따라 그 담보를 해당 관세에 충당할 수 있다. 이 경우 담보로 제공된 금전을 해당 관세에 충당할 때에는 납부기한이 지난 후에 충당하더라도 **제42조(가산세)를 적용하지 아니한다.** [★1]

② 잔액교부 및 공탁

세관장은 제1항에 따라 담보를 관세에 충당하고 남은 금액이 있을 때에는 담보를 제공한 자에게 이를 돌려주어야 하며, 돌려줄 수 없는 경우에는 이를 공탁할 수 있다.

③ 보증인 잔액교부

세관장은 관세의 납세의무자가 아닌 자가 관세의 납부를 보증한 경우 그 담보로 관세에 충당하고 남은 금액이 있을 때에는 그 보증인에게 이를 직접 돌려주어야 한다. [★1]

제26조(담보 등이 없는 경우의 관세징수)

① 담보 등이 없는 경우의 관세징수

담보 제공이 없거나 징수한 금액이 부족한 관세의 징수에 관하여는 이 법에 규정된 것을 제외하고는 「국세기본법」과 「국세징수법」의 예에 따른다.

② 강제징수비 징수

세관장은 관세의 강제징수를 할 때에는 재산의 압류, 보관, 운반 및 공매에 드는 비용에 상당하는 강제징수비를 징수할 수 있다. [★1]

제4절 과세가격의 신고 및 결정

제1관 가격신고 등

제27조(가격신고)

① 가격신고

관세의 납세의무자는 **수입신고를 할 때** 대통령령으로 정하는 바에 따라 세관장에게 해당 물품의 가격에 대한 신고("가격신고")를 하여야 한다. 다만, 통관의 능률을 높이기 위하여 필요하다고 인정되는 경우에는 대통령령으로 정하는 바에 따라 물품의 수입신고를 하기 전에 가격신고를 할 수 있다. [★2]

③ 가격신고 생략

과세가격을 결정하기가 곤란하지 아니하다고 인정하여 기획재정부령으로 정하는 물품에 대하여는 가격신고를 생략할 수 있다.

[관련 규정] 칙 제2조(가격신고의 생략)

① 법 제27조제3항의 규정에 따라 가격신고를 생략할 수 있는 물품은 다음 각 호와 같다.
1. 정부 또는 지방자치단체가 수입하는 물품
2. 정부조달물품
3. 「공공기관의 운영에 관한 법률」 제4조에 따른 공공기관이 수입하는 물품
4. 관세 및 내국세등이 부과되지 않는 물품
5. 방위산업용 기계와 그 부분품 및 원재료로 수입하는 물품. 다만, 해당 물품과 관련된 중앙행정기관의 장의 수입확인 또는 수입추천을 받은 물품에 한정한다.
6. 수출용 원재료
7. 「특정연구기관 육성법」의 규정에 의한 특정연구기관이 수입하는 물품
8. 과세가격이 미화 1만불 이하인 물품. 다만, 개별소비세, 주세, 교통·에너지·환경세가 부과되는 물품과 분할하여 수입되는 물품은 제외한다. [★2]
9. 종량세 적용물품. 다만, 종량세와 종가세 중 높은 세액 또는 높은 세율을 선택하여 적용해야 하는 물품의 경우에는 제외한다.
10. 과세가격 결정방법의 사전심사 결과가 통보된 물품. 다만, 영 제16조제1항 각 호의 물품은 제외한다.

제28조(잠정가격의 신고 등)

① 잠정가격신고

납세의무자는 가격신고를 할 때 신고하여야 할 가격이 확정되지 아니한 경우로서 대통령령으로 정하는 경우에는 잠정가격으로 가격신고를 할 수 있다. 이 경우 신고의 방법과 그 밖에 필요한 사항은 대통령령으로 정한다. [★2]

② 확정가격신고

납세의무자는 제1항에 따른 잠정가격으로 가격신고를 하였을 때에는 대통령령으로 정하는 기간 내에 해당 물품의 확정된 가격을 세관장에게 신고하여야 한다. [★1]

③ 가격확정

세관장은 납세의무자가 제2항에 따른 기간 내에 확정된 가격을 신고하지 아니하는 경우에는 해당 물품에 적용될 가격을 확정할 수 있다. 다만, 납세의무자가 폐업, 파산신고, 법인해산 등의 사유로 확정된 가격을 신고하지 못할 것으로 인정되는 경우에는 제2항에 따른 기간 중에도 해당 물품에 적용될 가격을 확정할 수 있다. [★1]

④ 정산

세관장은 제2항에 따라 확정된 가격을 신고받거나 제3항에 따라 가격을 확정하였을 때에는 대통령령으로 정하는 바에 따라 잠정가격을 기초로 신고납부한 세액과 확정된 가격에 따른 세액의 차액을 징수하거나 환급하여야 한다. [★1]

[관련 규정] 영 제16조(잠정가격의 신고 등)

① 잠정가격 신고대상

법 제28조제1항 전단에서 "대통령령으로 정하는 경우"란 다음 각 호의 어느 하나에 해당하는 경우를 말한다.

1. 거래관행상 거래가 성립된 때부터 일정기간이 지난 후에 가격이 정하여지는 물품(기획재정부령으로 정하는 것으로 한정한다)으로서 수입신고일 현재 그 가격이 정하여지지 아니한 경우 [★1]

2. 법 제30조제1항 각 호에 따라 조정하여야 할 금액(가산요소)이 수입신고일부터 일정기간이 지난 후에 정하여질 수 있음이 제2항에 따른 서류 등으로 확인되는 경우 [★1]

2의2. 과세가격 결정방법의 사전심사를 신청한 경우

2의3. 특수관계가 있는 구매자와 판매자 사이의 거래 중 법 제30조제1항 본문에 따른 수입물품의 거래가격이 수입신고 수리 이후에 「국제조세조정에 관한 법률」에 따른 정상가격으로 조정될 것으로 예상되는 거래로서 기획재정부령으로 정하는 요건을 갖춘 경우

3. 계약의 내용이나 거래의 특성상 잠정가격으로 가격신고를 하는 것이 불가피한 경우로서 기획재정부령으로 정하는 경우

③ 확정가격신고

잠정가격으로 가격신고를 한 자는 **2년**의 범위 안에서 구매자와 판매자 간의 거래계약의 내용 등을 고려하여 세관장이 지정하는 기간 내에 확정된 가격("확정가격")을 신고하여야 한다. 이 경우 잠정가격으로 가격신고를 한 자는 관세청장이 정하는 바에 따라 전단에 따른 신고기간이 끝나기 30일 전까지 확정가격의 계산을 위한 가산율을 산정해 줄 것을 요청할 수 있다. [★4]

④ 확정가격신고기간 연장

세관장은 구매자와 판매자 간의 거래계약내용이 변경되는 등 잠정가격을 확정할 수 없는 불가피한 사유가 있다고 인정되는 경우로서 납세의무자의 요청이 있는 경우에는 기획재정부령으로 정하는 바에 따라 제3항 전단에 따른 신고기간을 연장할 수 있다. 이 경우 연장하는 기간은 제3항 전단에 따른 신고기간의 만료일부터 2년을 초과할 수 없다.

⑥ 준용

법 제28조제4항에 따라 잠정가격을 기초로 신고납부한 세액과 확정가격에 의한 세액과의 차액을 징수하거나 환급하는 때에는 제33조, 제34조제3항부터 제5항까지 및 제50조 내지 제55조의 규정을 준용한다. [★1]

제2관 과세가격의 결정

제30조(과세가격 결정의 원칙)

① 수입물품의 과세가격은 우리나라에 수출하기 위하여 판매되는 물품에 대하여 구매자가 실제로 지급하였거나 지급하여야 할 가격에 다음 각 호의 금액을 더하여 조정한 거래가격으로 한다. 다만, 다음 각 호의 금액을 더할 때에는 객관적이고 수량화할 수 있는 자료에 근거하여야 하며, 이러한 자료가 없는 경우에는 이 조에 규정된 방법으로 과세가격을 결정하지 아니하고 제31조부터 제35조까지에 규정된 방법으로 과세가격을 결정한다. [★1]

1. 구매자가 부담하는 수수료와 중개료. 다만, 구매수수료는 제외한다. [★5]
2. 해당 수입물품과 동일체로 취급되는 용기의 비용과 해당 수입물품의 포장에 드는 노무비와 자재비로서 구매자가 부담하는 비용 [★1]
3. 구매자가 해당 수입물품의 생산 및 수출거래를 위하여 대통령령으로 정하는 물품 및 용역을 무료 또는 인하된 가격으로 직접 또는 간접으로 공급한 경우에는 그 물품 및 용역의 가격 또는 인하차액을 해당 수입물품의 총생산량 등 대통령령으로 정하는 요소를 고려하여 적절히 배분한 금액 [★4]
4. 특허권, 실용신안권, 디자인권, 상표권 및 이와 유사한 권리를 사용하는 대가로 지급하는 것으로서 대통령령으로 정하는 바에 따라 산출된 금액 [★1]
5. 해당 수입물품을 수입한 후 전매·처분 또는 사용하여 생긴 수익금액 중 판매자에게 직접 또는 간접으로 귀속되는 금액 [★1]
6. 수입항까지의 운임·보험료와 그 밖에 운송과 관련되는 비용으로서 대통령령으로 정하는 바에 따라 결정된 금액. 다만, 기획재정부령으로 정하는 수입물품의 경우에는 이의 전부 또는 일부를 제외할 수 있다. [★3]

[관련 규정] 영 제17조(우리나라에 수출하기 위하여 판매되는 물품의 범위)
법 제30조제1항 본문의 규정에 의한 우리나라에 수출하기 위하여 판매되는 물품에는 다음 각호의 물품은 포함되지 아니하는 것으로 한다.
1. 무상으로 수입하는 물품 [★1]
2. 수입 후 경매 등을 통하여 판매가격이 결정되는 위탁판매수입물품 [★2]
3. 수출자의 책임으로 국내에서 판매하기 위하여 수입하는 물품 [★3]
4. 별개의 **독립된** 법적 사업체가 아닌 지점 등에서 수입하는 물품 [★4]
5. 임대차계약에 따라 수입하는 물품 [★3]
6. 무상으로 임차하는 수입물품 [★1]
7. 산업쓰레기 등 **수출자**의 부담으로 국내에서 폐기하기 위하여 수입하는 물품 [★1]

[관련 규정] 영 제19조(권리사용료의 산출)

② 권리사용료 가산요건

　　법 제30조제1항의 규정에 의하여 당해 물품에 대하여 구매자가 실제로 지급하였거나 지급하여야 할 가격에 가산하여야 하는 특허권·실용신안권·디자인권·상표권 및 이와 유사한 권리를 사용하는 대가(특정한 고안이나 창안이 구현되어 있는 수입물품을 이용하여 우리나라에서 그 고안이나 창안을 다른 물품에 재현하는 권리를 사용하는 대가를 제외하며, 이하 "권리사용료"라 한다)는 당해 물품에 관련되고 당해 물품의 거래조건으로 구매자가 직접 또는 간접으로 지급하는 금액으로 한다.

③ 관련성

　　제2항의 규정을 적용함에 있어서 다음 각호의 1에 해당하는 경우에는 권리사용료가 당해 물품과 관련되는 것으로 본다.

　　1. 권리사용료가 특허권에 대하여 지급되는 때에는 수입물품이 다음 각목의 1에 해당하는 물품인 경우

　　　가. 특허발명품

　　　나. 방법에 관한 특허에 의하여 생산된 물품

　　　다. 국내에서 당해 특허에 의하여 생산될 물품의 부분품·원재료 또는 구성요소로서 그 자체에 당해 특허의 내용의 전부 또는 일부가 구현되어 있는 물품

　　　라. 방법에 관한 특허를 실시하기에 적합하게 고안된 설비·기계 및 장치(그 주요특성을 갖춘 부분품 등을 포함한다)

　　2. 권리사용료가 디자인권에 대하여 지급되는 때에는 수입물품이 당해 디자인을 표현하는 물품이거나 국내에서 당해 디자인권에 의하여 생산되는 물품의 부분품 또는 구성요소로서 그 자체에 당해 디자인의 전부 또는 일부가 표현되어 있는 경우

　　3. 권리사용료가 상표권에 대하여 지급되는 때에는 수입물품에 상표가 부착되거나 희석·혼합·분류·단순조립·재포장 등의 경미한 가공후에 상표가 부착되는 경우

　　4. 권리사용료가 저작권에 대하여 지급되는 때에는 수입물품에 가사·선율·영상·컴퓨터소프트웨어 등이 수록되어 있는 경우

　　5. 권리사용료가 실용신안권 또는 영업비밀에 대하여 지급되는 때에는 당해 실용신안권 또는 영업비밀이 수입물품과 제1호의 규정에 준하는 관련이 있는 경우

　　6. 권리사용료가 기타의 권리에 대하여 지급되는 때에는 당해 권리가 수입물품과 제1호 내지 제5호의 규정중 권리의 성격상 당해 권리와 가장 유사한 권리에 대한 규정에 준하는 관련이 있는 경우

④ 관련되지 아니한 것으로 보는 경우

　　제2항을 적용할 때 컴퓨터소프트웨어에 대하여 지급되는 권리사용료는 컴퓨터소프트웨어가 수록된 마그네틱테이프·마그네틱디스크·**시디롬** 및 이와 유사한 물품[법 별표 관세율표 번호 제8523호에 속하는 것으로 한정한다]과 **관련되지 아니하는 것**으로 본다. [★2]

심화 컴퓨터 소프트웨어의 수입통관

1. 컴퓨터 소프트웨어는 관세법상 기본세율은 무세이나 부가가치세법상 부가가치세는 과세가 된다. [★2]
2. 온라인으로 거래되는 컴퓨터 소프트웨어는 무체물이므로 관세법상 과세대상이 아니다. [★1]
3. WTO 관세평가협정에서 컴퓨터 소프트웨어란 데이터 또는 명령어(data or instructions)에 한정하며, 음향·영상 또는 비디오 기록 등은 포함하지 않는다. [★1]

[관련 규정] 제20조의2(간접지급금액 등)

② 법 제30조제1항 각 호의 가산금액 외에 구매자가 자기의 계산으로 행한 활동의 비용은 같은 조 제2항 각 호 외의 부분 본문의 "그 밖의 간접적인 지급액"으로 **보지 않는다**. [★1]

② 실제지급가격 및 공제요소

제1항 각 호 외의 부분 본문에서 "구매자가 실제로 지급하였거나 지급하여야 할 가격"이 란 해당 수입물품의 대가로서 구매자가 지급하였거나 지급하여야 할 총금액을 말하며, 구매자가 해당 수입물품의 대가와 판매자의 채무를 **상계**하는 금액, 구매자가 판매자의 채무를 **변제**하는 금액, 그 밖의 간접적인 지급액을 포함한다. 다만, 구매자가 지급하였 거나 지급하여야 할 총금액에서 다음 각 호의 어느 하나에 해당하는 금액을 명백히 구분 할 수 있을 때에는 그 금액을 뺀 금액을 말한다. [★2]

1. 수입 후에 하는 해당 수입물품의 건설, 설치, 조립, 정비, 유지 또는 해당 수입물품에 관한 기술지원에 필요한 비용 [★7]

2. 수입항에 도착한 후 해당 수입물품을 운송하는 데에 필요한 운임·보험료와 그 밖에 운송과 관련되는 비용 [★3]

3. 우리나라에서 해당 수입물품에 부과된 관세 등의 세금과 그 밖의 공과금

4. 연불조건의 수입인 경우에는 해당 수입물품에 대한 연불이자 [★6]

③ 거래가격 적용배제

다음 각 호의 어느 하나에 해당하는 경우에는 제1항에 따른 거래가격을 해당 물품의 과세가격으로 하지 아니하고 제31조부터 제35조까지에 규정된 방법으로 과세가격을 결 정한다. 이 경우 세관장은 다음 각 호의 어느 하나에 해당하는 것으로 판단하는 근거를 납세의무자에게 미리 서면으로 통보하여 의견을 제시할 기회를 주어야 한다.

1. 해당 물품의 처분 또는 사용에 제한이 있는 경우. 다만, 세관장이 제1항에 따른 거래 가격에 실질적으로 영향을 미치지 아니한다고 인정하는 제한이 있는 경우 등 대통령 령으로 정하는 경우는 제외한다. [★1]

   [관련 규정] 영 제21조(처분 또는 사용에 대한 제한의 범위)
   법 제30조제3항제1호의 규정에 의한 물품의 처분 또는 사용에 제한이 있는 경우에는 다음 각호의 경우가 포함되는 것으로 한다.
   1. 전시용·자선용·교육용 등 당해 물품을 특정용도로 사용하도록 하는 제한 [★2]
      예시 해당 물품을 수입 후에 초등학교 또는 중학교 교육용으로 유상 사용하도록 단서가 붙어 있는 물품의 수입
   2. 당해 물품을 특정인에게만 판매 또는 임대하도록 하는 제한 [★1]
   3. 기타 당해 물품의 가격에 실질적으로 영향을 미치는 제한

   [관련 규정] 영 제22조(거래가격에 영향을 미치지 아니하는 제한 등)
   ① 법 제30조제3항제1호 단서에서 "거래가격에 실질적으로 영향을 미치지 아니한다고 인정하는 제한 이 있는 경우 등 대통령령으로 정하는 경우"란 다음 각 호의 어느 하나에 해당하는 제한이 있는 경우를 말한다.
      1. 우리나라의 법령이나 법령에 의한 처분에 의하여 부과되거나 요구되는 제한

    2. 수입물품이 판매될 수 있는 지역의 제한 [★2]

    3. 그 밖에 해당 수입물품의 특성, 해당 산업부문의 관행 등을 고려하여 통상적으로 허용되는 제한
으로서 수입가격에 실질적으로 영향을 미치지 않는다고 세관장이 인정하는 제한

2. 해당 물품에 대한 거래의 성립 또는 가격의 결정이 금액으로 계산할 수 없는 조건
또는 사정에 따라 영향을 받은 경우 [★2]

> **[관련 규정]** 영 제22조(거래가격에 영향을 미치지 아니하는 제한 등)
>
> ② 법 제30조제3항제2호의 규정에 의하여 금액으로 계산할 수 없는 조건 또는 사정에 의하여 영향을
> 받은 경우에는 다음 각호의 경우가 포함되는 것으로 한다.
>   1. 구매자가 판매자로부터 특정수량의 다른 물품을 구매하는 조건으로 당해 물품의 가격이 결정되
> 는 경우 [★1]
>   2. 구매자가 판매자에게 판매하는 다른 물품의 가격에 따라 당해 물품의 가격이 결정되는 경우 [★1]
>   3. 판매자가 반제품을 구매자에게 공급하고 그 대가로 그 완제품의 일정수량을 받는 조건으로 당해
> 물품의 가격이 결정되는 경우 [★1]

3. 해당 물품을 수입한 후에 전매·처분 또는 사용하여 생긴 수익의 일부가 판매자에게
직접 또는 간접으로 귀속되는 경우. 다만, 제1항에 따라 적절히 조정할 수 있는 경우
는 제외한다.

4. 구매자와 판매자 간에 대통령령으로 정하는 특수관계(이하 "특수관계"라 한다)가 있
어 그 특수관계가 해당 물품의 가격에 영향을 미친 경우. 다만, 해당 산업부문의 정상
적인 가격결정 관행에 부합하는 방법으로 결정된 경우 등 대통령령으로 정하는 경우
는 제외한다.

> **[관련 규정]** 영 제23조(특수관계의 범위 등)
>
> ① 법 제30조제3항제4호에서 "대통령령으로 정하는 특수관계"란 다음 각 호의 어느 하나에 해당하는
> 경우를 말한다.
>   1. 구매자와 판매자가 상호 사업상의 임원 또는 관리자인 경우
>   2. 구매자와 판매자가 상호 법률상의 동업자인 경우
>   3. 구매자와 판매자가 고용관계에 있는 경우
>   4. 특정인이 구매자 및 판매자의 의결권 있는 주식을 직접 또는 간접으로 5퍼센트 이상 소유하거나
> 관리하는 경우
>   5. 구매자 및 판매자중 일방이 상대방에 대하여 법적으로 또는 사실상으로 지시나 통제를 할 수
> 있는 위치에 있는 등 일방이 상대방을 직접 또는 간접으로 지배하는 경우
>   6. 구매자 및 판매자가 동일한 제3자에 의하여 직접 또는 간접으로 지배를 받는 경우
>   7. 구매자 및 판매자가 동일한 제3자를 직접 또는 간접으로 공동지배하는 경우
>   8. 구매자와 판매자가 「국세기본법 시행령」 제1조의2제1항 각 호의 어느 하나에 해당하는 친족관계
> 에 있는 경우
> ② 법 제30조제3항제4호 단서에서 "해당 산업부문의 정상적인 가격결정 관행에 부합하는 방법으로
> 결정된 경우 등 대통령령으로 정하는 경우"란 다음 각 호의 어느 하나에 해당하는 경우를 말한다.
>   1. 특수관계가 없는 구매자와 판매자간에 통상적으로 이루어지는 가격결정방법으로 결정된 경우
>   2. 당해 산업부문의 정상적인 가격결정 관행에 부합하는 방법으로 결정된 경우 [★1]

3. 해당 물품의 가격이 다음 각 목의 어느 하나의 가격(이하 이 조에서 "비교가격"이라 한다)에 근접하는 가격으로서 기획재정부령으로 정하는 가격에 해당함을 구매자가 입증한 경우. 이 경우 비교가격 산출의 기준시점은 기획재정부령으로 정한다.

가. 특수관계가 없는 우리나라의 구매자에게 수출되는 동종·동질물품 또는 유사물품의 거래가격

나. 법 제33조 및 법 제34조의 규정에 의하여 결정되는 동종·동질물품 또는 유사물품의 과세가격

제31조(동종·동질물품의 거래가격을 기초로 한 과세가격의 결정)

① 제30조에 따른 방법으로 과세가격을 결정할 수 없는 경우에는 과세가격으로 인정된 사실이 있는 동종·동질물품의 거래가격으로서 다음 각 호의 요건을 갖춘 가격을 기초로 하여 과세가격을 결정한다.

1. 과세가격을 결정하려는 해당 물품의 생산국에서 생산된 것으로서 해당 물품의 **선적일**에 선적되거나 해당 물품의 선적일을 전후하여 가격에 영향을 미치는 시장조건이나 상관행에 변동이 없는 기간 중에 선적되어 우리나라에 수입된 것일 것 [★2]

2. **거래 단계**, **거래 수량**, **운송 거리**, **운송 형태** 등이 해당 물품과 같아야 하며, 두 물품 간에 차이가 있는 경우에는 그에 따른 가격차이를 조정한 가격일 것 [★2]

제32조(유사물품의 거래가격을 기초로 한 과세가격의 결정)

① 제30조와 제31조에 따른 방법으로 과세가격을 결정할 수 없을 때에는 과세가격으로 인정된 사실이 있는 유사물품의 거래가격으로서 제31조제1항 각 호의 요건을 갖춘 가격을 기초로 하여 과세가격을 결정한다.

[관련 규정] 영 제26조(유사물품의 범위)

① 법 제32조제1항에서 "유사물품"이라 함은 당해 수입물품의 생산국에서 생산된 것으로서 모든 면에서 동일하지는 아니하지만 동일한 기능을 수행하고 대체사용이 가능할 수 있을 만큼 비슷한 특성과 비슷한 구성요소를 가지고 있는 물품을 말한다. [★1]

제33조(국내판매가격을 기초로 한 과세가격의 결정)

① 제30조부터 제32조까지에 규정된 방법으로 과세가격을 결정할 수 없을 때에는 제1호의 금액에서 제2호부터 제4호까지의 금액을 **뺀** 가격을 과세가격으로 한다. 다만, 납세의무자가 요청하면 제34조에 따라 과세가격을 결정하되 제34조에 따라 결정할 수 없는 경우에는 이 조, 제35조의 순서에 따라 과세가격을 결정한다.

1. 해당 물품, 동종·동질물품 또는 유사물품이 수입된 것과 동일한 상태로 해당 물품의 수입신고일 또는 수입신고일과 거의 동시에 특수관계가 없는 자에게 가장 많은 수량으로 국내에서 판매되는 단위가격을 기초로 하여 산출한 금액 [★1]

2. 국내판매와 관련하여 통상적으로 지급하였거나 지급하여야 할 것으로 합의된 수수료 또는 동종·동류의 수입물품이 **국내에서 판매되는** 때에 통상적으로 부가되는 이윤

및 일반경비에 해당하는 금액 [★3]

3. 수입항에 도착한 후 국내에서 발생한 통상의 운임·보험료와 그 밖의 관련 비용 [★2]

4. 해당 물품의 수입 및 국내판매와 관련하여 납부하였거나 납부하여야 하는 조세와 그 밖의 공과금 [★2]

제34조(산정가격을 기초로 한 과세가격의 결정)

① 제30조부터 제33조까지에 규정된 방법으로 과세가격을 결정할 수 없을 때에는 다음 각 호의 금액을 합한 가격을 기초로 하여 과세가격을 결정한다.

1. 해당 물품의 생산에 사용된 원자재 비용 및 조립이나 그 밖의 가공에 드는 비용 또는 그 가격

2. 수출국 내에서 해당 물품과 동종·동류의 물품의 생산자가 우리나라에 수출하기 위하여 판매할 때 통상적으로 반영하는 이윤 및 일반 경비에 해당하는 금액 [★1]

3. 해당 물품의 수입항까지의 운임·보험료와 그 밖에 운송과 관련된 비용으로서 제30조제1항제6호에 따라 결정된 금액

제35조(합리적 기준에 따른 과세가격의 결정)

① 제30조부터 제34조까지에 규정된 방법으로 과세가격을 결정할 수 없을 때에는 대통령령으로 정하는 바에 따라 제30조부터 제34조까지에 규정된 원칙과 부합되는 합리적인 기준에 따라 과세가격을 결정한다.

② 제1항에 따른 방법으로 과세가격을 결정할 수 없을 때에는 국제거래시세·산지조사가격을 조정한 가격을 적용하는 방법 등 거래의 실질 및 관행에 비추어 합리적으로 인정되는 방법에 따라 과세가격을 결정한다.

[관련 규정] 영 제29조(합리적 기준에 따른 과세가격의 결정)

① 법 제35조에 따라 과세가격을 결정할 때에는 국내에서 이용 가능한 자료를 기초로 다음 각 호의 방법을 적용한다. 이 경우 적용순서는 법 제30조부터 제34조까지의 규정을 따른다.

1. 법 제31조 또는 법 제32조의 규정을 적용함에 있어서 법 제31조제1항제1호의 요건을 신축적으로 해석·적용하는 방법

2. 법 제33조의 규정을 적용함에 있어서 수입된 것과 동일한 상태로 판매되어야 한다는 요건을 신축적으로 해석·적용하는 방법

3. 법 제33조 또는 법 제34조의 규정에 의하여 과세가격으로 인정된 바 있는 동종·동질물품 또는 유사물품의 과세가격을 기초로 과세가격을 결정하는 방법

4. 제27조제3항 단서를 적용하지 않는 방법

5. 그 밖에 거래의 실질 및 관행에 비추어 합리적이라고 인정되는 방법

② 법 제35조의 규정에 의하여 과세가격을 결정함에 있어서는 다음 각호의 1에 해당하는 가격을 기준으로 하여서는 아니 된다.

1. 우리나라에서 생산된 물품의 국내판매가격 [★2]
2. 선택가능한 가격중 반드시 높은 가격을 과세가격으로 하여야 한다는 기준에 따라 결정하는 가격
3. 수출국의 국내판매가격
4. 동종·동질물품 또는 유사물품에 대하여 법 제34조의 규정에 의한 방법외의 방법으로 생산비용을 기초로 하여 결정된 가격
5. 우리나라외의 국가에 수출하는 물품의 가격
6. 특정수입물품에 대하여 미리 설정하여 둔 최저과세기준가격 [★1]
7. 자의적 또는 가공적인 가격

③ 제1항제1호부터 제4호까지의 규정에 따른 방법을 적용하기 곤란하거나 적용할 수 없는 경우로서 다음 각 호의 어느 하나에 해당하는 물품에 대한 과세가격 결정에 필요한 기초자료, 금액의 계산방법 등 세부사항은 기획재정부령으로 정할 수 있다.

1. 수입신고전에 변질·손상된 물품
2. 여행자 또는 승무원의 휴대품·우편물·탁송품 및 별송품
3. 임차수입물품
4. 중고물품 [★1]
5. 법 제188조 단서의 규정에 의하여 외국물품으로 보는 물품
6. 범칙물품
7. 「석유 및 석유대체연료 사업법」의 석유로서 국제거래시세를 조정한 가격으로 보세구역에서 거래되는 물품
8. 그 밖에 과세가격결정에 혼란이 발생할 우려가 있는 물품으로서 기획재정부령으로 정하는 물품

예 시 구매자가 지급한 금액이 다음과 같다면 해당 물품 관세의 과세가격이 올바른 것은?

> A. 물품대금 : CIF USD 50,000
> B. 중개수수료 : USD 1,000
> C. 구매수수료 : USD 2,000
> D. 입항지 보세창고료 : USD 700
> E. 수출국 소재 포장업자에게 별도 지불한 특수포장비 : USD500
> ※ 중개수수료를 취득한 중개인은 내국인이고, 해당되는 금액은 원화로 지급되었다.

해 설 해당 물품의 관세의 과세가격은 '물품대금 + 중개수수료 + 수출국 소재 포장업자에게 별도 지불한 특수포장비'를 더하여 USD 51,500이다. (구매수수료와 수입항 도착 이후 발생하는 보세창고료는 관세의 과세가격에 포함되지 아니한다)

답 USD 51,500

예 시 USD 300,000 상당의 장비를 수입하면서, 거래금액 중 USD 200,000은 물품을 인수할 때 지급하되 나머지 USD 100,000은 해당 장비를 국내에서 판매한 다음 판매한 날로부터 6개월이 경과되는 시점에 지급하기로 하였다. 관세평가상 다른 고려사항이 없다고 할 때 이 경우 적용될 관세의 과세가격 결정 방법은 **당해 물품의 거래가격을 기초로 한 과세가격 결정방법**이다.

예 시 한강상사는 신용장거래로 미국 LA의 '커스브로'사로부터 첨단장비를 FOB USD 100,000에 수입한다. 물품
의 수입과 관련하여 한강상사가 지급한 금액은 은행에서 대출받아 '커스브로'사에 직접 지급한 USD 100,000
외에도 다음과 같다. 한강상사가 납부해야 할 관세액 산출에 적용될 과세가격으로 올바른 것은?

> A. 대출이자로 은행에 지급 : USD 2,000
> B. 신용장개설수수료 지급 : USD 1,000
> C. 운임 지급 : USD 5,700(LA－부산 구간 운송선사에 USD 5,000, 부산－서울 구간 보세운송업체에
> USD 700 지급)
> D. 서울소재 보세창고에 물품을 보관하고 창고료 지급 : USD 500

해 설 첨단장비(FOB USD 100,000) + LA－부산 구간 운임(USD 5,000)을 더하여 USD 105,000이다.
(금융비용, 수입항 도착 후 발생비용은 관세의 과세가격에 포함되지 아니한다)

답 USD 105,000

예 시 물품의 거래내용이 다음 보기와 같다면 해당 물품의 관세부과를 위한 과세가격으로 올바른 것은?

> A. 무역계약상 거래금액은 CFR USD 20,000이나 송품장(INVOICE)에 표시된 금액은 CFR USD
> 15,000이다.
> B. 계약에 따라 매도인에게 CFR USD 20,000에서 USD 15,000이 송금방식으로 선지급되었고, USD
> 5,000은 매도인의 국내 소재 자회사에 중개료 명목으로 수입통관이 완료된 후 별도 지급될 예정
> 이다.
> C. 매도인은 선적항에서 목적항까지 운송계약을 체결하고 운임 USD 1,000을 지불하였다. 매수인은
> USD 500으로 해상운송보험에 가입하였다.

해 설 과세가격은 거래금액(CFR USD 20,000) + 보험료(USD 500)을 더하여 USD 20,500이다. (CFR
이므로 거래금액에 운임이 이미 포함되어 있음)

답 USD 20,500

예 시 아래와 같은 사례에서 관세법상 관세의 과세가격 결정과 관련해 다른 고려 요소가 없다고 할 때 A사가 수입한
물품의 과세가격은?

> A. A사는 이탈리아의 B사로부터 의류 1,000점을 FOB USD 10,000에 수입한다.
> B. A사는 B사의 의류 포장에 있어 고급 포장재를 사용할 것을 주문하고 이에 대한 비용을 A가 부담
> 하기로 하였다. 이 비용은 USD 2,000이다.
> C. A사는 의류 수입에 대해 보험을 부보하였고 보험료는 USD 150이다.
> D. 이탈리아에서 우리나라까지의 해상운임으로 USD 1,000을 지급하였다.

해 설 FOB 금액(USD 10,000) + 포장재 비용(USD 2,000) + 보험료(USD 150) + 해상운임(USD
1,000)을 더하여 USD 13,150이다.

답 USD 13,150

예 시 다음 사례에서 다른 고려사항이 없을 경우 관세법상 적용될 관세의 과세가격 결정방법으로 올바른 것은?

> 가. 구매자 B는 판매자 S와 매매계약을 체결하고, 기계 1대를 $7,000에 수입하기로 하였다.
> 나. 판매자 S는 구매자 D사와 거래시 운송 중 물품의 손상이 발생하여 구매자 D사에게 손해배상금 $1,000을 지불하기로 합의하였다.
> 다. 판매자 S는 구매자 B에게 자신을 대신하여 손해배상금 $1,000을 구매자 D사에게 지불하도록 하고, 금번 구매자 B가 수입하는 기계 1대($7,000)의 송품장가격을 $1,000 할인한 $6,000으로 하였다.

답 관세법상 거래가격을 배제할만한 사유가 없으므로 원칙적인 과세가격 결정방법인 해당물품의 거래가격을 기초로 한 과세가격 결정방법을 적용한다.

예 시 한국의 ㈜KITA는 다음과 같이 프랑스에서 의류를 수입하였다. 관세의 과세가격으로 올바른 것은? (모든 비용은 별도 지급하였고 다른 고려사항은 없다.)

> ― 단가(FOB) : 100 　　　　　　　　　― 수량 : 1,000개
> ― 운임(해외) : 400 　　　　　　　　　― 보험료 : 100
> ― 상표권 사용료 지급액 : 10,000 　　― 중개료(판매자부담) : 1,500
> ― 중개료(구매자부담) : 1,000

해 설 FOB 100,000(100*1,000개) + 운임(해외) 400 + 보험료 100 + 상표권 사용료 지급액 10,000 + 중개료(구매자부담) 1,000을 더하면 111,500이 과세가격이다.

답 111,500

예 시 ㈜커스브로는 미국 소재 A사로부터 350W 보조모터를 갖춘 전기자전거 100대를 수입하였다. 개당 가격은 FOB USD100이다. 다음 조건에서 납부해야 할 관세 및 부가가치세는 얼마인가?

> ○ 전기자전거 실행관세율(HSK 8711.60−9000)
>
> | 기본세율 | WTO 협정세율 | 아태협정-일반양허관세 | 한국-미국 FTA세율 |
> |---|---|---|---|
> | 8% | 16% | 4% | 0% |
>
> ○ 기타 거래사항
> * ㈜커스브로는 A사에게 상표권의 대가로 KRW 5,000,000원을 지급하였다.
> * ㈜커스브로는 미국에서 한국까지 해상운송료: USD 5,000(보험은 비부보)
> * ㈜커스브로는 한국−미국 FTA 원산지증명서를 구비하고 있다.(원산지 : 미국)
> * 과세환율 : USD 1 = KRW 1,000원

해 설

1. 과세가격 : 전기자전거 FOB USD 100*100대 + 권리사용료 KRW 5,000,000원 + 해상운송료 USD 5,000 = 10,000 USD(10,000,000 KRW) + 5,000,000 KRW + 5,000,000 KRW = 20,000,000원
2. 관세율 : 한−미 FTA 원산지증명서를 구비하였으므로 한−미 FTA 세율 0%를 적용한다.
3. 관세 = 과세가격*관세율 = 20,000,000원*0% = 0원
4. 부가가치세 = (관세의 과세표준 + 관세)*10% = 2,000,000원

답 관세 : 0원, 부가가치세 : 2,000,000원

> **참조**
>
> 부가가치세는 관세의 과세가격에 납부할 관세와 기타 세액(있는 경우)을 더한 금액의 10%를 납부한다.

제5절 부과와 징수

제1관 세액의 확정

제38조(신고납부)

① 납세신고

물품(제39조에 따라 세관장이 부과고지하는 물품은 제외한다)을 수입하려는 자는 수입신고를 할 때에 세관장에게 관세의 납부에 관한 신고("납세신고")를 하여야 한다. [★2]

② 세액심사

세관장은 납세신고를 받으면 수입신고서에 기재된 사항과 이 법에 따른 확인사항 등을 심사하되, 신고한 세액 등 납세신고 내용에 대한 심사("세액심사")는 <u>수입신고를 수리한 후</u>에 한다. 다만, 신고한 세액에 대하여 관세채권을 확보하기가 곤란하거나, 수입신고를 수리한 후 세액심사를 하는 것이 적당하지 아니하다고 인정하여 기획재정부령으로 정하는 물품의 경우에는 수입신고를 수리하기 전에 이를 심사한다. [★3]

③ 자율심사

세관장은 제2항 본문에도 불구하고 납세실적과 수입규모 등을 고려하여 관세청장이 정하는 요건을 갖춘 자가 신청할 때에는 납세신고한 세액을 자체적으로 심사(이하 "자율심사"라 한다)하게 할 수 있다. 이 경우 해당 납세의무자는 자율심사한 결과를 세관장에게 제출하여야 한다.

④ 정정

납세의무자는 납세신고한 세액을 납부하기 전에 그 세액이 과부족하다는 것을 알게 되었을 때에는 납세신고한 세액을 정정할 수 있다. 이 경우 납부기한은 당초의 납부기한(제9조에 따른 납부기한을 말한다)으로 한다. [★3]

> **심화** 칙 제8조(수입신고수리전 세액심사 대상물품)
>
> ① 법 제38조제2항 단서의 규정에 의하여 수입신고수리전에 세액심사를 하는 물품은 다음 각호와 같다.
>
> 　1. 법률 또는 조약에 의하여 관세 또는 내국세를 감면받고자 하는 물품 [★1]
>
> 　2. 법 제107조의 규정에 의하여 관세를 분할납부하고자 하는 물품
>
> 　3. 관세를 체납하고 있는 자가 신고하는 물품(체납액이 10만원 미만이거나 체납기간 7일 이내에 수입신고하는 경우를 제외한다) [★1]

4. 납세자의 성실성 등을 참작하여 관세청장이 정하는 기준에 해당하는 불성실신고인이 신고하는 물품

5. 물품의 가격변동이 큰 물품 기타 수입신고수리후에 세액을 심사하는 것이 적합하지 아니하다고 인정하여 관세청장이 정하는 물품 [★1]

② 제1항의 규정에 의하여 수입신고수리전에 세액심사를 하는 물품중 제1항제1호 및 제2호에 규정된 물품의 감면 또는 분할납부의 적정 여부에 대한 심사는 수입신고수리전에 하고, 과세가격 및 세율 등에 대한 심사는 수입신고수리후에 한다.

제38조의2(보정)

① 보정신청

납세의무자는 신고납부한 세액이 부족하다는 것을 알게 되거나 세액산출의 기초가 되는 과세가격 또는 품목분류 등에 오류가 있는 것을 알게 되었을 때에는 신고납부한 날부터 __6개월__ 이내(이하 "보정기간"이라 한다)에 대통령령으로 정하는 바에 따라 해당 세액을 보정하여 줄 것을 세관장에게 신청할 수 있다. [★9]

② 보정통지

세관장은 신고납부한 세액이 부족하다는 것을 알게 되거나 세액산출의 기초가 되는 과세가격 또는 품목분류 등에 오류가 있다는 것을 알게 되었을 때에는 대통령령으로 정하는 바에 따라 납세의무자에게 해당 보정기간에 보정신청을 하도록 통지할 수 있다. 이 경우 세액보정을 신청하려는 납세의무자는 대통령령으로 정하는 바에 따라 세관장에게 신청하여야 한다.

④ 납부기한

납세의무자가 제1항과 제2항 후단에 따라 부족한 세액에 대한 세액의 보정을 신청한 경우에는 해당 __보정신청을 한 날의 다음 날__까지 해당 관세를 납부하여야 한다. [★4]

제38조의3(수정 및 경정)

① 수정신고 및 납부기한

납세의무자는 신고납부한 세액, 제38조의2제1항에 따라 보정신청한 세액 및 이 조 제1항에 따라 수정신고한 세액이 부족한 경우에는 대통령령으로 정하는 바에 따라 __수정신고(보정기간이 지난 날부터__ 제21조제1항에 따른 기간이 끝나기 전까지로 한정한다)를 할 수 있다. 이 경우 납세의무자는 __수정신고한 날의 다음 날__까지 해당 관세를 납부하여야 한다. [★8]

② 일반적인 경정청구

납세의무자는 신고납부한 세액이 과다한 것을 알게 되었을 때에는 최초로 납세신고를 한 날부터 __5년__ 이내에 대통령령으로 정하는 바에 따라 신고한 세액의 __경정__을 세관장에게 청구할 수 있다. [★6]

[관련 규정] 세관장은 경정을 청구한 세액을 심사한 결과 타당하다고 인정하면 대통령령으로 정하는 바에 따라 그 세액을 경정하고 납부한 세액과 납부하여야 할 세액의 차액을 환급하여야 한다. [★6]

③ 후발적 경정청구

납세의무자는 최초의 신고 또는 경정에서 과세표준 및 세액의 계산근거가 된 거래 또는 행위 등이 그에 관한 소송에 대한 판결(판결과 같은 효력을 가지는 화해나 그 밖의 행위를 포함한다)에 의하여 다른 것으로 확정되는 등 대통령령으로 정하는 사유가 발생하여 납부한 세액이 과다한 것을 알게 되었을 때에는 제2항에 따른 기간에도 불구하고 그 사유가 발생한 것을 안 날부터 2개월 이내에 대통령령으로 정하는 바에 따라 납부한 세액의 경정을 세관장에게 청구할 수 있다.

④ 처리기한 [★3]

세관장은 제2항 또는 제3항에 따른 경정의 청구를 받은 날부터 **2개월** 이내에 세액을 경정하거나 경정하여야 할 이유가 없다는 뜻을 그 청구를 한 자에게 통지하여야 한다.

⑤ 처리기한 경과 시 불복청구

제2항 또는 제3항에 따라 경정을 청구한 자가 제4항에 따라 2개월 이내에 통지를 받지 못한 경우에는 그 2개월이 되는 날의 다음 날부터 제5장에 따른 이의신청, 심사청구, 심판청구 또는 「감사원법」에 따른 심사청구를 할 수 있다.

⑥ 경정

세관장은 납세의무자가 신고납부한 세액, 납세신고한 세액 또는 제2항 및 제3항에 따라 **경정청구한 세액**을 심사한 결과 과부족하다는 것을 알게 되었을 때에는 대통령령으로 정하는 바에 따라 그 세액을 경정하여야 한다. [★1]

제39조(부과고지)

① 다음 각 호의 어느 하나에 해당하는 경우에는 제38조에도 불구하고 세관장이 관세를 부과·징수한다.

1. 제16조제1호부터 제6호까지 및 제8호부터 제11호까지(예외적인 과세물건 확정시기)에 해당되어 관세를 징수하는 경우

참조 **제16조 제7호**

1. 수입신고 전 즉시반출신고를 하고 반출한 물품 : 수입신고 전 즉시반출신고를 한 때 과세물건이 확정된다.
2. 보세건설장에서 건설된 시설로서 수입신고가 수리되기 전에 가동된 경우
3. 보세구역(제156조제1항에 따라 보세구역 외 장치를 허가받은 장소를 포함한다)에 반입된 물품이 수입신고가 수리되기 전에 반출된 경우

4. 납세의무자가 관세청장이 정하는 사유로 과세가격이나 관세율 등을 결정하기 곤란하여 부과고지를 요청하는 경우 [★1]
5. 제253조에 따라 즉시 반출한 물품을 같은 조 제3항의 기간(10일) 내에 수입신고를 하지 아니하여 관세를 징수하는 경우
6. 그 밖에 제38조에 따른 납세신고가 부적당한 것으로서 기획재정부령으로 정하는 경우

[관련 규정] 칙 제9조(부과고지 대상물품)
법 제39조제1항제6호의 규정에 의하여 세관장이 관세를 부과고지하는 물품은 다음 각호와 같다.
1. 여행자 또는 승무원의 **휴대품 및 별송품** [★1]
2. 우편물(법 제258조제2항(일반수입신고대상 우편물)에 해당하는 것을 제외한다) [★1]
3. 법령의 규정에 의하여 세관장이 관세를 부과·징수하는 물품
4. 제1호 내지 제3호 외에 납세신고가 부적당하다고 인정하여 관세청장이 지정하는 물품

제40조(징수금액의 최저한)

세관장은 납세의무자가 납부하여야 하는 **세액**이 대통령령으로 정하는 금액 미만인 경우에는 이를 징수하지 아니한다. [★1]

[관련 규정] 영 제37조(징수금액의 최저한)
① 법 제40조의 규정에 의하여 세관장이 징수하지 아니하는 금액은 1만원으로 한다. [★2]
② 제1항의 규정에 따라 관세를 징수하지 아니하게 된 경우에는 당해 물품의 **수입신고수리일**을 그 납부일로 본다. [★3]

제42조(가산세)

① 일반과소신고

세관장은 납세의무자가 제9조에 따른 납부기한("법정납부기한")까지 납부하지 아니한 관세액("미납부세액")을 징수하거나 제38조의3제1항(**수정신고**) 또는 제6항(**경정**)에 따라 부족한 관세액("부족세액")을 징수할 때에는 다음 각 호의 금액을 합한 금액을 가산세로 징수한다. [★3]

1. 부족세액의 100분의 **10** [★3]

2. 다음 각 목의 금액을 합한 금액

가. 미납부세액 또는 부족세액 × 법정납부기한의 다음 날부터 납부일까지의 기간(납부고지일부터 납부고지서에 따른 납부기한까지의 기간은 제외한다) × 금융회사 등이 연체대출금에 대하여 적용하는 이자율 등을 고려하여 대통령령으로 정하는 이자율

　　나. 법정납부기한까지 납부하여야 할 세액 중 납부고지서에 따른 납부기한까지 납부
　　　하지 아니한 세액 × 100분의 3(관세를 납부고지서에 따른 납부기한까지 완납하지
　　　아니한 경우에 한정한다)

심화 법 제42조 ②, ③항

② 제1항에도 불구하고 납세자가 부정한 행위(납세자가 관세의 과세표준 또는 세액계산의 기초가 되는 사실의 전부 또는 일부를 은폐하거나 가장하는 것에 기초하여 관세의 과세표준 또는 세액의 신고의무를 위반하는 것으로서 대통령령으로 정하는 방법을 말한다)으로 과소신고한 경우에는 세관장은 부족세액의 100분의 40에 상당하는 금액과 제1항제2호의 금액을 합한 금액을 가산세로 징수한다.

③ 세관장은 제16조제11호에 따른 물품에 대하여 관세를 부과·징수할 때에는 다음 각 호의 금액을 합한 금액을 가산세로 징수한다. 다만, 제241조제5항에 따라 가산세를 징수하는 경우와 천재지변 등 수입신고를 하지 아니하고 수입한 데에 정당한 사유가 있는 것으로 세관장이 인정하는 경우는 제외한다. [★1]

　1. 해당 관세액의 100분의 20(제269조의 죄에 해당하여 처벌받거나 통고처분을 받은 경우에는 100분의 40)
　2. 다음 각 목의 금액을 합한 금액
　　가. 해당 관세액 × 수입된 날부터 납부일까지의 기간(납부고지일부터 납부고지서에 따른 납부기한까지의 기간은 제외한다) × 금융회사 등이 연체대출금에 대하여 적용하는 이자율 등을 고려하여 대통령령으로 정하는 이자율
　　나. 해당 관세액 중 납부고지서에 따른 납부기한까지 납부하지 아니한 세액 × 100분의 3(관세를 납부고지서에 따른 납부기한까지 완납하지 아니한 경우에 한정한다)

제43조(관세의 현장 수납)

① 다음 각 호의 어느 하나에 해당하는 물품에 대한 관세는 그 물품을 검사한 공무원이 검사 장소에서 수납할 수 있다. [★1]

　1. 여행자의 휴대품
　2. 조난 선박에 적재된 물품으로서 보세구역이 아닌 장소에 장치된 물품

제2관 강제징수 등

심화 법 제43조의2(압류·매각의 유예)

① 세관장은 재산의 압류나 압류재산의 매각을 유예함으로써 사업을 정상적으로 운영할 수 있게 되어 체납액의 징수가 가능하다고 인정되는 경우에는 그 체납액에 대하여 강제징수에 의한 재산의 압류나 압류재산의 매각을 대통령령으로 정하는 바에 따라 유예할 수 있다.

② 세관장은 제1항에 따라 유예하는 경우에 필요하다고 인정하면 이미 압류한 재산의 압류를 해제할 수 있다.

③ 세관장은 제1항 및 제2항에 따라 재산의 압류를 유예하거나 압류한 재산의 압류를 해제하는 경우에는 그에 상당하는 납세담보의 제공을 요구할 수 있다.

④ 제3항에도 불구하고 세관장은 압류 또는 매각의 유예 결정일 기준으로 최근 3년 이내에 이 법, 「자유무역협정의 이행을 위한 관세법의 특례에 관한 법률」, 「수출용 원재료에 대한 관세 등 환급에 관한 특례법」 또는 「조세범 처벌법」 위반으로 처벌받은 사실이 없는 체납자로부터 체납액 납부계획서를 제출받고 그 납부계획의 타당성을 인정하는 경우에는 납세담보의 제공을 요구하지 아니할 수 있다.

⑤ 세관장은 압류 또는 매각의 유예를 받은 체납자가 다음 각 호의 어느 하나에 해당하는 경우에는 그 압류 또는 매각의 유예를 취소하고, 유예에 관계되는 체납액을 한꺼번에 징수할 수 있다. 다만, 제1호에 정당한 사유가 있는 것으로 세관장이 인정하는 경우에는 압류 또는 매각의 유예를 취소하지 아니할 수 있다.

1. 체납액을 분납계획에 따라 납부하지 아니한 경우
2. 담보의 변경이나 그 밖에 담보 보전에 필요한 세관장의 명령에 따르지 아니한 경우
3. 재산상황이나 그 밖의 사정의 변화로 유예할 필요가 없다고 인정될 경우
4. 다음 각 목 중 어느 하나의 경우에 해당되어 그 유예한 기한까지 유예에 관계되는 체납액의 전액을 징수할 수 없다고 인정될 경우
   가. 국세·지방세 또는 공과금의 체납으로 강제징수 또는 체납처분이 시작된 경우
   나. 「민사집행법」에 따른 강제집행·담보권 실행 등을 위한 경매가 시작된 경우
   다. 「어음법」 및 「수표법」에 따른 어음교환소에서 거래정지처분을 받은 경우
   라. 「채무자 회생 및 파산에 관한 법률」에 따른 파산선고를 받은 경우
   마. 법인이 해산된 경우
   바. 관세의 체납이 발생되거나 관세를 포탈하려는 행위가 있다고 인정되는 경우
⑥ 세관장은 제1항에 따라 압류 또는 매각을 유예하였거나 제5항에 따라 압류 또는 매각의 유예를 취소하였을 때에는 체납자에게 그 사실을 통지하여야 한다.
⑦ 세관장은 다음 각 호의 어느 하나에 해당하는 경우에는 제1항에 따라 압류 또는 매각의 유예를 받은 체납액에 대하여 유예기간이 지난 후 다시 압류 또는 매각의 유예를 할 수 있다.
   1. 제5항 각 호 외의 부분 단서에 따라 압류 또는 매각의 유예를 취소하지 아니한 경우
   2. 제5항제3호에 따라 압류 또는 매각의 유예를 취소한 경우
⑧ 관세청장은 제4항에 따른 법 위반 사실을 확인하기 위하여 관계 기관의 장에게 범죄경력자료(이 법, 「자유무역협정의 이행을 위한 관세법의 특례에 관한 법률」, 「수출용 원재료에 대한 관세 등 환급에 관한 특례법」 또는 「조세범 처벌법」 위반에 한정한다)의 조회를 요청할 수 있으며, 그 요청을 받은 관계 기관의 장은 정당한 사유가 없으면 이에 따라야 한다.

제44조(체납자료의 제공)

① 세관장은 관세징수 또는 공익목적을 위하여 필요한 경우로서 신용정보집중기관, 그 밖에 대통령령으로 정하는 자가 다음 각 호의 어느 하나에 해당하는 체납자의 인적사항 및 체납액에 관한 자료("체납자료")를 요구한 경우에는 이를 제공할 수 있다. 다만, 체납된 관세 및 내국세등과 관련하여 이 법에 따른 이의신청·심사청구 또는 심판청구 및 행정소송이 계류 중인 경우나 그 밖에 대통령령으로 정하는 경우에는 체납자료를 제공하지 아니한다.

1. 체납 발생일부터 1년이 지나고 체납액이 대통령령으로 정하는 금액 이상인 자
2. 1년에 3회 이상 체납하고 체납액이 대통령령으로 정하는 금액 이상인 자

[관련 규정] 영 제41조(체납자료의 제공 등)
② 법 제44조제1항 각 호에서 "대통령령으로 정하는 금액"이란 각각 500만원을 말한다. [★1]

제3관 관세환급금의 환급 등

제46조(관세환급금의 환급)

① 관세환급금의 한급

세관장은 납세의무자가 관세·가산세 또는 강제징수비로 납부한 금액 중 잘못 납부하거나 초과하여 납부한 금액 또는 이 법에 따라 환급하여야 할 환급세액의 환급을 청구할 때에는 대통령령으로 정하는 바에 따라 지체 없이 이를 관세환급금으로 결정하고 30일 이내에 환급하여야 하며, 세관장이 확인한 관세환급금은 납세의무자가 환급을 청구하지 아니하더라도 환급하여야 한다. [★3]

② 충당

세관장은 제1항에 따라 관세환급금을 환급하는 경우에 환급받을 자가 세관에 납부하여야 하는 관세와 그 밖의 세금, 가산세 또는 강제징수비가 있을 때에는 환급하여야 하는 금액에서 이를 충당할 수 있다 [★2]

③ 권리양도

납세의무자의 관세환급금에 관한 권리는 대통령령으로 정하는 바에 따라 제3자에게 양도할 수 있다. [★4]

제48조(관세환급가산금)

세관장은 제46조에 따라 관세환급금을 환급하거나 충당할 때에는 대통령령으로 정하는 관세환급가산금 기산일부터 환급결정 또는 충당결정을 하는 날까지의 기간과 대통령령으로 정하는 이율에 따라 계산한 금액을 관세환급금에 더하여야 한다. 다만, 국가 또는 지방자치단체가 직접 수입하는 물품 등 대통령령으로 정하는 물품에 대하여는 그러하지 아니하다. [★3]

제3장 세율 및 품목 분류

제1절 통칙

제50조(세율 적용의 우선순위)

① 기본세율과 잠정세율은 별표 관세율표에 따르되, 잠정세율을 기본세율에 우선하여 적용한다. [★1]

② 관세율은 다음 각 호의 순서에 따라 적용한다. [★2]

1순위 : 덤핑방지관세, 상계관세, 보복관세, 긴급관세, 특정국 물품긴급관세. 농림축산물에 대한 특별긴급관세, 조정관세(법 제69조 제2호) [★2]

2순위 : 국제협력관세, 편익관세 [★1]

3순위 : 조정관세(법 제69조 제1호·제3호·제4호), 할당관세, 계절관세

4순위 : 일반특혜관세

5순위 : 잠정세율

6순위 : 기본세율

[관련 규정] 적용 시 고려사항 [★1]

1. 국제협력관세 및 편익관세의 세율(2순위)은 3순위 내지 6순위의 세율보다 낮은 경우에 한하여 우선적용 [★4]
2. 3순위의 할당관세는 4순위의 일반특혜관세의 세율보다 낮은 경우만 우선적용
3. 다만, 국제기구와의 관세에 관한 협상에서 국내외의 가격차에 상당하는 율로 양허하거나 국내시장 개방과 함께 기본세율보다 높은 세율로 양허한 농림축산물 중 대통령령으로 정하는 물품에 대하여 양허한 세율(시장접근물량에 대한 양허 세율을 포함한다)은 기본세율 및 잠정세율에 우선적용
4. 기본세율과 잠정세율은 별표 관세율표에 따르되, 잠정세율을 기본세율에 우선적용

⑤ 세율을 적용할 때 별표 관세율표 중 종량세인 경우에는 해당 세율에 상당하는 금액을 적용한다. [★1]

예시 2021년 7월 현재 적용되는 실행관세율이 다음과 같다. 관세법령에서 규정한 관세율 적용 우선순위에 따라 수입 시 적용되는 실행관세율은? (한-중 FTA 원산지증명서 있음)

품목	수출국	기본세율	WTO 협정관세	조정관세	한국-중국 FTA 관세
고추장 (2103.90−1030)	중국	8%	54%	32%	45%

해설 조정관세의 경우 1순위 및 3순위 세율의 모두 해당된다. 따라서 해당 사례에서는 주어지지 않았지만 해당 품목이 조정관세의 1순위 적용대상이라고 한다면 32%가 당연적용되며, 만약 해당 품목이 조정관세의 3순위 적용대상이라고 할지라도 수입 시 적용되는 실행세율이 된다. (수험생이 헷갈릴 수 있는 부분을 짚어보자면, 한−중 FTA 관세율과 WTO 협정관세율이 있다. 세율 순위로는 한국−중국 FTA 관세율(45%)이 2순위이나, 2순위는 3순위 내지 6순위의 세율보다 낮은 경우에 한하여 우선적용하므로 본 사례에서는 적용될 수 없다.)

답 32%

제2절 세율의 조정

제1관 덤핑방지관세

제51조(덤핑방지관세의 부과대상)

국내산업과 이해관계가 있는 자로서 대통령령으로 정하는 자 또는 주무부장관이 부과요청을 한 경우로서 외국의 물품이 대통령령으로 정하는 정상가격 이하로 수입("덤핑")되어 다음 각 호의 어느 하나에 해당하는 것("실질적 피해등")으로 조사를 통하여 확인되고 해당 국내산업을 보호할 필요가 있다고 인정되는 경우에는 기획재정부령으로 그 물품과 공급자 또는 공급국을 지정하여 해당 물품에 대하여 정상가격과 덤핑가격 간의 차액("덤핑차액")에 상당하는 금액 이하의 관세("덤핑방지관세")를 **추가하여 부과**할 수 있다. [★5]

1. 국내산업이 실질적인 피해를 받거나 받을 우려가 있는 경우
2. 국내산업의 발전이 실질적으로 지연된 경우

> **심화** 영 제58조(정상가격 및 덤핑가격의 비교)
>
> ① 법 제51조에서 "정상가격"이라 함은 당해 물품의 공급국에서 소비되는 동종물품의 통상거래가격을 말한다. 다만, 동종물품이 거래되지 아니하거나 특수한 시장상황 등으로 인하여 통상거래가격을 적용할 수 없는 때에는 당해 국가에서 제3국으로 수출되는 수출가격중 대표적인 가격으로서 비교가능한 가격 또는 원산지국에서의 제조원가에 합리적인 수준의 관리비 및 판매비와 이윤을 합한 가격("구성가격")을 정상가격으로 본다. [★1]
>
> ② 당해 물품의 원산지국으로부터 직접 수입되지 아니하고 제3국을 거쳐 수입되는 경우에는 그 제3국의 통상거래가격을 정상가격으로 본다. 다만, 그 제3국안에서 당해 물품을 단순히 옮겨 싣거나 동종물품의 생산실적이 없는 때 또는 그 제3국내에 통상거래가격으로 인정될 가격이 없는 때에는 원산지국의 통상거래가격을 정상가격으로 본다.
>
> ③ 당해 물품이 통제경제를 실시하는 시장경제체제가 확립되지 아니한 국가로부터 수입되는 때에는 제1항 및 제2항의 규정에 불구하고 다음 각호의 1에 해당하는 가격을 정상가격으로 본다. 다만, 시장경제체제가 확립되지 아니한 국가가 시장경제로의 전환체제에 있는 등 기획재정부령이 정하는 경우에는 제1항 및 제2항의 규정에 따른 통상거래가격 등을 정상가격으로 볼 수 있다.
>   1. 우리나라를 제외한 시장경제국가에서 소비되는 동종물품의 통상거래가격
>   2. 우리나라를 제외한 시장경제국가에서 우리나라를 포함한 제3국으로의 수출가격 또는 구성가격
>
> **[관련 규정]** 영 제59조(덤핑방지관세의 부과요청)
>
> ① 법 제51조의 규정에 의한 실질적 피해등을 받은 **국내산업에 이해관계가 있는 자 또는 당해 산업을 관장하는 주무부장관**은 기획재정부령이 정하는 바에 따라 기획재정부장관에게 덤핑방지관세의 부과를 요청할 수 있으며, 이 요청은 무역위원회에 대한 덤핑방지관세의 부과에 필요한 조사신청으로 갈음한다. [★4]

제2관 상계관세

제57조(상계관세의 부과대상)

국내산업과 이해관계가 있는 자로서 대통령령으로 정하는 자 또는 주무부장관이 부과요청을 한 경우로서, 외국에서 제조·생산 또는 수출에 관하여 직접 또는 간접으로 보조금이나

장려금("보조금등")을 받은 물품의 수입으로 인하여 다음 각 호의 어느 하나에 해당하는 것("실질적 피해등")으로 조사를 통하여 확인되고 해당 국내산업을 보호할 필요가 있다고 인정되는 경우에는 기획재정부령으로 그 물품과 수출자 또는 수출국을 지정하여 그 물품에 대하여 해당 보조금등의 금액 이하의 관세("상계관세")를 추가하여 부과할 수 있다. [★1]

1. 국내산업이 실질적인 피해를 받거나 받을 우려가 있는 경우

2. 국내산업의 발전이 실질적으로 지연된 경우

[관련 규정] 영 제73조(상계관세의 부과요청)

① 법 제57조의 규정에 의한 실질적 피해등을 받은 국내산업에 이해관계가 있는 자 또는 당해 산업을 관장하는 주무부장관은 기획재정부령이 정하는 바에 따라 기획재정부장관에게 상계관세의 부과를 요청할 수 있으며, 이 요청은 무역위원회에 대한 상계관세의 부과에 필요한 조사신청으로 갈음한다. [★1]

제58조(보조금등의 지급과 실질적 피해등의 조사)

① 보조금등의 지급과 실질적 피해등의 사실에 관한 조사는 대통령령으로 정하는 바에 따른다.

② 기획재정부장관은 상계관세를 부과할 때 관련 산업의 경쟁력 향상, 국내 시장구조, 물가안정, 통상협력 등을 고려할 필요가 있는 경우에는 이를 조사하여 반영할 수 있다.

심화 영 제78조(이해관계인에 대한 자료협조요청) ① 기획재정부장관 또는 무역위원회는 법 제58조의 규정에 의한 조사 및 상계관세의 부과여부 등을 결정하기 위하여 필요하다고 인정하는 경우에는 관계행정기관·국내생산자·수출국정부 또는 수출자·수입자 및 이해관계인에게 관계자료의 제출 등 필요한 협조를 요청할 수 있다. 다만, 수출국정부 또는 수출자에게 보조금등의 지급여부를 조사하기 위한 질의를 하는 경우에는 회신을 위하여 수출국정부 또는 수출자에게 40일 이상의 회신기간을 주어야 한다. 수출국정부 또는 수출자가 사유를 제시하여 동 기한의 연장을 요청할 경우 이에 대하여 적절히 고려하여야 한다. [★1]

제59조(상계관세를 부과하기 전의 잠정조치)

① 기획재정부장관은 상계관세의 부과 여부를 결정하기 위하여 조사가 시작된 물품이 보조금등을 받아 수입되어 다음 각 호의 어느 하나에 해당한다고 인정되는 경우에는 대통령령으로 정하는 바에 따라 국내산업의 보호를 위하여 조사가 종결되기 전이라도 그 물품의 수출자 또는 수출국 및 기간을 정하여 보조금등의 추정액에 상당하는 금액 이하의 잠정상계관세를 부과하도록 명하거나 담보를 제공하도록 명하는 조치("잠정조치")를 할 수 있다. [★1]

1. 국내산업에 실질적 피해등이 발생한 사실이 있다고 추정되는 충분한 증거가 있음이 확인되는 경우

2. 제60조에 따른 약속을 철회하거나 위반한 경우와 그 약속의 이행에 관한 자료를 제출하지 아니한 경우로서 이용할 수 있는 최선의 정보가 있는 경우

제61조(상계관세의 부과 시기)

상계관세의 부과와 잠정조치는 각각의 **조치일 이후** 수입되는 물품에 대하여 적용된다. 다만, 잠정조치가 적용된 물품에 대하여 국제협약에서 달리 정하고 있는 경우와 그 밖에 대통령령으로 정하는 경우에는 그 물품에 대하여도 상계관세를 부과할 수 있다. [★1]

제3관 보복관세

심화 제63조(보복관세의 부과대상)

① 교역상대국이 우리나라의 수출물품 등에 대하여 다음 각 호의 어느 하나에 해당하는 행위를 하여 우리나라의 무역이익이 침해되는 경우에는 그 나라로부터 수입되는 물품에 대하여 피해상당액의 범위에서 관세(이하 "보복관세"라 한다)를 부과할 수 있다.

   1. 관세 또는 무역에 관한 국제협정이나 양자 간의 협정 등에 규정된 우리나라의 권익을 부인하거나 제한하는 경우
   2. 그 밖에 우리나라에 대하여 부당하거나 차별적인 조치를 하는 경우

제4관 긴급관세

제65조(긴급관세의 부과대상 등)

① 부과대상

특정물품의 수입증가로 인하여 동종물품 또는 직접적인 경쟁관계에 있는 물품을 생산하는 국내산업("국내산업")이 심각한 피해를 받거나 받을 우려("심각한 피해등")가 있음이 조사를 통하여 확인되고 해당 국내산업을 보호할 필요가 있다고 인정되는 경우에는 해당 물품에 대하여 심각한 피해등을 방지하거나 치유하고 조정을 촉진("피해의 구제등")하기 위하여 필요한 범위에서 관세("**긴급관세**")를 추가하여 부과할 수 있다. [★2]

② 부과여부결정

긴급관세는 해당 국내산업의 보호 필요성, 국제통상관계, 긴급관세 부과에 따른 보상수준 및 국민경제 전반에 미치는 영향 등을 검토하여 부과 여부와 그 내용을 결정한다.

③ 무역보상방법 협의

기획재정부장관은 긴급관세를 부과하는 경우에는 이해당사국과 긴급관세부과의 부정적 효과에 대한 적절한 무역보상방법에 관하여 협의를 할 수 있다. [★1]

④ 적용시기

긴급관세의 부과와 잠정긴급관세의 부과는 각각의 부과조치 결정 시행일 이후 수입되는 물품에 한정하여 적용한다.

⑤ 부과기간

긴급관세의 부과기간은 4년을 초과할 수 없으며, 잠정긴급관세는 200일을 초과하여 부과할 수 없다. 다만, 재심사의 결과에 따라 부과기간을 연장하는 경우에는 잠정긴급관세의 부과기간, 긴급관세의 부과기간, 「대외무역법」에 따른 수입수량제한 등의 적용기간 및 그 연장기간을 포함한 총 적용기간은 8년을 초과할 수 없다.

[관련 규정] 영 제87조(긴급관세의 부과)
법 제65조제1항의 규정에 의한 긴급관세의 부과여부 및 그 내용은 무역위원회의 부과건의가 접수된 날부터 1월 이내에 결정하여야 한다. 다만, 주요 이해당사국과 긴급관세의 부과에 관한 협의 등을 하기 위하여 소요된 기간은 이에 포함되지 아니한다. [★1]

제5관 농림축산물에 대한 특별긴급관세

심화 제68조(농림축산물에 대한 특별긴급관세)
① 제73조에 따라 국내외 가격차에 상당한 율로 양허한 농림축산물의 수입물량이 급증하거나 수입가격이 하락하는 경우에는 대통령령으로 정하는 바에 따라 양허한 세율을 초과하여 관세(이하 "특별긴급관세"라 한다)를 부과할 수 있다.
② 특별긴급관세를 부과하여야 하는 대상 물품, 세율, 적용시한, 수량 등은 기획재정부령으로 정한다.

제6관 조정관세

제69조(조정관세의 부과대상)

다음 각 호의 어느 하나에 해당하는 경우에는 100분의 100에서 해당 물품의 기본세율을 뺀 율을 기본세율에 더한 율의 범위에서 관세를 부과할 수 있다. 다만, 농림축수산물 또는 이를 원재료로 하여 제조된 물품의 국내외 가격차가 해당 물품의 과세가격을 초과하는 경우에는 국내외 가격차에 상당하는 율의 범위에서 관세를 부과할 수 있다.

1. 산업구조의 변동 등으로 물품 간의 세율 불균형이 심하여 이를 시정할 필요가 있는 경우 [★3]
2. 공중도덕 보호, 인간·동물·식물의 생명 및 건강 보호, 환경보전, 한정된 천연자원 보존 및 국제평화와 안전보장 등을 위하여 필요한 경우 [★2]
3. 국내에서 개발된 물품을 일정 기간 보호할 필요가 있는 경우
4. 농림축수산물 등 국제경쟁력이 취약한 물품의 수입증가로 인하여 국내시장이 교란되거나 산업기반이 붕괴될 우려가 있어 이를 시정하거나 방지할 필요가 있는 경우 [★2]

제7관 할당관세

제71조(할당관세)

① 세율인하

다음 각 호의 어느 하나에 해당하는 경우에는 100분의 40의 범위의 율을 기본세율에서 빼고 관세를 부과할 수 있다. 이 경우 필요하다고 인정될 때에는 그 수량을 제한할 수 있다. [★3]

1. 원활한 물자수급 또는 산업의 경쟁력 강화를 위하여 특정물품의 수입을 촉진할 필요가 있는 경우 [★5]

2. 수입가격이 급등한 물품 또는 이를 원재료로 한 제품의 국내가격을 안정시키기 위하여 필요한 경우 [★3]

3. 유사물품 간의 세율이 현저히 불균형하여 이를 시정할 필요가 있는 경우

> **예시** 할당관세 예시1
> 정부가 산업경쟁력 강화를 위하여 이차전지 연료, 원유, 플라스틱 등 83개 품목의 수입관세를 낮추기로 했다. 2012년 이후 9년 만에 가장 많은 수준이다. 대표적인 유망 신산업으로 꼽히는 이차전지에서만 22개 물품에 '영(0)세율' 혜택을 준다. 이 경우 활용할 수 있는 세율은 할당관세이다.

> **예시** 할당관세 예시2
> 정부는 우리 국민들의 삼겹살 소비가 늘어 국내 삼겹살 가격이 폭등하자 가격 안정화를 위해 수입 삼겹살의 관세를 인하하는 방안을 검토 중이다. 이 경우 활용할 수 있는 세율은 할당관세이다.

> **예시** 할당관세 예시3
> '계란 관세율 0%, 연말까지 연장...총 3만 6000톤 무관세 수입(조세금융신문. 2021.6.24.)' 이 경우 적용될 수 있는 탄력관세는 할당관세이다.

② 세율인상

특정물품의 수입을 억제할 필요가 있는 경우에는 일정한 수량을 초과하여 수입되는 분에 대하여 100분의 40의 범위의 율을 기본세율에 더하여 관세를 부과할 수 있다. 다만, 농림축수산물인 경우에는 기본세율에 동종물품·유사물품 또는 대체물품의 국내외 가격차에 상당하는 율을 더한 율의 범위에서 관세를 부과할 수 있다. [★2]

③ 위임

제1항과 제2항에 따른 관세를 부과하여야 하는 대상 물품, 수량, 세율, 적용기간 등은 대통령령으로 정한다. [★1]

제8관 계절관세

심화 제72조 (계절관세)
① 계절에 따라 가격의 차이가 심한 물품으로서 동종물품·유사물품 또는 대체물품의 수입으로 인하여 국내시장이 교란되거나 생산 기반이 붕괴될 우려가 있을 때에는 계절에 따라 해당 물품의 국내외 가격차에 상당하는 율의 범위에서 기본세율보다 높게 관세를 부과하거나 100분의 40의 범위의 율을 기본세율에서 빼고 관세를 부과할 수 있다.
② 제1항에 따른 관세를 부과하여야 하는 대상 물품, 세율 및 적용시한 등은 기획재정부령으로 정한다.

제9관 국제협력관세

심화 제73조 (국제협력관세)
① 정부는 우리나라의 대외무역 증진을 위하여 필요하다고 인정될 때에는 특정 국가 또는 국제기구와 관세에 관한 협상을 할 수 있다.
② 제1항에 따른 협상을 수행할 때 필요하다고 인정되면 관세를 양허할 수 있다. 다만, 특정 국가와 협상할 때에는 기본관세율의 100분의 50의 범위를 초과하여 관세를 양허할 수 없다.
③ 제2항에 따른 관세를 부과하여야 하는 대상 물품, 세율 및 적용기간 등은 대통령령으로 정한다.

제10관 편익관세

제74조 (편익관세의 적용기준 등)
① 관세에 관한 조약에 따른 편익을 받지 아니하는 나라의 생산물로서 우리나라에 수입되는 물품에 대하여 이미 체결된 외국과의 조약에 따른 편익의 한도에서 관세에 관한 편익("편익관세")을 부여할 수 있다. [★1]
② 편익관세를 부여할 수 있는 대상 국가, 대상 물품, 적용 세율, 적용방법, 그 밖에 필요한 사항은 대통령령으로 정한다.

제11관 일반특혜관세

제76조 (일반특혜관세의 적용기준)
① 부과대상
대통령령으로 정하는 **개발도상국가**("특혜대상국")를 원산지로 하는 물품 중 대통령령으로 정하는 물품("특혜대상물품")에 대하여는 기본세율보다 낮은 세율의 관세("일반특혜관세")를 부과할 수 있다. [★1]
② 적용제한
일반특혜관세를 부과할 때 해당 특혜대상물품의 수입이 국내산업에 미치는 영향 등을 고려하여 그 물품에 적용되는 세율에 차등을 두거나 특혜대상물품의 수입수량 등을 한정할 수 있다.

③ 특혜우대

국제연합총회의 결의에 따른 최빈 개발도상국 중 대통령령으로 정하는 국가를 원산지로 하는 물품에 대하여는 다른 특혜대상국보다 우대하여 일반특혜관세를 부과할 수 있다.

④ 위임

특혜대상물품에 적용되는 세율 및 적용기간과 그 밖에 필요한 사항은 대통령령으로 정한다.

제77조(일반특혜관세의 적용 정지 등)

① 적용정지

기획재정부장관은 특정한 특혜대상 물품의 수입이 증가하여 이와 동종의 물품 또는 직접적인 경쟁관계에 있는 물품을 생산하는 국내산업에 중대한 피해를 주거나 줄 우려가 있는 등 일반특혜관세를 부과하는 것이 적당하지 아니하다고 판단될 때에는 대통령령으로 정하는 바에 따라 해당 물품과 그 물품의 원산지인 국가를 지정하여 일반특혜관세의 적용을 정지할 수 있다. [★1]

※ 사전협의가 필요하지 않음

② 적용배제

기획재정부장관은 특정한 특혜대상국의 소득수준, 우리나라의 총수입액 중 특정한 특혜대상국으로부터의 수입액이 차지하는 비중, 특정한 특혜대상국의 특정한 특혜대상물품이 지니는 국제경쟁력의 정도, 그 밖의 사정을 고려하여 일반특혜관세를 부과하는 것이 적당하지 아니하다고 판단될 때에는 대통령령으로 정하는 바에 따라 해당 국가를 지정하거나 해당 국가 및 물품을 지정하여 일반특혜관세의 적용을 배제할 수 있다.

제3절 세율의 적용 등

제81조(간이세율의 적용)

① 적용대상

다음 각 호의 어느 하나에 해당하는 물품 중 대통령령으로 정하는 물품에 대하여는 다른 법령에도 불구하고 간이세율을 적용할 수 있다.

1. 여행자 또는 외국을 오가는 운송수단의 승무원이 휴대하여 수입하는 물품
2. 우편물. 다만, 수입신고를 하여야 하는 것은 제외한다. [★1]
4. 탁송품 또는 별송품 [★1]

[관련 규정] 영 제96조(간이세율의 적용)

② 다음 각 호의 물품에 대하여는 간이세율을 적용하지 아니한다.

1. 관세율이 무세인 물품과 관세가 감면되는 물품 [★1]
2. 수출용원재료 [★1]
3. 법 제11장의 범칙행위에 관련된 물품
4. 종량세가 적용되는 물품 [★1]
5. 다음 각 목의 1에 해당하는 물품으로서 관세청장이 정하는 물품
   가. 상업용으로 인정되는 수량의 물품 [★2]
   나. 고가품
   다. 당해 물품의 수입이 국내산업을 저해할 우려가 있는 물품
   라. 법 제81조제4항의 규정에 의한 단일한 간이세율의 적용이 과세형평을 현저히 저해할 우려가 있는 물품
6. 화주가 수입신고를 할 때에 과세대상물품의 전부에 대하여 간이세율의 적용을 받지 아니할 것을 요청한 경우의 당해 물품

③ 세율의 산정

간이세율은 수입물품에 대한 관세, 임시수입부가세 및 내국세의 세율을 기초로 하여 대통령령으로 정한다. [★1]

예 시 '김무역'은 해외직구를 통해 미국에서 과세대상인 건강식품을 상당량 수입하였다. '김무역'이 수입한 물품에 대해 적용될 수 있는 세율로, 관세 및 내국세가 포함된 세율을 의미하는 것은 간이세율이다. [★1]

④ 단일세율

제1항제1호에 해당하는 물품으로서 그 총액이 대통령령으로 정하는 금액 이하인 물품에 대하여는 일반적으로 휴대하여 수입하는 물품의 관세, 임시수입부가세 및 내국세의 세율을 고려하여 제3항에 따른 세율을 단일한 세율로 할 수 있다.

제82조(합의에 따른 세율 적용)

① 합의에 따른 세율 적용

일괄하여 수입신고가 된 물품으로서 물품별 세율이 다른 물품에 대하여는 신고인의 신청에 따라 그 세율 중 가장 높은 세율을 적용할 수 있다. [★2]

② 효과

제1항을 적용할 때에는 제5장제2절(제119조부터 제132조까지)은 적용하지 아니한다.

심 화 제83조(용도세율의 적용)

① 별표 관세율표나 제50조제4항, 제51조, 제57조, 제63조, 제65조, 제67조의2, 제68조, 제70조부터 제74조까지 및 제76조에 따른 대통령령 또는 기획재정부령으로 용도에 따라 세율을 다르게 정하는 물품을 세율이 낮은 용도에 사용하여 해당 물품에 그 낮은 세율(이하 "용도세율"이라 한다)의 적용을 받으려는 자는 대통령령으로 정하는 바에 따라 세관장에게 신청하여야 한다. 다만, 대통령령으로 정하는 바에 따라 미리 세관장으로부터 해당 용도로만 사용할 것을 승인받은 경우에는 신청을 생략할 수 있다. [★1]

② 용도세율이 적용된 물품은 그 수입신고의 수리일부터 3년의 범위에서 대통령령으로 정하는 기준에 따라 관세청장이 정하는 기간에는 해당 용도 외의 다른 용도에 사용하거나 양도할 수 없다. 다만. 대통령령으로 정하는 바에 따라 미리 세관장의 승인을 받은 경우에는 그러하지 아니하다. [★1]

③ 제1항의 물품을 제2항에 따른 기간에 해당 용도 외의 다른 용도에 사용하거나 그 용도 외의 다른 용도에 사용하려는 자에게 양도한 경우에는 해당 물품을 특정용도 외에 사용한 자 또는 그 양도인으로부터 해당 물품을 특정용도에 사용할 것을 요건으로 하지 아니하는 세율에 따라 계산한 관세액과 해당 용도세율에 따라 계산한 관세액의 **차액에 상당하는 관세를 즉시 징수**하며, 양도인으로부터 해당 관세를 징수할 수 없을 때에는 그 양수인으로부터 즉시 징수한다. 다만, 재해나 그 밖의 부득이한 사유로 멸실되었거나 미리 세관장의 승인을 받아 폐기한 경우에는 그러하지 아니하다. [★1]

제4절 품목분류

[관련 규정] 품목분류체계와 HS CODE [★1]

1. 관세통계통합품목분류표의 호는 HS 협약의 내용을 그대로 수용하고 있다.

2. 각 국가 간에 품목분류에 대한 이견이 있는 경우에는 WCO의 결정을 통해 해결할 수 있다. [★1]

3. 우리나라의 경우 HSK(HS of KOREA) 10단위 체계를 사용하고 있으며, **6단위**까지는 세계공통으로 사용하고 있다. [★8]

4. 물품 수입 시 부과되는 관세율은 품목분류를 해야 결정될 수 있다.

5. 관세율표 해석에 관한 통칙은 관세율표 전반에 걸쳐 품목분류 결정 시 적용하여야 할 일반원칙이다. 이 원칙에 따라 모든 물품은 반드시 **하나의 호에 분류**되어야 한다는 일물일처의 원칙을 유지하고 있다. [★2]

6. 법적인 목적상 품목분류는 **각 호의 용어** 및 관련 **부 또는 류의 주**에 의하여 결정된다. [★7]

7. HS 품목분류표는 물품의 가공도가 **낮은 것에서부터 높아지는 순서**로 분류하는 것이 원칙으로 한다. [★3]

8. HS CODE는 호(Heading)보다 소호(Sub−Heading)의 수가 훨씬 많다. [★1]

9. 관세율은 관세법의 별표인 관세율표에 규정되어 있다. 기획재정부장관은 관세율표를 기초로 HS품목분류표를 고시하고 있다. [★1]

10. HS 품목분류표의 법적 구속력이 있는 것은 통칙, 주 규정(Note), 호의 용어이다. [★1]

11. HS 품목분류표의 호(heading)란 류(chapter)에 속한 전체 물품을 각각의 4단위 번호로 나눈 것이다. [★1]

12. 관세율은 관세법의 별표인 관세율표에 규정되어 있다. 기획재정부장관은 관세율표를 기초로 HS 품목분류표를 고시하고 있다. [★1]

예시 8509.80−2000(얼음분쇄기) 단위별 분류

1. 2단위(류) 85 [★4]

2. 4단위(호) 8509 [★2]

해설 HS 품목분류표의 호(Heading)란 류(Chapter)에 속한 전체 물품을 각각의 4단위 번호로 나눈 것이다.

3. 6단위(소호) 8509.80 [★2] ※ FTA 원산지증명서 발행 시 소호까지만 기재한다.

4. HSK 10단위 8509.80−2000

해설 HS 품목분류표의 분류체계는 부, 류, 호, 소호로 세분되며, 10단위 코드인 HSK는 우리나라 관세통계통합품목분류표에서 추가 세분류한 것이다. [★1]

심화 관세법 별표 관세율표의 해석에 관한 통칙 [★3]

관세율표의 품목분류는 다음 원칙에 따른다.

1. 이 표의 부·류·절의 표제는 참조하기 위하여 규정한 것이다. 법적인 목적상 품목분류는 각 호의 용어와 관련 부나 류의 주에 따라 결정하되, 각 호나 주에서 따로 규정하지 않은 경우에는 다음 각 호의 규정에 따른다.

2. 이 통칙 제1호에 따라 품목분류를 결정할 수 없는 것은 다음 각 목에 따른다.

가. 각 호에 열거된 물품에는 불완전한 물품이나 미완성된 물품이 제시된 상태에서 완전한 물품이나 완성된 물품의 본질적인 특성을 지니고 있으면 그 불완전한 물품이나 미완성된 물품이 포함되는 것으로 본다. 또한 각 호에 열거된 물품에는 조립되지 않거나 분해된 상태로 제시된 완전한 물품이나 완성된 물품(이 통칙에 따라 완전한 물품이나 완성된 물품으로 분류되는 것을 포함한다)도 포함되는 것으로 본다.

나. 각 호에 열거된 재료·물질에는 해당 재료·물질과 다른 재료·물질과의 혼합물 또는 복합물이 포함되는 것으로 본다. 특정한 재료·물질로 구성된 물품에는 전부 또는 일부가 해당 재료·물질로 구성된 물품이 포함되는 것으로 본다. 두 가지 이상의 재료나 물질로 구성된 물품의 분류는 이 통칙 제3호에서 규정하는 바에 따른다.

3. 이 통칙 제2호 나목이나 그 밖의 다른 이유로 동일한 물품이 둘 이상의 호로 분류되는 것으로 볼 수 있는 경우의 품목분류는 다음 각 목에서 규정하는 바에 따른다. [★1]

　가. 가장 구체적으로 표현된 호가 일반적으로 표현된 호에 우선한다. 다만, 둘 이상의 호가 혼합물이나 복합물에 포함된 재료나 물질의 일부에 대해서만 각각 규정하거나 소매용으로 하기 위하여 세트로 된 물품의 일부에 대해서만 각각 규정하는 경우에는 그 중 하나의 호가 다른 호보다 그 물품에 대하여 더 완전하거나 상세하게 표현하고 있다 할지라도 각각의 호를 그 물품에 대하여 동일하게 구체적으로 표현된 호로 본다.

　나. 혼합물, 서로 다른 재료로 구성되거나 서로 다른 구성요소로 이루어진 복합물과 소매용으로 하기 위하여 세트로 된 물품으로서 가목에 따라 분류할 수 없는 것은 가능한 한 이들 물품에 본질적인 특성을 부여하는 재료나 구성요소로 이루어진 물품으로 보아 분류한다.

　다. 가목이나 나목에 따라 분류할 수 없는 물품은 동일하게 분류가 가능한 호 중에서 그 순서상 가장 마지막 호로 분류한다.

4. 이 통칙 제1호부터 제3호까지에 따라 분류할 수 없는 물품은 그 물품과 가장 유사한 물품이 해당되는 호로 분류한다.

5. 다음 각 목의 물품에는 이 통칙 제1호부터 제4호까지를 적용하는 외에 다음 사항을 적용한다.

　가. 사진기 케이스·악기 케이스·총 케이스·제도기 케이스·목걸이 케이스와 이와 유사한 용기는 특정한 물품이나 물품의 세트를 담을 수 있도록 특별한 모양으로 되어 있거나 알맞게 제조되어 있고, 장기간 사용하기에 적합하며, 그 내용물과 함께 제시되어 그 내용물과 함께 정상적으로 판매되는 종류의 물품인 때에는 그 내용물과 함께 분류한다. 다만, 용기가 전체 물품에 본질적인 특성을 부여하는 경우에는 그렇지 않다.

　나. 가목에 해당하는 것은 그에 따르고, 내용물과 함께 제시되는 포장재료와 포장용기는 이들이 그러한 물품의 포장용으로 정상적으로 사용되는 것이라면 그 내용물과 함께 분류한다. 다만, 그러한 포장재료나 포장용기가 명백히 반복적으로 사용하기에 적합한 것이라면 그렇지 않다.

6. 법적인 목적상 어느 호 중 소호의 품목분류는 같은 수준의 소호들만을 서로 비교할 수 있다는 점을 조건으로 해당 소호의 용어와 관련 소호의 주에 따라 결정하며, 위의 모든 통칙을 준용한다. 또한 이 통칙의 목적상 문맥에서 달리 해석되지 않는 한 관련 부나 류의 주도 적용한다.

7. 이 표에 규정되지 않은 품목분류에 관한 사항은 「통일상품명 및 부호체계에 관한 국제협약」에 따른다.

제84조(품목분류체계의 수정)

기획재정부장관은 「통일상품명 및 부호체계에 관한 국제협약」에 따른 관세협력이사회의 권고 또는 결정 등 대통령령으로 정하는 사유로 다음 각 호에 따른 표 또는 품목분류의 품목을 수정할 필요가 있는 경우 그 세율이 변경되지 아니하는 경우에는 대통령령으로 정하는 바에 따라 품목을 신설 또는 삭제하거나 다시 분류할 수 있다. [★1]

1. 별표 관세율표

2. 제73조 및 제76조에 따라 대통령령으로 정한 품목분류

3. 「통일상품명 및 부호체계에 관한 국제협약」 및 별표 관세율표를 기초로 기획재정부장관이 품목을 세분하여 고시하는 관세·통계통합품목분류표(이하 "품목분류표"라 한다)

제86조(특정물품에 적용될 품목분류의 사전심사)

① 신청

다음 각 호의 어느 하나에 해당하는 자는 제241조제1항에 따른 수출입신고를 하기 전에 대통령령으로 정하는 서류를 갖추어 관세청장에게 해당 물품에 적용될 별표 관세율표 또는 품목분류표상의 품목분류를 미리 심사하여 줄 것을 신청할 수 있다. [★8]

1. 물품을 **수출입하려는 자**

2. 수출할 물품의 **제조자**

3. 「관세사법」에 따른 관세사·관세법인 또는 통관취급법인("**관세사 등**")

② 심사 및 통지

제1항에 따른 심사("사전심사")의 신청을 받은 관세청장은 해당 물품에 적용될 품목분류를 심사하여 대통령령으로 정하는 기간 이내에 이를 신청인에게 통지하여야 한다. 다만, 제출자료의 미비 등으로 품목분류를 심사하기 곤란한 경우에는 그 뜻을 통지하여야 한다.

> **[관련 규정]** 영 제106조(특정물품에 적용될 품목분류의 사전심사 등)
> ① 법 제86조제1항·제3항 및 법 제87조제3항에 따라 특정물품에 적용될 품목분류의 사전심사 또는 재심사를 신청하려는 자는 관세청장에게 다음 각 호의 서류 및 물품을 제출하여야 한다. 다만, 관세청장은 물품의 성질상 견본을 제출하기 곤란한 물품으로서 견본이 없어도 품목분류 심사에 지장이 없고, 해당 물품의 통관 시에 세관장이 이를 확인할 수 있다고 인정되는 때에는 제2호에 따른 **견본의 제출을 생략하게 할 수 있다.** [★1]
> 　1. 물품의 품명·규격·제조과정·원산지·용도·통관예정세관 및 신청사유 등을 기재한 신청서
> 　2. 신청대상물품의 견본
> 　3. 그 밖의 설명자료
> ④ 법 제86조제2항 본문에서 "대통령령으로 정하는 기간"이란 사전심사의 신청을 받은 날부터 30일(다음 각 호의 기간은 제외한다)을 말한다. [★1]

③ 재심사 신청

통지를 받은 자는 통지받은 날부터 **30일** 이내에 대통령령으로 정하는 서류를 갖추어 관세청장에게 재심사를 신청할 수 있다. 이 경우 관세청장은 해당 물품에 적용될 품목분류를 재심사하여 대통령령으로 정하는 기간 이내에 이를 신청인에게 통지하여야 하며, 제출자료의 미비 등으로 품목분류를 심사하기 곤란한 경우에는 그 뜻을 통지하여야 한다. [★3]

④ 분석수수료

관세청장은 제2항 본문 및 제3항에 따라 품목분류를 심사 또는 재심사하기 위하여 해당 물품에 대한 구성재료의 물리적·화학적 분석이 필요한 경우에는 해당 품목분류를 심사 또는 재심사하여 줄 것을 신청한 자에게 기획재정부령으로 정하는 수수료를 납부하게 할 수 있다.

[관련 규정] 칙 제33조(품목분류 사전심사 및 재심사 신청물품에 대한 분석수수료)

법 제86조제6항에 따른 분석수수료는 분석이 필요한 물품에 대한 품목분류 사전심사 및 재심사 신청품목 당 3만원으로 한다. [★2]

⑤ 유효기간

제2항 본문에 따라 통지받은 사전심사 결과 또는 제3항에 따라 통지받은 재심사 결과는 제87조제1항 또는 제3항에 따라 **품목분류가 변경되기 전까지 유효**하다. [★5]

제4장 감면 · 환급 및 분할납부 등

제1절 감면

[관련 규정] 영 제112조(관세감면신청)

① 원칙적 감면신청시기

법 기타 관세에 관한 법률 또는 조약에 따라 관세를 감면받으려는 자는 해당 물품의 **수입신고 수리 전**에 감면신청서를 세관장에게 제출하여야 한다. 다만, 관세청장이 정하는 경우에는 감면신청을 간이한 방법으로 하게 할 수 있다. [★6]

② 예외적 감면신청시기

다음 각 호의 사유가 있는 경우에는 다음 각 호의 구분에 따른 기한까지 감면신청서를 제출할 수 있다.

1. 법 제39조제2항(납부고지)에 따라 관세를 징수하는 경우 : 해당 납부고지를 받은 날부터 5일 이내

2. 그 밖에 수입신고수리전까지 감면신청서를 제출하지 못한 경우 : 해당 수입신고수리일부터 15일 이내 (해당 물품이 보세구역에서 **반출되지 아니한 경우로 한정**한다) [★2]

[관련 규정] 영 제111조(관세경감률산정의 기준)

① 경감률 산정

법 제89조 · 법 제90조 · 법 제95조 및 법 제98조에 의한 관세의 경감에 있어서 경감률의 산정은 **실제로 적용되는 관세율**(법 제50조제2항제1호의 세율(1순위 세율)을 제외한다)을 기준으로 한다. [★2]

② 면제되는 관세범위에 포함되지 않는 세율

이 법 기타 법률 또는 조약에 의하여 관세를 면제하는 경우 면제되는 관세의 범위에 대하여 특별한 규정이 없는 때에는 법 제50조제2항제1호의 세율(1순위 세율)은 면제되는 관세의 범위에 포함되지 아니한다.

예시 ㈜커스브로가 수입통관 시 납부해야 할 최소 관세액은 얼마인가?

- 물품 가격(과세가격) : 1,000,000원
- 기본세율 : 8%
- 한 - 호주 FTA 세율 : 3.2%
- 감면율 : 50%(2022년 1월 1일~2022년 12월 31일)

해설 관세율 적용우선순위에 따라 2순위 세율인 한 - 호주 FTA세율(3.2%)가 적용되며, 감면율이 50%이므로 물품 가격에 적용될 최종 세율은 1.6%이다. 따라서, 과세 가격 1,000,000원에 관세율 1.6%을 곱하면 ㈜커스브로가 납부해야 할 최소 관세액은 16,000원이다.

답 16,000원

심화 제88조(외교관용 물품 등의 면세)

① 다음 각 호의 어느 하나에 해당하는 물품이 수입될 때에는 그 관세를 면제한다.

1. 우리나라에 있는 외국의 대사관·공사관 및 그 밖에 이에 준하는 기관의 업무용품

2. 우리나라에 주재하는 외국의 대사·공사 및 그 밖에 이에 준하는 사절과 그 가족이 사용하는 물품

3. 우리나라에 있는 외국의 영사관 빛 그 밖에 이에 순하는 기관의 업무용품

4. 우리나라에 있는 외국의 대사관·공사관·영사관 및 그 밖에 이에 준하는 기관의 직원 중 대통령령으로 정하는 직원과 그 가족이 사용하는 물품

5. 정부와 체결한 사업계약을 수행하기 위하여 외국계약자가 계약조건에 따라 수입하는 업무용품

6. 국제기구 또는 외국 정부로부터 우리나라 정부에 파견된 고문관·기술단원 및 그 밖에 기획재정부령으로 정하는 자가 사용하는 물품

② 제1항에 따라 관세를 면제받은 물품 중 기획재정부령으로 정하는 물품은 수입신고 수리일부터 3년의 범위에서 대통령령으로 정하는 기준에 따라 관세청장이 정하는 기간에 제1항의 용도 외의 다른 용도로 사용하기 위하여 양수할 수 없다. 다만, 대통령령으로 정하는 바에 따라 미리 세관장의 승인을 받았을 때에는 그러하지 아니하다.

③ 제2항에 따라 기획재정부령으로 정하는 물품을 제2항에 따른 기간에 제1항에 따른 용도 외의 다른 용도로 사용하기 위하여 양수한 경우에는 그 양수자로부터 면제된 관세를 즉시 징수한다.

제89조(세율불균형물품의 면세)

① 세율불균형을 시정하기 위하여 중소기업이 대통령령으로 정하는 바에 따라 세관장이 지정하는 공장에서 다음 각 호의 어느 하나에 해당하는 물품을 제조 또는 수리하기 위하여 사용하는 부분품과 원재료(수출한 후 외국에서 수리·가공되어 수입되는 부분품과 원재료의 가공수리분을 포함한다) 중 기획재정부령으로 정하는 물품에 대해서는 그 관세를 면제할 수 있다. [★1]

1. 항공기(부분품을 포함한다) [★1]

2. 반도체 제조용 장비(부속기기를 포함한다) [★1]

심화 제90조(학술연구용품의 감면)

① 다음 각 호의 어느 하나에 해당하는 물품이 수입될 때에는 그 관세를 감면할 수 있다.

1. 국가기관, 지방자치단체 및 기획재정부령으로 정하는 기관에서 사용할 학술연구용품·교육용품 및 실험실습용품으로서 기획재정부령으로 정하는 물품

2. 학교, 공공의료기관, 공공직업훈련원, 박물관, 그 밖에 이에 준하는 기획재정부령으로 정하는 기관에서 학술연구용·교육용·훈련용·실험실습용 및 과학기술연구용으로 사용할 물품 중 기획재정부령으로 정하는 물품

3. 제2호의 기관에서 사용할 학술연구용품·교육용품·훈련용품·실험실습용품 및 과학기술연구용품으로서 외국으로부터 기증되는 물품. 다만, 기획재정부령으로 정하는 물품은 제외한다.

4. 기획재정부령으로 정하는 자가 산업기술의 연구개발에 사용하기 위하여 수입하는 물품으로서 기획재정부령으로 정하는 물품

제91조(종교용품, 자선용품, 장애인용품 등의 면세)

다음 각 호의 어느 하나에 해당하는 물품이 수입될 때에는 그 관세를 면제한다.

1. 교회, 사원 등 종교단체의 의식에 사용되는 물품으로서 외국으로부터 **기증**되는 물품. 다만, 기획재정부령으로 정하는 물품은 제외한다. [★1]

2. 자선 또는 구호의 목적으로 기증되는 물품 및 기획재정부령으로 정하는 자선시설·구호시설 또는 사회복지시설에 기증되는 물품으로서 해당 용도로 직접 사용하는 물품. 다만, 기획재정부령으로 정하는 물품은 제외한다.

3. 국제적십자사·외국적십자사 및 기획재정부령으로 정하는 국제기구가 국제평화봉사활동 또는 국제친선활동을 위하여 기증하는 물품 [★1]

4. 시각장애인, 청각장애인, 언어장애인, 지체장애인, 만성신부전증환자, 희귀난치성질환자 등을 위한 용도로 특수하게 제작되거나 제조된 물품 중 기획재정부령으로 정하는 물품

5. 장애인복지시설 및 장애인의 재활의료를 목적으로 국가·지방자치단체 또는 사회복지법인이 운영하는 재활 병원·의원에서 장애인을 진단하고 치료하기 위하여 사용하는 의료용구

심화 제92조(정부용품 등의 면세)

다음 각 호의 어느 하나에 해당하는 물품이 수입될 때에는 그 관세를 면제할 수 있다.

1. 국가기관이나 지방자치단체에 기증된 물품으로서 공용으로 사용하는 물품. 다만, 기획재정부령으로 정하는 물품은 제외한다.

2. 정부가 외국으로부터 수입하는 군수품(정부의 위탁을 받아 정부 외의 자가 수입하는 경우를 포함한다) 및 국가원수의 경호용으로 사용하는 물품. 다만, 기획재정부령으로 정하는 물품은 제외한다.

3. 외국에 주둔하는 국군이나 재외공관으로부터 반환된 공용품

4. 과학기술정보통신부장관이 국가의 안전보장을 위하여 긴요하다고 인정하여 수입하는 비상통신용 물품 및 전파관리용 물품

5. 정부가 직접 수입하는 간행물, 음반, 녹음된 테이프, 녹화된 슬라이드, 촬영된 필름, 그 밖에 이와 유사한 물품 및 자료

6. 국가나 지방자치단체(이들이 설립하였거나 출연 또는 출자한 법인을 포함한다)가 환경오염(소음 및 진동을 포함한다)을 측정하거나 분석하기 위하여 수입하는 기계·기구 중 기획재정부령으로 정하는 물품

7. 상수도 수질을 측정하거나 이를 보전·향상하기 위하여 국가나 지방자치단체(이들이 설립하였거나 출연 또는 출자한 법인을 포함한다)가 수입하는 물품으로서 기획재정부령으로 정하는 물품

8. 국가정보원장 또는 그 위임을 받은 자가 국가의 안전보장 목적의 수행상 긴요하다고 인정하여 수입하는 물품

심화 제93조(특정물품의 면세 등)

다음 각 호의 어느 하나에 해당하는 물품이 수입될 때에는 그 관세를 면제할 수 있다.

1. 동식물의 번식·양식 및 종자개량을 위한 물품 중 기획재정부령으로 정하는 물품

2. 박람회, 국제경기대회, 그 밖에 이에 준하는 행사 중 기획재정부령으로 정하는 행사에 사용하기 위하여 그 행사에 참가하는 자가 수입하는 물품 중 기획재정부령으로 정하는 물품

3. 핵사고 또는 방사능 긴급사태 시 그 복구지원과 구호를 목적으로 외국으로부터 기증되는 물품으로서 기획재정부령으로 정하는 물품

4. 우리나라 선박이 외국 정부의 허가를 받아 외국의 영해에서 채집하거나 포획한 수산물(이를 원료로 하여 우리나라 선박에서 제조하거나 가공한 것을 포함한다. 이하 이 조에서 같다)

5. 우리나라 선박이 외국의 선박과 협력하여 기획재정부령으로 정하는 방법으로 채집하거나 포획한 수산물로서 해양수산부장관이 추천하는 것

6. 해양수산부장관의 허가를 받은 자가 기획재정부령으로 정하는 요건에 적합하게 외국인과 합작하여 채집하거나 포획한 수산물 중 해양수산부장관이 기획재정부장관과 협의하여 추천하는 것

7. 우리나라 선박 등이 채집하거나 포획한 수산물과 제5호 및 제6호에 따른 수산물의 포장에 사용된 물품으로서 재사용이 불가능한 것 중 기획재정부령으로 정하는 물품

8. 중소기업이 해외구매자의 주문에 따라 제작한 기계·기구가 해당 구매자가 요구한 규격 및 성능에 일치하는지를 확인하기 위하여 하는 시험생산에 필요한 원재료로서 기획재정부령으로 정하는 요건에 적합한 물품

9. 우리나라를 방문하는 외국의 원수와 그 가족 및 수행원의 물품

10. 우리나라의 선박이나 그 밖의 운송수단이 조난으로 인하여 해체된 경우 그 해체재 및 장비

11. 우리나라와 외국 간에 건설될 교량, 통신시설, 해저통로, 그 밖에 이에 준하는 시설의 건설 또는 수리에 필요한 물품

12. 우리나라 수출물품의 품질, 규격, 안전도 등이 수입국의 권한 있는 기관이 정하는 조건에 적합한 것임을 표시하는 수출물품에 붙이는 증표로서 기획재정부령으로 정하는 물품

13. 우리나라의 선박이나 항공기가 해외에서 사고로 발생한 피해를 복구하기 위하여 외국의 보험회사 또는 외국의 가해자의 부담으로 하는 수리 부분에 해당하는 물품

14. 우리나라의 선박이나 항공기가 매매계약상의 하자보수 보증기간 중에 외국에서 발생한 고장에 대하여 외국의 매도인의 부담으로 하는 수리 부분에 해당하는 물품

15. 국제올림픽·장애인올림픽·농아인올림픽 및 아시아운동경기·장애인아시아운동경기 종목에 해당하는 운동용구(부분품을 포함한다)로서 기획재정부령으로 정하는 물품

16. 국립묘지의 건설·유지 또는 장식을 위한 자재와 국립묘지에 안장되는 자의 관·유골함 및 장례용 물품

17. 피상속인이 사망하여 국내에 주소를 둔 자에게 상속되는 피상속인의 신변용품

18. 보석의 원석 및 나석으로서 기획재정부령으로 정하는 것

제94조(소액물품 등의 면세)

다음 각 호의 어느 하나에 해당하는 물품이 수입될 때에는 그 관세를 면제할 수 있다.

1. 우리나라의 거주자에게 수여된 훈장·기장 또는 이에 준하는 표창장 및 상패 [★2]

2. 기록문서 또는 그 밖의 서류

3. 상업용견본품 또는 광고용품으로서 기획재정부령으로 정하는 물품 [★1]

4. 우리나라 거주자가 받는 소액물품으로서 기획재정부령으로 정하는 물품 [★1]

[관련 규정] 칙 제45조(관세가 면제되는 소액물품)

① 법 제94조제3호에 따라 관세가 면제되는 물품은 다음 각 호와 같다.

1. 물품이 천공 또는 절단되었거나 통상적인 조건으로 판매할 수 없는 상태로 처리되어 견본품으로 사용될 것으로 인정되는 물품 [★2]

2. 판매 또는 임대를 위한 물품의 상품목록·가격표 및 교역안내서등 [★1]

3. **과세가격이 미화 250달러 이하**인 물품으로서 견본품으로 사용될 것으로 인정되는 물품 [★5]

4. 물품의 형상·성질 및 성능으로 보아 견본품으로 사용될 것으로 인정되는 물품 [★1]

② 법 제94조제4호의 규정에 의하여 관세가 면제되는 물품은 다음 각호와 같다.

1. 물품가격이 미화 **150달러** 이하의 물품으로서 **자가사용 물품**으로 인정되는 것. 다만, 반복 또는 분할하여 수입되는 물품으로서 관세청장이 정하는 기준에 해당하는 것을 제외한다. [★4]

2. 박람회 기타 이에 준하는 행사에 참가하는 자가 행사장안에서 관람자에게 무상으로 제공하기 위하여 수입하는 물품(전시할 기계의 성능을 보여주기 위한 원료를 포함한다). 다만, 관람자 1인당 제공량의 정상도착가격이 미화 5달러 상당액 이하의 것으로서 세관장이 타당하다고 인정하는 것에 한한다. [★1]

제95조(환경오염방지물품 등에 대한 감면)

① 다음 각 호의 어느 하나에 해당하는 물품으로서 **국내에서 제작하기 곤란한 물품**이 수입될 때에는 그 관세를 감면할 수 있다. [★1]

1. 오염물질(소음 및 진동을 포함한다)의 배출 방지 또는 처리를 위하여 사용하는 기계·기구·시설·장비로서 기획재정부령으로 정하는 것 [★1]

2. 폐기물 처리(재활용을 포함한다)를 위하여 사용하는 기계·기구로서 기획재정부령으로 정하는 것

3. 기계·전자기술 또는 정보처리기술을 응용한 공장 자동화 기계·기구·설비(그 구성기기를 포함한다) 및 그 핵심부분품으로서 기획재정부령으로 정하는 것

제96조(여행자 휴대품 및 이사물품 등의 감면)

① 다음 각 호의 어느 하나에 해당하는 물품이 수입될 때에는 그 관세를 면제할 수 있다.

1. 여행자의 휴대품 또는 별송품으로서 여행자의 입국 사유, 체재기간, 직업, 그 밖의 사정을 고려하여 기획재정부령으로 정하는 기준에 따라 세관장이 타당하다고 인정하는 물품

2. 우리나라로 거주를 이전하기 위하여 입국하는 자가 입국할 때 수입하는 이사물품으로서 거주 이전의 사유, 거주기간, 직업, 가족 수, 그 밖의 사정을 고려하여 기획재정부령으로 정하는 기준에 따라 세관장이 타당하다고 인정하는 물품

> **참조**
>
> 해외 이사물품 중 별도로 수입하는 물품은 천재지변 등 부득이한 사유가 있는 경우를 제외하고는 입국자가 입국한 날부터 6월 이내 도착한 경우만 이사물품 감면대상이다.

3. 국제무역선 또는 국제무역기의 승무원이 휴대하여 수입하는 물품으로서 항행일수, 체재기간, 그 밖의 사정을 고려하여 기획재정부령으로 정하는 기준에 따라 세관장이 타당하다고 인정하는 물품

② 여행자가 휴대품 또는 별송품(제1항제1호에 해당하는 물품은 제외한다)을 기획재정부령으로 정하는 방법으로 자진신고하는 경우에는 20만원을 넘지 아니하는 범위에서 해당 물품에 부과될 관세(제81조에 따라 간이세율을 적용하는 물품의 경우에는 간이세율을 적용하여 산출된 세액을 말한다)의 100분의 <u>30</u>에 상당하는 금액을 경감할 수 있다. [★1]

[관련 규정] 칙 제48조(관세가 면제되는 여행자 휴대품 등)

① 법 제96조제1항제1호에 따라 관세가 면제되는 물품은 다음 각 호의 어느 하나에 해당하는 것으로 한다.

1. 여행자가 통상적으로 몸에 착용하거나 휴대할 필요성이 있다고 인정되는 물품일 것

2. 비거주자인 여행자가 반입하는 물품으로서 본인의 직업상 필요하다고 인정되는 직업용구일 것

3. 세관장이 반출 확인한 물품으로서 재반입되는 물품일 것

4. 물품의 성질·수량·가격·용도 등으로 보아 통상적으로 여행자의 휴대품 또는 별송품인 것으로 인정되는 물품일 것

② 제1항에 따른 관세의 면제 한도는 여행자 1명의 휴대품 또는 별송품으로서 각 물품(제1항제1호에 따른 물품으로서 국내에서 반출된 물품과 제1항제3호에 따른 물품은 제외한다)의 과세가격 합계 기준으로 미화 800달러 이하(이하 이 항 및 제3항에서 "기본면세범위"라 한다)로 하고, 법 제196조제1항제1호 단서 및 같은 조 제2항에 따라 구매한 내국물품이 포함되어 있을 경우에는 기본면세범위에서 해당 내국물품의 구매가격을 공제한 금액으로 한다. 다만, 농림축산물 등 관세청장이 정하는 물품이 휴대품 또는 별송품에 포함되어 있는 경우에는 기본면세범위에서 해당 농림축산물 등에 대하여 관세청장이 따로 정한 면세한도를 적용할 수 있다. [★1]

③ 제2항에도 불구하고 술·담배·향수에 대해서는 기본면세범위와 관계없이 다음 표(이하 이 항에서 "별도면세범위"라 한다)에 따라 관세를 면제하되, 19세 미만인 사람이 반입하는 술·담배에 대해서는 관세를 면제하지 않고, 법 제196조제1항제1호 단서 및 같은 조 제2항에 따라 구매한 내국물품인 술·담배·향수가 포함되어 있을 경우에는 별도면세범위에서 해당 내국물품의 구매수량을 공제한다. 이 경우 해당 물품이 다음 표의 면세한도를 초과하여 관세를 부과하는 경우에는 해당 물품의 가격을 과세가격으로 한다.

구분	면세한도 [★1]			비고
술	2병			2병 합산하여 용량은 2리터(L) 이하, 가격은 미화 400달러 이하로 한다. [★1]
담배	궐련		200개	2 이상의 담배 종류를 반입하는 경우에는 한 종류로 한정한다.
	엽궐련		50개비	
	전자담배	궐련형	200개비	
		니코틴용액	20mL	
		기타유형	110그램	
	그 밖의 담배		250그램	
향수	100밀리리터			

제97조(재수출면세)

① 재수출기간

수입신고 수리일부터 다음 각 호의 어느 하나의 기간에 다시 수출하는 물품에 대하여는 그 관세를 면제할 수 있다. [★2]

1. 기획재정부령으로 정하는 물품 : 1년의 범위에서 대통령령으로 정하는 기준에 따라 세관장이 정하는 기간. 다만, 세관장은 부득이한 사유가 있다고 인정될 때에는 **1년**의 범위에서 그 기간을 연장할 수 있다. [★1]

예시 재수출면세대상물품 예시

수리를 위한 물품(수리를 위하여 수입되는 물품과 수리 후 수출하는 물품이 품목분류표상 10단위의 품목번호가 일치할 것으로 인정되는 물품만 해당한다)

2. 1년을 초과하여 수출하여야 할 부득이한 사유가 있는 물품으로서 기획재정부령으로 정하는 물품 : 세관장이 정하는 기간

[관련 규정] 영 제115조(재수출면세기간)

① 세관장은 법 제97조제1항의 규정에 의하여 재수출면세기간을 정하고자 하는 때에는 다음 각 호의 기간을 재수출면세기간으로 한다. 이 경우 재수출면세물품이 행정당국에 의하여 압류된 경우에는 해당 압류기간은 재수출면세 기간에 산입하지 않는다. [★1]

1. 일시 입국하는 자가 본인이 사용하고 재수출할 목적으로 직접 휴대하여 수입하거나 별도로 수입하는 신변용품·취재용품 및 이와 유사한 물품의 경우에는 입국 후 처음 출국하는 날까지의 기간 [★1]
2. 박람회·전시회·품평회 기타 이에 준하는 행사에 출품 또는 사용하기 위하여 수입하는 물품은 박람회 등의 행사기간종료일에 당해 물품을 재수출하는 데 필요한 기일을 더한 기간
3. 수리를 위한 물품 및 그 재료는 수리에 소요되는 것으로 인정되는 기간
4. 기타의 물품은 당해 물품의 반입계약에 관한 증빙서류에 의하여 확인되는 기간으로 하되, 반입계약에 관한 증빙서류에 의하여 확인할 수 없는 때에는 당해 물품의 성질·용도·수입자·내용연수 등을 고려하여 세관장이 정하는 기간

② 용도 외 사용 및 양도제한

제1항에 따라 관세를 면제받은 물품은 같은 항의 기간에 같은 항에서 정한 용도 외의 다른 용도로 사용되거나 양도될 수 없다. 다만, 대통령령으로 정하는 바에 따라 미리 세관장의 승인을 받았을 때에는 그러하지 아니하다. [★1]

③ 즉시징수

다음 각 호의 어느 하나에 해당하는 경우에는 수출하지 아니한 자, 용도 외로 사용한 자 또는 양도를 한 자로부터 면제된 관세를 즉시 징수하며, 양도인으로부터 해당 관세를 징수할 수 없을 때에는 양수인으로부터 면제된 관세를 즉시 징수한다. 다만, 재해나 그 밖의 부득이한 사유로 멸실되었거나 미리 세관장의 승인을 받아 폐기하였을 때에는 그러하지 아니하다. [★1]

1. 제1항에 따라 관세를 면제받은 물품을 같은 항에 규정된 기간 내에 수출하지 아니한 경우
2. 제1항에서 정한 용도 외의 다른 용도로 사용하거나 해당 용도 외의 다른 용도로 사용하려는 자에게 양도한 경우

④ 가산세

세관장은 제1항에 따라 관세를 면제받은 물품 중 기획재정부령으로 정하는 물품이 같은 항에 규정된 기간 내에 수출되지 아니한 경우에는 **500만원**을 넘지 아니하는 범위에서 해당 물품에 부과될 관세의 100분의 **20**에 상당하는 금액을 가산세로 징수한다. [★3]

제98조(재수출 감면)

① 장기간에 걸쳐 사용할 수 있는 물품으로서 그 수입이 임대차계약에 의하거나 도급계약 또는 수출계약의 이행과 관련하여 국내에서 일시적으로 사용하기 위하여 수입하는 물품 중 기획재정부령으로 정하는 물품이 그 수입신고 수리일부터 2년(장기간의 사용이 부득이한 물품으로서 기획재정부령으로 정하는 것 중 수입하기 전에 세관장의 승인을 받은 것은 4년의 범위에서 대통령령으로 정하는 기준에 따라 세관장이 정하는 기간을 말한다) 이내에 재수출되는 것에 대해서는 다음 각 호의 구분에 따라 그 관세를 경감할 수 있다. 다만, 외국과 체결한 조약·협정 등에 따라 수입되는 것에 대해서는 상호 조건에 따라 그 관세를 면제한다. [★2]

1. 재수출기간이 6개월 이내인 경우 : 해당 물품에 대한 관세액의 100분의 85

2. 재수출기간이 6개월 초과 1년 이내인 경우 : 해당 물품에 대한 관세액의 100분의 70

3. 재수출기간이 1년 초과 2년 이내인 경우 : 해당 물품에 대한 관세액의 100분의 55

4. 재수출기간이 2년 초과 3년 이내인 경우 : 해당 물품에 대한 관세액의 100분의 40

5. 재수출기간이 3년 초과 4년 이내인 경우 : 해당 물품에 대한 관세액의 100분의 30

[관련 규정] 칙 제52조(재수출감면 및 가산세징수 대상물품)
법 제98조제1항의 규정에 의하여 관세가 감면되거나 동조 제2항의 규정에 의하여 가산세가 징수되는 물품은 다음 각호의 요건을 갖춘 물품으로서 국내제작이 곤란함을 당해 물품의 생산에 관한 업무를 관장하는 중앙행정기관의 장 또는 그 위임을 받은 자가 확인하고 추천하는 기관 또는 기업이 수입하는 물품에 한한다. [★1]
1. 「법인세법 시행규칙」 제15조의 규정에 의한 내용연수가 5년(금형의 경우에는 2년) 이상인 물품
2. 개당 또는 셋트당 관세액이 **500만원** 이상인 물품 [★1]

예 시 재수출감면 예시
㈜커스브로는 스마트폰의 성능을 정밀검사하는 장비를 2년간 사용하기 위하여 임차 수입하기로 하였다. 해당기계는 국내에서 제작이 곤란한 장비로 기획재정부령으로 정한 요건을 갖춘 물품이다. 이때 적용가능한 감면은 재수출감면이다.

제99조(재수입면세)

다음 각 호의 어느 하나에 해당하는 물품이 수입될 때에는 그 관세를 면제할 수 있다.

1. 우리나라에서 수출(보세가공수출을 포함한다)된 물품으로서 해외에서 제조·가공·수리 또는 사용(장기간에 걸쳐 사용할 수 있는 물품으로서 임대차계약 또는 도급계약 등에 따라 해외에서 일시적으로 사용하기 위하여 수출된 물품이나 박람회, 전시회, 품평회, 국제경기대회, 그 밖에 이에 준하는 행사에 출품 또는 사용된 물품 등 기획재정부령으로 정하는 물품의 경우는 제외한다)되지 아니하고 수출신고 수리일부터 **2년** 내에 다시 수입되는 물품. 다만, 다음 각 목의 어느 하나에 해당하는 경우에는 관세를 면제하지 아니한다. [★8]

가. 해당 물품 또는 원자재에 대하여 관세를 감면받은 경우 [★1]

나. 이 법 또는 「수출용원재료에 대한 관세 등 환급에 관한 특례법」에 따른 환급을 받은 경우 [★6]

다. 이 법 또는 「수출용 원재료에 대한 관세 등 환급에 관한 특례법」에 따른 환급을 받을 수 있는 자 외의 자가 해당 물품을 재수입하는 경우. 다만, 재수입하는 물품에 대하여 환급을 받을 수 있는 자가 환급받을 권리를 포기하였음을 증명하는 서류를 재수입하는 자가 세관장에게 제출하는 경우는 제외한다.

라. 보세가공 또는 장치기간경과물품을 재수출조건으로 매각함에 따라 관세가 부과되지 아니한 경우

2. 수출물품의 용기로서 다시 수입하는 물품 [★6]

3. 해외시험 및 연구를 목적으로 수출된 후 재수입되는 물품 [★3]

   ※ 2년 기간 기준은 제99조 제1호에만 적용된다.

   예 시 재수입면세 예시
   ㈜커스브로는 액화수소를 생산하는 기업으로 수출 시에는 특수 제작된 용기를 이용하고 있다. 최근 ㈜커스브로는 수소자동차 개발 업체와 계약을 체결하여 액화 수소를 수출하고 특수 제작된 용기는 재활용을 위해 다시 수입하였다. 이 때 적용 가능한 면세는 재수입면세이다.

   예 시 재수입면세 예시
   ㈜커스브로는 스마트폰용 정밀가공한 부분품을 특수 제작된 플라스틱 용기에 담아 수출한다. 플라스틱 용기는 회수하여 국내 수입통관 후 수출에 재활용한다. 이때 적용 가능한 면세는 재수입면세이다.

   예 시 재수입면세 예시
   ㈜KITA는 영국의 A사에 스마트폰 1,000대를 수출하였다. 수출 후 원산지표시가 잘못된 것이 확인되어 즉시 해당 제품을 회수하여 수입통관 후 원산지 작업을 하였다. 이때 적용 가능한 면세는 재수입면세이다.

제100조(손상물품에 대한 감면)

① 수리 전 변질 및 손상

수입신고한 물품이 수입신고가 수리되기 전에 변질되거나 손상되었을 때에는 대통령령으로 정하는 바에 따라 그 관세를 경감할 수 있다. [★2]

② 감면물품 추징의 경우

이 법이나 그 밖의 법률 또는 조약·협정 등에 따라 관세를 감면받은 물품에 대하여 관세를 추징하는 경우 그 물품이 변질 또는 손상되거나 사용되어 그 가치가 떨어졌을 때에는 대통령령으로 정하는 바에 따라 그 관세를 경감할 수 있다.

제101조(해외임가공물품 등의 감면)

① 다음 각 호의 어느 하나에 해당하는 물품이 수입될 때에는 대통령령으로 정하는 바에 따라 그 관세를 경감할 수 있다. [★1]

1. 원재료 또는 부분품을 수출하여 기획재정부령으로 정하는 물품으로 제조하거나 가공한 물품

2. 가공 또는 수리할 목적으로 수출한 물품으로서 기획재정부령으로 정하는 기준에 적합한 물품 [★1]

> **심화** 제101조(해외임가공물품 등의 감면) 제2항
> ② 제1항의 물품이 다음 각 호의 어느 하나에 해당하는 경우에는 그 관세를 경감하지 아니한다.
> 1. 해당 물품 또는 원자재에 대하여 관세를 감면받은 경우. 다만, 제1항제2호의 경우는 제외한다.
> 2. 이 법 또는 「수출용원재료에 대한 관세 등 환급에 관한 특례법」에 따른 환급을 받은 경우
> 3. 보세가공 또는 장치기간경과물품을 재수출조건으로 매각함에 따라 관세가 부과되지 아니한 경우

> **예시** 해외임가공물품 등의 감면
> 전자부품 제조업체인 커스브로산업이 공장에서 사용하던 정밀기계가 고장을 일으켜 해외에서 수리를 한 후 수입하게 되었다. 이 경우 수입물품에 대한 관세법상 감면세 방법은 해외임가공물품 등의 감면이다.

> **[관련 규정]** 영 제119조(해외임가공물품에 대한 관세경감액)
> 법 제101조제1항에 따라 경감하는 관세액은 다음 각 호와 같다.
> 1. 법 제101조제1항제1호의 물품 : 수입물품의 제조·가공에 사용된 원재료 또는 부분품의 수출신고가격에 당해 수입물품에 적용되는 관세율을 곱한 금액 [★1]
> 2. 법 제101조제1항제2호의 물품 : 가공·수리물품의 수출신고가격에 해당 수입물품에 적용되는 관세율을 곱한 금액. 다만, 수입물품이 매매계약상의 하자보수보증 기간(수입신고수리 후 1년으로 한정한다) 중에 하자가 발견되거나 고장이 발생하여 외국의 매도인 부담으로 가공 또는 수리하기 위하여 수출된 물품에 대하여는 다음 각 목의 금액을 합한 금액에 해당 수입물품에 적용되는 관세율을 곱한 금액으로 한다.
> 가. 수출물품의 수출신고가격
> 나. 수출물품의 양륙항까지의 운임·보험료
> 다. 가공 또는 수리 후 물품의 선적항에서 국내 수입항까지의 운임·보험료
> 라. 가공 또는 수리의 비용에 상당하는 금액

제102조(관세감면물품의 사후관리)

① **제89조부터 제91조까지와 제93조 및 제95조**에 따라 관세를 감면받은 물품은 수입신고수리일부터 **3년**의 범위에서 대통령령으로 정하는 기준에 따라 관세청장이 정하는 기간에는 그 감면받은 용도 외의 다른 용도로 사용하거나 양도할 수 없다. 다만, 기획재정부령으로 정하는 물품과 대통령령으로 정하는 바에 따라 미리 세관장의 승인을 받은 물품의 경우에는 그러하지 아니하다. [★2]

> **[관련 규정]** 사후관리 관련 조문
> 제89조(세율불균형물품의 면세)
> 제90조(학술연구용품의 감면)
> 제91조(종교용품, 자선용품, 장애인용품 등의 면세)
> 제93조(특정물품의 면세 등)
> 제95조(환경오염방지물품 등에 대한 감면)

제2절 환급 및 분할납부 등

제106조(계약 내용과 다른 물품 등에 대한 관세 환급)

① 계약내용과 다른 물품에 대한 관세환급

<u>수입신고가 수리</u>된 물품이 계약 내용과 다르고 <u>수입신고</u> 당시의 <u>성질이나 형태가 변경되지</u> <u>아니한 경우</u>로서 다음 각 호의 어느 하나에 해당하는 경우에는 그 관세를 환급한다. [★5]

1. 외국으로부터 수입된 물품 : 보세구역 또는 자유무역지역 중 관세청장이 수출물품을 일정기간 보관하기 위하여 필요하다고 인정하여 고시하는 장소에 해당 물품을 반입 (수입신고 수리일부터 1년 이내에 반입한 경우로 한정한다)하였다가 다시 수출한 경우 [★2]

2. 보세공장에서 생산된 물품 : 수입신고 수리일부터 1년 이내에 보세공장에 해당 물품을 다시 반입한 경우

② 일부수출의 경우

제1항에 따른 수입물품으로서 세관장이 환급세액을 산출하는 데에 지장이 없다고 인정하여 승인한 경우에는 그 수입물품의 일부를 수출하였을 때에도 제1항에 따라 그 관세를 환급할 수 있다. [★2]

③ 폐기의 경우 [★1]

제1항과 제2항에 따른 수입물품의 수출을 갈음하여 이를 폐기하는 것이 부득이하다고 인정하여 그 물품을 수입신고 수리일부터 1년 내에 보세구역에 반입하여 미리 세관장의 승인을 받아 폐기하였을 때에는 그 관세를 환급한다.

④ 지정보세구역 장치물품의 환급

수입신고가 수리된 물품이 수입신고 수리 후에도 지정보세구역에 계속 장치되어 있는 중에 재해로 멸실되거나 변질 또는 손상되어 그 가치가 떨어졌을 때에는 대통령령으로 정하는 바에 따라 그 관세의 전부 또는 일부를 환급할 수 있다. [★1]

제106조의2(수입한 상태 그대로 수출되는 자가사용물품 등에 대한 관세 환급)

① 자가사용물품에 대한 관세환급

수입신고가 수리된 개인의 자가사용물품이 수입한 상태 그대로 수출되는 경우로서 다음 각 호의 어느 하나에 해당하는 경우에는 수입할 때 납부한 관세를 환급한다. 이 경우 수입한 상태 그대로 수출되는 경우의 기준은 대통령령으로 정한다. [★1]

1. 수입신고 수리일부터 6개월 이내에 보세구역 또는 「자유무역지역의 지정 및 운영에 관한 법률」에 따른 자유무역지역 중 관세청장이 수출물품을 일정기간 보관하기 위하여 필요하다고 인정하여 고시하는 장소에 반입하였다가 다시 수출하는 경우 [★1]

2. 수입신고 수리일부터 6개월 이내에 관세청장이 정하는 바에 따라 세관장의 확인을 받고 다시 수출하는 경우

3. 제241조제2항에 따라 수출신고가 생략되는 탁송품 또는 우편물로서 기획재정부령으로 정하는 금액(200만원) 이하인 물품을 수입신고 수리일부터 6개월 이내에 수출한 후 관세청장이 정하는 바에 따라 세관장의 확인을 받은 경우

참조

관세를 환급받기 위해서는 수입신고필증, 판매자가 발행한 환불 및 반품을 증명하는 자료, 수출신고 필증 등의 서류를 세관에 제출하여야 환급을 받을 수 있다.

② 보세판매장 환불에 따른 환급

여행자가 제96조제2항에 따라 자진신고한 물품이 다음 각 호의 어느 하나에 해당하게 된 경우에는 자진신고할 때 납부한 관세를 환급한다.

1. 제143조제1항제2호에 따른 국제무역선 또는 국제무역기 안에서 구입한 물품이 환불된 경우

2. 제196조에 따른 보세판매장에서 구입한 물품이 환불된 경우

제107조(관세의 분할납부)

① 천재지변 분할납부

세관장은 천재지변이나 그 밖에 대통령령으로 정하는 사유로 이 법에 따른 신고, 신청, 청구, 그 밖의 서류의 제출, 통지, 납부 또는 징수를 정하여진 기한까지 할 수 없다고 인정될 때에는 **1년**을 넘지 아니하는 기간을 정하여 대통령령으로 정하는 바에 따라 관세를 분할하여 납부하게 할 수 있다. [★1]

② 정책적 분할납부

다음 각 호의 어느 하나에 해당하는 물품이 수입될 때에는 세관장은 기획재정부령으로 정하는 바에 따라 5년을 넘지 아니하는 기간을 정하여 관세의 분할납부를 승인할 수 있다.

1. 시설기계류, 기초설비품, 건설용 재료 및 그 구조물과 공사용 장비로서 기획재정부장관이 고시하는 물품. 다만, 기획재정부령으로 정하는 업종에 소요되는 물품은 제외한다.

2. 정부나 지방자치단체가 수입하는 물품으로서 기획재정부령으로 정하는 물품

3. 학교나 직업훈련원에서 수입하는 물품과 비영리법인이 공익사업을 위하여 수입하는 물품으로서 기획재정부령으로 정하는 물품

4. 의료기관 등 기획재정부령으로 정하는 사회복지기관 및 사회복지시설에서 수입하는 물품으로서 기획재정부장관이 고시하는 물품

5. 기획재정부령으로 정하는 기업부설연구소, 산업기술연구조합 및 비영리법인인 연구기관, 그 밖에 이와 유사한 연구기관에서 수입하는 기술개발연구용품 및 실험실습용품으로서 기획재정부장관이 고시하는 물품

6. 기획재정부령으로 정하는 중소제조업체가 직접 사용하려고 수입하는 물품. 다만, 기획재정부령으로 정하는 기준에 적합한 물품이어야 한다.

7. 기획재정부령으로 정하는 기업부설 직업훈련원에서 직업훈련에 직접 사용하려고 수입하는 교육용품 및 실험실습용품 중 국내에서 제작하기가 곤란한 물품으로서 기획재정부장관이 고시하는 물품

[관련 규정] 칙 제59조(관세분할납부의 요건)

① 법 제107조제2항제1호의 규정에 의하여 관세를 분할납부할 수 있는 물품은 다음 각호의 요건을 갖추어야 한다.

  1. 법 별표 관세율표에서 부분품으로 분류되지 아니할 것

  2. 법 기타 관세에 관한 법률 또는 조약에 의하여 관세를 감면받지 아니할 것 [★1]

  3. 당해 관세액이 500만원 이상일 것. 다만, 「중소기업기본법」 제2조제1항의 규정에 의한 중소기업이 수입하는 경우에는 100만원 이상일 것 [★1]

  4. 법 제51조 내지 제72조의 규정을 적용받는 물품이 아닐 것 [★1]

④ 법 제107조제2항제6호의 규정에 의하여 관세를 분할납부할 수 있는 물품은 법 별표 관세율표 제84류·제85류 및 제90류에 해당하는 물품으로서 다음 각호의 요건을 갖추어야 한다.

  1. 법 기타 관세에 관한 법률 또는 조약에 의하여 관세의 감면을 받지 아니할 것 [★1]

  2. 당해 관세액이 **100만원** 이상일 것 [★1]

  3. 법 제51조 내지 제72조의 규정을 적용받는 물품이 아닐 것

  4. 국내에서 제작이 곤란한 물품으로서 당해 물품의 생산에 관한 사무를 관장하는 주무부처의 장 또는 그 위임을 받은 기관의 장이 확인한 것일 것 [★1]

제5장 납세자의 권리 및 불복절차

제1절 납세자의 권리

제110조(납세자권리헌장의 제정 및 교부)

① 제정 및 고시

관세청장은 제111조부터 제116조까지, 제116조의2 및 제117조에서 규정한 사항과 그 밖에 납세자의 권리보호에 관한 사항을 포함하는 납세자권리헌장을 제정하여 고시하여야 한다. [★1]

참조 납세자권리헌장에 포함되는 내용

제111조(관세조사권 남용 금지)
제112조(관세조사의 경우 조력을 받을 권리)
제113조(납세자의 성실성 추정 등)
제114조(관세조사의 사전통지와 연기신청)
제115조(관세조사의 결과 통지)
제116조(비밀유지)
제116조의2(고액·상습체납자의 명단공개)
제117조(정보의 제공)

---

② 교부

세관공무원은 다음 각 호의 어느 하나에 해당하는 경우에는 납세자권리헌장의 내용이 수록된 문서를 납세자에게 내주어야 하며, 조사사유, 조사기간, 납세자보호위원회에 대한 심의 요청사항·절차 및 권리구제 절차 등을 설명하여야 한다. [★3]

1. 관세범(「수출용 원재료에 대한 관세 등 환급에 관한 특례법」 규정에 따른 죄를 포함한다)에 관한 조사를 하는 경우

2. 관세조사를 하는 경우

3. 그 밖에 대통령령으로 정하는 경우

> **[관련 규정]** 영 제135조(납세자권리헌장의 교부시기)
>
> 법 제110조제2항제3호에서 "대통령령으로 정하는 경우"란 다음 각 호의 어느 하나에 해당하는 경우를 말한다.
>
> 1. 징수권의 확보를 위하여 압류를 하는 경우
> 2. 보세판매장에 대한 조사를 하는 경우

③ 교부생략

세관공무원은 납세자를 긴급히 체포·압수·수색하는 경우 또는 현행범인 납세자가 도주할 우려가 있는 등 조사목적을 달성할 수 없다고 인정되는 경우에는 납세자권리헌장을 내주지 아니할 수 있다. [★3]

제110조의2(통합조사의 원칙)

세관공무원은 특정한 분야만을 조사할 필요가 있는 등 대통령령으로 정하는 경우를 제외하고는 신고납부세액과 이 법 및 다른 법령에서 정하는 수출입 관련 의무 이행과 관련하여 그 권한에 속하는 사항을 통합하여 조사하는 것을 원칙으로 한다. [★1]

> **심화** 제110조의3(관세조사 대상자 선정)
> ① 세관장은 다음 각 호의 어느 하나에 해당하는 경우에 정기적으로 신고의 적정성을 검증하기 위하여 대상을 선정(이하 "정기선정"이라 한다)하여 조사를 할 수 있다. 이 경우 세관장은 객관적 기준에 따라 공정하게 그 대상을 선정하여야 한다.
> 1. 관세청장이 수출입업자의 신고 내용에 대하여 정기적으로 성실도를 분석한 결과 불성실 혐의가 있다고 인정하는 경우 [★1]
> 2. 최근 4년 이상 조사를 받지 아니한 납세자에 대하여 업종, 규모 등을 고려하여 대통령령으로 정하는 바에 따라 신고 내용이 적정한지를 검증할 필요가 있는 경우 [★1]
> 3. 무작위추출방식으로 표본조사를 하려는 경우 [★1]
> ② 세관장은 정기선정에 의한 조사 외에 다음 각 호의 어느 하나에 해당하는 경우에는 조사를 할 수 있다.
> 1. 납세자가 이 법에서 정하는 신고·신청, 과세가격결정자료의 제출 등의 납세협력의무를 이행하지 아니한 경우 [★2]
> 2. 수출입업자에 대한 구체적인 탈세제보 등이 있는 경우
> 3. 신고내용에 탈세나 오류의 혐의를 인정할 만한 자료가 있는 경우
> 4. 납세자가 세관공무원에게 직무와 관련하여 금품을 제공하거나 금품제공을 알선한 경우 [★1]
> ④ 세관장은 최근 2년간 수출입신고 실적이 일정금액 이하인 경우 등 대통령령으로 정하는 요건을 충족하는 자에 대해서는 제1항에 따른 조사를 하지 아니할 수 있다. 다만, 객관적인 증거자료에 의하여 과소 신고한 것이 명백한 경우에는 그러하지 아니하다.

제111조(관세조사권 남용 금지)

① 세관공무원은 적정하고 공평한 과세를 실현하고 통관의 적법성을 보장하기 위하여 필요한 최소한의 범위에서 관세조사를 하여야 하며 다른 목적 등을 위하여 조사권을 남용하여서는 아니 된다. [★1]

> **심화** 제111조(관세조사권 남용 금지) 제2항(중복조사금지)
> ② 세관공무원은 다음 각 호의 어느 하나에 **해당하는 경우를 제외하고는** 해당 사안에 대하여 이미 조사받은 자를 다시 조사할 수 **없다.**
> 1. 관세탈루 등의 혐의를 인정할 만한 명백한 자료가 있는 경우 [★1]
> 2. 이미 조사받은 자의 거래상대방을 조사할 필요가 있는 경우 [★2]
> 3. 제118조제4항제2호 후단 또는 제128조제1항제3호 후단(제132조제4항 본문에서 준용하는 경우를 포함한다)에 따른 재조사 결정에 따라 재조사를 하는 경우(결정서 주문에 기재된 범위의 재조사에 한정한다)
> 4. 납세자가 세관공무원에게 직무와 관련하여 금품을 제공하거나 금품제공을 알선한 경우 [★1]
> 5. 그 밖에 탈세혐의가 있는 자에 대한 일제조사 등 대통령령으로 정하는 경우 [★1]

제112조(관세조사의 경우 조력을 받을 권리)

납세자는 제110조제2항 각 호의 어느 하나에 해당하여 세관공무원에게 조사를 받는 경우에 **변호사, 관세사**로 하여금 조사에 참여하게 하거나 의견을 진술하게 할 수 있다. [★3]

제113조(납세자의 성실성 추정 등)

① 납세자의 성실성 추정

세관공무원은 납세자가 이 법에 따른 신고 등의 의무를 이행하지 아니한 경우 또는 납세자에게 구체적인 관세포탈 등의 혐의가 있는 경우 등 대통령령으로 정하는 경우를 제외하고는 납세자가 성실하며 납세자가 제출한 신고서 등이 진실한 것으로 추정하여야 한다. [★2]

② 질문 및 확인행위

제1항은 세관공무원이 납세자가 제출한 신고서 등의 내용에 관하여 질문을 하거나 신고한 물품에 대하여 확인을 하는 행위 등 대통령령으로 정하는 행위를 하는 것을 제한하지 아니한다.

제114조(관세조사의 사전통지와 연기신청)

① 사전통지

세관공무원은 제110조제2항 각 호의 어느 하나에 해당하는 조사를 하기 위하여 해당 장부, 서류, 전산처리장치 또는 그 밖의 물품 등을 조사하는 경우에는 조사를 받게 될 납세자(그 위임을 받은 자를 포함한다)에게 조사 시작 **15일** 전에 조사 대상, 조사 사유, 그 밖에 대통령령으로 정하는 사항을 통지하여야 한다. 다만, 다음 각 호의 어느 하나에 해당하는 경우에는 **그러하지 아니하다.** [★1]

1. 범칙사건에 대하여 조사하는 경우 [★2]

2. 사전에 통지하면 증거인멸 등으로 조사 목적을 달성할 수 없는 경우

② 연기신청

제1항에 따른 통지를 받은 납세자가 천재지변이나 그 밖에 대통령령으로 정하는 사유로 조사를 받기가 곤란한 경우에는 대통령령으로 정하는 바에 따라 해당 세관장에게 조사를 연기하여 줄 것을 신청할 수 있다.

> **심화** 제114조의2(장부·서류 등의 보관 금지)
> ① 세관공무원은 관세조사의 목적으로 납세자의 장부·서류 또는 그 밖의 물건("장부등")을 세관관서에 임의로 보관할 수 없다.
> ② 제1항에도 불구하고 세관공무원은 제110조의3제2항 각 호의 어느 하나의 사유에 해당하는 경우에는 조사목적에 필요한 최소한의 범위에서 납세자, 소지자 또는 보관자 등 정당한 권한이 있는 자가 임의로 제출한 장부등을 납세자의 동의를 받아 세관관서에 일시 보관할 수 있다.

심화 제115조(관세조사의 결과 통지)

세관공무원은 제110조제2항 각 호의 어느 하나에 해당하는 조사를 종료하였을 때에는 종료 후 20일 이내에 그 조사 결과를 서면으로 납세자에게 통지하여야 한다. 다만, 납세자가 폐업한 경우 등 대통령령으로 정하는 경우에는 그러하지 아니하다.

제116조(비밀유지)

① 세관공무원은 납세자가 이 법에서 정한 납세의무를 이행하기 위하여 제출한 자료나 관세의 부과·징수 또는 통관을 목적으로 업무상 취득한 자료 등("과세정보")을 타인에게 제공하거나 누설하여서는 아니 되며, 사용 목적 외의 용도로 사용하여서도 아니 된다. 다만, 다음 각 호의 어느 하나에 해당하는 경우에는 그 사용 목적에 맞는 범위에서 납세자의 과세정보를 제공할 수 있다. [★1]

1. 국가기관이 관세에 관한 쟁송이나 관세범에 대한 소추를 목적으로 과세정보를 요구하는 경우

2. 법원의 제출명령이나 법관이 발부한 영장에 따라 과세정보를 요구하는 경우

3. 세관공무원 상호간에 관세를 부과·징수, 통관 또는 질문·검사하는 데에 필요하여 과세정보를 요구하는 경우

4. 통계청장이 국가통계작성 목적으로 과세정보를 요구하는 경우

5. 다음 각 목에 해당하는 자가 급부·지원 등의 대상자 선정 및 그 자격을 조사·심사하는데 필요한 과세정보를 당사자의 동의를 받아 요구하는 경우

   가. 국가행정기관 및 지방자치단체

   나. 「공공기관의 운영에 관한 법률」에 따른 공공기관 중 대통령령으로 정하는 공공기관

   다. 「은행법」에 따른 은행

   라. 그 밖에 급부·지원 등의 업무와 관련된 자로서 대통령령으로 정하는 자

6. 제5호나목 또는 다목에 해당하는 자가 「대외무역법」 무역거래자의 거래, 지급, 수령 등을 확인하는데 필요한 과세정보를 당사자의 동의를 받아 요구하는 경우

7. 다른 법률에 따라 과세정보를 요구하는 경우

제116조의2(고액·상습체납자의 명단 공개)

① 명단공개 및 공개예외

관세청장은 제116조에도 불구하고 다음 각 호의 구분에 따라 해당 사항을 공개할 수 있다.

1. 체납발생일부터 1년이 지난 관세 및 내국세등(이하 이 항에서 "체납관세등"이라 한다)이 2억원 이상인 체납자 : 해당 체납자의 인적사항과 체납액 등. 다만, 체납관세등에

대하여 이의신청·심사청구 등 불복청구가 진행 중이거나 체납액의 일정금액 이상을 납부한 경우 등 대통령령으로 정하는 사유에 해당하는 경우에는 그러하지 아니하다. [★1]

2. 제270조제1항·제4항 및 제5항에 따른 범죄로 유죄판결이 확정된 자로서 같은 조에 따른 포탈, 감면, 면탈 또는 환급받은 관세 및 내국세등의 금액(이하 이 조에서 "포탈관세액"이라 한다)이 연간 2억원 이상인 자(이하 이 조에서 "관세포탈범"이라 한다) : 해당 관세포탈범의 인적사항과 포탈관세액 등. 다만, 제2항에 따른 관세정보위원회가 공개할 실익이 없거나 공개하는 것이 부적절하다고 인정하는 경우 등 대통령령으로 정하는 사유에 해당하는 경우에는 그러하지 아니하다.

② 관세정보위원회

체납자의 인적사항과 체납액 또는 관세포탈범의 인적사항과 포탈관세액 등에 대한 공개 여부를 심의 또는 재심의하고 체납자에 대한 감치 필요성 여부를 의결하기 위하여 관세청에 관세정보위원회를 둔다.

③ 소명기회 부여

관세청장은 심의위원회의 심의를 거친 공개대상예정자에게 체납자 또는 관세포탈범 명단 공개대상예정자임을 통지하여 소명할 기회를 **주어야 한다.** [★1]

⑤ 관보게재

제1항에 따른 공개는 관보에 게재하거나 관세청장이 지정하는 정보통신망 또는 관할 세관의 게시판에 게시하는 방법으로 한다. [★1]

심화 제116조의3(납세증명서의 제출 및 발급)

① 납세자(미과세된 자를 포함한다.)는 다음 각 호의 어느 하나에 해당하는 경우에는 대통령령으로 정하는 바에 따라 납세증명서를 제출하여야 한다.

1. 국가, 지방자치단체 또는 대통령령으로 정하는 정부관리기관으로부터 대금을 지급받을 경우

2. 「출입국관리법」에 따른 외국인등록 또는 「재외동포의 출입국과 법적 지위에 관한 법률」에 따른 국내거소신고를 한 외국인이 체류기간 연장허가 등 대통령령으로 정하는 체류허가를 법무부장관에게 신청하는 경우

3. 내국인이 해외이주 목적으로 「해외이주법」에 따라 외교부장관에게 해외이주신고를 하는 경우

심화 제116조의4(고액·상습체납자의 감치)

① 법원은 검사의 청구에 따라 체납자가 다음 각 호의 사유에 모두 해당하는 경우 결정으로 30일의 범위에서 체납된 관세(세관장이 부과·징수하는 내국세등을 포함한다. 이하 이 조에서 같다)가 납부될 때까지 그 체납자를 감치에 처할 수 있다.

1. 관세를 3회 이상 체납하고 있고, 체납발생일부터 각 1년이 경과하였으며, 체납금액의 합계가 2억원 이상인 경우

2. 체납된 관세의 납부능력이 있음에도 불구하고 정당한 사유 없이 체납한 경우

3. 관세정보위원회의 의결에 따라 해당 체납자에 대한 감치 필요성이 인정되는 경우

심화 제116조의5(출국금지 요청 등)

① 관세청장은 정당한 사유 없이 5천만원 이상의 관세(세관장이 부과·징수하는 내국세등을 포함한다.)를 체납한 자 중 대통령령으로 정하는 자에 대하여 법무부장관에게 「출입국관리법」에 따라 출국금지 또는 출국정지를 즉시 요청하여야 한다.

심화 제117조(정보의 제공)

세관공무원은 납세자가 납세자의 권리행사에 필요한 정보를 요구하면 신속하게 제공하여야 한다. 이 경우 세관공무원은 납세자가 요구한 정보와 관련되어 있어 관세청장이 정하는 바에 따라 납세자가 반드시 알아야 한다고 판단되는 그 밖의 정보도 함께 제공하여야 한다.

제118조(과세전적부심사)

① 과세전통지

세관장은 제38조의3제6항 또는 제39조제2항에 따라 **납부세액이나 납부하여야 하는 세액에 미치지 못한 금액을 징수하려는 경우**에는 미리 납세의무자에게 그 내용을 서면으로 통지하여야 한다. 다만, 다음 각 호의 어느 하나에 해당하는 경우에는 통지를 생략할 수 있다. [★4]

1. 통지하려는 날부터 3개월 이내에 관세부과의 제척기간이 만료되는 경우

2. 제28조(잠정가격신고)제2항에 따라 납세의무자가 확정가격을 신고한 경우 [★1]

3. 제38조제2항 단서에 따라 수입신고 수리 전에 세액을 심사하는 경우로서 그 결과에 따라 부족세액을 징수하는 경우 [★1]

4. 제97조(재수출면세)제3항에 따라 면제된 관세를 징수하거나 제102조(사후관리)제2항에 따라 감면된 관세를 징수하는 경우

5. 관세포탈죄로 고발되어 포탈세액을 징수하는 경우 [★1]

6. 그 밖에 관세의 징수가 곤란하게 되는 등 사전통지가 적당하지 아니한 경우로서 대통령령으로 정하는 경우

② 적부심사청구

납세의무자는 과세전통지를 받았을 때에는 그 통지를 받은 날부터 **30일** 이내에 기획재정부령으로 정하는 세관장에게 통지 내용이 적법한지에 대한 심사("**과세전적부심사**")를 청구할 수 있다. 다만, 법령에 대한 관세청장의 유권해석을 변경하여야 하거나 새로운 해석이 필요한 경우 등 대통령령으로 정하는 경우에는 관세청장에게 이를 청구할 수 있다. [★5]

③ 결정 및 통지

과세전적부심사를 청구받은 세관장이나 관세청장은 그 청구를 받은 날부터 30일 이내에 제124조에 따른 관세심사위원회의 심사를 거쳐 결정을 하고, 그 결과를 청구인에게

통지하여야 한다. 다만, 과세전적부심사 청구기간이 지난 후 과세전적부심사청구가 제기된 경우 등 대통령령으로 정하는 사유에 해당하는 경우에는 해당 위원회의 심사를 거치지 아니하고 결정할 수 있다. [★1]

심화 제118조(과세전적부심사) 제4항(결정내용)
④ 과세전적부심사 청구에 대한 결정은 다음 각 호의 구분에 따른다.
  1. 청구가 이유 없다고 인정되는 경우 : 채택하지 아니한다는 결정
  2. 청구가 이유 있다고 인정되는 경우 : 청구의 전부 또는 일부를 채택하는 결정. 이 경우 구체적인 채택의 범위를 정하기 위하여 사실관계 확인 등 추가적으로 조사가 필요한 경우에는 제1항 본문에 따른 통지를 한 세관장으로 하여금 이를 재조사하여 그 결과에 따라 당초 통지 내용을 수정하여 통지하도록 하는 재조사 결정을 할 수 있다.
  3. 청구기간이 지났거나 보정기간 내에 보정하지 아니하는 경우 또는 적법하지 아니한 청구를 하는 경우: 심사하지 아니한다는 결정

제2절 심사와 심판

제119조(불복의 신청)

① 불복의 신청

이 법이나 그 밖의 관세에 관한 법률 또는 조약에 따른 처분으로서 위법한 처분 또는 부당한 처분을 받거나 필요한 처분을 받지 못하여 권리나 이익을 침해당한 자는 이 절의 규정에 따라 그 처분의 취소 또는 변경을 청구하거나 필요한 처분을 청구할 수 있다. 다만, 다음 각 호의 처분에 대해서는 그러하지 아니하다.

1. 이 법에 따른 통고처분 [★3]
2. 「감사원법」에 따라 심사청구를 한 처분이나 그 심사청구에 대한 처분 [★1]
3. 이 법이나 그 밖의 관세에 관한 법률에 따른 과태료 부과처분

② 이의신청

제1항 각 호 외의 부분 본문에 따른 처분이 관세청장이 조사·결정 또는 처리하거나 하였어야 할 것인 경우를 제외하고는 그 처분에 대하여 심사청구 또는 심판청구에 앞서 이 절의 규정에 따른 이의신청을 **할 수 있다.** [★6]

⑤ 감사원법상 심사청구기간

제1항제2호의 심사청구는 그 처분을 한 것을 안 날(처분의 통지를 받았을 때에는 그 통지를 받은 날을 말한다)부터 90일 이내에 하여야 한다. [★1]

⑥ 감사원법상 심사청구를 거친 처분에 대한 행정소송

제1항제2호의 심사청구를 거친 처분에 대한 행정소송은 「행정소송법」에도 불구하고 그 심사청구에 대한 결정을 통지받은 날부터 90일 내에 처분청을 당사자로 하여 제기하여야 한다. [★3]

⑧ 내국세 등의 불복

수입물품에 부과하는 내국세등의 부과, 징수, 감면, 환급 등에 관한 세관장의 처분에 불복하는 자는 이 절에 따른 이의신청·심사청구 및 심판청구를 할 수 있다.

⑨ 이해관계인의 불복신청

이 법이나 그 밖의 관세에 관한 법률 또는 조약에 따른 처분으로 권리나 이익을 침해받게 되는 제2차 납세의무자 등 대통령령으로 정하는 이해관계인은 그 처분에 대하여 이 절에 따른 심사청구 또는 심판청구를 하여 그 처분의 취소 또는 변경이나 그 밖에 필요한 처분을 청구할 수 있다. 이 경우 제2항부터 제4항까지 및 제8항을 준용한다.

⑩ 중복제기금지 [★1]

동일한 처분에 대하여는 심사청구와 심판청구를 중복하여 제기할 수 없다. [★3]

제120조(「행정소송법」 등과의 관계)

② 행정소송 제기요건

제119조에 따른 위법한 처분에 대한 행정소송은 「행정소송법」에도 불구하고 이 법에 따른 심사청구 또는 심판청구와 그에 대한 결정을 **거치지 아니하면 제기할 수 없다.** 다만, 심사청구 또는 심판청구에 대한 재조사 결정에 따른 처분청의 처분에 대한 행정소송은 그러하지 아니하다. [★3]

③ 행정소송 제기기간

행정소송은 「행정소송법」에도 불구하고 심사청구나 심판청구에 따른 결정을 통지받은 날부터 90일 이내에 제기하여야 한다. 다만, 결정기간 내에 결정을 통지받지 못한 경우에는 결정을 통지받기 전이라도 그 결정기간이 지난 날부터 행정소송을 제기할 수 있다. [★2]

제121조(심사청구기간) [★5]

① 심사청구는 해당 처분을 한 것을 안 날(처분하였다는 통지를 받았을 때에는 통지를 받은 날을 말한다)부터 **90일** 이내에 제기하여야 한다. 이의신청을 거친 후 심사청구를 하려는 경우에는 이의신청에 대한 결정을 통지받은 날부터 **90일** 이내에 하여야 한다. [★1]

제122조(심사청구절차) [★1]

① 심사청구는 대통령령으로 정하는 바에 따라 불복하는 사유를 심사청구서에 적어 해당 처분을 하였거나 하였어야 하는 세관장을 거쳐 관세청장에게 하여야 한다.

제123조(심사청구서의 보정) [★1]

① 관세청장은 심사청구의 내용이나 절차가 이 절에 적합하지 아니하지만 보정할 수 있다고 인정되는 경우에는 20일 이내의 기간을 정하여 해당 사항을 보정할 것을 요구할 수 있다. 다만, 보정할 사항이 경미한 경우에는 직권으로 보정할 수 있다.

제124조(관세심사위원회)

① **과세전적부심사**, **심사청구** 및 **이의신청**을 심의 및 의결하기 위하여 세관 및 관세청에 각각 관세심사위원회를 둔다. [★2]

제125조(심사청구 등이 집행에 미치는 효력)

① 이의신청·심사청구 또는 심판청구는 법령에 특별한 규정이 있는 경우를 제외하고는 해당 처분의 집행에 효력을 미치지 아니한다. 다만, 해당 재결청이 처분의 집행 또는 절차의 속행 때문에 이의신청인, 심사청구인 또는 심판청구인에게 중대한 손해가 생기는 것을 예방할 긴급한 필요성이 있다고 인정할 때에는 처분의 집행 또는 절차 속행의 전부 또는 일부의 정지("집행정지")를 결정할 수 있다.

제126조(대리인)

① 이의신청인, 심사청구인 또는 심판청구인은 **변호사나 관세사**를 대리인으로 선임할 수 있다. [★3]

> **심화** 제127조(결정절차)
> ① 심사청구가 있으면 관세청장은 관세심사위원회의 의결에 따라 결정하여야 한다. 다만, 심사청구기간이 지난 후 심사청구가 제기된 경우 등 대통령령으로 정하는 사유에 해당하는 경우에는 그러하지 아니하다.
> ② 관세청장은 관세심사위원회의 의결이 법령에 명백히 위반된다고 판단하는 경우 구체적인 사유를 적어 서면으로 관세심사위원회에 한 차례에 한정하여 다시 심의할 것을 요청할 수 있다.
> ③ 관세심사위원회의 회의는 공개하지 아니한다. 다만, 관세심사위원회의 위원장이 필요하다고 인정할 때에는 공개할 수 있다.

> **심화** 제128조(결정)
> ① 심사청구에 대한 결정은 다음 각 호의 구분에 따른다.
> 　1. 심사청구가 다음 각 목의 어느 하나에 해당하는 경우: 그 청구를 각하하는 결정
> 　　가. 심판청구를 제기한 후 심사청구를 제기(같은 날 제기한 경우도 포함한다)한 경우
> 　　나. 제121조에 따른 심사청구 기간이 지난 후에 심사청구를 제기한 경우
> 　　다. 제123조에 따른 보정기간 내에 필요한 보정을 하지 아니한 경우
> 　　라. 적법하지 아니한 심사청구를 제기한 경우
> 　　마. 가목부터 라목까지의 규정에 따른 경우와 유사한 경우로서 대통령령으로 정하는 경우
> 　2. 심사청구가 이유 없다고 인정되는 경우: 그 청구를 기각하는 결정
> 　3. 심사청구가 이유 있다고 인정되는 경우: 그 청구의 대상이 된 처분의 취소·경정 또는 필요한 처분의 결정. 이 경우 취소·경정 또는 필요한 처분을 하기 위하여 사실관계 확인 등 추가적으로 조사가 필요한 경우에는 처분청으로 하여금 이를 재조사하여 그 결과에 따라 취소·경정하거나 필요한 처분을 하도록 하는 재조사 결정을 할 수 있다.

② 제1항에 따른 결정은 심사청구를 받은 날부터 90일 이내에 하여야 한다. 다만, 부득이한 사유가 있을 때에는 그러하지 아니하다.

심화 제128조의2(불고불리·불이익변경 금지)

① 관세청장은 제128조에 따른 결정을 할 때 심사청구를 한 처분 외의 처분에 대해서는 그 처분의 전부 또는 일부를 취소 또는 변경하거나 새로운 처분의 결정을 하지 못한다.

② 관세청장은 제128조에 따른 결정을 할 때 심사청구를 한 처분보다 청구인에게 불리한 결정을 하지 못한다.

참조 관세법상 행정심판 청구기간 [★1]

처분·부작위 발생	1	90일 이내	이의신청 (세관장 30일 이내 결정)	90일 이내	심사청구 (관세청장 90일 이내 결정)	90일 [★1] (불변기간)	행정소송
	2				심판청구 (조세심판원장 90일 이내 결정)		
	3	90일 이내			심사청구 (관세청장 90일 이내 결정)		
	4	90일 이내			심판청구 (조세심판원장 90일 이내 결정)		
	5	90일(불변기간)			감사원법상 심사청구 (감사원장 3월 이내 결정)		

제6장 운송수단

제1절 국제항

심화 제133조(국제항의 지정 등)

① 국제항은 대통령령으로 지정한다.

구분	국제항명
항구	인천항, 부산항, 마산항, 여수항, 목포항, 군산항, 제주항, 동해·묵호항, 울산항, 통영항, 삼천포항, 장승포항, 포항항, 장항항, 옥포항, 광양항, 평태·당진항, 대산항, 삼척항, 진해항, 완도항, 속초항, 고현항, 경인항, 보령항
공항	인천공항, 김포공항, 김해공항, 제주공항, 청주공항, 대구공항, 무안공항, 양양공항

심화 제134조(국제항 등에의 출입)

① 국제무역선이나 국제무역기는 국제항에 한정하여 운항할 수 있다. 다만, 대통령령으로 정하는 바에 따라 국제항이 아닌 지역에 대한 출입의 **허가**를 받은 경우에는 그러하지 아니하다. [★1]

제2절 선박과 항공기

제1관 입출항절차

심화 제135조(입항절차)

① 국제무역선이나 국제무역기가 국제항(제134조제1항 단서에 따라 출입허가를 받은 지역을 포함한다. 이하 같다)에 입항하였을 때에는 선장이나 기장은 대통령령으로 정하는 사항이 적힌 선박용품 또는 항공기용품의 목록, 여객명부, 승무원명부, 승무원 휴대품목록과 적재화물목록을 첨부하여 지체 없이 세관장에게 입항보고를 하여야 하며, 국제무역선은 선박국적증서와 최종 출발항의 출항허가증이나 이를 갈음할 서류를 제시하여야 한다. 다만, 세관장은 감시·단속에 지장이 없다고 인정될 때에는 선박용품 또는 항공기용품의 목록이나 승무원 휴대품목록의 첨부를 생략하게 할 수 있다.

제136조(출항절차)

① 국제무역선이나 국제무역기가 국제항을 출항하려면 선장이나 기장은 출항하기 전에 세관장에게 출항허가를 받아야 한다. [★1]

제137조(간이 입출항절차)

① 국제무역선이나 국제무역기가 국제항에 입항하여 물품(선박용품 또는 항공기용품과 승무원의 휴대품은 제외한다)을 하역하지 아니하고 입항한 때부터 24시간 이내에 출항하는 경우 세관장은 제135조에 따른 적재화물목록, 선박용품 또는 항공기용품의 목록, 여객명부, 승무원명부, 승무원 휴대품목록 또는 제136조에 따른 적재화물목록의 제출을 생략하게 할 수 있다.

제2관 재해나 그 밖의 부득이한 사유로 인한 면책 등

심화 제138조(재해나 그 밖의 부득이한 사유로 인한 면책)

① 제134조부터 제137조까지 및 제140조부터 제143조까지의 규정은 재해나 그 밖의 부득이한 사유에 의한 경우에는 적용하지 아니한다.

제139조(임시 외국 정박 또는 착륙의 보고)

재해나 그 밖의 부득이한 사유로 국내운항선이나 국내운항기가 외국에 임시 정박 또는 착륙하고 우리나라로 되돌아왔을 때에는 선장이나 기장은 지체 없이 그 사실을 세관장에게 보고하여야 하며, 외국에서 적재한 물품이 있을 때에는 그 목록을 제출하여야 한다. [★1]

제3관 물품의 하역

심화 제140조(물품의 하역)

① 국제무역선이나 국제무역기는 제135조에 따른 입항절차를 마친 후가 아니면 물품을 하역하거나 환적할 수 없다. 다만, 세관장의 허가를 받은 경우에는 그러하지 아니하다.

제141조(외국물품의 일시양륙 등)

다음 각 호의 어느 하나에 해당하는 행위를 하려면 세관장에게 신고를 하고, 현장에서 세관공무원의 확인을 받아야 한다. 다만, 관세청장이 감시·단속에 지장이 없다고 인정하여 따로 정하는 경우에는 간소한 방법으로 신고 또는 확인하거나 이를 생략하게 할 수 있다.

1. 외국물품을 운송수단으로부터 일시적으로 육지에 내려 놓으려는 경우
2. 해당 운송수단의 여객·승무원 또는 운전자가 아닌 자가 타려는 경우
3. 외국물품을 적재한 운송수단에서 다른 운송수단으로 물품을 환적 또는 복합환적하거나 사람을 이동시키는 경우

제142조(항외 하역)

① 국제무역선이 국제항의 바깥에서 물품을 하역하거나 환적하려는 경우에는 선장은 세관장의 허가를 받아야 한다.

제143조(선박용품 및 항공기용품의 하역 등)

① 다음 각 호의 어느 하나에 해당하는 물품을 국제무역선 또는 국제무역기에 하역하거나 환적하려면 세관장의 허가를 받아야 하며, 하역 또는 환적허가의 내용대로 하역하거나 환적하여야 한다.

1. 선박용품 또는 항공기용품
2. 국제무역선 또는 국제무역기 안에서 판매하는 물품

제7장 보세구역

제1절 통칙

제154조(보세구역의 종류)

보세구역은 지정보세구역·특허보세구역 및 종합보세구역으로 구분하고, 지정보세구역은 지정장치장 및 세관검사장으로 구분하며, 특허보세구역은 보세창고·보세공장·보세전시장·보세건설장 및 보세판매장으로 구분한다. [★7]

제155조(물품의 장치)

① 외국물품과 제221조제1항에 따른 **내국운송의 신고를 하려는 내국물품**은 보세구역이 아닌 장소에 장치할 수 없다. 다만, 다음 각 호의 어느 하나에 해당하는 물품은 그러하지 아니하다. [★2]

1. 수출신고가 수리된 물품 [★4]
2. 크기 또는 무게의 과다나 그 밖의 사유로 보세구역에 장치하기 곤란하거나 부적당한 물품 [★2]
3. 재해나 그 밖의 부득이한 사유로 임시로 장치한 물품 [★2]
4. 검역물품 [★5]
5. 압수물품 [★6]
6. 우편물품 [★3]

제156조(보세구역 외 장치의 허가) [★2]

① 제155조제1항제2호에 해당하는 물품을 보세구역이 아닌 장소에 장치하려는 자는 **세관장의 허가**를 받아야 한다.

② 세관장은 외국물품에 대하여 허가를 하려는 때에는 그 물품의 관세에 상당하는 담보의 제공, 필요한 시설의 설치 등을 명할 수 있다. [★1]

③ 허가를 받으려는 자는 기획재정부령으로 정하는 금액과 방법 등에 따라 수수료를 납부하여야 한다.

[관련 규정] 제65조(보세구역외 장치허가수수료)

보세구역외 장치허가수수료는 1만 8천원으로 한다. 이 경우 동일한 선박 또는 항공기로 수입된 동일한 화주의 화물을 동일한 장소에 반입하는 때에는 1건의 보세구역외 장치허가신청으로 보아 허가수수료를 징수한다. [★1]

제157조(물품의 반입 · 반출)

① 보세구역에 물품을 반입하거나 반출하려는 자는 대통령령으로 정하는 바에 따라 세관장에게 신고하여야 한다. [★3]

제157조의2(수입신고수리물품의 반출)

관세청장이 정하는 보세구역에 반입되어 수입신고가 수리된 물품의 화주 또는 반입자는 제177조(장치기간)에도 불구하고 그 수입신고 수리일부터 15일 이내에 해당 물품을 보세구역으로부터 반출하여야 한다. 다만, 외국물품을 장치하는 데에 방해가 되지 아니하는 것으로 인정되어 세관장으로부터 해당 반출기간의 연장승인을 받았을 때에는 그러하지 아니하다. [★1]

제158조(보수작업)

① 보수작업

보세구역에 장치된 물품은 그 현상을 유지하기 위하여 필요한 **보수작업**과 그 성질을 변하지 아니하게 하는 범위에서 포장을 바꾸거나 구분 · 분할 · 합병을 하거나 그 밖의 비슷한 **보수작업**을 할 수 있다. 이 경우 보세구역에서의 보수작업이 곤란하다고 세관장이 인정할 때에는 기간과 장소를 지정받아 보세구역 밖에서 보수작업을 할 수 있다. [★5]

② 승인

제1항에 따른 보수작업을 하려는 자는 **세관장**의 **승인**을 받아야 한다. [★4]

심화 제158조(보수작업) 제3항 및 제4항

③ 세관장은 제2항에 따른 승인의 신청을 받은 날부터 10일 이내에 승인 여부를 신청인에게 통지하여야 한다.

④ 세관장이 제3항에서 정한 기간 내에 승인 여부 또는 민원 처리 관련 법령에 따른 처리기간의 연장을 신청인에게 통지하지 아니하면 그 기간(민원 처리 관련 법령에 따라 처리기간이 연장 또는 재연장된 경우에는 해당 처리기간을 말한다)이 끝난 날의 다음 날에 승인을 한 것으로 본다.

⑤ 외국물품 의제

제1항에 따른 보수작업으로 외국물품에 부가된 내국물품은 **외국물품**으로 본다. [★4]

※ 수입통관 시 과세대상에 포함된다.

⑥ 외국물품 사용금지

외국물품은 수입될 물품의 보수작업의 재료로 사용할 수 **없다.** [★1]

제159조(해체·절단 등의 작업)

① 해체·절단 등의 작업

보세구역에 장치된 물품에 대하여는 그 원형을 변경하거나 해체·절단 등의 작업을 할 수 있다. [★1]

② 허가

제1항에 따른 작업을 하려는 자는 세관장의 허가를 받아야 한다.

제160조(장치물품의 폐기)

① 폐기승인

부패·손상되거나 그 밖의 사유로 보세구역에 장치된 물품을 폐기하려는 자는 세관장의 **승인**을 받아야 한다. [★3]

② 즉시징수

보세구역에 장치된 외국물품이 멸실되거나 폐기되었을 때에는 그 **운영인이나 보관인**으로부터 즉시 그 관세를 징수한다. 다만, 재해나 그 밖의 부득이한 사유로 멸실된 때와 미리 세관장의 승인을 받아 폐기한 때에는 예외로 한다. [★2]

③ 잔존물 과세

제1항에 따른 승인을 받은 외국물품 중 폐기 후에 남아 있는 부분에 대하여는 폐기 후의 성질과 수량에 따라 관세를 부과한다. [★3]

④ 폐기명령

세관장은 제1항에도 불구하고 보세구역에 장치된 물품 중 다음 각 호의 어느 하나에 해당하는 것은 화주, 반입자, 화주 또는 반입자의 위임을 받은 자나 「국세기본법」 규정에 따른 제2차 납세의무자("화주등")에게 이를 반송 또는 폐기할 것을 명하거나 화주등에게 통고한 후 폐기할 수 있다. 다만, 급박하여 통고할 여유가 없는 경우에는 폐기한 후 즉시 통고하여야 한다.

1. 사람의 생명이나 재산에 해를 끼칠 우려가 있는 물품
2. 부패하거나 변질된 물품
3. 유효기간이 지난 물품
4. 상품가치가 없어진 물품
5. 제1호부터 제4호까지에 준하는 물품으로서 관세청장이 정하는 물품

⑤ 공고

제4항에 따른 통고를 할 때 화주등의 주소나 거소를 알 수 없거나 그 밖의 사유로 통고할 수 없는 경우에는 공고로써 이를 갈음할 수 있다.

⑥ 비용부담 [★1]

제1항과 제4항에 따라 세관장이 물품을 폐기하거나 화주등이 물품을 폐기 또는 반송한 경우 그 비용은 화주등이 부담한다.

제161조(견본품 반출)

① 허가

보세구역에 장치된 외국물품의 전부 또는 일부를 견본품으로 반출하려는 자는 **세관장**의 허가를 받아야 한다. 국제무역선에서 물품을 하역하기 전에 외국물품의 일부를 견본품으로 반출하려는 경우에도 또한 같다. [★4]

④ 견본품 채취

세관공무원은 보세구역에 반입된 물품 또는 국제무역선에 적재되어 있는 물품에 대하여 검사상 필요하면 그 물품의 일부를 견본품으로 채취할 수 있다.

⑤ 의제

다음 각 호의 어느 하나에 해당하는 물품이 사용·소비된 경우에는 수입신고를 하여 관세를 납부하고 수리된 것으로 본다. [★2]

1. 제4항에 따라 채취된 물품
2. 다른 법률에 따라 실시하는 검사·검역 등을 위하여 견본품으로 채취된 물품으로서 세관장의 확인을 받은 물품

제164조(보세구역의 자율관리)

① 자율관리보세구역

보세구역 중 물품의 관리 및 세관감시에 지장이 없다고 인정하여 관세청장이 정하는 바에 따라 세관장이 지정하는 보세구역("자율관리보세구역")에 장치한 물품은 제157조에 따른 세관공무원의 참여와 이 법에 따른 절차 중 관세청장이 정하는 절차를 생략한다.

② 지정신청

보세구역의 화물관리인이나 운영인은 자율관리보세구역의 지정을 받으려면 세관장에게 지정을 신청하여야 한다.

③ 보세사 채용

제2항에 따라 자율관리보세구역의 지정을 신청하려는 자는 해당 보세구역에 장치된 물품을 관리하는 사람("보세사")을 채용하여야 한다. [★1]

제2절 지정보세구역

제1관 통칙

심화 제166조(지정보세구역의 지정)

① 세관장은 다음 각 호의 어느 하나에 해당하는 자가 소유하거나 관리하는 토지·건물 또는 그 밖의 시설(이하 이 관에서 "토지등"이라 한다)을 지정보세구역으로 지정할 수 있다.

1. 국가
2. 지방자치단체
3. 공항시설 또는 항만시설을 관리하는 법인

제167조(지정보세구역 지정의 취소) [★1]

세관장은 수출입물량이 감소하거나 그 밖의 사유로 지정보세구역의 전부 또는 일부를 보세구역으로 존속시킬 필요가 없어졌다고 인정될 때에는 그 지정을 취소하여야 한다.

제2관 지정장치장

제169조(지정장치장)

지정장치장은 통관을 하려는 물품을 일시 장치하기 위한 장소로서 세관장이 지정하는 구역으로 한다. [★1]

예시 지정장치장 활용예시

경제자유구역에 입주한 외국인투자기업이 사용할 첨단장비가 부산항에 도착하였다. 이 물품을 열차를 이용해 내륙지로 보세운송하여 장치한 다음 통관하고자 한다. 이 경우 수입하고자 하는 외국물품을 장치할 수 있는 관세법에 규정된 장소로는 지정장치장이 있다.

제170조(장치기간)

지정장치장에 물품을 장치하는 기간은 6개월의 범위에서 관세청장이 정한다. 다만, 관세청장이 정하는 기준에 따라 세관장은 3개월의 범위에서 그 기간을 연장할 수 있다.

제172조(물품에 대한 보관책임)

① 보관책임 [★1]

지정장치장에 반입한 물품은 **화주 또는 반입자**가 그 보관의 책임을 진다.

② 화물관리인 지정

세관장은 지정장치장의 질서유지와 화물의 안전관리를 위하여 필요하다고 인정할 때에는 화주를 갈음하여 보관의 책임을 지는 화물관리인을 지정할 수 있다. 다만, 세관장이 관리하는 시설이 아닌 경우에는 세관장은 해당 시설의 소유자나 관리자와 협의하여 화물관리인을 지정하여야 한다. [★1]

제3관 세관검사장

제173조(세관검사장)

① 세관검사장

세관검사장은 통관하려는 물품을 검사하기 위한 장소로서 세관장이 지정하는 지역으로 한다.

② 반입검사

세관장은 관세청장이 정하는 바에 따라 검사를 받을 물품의 전부 또는 일부를 세관검사장에 반입하여 검사할 수 있다.

③ 반입비용

제2항에 따라 세관검사장에 반입되는 물품의 채취·운반 등에 필요한 비용("검사비용")은 화주가 부담한다. 다만, 국가는 중소기업 또는 중견기업의 컨테이너 화물로서 해당 화물에 대한 검사 결과 이 법 또는 「대외무역법」 등 물품의 수출입과 관련된 법령을 위반하지 아니하는 경우의 물품 등 대통령령으로 정하는 물품에 대해서는 예산의 범위에서 관세청장이 정하는 바에 따라 해당 검사비용을 지원할 수 있다.

[관련 규정] 영 제187조의4(검사비용 지원 대상)

① 법 제173조제3항 단서에서 "중소기업 또는 중견기업의 컨테이너 화물로서 해당 화물에 대한 검사 결과 이 법 또는 「대외무역법」 등 물품의 수출입과 관련된 법령을 위반하지 아니하는 물품 등 대통령령으로 정하는 물품"이란 다음 각 호의 요건을 모두 갖춘 물품을 말한다.

1. 중소기업 또는 중견기업이 해당 물품의 화주일 것
2. 컨테이너로 운송되는 물품으로서 관세청장이 정하는 별도 검사 장소로 이동하여 검사받는 물품일 것
3. 검사 결과 법령을 위반하여 통고처분을 받거나 고발되는 경우가 아닐 것
4. 검사 결과 제출한 신고 자료(적재화물목록은 제외한다)가 실제 물품과 일치할 것
5. 예산의 범위에 따라 관세청장이 정하는 기준을 충족할 것

제3절 특허보세구역

제1관 통칙

제174조(특허보세구역의 설치·운영에 관한 특허)

① 특허보세구역을 설치·운영하려는 자는 세관장의 특허를 받아야 한다. 기존의 특허를 갱신하려는 경우에도 또한 같다.

> **참조** **제175조(운영인의 결격사유)**
>
> 다음 각 호의 어느 하나에 해당하는 자는 특허보세구역을 설치·운영할 수 없다. 다만, 제6호에 해당하는 자의 경우에는 같은 호 각 목의 사유가 발생한 해당 특허보세구역을 제외한 기존의 다른 특허를 받은 특허보세구역에 한정하여 설치·운영할 수 있다.
>
> 1. 미성년자
> 2. 피성년후견인과 피한정후견인
> 3. 파산선고를 받고 복권되지 아니한 자
> 4. 이 법을 위반하여 징역형의 실형을 선고받고 그 집행이 끝나거나 면제된 후 2년이 지나지 아니한 자
> 5. 이 법을 위반하여 징역형의 집행유예를 선고받고 그 유예기간 중에 있는 자
> 6. 제178조 제2항에 따라 특허보세구역의 설치·운영에 관한 특허가 취소된 후 2년이 지나지 아니한 자. 이 경우 동일한 사유로 다음 각 목 모두에 해당하는 경우에는 그 중 빠른 날을 기준으로 한다.
>   가. 제178조제2항에 따라 특허보세구역의 설치·운영에 관한 특허가 취소(이 조 제1호부터 제3호까지의 규정 중 어느 하나에 해당하여 특허가 취소된 경우는 제외한다)된 경우: 해당 특허가 취소된 날
>   나. 제276조제3항제3호의2 또는 같은 항 제6호에 해당하여 벌금형 또는 통고처분을 받은 경우: 벌금형을 선고받은 날 또는 통고처분을 이행한 날
> 7. 제269조부터 제271조까지, 제274조, 제275조의2 또는 제275조의3 또는 제275조의4에 따라 벌금형 또는 통고처분을 받은 자로서 그 벌금형을 선고받거나 통고처분을 이행한 후 2년이 지나지 아니한 자. 다만, 제279조에 따라 처벌된 개인 또는 법인은 제외한다.
> 8. 제2호부터 제7호까지에 해당하는 자를 임원으로 하는 법인

제176조(특허기간)

① 특허기간

특허보세구역의 특허기간은 10년 이내로 한다.

② 예외적인 특허기간

제1항에도 불구하고 보세전시장과 보세건설장의 특허기간은 다음 각 호의 구분에 따른다. 다만, 세관장은 전시목적을 달성하거나 공사를 진척하기 위하여 부득이하다고 인정할 만한 사유가 있을 때에는 그 기간을 연장할 수 있다.

1. 보세전시장 : 해당 박람회 등의 기간을 고려하여 세관장이 정하는 기간
2. 보세건설장 : 해당 건설공사의 기간을 고려하여 세관장이 정하는 기간

제176조의2(특허보세구역의 특례)

① 특허보세구역의 특례

세관장은 제196조제1항에 따라 물품을 판매하는 보세판매장 특허를 부여하는 경우에 중소기업 및 중견기업으로서 매출액, 자산총액 및 지분 소유나 출자 관계 등이 대통령령

으로 정하는 기준에 맞는 기업 중 제174조제3항에 따른 특허를 받을 수 있는 요건을 갖춘 자("중소기업등")에게 대통령령으로 정하는 일정 비율 이상의 특허를 부여하여야 하고, 「독점규제 및 공정거래에 관한 법률」에 따른 상호출자제한기업집단에 속한 기업에 대해 대통령령으로 정하는 일정 비율 이상의 특허를 부여할 수 없다. 다만, 세관장은 제196조제2항에 따라 물품을 판매하는 보세판매장의 경우에는 중소기업등에게만 특허를 부여할 수 있다.

⑤ 보세판매장의 특허기간

특허를 받은 자는 두 차례에 한정하여 대통령령으로 정하는 바에 따라 특허를 갱신할 수 있다. 이 경우 갱신기간은 한 차례당 5년 이내로 한다.

제177조(장치기간)

① 특허보세구역에 물품을 장치하는 기간은 다음 각 호의 구분에 따른다.

1. 보세창고 : 다음 각 목의 어느 하나에서 정하는 기간

   가. 외국물품(다목에 해당하는 물품은 제외한다) : 1년의 범위에서 관세청장이 정하는 기간. 다만, 세관장이 필요하다고 인정하는 경우에는 1년의 범위에서 그 기간을 연장할 수 있다. [★1]

   나. 내국물품(다목에 해당하는 물품은 제외한다) : 1년의 범위에서 관세청장이 정하는 기간

   다. 정부비축용물품, 정부와의 계약이행을 위하여 비축하는 방위산업용물품, 장기간 비축이 필요한 수출용원재료와 수출품보수용 물품으로서 세관장이 인정하는 물품, 국제물류의 촉진을 위하여 관세청장이 정하는 물품 : 비축에 필요한 기간 [★1]

2. 그 밖의 특허보세구역 : 해당 특허보세구역의 특허기간

심화 제178조(반입정지 등과 특허의 취소)

① 세관장은 특허보세구역의 운영인이 다음 각 호의 어느 하나에 해당하는 경우에는 관세청장이 정하는 바에 따라 6개월의 범위에서 해당 특허보세구역에의 물품반입 또는 보세건설·보세판매·보세전시 등("물품반입등")을 정지시킬 수 있다.

  1. 장치물품에 대한 관세를 납부할 자금능력이 없다고 인정되는 경우
  2. 본인이나 그 사용인이 이 법 또는 이 법에 따른 명령을 위반한 경우
  3. 해당 시설의 미비 등으로 특허보세구역의 설치 목적을 달성하기 곤란하다고 인정되는 경우
  4. 그 밖에 제1호부터 제3호까지의 규정에 준하는 것으로서 대통령령으로 정하는 사유에 해당하는 경우

② 세관장은 특허보세구역의 운영인이 다음 각 호의 어느 하나에 해당하는 경우에는 그 특허를 취소할 수 있다. 다만, 제1호, 제2호 및 제5호에 해당하는 경우에는 특허를 취소하여야 한다.

  1. 거짓이나 그 밖의 부정한 방법으로 특허를 받은 경우
  2. 제175조 각 호의 어느 하나에 해당하게 된 경우. 다만, 제175조제8호에 해당하는 경우로서 같은 조 제2호 또는 제3호에 해당하는 사람을 임원으로 하는 법인이 3개월 이내에 해당 임원을 변경한 경우에는 그러하지 아니하다.

3. 1년 이내에 3회 이상 물품반입등의 정지처분(제3항에 따른 과징금 부과처분을 포함한다)을 받은 경우

4. 2년 이상 물품의 반입실적이 없어서 세관장이 특허보세구역의 설치 목적을 달성하기 곤란하다고 인정하는 경우

5. 제177조의2를 위반하여 명의를 대여한 경우

③ 세관장은 제1항에 따른 물품반입등의 정지처분이 그 이용자에게 심한 불편을 주거나 공익을 해칠 우려가 있는 경우에는 특허보세구역의 운영인에게 물품반입등의 정지처분을 갈음하여 해당 특허보세구역 운영에 따른 매출액의 100분의 3 이하의 과징금을 부과할 수 있다. 이 경우 매출액 산정, 과징금의 금액, 과징금의 납부기한 등에 관하여 필요한 사항은 대통령령으로 정한다.

심화 제179조(특허의 효력상실 및 승계)

① 특허보세구역의 설치·운영에 관한 특허는 다음 각 호의 어느 하나에 해당하면 그 효력을 상실한다.

1. 운영인이 특허보세구역을 운영하지 아니하게 된 경우

2. 운영인이 해산하거나 사망한 경우

3. 특허기간이 만료한 경우

4. 특허가 취소된 경우

심화 제182조(특허의 효력상실 시 조치 등)

① 특허보세구역의 설치·운영에 관한 특허의 효력이 상실되었을 때에는 운영인이나 그 상속인 또는 승계법인은 해당 특허보세구역에 있는 외국물품을 지체 없이 다른 보세구역으로 반출하여야 한다.

② 특허보세구역의 설치·운영에 관한 특허의 효력이 상실되었을 때에는 해당 특허보세구역에 있는 외국물품의 종류와 수량 등을 고려하여 6개월의 범위에서 세관장이 지정하는 기간 동안 그 구역은 특허보세구역으로 보며, 운영인이나 그 상속인 또는 승계법인에 대해서는 해당 구역과 장치물품에 관하여 특허보세구역의 설치·운영에 관한 특허가 있는 것으로 본다.

제2관 보세창고

참조 제183조(보세창고)

① 보세창고에는 외국물품이나 통관을 하려는 물품을 장치한다.

② 운영인은 미리 세관장에게 신고를 하고 제1항에 따른 물품의 장치에 방해되지 아니하는 범위에서 보세창고에 내국물품을 장치할 수 있다. 다만, 동일한 보세창고에 장치되어 있는 동안 수입신고가 수리된 물품은 신고 없이 계속하여 장치할 수 있다.

③ 운영인은 보세창고에 1년(제2항 단서에 따른 물품은 6개월) 이상 계속하여 제2항에서 규정한 내국물품만을 장치하려면 세관장의 승인을 받아야 한다.

제3관 보세공장

제185조(보세공장)

① 보세공장의 기능

보세공장에서는 외국물품을 원료 또는 재료로 하거나 외국물품과 내국물품을 원료 또는 재료로 하여 제조·가공하거나 그 밖에 이와 비슷한 작업을 할 수 있다. [★4]

② 내국작업 허가

보세공장에서는 세관장의 **허가**를 받지 아니하고는 내국물품만을 원료로 하거나 재료로 하여 제조·가공하거나 그 밖에 이와 비슷한 작업을 할 수 **없다.** [★3]

[관련 규정] 영 제199조(보세공장원재료의 범위 등)

① 법 제185조에 따라 보세공장에서 보세작업을 하기 위하여 반입되는 원료 또는 재료("보세공장원재료")는 다음 각 호의 어느 하나에 해당하는 것을 말한다. 다만, **기계·기구 등의 작동 및 유지를 위한 연료,** 윤활유 등 제품의 생산·수리·조립·검사·포장 및 이와 유사한 작업에 간접적으로 투입되어 소모되는 물품은 제외한다. [★2]

1. 당해 보세공장에서 생산하는 제품에 물리적 또는 화학적으로 결합되는 물품 [★1]
2. 해당 보세공장에서 생산하는 제품을 제조·가공하거나 이와 비슷한 공정에 투입되어 소모되는 물품
3. 해당 보세공장에서 수리·조립·검사·**포장** 및 이와 유사한 작업에 **직접적으로** 투입되는 물품 [★1]

⑤ 보세공장 제한

보세공장 중 수입하는 물품을 제조·가공하는 것을 목적으로 하는 보세공장의 업종은 기획재정부령으로 정하는 바에 따라 제한할 수 있다.

[관련 규정] 규칙 제69조(보세공장업종의 제한)

법 제185조제5항에 따른 수입물품을 제조·가공하는 것을 목적으로 하는 보세공장의 업종은 다음 각호에 규정된 업종을 제외한 업종으로 한다.

1. 국내외 가격차에 상당하는 율로 양허한 농·임·축산물을 원재료로 하는 물품을 제조·가공하는 업종 [★1]
2. 국민보건 또는 환경보전에 지장을 초래하거나 풍속을 해하는 물품을 제조·가공하는 업종으로 세관장이 인정하는 업종

제186조(사용신고 등)

① 사용신고

운영인은 보세공장에 반입된 물품을 그 **사용 전**에 세관장에게 **사용신고**를 하여야 한다. 이 경우 세관공무원은 그 물품을 검사할 수 있다. [★3]

② 요건증명

제1항에 따라 사용신고를 한 외국물품이 마약, 총기 등 다른 법령에 따라 허가·승인· 표시 또는 그 밖의 요건을 갖출 필요가 있는 물품으로서 관세청장이 정하여 고시하는 물품인 경우에는 세관장에게 그 요건을 갖춘 것임을 증명**하여야 한다.** [★1]

제187조(보세공장 외 작업 허가)

① 세관장은 가공무역이나 국내산업의 진흥을 위하여 필요한 경우에는 대통령령으로 정하 는 바에 따라 기간, 장소, 물품 등을 정하여 해당 보세공장 외에서 제185조제1항에 따른 작업을 허가할 수 있다. [★1]

제188조(제품과세)

외국물품이나 외국물품과 내국물품을 원료로 하거나 재료로 하여 작업을 하는 경우 그로써 생긴 물품은 외국으로부터 우리나라에 도착한 물품으로 본다. [★1] 다만, 대통령령으로 정하는 바에 따라 세관장의 승인을 받고 외국물품과 내국물품을 혼용하는 경우에는 그로써 생긴 제품 중 해당 외국물품의 수량 또는 가격에 상응하는 것은 외국으로부터 우리나라에 도착한 물품으로 본다. [★2]

제189조(원료과세)

① 보세공장에서 제조된 물품을 수입하는 경우 제186조에 따른 사용신고 전에 미리 세관장에게 해당 물품의 원료인 외국물품에 대한 과세의 적용을 신청한 경우에는 제16조에도 불구하고 제186조에 따른 사용신고를 할 때의 그 원료의 성질 및 수량에 따라 관세를 부과한다. [★2]

제4관 보세전시장

제190조(보세전시장)

보세전시장에서는 박람회, 전람회, 견본품 전시회 등의 운영을 위하여 외국물품을 장치·전시하거나 사용할 수 있다.

제5관 보세건설장

제191조(보세건설장)

보세건설장에서는 산업시설의 건설에 사용되는 외국물품인 기계류 설비품이나 공사용 장비를 장치·사용하여 해당 건설공사를 할 수 있다.

제6관 보세판매장

제196조(보세판매장)

① 보세판매장의 기능

보세판매장에서는 다음 각 호의 어느 하나에 해당하는 조건으로 물품을 판매할 수 있다.

1. 해당 물품을 외국으로 반출할 것. 다만, 외국으로 반출하지 아니하더라도 대통령령으로 정하는 바에 따라 외국에서 국내로 입국하는 자에게 물품을 인도하는 경우에는 해당 물품을 판매할 수 있다. [★1]

2. 제88조제1항제1호부터 제4호까지의 규정에 따라 관세의 면제를 받을 수 있는 자가
   해당 물품을 사용할 것

② 입국장 면세점

제1항에도 불구하고 공항 및 항만 등의 입국경로에 설치된 보세판매장에서는 외국에서
국내로 입국하는 자에게 물품을 판매할 수 있다.

[관련 규정] 칙 제69조의4(보세판매장 판매한도)

① 법 제196조제2항에 따라 설치된 보세판매장의 운영인이 외국에서 국내로 입국하는 사람에게 물품(술·
   담배·향수는 제외한다)을 판매하는 때에는 미화 800달러의 한도에서 판매해야 하며, 술·담배·향수
   는 제48조제3항에 따른 별도면세범위에서 판매할 수 있다. [★1]

② 법 제196조제1항제1호 단서에 따라 입국장 인도장에서 인도하는 것을 조건으로 보세판매장의 운영인이
   판매할 수 있는 물품의 한도는 제1항과 같다.

③ 제1항 및 제2항에도 불구하고 제1항에 따른 입국장 면세점과 제2항에 따른 입국장 인도장이 동일한
   입국경로에 함께 설치된 경우 보세판매장의 운영인은 입국장 면세점에서 판매하는 물품(술·담배·향
   수는 제외한다)과 입국장 인도장에서 인도하는 것을 조건으로 판매하는 물품(술·담배·향수는 제외한
   다)을 합하여 미화 800달러의 한도에서 판매해야 하며, 술·담배·향수는 제48조제3항에 따른 별도면
   세범위에서 판매할 수 있다.

④ 판매제한

세관장은 보세판매장에서 판매할 수 있는 물품의 수량, 장치장소 등을 제한할 수 있다.
다만, 보세판매장에서 판매할 수 있는 물품의 종류, 판매한도는 기획재정부령으로 정한
다. [★1]

제4절 종합보세구역

제197조(종합보세구역의 지정 등)

① 지정

관세청장은 직권으로 또는 관계 중앙행정기관의 장이나 지방자치단체의 장, 그 밖에
종합보세구역을 운영하려는 자("지정요청자")의 요청에 따라 무역진흥에의 기여 정도,
외국물품의 반입·반출 물량 등을 고려하여 일정한 지역을 종합보세구역으로 지정할
수 있다.

② 종합보세기능 수행

종합보세구역에서는 보세창고·보세공장·보세전시장·보세건설장 또는 보세판매장
의 기능 중 둘 이상의 기능("종합보세기능")을 수행할 수 있다.

제199조의2(종합보세구역의 판매물품에 대한 관세 등의 환급)

① 외국인 관광객 등 대통령령으로 정하는 자가 종합보세구역에서 구입한 물품을 국외로
반출하는 경우에는 해당 물품을 구입할 때 납부한 관세 및 내국세등을 환급받을 수 있
다. [★1]

[관련 규정] 영 제216조의2(외국인관광객 등의 범위)
법 제199조의2제1항에서 "외국인 관광객 등 대통령령으로 정하는 자"란 「외국환거래법」에 따른 비거주자
("외국인관광객등")를 말한다. 다만, 다음 각 호의 자를 제외한다.
1. 법인
2. 국내에 주재하는 외교관(이에 준하는 외국공관원을 포함한다) [★1]
3. 국내에 주재하는 국제연합군과 미국군의 장병 및 군무원

제5절 유치 및 처분
제1관 유치 및 예치

제206조(유치 및 예치)

① 유치

세관장은 제1호에 해당하는 물품이 제2호의 사유에 해당하는 경우에는 해당 물품을 유
치할 수 있다. [★1]

1. 유치대상 : 다음 각 목의 어느 하나에 해당하는 물품

   가. 여행자의 휴대품

   나. 우리나라와 외국 간을 왕래하는 운송수단에 종사하는 승무원의 휴대품

2. 유치사유 : 다음 각 목의 어느 하나에 해당하는 경우

   가. 제226조에 따라 필요한 허가·승인·표시 또는 그 밖의 조건이 갖추어지지 아니
   한 경우 [★1]

   나. 제96조제1항제1호와 같은 항 제3호에 따른 관세의 면제 기준을 초과하여 반입하
   는 물품에 대한 관세를 납부하지 아니한 경우

   다. 제235조에 따른 지식재산권을 침해하는 물품을 수출하거나 수입하는 등 이 법에
   따른 의무사항을 위반한 경우

   라. 불법·불량·유해물품 등 사회안전 또는 국민보건을 해칠 우려가 있는 물품으로
   서 대통령령으로 정하는 경우

   마. 「국세징수법」 제30조 또는 「지방세징수법」 제39조의2에 따라 세관장에게 강제
   징수 또는 체납처분이 위탁된 해당 체납자가 물품을 수입하는 경우

② 유치해제

제1항에 따라 유치한 물품은 해당 사유가 없어졌거나 반송하는 경우에만 유치를 해제한다.

③ 예치

제1항제1호 각 목의 어느 하나에 해당하는 물품으로서 수입할 의사가 없는 물품은 세관장에게 신고하여 일시 예치시킬 수 있다. 다만, 부패·변질 또는 손상의 우려가 있는 물품 등 관세청장이 정하는 물품은 그러하지 아니하다.

제2관 장치기간경과물품의 매각

제208조(매각대상 및 매각절차)

① 세관장은 보세구역에 반입한 외국물품의 장치기간이 지나면 그 사실을 공고한 후 해당 물품을 매각할 수 있다. 다만, 다음 각 호의 어느 하나에 해당하는 물품은 기간이 지나기 전이라도 공고한 후 매각할 수 있다. [★3]

1. 살아 있는 동식물

2. 부패하거나 부패할 우려가 있는 것 [★1]

3. 창고나 다른 외국물품에 해를 끼칠 우려가 있는 것

4. 기간이 지나면 사용할 수 없게 되거나 상품가치가 현저히 떨어질 우려가 있는 것

5. 관세청장이 정하는 물품 중 화주가 요청하는 것

6. 이 법에 의한 강제징수, 「국세징수법」에 따른 강제징수 및 「지방세징수법」에 따른 체납처분을 위하여 세관장이 압류한 수입물품(외국으로부터 우리나라에 도착한 물품으로서 수입신고수리 전의 외국물품으로 한정한다)

제209조(통고)

① 세관장은 제208조제1항에 따라 외국물품을 매각하려면 그 화주등에게 통고일부터 1개월 내에 해당 물품을 수출·수입 또는 반송할 것을 통고하여야 한다. (반출통고) [★2]

제210조(매각방법)

① 제208조에 따른 매각은 일반경쟁입찰·지명경쟁입찰·수의계약·경매 및 위탁판매의 방법으로 하여야 한다. [★1]

제211조(잔금처리)

① 세관장은 제210조에 따른 매각대금을 그 매각비용, 관세, 각종 세금의 순으로 충당하고, 잔금이 있을 때에는 이를 화주에게 교부한다.

제212조(국고귀속)

① 세관장은 제210조에 따른 방법으로도 매각되지 아니한 물품에 대하여는 그 물품의 화주 등에게 장치 장소로부터 지체 없이 반출할 것을 통고하여야 한다.

② 제1항의 통고일부터 1개월 내에 해당 물품이 반출되지 아니하는 경우에는 소유권을 포기한 것으로 보고 이를 국고에 귀속시킬 수 있다.

제8장 운송

제1절 보세운송

제213조(보세운송의 신고)

① 보세운송구간

외국물품은 다음 각 호의 장소 간에 한정하여 외국물품 그대로 운송할 수 있다. 다만, 제248조에 따라 수출신고가 수리된 물품은 해당 물품이 장치된 장소에서 다음 각 호의 장소로 운송할 수 있다. [★1]

1. 국제항
2. 보세구역 [★1]
3. 제156조에 따라 허가된 장소 [★1]
4. 세관관서
5. 통관역
6. 통관장
7. 통관우체국

② 보세운송신고

제1항에 따라 보세운송을 하려는 자는 관세청장이 정하는 바에 따라 **세관장**에게 보세운송의 신고를 하여야 한다. 다만, 물품의 감시 등을 위하여 필요하다고 인정하여 대통령령으로 정하는 경우에는 세관장의 승인을 받아야 한다. [★1]

[관련 규정] 영 제226조(보세운송의 신고 등)

③ 법 제213조 제2항 단서에 따라 보세운송의 승인을 받아야 하는 경우는 다음 각 호의 어느 하나에 해당하는 물품을 운송하려는 경우를 말한다.

1. 보세운송된 물품중 다른 보세구역 등으로 재보세운송하고자 하는 물품 [★1]
2. 「검역법」·「식물방역법」·「가축전염병예방법」 등에 따라 검역을 요하는 물품
3. 「위험물안전관리법」에 따른 위험물
3의2. 「화학물질관리법」에 따른 유해화학물질
4. 비금속설
5. 화물이 국내에 도착된 후 최초로 보세구역에 반입된 날부터 30일이 경과한 물품 [★1]
6. 통관이 보류되거나 수입신고수리가 불가능한 물품 [★1]
7. 보세구역외 장치허가를 받은 장소로 운송하는 물품
8. 귀석·반귀석·귀금속·한약재·의약품·향료 등과 같이 부피가 작고 고가인 물품
9. 화주 또는 화물에 대한 권리를 가진 자가 직접 보세운송하는 물품 [★1]
10. 통관지가 제한되는 물품
11. 적재화물목록상 동일한 화주의 선하증권 단위의 물품을 분할하여 보세운송하는 경우 그 물품
12. 불법 수출입의 방지 등을 위하여 세관장이 지정한 물품
13. 법 및 법에 의한 세관장의 명령을 위반하여 관세범으로 조사를 받고 있거나 기소되어 확정판결을 기다리고 있는 보세운송업자등이 운송하는 물품

심화 제214조(보세운송의 신고인)

제213조제2항에 따른 신고 또는 승인신청은 다음 각 호의 어느 하나에 해당하는 자의 명의로 하여야 한다.

1. 화주
2. 관세사등
3. 보세운송업자

심화 제215조(보세운송 보고) [★1]

제213조제2항에 따라 보세운송의 신고를 하거나 승인을 받은 자는 해당 물품이 운송 목적지에 도착하였을 때에는 관세청장이 정하는 바에 따라 **도착지**의 세관장에게 보고하여야 한다.

제217조(보세운송기간 경과 시의 징수)

제213조제2항에 따라 신고를 하거나 승인을 받아 보세운송하는 외국물품이 지정된 기간 내에 목적지에 도착하지 아니한 경우에는 즉시 그 **관세**를 징수한다. 다만, 해당 물품이 재해나 그 밖의 부득이한 사유로 망실되었거나 미리 세관장의 승인을 받아 그 물품을 폐기하였을 때에는 그러하지 아니하다. [★2]

제9장 통관

제1절 통칙

제1관 통관요건

제226조(허가ㆍ승인 등의 증명 및 확인)

① 수출입을 할 때 법령에서 정하는 바에 따라 허가ㆍ승인ㆍ표시 또는 그 밖의 조건을 갖출 필요가 있는 물품은 <u>세관장에게</u> 그 허가ㆍ승인ㆍ표시 또는 그 밖의 조건을 갖춘 것임을 증명하여야 한다. [★5]

제227조(의무 이행의 요구)

① 세관장은 다른 법령에 따라 수입 후 특정한 용도로 사용하여야 하는 등의 의무가 부가되어 있는 물품에 대하여는 문서로써 해당 의무를 이행할 것을 요구할 수 있다. [★1]

제228조(통관표지)

세관장은 관세 보전을 위하여 필요하다고 인정할 때에는 대통령령으로 정하는 바에 따라 수입하는 물품에 통관표지를 첨부할 것을 명할 수 있다.

제2관 원산지의 확인 등

제229조(원산지 확인 기준)

① 이 법, 조약, 협정 등에 따른 관세의 부과ㆍ징수, 수출입물품의 통관, 제233조제3항의 확인요청에 따른 조사 등을 위하여 원산지를 확인할 때에는 다음 각 호의 어느 하나에 해당하는 나라를 원산지로 한다.

1. 해당 물품의 전부를 생산ㆍ가공ㆍ제조한 나라
2. 해당 물품이 2개국 이상에 걸쳐 생산ㆍ가공 또는 제조된 경우에는 그 물품의 본질적 특성을 부여하기에 충분한 정도의 실질적인 생산ㆍ가공ㆍ제조 과정이 최종적으로 수행된 나라

> **참조**
>
> 수출물품에 대한 원산지 결정기준이 수입국의 원산지 결정기준과 다른 경우에는 **수입국의 원산지 결정기준을 따를 수 있다. [★1]

[관련 규정] 칙 제74조(일반물품의 원산지결정기준)

① 완전생산기준

법 제229조제1항제1호의 규정에 의하여 원산지를 인정하는 물품은 다음 각호와 같다.

1. 당해 국가의 영역에서 생산된 광산물과 식물성 생산물

2. 당해 국가의 영역에서 번식 또는 사육된 산 동물과 이들로부터 채취한 물품

3. 당해 국가의 영역에서의 수렵 또는 어로로 채집 또는 포획한 물품

4. 당해 국가의 선박에 의하여 채집 또는 포획한 어획물 기타의 물품 [★1]

5. 당해 국가에서의 제조·가공의 공정 중에 발생한 부스러기 [★1]

6. 당해 국가 또는 그 선박에서 제1호 내지 제5호의 물품을 원재료로 하여 제조·가공한 물품

② 세번변경기준

법 제229조제1항제2호의 규정에 의하여 2개국 이상에 걸쳐 생산·가공 또는 제조(이하 이 조에서 "생산"이라 한다)된 물품의 원산지는 당해 물품의 생산과정에 사용되는 물품의 품목분류표상 6단위 품목번호와 다른 6단위 품목번호의 물품을 최종적으로 생산한 국가로 한다.

③ 따로 정하는 경우

관세청장은 제2항의 규정에 의하여 6단위 품목번호의 변경만으로 법 제229조제1항제2호의 규정에 의한 본질적 특성을 부여하기에 충분한 정도의 실질적인 생산과정을 거친 것으로 인정하기 곤란한 품목에 대하여는 주요공정·부가가치 등을 고려하여 품목별로 원산지기준을 따로 정할 수 있다.

④ 불인정 작업

다음 각호의 1에 해당하는 작업이 수행된 국가는 제2항의 규정에 의한 원산지로 인정하지 아니한다.

1. 운송 또는 보세구역장치중에 있는 물품의 보존을 위하여 필요한 작업

2. 판매를 위한 물품의 포장개선 또는 상표표시 등 상품성 향상을 위한 개수작업 [★1]

3. 단순한 선별·구분·절단 또는 세척작업

4. 재포장 또는 단순한 조립작업

5. 물품의 특성이 변하지 아니하는 범위안에서의 원산지가 다른 물품과의 혼합작업

6. 가축의 도축작업 [★1]

[관련 규정] 칙 제75조(특수물품의 원산지결정기준)

① 특수물품의 원산지 결정기준

제74조에도 불구하고 촬영된 영화용 필름, 부속품·예비부분품 및 공구와 포장용품은 다음 각 호의 구분에 따라 원산지를 인정한다.

1. 촬영된 영화용 필름은 그 제작자가 속하는 국가 [★1]

2. 기계·기구·장치 또는 차량에 사용되는 부속품·예비부분품 및 공구로서 기계·기구·장치 또는 차량과 함께 수입되어 동시에 판매되고 그 종류 및 수량으로 보아 통상 부속품·예비부분품 및 공구라고 인정되는 물품은 당해 기계·기구 또는 차량의 원산지

3. 포장용품은 그 내용물품의 원산지. 다만, 품목분류표상 포장용품과 내용품을 각각 별개의 품목번호로 하고 있는 경우에는 그러하지 아니한다.

[관련 규정] 칙 제76조(직접운송원칙)

법 제229조에 따라 원산지를 결정할 때 해당 물품이 원산지가 아닌 국가를 경유하지 아니하고 직접 우리나라에 운송·반입된 물품인 경우에만 그 원산지로 인정한다. 다만, 다음 각 호의 어느 하나에 해당하는 물품인 경우에는 우리나라에 직접 반입한 것으로 본다.

1. 다음 각 목의 요건을 모두 충족하는 물품일 것

가. 지리적 또는 운송상의 이유로 단순 경유한 것

나. 원산지가 아닌 국가에서 관세당국의 통제하에 보세구역에 장치된 것

다. 원산지가 아닌 국가에서 하역, 재선적 또는 그 밖에 정상 상태를 유지하기 위하여 요구되는 작업 외의 추가적인 작업을 하지 아니한 것

2. 박람회·전시회 및 그 밖에 이에 준하는 행사에 전시하기 위하여 원산지가 아닌 국가로 수출되어 해당 국가 관세당국의 통제하에 전시목적에 사용된 후 우리나라로 수출된 물품일 것

제230조(원산지 허위표시물품 등의 통관 제한)

세관장은 법령에 따라 원산지를 표시하여야 하는 물품이 다음 각 호의 어느 하나에 해당하는 경우에는 해당 물품의 통관을 허용하여서는 아니 된다. 다만, 그 위반사항이 경미한 경우에는 이를 보완·정정하도록 한 후 통관을 허용할 수 있다. [★1]

1. 원산지 표시가 법령에서 정하는 기준과 방법에 부합되지 아니하게 표시된 경우

2. 원산지 표시가 부정한 방법으로 사실과 다르게 표시된 경우 [★1]

3. 원산지 표시가 되어 있지 아니한 경우 [★1]

제230조의2(품질등 허위·오인 표시물품의 통관 제한)

세관장은 물품의 품질, 내용, 제조 방법, 용도, 수량("품질등")을 사실과 다르게 표시한 물품 또는 품질등을 오인할 수 있도록 표시하거나 오인할 수 있는 표지를 붙인 물품으로서 「부정경쟁방지 및 영업비밀보호에 관한 법률」, 「식품위생법」, 「산업표준화법」 등 품질등의 표시에 관한 법령을 위반한 물품에 대하여는 통관을 허용하여서는 아니 된다.

제231조(환적물품 등에 대한 유치 등)

① 세관장은 제141조에 따라 일시적으로 육지에 내려지거나 다른 운송수단으로 환적 또는 복합환적되는 외국물품 중 원산지를 우리나라로 허위 표시한 물품은 <u>유치</u>할 수 있다. [★2]

제232조(원산지증명서 등)

① 원산지증명서 제출

이 법, 조약, 협정 등에 따라 원산지 확인이 필요한 물품을 수입하는 자는 해당 물품의 원산지를 증명하는 서류("원산지증명서")를 제출하여야 한다. 다만, 대통령령으로 정하는 물품의 경우에는 그러하지 아니하다.

② 미제출 시 조치

세관장은 제1항에 따라 원산지 확인이 필요한 물품을 수입하는 자가 원산지증명서를 제출하지 아니하는 경우에는 이 법, 조약, 협정 등에 따른 관세율을 적용할 때 일반특혜관세·국제협력관세 또는 편익관세를 배제하는 등 관세의 편익을 적용하지 아니할 수 있다. [★1]

[관련 규정] 영 제236조(원산지증명서의 제출 등)

② 법 제232조제1항 단서의 규정에 의하여 다음 각호의 물품에 대하여는 제1항의 규정을 적용하지 아니한다.

1. 세관장이 물품의 종류·성질·형상 또는 그 상표·생산국명·제조자 등에 의하여 원산지를 확인할 수 있는 물품
2. 우편물(법 제258조제2항의 규정에 해당하는 것을 제외한나)
3. 과세가격(종량세의 경우에는 이를 법 제15조의 규정에 준하여 산출한 가격을 말한다)이 15만원 이하인 물품
4. 개인에게 무상으로 송부된 탁송품·별송품 또는 여행자의 휴대품
5. 기타 관세청장이 관계행정기관의 장과 협의하여 정하는 물품

제232조의2(원산지증명서의 발급 등)

① 이 법, 조약, 협정 등에 따라 관세를 양허받을 수 있는 물품의 수출자가 원산지증명서의 발급을 요청하는 경우에는 세관장이나 그 밖에 원산지증명서를 발급할 권한이 있는 기관은 그 수출자에게 원산지증명서를 발급하여야 한다.

제3관 통관의 제한

제234조(수출입의 금지)

다음 각 호의 어느 하나에 해당하는 물품은 수출하거나 수입할 수 없다.

1. 헌법질서를 문란하게 하거나 공공의 안녕질서 또는 풍속을 해치는 서적·간행물·도화, 영화·음반·비디오물·조각물 또는 그 밖에 이에 준하는 물품
2. 정부의 기밀을 누설하거나 첩보활동에 사용되는 물품 [★1]
3. 화폐·채권이나 그 밖의 유가증권의 위조품·변조품 또는 모조품

제235조(지식재산권 보호)

① 보호대상

다음 각 호의 어느 하나에 해당하는 지식재산권을 침해하는 물품은 **수출**하거나 수입할 수 없다. [★5]

1. 「상표법」에 따라 설정등록된 상표권 [★3]
2. 「저작권법」에 따른 저작권과 저작인접권("저작권등") [★2]
3. 「식물신품종 보호법」에 따라 설정등록된 품종보호권
4. 「농수산물 품질관리법」에 따라 등록되거나 조약·협정 등에 따라 보호대상으로 지정된 지리적표시권 또는 지리적표시("지리적표시권등") [★2]
5. 「특허법」에 따라 설정등록된 특허권 [★1]
6. 「디자인보호법」에 따라 설정등록된 디자인권 [★1]

[관련 규정] 영 제243조(적용의 배제)

상업적 목적이 아닌 개인용도에 사용하기 위한 여행자휴대품으로서 소량으로 수출입되는 물품에 대하여는 법 제235조제1항을 적용하지 아니한다. [★2]

② 지식재산권 신고

관세청장은 제1항 각 호에 따른 지식재산권을 침해하는 물품을 효율적으로 단속하기 위하여 필요한 경우에는 해당 지식재산권을 관계 법령에 따라 등록 또는 설정등록한 자 등으로 하여금 해당 지식재산권에 관한 사항을 신고하게 할 수 있다. [★1]

③ 보호범위

세관장은 다음 각 호의 어느 하나에 해당하는 물품이 제2항에 따라 신고된 지식재산권을 침해하였다고 인정될 때에는 그 지식재산권을 신고한 자에게 해당 물품의 수출입, 환적, 복합환적, 보세구역 반입, 보세운송 일시양륙의 신고("수출입신고등") 또는 통관 우체국 도착 사실을 통보하여야 한다. 이 경우 통보를 받은 자는 세관장에게 담보를 제공하고 해당 물품의 통관 보류나 유치를 요청할 수 있다. [★1]

1. 수출입신고된 물품
2. 환적 또는 복합환적 신고된 물품 [★2]
3. 보세구역에 반입신고된 물품
4. 보세운송신고된 물품
5. 일시양륙이 신고된 물품
6. 통관우체국에 도착한 물품

④ 통관보류 또는 유치요청

제1항 각 호에 따른 지식재산권을 보호받으려는 자는 세관장에게 **담보를 제공하고** 해당 물품의 통관 보류나 유치를 요청할 수 있다. [★1]

⑤ 통관보류 또는 유치 및 통관 또는 유치해제

제3항 또는 제4항에 따른 요청을 받은 세관장은 특별한 사유가 없으면 해당 물품의 통관을 보류하거나 유치하여야 한다. 다만, 수출입신고등을 한 자 등이 담보를 제공하고 통관 또는 유치 해제를 요청하는 경우에는 다음 각 호의 물품을 제외하고는 해당 물품의 통관을 허용하거나 유치를 해제할 수 있다.

1. 위조하거나 유사한 상표를 붙여 상표권을 침해하는 물품 [★1]
2. 불법복제된 물품으로서 저작권등을 침해하는 물품
3. 같거나 유사한 품종명칭을 사용하여 품종보호권을 침해하는 물품
4. 위조하거나 유사한 지리적표시를 사용하여 지리적표시권등을 침해하는 물품

5. 특허로 설정등록된 발명을 사용하여 특허권을 침해하는 물품

6. 같거나 유사한 디자인을 사용하여 디자인권을 침해하는 물품

⑥ 위임

제2항부터 제5항까지의 규정에 따른 지식재산권에 관한 신고, 담보 제공, 통관의 보류·허용 및 유치·유치해제 등에 필요한 사항은 대통령령으로 정한다.

⑦ 직권에 의한 통관보류 또는 유치

세관장은 제3항 각 호에 따른 물품이 제1항 각 호의 어느 하나에 해당하는 지식재산권을 침해하였음이 명백한 경우에는 대통령령으로 정하는 바에 따라 직권으로 해당 물품의 **통관을 보류하거나** 해당 물품을 유치할 수 있다. 이 경우 세관장은 해당 물품의 수출입신고등을 한 자에게 그 사실을 즉시 통보하여야 한다. [★2]

[관련 규정] 영 제239조(통관보류등)

③ 세관장은 통관보류등을 요청한 자가 해당 물품에 대한 통관보류등의 사실을 통보받은 후 10일 이내에 법원에의 제소사실 또는 무역위원회에의 조사신청사실을 입증하였을 때에는 해당 통관보류등을 계속할 수 있다. 이 경우 통관보류등을 요청한 자가 부득이한 사유로 인하여 10일 이내에 법원에 제소하지 못하거나 무역위원회에 조사신청을 하지 못하는 때에는 상기 입증기간은 10일간 연장될 수 있다. [★1]

제236조(통관물품 및 통관절차의 제한)

관세청장이나 세관장은 감시에 필요하다고 인정될 때에는 통관역·통관장 또는 특정한 세관에서 통관할 수 있는 물품을 제한할 수 있다.

제237조(통관의 보류)

① 통관보류대상

세관장은 다음 각 호의 어느 하나에 해당하는 경우에는 해당 물품의 통관을 보류할 수 있다.

1. 수출·수입 또는 반송에 관한 신고서의 기재사항에 보완이 필요한 경우 [★3]

2. 제245조에 따른 제출서류 등이 갖추어지지 아니하여 보완이 필요한 경우

3. 이 법에 따른 의무사항(대한민국이 체결한 조약 및 일반적으로 승인된 국제법규에 따른 의무를 포함한다)을 위반하거나 국민보건 등을 해칠 우려가 있는 경우 [★2]

4. 제246조의3제1항에 따른 안전성 검사가 필요한 경우 [★3]

4의2. 제246조의3제1항에 따른 안전성 검사 결과 불법·불량·유해 물품으로 확인된 경우

5. 「국세징수법」 및 「지방세징수법」에 따라 세관장에게 강제징수 또는 체납처분이 위탁된 해당 체납자가 수입하는 경우 [★2]

6. 그 밖에 이 법에 따라 필요한 사항을 확인할 필요가 있다고 인정하여 대통령령으로 정하는 경우

② 통지

세관장은 제1항에 따라 통관을 보류할 때에는 즉시 그 사실을 화주(화주의 위임을 받은 자를 포함한다) 또는 수출입 신고인에게 통지하여야 한다.

③ 필요한 조치

세관장은 제2항에 따라 통지할 때에는 이행기간을 정하여 통관의 보류 해제에 필요한 조치를 요구할 수 있다.

④ 통관요청

제2항에 따라 통관의 보류 사실을 통지받은 자는 세관장에게 제1항 각 호의 통관 보류사유에 해당하지 아니함을 소명하는 자료 또는 제3항에 따른 세관장의 통관 보류 해제에 필요한 조치를 이행한 사실을 증명하는 자료를 제출하고 해당 물품의 통관을 요청할 수 있다. 이 경우 세관장은 해당 물품의 통관 허용 여부(허용하지 아니하는 경우에는 그 사유를 포함한다)를 요청받은 날부터 30일 이내에 통지하여야 한다.

제238조(보세구역 반입명령)

① 관세청장이나 세관장은 다음 각 호의 어느 하나에 해당하는 물품으로서 이 법에 따른 의무사항을 위반하거나 국민보건 등을 해칠 우려가 있는 물품에 대해서는 대통령령으로 정하는 바에 따라 화주 또는 수출입 신고인에게 보세구역으로 반입할 것을 명할 수 있다. [★5]

1. 수출신고가 수리되어 외국으로 반출되기 전에 있는 물품

2. 수입신고가 수리되어 반출된 물품 [★1]

[관련 규정] 영 제245조(반입명령)

① 관세청장 또는 세관장은 수출입신고가 수리된 물품이 다음 각 호의 어느 하나에 해당하는 경우에는 법 제238조제1항에 따라 해당 물품을 보세구역으로 반입할 것을 명할 수 있다. 다만, 해당 물품이 수출입신고가 수리된 후 3개월이 지났거나 관련 법령에 따라 관계행정기관의 장의 시정조치가 있는 경우에는 그러하지 아니하다.

1. 법 제227조에 따른 의무를 이행하지 아니한 경우

2. 법 제230조에 따른 원산지 표시가 적법하게 표시되지 아니하였거나 수출입신고 수리 당시와 다르게 표시되어 있는 경우

3. 법 제230조의2에 따른 품질등의 표시(표지의 부착을 포함한다. 이하 이 호에서 같다)가 적법하게 표시되지 아니하였거나 수출입신고 수리 당시와 다르게 표시되어 있는 경우

4. 지식재산권을 침해한 경우

제4관 통관의 예외 적용

제239조(수입으로 보지 아니하는 소비 또는 사용)

외국물품의 소비나 사용이 다음 각 호의 어느 하나에 해당하는 경우에는 이를 수입으로 보지 아니한다.

1. 선박용품·항공기용품 또는 차량용품을 운송수단 안에서 그 용도에 따라 소비하거나 사용하는 경우 [★2]
2. 선박용품·항공기용품 또는 차량용품을 세관장이 정하는 지정보세구역에서 「출입국관리법」에 따라 출국심사를 마치거나 우리나라에 입국하지 아니하고 우리나라를 경유하여 제3국으로 출발하려는 자에게 제공하여 그 용도에 따라 소비하거나 사용하는 경우 [★1]
3. 여행자가 휴대품을 운송수단 또는 관세통로에서 소비하거나 사용하는 경우 [★1]
4. 이 법에서 인정하는 바에 따라 소비하거나 사용하는 경우

제240조(수출입의 의제)

① 수입의 의제

다음 각 호의 어느 하나에 해당하는 외국물품은 이 법에 따라 적법하게 수입된 것으로 보고 관세 등을 <u>따로 징수하지 아니한다.</u>

1. 체신관서가 수취인에게 내준 우편물 [★3]
2. 이 법에 따라 매각된 물품 [★1]
3. 이 법에 따라 몰수된 물품 [★2]
4. 이 법에 따른 통고처분으로 납부된 물품
5. 법령에 따라 국고에 귀속된 물품 [★1]
6. 몰수를 갈음하여 추징된 물품

② 수출 및 반송의 의제

체신관서가 외국으로 발송한 우편물은 이 법에 따라 적법하게 수출되거나 반송된 것으로 본다.

제5관 통관 후 유통이력 관리

제240조의2(통관 후 유통이력 신고)

① 외국물품을 수입하는 자와 수입물품을 국내에서 거래하는 자(소비자에 대한 판매를 주된 영업으로 하는 사업자는 제외한다)는 사회안전 또는 국민보건을 해칠 우려가 현저한

물품 등으로서 관세청장이 지정하는 물품(이하 "유통이력 신고물품"이라 한다)에 대한 유통단계별 거래명세(이하 "유통이력"이라 한다)를 관세청장에게 신고하여야 한다. [★1]

제240조의3(유통이력 조사)

① 관세청장은 제240조의2를 시행하기 위하여 필요하다고 인정할 때에는 세관공무원으로 하여금 유통이력 신고의무자의 사업장에 출입하여 영업 관계의 장부나 서류를 열람하여 조사하게 할 수 있다. [★1]

제2절 수출·수입 및 반송
제1관 신고

제241조(수출·수입 또는 반송의 신고)

① 신고

물품을 수출·수입 또는 반송하려면 해당 물품의 품명·규격·수량 및 가격과 그 밖에 대통령령으로 정하는 사항을 세관장에게 신고하여야 한다.

> **심화** 제241조(수출·수입 또는 반송의 신고) 제2항(간이신고)
> ② 다음 각 호의 어느 하나에 해당하는 물품은 대통령령으로 정하는 바에 따라 제1항에 따른 신고를 생략하게 하거나 관세청장이 정하는 간소한 방법으로 신고하게 할 수 있다.
> 1. 휴대품·탁송품 또는 별송품 [★2]
> 2. 우편물 [★1]
> 3. 제91조부터 제94조까지, 제96조제1항 및 제97조제1항에 따라 관세가 면제되는 물품
> 3의2. 제135조, 제136조, 제149조 및 제150조에 따른 보고 또는 허가의 대상이 되는 운송수단. 다만, 다음 각 목의 어느 하나에 해당하는 운송수단은 제외한다.
>   가. 우리나라에 수입할 목적으로 최초로 반입되는 운송수단
>   나. 해외에서 수리하거나 부품 등을 교체한 우리나라의 운송수단
>   다. 해외로 수출 또는 반송하는 운송수단
> 4. 국제운송을 위한 컨테이너(별표 관세율표 중 기본세율이 무세인 것으로 한정한다) [★1]

③ 신고기한

수입하거나 반송하려는 물품을 지정장치장 또는 보세창고에 반입하거나 보세구역이 아닌 장소에 장치한 자는 그 반입일 또는 장치일부터 **30일** 이내(제243조제1항에 해당하는 물품은 관세청장이 정하는 바에 따라 반송신고를 할 수 있는 날부터 30일 이내)에 제1항에 따른 신고를 하여야 한다. [★6]

④ 신고지연가산세

세관장은 대통령령으로 정하는 물품을 수입하거나 반송하는 자가 제3항에 따른 기간 내에 수입 또는 반송의 신고를 하지 아니한 경우에는 해당 물품 과세가격의 100분의

2에 상당하는 금액의 범위에서 대통령령으로 정하는 금액을 가산세로 징수한다. [★2]

⑤ 미신고가산세

세관장은 다음 각 호의 어느 하나에 해당하는 경우에는 해당 물품에 대하여 납부할 세액 (관세 및 내국세를 포함한다)의 100분의 20(제1호의 경우에는 100분의 **40**으로 하되, 반복적으로 자진신고를 하지 아니하는 경우 등 대통령령으로 정하는 사유에 해당하는 경우에는 100분의 **60**)에 상당하는 금액을 가산세로 징수한다. [★2]

1. 여행자나 승무원이 제2항제1호에 해당하는 휴대품(제96조제1항제1호 및 제3호에 해당하는 물품은 제외한다)을 신고하지 아니하여 과세하는 경우

2. 우리나라로 거주를 이전하기 위하여 입국하는 자가 입국할 때에 수입하는 이사물품 (제96조제1항제2호에 해당하는 물품은 제외한다)을 신고하지 아니하여 과세하는 경우

⑥ 연속공급물품 신고

제3항에도 불구하고 전기·유류 등 대통령령으로 정하는 물품을 그 물품의 특성으로 인하여 전선이나 배관 등 대통령령으로 정하는 시설 또는 장치 등을 이용하여 수출·수입 또는 반송하는 자는 1개월을 단위로 하여 해당 물품에 대한 제1항의 사항을 대통령령으로 정하는 바에 따라 다음 달 10일까지 신고하여야 한다. 이 경우 기간 내에 수출·수입 또는 반송의 신고를 하지 아니하는 경우의 가산세 징수에 관하여는 제4항을 준용한다. [★1]

> **심화** 관세법상 수출통관
> 1. 수출신고 관할세관을 결정할 때 신고하는 시점의 물품소재지를 고려해야 한다.
> 2. 수출통관시 물품검사를 필요로 할 경우 "신고지 검사" 또는 "적재지 검사"를 실시할 수 있다.
> 3. 수출물품의 검사는 신고수리 후 적재지에서 검사하는 것을 원칙으로 한다.

제242조(수출·수입·반송 등의 신고인)

신고는 화주 또는 관세사등의 명의로 하여야 한다. 다만, 수출신고의 경우에는 화주에게 해당 수출물품을 **제조하여 공급한 자**의 명의로 할 수 있다. [★4]

제243조(신고의 요건)

① 반송방법제한

제206조제1항제1호가목의 물품(여행자 휴대품) 중 관세청장이 정하는 물품은 관세청장이 정하는 바에 따라 반송방법을 제한할 수 있다.

② 수입신고요건

수입의 신고는 해당 물품을 적재한 선박이나 항공기가 입항된 후에만 할 수 있다. [★3]

③ 반송신고요건

반송의 신고는 해당 물품이 이 법에 따른 장치 장소에 있는 경우에만 할 수 있다. [★1]

④ 수출신고요건

밀수출 등 불법행위가 발생할 우려가 높거나 감시단속을 위하여 필요하다고 인정하여 대통령령으로 정하는 물품은 **관세청장이 정하는 장소에 반입한 후** 수출의 신고를 하게 할 수 있다. [★2]

[관련 규정] 영 제248조의2(보세구역 반입 후 수출신고의 대상 등)
① 법 제243조제4항에서 "대통령령으로 정하는 물품"이란 다음 각 호의 어느 하나에 해당하는 물품으로서 관세청장이 정하여 고시하는 물품을 말한다.
   1. 도난우려가 높은 물품 등 국민의 재산권 보호를 위하여 수출관리가 필요한 물품
   2. 고세율 원재료를 제조·가공하여 수출하는 물품 등 부정환급 우려가 높은 물품
   3. 국민보건이나 사회안전 또는 국제무역질서 준수 등을 위해 수출관리가 필요한 물품

제244조(입항전수입신고)

① 입항 전 수입신고

수입하려는 물품의 신속한 통관이 필요할 때에는 제243조제2항에도 불구하고 대통령령으로 정하는 바에 따라 해당 물품을 적재한 선박이나 항공기가 입항하기 전에 수입신고를 할 수 있다. 이 경우 입항전수입신고가 된 물품은 우리나라에 **도착한 것**으로 본다. [★7]

[관련 규정] 영 제249조(입항전 수입신고)
① 법 제244조제1항의 규정에 의한 수입신고는 당해 물품을 적재한 선박 또는 항공기가 그 물품을 적재한 항구 또는 공항에서 출항하여 우리나라에 입항하기 **5일 전**(항공기의 경우 **1일 전**)부터 할 수 있다. [★5]
③ 제1항에도 불구하고 다음 각 호의 어느 하나에 해당하는 물품은 해당 물품을 적재한 선박 등이 우리나라에 도착된 후에 수입신고하여야 한다.
   1. 세율이 인상되거나 새로운 수입요건을 갖추도록 요구하는 법령이 적용되거나 적용될 예정인 물품 [★2]
   2. 수입신고하는 때와 우리나라에 도착하는 때의 물품의 성질과 수량이 달라지는 물품으로서 관세청장이 정하는 물품 [★1]

② 물품검사 통보

세관장은 입항전수입신고를 한 물품에 대하여 제246조에 따른 물품검사의 실시를 결정하였을 때에는 수입신고를 한 자에게 이를 통보하여야 한다.

③ 검사대상으로 결정된 물품

제2항에 따라 검사대상으로 결정된 물품은 수입신고를 한 세관의 관할 보세구역(보세구역이 아닌 장소에 장치하는 경우 그 장소를 포함한다)에 반입되어야 한다. 다만, 세관장이 적재상태에서 검사가 가능하다고 인정하는 물품은 해당 물품을 적재한 선박이나 항공기에서 검사할 수 있다. [★2]

④ 검사대상으로 결정되지 아니한 물품

제2항에 따라 검사대상으로 결정되지 아니한 물품은 입항 전에 그 수입신고를 수리할 수 있다. [★1]

제2관 물품의 검사

제246조(물품의 검사)

① 세관공무원은 수출·수입 또는 반송하려는 물품에 대하여 검사를 할 수 있다. [★2]

제246조의2(물품의 검사에 따른 손실보상)

① 관세청장 또는 세관장은 이 법에 따른 세관공무원의 적법한 물품검사로 인하여 물품 등에 손실이 발생한 경우 그 손실을 입은 자에게 보상(이하 "손실보상"이라 한다)하여야 한다. [★2]

제246조의3(물품에 대한 안전성 검사)

① 안전성 검사

관세청장은 중앙행정기관의 장의 요청을 받아 세관장으로 하여금 제226조에 따른 세관장의 확인이 필요한 수출입물품 등 다른 법령에서 정한 물품의 성분·품질 등에 대한 안전성 검사(이하 "안전성 검사"라 한다)를 하게 할 수 있다. 다만, 관세청장은 제226조에 따른 세관장의 확인이 필요한 수출입물품에 대하여는 필요한 경우 해당 중앙행정기관의 장에게 세관장과 공동으로 안전성 검사를 할 것을 요청할 수 있다. [★2]

② 정보 및 인력제공

중앙행정기관의 장은 제1항에 따라 안전성 검사를 요청하는 경우 관세청장에게 해당 물품에 대한 안전성 검사 방법 등 관련 정보를 제공하여야 하고, 필요한 인력을 제공할 수 있다.

③ 관세청장은 제1항에 따라 중앙행정기관의 장의 안전성 검사 요청을 받거나 중앙행정기관의 장에게 안전성 검사를 요청한 경우 해당 안전성 검사를 위하여 필요한 인력 및 설비 등을 고려하여 안전성 검사 대상 물품을 지정하여야 하고, 그 결과를 해당 중앙행정기관의 장에게 통보하여야 한다.

④ 지원 등 조치

관세청장은 안전성 검사를 위하여 협업검사센터를 주요 공항·항만에 설치할 수 있고, 세관장에게 제3항에 따라 지정된 안전성 검사 대상 물품의 안전성 검사에 필요한 자체 검사 설비를 지원하는 등 원활한 안전성 검사를 위한 조치를 취하여야 한다. [★1]

⑤ 검사실시

세관장은 제3항에 따라 안전성 검사 대상 물품으로 지정된 물품에 대하여 중앙행정기관의 장과 협력하여 안전성 검사를 실시하여야 한다. [★1]

⑥ 물품정보공개

관세청장은 안전성 검사 결과 불법·불량·유해 물품으로 확인된 물품의 정보를 관세청 인터넷 홈페이지를 통하여 공개할 수 있다. [★2]

제247조(검사 장소)

① 검사장소

제186조제1항(보세공장 사용신고) 또는 제246조에 따른 검사(물품의 검사)는 제155조제1항에 따라 장치할 수 있는 장소에서 한다. 다만, 수출하려는 물품은 해당 물품이 장치되어 있는 장소에서 검사한다. [★1]

② 반입 후 검사

제1항에도 불구하고 세관장은 효율적인 검사를 위하여 부득이하다고 인정될 때에는 관세청장이 정하는 바에 따라 해당 물품을 보세구역에 반입하게 한 후 검사할 수 있다.

제248조(신고의 수리)

① 신고의 수리

세관장은 제241조 또는 제244조에 따른 신고가 이 법에 따라 적합하게 이루어졌을 때에는 이를 지체 없이 수리하고 신고인에게 신고필증을 발급하여야 한다. 다만, 제327조제2항에 따라 국가관세종합정보시스템의 전산처리설비를 이용하여 신고를 수리하는 경우에는 관세청장이 정하는 바에 따라 신고인이 직접 전산처리설비를 이용하여 신고필증을 발급받을 수 있다.

③ 수리 전 반출금지

제1항에 따른 <u>신고수리 전</u>에는 운송수단, 관세통로, 하역통로 또는 이 법에 따른 장치장소로부터 신고된 물품을 반출하여서는 아니 된다. [★1]

> **참조** **제249조(신고사항의 보완)**
> 세관장은 다음 각 호의 어느 하나에 해당하는 경우에는 제241조 또는 제244조에 따른 신고가 수리되기 전까지 갖추어지지 아니한 사항을 보완하게 할 수 있다. 다만, 해당 사항이 경미하고 신고수리 후에 보완이 가능하다고 인정되는 경우에는 관세청장이 정하는 바에 따라 신고수리 후 이를 보완하게 할 수 있다.

> 1. 제241조 또는 제244조에 따른 수출·수입 또는 반송에 관한 신고서의 기재사항이 갖추어지지 아니한 경우
> 2. 제245조에 따른 제출서류가 갖추어지지 아니한 경우

제250조(신고의 취하 및 각하)

① 신고는 정당한 이유가 있는 경우에만 세관장의 승인을 받아 취하할 수 있다. 다만, 수입 및 반송의 신고는 운송수단, 관세통로, 하역통로 또는 이 법에 규정된 장치 장소에서 물품을 반출한 후에는 취하할 수 없다. [★1]

② 수출·수입 또는 반송의 신고를 수리한 후 제1항에 따라 신고의 취하를 승인한 때에는 신고수리의 효력이 상실된다.

③ 세관장은 제241조 및 제244조의 신고가 그 요건을 갖추지 못하였거나 부정한 방법으로 신고되었을 때에는 해당 수출·수입 또는 반송의 신고를 각하할 수 있다.

제251조(수출신고수리물품의 적재 등)

① 적재

수출신고가 수리된 물품은 수출신고가 수리된 날부터 **30일** 이내에 운송수단에 적재하여야 한다. 다만, 기획재정부령으로 정하는 바에 따라 **1년**의 범위에서 적재기간의 연장승인을 받은 것은 그러하지 아니하다. [★5]

② 수출신고수리 취소

세관장은 제1항에 따른 기간 내에 적재되지 아니한 물품에 대하여는 대통령령으로 정하는 바에 따라 수출신고의 수리를 취소할 수 있다.

제4관 통관절차의 특례

제252조(수입신고수리전 반출)

수입신고를 한 물품을 세관장의 수리 전에 해당 물품이 장치된 장소로부터 반출하려는 자는 납부하여야 할 관세에 상당하는 **담보를 제공**하고 **세관장의 승인**을 받아야 한다. 다만, 정부 또는 지방자치단체가 수입하거나 담보를 제공하지 아니하여도 관세의 납부에 지장이 없다고 인정하여 대통령령으로 정하는 물품에 대하여는 담보의 제공을 **생략할 수 있다.** [★2]

제253조(수입신고전의 물품 반출)

① 즉시반출신고

수입하려는 물품을 수입신고 전에 운송수단, 관세통로, 하역통로 또는 이 법에 따른 장치 장소로부터 즉시 반출하려는 자는 대통령령으로 정하는 바에 따라 세관장에게 즉시 반출신고를 하여야 한다. 이 경우 세관장은 납부하여야 하는 관세에 상당하는 담보를 제공하게 할 수 있다. [★1]

② 지정

제1항에 따른 즉시반출을 할 수 있는 자 또는 물품은 대통령령으로 정하는 바에 따라 세관장이 지정한다.

③ 수입신고

제1항에 따른 즉시반출신고를 하고 반출을 하는 자는 즉시반출신고를 한 날부터 <u>10일</u> 이내에 수입신고를 하여야 한다. [★2]

④ 가산세 및 지정취소

세관장은 제1항에 따라 반출을 한 자가 제3항에 따른 기간 내에 수입신고를 하지 아니하는 경우에는 관세를 부과·징수한다. 이 경우 해당 물품에 대한 관세의 100분의 <u>20</u>에 상당하는 금액을 가산세로 징수하고, 제2항에 따른 지정을 취소할 수 있다. [★2]

제255조의2(수출입 안전관리 우수 공인업체 등)

① 관세청장은 수출입물품의 제조·운송·보관 또는 통관 등 무역과 관련된 자가 시설, 서류 관리, 직원 교육 등에서 이 법 또는 「자유무역협정의 이행을 위한 관세법의 특례에 관한 법률」 등 수출입에 관련된 법령의 준수 여부, 재무 건전성 등 대통령령으로 정하는 안전관리 기준을 충족하는 경우 수출입 안전관리 우수업체로 공인할 수 있다.

② 관세청장은 공인을 받기 위하여 심사를 요청한 자에 대하여 대통령령으로 정하는 바에 따라 심사하여야 한다.

③ 심사를 요청하려는 자는 제출서류의 적정성, 개별 안전관리 기준의 충족 여부 등 관세청장이 정하여 고시하는 사항에 대하여 미리 관세청장에게 예비심사를 요청할 수 있다.

④ 관세청장은 예비심사를 요청한 자에게 예비심사 결과를 통보하여야 하고, 제2항에 따른 심사를 하는 경우 예비심사 결과를 고려하여야 한다.

⑤ 공인의 유효기간은 5년으로 하며, 대통령령으로 정하는 바에 따라 공인을 갱신할 수 있다.

⑥ 상기 규정한 사항 외에 수출입 안전관리 우수업체의 공인에 필요한 사항은 대통령령으로 정한다.

제3절 우편물

제256조(통관우체국)

① 수출·수입 또는 반송하려는 우편물(서신은 제외한다. 이하 같다)은 통관우체국을 경유하여야 한다. [★4]

② 통관우체국은 체신관서 중에서 **관세청장**이 지정한다. [★2]

제257조(우편물의 검사)

통관우체국의 장이 제256조제1항의 우편물을 접수하였을 때에는 세관장에게 우편물목록을 제출하고 해당 우편물에 대한 검사를 받아야 한다. 다만, 관세청장이 정하는 우편물은 검사를 생략할 수 있다. [★2]

[관련 규정] 영 제260조(우편물의 검사)
① 통관우체국장은 법 제257조의 규정에 의한 검사를 받는 때에는 소속공무원을 참여시켜야 한다.
② 통관우체국은 제1항의 경우 세관공무원이 당해 우편물의 포장을 풀고 검사할 필요가 있다고 인정되는 때에는 그 우편물의 포장을 풀었다가 다시 포장하여야 한다. [★2]

제258조(우편물통관에 대한 결정)

① 통관우체국의 장은 세관장이 우편물에 대하여 수출·수입 또는 반송을 할 수 없다고 결정하였을 때에는 그 우편물을 발송하거나 수취인에게 내줄 수 없다. [★1]

② 우편물이 「대외무역법」 제11조에 따른 수출입의 승인을 받은 것이거나 그 밖에 대통령령으로 정하는 기준에 해당하는 것일 때에는 해당 우편물의 수취인이나 발송인은 제241조에 따른 신고를 하여야 한다. [★1]

[관련 규정] 영 제261조(수출입신고대상 우편물)
법 제258조제2항에서 "대통령령으로 정하는 기준에 해당하는 것"이란 다음 각 호의 어느 하나에 해당하는 우편물을 말한다.
1. 법령에 따라 수출입이 제한되거나 금지되는 물품 [★1]
2. 법 제226조에 따라 세관장의 확인이 필요한 물품 [★1]
3. 판매를 목적으로 반입하는 물품 또는 대가를 지급하였거나 지급하여야 할 물품(통관허용여부 및 과세대상여부에 관하여 관세청장이 정한 기준에 해당하는 것으로 한정한다) [★1]
4. 가공무역을 위하여 우리나라와 외국간에 무상으로 수출입하는 물품 및 그 물품의 원·부자재
5. 그 밖에 수출입신고가 필요하다고 인정되는 물품으로서 관세청장이 정하는 금액을 초과하는 물품

제259조(세관장의 통지)

① 세관장은 제258조에 따른 결정을 한 경우에는 그 결정사항을, 관세를 징수하려는 경우에는 그 세액을 통관우체국의 장에게 통지하여야 한다.

② 제1항의 통지를 받은 통관우체국의 장은 우편물의 수취인이나 발송인에게 그 결정사항을 통지하여야 한다.

제260조(우편물의 납세절차)

① 제259조제2항에 따른 통지를 받은 자는 대통령령으로 정하는 바에 따라 해당 관세를 수입인지 또는 금전으로 납부하여야 한다.

② 체신관서는 관세를 징수하여야 하는 우편물은 관세를 징수하기 전에 수취인에게 내줄 수 없다. [★1]

제261조(우편물의 반송)

우편물에 대한 관세의 납세의무는 해당 우편물이 반송되면 소멸한다.

제11장 벌칙

> **참조 제268조의2(전자문서 위조ㆍ변조죄 등)**
>
> ① 제327조의4제1항을 위반하여 국가관세종합정보시스템이나 전자문서중계사업자의 전산처리설비에 기록된 전자문서 등 관련 정보를 위조 또는 변조하거나 위조 또는 변조된 정보를 행사한 자는 1년 이상 10년 이하의 징역 또는 1억원 이하의 벌금에 처한다.
> ② 다음 각 호의 어느 하나에 해당하는 자는 5년 이하의 징역 또는 5천만원 이하의 벌금에 처한다.
> 1. 제327조의3제1항을 위반하여 관세청장의 지정을 받지 아니하고 전자문서중계업무를 행한 자
> 2. 제327조의4제2항을 위반하여 국가관세종합정보시스템 또는 전자문서중계사업자의 전산처리설비에 기록된 전자문서 등 관련 정보를 훼손하거나 그 비밀을 침해한 자
> 3. 제327조의4제3항을 위반하여 업무상 알게 된 전자문서 등 관련 정보에 관한 비밀을 누설하거나 도용한 한국관세정보원 또는 전자문서중계사업자의 임직원 또는 임직원이었던 사람

제269조(밀수출입죄)

① 금지품 수출입죄

제234조 각 호의 물품을 수출하거나 수입한 자는 7년 이하의 징역 또는 7천만원 이하의 벌금에 처한다.

[관련 규정] 제234조(수출입의 금지) 대상물품
1. 헌법질서를 문란하게 하거나 공공의 안녕질서 또는 풍속을 해치는 서적ㆍ간행물ㆍ도화, 영화ㆍ음반ㆍ비디오물ㆍ조각물 또는 그 밖에 이에 준하는 물품
2. 정부의 기밀을 누설하거나 첩보활동에 사용되는 물품
3. 화폐ㆍ채권이나 그 밖의 유가증권의 위조품ㆍ변조품 또는 모조품

② 밀수입죄

다음 각 호의 어느 하나에 해당하는 자는 5년 이하의 징역 또는 관세액의 10배와 물품원가 중 높은 금액 이하에 상당하는 벌금에 처한다.

1. 제241조제1항·제2항 또는 제244조제1항에 따른 신고를 하지 아니하고 물품을 수입한 자. 다만, 제253조제1항에 따른 반출신고를 한 자는 제외한다. [★1]

2. 제241조제1항·제2항 또는 제244조제1항에 따른 신고를 하였으나 해당 수입물품과 다른 물품으로 신고하여 수입한 자

[관련 규정] 밀수입출죄 관련
제241조(수출·수입 또는 반송의 신고) 제1항(신고)
제241조(수출·수입 또는 반송의 신고) 제2항(간이신고)
제244조(입항 전 수입신고) 제1항(신고)
제253조(수입신고 전의 물품 반출) 제1항(즉시반출신고)

③ 밀수출죄

다음 각 호의 어느 하나에 해당하는 자는 3년 이하의 징역 또는 물품원가 이하에 상당하는 벌금에 처한다.

1. 제241조제1항 및 제2항에 따른 신고를 하지 아니하고 물품을 수출하거나 반송한 자

2. 제241조제1항 및 제2항에 따른 신고를 하였으나 해당 수출물품 또는 반송물품과 다른 물품으로 신고하여 수출하거나 반송한 자

제270조(관세포탈죄 등)

① 관세포탈죄

수입신고를 한 자 중 다음 각 호의 어느 하나에 해당하는 자는 **3년** 이하의 징역 또는 포탈한 관세액의 **5배**와 물품원가 중 높은 금액 이하에 상당하는 벌금에 처한다. 이 경우 제1호의 물품원가는 전체 물품 중 포탈한 세액의 전체 세액에 대한 비율에 해당하는 물품만의 원가로 한다. [★1]

1. 세액결정에 영향을 미치기 위하여 과세가격 또는 관세율 등을 거짓으로 신고하거나 신고하지 아니하고 수입한 자 [★3]

2. 세액결정에 영향을 미치기 위하여 거짓으로 서류를 갖추어 제86조제1항·제3항에 따른 사전심사·재심사 및 제87조제3항에 따른 재심사를 신청한 자

3. 법령에 따라 수입이 제한된 사항을 회피할 목적으로 부분품으로 수입하거나 주요 특성을 갖춘 미완성·불완전한 물품이나 완제품을 부분품으로 분할하여 수입한 자 [★1]

② 부정수입죄

수입신고를 한 자 중 법령에 따라 수입에 필요한 허가·승인·추천·증명 또는 그 밖의 조건을 갖추지 아니하거나 부정한 방법으로 갖추어 수입한 자는 3년 이하의 징역 또는 3천만원 이하의 벌금에 처한다.

③ 부정수출죄

수출신고를 한 자 중 법령에 따라 수출에 필요한 허가·승인·추천·증명 또는 그 밖의 조건을 갖추지 아니하거나 부정한 방법으로 갖추어 수출한 자는 1년 이하의 징역 또는 2천만원 이하의 벌금에 처한다.

④ 부정감면죄

부정한 방법으로 관세를 감면받거나 관세를 감면받은 물품에 대한 관세의 징수를 면탈한 자는 3년 이하의 징역에 처하거나, 감면받거나 면탈한 관세액의 5배 이하에 상당하는 벌금에 처한다.

⑤ 부정환급죄

부정한 방법으로 관세를 환급받은 자는 3년 이하의 징역 또는 환급받은 세액의 5배 이하에 상당하는 벌금에 처한다. 이 경우 세관장은 부정한 방법으로 환급받은 세액을 즉시 징수한다.

제270조의2(가격조작죄)

다음 각 호의 신청 또는 신고를 할 때 부당하게 재물이나 재산상 이득을 취득하거나 제3자로 하여금 이를 취득하게 할 목적으로 물품의 가격을 조작하여 신청 또는 신고한 자는 2년 이하의 징역 또는 물품원가와 5천만원 중 높은 금액 이하의 벌금에 처한다. [★2]

1. 제38조의2제1항·제2항에 따른 보정신청
2. 제38조의3제1항에 따른 수정신고
3. 제241조제1항·제2항에 따른 신고(수입신고)
4. 제244조제1항에 따른 신고(입항전 수입신고)

제271조(미수범 등)

① 그 정황을 알면서 제269조(밀수출입죄) 및 제270조(관세포탈죄 등)에 따른 행위를 교사하거나 방조한 자는 정범에 준하여 처벌한다. [★6]

② 제268조의2(전자문서 위조·변조죄 등), **제269조** 및 **제270조의 미수범은 본죄에 준하여 처벌**한다. [★3]

③ 제268조의2(전자문서 위조·변조죄 등), 제269조 및 제270조의 죄를 저지를 목적으로 그 예비를 한 자는 본죄의 2분의 1을 감경하여 처벌한다. [★2]

참조 제274조(밀수품의 취득죄 등)

① 다음 각 호의 어느 하나에 해당되는 물품을 취득·양도·운반·보관 또는 알선하거나 감정한 자는 3년 이하의 징역 또는 물품원가 이하에 상당하는 벌금에 처한다.
  1. 제269조에 해당되는 물품
  2. 제270조제1항제3호, 같은 조 제2항 및 제3항에 해당되는 물품
② 제1항에 규정된 죄의 미수범은 본죄에 준하여 처벌한다.
③ 제1항에 규정된 죄를 저지를 목적으로 그 예비를 한 자는 본죄의 2분의 1을 감경하여 처벌한다.

제275조(징역과 벌금의 병과)

제269조부터 제271조까지 및 제274조의 죄를 저지른 자는 정상에 따라 징역과 벌금을 병과할 수 있다. [★4]

예시 제276조(허위신고죄 등)의 경우 징역과 벌금의 병과대상이 아님에 유의한다.

참조 제275조의2(강제징수면탈죄 등)

① 납세의무자 또는 납세의무자의 재산을 점유하는 자가 강제징수를 면탈할 목적 또는 면탈하게 할 목적으로 그 재산을 은닉·탈루하거나 거짓 계약을 하였을 때에는 3년 이하의 징역 또는 3천만원 이하의 벌금에 처한다.
② 제303조제2항에 따른 압수물건의 보관자 또는 「국세징수법」 제48조에 따른 압류물건의 보관자가 그 보관한 물건을 은닉·탈루, 손괴 또는 소비하였을 때에도 3년 이하의 징역 또는 3천만원 이하의 벌금에 처한다.

참조 제275조의3(명의대여행위죄)

관세(세관장이 징수하는 내국세등을 포함한다)의 회피 또는 강제집행의 면탈을 목적으로 하거나 재산상 이득을 취할 목적으로 다음 각 호의 행위를 한 자는 1년 이하의 징역 또는 1천만원 이하의 벌금에 처한다.
1. 타인에게 자신의 명의를 사용하여 제38조에 따른 납세신고를 하도록 허락한 자
2. 타인의 명의를 사용하여 제38조에 따른 납세신고를 한 자

> **참조** **제275조의4(보세사의 명의대여죄 등)**
>
> 다음 각 호의 어느 하나에 해당하는 자는 1년 이하의 징역 또는 1천만원 이하의 벌금에 처한다.
> 1. 제165조의2제1항을 위반하여 다른 사람에게 자신의 성명·상호를 사용하여 보세사 업무를 수행하게 하거나 자격증 또는 등록증을 빌려준 자
> 2. 제165조의2제2항을 위반하여 다른 사람의 성명·상호를 사용하여 보세사의 업무를 수행하거나 자격증 또는 등록증을 빌린 자
> 3. 제165조의2제3항을 위반하여 같은 조 제1항 또는 제2항의 행위를 알선한 자

제279조(양벌 규정)

① 양벌규정

법인의 대표자나 법인 또는 개인의 대리인, 사용인, 그 밖의 종업원이 그 법인 또는 개인의 업무에 관하여 제11장에서 규정한 벌칙(제277조의 과태료는 제외한다)에 해당하는 위반행위를 하면 그 행위자를 벌하는 외에 그 법인 또는 개인에게도 해당 조문의 벌금형을 과한다. 다만, 법인 또는 개인이 그 위반행위를 방지하기 위하여 해당 업무에 관하여 상당한 주의와 감독을 게을리하지 아니한 경우에는 그러하지 아니하다. [★3]

② 개인의 범위

제1항에서 개인은 다음 각 호의 어느 하나에 해당하는 사람으로 한정한다.

1. 특허보세구역 또는 종합보세사업장의 운영인
2. 수출(「수출용원재료에 대한 관세 등 환급에 관한 특례법」에 따른 수출등을 포함)·수입 또는 운송을 업으로 하는 사람
3. 관세사
4. 국제항 안에서 물품 및 용역의 공급을 업으로 하는 사람
5. 국가관세종합정보망 운영사업자 및 전자문서중계사업자

제282조(몰수·추징)

① 수출입금지품

제269조제1항(제271조제3항에 따라 그 죄를 범할 목적으로 **예비를 한 자를 포함**)의 경우에는 그 물품을 몰수한다. [★5]

※ 관세포탈죄를 범한 경우 몰수되지 아니한다.

② 범인이 소유하거나 점유하는 물품

제269조제2항(제271조제3항에 따라 그 죄를 범할 목적으로 예비를 한 자를 포함), 제269조제3항(제271조제3항에 따라 그 죄를 범할 목적으로 예비를 한 자를 포함) 또는 제274소제1항제1호(같은 조 세3항에 나라 그 죄를 범할 목적으로 예비를 한 자를 포함)의 경우에는 범인이 소유하거나 점유하는 그 물품을 몰수한다. 다만, 제269조제2항 또는 제3항의 경우로서 다음 각 호의 어느 하나에 해당하는 물품은 몰수하지 아니할 수 있다. [★2]

1. 제154조의 보세구역에 제157조에 따라 신고를 한 후 반입한 외국물품

2. 세관장의 허가를 받아 보세구역이 아닌 장소에 장치한 외국물품

3. 「폐기물관리법」에 따른 폐기물

4. 그 밖에 몰수의 실익이 없는 물품으로서 대통령령으로 정하는 물품

[관련 규정] 추징 관련 규정

제274조(밀수품의 취득죄 등) 제1항 제1호

제269조에 해당되는 물품을 취득·양도·운반·보관 또는 알선 하거나 감정한 자는 3년 이하의 징역 또는 물품원가 이하에 상당하는 벌금에 처한다.

제269조(밀수출입죄) ② 다음 각 호의 어느 하나에 해당하는 자는 5년 이하의 징역 또는 관세액의 10배와 물품원가 중 높은 금액 이하에 상당하는 벌금에 처한다.

1. 제241조 제1항·제2항 또는 제244조 제1항에 따른 신고를 하지 아니하고 물품을 수입한 자. 다만, 제253조 제1항에 따른 반출신고를 한 자는 제외한다.

2. 제241조 제1항·제2항 또는 제244조 제1항에 따른 신고를 하였으나 해당 수입물품과 다른 물품으로 신고하여 수입한 자

제12장 조사와 처분

제1절 통칙

제283조(관세범)

① 이 법에서 "관세범"이란 이 법 또는 이 법에 따른 명령을 위반하는 행위로서 이 법에 따라 형사처벌되거나 통고처분되는 것을 말한다.

② 관세범에 관한 조사·처분은 세관공무원이 한다.

제284조(공소의 요건)

① 관세범에 관한 사건에 대하여는 관세청장이나 세관장의 고발이 없으면 검사는 공소를 제기할 수 없다.

제2절 조사

제3절 처분

제311조(통고처분)

① **관세청장이나 세관장**은 관세범을 조사한 결과 범죄의 확증을 얻었을 때에는 대통령령으로 정하는 바에 따라 그 대상이 되는 자에게 그 이유를 구체적으로 밝히고 다음 각 호에 해당하는 금액이나 물품을 납부할 것을 통고할 수 있다. [★1]

1. 벌금에 상당하는 금액
2. 몰수에 해당하는 물품
3. 추징금에 해당하는 금액

제312조(즉시 고발)

관세청장이나 세관장은 범죄의 정상이 징역형에 처해질 것으로 인정될 때에는 제311조제1항에도 불구하고 즉시 고발하여야 한다.

제313조(압수물품의 반환)

① 관세청장이나 세관장은 압수물품을 몰수하지 아니할 때에는 그 압수물품이나 그 물품의 환가대금을 반환하여야 한다.

제316조(통고의 불이행과 고발)

관세범인이 통고서의 송달을 받았을 때에는 그 날부터 15일 이내에 이를 이행하여야 하며, 이 기간 내에 이행하지 아니하였을 때에는 관세청장이나 세관장은 즉시 고발하여야 한다. 다만, 15일이 지난 후 고발이 되기 전에 관세범인이 통고처분을 이행한 경우에는 그러하지 아니하다.

제317조(일사부재리)

관세범인이 통고의 요지를 이행하였을 때에는 동일사건에 대하여 다시 처벌을 받지 아니한다.

제318조(무자력 고발)

관세청장이나 세관장은 다음 각 호의 어느 하나의 경우에는 제311조제1항에도 불구하고 즉시 고발하여야 한다.

1. 관세범인이 통고를 이행할 수 있는 자금능력이 없다고 인정되는 경우
2. 관세범인의 주소 및 거소가 분명하지 아니하거나 그 밖의 사유로 통고를 하기 곤란하다고 인정되는 경우

환급특례법

참조 **제1조(목적)**

이 법은 수출용 원재료에 대한 관세, 임시수입부가세, 개별소비세, 주세, 교통·에너지·환경세, 농어촌특별세 및 교육세의 환급을 적정하게 함으로써 능률적인 수출 지원과 균형 있는 산업발전에 이바지하기 위하여 「관세법」, 「임시수입부가세법」, 「개별소비세법」, 「주세법」, 「교통·에너지·환경세법」, 「농어촌특별세법」, 「교육세법」, 「국세기본법」 및 「국세징수법」에 대한 특례를 규정함을 목적으로 한다.

제2조(정의)

이 법에서 사용하는 용어의 뜻은 다음과 같다.

1. "관세등"이란 관세, 임시수입부가세, 개별소비세, 주세, 교통·에너지·환경세, 농어촌특별세 및 교육세를 말한다. [★2]

   해설 부가가치세, 가산세, 과태료는 관세등에서 제외 [★2]

2. "수출등"이란 「관세법」, 「임시수입부가세법」, 「개별소비세법」, 「주세법」, 「교통·에너지·환경세법」, 「농어촌특별세법」 및 「교육세법」("「관세법」등")의 규정에도 불구하고 제4조 각 호의 어느 하나에 해당하는 것을 말한다. [★1]

3. "수출물품"이란 수출등의 용도에 제공되는 물품을 말한다. [★1]

4. "소요량"이란 수출물품을 생산(수출물품을 가공·조립·수리·재생 또는 개조하는 것을 포함)하는 데에 드는 원재료의 양으로서 생산과정에서 정상적으로 발생되는 손모량을 포함한 것을 말한다. [★4]

5. "환급"이란 제3조에 따른 수출용원재료를 수입하는 때에 납부하였거나 납부할 관세등을 「관세법」등의 규정에도 불구하고 이 법에 따라 **수출자**나 수출물품의 생산자에게 되돌려 주는 것을 말한다. [★3]

6. "정산"이란 제6조제1항에 따라 제3조에 따른 수출용원재료에 대하여 일정 기간별로 일괄납부할 관세등과 제16조제3항에 따라 지급이 보류된 환급금을 상계하는 것을 말한다.

제3조(환급대상 원재료)

① 수출용원재료

관세등을 환급받을 수 있는 원재료("수출용원재료")는 다음 각 호의 어느 하나에 해당하는 것으로 한다.

1. 수출물품을 생산한 경우 : 다음 각 목의 어느 하나에 해당하는 것으로서 소요량을 객관적으로 계산할 수 있는 것 [★3]

　가. 해당 수출물품에 물리적 또는 화학적으로 결합되는 물품 [★5]

　나. 해당 수출물품을 생산하는 공정에 투입되어 소모되는 물품. 다만, 수출물품 생산용 기계·기구 등의 작동 및 유지를 위한 물품 등 수출물품의 생산에 간접적으로 투입되어 소모되는 물품은 <u>제외</u>한다. [★5]

　다. 해당 수출물품의 포장용품 [★8]

2. 수입한 상태 그대로 수출한 경우 : 해당 수출물품 [★8]

② 대체환급

국내에서 생산된 원재료와 수입된 원재료가 동일한 질과 특성을 갖고 있어 상호 대체 사용이 가능하여 수출물품의 생산과정에서 이를 <u>구분하지 아니하고</u> 사용되는 경우에는 수출용원재료가 사용된 것으로 본다. [★2]

제4조(환급대상 수출등)

수출용원재료에 대한 관세등을 환급받을 수 있는 수출등은 다음 각 호의 어느 하나에 해당하는 것으로 한다.

1. 「관세법」에 따라 수출신고가 수리된 수출. 다만, <u>무상</u>으로 수출하는 것에 대하여는 기획재정부령으로 정하는 수출로 한정한다. [★4]

　[관련 규정] 규칙 제2조(환급대상 수출등) 제1항

　① 법 제4조제1호 단서에서 "기획재정부령으로 정하는 수출"이란 다음 각 호의 수출을 말한다.

　　1. 외국에서 개최되는 박람회·전시회·견본시장·영화제 등에 출품하기 위하여 무상으로 반출하는 물품의 수출. 다만, 외국에서 **외화를 받고 판매된 경우**에 한한다. [★9]

　　2. 해외에서 투자·건설·용역·산업설비수출 기타 이에 준하는 사업에 종사하고 있는 우리나라의 국민에게 무상으로 송부하기 위하여 반출하는 기계·시설자재 및 근로자용 생활필수품 기타 그 사업과 관련하여 사용하는 물품으로서 주무부장관이 지정한 기관의 장이 확인한 물품의 수출

　　3. 수출된 물품이 계약조건과 서로 달라서 반품된 물품에 대체하기 위한 물품의 수출 [★6]

　　4. 해외구매자와의 수출계약을 위하여 무상으로 송부하는 견본용 물품의 수출 [★3]

　　5. 외국으로부터 가공임 또는 수리비를 받고 국내에서 가공 또는 수리를 할 목적으로 수입된 원재료로 가공하거나 수리한 물품의 수출 또는 **당해 원재료 중 가공하거나 수리하는데 사용되지 아니한 물품의 반환**을 위한 수출 [★1]

5의2. 외국에서 위탁가공할 목적으로 반출하는 물품의 수출 [★6]

6. 위탁판매를 위하여 무상으로 반출하는 물품의 수출(외국에서 **외화를 받고 판매**된 경우에 한한다)
[★5]

2. 우리나라 안에서 외화를 획득하는 판매 또는 공사 중 기획재정부령으로 정하는 것

[관련 규정] 규칙 제2조(환급대상 수출등) 제2항

② 법 제4조제2호에서 "기획재정부령이 정하는 것"이란 외화를 획득하는 판매 또는 공사로서 다음 각 호의 어느 하나에 해당하는 것을 말한다.

1. 우리나라 안에 주류하는 미합중국군대("주한미군")에 대한 물품의 판매 [★3]

2. 주한미군 또는 「관세법」 제88조제1항제1호 및 제3호의 규정에 의한 기관이 시행하는 공사

3. 「관세법」 제88조와 「대한민국과 아메리카합중국 간의 상호방위조약 제4조에 의한 시설과 구역 및 대한민국에서의 합중국군대의 지위에 관한 협정」에 의하여 수입하는 승용자동차에 대하여 관세등의 면제를 받을 수 있는 자에 대한 국산승용자동차의 판매. 다만, 주무부장관의 면세추천서를 제출하는 경우에 한한다.

4. 「외국인투자촉진법」 규정에 의하여 외국인 투자 또는 출자의 신고를 한 자에 대한 자본재(우리나라에서 생산된 것에 한한다)의 판매. 다만, 당해 자본재가 수입되는 경우 「조세특례제한법」 규정에 의하여 관세가 면제되는 경우에 한한다.

5. 국제금융기구로부터 제공되는 차관자금에 의한 국제경쟁입찰에서 낙찰(낙찰받은 자로부터 도급을 받는 경우를 포함한다)된 물품(우리나라에서 생산된 것에 한한다)의 판매. 다만, 당해 물품이 수입되는 경우 「관세법」에 의하여 관세가 감면되는 경우에 한한다.

3. 「관세법」에 따른 보세구역 중 기획재정부령으로 정하는 구역 또는 「자유무역지역의 지정 및 운영에 관한 법률」에 따른 자유무역지역의 입주기업체에 대한 공급

[관련 규정] 규칙 제2조(환급대상 수출등) 제3항

③ 법 제4조제3호에서 "기획재정부령으로 정하는 구역"이란 다음 각 호의 어느 하나에 해당하는 구역을 말한다.

1. 「관세법」 규정에 의한 보세창고. 다만, 수출한 물품에 대한 수리·보수 또는 해외조립생산을 위하여 부품등을 반입하는 경우에 한한다.

2. 「관세법」 규정에 의한 보세공장. 다만, 수출용원재료로 사용될 목적으로 공급되는 경우에 한한다. [★3]

3. 「관세법」 규정에 의한 보세판매장 [★4]

4. 「관세법」 규정에 의한 종합보세구역(수출용원재료로 공급하거나 수출한 물품에 대한 수리·보수 또는 해외조립생산을 위하여 부품 등을 반입하는 경우 또는 보세구역에서 판매하기 위하여 반입하는 경우에 한한다)

참조

반입확인서는 보세창고, 보세공장, 보세판매장, 종합보세구역 및 자유무역 지역안의 입주업체에 공급하는 수출용원재료나 물품에 대하여 세관장이 발급하는 서류를 말한다. [★1]

심화 고시 제72조(동일업체간 반복공급하는 수출용원재료에 대한 반입확인서 발급)

① 제71조제3항에 따라 지정받은 자가 보세공장등에 공급한 수출용원재료에 대하여 반입확인서를 발급 받으려면 별표 8의 "환급대상 수출물품 반입(적재) 확인(신청)서 작성요령"에 따라 작성된 전자문서를 공항만시스템에 전송하여야 한다. 다만, 수출환급훈령 제24조제2항(서류제출심사 대상) 각 호에 해당하는 경우에는 제61조제1항에서 정한 서류 외에 다음 각 호의 서류를 제출하여야 한다. [★1]

1. 신용장에 의하여 물품을 공급한 경우에는 내국신용장 물품수령증 또는 양수인이 발행한 물품인수증
2. 구매확인서 또는 매매계약서에 의하여 물품을 공급한 경우에는 세금계산서 또는 양수인이 발행한 물품인수증

② 제1항에 따른 반입확인서는 해당 수출용원재료를 공급한 날(내국신용장물품수령증 또는 양수인이 발행한 인수증상의 인수일)부터 10일 이내에 발급신청하여야 한다. 다만, 일정기간 공급물품에 대하여 1건으로 일괄하여 반입확인서를 발급 받으려면 다음 각 호에서 정한 기한 내에 발급신청하여야 하며, 이 경우 일정기간동안 공급한 물품은 일괄신청하는 날에 반입된 것으로 본다.[★1]

1. 매월 1일부터 15일까지 공급한 물품 : 매월 16일부터 25일까지
2. 매월 16일부터 말일까지 공급한 물품 : 다음 달 1일부터 10일까지

4. 그 밖에 수출로 인정되어 기획재정부령으로 정하는 것

[관련 규정] 규칙 제2조(환급대상 수출등) 제4항

④ 법 제4조제4호에서 "기획재정부령으로 정하는 것"이란 다음 각 호의 어느 하나에 해당하는 수출을 말한다.

1. 우리나라와 외국 간을 왕래하는 선박 또는 항공기에 선박용품 또는 항공기용품으로 사용되는 물품의 공급 [★3]
2. 「원양산업 발전법」에 따라 해양수산부장관의 허가·승인 또는 지정을 받은 자가 그 원양어선에 무상으로 송부하기 위하여 반출하는 물품으로서 해양수산부장관 또는 해양수산부장관이 지정한 기관의 장이 확인한 물품의 수출

심화 일괄납부 및 정산제도

제6조(관세등의 일괄납부 등)

① 세관장은 「관세법」 등의 규정에도 불구하고 수출용원재료를 수입하는 자가 대통령령으로 정하는 바에 따라 신청하는 경우에는 그 원재료에 대한 관세등을 6개월의 범위에서 대통령령으로 정하는 일정 기간("일괄납부기간")별로 일괄납부할 수 있는 자("관세등의 일괄납부업체")로 지정하여 일괄납부하게 할 수 있다. 이 경우 세관장은 관세등의 일괄납부업체로 지정을 받으려는 자가 다음 각 호의 어느 하나에 해당하는 경우에는 대통령령으로 정하는 바에 따라 일괄납부하려는 세액에 상당하는 금액의 담보제공을 요구할 수 있다.

1. 제23조 또는 「관세법」을 위반하여 징역형의 실형을 선고받고 그 집행이 끝나거나(집행이 끝난 것으로 보는 경우를 포함한다) 면제된 후 2년이 지나지 아니한 자
2. 제23조 또는 「관세법」을 위반하여 징역형의 집행유예를 선고받고 그 유예기간 중에 있는 자
3. 제23조 또는 「관세법」 제269조, 제270조, 제270조의2, 제271조, 제274조, 제275조의2 및 제275조의3에 따라 벌금형 또는 통고처분을 받은 자로서 그 벌금형을 선고받거나 통고처분을 이행한 후 2년이 지나지 아니한 자
4. 「관세법」 제241조 또는 제244조에 따른 수입신고일을 기준으로 최근 2년 동안 관세 등 조세를 체납한 사실이 있는 자
5. 수입실적, 수입물품의 관세율 등을 고려하여 대통령령으로 정하는 관세채권의 확보가 곤란한 경우에 해당하는 자

② 세관장은 제1항에 따라 관세등의 일괄납부업체를 지정하려면 일괄납부할 수 있는 세액의 한도를 정하여야 한다.

③ 제1항에 따른 관세등의 납부기한은 해당 일괄납부기간이 끝나는 날이 속하는 달의 다음 달 15일까지로 한다.

④ 관세등의 일괄납부업체로 지정을 받은 자가 일괄납부할 수 있는 세액의 한도를 조정받으려면 세관장에게 그 세액의 한도 조정을 신청하여야 한다. 이 경우 세관장은 추가로 담보제공을 요구할 수 있다.

⑤ 세관장은 관세등의 일괄납부업체로 지정을 받은 자가 제1항 각 호의 어느 하나에 해당하면 그 지정을 취소하여야 한다.

⑥ 세관장은 제5항에 따라 지정 취소를 받은 자가 관세등을 완납하거나 제8조제1항에 따라 직권정산이 완료된 후 다시 관세등의 일괄납부업체로 지정 신청하는 경우에는 제1항 후단에 따라 담보제공을 요구할 수 있다.

⑦ 관세청장은 제1항에 따른 관세등의 일괄납부업체의 지정에 필요한 기준과 절차를 정할 수 있다.

제7조(수출용원재료에 대한 관세등과 환급액의 정산)

① 세관장은 대통령령으로 정하는 비에 따라 관세등의 일괄납부업체가 제6조제1항에 따라 일괄납부하여야 할 관세등과 제16조제3항에 따라 지급이 보류된 환급금을 정산하고, 대통령령으로 정하는 날까지 관세등의 일괄납부업체에 그 정산 결과를 통지("정산통지")하여야 한다.

② 세관장은 제1항에 따른 정산 결과 징수하여야 할 관세등이 있는 경우에는 제1항에 따른 통지기한까지 「관세법」 제39조제3항에 따라 납세고지를 하여야 한다.

③ 제2항에 따른 납세고지를 받은 관세등의 일괄납부업체는 일괄납부기간이 끝나는 날이 속하는 달의 다음 달 15일까지 관세등을 납부하여야 한다.

④ 세관장은 제1항에 따른 정산 결과 지급하여야 할 환급금이 있는 경우에는 제16조제1항 및 제4항에 따라 해당 금액을 즉시 지급하여야 한다.

⑤ 세관장은 정산통지를 한 후 정산금액에 과부족이 있는 것을 알았을 때에는 이를 경정할 수 있다.

제8조(직권정산)

① 세관장은 대통령령으로 정하는 사유가 발생한 경우에는 관세등의 채권 확보를 위하여 제6조제3항에 따른 납부기한이 도래하지 아니한 관세등과 제16조제3항에 따라 지급이 보류된 환급금을 즉시 정산["직권정산"]하여야 한다.

② 세관장은 직권정산한 결과 지급하여야 할 환급금이 있는 경우에는 즉시 제16조에 따라 환급금을 지급하여야 한다.

③ 세관장은 직권정산한 결과 징수하여야 할 관세등이 있는 경우에는 「관세법」 제39조제3항에 따라 납세고지를 하여야 한다. 이 경우 납세고지를 받은 자는 그 고지를 받은 날부터 10일 내에 해당 세액을 세관장에게 납부하여야 한다.

④ 세관장은 담보를 제공한 관세등의 일괄납부업체로서 제3항의 납세고지를 받은 자가 해당 관세등을 납부하지 아니한 경우에는 그 담보물을 해당 관세등에 충당하여야 한다.

제9조(관세등의 환급)

① 관세등의 환급

세관장은 물품이 수출등에 제공된 경우에는 대통령령으로 정하는 날부터 소급하여 **2년** 이내에 수입된 해당 물품의 수출용원재료에 대한 관세등을 환급한다. 다만, 수출등에 제공되는 데에 장기간이 소요되는 물품으로서 대통령령으로 정하는 물품에 대하여 대통령령으로 정하는 불가피한 수출등의 지연사유가 있는 경우에는 소급하여 3년 이내에 수입된 해당 물품의 수출용원재료에 대한 관세등을 환급한다. [★3]

[관련 규정] 수출이행기간 기준일 및 연장대상

영 제9조(수출이행기간 기준일)

① 법 제9조제1항 본문에서 "대통령령으로 정하는 날"이란 다음 각 호의 어느 하나에 해당하는 날이 속하는 **달의 말일**을 말한다. [★3]
  1. 법 제4조제1호에 따른 수출의 경우에는 수출신고를 수리한 날 [★3]
  2. 법 제4조제2호부터 제4호까지의 규정에 따른 수출등의 경우에는 수출·판매·공사 또는 공급을 완료한 날

② 법 제9조제1항 본문에 따라 관세등을 환급하는 수출용원재료는 제1항에 따른 수출이행기간 기준일부터 소급하여 2년 이내에 다음 각 호의 어느 하나에 해당하는 **수입신고수리·반출승인·즉시반출신고·거래** 등이 행하여진 것이어야 한다. [★1]

1. 수입신고수리
2. 수입신고수리전 반출승인
3. 수입신고전 즉시반출신고
4. 수출용원재료가 내국신용장등에 의하여 거래된 경우에는 최후의 거래

영 제9조의2(수출이행기간 연장 대상 등)

① 법 제9조제1항 단서에서 "대통령령으로 정하는 물품"이란 「대외무역법」에 따른 플랜트수출에 제공되는 물품을 말한다. [★1]

② 법 제9조제1항 단서에서 "대통령령으로 정하는 불가피한 수출등의 지연사유가 있는 경우"란 무역 상대국의 전쟁·사변, 천재지변 또는 중대한 정치적·경제적 위기로 인하여 불가피하게 수출등이 지연되었다고 관세청장이 인정하는 경우를 말한다.

예시 수출신고수리일이 2021년 5월 10일(유상수출)인 경우, 관세환급특례법상 관세 환급신청 시 수출용원재료 환급에 사용할 수 있는 수입신고필증으로 잘못된 것은?

① 수입신고수리일이 2019년 5월 10일인 수입신고필증
② 수입신고수리일이 2019년 6월 5일인 수입신고필증
③ 수입신고수리일이 2020년 5월 10일인 수입신고필증
④ 수입신고수리일이 2021년 5월 15일인 수입신고필증

해설 수출신고를 수리한 날이 속하는 **달의 말일**부터 소급하여 2년 이내에 수입된 해당 물품의 수출용원재료에 대한 관세등을 환급한다.

답 1

예시 다음 상황과 같은 경우 수출용원재료 환급에 사용할 수 없는 화장품원재료 수입신고필증은?

> 국내 화장품 제조업체인 ㈜KITA는 미국 소재 A사와 수출계약을 체결하였으며, 국내에서 제조 후 다음과 같이 수출을 진행하였다.
> 1. 물품 : 화장품
> 2. 수출신고일 : 2021년 7월 14일
> 3. 수출신고수리일 : 2021년 7월 15일
> 4. 물품 본선적재일 : 2021년 7월 19일

① 수입신고수리일이 2021년 7월 19일인 수입신고필증
② 수입신고수리일이 2019년 7월 16일인 수입신고필증
③ 수입신고수리일이 2019년 8월 3일인 수입신고필증
④ 수입신고수리일이 2021년 7월 10일인 수입신고필증

해설 수출신고를 수리한 날이 속하는 **달의 말일**부터 소급하여 2년 이내에 수입된 해당 물품의 수출용원재료에 대한 관세등을 환급한다.

답 2

② 국내거래 시

수출용원재료가 내국신용장등에 의하여 거래되고, 그 거래가 직전의 내국신용장등에 의한 거래(직전의 내국신용장등에 의한 거래가 없는 경우에는 수입을 말한다)가 있은 날부터 대통령령으로 정하는 기간에 이루어진 경우에는 해당 수출용원재료가 수입된

날부터 내국신용장등에 의한 최후의 거래가 있은 날까지의 기간은 제1항에 따른 기간에 산입하지 아니한다. 다만, 수출용원재료가 수입된 상태 그대로 거래된 경우에는 그러하지 아니하다.

> **해설** 개별환급 개요
> 1. 개별환급이란 수출물품 생산에 소요된 원재료의 수입시 납부한 관세 등을 일일이 계산하여 환급하는 방법으로 비교적 정확히 환급하는 방법을 말한다. [★1]
> 2. 개별환급제도는 정액환급에 비하여 납부세액을 정확하게 환급받을 수 있다 [★1]
> 3. 개별환급업체는 모든 수출물품에 대하여 개별환급방법을 적용하여 신청하여야 한다. [★1]
> 4. 개별환급신청시 필요한 구비서류는 환급신청서, 수출신고필증 등 수출사 실확인서류, 소요량계산서류, 소요원재료에 대한 납부세액확인서류(수입신고필증, 기납증, 분증 등)이다. [★2]
> 5. 개별환급의 구비서류 및 환급금 계산이 복잡하여 이를 보완하기 위해 평균세액증명제도를 운영하고 있다. [★2]
> 6. 개별환급방식에 의해 환급금을 산출하기 위해서는 소요량계산서를 작성하여 수출물품 제조에 소요된 원재료의 품명, 규격, 수량을 확인하여야 한다. [★1]

제10조(환급금의 산출 등)

① 소요량 계산서

환급신청자는 대통령령으로 정하는 바에 따라 수출물품에 대한 원재료의 소요량을 계산한 서류("소요량계산서")를 작성하고 그 소요량계산서에 따라 환급금을 산출한다. [★1]

> **참조** 소요량 산정방법
> 1. 단위실량 산정방법 : 수출물품 1단위 생산에 사용되는 설계도면상 원재료의 실면적이나 부품내역서상의 실량으로 소요량을 산정하는 방법이다. 소요량 산출은 용이하나 수출물품 제조에 소요된 실제소요량 보다 적게 산출되는 소요량 방법이다. [★1]
> ※ 단위실량 산정방식의 특징
> - 소요량은 수출물품 1단위를 분해하여 실측한 원재료의 종류별 양이다.
> - 장점 : 산정방법이 간단하고, 손모량에 대한 논란이 없다.
> - 단점 : 손모량 부분에 대한 환급을 포기해야 한다.
> - 전기, 전자제품 조립업체에 적합하다.
> 2. 단위설계소요량 산정방법 : 제조사양서상의 원재료 중 환급을 받으려는 원재료의 종류별 양으로 산정하는 방법이다.
> 3. 수출건별등총소요량 산정방법 : 「소요원재료의 등급이 다른 이유 등으로 소요량이 불안정한 농·수·축·임산물을 원재료로 생산되는 수출물품」에 적응하는 소요량산정방법이다. [★2]
> 4. 일정기간별단위소요량 산정방법 : 제품을 생산하는 과정에서 원재료가 물리적으로 결합되는 경우 일정기간별단위소요량은 6개월 이내의 범위에서 산정기간 첫 달의 첫날부터 산정기간 마지막 달의 말일까지의 기간("일정기간") 동안 제품 생산에 사용된 원재료의 종류별 총량을 일정기간 동안에 생산된 제품의 원재료별 환산량으로 나눈 값에 단위실량을 곱한 양으로 산정한다.

5. 1회계연도단위소요량 산정방법 : 제품을 생산하는 과정에서 원재료가 물리적으로 결합되는 경우 1회계연도단위소요량은 1회계연도 동안 제품생산에 사용된 원재료의 종류별 총량을 1회계연도 동안에 생산된 제품의 원재료별 환산량으로 나눈 값에 단위실량을 곱한 양으로 산정하는 방법이다.
6. 위탁건별총소요량 산정방법 : 위탁가공계약서 등에 따라 수출물품을 위탁생산하는 경우 수출물품의 생산을 위탁한 업체에서 수출물품의 생산을 수탁한 업체에 공급한 원재료 중 수탁업체가 해당 위탁생산물품을 생산하는 과정에서 사용한 원재료의 종류별 총량으로 산정하는 방법이다.

참조 **부산물공제제도**

관세 등의 환급 시 부산물의 가치에 해당하는 관세 등의 금액을 공제한 후 잔액을 환급하는 제도이다. [★1]

---

② 표준 소요량

관세청장은 제1항에도 불구하고 소요량 계산업무의 간소화 등을 위하여 필요하다고 인정하는 경우에는 수출물품별 평균 소요량 등을 기준으로 한 표준 소요량을 정하여 고시하고, 환급신청자로 하여금 이를 선택적으로 적용하게 할 수 있다.

③ 연산품의 경우

수출용원재료를 사용하여 생산되는 물품이 둘 이상인 경우에는 생산되는 물품의 가격을 기준으로 관세청장이 정하는 바에 따라 관세등을 환급한다.

④ 환급의 제한

관세청장은 다음 각 호의 어느 하나에 해당하는 경우로서 수출용원재료를 수입할 때에 납부하는 세액보다 관세등을 환급할 때 현저히 과다 또는 과소 환급이 발생할 우려가 있다고 인정되는 경우(제2호에 해당하는 경우 수입된 원재료에 제1호 각 목의 사유가 있으면 그 사유도 함께 고려되어야 한다)에는 기획재정부령으로 정하는 바에 따라 환급받을 수 있는 수입신고필증의 유효기간을 제9조제1항에서 정한 기간보다 짧게 정하여 환급하게 하거나, 업체별 수출용원재료의 재고 물량과 수출입 비율 등을 기준으로 하여 환급에 사용할 수 있는 수출용원재료의 물량을 정하여 환급하게 할 수 있다. [★1]

1. 수출용원재료(수입된 원재료의 경우로 한정한다)에 대하여 다음 각 목의 어느 하나에 해당하는 사유가 있는 경우

   가. 관세율 변동

   나. 수입가격 변동

   다. 둘 이상의 관세율 적용

2. 국내에서 생산된 원재료와 수입된 원재료가 제3조제2항에 해당하여 수출용원재료가 되는 경우로서 각 원재료가 생산과정에서 수출물품과 국내공급 물품에 구분하지 아니하고 사용되는 경우

> **해설** 양도세액증명서 개요
> 양도세액증명서는 수출용원재료를 공급하는 쪽에서 해당 물품을 공급받는 쪽에게 교부하는 것이다. [★1]
> 수출용원재료를 공급받는 쪽이 개별환급제도를 이용하고 있을 경우 그 기업이 대기업이거나 혹은 중소기업이거나를 막론하고 이러한 양도세액증명서가 필요하다. [★1]

제11조(평균세액증명)

① 평균세액증명서

세관장은 수출용원재료에 대한 관세등의 환급업무를 간소화하기 위하여 필요하다고 인정하는 경우에는 대통령령으로 정하는 바에 따라 수출용원재료를 수입(내국신용장등에 의한 매입을 포함한다. 이하 이 조 및 제12조에서 같다)하는 자의 신청에 의하여 그가 매월 수입한 수출용원재료의 품목별 물량과 단위당 평균세액을 증명하는 서류(이하 "평균세액증명서"라 한다)를 발행할 수 있다. 이 경우 해당 수출용원재료에 대하여는 수입한 날이 속하는 달의 1일에 수입된 것으로 보아 이 법을 적용한다.

제12조(기초원재료납세증명 등)

① 기납증과 분증

세관장은 수출용원재료가 <u>내국신용장등</u>에 의하여 거래된 경우(제5조제3항을 적용받는 경우는 제외한다) 관세등의 환급업무를 효율적으로 수행하기 위하여 대통령령으로 정하는 바에 따라 <u>제조·가공 후</u> 거래된 수출용원재료에 대한 납부세액을 증명하는 서류("<u>기초원재료납세증명서</u>")를 발급하거나 <u>수입된 상태 그대로</u> 거래된 수출용원재료에 대한 납부세액을 증명하는 서류("<u>수입세액분할증명서</u>")를 발급할 수 있다. [★13]

> **[관련 규정]** 고시 제46조(기납증의 발급대상)
> ① 법 제12조제1항에 따라 기납증을 발급할 수 있는 경우는 다음 각 호의 어느 하나와 같다.
> 　1. 수입원재료를 사용하여 생산한 물품을 해당 수입원재료의 수입신고 수리일부터 **1년** 이내에 수출물품을 생산하는 자에게 양도하거나 수출물품의 중간원재료를 생산하는 자에게 양도하는 경우 [★1]
> 　2. 수입원재료와 중간원재료를 사용하여 생산한 물품을 수입신고수리일(중간원재료의 경우에는 구매일)부터 1년 이내에 수출물품을 생산하는 자에게 양도하거나 수출물품의 중간원재료를 생산하는 자에게 양도하는 경우
> 　3. 수출물품의 중간원재료를 사용하여 생산한 물품을 그 중간원재료의 구매일부터 1년 이내에 수출물품을 생산하는 자에게 양도하거나 수출물품의 중간원재료를 생산하는 자에게 양도하는 경우
> 　4. 수입원재료 또는 중간원재료(수입원재료와 중간원재료 포함)를 사용하여 생산한 물품을 수입신고 수리일(중간원재료의 경우에는 구매일)로부터 1년 이내에 수출하는 자에게 양도하는 것으로서 수출자가 환급받고자 하는 경우

② 수출물품의 생산에 사용할 원재료의 국내거래과정이 여러 단계일 경우 세관장은 거래단계별로 기납증을 발급할 수 있다.

[관련 규정] 영 제13조(기초원재료납세증명 및 수입세액분할증명) 제2항

② 세관장은 법 제17조에 따라 관세등의 환급이 제한되는 물품에 대하여는 환급이 제한된 세액을 공제하고 기초원재료납세증명서등을 발급하여야 한다. [★1]

> **예시** ㈜KITA무역은 실(YARN)을 수입하여 직물(FABRIC)을 직조하는 회사인 ㈜커스브로에 공급한다. ㈜KITA무역은 실(YARN)에 포함된 납부세액을 증명하기 위해 ㈜커스브로에 **수입세액분할증명서**를 발급할 수 있다.

> **예시** A사는 엔진 부품을 B사에 납품하였다. A사의 부품은 수입원재료 및 국산원재료를 사용해 직접 생산한 것이다. B사는 자신이 생산하여 수출한 엔진의 관세환급과 관련하여 A사에게 구매확인서를 보냈다. 이에 A사는 B사에게 **기초원재료납세증명서**를 제공하였다.

② 자율발급

제1항에도 불구하고 세관장은 다음 각 호의 어느 하나에 해당하는 자 중 관세청장이 정하는 기준에 해당되는 자로 하여금 대통령령으로 정하는 바에 따라 기초원재료납세증명서 또는 수입세액분할증명서를 발급하게 할 수 있다. [★1]

1. 내국신용장등에 의하여 물품을 **공급한** 자 [★2]

2. 관세사(제1호에 해당하는 자로부터 위임받은 자로 한정한다) [★1]

③ 증명세액 산출방법

제1항이나 제2항에 따라 기초원재료납세증명서 또는 수입세액분할증명서를 발급할 때 증명하는 세액은 **제10조에 따른 환급금 산출방법에 따르며**, 증명세액의 정확 여부의 심사에 대하여는 제14조제2항 및 제3항을 준용한다. [★1]

> **해설** 정액환급률표는 수출물품의 품목번호를 기준으로 정한다. 현재는 모든 HS CODE 10단위별로 고시되어 있다. [★1]

제13조(정액환급률표)

① 정액환급률표

관세청장은 단일 수출용원재료에 의하여 둘 이상의 제품이 동시에 생산되는 등 생산공정이 특수한 수출물품과 중소기업 수출물품에 대한 관세등의 환급 절차를 간소화하기 위하여 필요하다고 인정하는 경우에는 대통령령으로 정하는 바에 따라 수출용원재료에 대한 관세등의 평균 환급액 또는 평균 납부세액 등을 기초로 수출물품별로 정액환급률표를 정하여 고시할 수 있다. [★3]

[관련 규정] 정액환급의 기준 및 간이정액환급

영 제14조(정액환급의 기준)

① 법 제13조제1항의 규정에 의한 정액환급률표는 수출물품의 품목번호를 기준으로 정하되, 필요한 경우에는 수출물품의 품명 또는 규격별로 정할 수 있다.

② 제1항에 따른 정액환급률표를 정할 때에는 적정한 환급을 위하여 관세율 및 환율의 변동등을 고려하여 일정률을 가감할 수 있다.

③ 수출물품 또는 내국신용장등에 의하여 거래된 물품이 법 제13조제1항에 따른 정액환급률표에 기재된 경우에는 수출등에 제공된 날 또는 내국신용장등에 의하여 거래된 날에 시행되는 정액환급률표에 정하여진 바에 따라 환급하거나 기초원재료납세증명서를 발급한다. 다만, 관세청장이 정하는 바에 따라 정액환급률표를 적용하지 아니하기로 승인("비적용승인")을 받은 경우에는 그러하지 아니하다. [★1]

④ 제15조의 규정에 의한 정액환급률표(특수공정물품의 정액환급)가 적용되는 물품에 대하여는 제16조의 규정에 의한 정액환급률표를 적용하지 아니한다.

⑤ 제3항 단서에 따라 비적용승인을 받은 자의 모든 수출물품(내국신용장등에 의하여 거래된 물품을 포함한다)에 대하여는 정액환급률표를 적용하지 아니한다.

⑥ 제3항 단서에 따라 비적용승인을 받은 자가 관세청장이 정하는 바에 따라 정액환급률표의 적용을 신청하거나 정액환급률표의 적용승인을 받은 자가 다시 비적용승인을 신청하는 경우에는 비적용승인 또는 적용승인을 받은 날부터 2년 이내에는 이를 신청할 수 없다. 다만, 다음 각호의 1에 해당하는 때에는 관세청장이 정하는 바에 따라 2년 이내에도 신청할 수 있다. [★1]

1. 생산공정의 변경 등으로 인하여 소요량계산서의 작성이 곤란하게 된 때

2. 정액환급률표에 의한 환급액이 법 제10조의 규정에 의하여 산출된 환급액의 70퍼센트에 미달하게 된 때

3. 비적용승인을 받은 날부터 적용승인을 신청하는 날까지 관세등을 환급받은 실적이 없을 때

⑦ 제3항 단서 또는 제6항에 따라 비적용승인을 받은 경우에는 그 승인을 받은 날 이후 수출등에 제공되거나 내국신용장등에 의하여 거래된 물품에 대하여 정액환급률표를 적용하지 아니하고, 제6항에 따라 적용승인을 받은 경우에는 그 승인을 받은 날 이후 수출등에 제공되거나 내국신용장등에 의하여 거래된 물품에 대하여 정액환급률표를 적용한다. 다만, 관세등을 환급받은 실적(법 제3조제1항제2호에 따른 수출용원재료에 대한 관세등의 환급은 제외한다)이 없는 자로서 최초로 비적용승인을 받은 경우에는 그 승인을 받은 날 전에 수출등에 제공되거나 내국신용장등에 의해 거래된 물품에 대해서도 정액환급률표를 적용하지 않을 수 있다.

⑧ 관세청장은 다음 각 호의 어느 하나에 해당하는 경우에는 기획재정부장관과 미리 협의하여야 한다.

1. 법 제13조제1항에 따라 정액환급률표를 정하여 고시하는 경우

2. 법 제13조제4항에 따라 정액환급률표의 전부 또는 일부를 조정하여 고시하는 경우

영 제16조(간이정액환급)

① 관세청장은 법 제13조제1항의 규정에 의하여 중소기업의 수출물품에 적용하는 정액환급률표("간이정액환급률표")를 정할 때에는 최근 6월 이상 기간동안의 수출물품의 품목번호별 평균환급액 또는 평균납부세액등을 기초로 하여 적정한 환급액을 정하여야 한다. 다만, 최근 6월 이상의 기간동안 수출물품의 품목번호별 환급실적(간이정액환급실적을 제외)이 없거나 미미하여 당해 물품의 품목번호별 평균환급액 또는 평균납부세액 등을 기초로 간이정액환급률표의 환급액을 정하는 것이 불합리한 것으로 판단되는 경우에는 직전의 간이정액환급률표의 환급액을 기초로 하여 적정한 환급을 정할 수 있다. [★1]

② 제1항의 규정에 의한 간이정액환급률표는 기획재정부령이 정하는 자가 생산하는 수출물품에만 적용한다. 이 경우 수출자와 수출물품의 생산자가 다른 경우에는 수출물품의 **생산자**가 직접 관세등의 환급을 신청하는 경우에 한한다. [★3]

[관련 규정] 규칙 제12조(간이정액환급률표의 적용대상)

영 제16조제2항 전단에서 "기획재정부령이 정하는 자"란 중소기업자로서 다음 각 호의 요건을 모두 갖춘 자를 말한다.

1. 환급신청일이 속하는 연도의 직전 **2년간** 매년도 환급실적(기초원재료납세증명서 발급실적을 **포함**)이

6억원 이하일 것 [★5]

2. 환급신청일이 속하는 연도의 1월 1일부터 환급신청일까지의 환급실적(해당 환급신청일에 기초원재료 납세증명서의 발급을 신청한 금액과 환급을 신청한 금액을 포함한다)이 6억원 이하일 것

② 관세의제

제1항에 따라 정액환급률표에 정하여진 금액은 해당 물품을 생산하는 데 드는 수출용원 재료를 수입한 때에 납부하는 관세등으로 보아 환급한다. [★4]

③ 정액환급률표 고시요청

제1항에 따라 정액환급률표를 적용받을 수 있는 자는 대통령령으로 정하는 바에 따라 관세청장에게 정액환급률표를 정하여 고시할 것을 요청할 수 있다. [★1]

④ 정액환급률표 적용중지 등

관세청장은 수출구조, 원재료 수입구조, 관세율 및 환율의 변동 등으로 정액환급률표에 고시된 환급액이 많거나 적어 정액환급률표를 적용하는 것이 부적당하다고 인정하는 경우에는 그 적용을 중지하거나 정액환급률표의 전부 또는 일부를 조정하여 고시할 수 있다.

[관련 규정] 고시 제33조(간이정액환급률표의 적용 제외물품)
다음 각 호의 어느 하나에 해당하는 물품은 간이정액환급률표를 적용하지 아니한다.
1. 수출용원재료를 수입한 상태 그대로 수출등에 제공하거나 내국신용장등에 의하여 공급한 물품 [★1]
2. 제32조제5항에 따라 비적용 승인을 받은 자가 제조·가공한 수출물품 또는 내국신용장등에 의하여 공급한 물품 [★1]
3. 규칙 제2조제1항제5호에서 정한 해외로부터 가공임을 받고 국내에서 가공할 목적으로 반입된 수입원재료의 가공물품 수출
4. 제3호에 따른 수출물품이 수출 후 계약조건과 상이(하자)하여 반품된 물품의 대체수출
5. 수출물품의 생산자를 알 수 없는 물품(수출신고필증에 제조자 통관고유부호가 "제조미상9999000"으로 기재된 것) [★1]
6. 단순히 소프트웨어(운영체제, 전산프로그램 또는 응용프로그램 등)만을 입력(결합)하여 수출(공급)하는 물품
7. 제51조에 따라 기납증을 발급하는 물품

[예시] 다음은 관세환급특례법에 따른 간이정액환급률표의 일부이다. "㈜커스브로"는 8537.10-1000에 해당하는 물품을 유상 수출신고하였고, 수출신고필증상 FOB 금액은 25,000,000원이다.

| [세번] 8537.10-1000 | [품명] 배전반 | [간이정액환급률표상 환급액] 10원 |

- "㈜커스브로"가 수출물품을 생산하고 수출한 경우, "㈜커스브로"는 동 수출신고필증에 대하여, 25,000원을 환급받을 수 있다.
- "㈜커스브로"가 국내에서 "㈜무협"이 제조한 물품을 구매하여 수출한 경우, "㈜무협"도 간이정액환급률 표에 의한 환급액을 환급받을 수 있다.
- 간이정액환급은 원재료에 대하여 납부한 관세가 없더라도 적용받을 수 있다. [★1]

제14조(환급신청)

① 환급신청

관세등을 환급받으려는 자는 대통령령으로 정하는 바에 따라 물품이 수출등에 제공된 날부터 **5년** 이내에 관세청장이 지정한 세관에 환급신청을 하여야 한다. 다만, 수출등에 제공된 수출용원재료에 대한 관세등의 세액에 대하여 다음 각 호의 어느 하나에 해당하는 사유가 있는 때에는 그 사유가 있는 날부터 **5년** 이내에 환급신청을 할 수 있다. [★7]

1. 「관세법」 제38조의2에 따른 보정

2. 「관세법」 제38조의3에 따른 수정 또는 경정 [★1]

3. 제21조에 따른 환급금액이나 과다환급금액의 징수 또는 자진신고·납부 [★1]

[관련 규정] 영 제18조(환급의 신청) 제2항, 제3항

② 법 제14조제1항의 규정에 의하여 관세등의 환급을 받고자 하는 자는 관세청장이 정하는 관세등의 환급신청서에 다음 각호의 서류를 첨부하여 **관할지세관장**에게 제출하여야 한다. 다만, 정액환급률표가 적용되는 수출물품에 대하여는 제2호 및 제3호의 서류를 첨부하지 아니한다. [★1]

　1. 제1항 각호의 규정에 의하여 수출등에 제공한 사실을 확인할 수 있는 서류

　2. 소요량계산서

　3. 소요원재료의 납부세액을 확인할 수 있는 서류

　4. 기타 환급금의 확인과 관련하여 관세청장이 정하는 서류

　　※ 관할지 세관장이란 원칙적으로 제조장의 소재지를 관할하는 세관장을 말한다. [★1]

③ 관세등의 환급신청은 수출물품의 생산에 소요된 원재료에 대하여 일괄신청하여야 한다. 다만, 일괄신청하는 것이 불합리하다고 인정하여 관세청장이 따로 정한 경우에는 그러하지 아니하다. [★2]

해설 관세법에 따라 수출신고가 수리된 수출의 경우에는 수출자(수출위탁의 경우에는 수출위탁자를 말한다) 또는 수출물품의 생산자 중에서 수출신고필증에 환급신청인으로 기재된 자가 환급신청을 하여야 한다. [★1]

예시 제조자인 ㈜한국무역은 관세환급을 받기 위해 수출신고 시 「수출자 : ㈜KITA」, 「제조자 : ㈜한국무역」, 「환급신청인 : ㈜한국무역」으로 하고 ㈜KITA로부터 수출신고필증을 받아서 관세환급 신청을 할 수 있다.

② 환급심사

세관장은 제1항에 따른 환급신청을 받았을 때에는 환급신청서의 기재 사항과 이 법에 따른 확인 사항 등을 심사하여 환급금을 결정하되, 환급금의 정확 여부에 대하여는 대통령령으로 정하는 바에 따라 환급 후에 심사할 수 있다. [★1]

③ 환급 전 심사

세관장은 제2항에도 불구하고 과다 환급의 우려가 있는 경우로서 환급한 후에 심사하는 것이 부적당하다고 인정되어 기획재정부령으로 정하는 경우에는 환급하기 전에 이를 심사하여야 한다. [★1]

제17조(환급의 제한)

① 환급제한

수출물품의 생산에 국산 원재료의 사용을 촉진하기 위하여 필요하다고 인정되는 경우에는 제9조에도 불구하고 대통령령으로 정하는 바에 따라 환급을 제한할 수 있다.

② 위임

제1항에 따라 환급을 제한하는 물품과 그 제한 비율은 기획재정부령으로 정한다.

[관련 규정] 규칙 제14조(환급등의 제한)

법 제17조제2항의 규정에 의하여 관세등의 환급을 제한하는 물품과 그 제한비율은 **별표**와 같다. 다만, 「관세법」 규정에 의한 보세공장과 「자유무역지역의 지정 및 운영에 관한 법률」에 따른 자유무역지역안의 입주기업체에서 생산하여 수입된 수출용원재료를 제외한다.

[별표] 환급을 제한하는 물품과 제한비율 [★2]
1. 관세법 제51조를 적용받는 물품(덤핑방지관세)
2. 관세법 제57조를 적용받는 물품(상계관세)
3. 관세법 제63조를 적용받는 물품(보복관세)
→ 수입 시 덤핑관세·보복관세·상계관세가 부과된 원재료는 관세환급이 가능하나, 덤핑관세·보복관세·상계관세에 해당하는 세액을 공제한 후 관세 등 환급이 가능하다. [★3]
※ 긴급관세는 제외됨에 유의한다. [★2]

FTA 특례법

1. 용어의 정의

① "원산지"란 관세의 부과·징수 및 감면, 수출입물품의 통관 등을 할 때 협정에서 정하는 기준에 따라 물품의 **생산·가공·제조** 등이 이루어진 것으로 보는 국가를 말한다. [★3]

② "원산지물품" 또는 "원산지재료"란 자유무역협정과 FTA관세특례법 시행규칙에 따라 해당 물품 또는 재료의 원산지가 대한민국 또는 체약상대국으로 인정되는 물품 또는 재료를 말한다. [★1]

③ "원산지증빙서류"란 우리나라와 체약상대국 간의 수출입물품의 원산지를 증명하는 서류와 그 밖에 원산지 확인을 위하여 필요한 서류·정보 등을 말한다. [★1]

④ 류·호 또는 소호란 관세·통계통합품목분류표에 따른 품목분류상의 **2단위·4단위·6단위**의 품목번호를 각각 말한다. [★1]

⑤ "체약상대국"이란 우리나라와 자유무역협정(이하 "협정"이라 한다)을 체결한 국가(국가연합·경제공동체 또는 독립된 관세영역을 포함한다. 이하 같다)를 말한다. [★1]

2. FTA와 관세양허

① 자유무역협정이란 우리나라가 체약상대국과 관세의 철폐, 세율의 연차적인 인하 등 무역의 자유화를 내용으로 하여 체결한 국제협정과 이에 준하는 관세의 철폐 또는 인하에 관한 조약·협정을 말한다. 또한 FTA 무역에서 수입자가 관세 혜택을 보기 위해서는 관세특혜 원산지증명이 필요하다. [★1]

② 국가 간 FTA를 통해 관세를 낮추기로 약속하였다면 그로 인해 낮아진 세율을 "FTA양허세율" 또는 "FTA세율"이라고 한다. [★1]

③ FTA 관세양허는 반드시 그 물품이 협정에 따른 "원산지 물품"일 때, 즉 원산지 기준을 충족한다는 조건이 만족될 때에만 적용된다. [★1]

④ FTA가 체결되고 국회의 비준을 거쳐 발효가 되었더라도 농림축산물이나 민감한 공산품에 대해서는 점진적 양허가 적용되기도 한다. [★1]

⑤ 일부 농림축산물의 경우, 국내산업보호 등의 목적으로 양허를 제외하는 품목이 존재한다. [★1]

참조 **CEPA(Comprehensive Economic Partnership Agreement)** [★1]

포괄적 경제동반자 관계협정으로 상품의 관세인하, 비관세장벽 제거 등 요소를 포함하면서 무역 원활화 및 여타 협력분야 등에 중점을 두고 있는 협정이다.

---

3. FTA특례법과 타법률과의 관계

① FTA특례법은 관세법에 우선하여 적용하며, FTA특례법에서 정하지 않은 사항은 관세법을 따른다. [★5]

② FTA특례법 또는 관세법이 FTA 협정과 상충되는 경우에는 FTA 협정을 <u>우선하여 적용</u>한다. [★4]

③ 협정관세의 세율이 관세법에 따른 적용세율보다 높은 경우 관세법상 세율을 적용한다. [★2]

4. FTA특례법상 원산지결정기준

협정 및 FTA특례법에 따른 협정관세의 적용, 수출입 물품의 통관 등을 위하여 물품의 원산지를 결정할 때에는 협정에서 정하는 바에 따라 다음의 어느 하나에 해당하는 국가를 원산지로 한다.

(1) 완전생산기준

해당 물품의 전부를 생산, 가공 또는 제조한 국가 [★7]

(2) 실질적 변형기준

해당 물품이 둘 이상의 국가에 걸쳐 생산, 가공 또는 제조된 경우에는 다음의 어느 하나에 해당하는 국가

① 세번변경기준 [★5]

해당 물품의 품목번호(HS CODE)가 그 물품의 생산, 가공 또는 제조에 사용되는 재료 또는 구성 물품의 품목번호와 일정 단위 이상 다른 경우 해당 물품을 <u>최종적으로</u> 생산, 가공 또는 제조한 국가

> **참조 | 세번변경기준**
>
> 1. CC란 투입된 원산지 재료에 대한 HS코드 2단위와 수출 제품 HS코드 2단위가 변경될 것을 요구하는 기준이다. [★1]
> 2. CTH란 투입된 원산지 재료에 대한 HS코드 4단위와 수출 제품 HS코드 4단위가 변경될 것을 요구하는 기준이다. [★1]
> 3. CTSH란 투입된 원산지 재료에 대한 HS코드 6단위와 수출 제품 HS코드 6단위가 변경될 것을 요구하는 기준이다. [★1]

② 부가가치기준 [★4]

해당 물품에 대하여 일정 수준 이상의 부가가치를 창출한 국가

③ 가공공정기준 [★4]

해당 물품의 생산, 가공 또는 제조의 주요 공정을 수행한 국가

(3) 그 밖에 해당 물품이 협정에서 정한 원산지 인정 요건을 충족시킨 국가

(4) 직접운송원칙 [★5]

상기 (1)~(3)의 내용에 따라 원산지로 결정된 경우에도 해당 물품이 생산, 가공 또는 제조된 이후에 원산지가 아닌 국가를 경유하여 운송되거나 원산지가 아닌 국가에서 선적된 경우에는 그 물품의 원산지로 인정하지 아니한다. 다만, 해당 물품이 원산지가 아닌 국가의 보세구역에서 운송 목적으로 환적되었거나 일시적으로 보관되었다고 인정되는 경우에는 **그러하지 아니하다.**

> **해설** 품목별 원산지결정기준에 따라 원산지 제품으로 결정된 경우에도 원산지가 아닌 국가를 경유하여 운송되거나 제3국에서 선적된 경우에는 그 물품의 원산지를 인정하지 않는 원칙을 직접운송원칙이라고 한다. 세번변경기준에 의해 원산지로 결정된 경우에도 해당 물품이 생산·가공 또는 제조된 이후에 원산지가 아닌 국가에서 선적된 경우에는 그 물품의 원산지로 인정하지 아니한다. [★2]

(5) 기타 일반기준

① 미소기준 [★3]

당해 물품에 사용된 비원산지재료의 금액 또는 수량이 일정기준 이하로 미미한 경우에는 **세번변경기준**을 충족하지 않더라도 원산지물품으로 인정하는 기준이다.

※ 일반적으로 세번변경기준이 충족되지 않은 물품에 대하여는 분야별 특례로서 최소허용기준(미소기준)을 적용하여 원산지 판정(결정)을 할 수 있다. [★1]

② 누적기준 [★2]

체약상대국에서 발생한 생산요소를 자국에서 투입한 것과 합산할 수 있도록 허용하는 기준이다.

③ 불인정공정 [★3]

완전생산기준 실질변형기준 등을 충족하여도 그 물품이 역내 국에서 단순작업 또는 공정만을 거쳐 생산된 물품인 경우 원산지물품으로 인정하지 않는 기준이다.

※ 세번변경기준이 충족된다하여도 한국에서 단순한 조립이나 포장(단순 재포장과 같은 작업만을 수행한 경우에는 한국산 원산지물품으로 인정하지 않는다. [★2]

예시 원산지결정기준 해석

FTA	품명	HS코드	원산지결정기준
한국−EFTA	모자(운동용)	6505.00	CTH
	휴대폰	8517.12	CTH or MC(50%)
한국−칠레	인삼주	2208.70	CTH + RVC(45%)
한국−싱가포르	필터담배	2402.20	CTH, except from 2403

1. 중국에서 모자챙(HS 6507.00)을 수입한 후 우리나라에서 제조한 운동용 모자(HS 6505.00)를 스위스로 수출할 경우 역내산으로 원산지가 **인정된다**.
2. 우리나라에서 노르웨이로 휴대폰을 수출할 경우 역내에서 4단위 세번변경이 발생**하거나** FOB가격기준 비원산지재료가 50% 이하인 경우 역내산으로 원산지가 인정된다.
3. 우리나라에서 칠레로 인삼주를 수출할 경우 역내에서 인삼주의 4단위 세번변경이 발생하고 **동시에** 역내 부가가치비율이 45% 이상이어야 역내산으로 원산지가 인정된다.
4. 싱가포르에서 필터담배를 수입할 경우 역내에서 담배의 4단위 세번변경이 발생하더라도, HS 제2403호로 분류되는 재료가 필터담배 제조에 사용되는 경우 해당 재료는 역내산을 사용하여야 원산지가 인정된다.

예시 세번변경기준 해석

한−아세안 FTA협정에 따른 원산지결정기준에 대한 설명이다. (한국에서 필리핀으로 수출)

HS 코드	품목명	원산지기준	비고
2101.20	차(TEA) 조제품	다른 호에 해당하는 재료로부터 생산된 것. 다만, 제0902호에 해당하는 재료는 체약 당사국의 영역에서 완전생산된 것으로 한정한다.	제0902호 : 차(TEA)

→ 제품생산에 투입된 비원산지재료 HS코드 4단위와 수출제품(차 조제품)의 HS 코드 4단위가 서로 달라야 하는 세번변경기준이다. [★1]

예시 세번변경기준 해석

한−미 FTA 원산지결정기준에 따라 미국에서 땅콩버터를 수입하는 경우 이에 대한 설명으로 올바른 것은?

품목번호	품목명	원산지기준	비고
2008.11	땅콩버터	다른 류에 해당하는 재료(제1202호의 것을 제외한다)로부터 생산된 것	제1202호 : 땅콩

→ 세번변경기준을 만족하면서 원재료 중 땅콩은 반드시 미국산이어야 한다.

예 시 선택기준 해석

A change to subheading 9503.00 through 9505.90 from any other subheading; or No change in tariff classification is required, provided that there is a regional value content of not less than: (a) 35percent under the build–up method; or (b)45percentunder the build–down method.

→ 요구되는 세번변경기준 또는 부가가치기준 어느 하나에 충족하면 된다.

예 시 원산지결정기준 해석

- 한국의 (주)KITA는 미국으로부터 할로겐 전구(8539.21-0000)를 수입한다.
- 미국은 할로겐 전구를 생산하면서 소요되는 유리관(7002.31-9000)을 중국으로부터 수입한다.
- 미국에서 주요 공정을 마치고 완성된 할로겐 전구는 미국을 출발해 러시아에서 포장작업을 마무리한다.
- 포장 작업이 완료된 물품은 일본을 단순경유하고 한국으로 들어온다.

→ 할로겐 전구는 중국과 미국에 걸쳐 제조되었다. 제조의 주요 공정을 수행한 미국이 원산지 국가이다.

예 시 부가가치기준 해석

국내 제조업체인 (주)커스브로는 시계 제조 후 태국으로 수출하고 있다. 원재료 및 비용이 다음과 같은 경우, 한-아세안 FTA에 따라 공제법을 사용한 역내부가가치비율은?

구분	품명	가격(1개당)	원산지
원재료	무브먼트	USD 30	일본
	케이스	USD 10	한국
	시계줄	USD 10	미상
노무비 및 경비	–	USD 30	
판매관리비 및 이윤	–	USD 10	
국내운송비	–	USD 10	
제품 FOB가격	–	USD 100	

답 60%

해설 역외산 원재료(무브먼트, 시계줄)를 제품 FOB 가격에서 공제해주고, 다시 제품 FOB 가격으로 나누어준다.

→ $(100-30-10)/100 = 60\%$

예 시 원산지판정

BOM [원재료내역서]
- 완제품 품명 : 소스(Sauce) (HS Code : 제2103.90호)
- 적용협정 : 한-베 FTA
- 원산지결정기준 : CTH or D 40%
- 원재료 사용내역

No.	품명	세번부호	단가	소요량	금액	원산지	공급자
1.	설탕	1702.90	–	–	–		"갑"회사
2.	고추장	2103.90	–	–	–		"을"회사
3.	전분	1108.12	–	–	–		"병"회사

※ 다른 고려사항은 없다.

1. CTH 기준을 선택한 경우, 원산지판정시 소스(Sauce) HS Code 4단위와 원재료인 설탕·고추장·전분의 HS Code 4단위의 변경 여부를 확인하여야 한다.
2. 소스(Sauce)의 한국-베트남 FTA 원산지결정기준은 선택기준이다.
3. 해당 업체는 고추장에 대하여 공급자인 "을"회사로부터 고추장이 한국산이 라는 원산지(포괄)확인서를 받아야 한다.
4. BD 40%는 공제법 방식이다.

예 시 원산지판정

"㈜커스브로"가 중국으로 플라스틱제 관연결구(3917.40-0000)를 수출하기 전 해당 물품의 한-중국 FTA 원산지증명서를 발급받고자 준비하고 있다. "HS 3917.40"의 원산지 결정기준 및 원산지소명서상 원재료내역이 아래와 같다.

■ 한-중국 FTA, HS "3917.40"의 품목별 원산지 결정기준

HS CODE	원산지 결정기준
3917.40	다른 호에 해당하는 재료로부터 생산된 것

■ ㈜KITA에서 작성한 원산지소명서상 원재료명세

9. 연번	10. 재료명	11. 품목번호(HS No.)	12. 원산지	13. 가격 수량	13. 가격 가격	14. 공급자 (생산자)
1	경질 PVC PIPE	3917.23	?	0.1m	?	㈜A PIPE
2	연질 PVC PIPE	3917.31	?	0.1m	?	㈜B PIPE
3	STEEL WASHER	7318.21	?	4pc	?	㈜C STEEL
4	STEEL NUT	7318.16	?	2pc	?	㈜C STEEL

1. 원재료 중 "경질 PVC PIPE"가 비역내산인 경우 수출물품은 원산지상품으로 인정될 수 없다.
2. "㈜커스브로"가 "㈜ B PIPE"로부터 "연질 PVC PIPE"에 대하여 역내산으로 명시된 원산지(포괄)확인서를 제공받았다면 원산지판정 시 세번변경 여부를 고려하지 않아도 된다.
3. 원재료 중 "STEEL WASHER"가 비역내산이더라도 수출물품은 원산지상품으로 **인정될 수 있다.**

5. FTA 원산지증명서 발행

(1) 개요

- 수입자는 협정관세를 적용받으려는 수입물품에 대하여 협정 및 이 법에서 정하는 바에 따라 원산지를 증명하여야 한다. [★1]
- 원산지증명서는 기관이 해당 물품에 대하여 원산지를 확인하여 발급하는 방법과 수출자·생산자 또는 수입자가 자율적으로 해당 물품에 대한 원산지를 확인하여 작성·서명하는 방법이 있다. [★1]

심 화 원산지증빙서류의 수정통보

수출자 또는 생산자가 체약상대국의 협정관세를 적용받을 목적으로 원산지증빙서류를 작성·제출한 후 해당 물품의 원산지에 관한 내용에 오류가 있음을 알았을 때에는 협정에서 정하는 바에 따라 기획재정부령으로 정하는 기간 이내에 그 사실을 세관장 및 원산지증빙서류를 제출받은 체약상대국의 수입자에게 각각 통보하여야 한다. [★1]

(2) 기관발급

① 개념 : 협정에서 정하는 방법과 절차에 따라 세관, 상공회의소, 기타 발급 권한이 있는 기관이 해당 물품에 대해서 원산지를 확인하여 원산지증명서를 발급하는 것을 의미한다.

② 대상국가 : 싱가포르, 아세안, 인도, 베트남, 중국

참조 **기관발급 신청 시 필수제출서류** [★2]

① 송품장 또는 거래계약서
② 원산지확인서(생산자와 수출자가 다른 경우)
③ 원산지소명서
④ 수출신고필증 사본
 ※ 수출승인서, 분할증명서, 구매확인서, 내국신용장 등은 필수서류가 아니다.

해설 수출물품 또는 수출물품의 생산에 사용되는 원재료를 국내에 공급하는 자(로컬 수출자)는 수출자의 요청이 있는 경우 원산지(포괄)확인서를 발급하여 제공함으로써 수출자가 원산지증명서를 발급할 수 있도록 할 수 있다.

(3) 자율발급

① 개념 : 협정이 정하는 방법과 절차에 따라 수출자, 생산자가 해당 물품에 대한 원산지를 확인하여 원산지증명서를 작성한 후 서명하여 사용하는 것이다.

② 대상국가 : EFTA, EU, 터키, 칠레, 페루, 콜롬비아, 호주, 캐나다, 뉴질랜드, 중미(코스타리카), 엘살바도르, 온두라스, 니카라과, 파나마, 미국, 영국

 ※ 한－미 FTA 협정에서는 수입자가 원산지증명서를 발행하는 것이 가능하며, 미국의 경우 원산지증명서는 1년을 기간으로 하여 포괄원산지증명서 발행이 가능하다. [★1]

(4) FTA체약국별 원산지증명서 발급비교

FTA 체약국	발급	유효 기간
싱가포르 [★2]	기관	1년
아세안, 베트남 [★7]		1년
인도 [★4]		1년
중국 [★6]		1년 [★1]
이스라엘		12개월
캄보디아		1년
인도네시아		1년
호주	기관(호주)	2년
	자율	

FTA 체약국	발급		유효 기간
RCEP	기관		1년
	자율		
EFTA, EU, 영국 [★3]	자율		1년
터키 [★1]			1년
칠레 [★3]			2년
페루 [★3]			1년
콜롬비아			1년
캐나다			2년
뉴질랜드 [★2]			2년
코스타리카, 엘살바도르. 온두라스, 니카라과, 파나마			1년
미국 [★8]			4년 [★1]

[관련 규정] 인증수출자 관련 특이사항

① 한−EU FTA의 원산지증명서는 원산지인증수출자 및 총가격이 **6천 유로**를 초과하지 아니하는 물품의 수출자가 협정에 정한 '원산지신고서'의 문안을 상업송장 등에 자율적으로 작성·서명하여 발행한다. [★4]

② 한−아세안 FTA 인증수출자의 경우, 증명서 발급신청 시 첨부서류 제출생략 등의 혜택이 주어진다. [★2]

③ 한−EFTA FTA, 한−EU FTA에서 인증수출자의 경우, 원산지신고서에 대한 수출자의 서명을 생략할 수 있다. [★2]

6. 수입 시 협정관세 적용요건 및 신청

(1) 개념

① 협정관세란 협정에 따라 체약상대국을 원산지로 하는 수입물품에 대하여 관세를 **철폐**하거나 세율을 연차적으로 **인하**하여 부과하여야 할 **관세**를 말한다. [★3]

(2) 적용요건

① 해당 수입물품이 협정에 따른 협정관세의 적용대상일 것 [★2]

② FTA관세특례법에 규정된 원산지결정기준에 따른 수입물품의 원산지가 해당 협정의 체약상대국일 것 [★2]

③ 체약상대국에서 생산된 수입물품은 협정에서 정하는 원산지결정기준에 적합한 물품일 것 [★1]

(3) 신청

① 협정관세를 적용받으려는 자는 **수입신고 수리 전**까지 대통령령으로 정하는 바에 따라 세관장에게 협정관세의 적용을 신청하여야 한다. [★5]

② 협정관세의 적용을 신청할 때에 수입자는 원산지증빙서류를 갖추고 있어야 하며, 세관장이 요구하면 제출하여야 한다. 다만, 세관장은 대통령령으로 정하는 물품에 대해서는 관세 탈루의 우려가 있는 경우를 제외하고는 원산지증빙서류 제출을 요구할 수 없다 [★1]

③ 세관장은 수입자가 제2항 본문에 따라 요구받은 원산지증빙서류를 제출하지 아니하거나 수입자가 제출한 원산지증빙서류만으로 해당 물품의 원산지를 인정하기가 곤란한 경우에는 제35조에 따라 협정관세를 적용하지 아니할 수 있다. [★1]

④ 세관장은 협정관세의 적용신청을 받은 경우에는 **수입신고 수리 후**에 심사한다. [★3] 다만, 관세채권을 확보하기가 곤란하거나 수입신고를 수리한 후 원산지 및 협정관세 적용의 적정 여부를 심사하는 것이 부적당하다고 인정하여 기획재정부령으로 정하는 물품은 **수입신고를 수리하기 전**에 심사한다. [★1]

⑤ **수입신고 수리 전까지** 협정관세의 적용신청을 하지 못한 수입자는 해당물품의 **수입신고 수리일**로부터 **1년** 이내에 대통령령으로 정하는 바에 따라 협정 관세의 적용을 신청할 수 있다. [★8]

⑥ FTA특혜관세의 사후적용을 신청한 수입자는 해당 물품에 대하여 이미 납부한 세액의 경정을 청구할 수 있다. [★1]

예 시 협정관세 적용 [★1]

㈜커스브로는 중국으로부터 천연가스(HSK 2711.21－0000)를 수입하고자 한다. 관련된 수입관세율은 다음과 같다.

> * 기본관세 : 3%
> * 할당관세 : 2% (적용기간 : 2022.1.1.~2022.3.31.)
> * 한국－중국 FTA 관세율(2022년) : 2%

① 2022년 2월 3일 수입신고하는 경우에는 할당관세 2%를 적용할 수 있다.

② 2022년 3월 31일 부산항에 입항하여 4월 1일에 수입신고하는 경우, 일반(비특혜)원산지증명서를 수령한 수입자는 기본관세 3%를 적용한다.

③ 한국－중국 FTA원산지증명서를 수령한 수입자는 2022년 2월 3일 수입신고 시 한국－중국 FTA관세율 2%를 적용할 수 있다.

예 시 협정관세 적용 [★1]

> (주)커스브로는 베트남으로부터 여성용 양말(HSK:6115.99－0000)을 수입하고자 한다. 관련된 수입관세율은 다음과 같다.
> * 기본관세 : 13%
> * WTO 협정관세 : 16%
> * 한－아세안FTA 관세율 : 5%
> * 한－베트남 FTA 관세율 : 0%

① 베트남산이라는 일반(비특혜)원산지증명서를 수령한 경우 FTA관세율을 적용받을 수 없다.

② 베트남 수출자는 한－아세안 FTA 또는 한－베트남 FTA에 따른 FTA 원산지증명서 중 선택하여 증명서 발행이 가능하다.

③ 수입자가 보다 낮은 세율을 적용받고자 하는 경우, 베트남 수출자에게 한－베트남 FTA에 따른 FTA 원산지증명서 발행을 요청할 수 있다.

④ 수입신고 시에 FTA 원산지증명서를 구비하지 못한 경우, 실제 납부해야 하는 관세율은 13%이다.

> **참조**
>
> 수입자는 원산지 정보교환 시스템을 구축·운영하고 있는 체약상대국으로부터 물품을 수입하는 경우로서 원산지증명서에 포함된 정보가 전자적으로 교환된 경우에는 원산지증빙서류 중 원산지증명서를 제출하지 아니할 수 있다. [★1]

7. 원산지증명서 서류보관

(1) 원산지증빙서류

원산지증빙서류란 우리나라와 체약상대국 간의 수출입물품의 원산지를 증명하는 서류와 그 밖에 원산지 확인을 위하여 필요한 서류·정보 등을 말한다. [★1]

> **참조** **사후검증에 대비하여 수입자가 보관하여야 하는 원산지증빙서류**
>
> － 수입신고필증
> － 지식재산권 거래 관련 계약서
> － 수입물품의 국제운송 관련 서류 등

(2) 원산지증빙서류 보관기간

① 수입자 : 협정관세의 적용을 신청한 날의 다음 날부터 5년 [★2]

② 수출자 및 생산자 : 원산지증명서의 작성일 또는 발급일부터 5년. 다만, 체약상대국이 중국인 경우에는 중국과의 협정에 따라 3년 [★4]

8. 인증수출자제도

(1) 개념

관세당국이 원산지증명능력이 있다고 인증한 수출상에게 원산지증명서 발급절차 또는 첨부서류 제출간소화 혜택을 부여하는 제도로, 원산지증명서 발급 시 시간과 비용을 절감할 수 있도록 지원한다. 업체별인증과 품목별인증으로 구분된다.

(2) 인증수출자 인증요건

관세청장 또는 세관장은 수출물품에 대한 원산지증명능력 등 대통령령으로 정하는 요건을 충족하는 수출자를 원산지인증수출자로 인증할 수 있다. [★1]

① 원산지인증수출자 인증신청일 이전 최근 2년간 서면조사 또는 현지조사를 거부한 사실이 없을 것 [★1]

② 수출실적이 있는 물품 또는 새롭게 수출하려는 물품이 원산지결정기준을 충족하는 물품(품목번호 **6단위**를 기준)일 것 [★1]

③ 원산지증명서 작성대장을 비치·관리하고 원산지관리전담자를 지정·운영할 것 [★1]

④ 원산지인증수출자 인증신청일 이전 최근 2년간 부정한 방법으로 원산지 증명서를 발급 신청하거나 작성·발급한 사실이 없을 것 [★1]

(3) 유효기간 [★1]

업체별 인증수출자 및 품목별 인증수출자의 경우 유효기간은 **5년**으로 한다. 다만, 품목별 인증수출자의 경우 최근 2년간 원산지 조사를 거부한 사실이 있거나, 최근 2년간 원산지증빙서류 보관의무를 위반한 사실이 있는 자에 대해서는 관세청장이 정하는 바에 따라 인증 유효기간을 달리할 수 있다.

참조 **원산지인증수출자 혜택 및 지원**
1. 원산지인증수출자가 될 경우 해당 물품에 대하여 자율적으로 원산지를 증명할 수 있으며, 원산지 증명에 관하여 간소한 절차를 적용받을 수 있다. [★1]
2. 중소기업에 해당할 경우 관세청장으로부터 원산지증명서 작성 및 원산지인증수출자의 인증 취득 등에 관한 지원을 받을 수 있다.

9. FTA 사후검증

(1) 개념

원산지검증은 수출입상이 신고한 원산지 및 협정관세 적용신청 절차의 적정성 여부를 조사하는 제도를 말한다. 세관당국은 필요하다고 인정되는 경우 원산지기준 충족여부 등을 검증한다.

(2) 검증방법

구분	의미	적용국가
직접검증	수입국 관세당국이 수출국 생산자, 수출자를 대상으로 직접 원산지를 검증하는 방법	칠레, 싱가포르, 뉴질랜드, 캐나다, **미국**(섬유, 의류는 간접검증) [★1]
간접검증	수입국 관세당국이 수출국 관세당국에 검증을 의뢰하고 수출국 관세당국이 수출자, 생산자를 대상으로 검증하여 그 결과를 수입국 관세당국에 통보하는 방법	EFTA, EU, 터키, 영국 [★1]
혼합검증	직접검증과 간접검증이 혼합된 검증방법	**인도**, 중국, 베트남, **아세안**, 이스라엘, 캄보디아, 인도네시아 : 先 간접검증, 後 직접검증 [★2]
		콜롬비아, 페루, 중미(코스타리카, 엘살바도르, 온두라스, 니카라과, 파나마) : 간접검증, 직접 서면조사 또는 공동검증
		호주 : 간접검증 또는 직접검증 RCEP : 직접 및 간접검증 모두 채택

예 시 사후검증

> ㈜커스브로사는 플라스틱 가공품을 제조 및 수출하는 중견기업이다. 1년 전에 인도네시아로 플라스틱 폼(HS code: 3921.19−1090)을 수출한 적이 있었는데 최근 인도네시아 세관으로부터 직접운송원칙에 대한 원산지검증 요청을 받았다.

① 수출 당사국과 수입 당사국의 영역이 아닌 하나 또는 그 이상의 중간 경유국의 영역을 통하여 운송이 이루어지는 경우, 수출 당사국에서 발행한 통과 선하증권 등을 제출하여야 한다.
② 인도네시아 세관은 원산지검증을 하는 경우, **수입자**에 대한 검증을 먼저 실시한다.
③ 원산지검증(조사)을 하는 경우, 서면검증(조사)을 먼저 실시하는 것이 원칙이다. 다만, 조사대상자의 특성상 현지검증(조사)이 필요한 경우에는 서면검증(조사)에 앞서 현지검증(조사)을 할 수 있다.

심 화 협정관세 적용제한과 차액 관세부과
① 체약상대국 수출자등이 협정에서 정한 원산지증빙서류를 보관하지 아니한 경우
② 체약상대국 수출자등이 세관장의 서면조사에 대하여 정해진 기간 내에 원산지조사 결과를 회신하지 아니한 경우
③ 원산지결정기준 충족여부에 대한 사전심사를 신청한 수입자가 사전심사서에 기재된 조건을 이행하지 아니한 경우

(3) 원산지 조사

관세청장 또는 세관장은 수출입물품의 원산지 또는 협정관세 적용의 적정 여부 등에 대한 확인이 필요하다고 인정하는 경우에는 협정에서 정하는 범위에서 대통령령으로 정하는 바에 따라 다음 각 호의 어느 하나에 해당하는 자를 대상으로 필요한 서면조사 또는 현지조사를 할 수 있다. (FTA특례법 제17조)

1. 수입자 [★1]

2. 수출자 또는 생산자(체약상대국에 거주하는 수출자 및 생산자를 포함한다) [★1]

3. 원산지증빙서류 발급기관 [★1]

4. 해당 물품의 생산에 사용된 재료를 공급하거나 생산한 자(체약상대국에 거주하는 자를 포함한다)

5. 해당 물품의 거래·유통·운송·보관 및 통관을 대행하거나 취급한 자

심화 FTA관세법 제30조(일시수입물품 등에 대한 관세의 면제)

① 체약상대국에서 수입되는 것으로서 다음 각 호의 어느 하나에 해당하는 물품은 협정에서 정하는 범위에서 그 원산지에 관계없이 관세를 면제할 수 있다.

  1. 수입신고의 수리일부터 2년의 범위에서 대통령령으로 정하는 기간 이내에 다시 수출하기 위하여 일시적으로 수입하는 물품으로서 협정에서 정하는 바에 따라 기획재정부령으로 정하는 물품(예 전시 또는 시연을 위한 물품) [★1]

  2. 수리 또는 개조 등을 할 목적으로 체약상대국으로 수출하였다가 다시 수입하는 물품으로서 기획재정부령으로 정하는 물품(칠레·페루·미합중국·호주·캐나다·콜롬비아·뉴질랜드·베트남·이스라엘 및 중미 공화국들과의 협정에 따라 수리 또는 개조를 위하여 해당 체약상대국으로 수출하였다가 다시 수입하는 물품) [★1]

> ※ "수리 또는 개조"의 범위에는 다음 각 호의 어느 하나에 해당하는 경우를 제외한다.
> 1. 물품의 본질적인 특성을 파괴하거나 새로운 물품 또는 상업적으로 다른 물품을 생산하는 작업이나 과정 [★1]
> 2. 미완성 상태의 물품을 완성품으로 생산 또는 조립하는 작업이나 과정

  3. 일정 금액 이하(미화 250달러)의 상용견품·광고용품 등 기획재정부령으로 정하는 물품 [★1]

② 제1항제2호에도 불구하고 다음 각 호의 어느 하나에 해당하는 경우에는 관세를 면제하지 아니한다.

  1. 「관세법」 또는 「수출용 원재료에 대한 관세 등 환급에 관한 특례법」에 따른 환급을 받은 경우

  2. 보세가공물품 또는 장치기간 경과물품을 재수출 조건으로 매각함에 따라 관세가 부과되지 아니한 경우

대외무역법

제1장 총칙

> **참조** **제1조(목적)**
>
> 이 법은 대외 무역을 진흥하고 공정한 거래 질서를 확립하여 국제 수지의 균형과 통상의 확대를 도모함으로써 국민 경제를 발전시키는 데 이바지함을 목적으로 한다.
>
> ※ 우리나라에서 이행되는 수출입 등 대외무역행위는 기본적으로 대외무역법을 적용한다. [★1]

제2조(정의)

이 법에서 사용하는 용어의 뜻은 다음과 같다.

1. "무역"이란 다음 각 목의 어느 하나에 해당하는 것("물품등")의 수출과 수입을 말한다.

   가. 물품

   나. 대통령령으로 정하는 용역

[관련 규정] 영 제3조(용역의 범위)

법 제2조제1호나목에서 "대통령령으로 정하는 용역"이란 다음 각 호의 어느 하나에 해당하는 용역을 말한다.

1. 「부가가치세법 시행령」 제3조에 따른 용역(출판업과 영상·오디오 기록물 제작 및 배급업을 포함한다)

부가가치세법 시행령 제3조(용역의 범위)

① 법 제2조제2호에 따른 용역은 재화 외에 재산 가치가 있는 다음 각 호의 사업에 해당하는 모든 역무와 그 밖의 행위로 한다.

1. 건설업
2. 숙박 및 음식점업
3. 운수 및 창고업
4. 정보통신업(출판업과 영상·오디오 기록물 제작 및 배급업은 제외한다)
5. 금융 및 보험업
6. 부동산업. 다만, 다음 각 목의 사업은 제외한다.

   가. 전·답·과수원·목장용지·임야 또는 염전 임대업

나. 「공익사업을 위한 토지 등의 취득 및 보상에 관한 법률」 제4조에 따른 공익사업과 관련해 지역권·지상권(지하 또는 공중에 설정된 권리를 포함한다)을 설정하거나 대여하는 사업

7. 전문, 과학 및 기술 서비스업과 사업시설 관리, 사업 지원 및 임대서비스업
8. 공공행정, 국방 및 사회보장 행정
9. 교육 서비스업
10. 보건업 및 사회복지 서비스업
11. 예술, 스포츠 및 여가관련 서비스업
12. 협회 및 단체, 수리 및 기타 개인서비스업과 제조업 중 산업용 기계 및 장비 수리업
13. 가구 내 고용활동 및 달리 분류되지 않은 자가소비 생산활동
14. 국제 및 외국기관의 사업

2. 지식기반용역 등 수출유망산업으로서 산업통상자원부장관이 정하여 고시하는 업종의 사업을 영위하는 자가 제공하는 용역

3. 국내의 법령 또는 대한민국이 당사자인 조약에 따라 보호되는 특허권·실용신안권·디자인권·상표권·저작권·저작인접권·프로그램저작권·반도체집적회로의 배치설계권의 양도, 전용실시권의 설정 또는 통상실시권의 허락

다. 대통령령으로 정하는 전자적 형태의 무체물

[관련 규정] 영 제4조(전자적 형태의 무체물)

법 제2조제1호다목에서 "대통령령으로 정하는 전자적 형태의 무체물"이란 다음 각 호의 어느 하나에 해당하는 것을 말한다.

1. 「소프트웨어 진흥법」에 따른 소프트웨어
2. 부호·문자·음성·음향·이미지·영상 등을 디지털 방식으로 제작하거나 처리한 자료 또는 정보 등으로서 산업통상자원부장관이 정하여 고시하는 것 [★3]

> [관련 규정] 규정 제4조(전자적 형태의 무체물)
>
> 영 제4조제2호에 따른 "부호·문자·음성·음향·이미지·영상 등을 디지털방식으로 제작하거나 처리한 자료 또는 정보 등으로서 산업통상자원부장관이 정하여 고시하는 것"이란 다음 각 호의 자료 또는 정보 등을 말한다.
> 1. 영상물(영화, 게임, 애니메이션, 만화, 캐릭터를 포함) [★2]
> 2. 음향·음성물 [★3]
> 3. 전자서적 [★3]
> 4. 데이터베이스 [★3]

3. 제1호와 제2호의 집합체와 그 밖에 이와 유사한 전자적 형태의 무체물로서 산업통상자원부장관이 정하여 고시하는 것

[관련 규정] 영 제23조(용역이나 전자적 형태의 무체물의 수출입 확인)

① 산업통상자원부장관은 제3조에 따른 용역이나 제4조에 따른 전자적 형태의 무체물을 수출입한 자가 수출입에 관한 지원을 받기 위하여 수출입 사실의 확인을 신청하면 수출입 확인을 할 수 있다.

2. "물품"이란 다음 각 목의 것을 제외한 동산을 말한다. [★1]

　가. 「외국환거래법」에서 정하는 지급수단

　나. 「외국환거래법」에서 정하는 증권

　다. 「외국환거래법」에서 정하는 채권을 화체한 서류

3. "무역거래자"란 수출 또는 수입을 하는 자, 외국의 수입자 또는 수출자에게서 위임을 받은 자 및 수출과 수입을 위임하는 자 등 물품등의 수출행위와 수입행위의 전부 또는 일부를 위임하거나 행하는 자를 말한다. [★2]

4. "정부 간 수출계약"이란 외국 정부의 요청이 있을 경우, 정부 간 수출계약 전담기관이 대통령령으로 정하는 절차에 따라 국내 기업을 대신하여 또는 국내 기업과 함께 계약의 당사자가 되어 외국 정부에 물품등(방위산업물자등은 제외한다)을 유상으로 수출하기 위하여 외국 정부와 체결하는 수출계약을 말한다.

[관련 규정] 영 제2조(정의)

이 영에서 사용하는 용어의 뜻은 다음과 같다.

1. "국내"란 대한민국의 주권이 미치는 지역을 말한다.
2. "외국"이란 국내 이외의 지역을 말한다.
3. "수출"이란 다음 각 목의 어느 하나에 해당하는 것을 말한다.

　가. 매매, 교환, **임대차**, 사용대차, **증여** 등을 원인으로 **국내에서 외국으로 물품이 이동**하는 것[우리나라의 선박으로 외국에서 채취한 광물 또는 포획한 수산물을 외국에 매도하는 것을 **포함**한다] [★8]

　　예 시 우리나라 E사는 태평양 공해상에서 자사 소유의 선박으로 어획한 참치를 항해하던 중국 기업 F사에게 유상으로 공급한 경우 수출에 해당한다.

　나. 「관세법」에 따른 **보세판매장**에서 **외국인에게 국내에서 생산**(제조·가공·조립·수리·재생 또는 개조하는 것을 말한다)된 물품을 매도하는 것 [★6]

　　예 시 한국의 A사는 보세판매장을 운영하면서 국내에서 생산된 제품을 외국인에게 판매하였다.

　다. **유상으로** 외국에서 외국으로 물품을 인도하는 것으로서 산업통상자원부장관이 정하여 고시하는 기준에 해당하는 것 [★5]

> **[관련 규정]** 규정 제2조(정의) 제3호
>
> 영 제2조제3호다목 및 제4호나목의 "산업통상자원부장관이 정하여 고시하는 기준에 해당하는 것"이란 제11호부터 제13호까지의 규정에 따른 거래를 말한다.
>
> 11. "중계무역"이란 수출할 것을 목적으로 물품등을 수입하여 보세구역 및 보세구역외 장치의 허가를 받은 장소 또는 자유무역지역 **이외의 국내에 반입하지 아니하고** 수출하는 수출입을 말한다. [★7]
> 12. "외국인수수입"이란 수입대금은 **국내에서 지급**되지만 수입 물품등은 외국에서 인수하거나 제공받는 수입을 말한다. [★6]
> 13. "외국인도수출"이란 수출대금은 **국내에서 영수**하지만 국내에서 통관되지 아니한 수출 물품등을 외국으로 인도하거나 제공하는 수출을 말한다. [★6]

라. 「외국환거래법」에 따른 거주자가 비거주자에게 산업통상자원부장관이 정하여 고시하는 방법으로 제3조에 따른 용역을 제공하는 것 [★1]

> **[관련 규정]** 제3조(용역의 공급) 제1항
> ① 영 제2조제3호라목에 따른 "산업통상자원부장관이 정히여 고시히는 방법으로 제공하는 것"이란 다음 각 호의 어느 하나의 방법에 따라 제공하는 것을 말한다.
> 　　1. 용역의 국경을 넘은 이동에 의한 제공 [★2]
> 　　2. 비거주자의 국내에서의 소비에 의한 제공 [★1]
> 　　3. 거주자의 상업적 해외주재에 의한 제공 [★1]
> 　　4. 거주자의 외국으로의 이동에 의한 제공 [★1]

마. 거주자가 비거주자에게 정보통신망을 통한 전송과 그 밖에 산업통상자원부장관이 정하여 고시하는 방법으로 제4조에 따른 전자적 형태의 무체물을 인도하는 것 [★6]

> **[관련 규정]** 규정 제5조(전자적 형태의 무체물의 수출입)
> 영 제2조제3호마목 및 제4호라목에 따른 "그 밖에 산업통상자원부장관이 정하여 고시하는 방법"이란 컴퓨터 등 정보처리능력을 가진 장치에 저장한 상태로 반출·반입한 후 인도·인수하는 것을 말한다. [★3]

4. "수입"이란 다음 각 목의 어느 하나에 해당하는 것을 말한다.

가. 매매, 교환, 임대차, 사용대차, 증여 등을 원인으로 **외국으로부터 국내**로 물품이 이동하는 것 [★4]

나. **유상으로** 외국에서 외국으로 물품을 인수하는 것으로서 산업통상자원부장관이 정하여 고시하는 기준에 해당하는 것 [★4]

다. **비거주자가 거주자에게** 산업통상자원부장관이 정하여 고시하는 방법으로 제3조에 따른 용역을 제공하는 것 [★4]

> **[관련 규정]** 제3조(용역의 공급) 제2항
> ② 영 제2조제4호다목에 따른 "산업통상자원부장관이 정하여 고시하는 방법으로 제공하는 것"이란 다음 각 호의 어느 하나의 방법에 따라 공급하는 것을 말한다.
> 　　1. 용역의 국경을 넘은 이동에 의한 제공
> 　　2. 거주자의 외국에서의 소비에 의한 제공
> 　　3. 비거주자의 상업적 국내주재에 의한 제공
> 　　4. 비거주자의 국내로 이동에 의한 제공

라. **비거주자가 거주자에게** 정보통신망을 통한 전송과 그 밖에 산업통상자원부장관이 정하여 고시하는 방법으로 제4조에 따른 전자적 형태의 무체물을 인도하는 것 [★3]

5. "외화획득용 원료·기재"란 다음 각 목의 어느 하나에 해당하는 것을 말한다. [★6]

가. 외화획득용 원료 : 외화획득에 제공되는 물품, 제3조에 따른 용역 및 제4조에 따른 전자적 형태의 무체물("물품등")을 생산하는 데에 필요한 원자재·부자재·부품 및 구성품

나. 외화획득용 시설기재 : 외화획득에 제공되는 물품등을 생산하는 데에 사용되는 시설·기계·장치·부품 및 구성품[물품등의 하자)를 보수하거나 물품등을 유지·보수하는 데에 필요한 부품 및 구성품을 포함한다]

다. 외화획득용 제품 : 수입 후 또는 국내 구매 후 생산과정을 거치지 않은 상태로 외화획득에 제공되는 물품등

라. 외화획득용 용역 : 외화획득에 제공되는 물품등을 생산하는 데에 필요한 제3조에 따른 용역

마. 외화획득용 전자적 형태의 무체물 : 외화획득에 제공되는 물품등을 생산하는 데에 필요한 제4조에 따른 전자적 형태의 무체물

11. "수출실적"이란 산업통상자원부장관이 정하여 고시하는 기준에 해당하는 수출통관액·입금액, 가득액과 수출에 제공되는 외화획득용 원료·기재의 국내공급액을 말한다. [★5]

12. "수입실적"이란 산업통상자원부장관이 정하여 고시하는 기준에 해당하는 수입통관액 및 지급액을 말한다. [★1]

[관련 규정] 규정 제2조(정의)

이 규정에서 사용하는 용어의 뜻은 다음과 같다.

1. "외화"란 「외국환거래법」령에 따른 대외지급수단을 말한다.

2. "수출입공고"란 영 제16조에 따른 수출입공고를 말한다. [★1]

4. "위탁판매수출"이란 물품등을 **무환으로** 수출하여 해당 물품이 판매된 범위안에서 대금을 결제하는 계약에 의한 수출을 말한다. [★5]

5. "수탁판매수입"이란 물품등을 무환으로 수입하여 해당 물품이 판매된 범위안에서 대금을 결제하는 계약에 의한 수입을 말한다. [★1]

6. "위탁가공무역"이란 가공임을 지급하는 조건으로 외국에서 가공(제조, 조립, 재생, 개조를 포함)할 원료의 전부 또는 일부를 거래 상대방에게 수출하거나 외국에서 조달하여 이를 가공한 후 가공물품등을 **수입하거나** 외국으로 인도하는 수출입을 말한다. [★5]

> 예시 위탁가공무역
> 우리나라 기업 A는 국내에서 직접 개발한 제품을 중국에 있는 기업 B에 생산을 위탁하고 원재료 일부를 공급하고 있음. 생산제품은 전량 일본으로 수출하고 있는 경우 거래형태는 위탁가공무역이다.

7. "수탁가공무역"이란 가득액을 영수하기 위하여 원자재의 전부 또는 일부를 거래 상대방의 위탁에 의하여 수입하여 이를 가공한 후 위탁자 또는 그가 지정하는 자에게 가공물품등을 수출하는 수출입을 말한다. 다만, 위탁자가 지정하는 자가 국내에 있음으로써 보세공장 및 자유무역지역에서 가공한 물품등을 외국으로 수출할 수 없는 경우 「관세법」에 따른 수탁자의 수출·반출과 위탁자가 지정한 자의 수입·반입·사용은 이를 대외무역법에 따른 수출·수입으로 본다. [★3]

8. "임대수출"이란 임대(사용대차를 포함) 계약에 의하여 **물품등을 수출하여 일정기간 후 다시 수입**하거나 그 기간의 만료 전 또는 만료 후 해당 물품등의 소유권을 이전하는 수출을 말한다. [★3]

9. "임차수입"이란 임차(사용대차를 포함) 계약에 의하여 물품등을 수입하여 일정기간 후 다시 수출하거나 그 기간의 만료 전 또는 만료 후 해당 물품의 소유권을 이전받는 수입을 말한다.

10. "연계무역"이란 물물교환(Barter Trade), 구상무역(Compensation trade), 대응구매(Counter purchase), 제품환매(Buy Back) 등의 형태에 의하여 수출·수입이 연계되어 이루어지는 수출입을 말한다. [★6]

11. "중계무역"이란 수출할 것을 목적으로 물품등을 수입하여 보세구역 및 보세구역외 장치의 허가를 받은 장소 또는 자유무역지역 **이외의 국내에 반입하지 아니하고** 수출하는 수출입을 말한다. [★8]

> 예시 중계무역
> 우리나라 기업 C는 베트남에서 음식 재료를 수입하여 미국으로 수출하고 수출대금과 수입대금의 차액을 취함. 음식 재료는 우리나라 보세구역에 반입한 후 미국으로 운송하는 경우 거래형태는 중계무역이다.

참조

중개무역이란 수출국가와 수입국가 사이에 제3국의 중개상인이 개입하여 이루어지는 거래이다. [★1]

12. "외국인수수입"이란 수입대금은 **국내에서 지급**되지만 수입 물품등은 외국에서 인수하거나 제공받는 수입을 말한다. [★5]

13. "외국인도수출"이란 수출대금은 **국내에서 영수**하지만 국내에서 통관되지 아니한 수출 물품등을 외국으로 인도하거나 제공하는 수출을 말한다. [★8]

14. "무환수출입"이란 외국환 거래가 수반되지 아니하는 물품등의 수출·수입을 말한다. [★2]

15. "기자재"란 기계, 장치 및 자재를 말한다. [★1]

16. "시설기재"란 시설, 기계, 장치, 부품 및 구성품을 말한다. [★1]

17. "수출유망중소기업"이란 **산업통상자원부장관**이 정한 "수출유망중소기업 지원요령"에 따라 수출유망중소기업으로 지정된 업체를 말한다. [★1]

18. "구매확인서"란 외화획득용 원료·기재를 구매하려는 경우 또는 구매한 경우 외국환은행의 장 또는 산업통상자원부장관이 지정한 전자무역기반사업자가 내국신용장에 준하여 발급하는 증서(구매한 경우에는 구매확인서 신청인이 세금계산서를 발급받아 「부가가치세법 시행규칙」에서 정한 기한 내에 신청하여 발급받은 증서에 한한다)를 말한다. [★2]

19. "내국신용장"이란 한국은행총재가 정하는 바에 따라 **외국환은행의 장**이 발급하여 국내에서 통용되는 신용장을 말한다. [★2]

20. "평균 손모량"이란 외화획득용 물품등을 생산하는 과정에서 생기는 원자재의 손모량(손실량 및 불량품 생산에 소요된 원자재의 양을 포함한다)의 평균량을 말한다. [★1]

21. "손모율"이란 평균 손모량을 백분율로 표시한 값을 말한다.

22. "단위실량"이란 외화획득용 물품등 1단위를 형성하고 있는 원자재의 양을 말한다.

23. "기준 소요량"이란 외화획득용 물품등의 1단위를 생산하는 데에 소요되는 원자재의 양을 고시하기 위한 것으로서 단위실량과 평균 손모량을 **합한** 양을 말한다. [★1]

24. "단위자율소요량"이란 기준 소요량이 고시되지 아니한 품목에 대하여 외화획득용 물품등 1단위를 생산하는 데에 소요된 원자재의 양을 해당 기업이 자율적으로 산출한 것으로서 단위실량과 평균 손모량을 합한 양을 말한다.

25. "소요량"이란 외화획득용 물품등의 전량을 생산하는 데에 소요된 원자재의 실량과 손모량을 합한 양을 말한다. [★2]

   해설 소요량이란 관세환급 산출에 가장 기본적 요소이며, 수출물품의 생산·가공·조립·수리·재생 또는 개조에 드는 원재료의 양으로서 생산과정에서 정상적으로 발생하는 손모량을 포함한 양을 의미 [★1]

26. "자율소요량계산서"란 외화획득을 이행하는 데에 소요된 원자재의 양을 해당 기업이 자체 계산한 서류를 말한다.

27. "사후 관리기관의 장"이란 각종 수출 또는 수입승인의 이행상황을 확인하고 그 결과에 따라 필요한 조치를 하는 업무를 담당하도록 산업통상자원부장관이 지정·고시한 기관·단체의 장을 말한다.

28. "유통업자"란 사업자등록증상의 도매업자(한국표준 산업분류상의 도매업 영위자), **조달청** 및 「중소기업 협동조합법」에서 정하는 중소기업 협동조합을 말한다. [★1]

참조 **수출·수입실적 (규정 제1장 제6절)**

제25조(수출·수입실적의 인정범위)

① 수출실적의 인정범위는 다음 각 호로 한다.

　1. 영 제2조제3호에 따른 수출 중 유상으로 거래되는 수출(**대북한 유상반출실적을 포함한다**) [★2]

　2. 영 제19조제2호에 따라 승인이 면제되는 수출 중 다음 각 목의 어느 하나에 해당하는 수출

가. 별표 3의 제2호나목에 해당하는 물품등의 수출로서 현지에서 매각된 것 [★2]

나. 별표 3의 제2호아목에서 해당하는 물품등의 수출 중 해외건설공사에 직접 공하여지는 원료·기재, 공사용 장비 또는 기계류의 수출(수출신고필증에 **재반입하지 않는다는 조건이 명시된 분만 해당**한다) [★1]

3. 수출자 또는 수출 물품등의 제조업자에 대한 외화획득용 원료 또는 물품등의 공급 중 수출에 공하여 지는 것으로 다음 각 목의 어느 하나에 해당하는 경우 [★1]

가. 내국신용장(Local L/C)에 의한 공급 [★6]

나. 구매확인서에 의한 공급 [★5]

다. 산업통상자원부장관이 지정하는 생산자의 수출 물품 포장용 골판지상자의 공급 [★6]

4. 외국인으로부터 대금을 영수하고 외화획득용 시설기재를 외국인과 임대차계약을 맺은 국내업체에 인도하는 경우 [★4]

5. 외국인으로부터 대금을 영수하고 「자유무역지역의 지정 및 운영에 관한 법률」 제2조의 자유무역지역으로 반입신고한 물품등을 공급하는 경우 [★3]

6. 외국인으로부터 대금을 영수하고 그가 지정하는 자가 국내에 있음으로써 물품등을 외국으로 수출할 수 없는 경우 「관세법」에 따른 보세구역으로 물품등을 공급하는 경우

7. 외화를 받고 외항선박에 선박용품 등 관리에 관한 고시에 따른 내국선박용품을 공급하는 경우

② 수입실적의 인정범위는 영 제2조제4호에 따른 수입 중 유상으로 거래되는 수입으로 한다.

제26조(수출·수입실적의 인정금액)

① 제25조제1항제1호 및 제2호에 따른 수출실적 인정금액은 다음 각 호의 경우를 제외하고는 **수출통관액(FOB가격 기준)**으로 한다. [★3]

1. 중계무역에 의한 수출의 경우에는 수출금액(FOB가격)에서 수입금액(CIF가격)을 공제한 가득액 [★10]

2. 외국인도수출의 경우에는 외국환은행의 **입금액**(다만, 위탁가공된 물품을 외국에 판매하는 경우에는 **판매액에서 원자재 수출금액 및 가공임을 공제한 가득액**) [★12]

예시 한국의 A사가 인도양에서 어획한 참치를 일본 B사에게 외국현지에서 인도하는 방식으로 수출하였을 경우, 외국환은행의 입금액이 수출실적이 된다.

3. 제25조제1항제2호가목의 수출은 외국환은행의 입금액

4. 원양어로에 의한 수출 중 현지경비사용분은 외국환은행의 확인분

5. 용역 수출의 경우에는 제30조에 따라 용역의 수출·수입실적의 확인 및 증명 발급기관의 장이 외국환은행을 통해 **입금확인한 금액** [★6]

6. 전자적 형태의 무체물의 수출의 경우에는 제30조에 따라 **한국무역협회장 또는 한국소프트웨어산업협회장이 외국환은행을 통해 입금확인한 금액** [★8]

② 제25조제1항제3호에 따른 수출실적의 인정금액은 **외국환은행의 결제액 또는 확인액**으로 한다. [★3]

③ 제25조제1항제4호 내지 제6호에 따른 수출실적의 인정금액은 **외국환은행의 입금액**으로 한다. [★3]

④ 제25조제1항제7호에 따른 수출실적의 인정금액은 선박용품 등 관리에 관한 고시에 따라 보고된 적재허가서에 기재된 금액으로 한다.

⑤ 제25조제2항에 따른 수입실적의 인정금액은 수입통관액(CIF가격 기준)으로 한다. 다만, 외국인수수입과 용역 또는 전자적 형태의 무체물의 수입의 경우에는 **외국환은행의 지급액**으로 한다. [★7]

제27조(수출·수입실적의 인정시점)

① 제25조제1항제1호 및 제2호에 따른 수출실적의 인정시점은 **수출신고수리일**로 한다. 다만, 제25조제1항제1호의 수출 중 **용역 또는 전자적 형태의 무체물**의 수출, 제25조제1항제2호 가목의 수출, **중계무역, 외국인도수출**, 제25조제1항제4호 내지 제6호의 수출의 경우에는 **입금일**로 한다. [★7]

② 제25조제1항제3호에 따른 수출실적의 인정시점은 다음 각 호로 한다. [★2]

    1. 외국환은행을 통하여 대금을 결제한 경우에는 결제일 [★2]

    2. 외국환은행을 통하여 대금을 결제하지 아니한 경우에는 당사자 간의 대금 결제일

③ 제25조제1항제7호에 따른 수출실적의 인정시점은 선박용품 등 관리에 관한 고시에 따른 적재허가서에 기재된 허가일자로 한다.

④ 제25조제2항에 따른 수입실적의 인정시점은 수입신고수리일로 한다. 다만, 외국인수수입과 용역 또는 전자적 형태의 무체물의 수입의 경우에는 **지급일**로 한다. [★3]

제28조(수출·수입실적의 확인 및 증명발급기관)

① 수출·수입 실적의 확인 및 증명 발급기관은 다음 각 호로 한다.

    1. 제26조제1항제1호부터 제4호까지, 제2항 중 제25조제1항제3호다목, 제3항 중 제25조제1항제4호 및 제5항 단서 중 물품의 외국인수수입의 경우에는 **외국환은행의 장** [★3]

    1-1. 제26조제3항 중 제25조제1항제5호 및 제6호, 제26조 제4항의 수출실적 인정금액의 확인 및 증명 발급기관은 한국무역협회장

    1-2. 제26조제2항 중 제25조제1항제3호 가목 및 나목의 수출실적 인정금액의 확인 및 증명발급기관은 외국환은행의 장 또는 전자무역기반사업자(다만, 제25조제1항제3호나목의 구매확인서에 의한 공급 중 당사자간에 대금을 결제한 경우에는 그 구매확인서의 발급기관이 당사자간에 대금 결제가 이루어졌음을 증빙하는 서류를 확인하여야 한다). [★1]

    2. 제26조제1항제5호 및 제5항 단서 중 용역의 수입의 경우에는 제30조제1항 각 호에 따른 기관의 장

    3. 제26조제1항제6호 및 제4항 단서 중 전자적형태의 무체물의 수입의 경우에는 제30조제2항에 따른 **기관의 장** [★2]

    4. 제1호 내지 제3호 이외의 경우에는 한국무역협회장 또는 산업통상자원부장관이 지정하는 기관의 장

② 제1항제2호에 따른 수출·수입실적의 확인 및 증명 발급기관으로 지정받으려는 자는 동 증명서 발급에 필요한 인력 및 시설 등을 갖추고 있음을 입증할 수 있는 서류를 첨부하여 **산업통상자원부장관**에게 신청하여야 한다. [★1]

③ 산업통상자원부장관은 제2항에 따른 신청을 받은 경우 필요한 인력 및 시설 등을 갖추고 있는지를 확인하여 수출·수입실적 확인 및 증명 발급기관으로 지정하여야 한다.

제30조(용역 또는 전자적 형태의 무체물의 수출·수입실적 확인 및 증명 신청)

① 영 제23조에 따른 용역의 수출입 사실의 확인 및 실적증명 발급을 받으려는 자는 별지 제24호 서식에 의한 수출·수입실적의 확인 및 증명발급 신청서에 거래 사실을 증명할 수 있는 서류를 첨부하여 다음 각 호의 어느 하나에 해당하는 발급기관의 장에게 신청하여야 한다. 이 경우 발급기관의 장은 수출입 사실의 확인이 가능하고 신청 사실에 하자가 없다고 인정하는 경우에만 별지 제25호 서식에 의한 수출·수입실적의 확인 및 증명서를 발급하여야 한다.

1. 한국무역협회장
2. 한국해운협회장
3. 한국관광협회중앙회장 및 문화체육관광부장관이 지정하는 업종별 관광협회장

② 영 제23조에 따른 전자적 형태의 무체물의 수출입 사실의 확인 및 실적증명 발급을 받으려는 자는 별지 제26호 서식에 의한 수출·수입실적의 확인 및 증명발급 신청서에 거래 사실을 증명할 수 있는 서류를 첨부하여 한국무역협회장 또는 한국소프트웨어산업협회장에게 신청하여야 한다. 이 경우 한국무역협회장 또는 한국소프트웨어산업협회장은 수출입 사실의 확인이 가능하고 신청 사실에 하자가 없다고 인정하는 경우에만 별지 제27호 서식에 의한 수출·수입실적의 확인 및 증명서를 발급하여야 한다.

③ 제1항 및 제2항에 따른 수출·수입실적의 확인 및 증명 발급기관의 장은 신청인에게 수출·수입 실적의 확인 및 증명서의 발급심사를 위하여 필요한 자료의 제출을 요구할 수 있다.

④ 제1항 및 제2항에 따른 수출·수입실적의 확인 및 증명 발급기관의 장은 수출·수입실적의 확인 및 증명서의 발급현황 등에 관한 매분기 실적을 다음달 20일까지 산업통상자원부장관과 관세청 장에게 보고하여야 한다. [★1]

참조 수출·수입실적 [표]

1. 수출실적 인정범위

① 유상거래 수출(대북한 유상반출실적 포함)의 경우

구분	인정금액	인정시점	실적확인 및 발급기관
일반적인 유상수출	수출통관액(FOB 가격기준)	수출신고 수리일	한국무역협회장, 산업통상부장관이 지정하는 기관의 장
중계무역	수출금액(FOB 가격) − 수입금액(CIF 가격)	입금일	외국환은행의 장
외국인도수출	외국환은행의 입금액	입금일	외국환은행의 장
위탁가공 물품의 외국수출	판매액 − 원자재 수출금액 − 가공임	입금일	외국환은행의 장
원양어로에 의한 수출 중 현지 경비 사용분	외국환은행이 확인한 금액	−	외국환은행의 장
용역 수출	실적 확인 및 발급기관이 외국환은행을 통해 입금 확인한 금액	입금일	한국무역협회장, 한국해운협회장, 한국관광협회중앙회장, 업종별 관광협회장
전자적 형태의 무체물 수출	한국무역협회장 또는 한국소프트웨어산업협회장이 외국환은행을 통해 입금 확인한 금액	입금일	한국무역협회장, 한국소프트웨어산업협회장

② 수출승인 면제대상물품이 무상으로 거래되는 수출의 경우

구분	인정금액	인정시점	실적 확인 및 발급기관
외국 박람회 등에 출품하기 위해 무상으로 반출한 물품 중 현지에서 매각된 물품	외국환은행의 입금액	입금일	외국환은행의 장
해외 투자 등 이에 준하는 사업에 종사하는 우리나라 업자에게 무상반출하는 물품 중 해외건설공사에 직접 제공되는 원료, 기재, 공사용 장비 또는 기계류의 수출	수출통관액 (FOB 가격기준)	수출신고 수리일	한국무역협회장, 산업통상자원부장관이 지정하는 기관의 장

③ 외화획득용 원료, 물품의 국내공급

구분	인정금액	인정시점	실적확인 및 발급기관
내국신용장에 의한 공급	외국환은행의 결제액 또는 확인핵	• 외국환은행을 통하여 대금을 결제한 경우 : 결제일 • 외국환은행을 통하여 대금을 결제하지 아니한 경우 : 당사자 간의 대금 결제일	외국환은행의 장, 전자무역기반 사업자
구매확인서에 의한 공급			외국환은행의 장, 전자무역기반 사업자
수출 물품 포장용 골판지 상자의 공급			외국환은행의 장

④ 외국인으로부터 대금을 영수하고 그 외국인과 외화획득용 시설기재의 임대차계약을 맺은 업체에 인도하는 경우

구분	인정금액	인정 시점	실적확인 및 발급기관
외국인으로부터 대금을 영수하고 외화획득용 시설기재를 외국인과 임대차계약을 맺은 국내업체에게 인도	외국환은행의 입금액	입금일	외국환은행의 장
외국인으로부터 대금을 영수하고 자유무역지역으로 반입신고한 물품을 공급	외국환은행의 입금액	입금일	한국무역협회장
외국인으로부터 대금을 영수하고 그가 지정하는 자가 국내에 있어 물품 등을 외국으로 수출할 수 없는 경우에 보세구역으로 물품을 공급	외국환은행의 입금액	입금일	한국무역협회장

2. 수입실적 인정범위

구분	인정금액	인정시점	실적확인 및 발급기관
일반적인 유상수입	수입통관액 (CIF 가격 기준)	수입신고 수리일	한국무역협회장, 산업통상자원부장관이 지정하는 기관 장
외국인수수입	외국환은행의 지급액	지급일	외국환은행의 장
용역 수입, 전자적형태의 무체물 수입	외국환은행의 지급액	지급일	한국무역협회장, 한국해운협회장, 한국관광협회중앙회장 및 문화체육관광부장관이 지정하는 업종별 관광협회장, 한국소프트웨어산업협회장

참조 **제3조(자유롭고 공정한 무역의 원칙 등)**

① 우리나라의 무역은 헌법에 따라 체결·공포된 무역에 관한 조약과 일반적으로 승인된 국제법규에서 정하는 바에 따라 자유롭고 공정한 무역을 조장함을 원칙으로 한다.

② 정부는 이 법이나 다른 법률 또는 헌법에 따라 체결·공포된 무역에 관한 조약과 일반적으로 승인된 국제 법규에 무역을 제한하는 규정이 있는 경우에는 그 제한하는 목적을 달성하기 위하여 필요한 최소한의 범위에서 이를 운영하여야 한다. [★1]

제4조(무역의 진흥을 위한 조치)

① 무역의 진흥을 위한 조치

산업통상자원부장관은 무역의 진흥을 위하여 필요하다고 인정되면 대통령령으로 정하는 바에 따라 물품등의 수출과 수입을 지속적으로 증대하기 위한 조치를 할 수 있다.

② 지원

산업통상자원부장관은 제1항에 따른 무역의 진흥을 위하여 필요하다고 인정되면 대통령령으로 정하는 바에 따라 다음 각 호의 어느 하나에 해당하는 자에게 필요한 지원을 할 수 있다.

1. 무역의 진흥을 위한 자문, 지도, 대외 홍보, 전시, 연수, 상담 알선 등을 업으로 하는 자

2. 무역전시장이나 무역연수원 등의 무역 관련 시설을 설치·운영하는 자

[관련 규정] 영 제5조(무역의 진흥을 위한 조치) 제2항

② 법 제4조제2항제2호에 따른 지원 대상이 되는 무역 관련 시설은 다음 각 호의 구분에 따른 기능과 규모를 갖춘 시설로서 **산업통상자원부장관이 지정하는 것**으로 한다. [★1]

  1. 무역전시장 : 실내 전시 연면적이 2천 제곱미터 이상인 무역견본품을 전시할 수 있는 시설과 50명 이상을 수용할 수 있는 회의실을 갖출 것 [★2]

  2. 무역연수원 : 무역전문인력을 양성할 수 있는 시설로서 연면적이 2천 제곱미터 이상이고 최대수용 인원이 500명 이상일 것 [★2]

  3. 컨벤션센터 : 회의용 시설로서 연면적이 4천 제곱미터 이상이고 최대 수용 인원이 2천명 이상일 것 [★2]

  ※ 해외바이어용 숙박시설은 무역관련 시설에 포함되지 아니한다.

3. 과학적인 무역업무 처리기반을 구축·운영하는 자

[관련 규정] 영 제5조(무역의 진흥을 위한 조치) 제3항

③ 법 제4조제2항제3호에서 "과학적인 무역업무 처리기반을 구축·운영하는 자"란 「전자무역 촉진에 관한 법률」에 따른 전자무역기반사업자 중에서 과학적인 무역업무 처리기반을 구축·운영하고 있는 사업자를 말한다. [★1]

제5조(무역에 관한 제한 등 특별 조치)

산업통상자원부장관은 다음 각 호의 어느 하나에 해당하는 경우에는 대통령령으로 정하는
바에 따라 물품등의 수출과 수입을 제한하거나 금지할 수 있다.

1. 우리나라 또는 우리나라의 무역 상대국("교역상대국")에 전쟁·사변 또는 천재지변이
   있을 경우 [★1]

2. 교역상대국이 조약과 일반적으로 승인된 국제법규에서 정한 우리나라의 권익을 인정하
   지 아니할 경우

3. 교역상대국이 우리나라의 무역에 대하여 부당하거나 차별적인 부담 또는 제한을 가할
   경우 [★2]

4. 헌법에 따라 체결·공포된 무역에 관한 조약과 일반적으로 승인된 국제법규에서 정한
   국제평화와 안전유지 등의 의무를 이행하기 위하여 필요할 경우 [★1]

4의2. 국제평화와 안전유지를 위한 국제공조에 따른 교역여건의 급변으로 교역상대국과의
   무역에 관한 중대한 차질이 생기거나 생길 우려가 있는 경우

5. 인간의 생명·건강 및 안전, 동물과 식물의 생명 및 건강, 환경보전 또는 국내 자원보호
   를 위하여 필요할 경우 [★1]

> **[관련 규정]** 영 제6조(특별조치를 위한 조사 및 협의 절차)
> ① 산업통상자원부장관은 법 **제5조제2호**·**제3호**·제4호의2 또는 **제5호**에 해당하는 사유로 교역상대국에
>   대하여 물품등의 수출·수입의 제한 또는 금지에 관한 조치("특별조치")를 하려면 **미리** 그 사실에 관하
>   여 **조사**를 하여야 한다. [★1]
> ② 법 제5조제2호·제3호·제4호의2 또는 제5호에 해당하는 사실에 대하여 이해관계가 있는 자는 산업통
>   상자원부장관에게 특별조치를 하여 줄 것을 신청할 수 있다.
> ③ 산업통상자원부장관은 신청이 있으면 신청일부터 30일 이내에 그 사실관계에 대한 조사 여부를 결정하
>   고 그 내용을 신청인에게 알려야 한다. [★1]
> ④ 산업통상자원부장관은 조사를 할 때에 필요하다고 인정하면 미리 해당 교역상대국과 협의를 하여야
>   한다.
> ⑤ 산업통상자원부장관은 조사를 시작하면 지체 없이 그 사실을 공고하고, 조사를 시작한 날부터 1년 이내
>   에 끝내야 한다. [★1]
> ⑥ 산업통상자원부장관은 특별조치를 하려는 경우에는 미리 관계 중앙행정기관의 장과 협의하여야 한다.
> ⑦ 산업통상자원부장관은 특별조치를 하려는 경우에는 그 특별조치의 내용을 공고하고 그 특별조치가
>   신청에 따른 것일 때에는 해당 신청인에게 그 사실을 알려야 한다. 그 특별조치를 해제할 경우에도
>   또한 같다.

제2장 통상의 진흥

제7조(통상진흥 시책의 수립)

① 시책수립

산업통상자원부장관은 무역과 통상을 진흥하기 위하여 매년 다음 연도의 **통상진흥 시책을 세워야 한다.** [★2]

[관련 규정] 영 제7조(통상진흥 시책의 수립)
산업통상자원부장관은 법 제7조제1항에 따라 통상진흥 시책을 세우려면 다음 각 호의 기관이나 단체에 필요한 협조를 요청할 수 있다. [★1]
1. 관계 행정기관
2. 지방자치단체
3. 「대한무역투자진흥공사법」에 따른 대한무역투자진흥공사
4. 「민법」에 따라 산업통상자원부장관의 허가를 받아 설립된 한국무역협회
5. 그 밖에 무역·통상과 관련되는 기관 또는 단체

② 시책포함사항

제1항에 따른 통상진흥 시책에는 다음 각 호의 사항이 포함되어야 한다.

1. 통상진흥 시책의 기본 방향

2. 국제통상 여건의 분석과 전망

3. 무역·통상 협상 추진 방안과 기업의 해외 진출 지원 방안

4. 통상진흥을 위한 자문, 지도, 대외 홍보, 전시, 상담 알선, 전문인력 양성 등 해외시장 개척 지원 방안

5. 통상 관련 정보수집·분석 및 활용 방안

6. 원자재의 원활한 수급을 위한 국내외 협력 추진 방안

7. 그 밖에 대통령령으로 정하는 사항

③ 고충사항조사

산업통상자원부장관은 제1항에 따른 통상진흥 시책의 수립을 위한 기초 자료를 수집하기 위하여 교역상대국의 통상 관련 제도·관행 등과 기업이 해외에서 겪는 고충 사항을 조사할 수 있다.

④ 자료요청 및 지원

산업통상자원부장관은 해외에 진출한 기업에 제1항에 따른 통상진흥 시책의 수립에 필요한 자료를 요청하고, 필요한 경우 지원할 수 있다. [★1]

⑤ 의견수렴

산업통상자원부장관은 제1항에 따라 통상진흥 시책을 세우는 경우에는 미리 특별시장, 광역시장, 특별자치시장, 도지사 또는 특별자치도지사("시·도지사")의 의견을 들어야 하고, 통상진흥 시책을 수립한 때에는 이를 시·도지사에게 알려야 한다. 이를 변경한 경우에도 또한 같다. [★1]

⑥ 지역별 통상진흥시책 수립

제5항에 따라 통상진흥 시책을 통보받은 시·도지사는 그 관할 구역의 실정에 맞는 지역별 통상진흥 시책을 수립·시행하여야 한다.

⑦ 통보

시·도지사는 제6항에 따라 지역별 통상진흥 시책을 수립한 때에는 이를 산업통상자원부장관에게 알려야 한다. 이를 변경한 때에도 또한 같다.

> **참조 제8조(민간 협력 활동의 지원 등)**
>
> ① 산업통상자원부장관은 무역·통상 관련 기관 또는 단체가 교역상대국의 정부, 지방정부, 기관 또는 단체와 통상, 산업, 기술, 에너지 등에서 협력활동을 추진하는 경우 대통령령으로 정하는 바에 따라 필요한 지원을 할 수 있다.
> ② 산업통상자원부장관은 기업의 해외 진출을 지원하기 위하여 무역·통상 관련 기관 또는 단체로부터 정보를 체계적으로 수집하고 분석하여 지방자치단체와 기업에 필요한 정보를 제공할 수 있다.
> ③ 산업통상자원부장관은 제2항에 따른 정보의 수집·분석 및 제공을 위하여 필요한 경우 관계 중앙행정기관의 장, 시·도지사, 무역·통상 및 기업의 해외 진출과 관련한 기관 또는 단체에 자료 및 통계의 제출을 요청할 수 있다.
> ④ 산업통상자원부장관은 기업의 해외 진출과 관련된 상담·안내·홍보·조사와 그 밖에 기업의 해외 진출에 대한 지원 업무를 종합적으로 수행하기 위하여 「대한무역투자진흥공사법」에 따른 대한무역투자진흥공사에 해외진출지원센터를 둔다. [★2]
> ⑤ 제4항에 따른 해외진출지원센터의 구성·운영 및 감독 등에 필요한 사항은 대통령령으로 정한다.

제8조의2(전문무역상사의 지정 및 지원)

① 전문무역상사의 지정 및 지원

산업통상자원부장관은 신시장 개척, 신제품 발굴 및 중소기업·중견기업의 수출확대를 위하여 수출실적 및 중소기업 제품 수출비중 등을 고려하여 무역거래자 중에서 전문무역상사를 지정하고 지원할 수 있다. [★1]

[관련 규정] 영 제12조의2(전문무역상사의 지정 기준 등) 제1항

① 법 제8조의2제1항에 따라 전문무역상사로 지정받을 수 있는 자는 다음 각 호의 어느 하나에 해당하는 자로서 신용등급이 산업통상자원부장관이 정하여 고시하는 기준을 충족하는 자로 한다.

1. 다음 각 목의 요건을 모두 갖춘 무역거래자
   가. 전년도 수출실적 또는 직전 3개 연도의 연평균 수출실적이 미화 **100만달러** 이상의 범위에서 산업통상자원부장관이 정하여 고시하는 금액 이상일 것 [★1]

   [관련 규정] 규정 제7조(전문무역상사의 지정요건) 제1항

   ① 영 제12조의2 제1항 제1호에 따라 전문무역상사로 지정받을 수 있는 자는 다음 각호의 기준을 충족하는 자로 한다.
      1. 전년도의 수출실적 또는 최근 3년간의 평균 수출실적이 미화 100만불 이상인 자 [★2]
      2. 전체 수출실적 대비 타 중소·중견기업 생산 제품의 전년도 수출 비중 또는 최근 3년간 평균 수출 비중이 100분의 20 이상인 자 [★2]

   나. 가목에 따른 수출실적 중 다른 중소기업이나 중견기업이 생산한 물품등의 수출실적 비율이 100분의 20 이상의 범위에서 산업통상자원부장관이 정하여 고시하는 비율 이상일 것

2. 신시장의 개척, 신제품의 발굴 및 중소기업 또는 중견기업에 대한 효과적인 수출 지원 등을 위하여 산업통상자원부장관이 농업·어업·수산업 등 업종별 특성과 조합 등 법인의 조직 형태별 수출 특성을 고려하여 고시하는 기준을 갖춘 무역거래자 [★2]

   [관련 규정] 규정 제7조(전문무역상사의 지정요건) 제3항

   ③ 영 제12조의2 제1항 제2호에 따라 중소·중견 기업에 대한 효과적인 수출 지원을 위하여 다음 각 호의 어느 하나에 해당하여 산업통상자원부 장관이 그 능력이 있다고 인정하는 자로 한다.
      1. 전년도 또는 최근 3년간 평균 수출 실적이 **미화 1억불** 이상인자로서 무역거래를 주로 영위하는 자 [★1]
      2. 유통산업발전법에 따른 대규모 점포를 국외에서 운영하면서 직전년도 매출액이 500억원 이상인자 [★1]
      3. 국내·외에서 방송채널 및 사이버몰 등 전자상거래 수단을 1개 이상 직접 운영하면서 직전년도 국외 매출액 또는 거래액이 미화 **100만불** 이상인 자 [★1]
      4. 최근 2년 내 해외정부 또는 국제기구에 대하여 직접 조달 납품한 실적이 미화 100만불 이상인 자
      5. 재외동포로서 직전년도 한국제품 교역실적이 미화 100만불 이상이면서 한국제품 구매실적이 **미화 50만불** 이상인 자 [★1]

② 법 제8조의2제1항에 따라 전문무역상사로 지정을 받으려는 자는 지정신청서에 산업통상자원부장관이 정하여 고시하는 서류를 갖추어 산업통상자원부장관에게 제출하여야 한다.

   [관련 규정] 규정 제7조의2(전문무역상사의 지정 절차) 제1항

   ① 영 제12조의2 제2항에 따라 전문무역상사로 지정받고자 하는 자는 다음 각 호의 서류를 갖추어 **한국무역협회 회장**에게 신청하여야 한다. [★3]
      1. 전문무역상사 지정신청서
      2. 사업자등록증
      3. 중소기업 수출지원 기여에 관한 사업계획서
      4. 기타 실적증명 및 활동계획서 등 전문무역상사 지정요건에 부합함을 증명하는 서류 등

   [관련 규정] 영 제12조의3(전문무역상사에 대한 지원)

   ① 산업통상자원부장관은 전문무역상사를 통한 신시장의 개척, 신제품의 발굴 및 중소기업 또는 중견기업의 수출 확대 등을 위하여 필요하다고 인정되는 경우에는 법 제8조의2제1항에 따라 전문무역상사의 국내외 홍보, 우수제품의 발굴, 해외 판로개척 등에 필요한 사항을 지원할 수 있다. [★1]
   ② 산업통상자원부장관은 제1항에 따른 지원과 관련하여 필요하다고 인정되는 경우에는 관계 중앙행정기관 및 지방자치단체, 무역 또는 통상 업무를 수행하는 기관이나 단체에 협조를 요청할 수 있다.

② 위임

제1항에 따른 지정의 기준 및 절차, 지원내용 등에 관하여 필요한 사항은 대통령령으로 정한다.

③ 지정취소

산업통상자원부장관은 제1항에 따라 지정을 받은 전문무역상사가 제2항에 따른 지정기준에 적합하지 아니하게 된 때에는 그 지정을 취소할 수 있다. 다만, 거짓이나 그 밖에 부정한 방법으로 지정을 받은 경우에는 그 지정을 취소하여야 한다.

제9조(무역에 관한 조약의 이행을 위한 자료제출)

① 자료제출요구 [★1]

산업통상자원부장관은 우리나라가 체결한 무역에 관한 조약의 이행을 위하여 필요한 때에는 대통령령으로 정하는 바에 따라 관련 공공기관, 기업 및 단체 등으로부터 필요한 자료의 제출을 요구할 수 있다.

제3장 수출입 거래

제1절 수출입 거래 총칙

제10조(수출입의 원칙)

① 수출입의 원칙

물품등의 수출입과 이에 따른 대금을 받거나 **지급하는 것**은 이 법의 목적의 범위에서 **자유롭게** 이루어져야 한다. [★2]

② 성실이행의무

무역거래자는 대외신용도 확보 등 자유무역질서를 유지하기 위하여 자기 책임으로 그 거래를 성실히 이행하여야 한다. [★1]

제11조(수출입의 제한 등)

① 수출입의 제한 등

산업통상자원부장관은 다음 각 호의 어느 하나에 해당하는 이행 등을 위하여 필요하다고 인정하여 지정·고시하는 물품등의 수출 또는 수입을 제한하거나 금지할 수 있다.

1. 헌법에 따라 체결·공포된 조약과 일반적으로 승인된 국제법규에 따른 의무의 이행 [★2]

2. 생물자원의 보호 [★2]

3. 교역상대국과의 **경제협력 증진** [★4]

4. 국방상 원활한 물자 수급 [★2]

5. 과학기술의 발전 [★2]

6. 그 밖에 통상·산업정책에 필요한 사항으로서 대통령령으로 정하는 사항

[관련 규정] 영 제16조(수출입의 제한)

법 제11조제1항제6호에서 "대통령령으로 정하는 사항"이란 항공 관련 품목의 안전관리에 관한 사항을 말한다. [★2]

> **[관련 규정]** 규정 제9조(수출입승인 물품등)
> 법 제11조제1항에 따라 "산업통상자원부장관이 수출 또는 수입 승인 대상물품등으로 지정·고시한 물품등"이란 수출입공고에서 정한 물품등(다만, 중계무역 물품, 외국인수수입 물품, 외국인도수출 물품, 선용품은 **제외**한다)을 말한다. [★1]

> **심화** 규정 제11조(수출입승인의 요건)
> 수출입 승인기관의 장은 수출·수입의 승인을 하려는 경우에는 다음 각 호의 요건에 합당한지를 확인하여야 한다.
> 1. 수출·수입하려는 자가 승인을 받을 수 있는 자격이 있는 자일 것
> 2. 수출·수입하려는 물품등이 수출입공고 및 이 규정에 따른 승인 요건을 충족한 물품등일 것 [★1]
> 3. 수출·수입하려는 물품등의 품목분류번호(HS)의 적용이 적정할 것

② 수출입승인

제1항에 따라 수출 또는 수입이 제한되는 물품등을 수출하거나 수입하려는 자는 대통령령으로 정하는 바에 따라 산업통상자원부장관의 승인을 받아야 한다. 다만, 긴급히 처리하여야 하는 물품등과 그 밖에 수출 또는 수입 절차를 간소화하기 위한 물품등으로서 대통령령으로 정하는 기준에 해당하는 물품등의 수출 또는 수입은 그러하지 아니하다. [★1]

[관련 규정] 영 제19조(수출입승인의 면제)

법 제11조제2항 단서에서 "대통령령으로 정하는 기준에 해당하는 물품등"이란 다음 각 호의 물품등을 말한다.

1. 산업통상자원부장관이 정하여 고시하는 물품등으로서 외교관이나 그 밖에 산업통상자원부장관이 정하는 자가 출국하거나 입국하는 경우에 휴대하거나 세관에 신고하고 송부하는 물품등 [★1]
2. 다음 각 목의 어느 하나에 해당하는 물품등 중 산업통상자원부장관이 관계 행정기관의 장과의 협의를 거쳐 고시하는 물품등
   가. 긴급히 처리하여야 하는 물품등으로서 정상적인 수출·수입 절차를 밟아 수출·수입하기에 적합하지 아니한 물품등 [★1]
   나. 무역거래를 원활하게 하기 위하여 주된 수출 또는 수입에 부수된 거래로서 수출·수입하는 물품등 [★2]
   다. 주된 사업 목적을 달성하기 위하여 부수적으로 수출·수입하는 물품등

165

　　라. 무상으로 수출·수입하여 무상으로 수입·수출하거나, 무상으로 수입·수출할 목적으로 수출·수입하는 것으로서 사업 목적을 달성하기 위하여 부득이하다고 인정되는 물품등 [★1]

　　마. 산업통상자원부장관이 정하여 고시하는 지역에 수출하거나 산업통상자원부장관이 정하여 고시하는 지역으로부터 수입하는 물품등

　　비. 공공성을 가지는 물품등이거나 이에 준하는 용도로 사용하기 위한 물품등으로서 따로 수출·수입을 관리할 필요가 없는 물품등 [★1]

　　사. 그 밖에 상행위 이외의 목적으로 수출·수입하는 물품등

3. 외국환 거래 없이 수입하는 물품등으로서 산업통상자원부장관이 정하여 고시하는 기준에 해당하는 물품등 [★1]

> **[관련 규정]** 규정 제20조(그 밖에 외국환거래가 수반되지 아니하는 물품등의 수입)
> 영 제19조제3호에 따라 수입할 수 있는 물품은 그 반입의 목적, 사유 등에 의하여 세관장이 타당하다고 인정하는 물품등을 말한다. 이 경우 세관장은 과세가격이 500만원을 초과하는 수입에 대하여 **수입 승인서의 제출을 요구**할 수 있다. [★3]

4. 「해외이주법」에 따른 해외이주자가 해외이주를 위하여 반출하는 원자재, 시설재 및 장비로서 외교부장관이나 외교부장관이 지정하는 기관의 장이 인정하는 물품등 [★1]

③ 유효기간

　제2항 본문에 따른 수출 또는 수입 승인(제8항에 따라 수출승인을 받은 것으로 보는 경우를 포함한다)의 유효기간은 <u>1년</u>으로 한다. 다만, 산업통상자원부장관은 국내의 물가 안정, 수급 조정, 물품등의 인도 조건 및 거래의 특성을 고려하여 대통령령으로 정하는 바에 따라 유효기간을 달리 정할 수 있다. [★3]

④ 유효기간 연장

　제3항에 따른 수출 또는 수입 승인의 유효기간은 대통령령으로 정하는 바에 따라 1년을 초과하지 아니하는 범위에서 산업통상자원부장관의 승인을 받아 연장할 수 있다.

⑤ 변경승인 및 변경신고

　제2항에 따라 승인을 받은 자가 승인을 받은 사항 중 대통령령으로 정하는 중요한 사항을 변경하려면 산업통상자원부장관의 변경승인을 받아야 하고, 그 밖의 경미한 사항을 변경하려면 산업통상자원부장관에게 신고하여야 한다. [★1]

⑥ 승인대상 등 한정

　산업통상자원부장관은 필요하다고 인정하면 제1항과 제2항에 따른 승인 대상 물품등의 품목별 수량·금액·규격 및 수출 또는 수입지역 등을 한정할 수 있다.

⑦ 공고

　산업통상자원부장관은 제1항부터 제6항까지의 규정에 따른 제한·금지, 승인, 승인의 유효기간 설정 및 연장, 신고, 한정 및 그 절차 등을 정한 경우에는 이를 공고하여야 한다.

⑧ 수출승인의제

제19조 또는 제32조에 따라 수출허가를 받거나 수출승인을 받은 자는 제2항에 따른 수출승인을 받은 것으로 본다.

> **해설** 수출입공고
> 1. 수출입공고는 수출 또는 수입의 제한·금지·승인·신고·한정 및 그 절차 등에 관한 사항을 규정한 고시이다. [★2]
> 2. 수출입공고에는 수출금지품목, 수출제한품목 및 수입제한품목을 고시하고 있다. [★3]
>   ※ 수입금지 품목은 없음
> 3. 수출금지품목은 수출이 금지되지만, 수출제한품목의 경우는 품목별 수출 요령에 따른 승인을 받으면 수출이 가능하다. [★1]
> 4. 수출입공고에는 수출입승인대상품목과 승인기관이 명시되어 있으며, 승인 신청 및 변경신청 절차에 대해서도 규정하고 있다. [★1]
> 5. 수입수량제한조치, 특정국 물품에 대한 특별수입수량제한조치를 시행하는 경우 수입제한을 기본공고인 수출입공고에 고시한다. [★1]
> 6. 하나의 수출입물품에 대해 통합공고의 수출입 요건확인 내용과 수출입공고의 제한내용이 동시에 적용될 경우에는 통합공고상의 요건확인 내용과 수출입공고의 제한내용이 모두 충족되어야만 수출 또는 수입이 가능하다. [★5]
> 7. 수출입공고의 품목분류는 HS 상품분류에 의하며, 품목의 세분류는 관세통계통합품목분류표(HSK)에 의한다. [★2]
> 8. 본 공고상 수입제한품목인 경우 각 품목별 수입요령에 따라 수입을 승인하여야 한다. 다만, 외화획득용 원료·기재를 수입하는 경우에는 수입제한품목이라 할지라도 **별도의 제한없이** 수입을 승인할 수 있다. [★1]

제12조(통합 공고)

> **해설** 통합공고
> 1. 약사법, 화장품법, 가축전염예방법, 의료기기법 등 여러 법에서 해당물품의 수출입의 요건 및 절차 등을 정하고 있는 경우에 무역질서 유지를 위하여 수출입의 요건 및 절차에 관한 사항을 조정하고 이를 통합 규정한 고시이다. [★1]
> 2. 통합공고의 목적은 대외무역법 외의 다른 법령에서 정한 물품의 수출입 요건 및 절차를 조정하고 이를 통합 규정하는 것이다.
> 3. 통합공고상 1개 물품에 대하여 2개 이상의 법령이 관련되어 요건확인을 받을 것을 규정하고 있는 경우, 용도 기준으로 된 물품 이외에는 당해 물품에 부과된 2개 이상의 요건확인을 받아야 한다. [★1]

① 제출

관계 행정기관의 장은 수출·수입요령을 제정하거나 개정하는 경우에는 그 수출·수입요령이 그 시행일 전에 제2항에 따라 공고될 수 있도록 이를 산업통상자원부장관에게 제출하여야 한다. [★1]

② 통합공고

산업통상자원부장관은 제1항에 따라 제출받은 수출·수입요령을 통합하여 공고하여야 한다. [★1]

> **심화** 통합공고 요건면제
>
> 요건확인 품목이라도 다음 각호의 1에 해당하는 경우에는 이 고시가 정한 **요건 및 절차를 거치지 아니하고** 수출입할 수 있다. [★2]
> 1. 외화획득용 원료·기재의 수입물품
> 2. **중계무역물품, 외국인수수입물품, 외국인도수출물품, 선(기)용품** [★1]
> 3. 대외무역법시행령 제19조(요건면제수입에 대한 사후관리기관)의 규정에 의한 사유에 해당하는 경우
> 4. 각 개별 해당법령에서 요건확인 면제 사유에 해당하는 경우

제13조(특정 거래 형태의 인정 등)

① 특정 거래 형태의 인정

산업통상자원부장관은 물품등의 수출 또는 수입이 원활히 이루어질 수 있도록 대통령령으로 정하는 물품등의 수출입 거래 형태를 인정할 수 있다.

> **[관련 규정]** 영 제20조(특정 거래 형태의 수출입 인정)
> ① 법 제13조제1항에서 "대통령령으로 정하는 물품등의 수출입 거래 형태"란 해당 거래의 전부 또는 일부가 다음 각 호의 어느 하나에 해당하는 수출입 거래 형태로서 산업통상자원부장관이 정하여 고시하는 기준에 해당하는 거래("특정거래 형태")를 말한다.
> 1. 법 제11조제1항에 따른 수출 또는 수입의 제한을 회피할 우려가 있는 거래 [★4]
> 2. 산업 보호에 지장을 초래할 우려가 있는 거래 [★3]
> 3. **외국에서 외국으로** 물품등의 이동이 있고, 그 대금의 지급이나 영수가 **국내에서** 이루어지는 거래로서 대금 결제 상황의 **확인이 곤란**하다고 인정되는 거래 [★5]
> 4. 대금 결제 없이 물품등의 이동만 이루어지는 거래 [★4]
> ② 특정거래 형태의 인정 절차, 인정의 유효기간, 그 밖에 필요한 사항은 산업통상자원부장관이 정하여 고시한다. [★1]

② 협의

기획재정부장관이 외국환 거래 관계 법령에 따라 무역대금 결제 방법을 정하려면 미리 산업통상자원부장관과 협의하여야 한다.

제14조(수출입 승인 면제의 확인)

산업통상자원부장관은 승인을 받지 아니하고 수출되거나 수입되는 물품등(제11조제2항 본문에 해당하는 물품등만을 말한다)이 제11조제2항 단서에 따른 물품등에 해당하는지를 확인하여야 한다.

제15조(과학적 무역업무의 처리기반 구축)

① 과학적 무역업무 처리기반 구축

산업통상자원부장관은 물품등의 수출입 거래가 질서 있고 효율적으로 이루어질 수 있도록 대외무역통계시스템 및 전자문서 교환체계 등 과학적 무역업무의 처리기반을 구축하기 위하여 노력하여야 한다. [★1]

[관련 규정] 영 제21조(전산관리체제의 개발·운영)

① 산업통상자원부장관은 수출입 거래가 질서 있고 효율적으로 이루어질 수 있도록 법 제15조제1항에 따라 다음 각 호의 전산관리체제를 개발·운영하여야 한다.

　1. 무역업고유번호의 부여 및 관리 등 수출입통계 데이터베이스를 구축하기 위한 전산관리체제 [★1]

　2. 불공정무역행위를 방지하기 위한 전산관리체제

　3. 효율적인 수출입 거래를 위한 다음 각 목의 전산관리체제

　　가. 부문별 무역전산관리체제를 유기적으로 연계하기 위한 전산관리체제

　　나. 관계 행정기관의 장이 필요하다고 인정하여 산업통상자원부장관과 협의하여 정한 해당 기관 소관의 무역 관련 전산관리체제

　4. 그 밖에 무역업계의 요청에 따라 산업통상자원부장관이 필요하다고 인정하는 전산관리체제

② 산업통상자원부장관은 제1항에 따른 전산관리체제를 개발·운영하기 위하여 필요하다고 인정하면 그 경비의 일부를 해당 전산관리체제의 개발·운영에 필요한 정보를 제공한 기관에 지원할 수 있다.

② 정보제공요청

산업통상자원부장관은 제1항에 따른 과학적 무역업무의 처리기반을 구축하기 위하여 필요하다고 인정되면 관계 행정기관의 장에게 대통령령으로 정하는 바에 따라 통관기록 등 물품등의 수출입 거래에 관한 정보를 제공하도록 요청할 수 있다. 이 경우 관계 행정기관의 장은 이에 협조하여야 한다.

③ 정보제공요청

관계 행정기관의 장은 이 법의 목적의 범위에서 필요하다고 인정되면 산업통상자원부장관에게 제1항과 제2항에 따라 구축된 물품등의 수출입 거래에 관한 정보를 제공하도록 요청할 수 있다. 이 경우 산업통상자원부장관은 이에 협조하여야 한다.

[관련 규정] 규정 제24조(무역업고유번호의 신청 및 부여)

① 산업통상자원부장관은 영 제21조 및 제22조에 따른 전산관리체제의 개발·운영을 위하여 무역거래자별 무역업고유번호를 부여할 수 있다. [★4]

② 무역업고유번호를 부여받으려는 자는 우편, 팩시밀리, 전자우편, 전자문서교환체제(EDI) 등의 방법으로 **한국무역협회장**에게 신청하여야 하며, 한국무역협회장은 **접수 즉시** 신청자에게 고유번호를 부여하여야 한다. [★8]

③ 제2항에 따라 무역업고유번호를 부여받은 자가 상호, 대표자, 주소, 전화번호 등의 변동사항이 발생한 경우에는 무역업고유번호신청사항 변경통보서에 따라 변동사항이 발생한 날부터 **20일** 이내에 한국무역협회장에게 알리거나 한국무역협회에서 운영하고 있는 무역업 데이터베이스에 **변동사항을 수정입력**하여야 한다. [★7]

169

④ 제2항에 따라 무역업고유번호를 부여받은 자가 **합병, 상속, 영업의 양수도** 등 지위의 변동이 발생하여 기존의 무역업고유번호를 유지 또는 수출입실적 등의 승계를 받으려는 경우에는 변동사항에 대한 증빙서류를 갖추어 무역업고유번호의 **승계** 등을 한국무역협회장에게 신청할 수 있다. [★10] ※ 자회사분할은 무역업고유번호 승계사유에 해당하지 않는다.

⑤ 한국무역협회장은 무역업고유번호의 부여 및 변경사항을 확인하고 무역업고유번호관리내장 또는 무역업 데이터베이스에 이를 기록 및 관리하여야 한다.

⑥ 무역거래자는 「관세법」에 따른 수출(입)신고시 제1항에 따른 무역업고유번호를 수출(입)자 상호명과 함께 기재하여야 한다. [★1]

> **해설** 무역업고유번호의 부여는 편의를 제공하기 위한 것일 뿐 무역을 하기 위한 필수 요건은 아니다. [★1]

제2절 외화획득용 원료·기재의 수입과 구매 등

제16조(외화획득용 원료·기재의 수입 승인 등)

① 외화획득용 원료·기재의 수입 승인

산업통상자원부장관은 원료, 시설, 기재 등 외화획득을 위하여 사용되는 물품등("원료·기재")의 수입에 대하여는 제11조(수출입의 제한 등) 제6항(승인대상 등 한정)을 적용하지 아니할 수 있다. 다만, 국산 원료·기재의 사용을 촉진하기 위하여 필요한 경우에는 그러하지 아니하다.

[관련 규정] 영 제24조(외화획득용 원료·기재의 수입승인)

① 법 제11조제2항에 따라 수입승인을 받아야 하는 물품등을 법 제16조제1항 본문에 따라 외화획득용 원료·기재로 수입하려는 자는 산업통상자원부장관이 정하여 고시하는 기준에 따라 산업통상자원부장관의 승인을 받아야 한다.

② 산업통상자원부장관은 법 제16조제1항 단서에 따라 국산 원료·기재의 사용을 촉진하기 위하여 외화획득용 원료·기재의 수입을 제한하려는 경우에는 그 제한하려는 품목 및 수입에 필요한 절차를 따로 정하여 고시하여야 한다.

> **[관련 규정]** 규정 제33조(외화획득용 원료의 수입승인)
>
> ① 외화획득용 원료의 승인기관의 장은 외화획득용 원료의 수입에 대하여는 영 제24조제1항에 따라 **수량제한을 받지 아니하고** 승인할 수 있다. 다만, 영 제24조제2항에 따라 농림수산물의 경우에는 제34조에 따라 수입승인하여야 한다. [★1]
>
> ② 외화획득용 원료의 승인기관의 장은 유통업자가 구매확인서 또는 내국신용장을 근거로 수출품생산자에게 직접 공급하기 위하여 외화획득용 원료를 수입하려는 경우에는 제1항의 규정을 준용하여 그 수입을 승인할 수 있다.

② 공고

산업통상자원부장관은 제1항에 따른 원료·기재의 범위, 품목 및 수량을 정하여 공고할 수 있다.

[관련 규정] 영 제25조(외화획득용 원료·기재의 품목 및 수량)

① 법 제16조제2항에 따른 외화획득용 원료·기재의 수량은 외화획득을 위한 물품등의 1단위를 생산하기 위하여 제공되는 외화획득용 원료·기재의 기준 소요량을 말한다. [★3]

② 산업통상자원부장관은 제1항에 따른 외화획득용 원료·기재의 기준 소요량을 정하는 경우에는 해당 물품등을 생산하는 데에 필요한 실제 수량 외에 생산 공정에서 생기는 평균 손실량을 **포함시킬 수 있다.** [★1]

[관련 규정] 외화획득용 원료 및 제품의 범위

규정 제32조(외화획득용 원료의 범위)

법 제16조제2항에 따른 외화획득용 원료의 범위는 다음 각 호로 한다.

1. 제25조에 따라 수출실적으로 인정되는 수출 물품등을 생산하는 데에 소요되는 원료(포장재, 1회용 파렛트를 **포함**한다) [★3]
2. 외화가득율(외화획득액에서 외화획득용 원료의 수입금액을 공제한 금액이 외화획득액에서 차지하는 비율을 말한다)이 30퍼센트 이상인 군납용 물품등을 생산하는 데에 소요되는 원료 [★2]
3. 해외에서의 건설 및 용역사업용 원료 [★3]
4. 제31조 각 호에 따른 외화획득용 물품등을 생산하는 데에 소요되는 원료 [★2]
5. 제1호부터 제4호까지의 규정에 따른 원료로 생산되어 외화획득이 완료된 물품등의 하자 및 유지보수용 원료

규정 제59조(외화획득용 제품의 범위)

법 제16조제2항에 따른 외화획득용 제품의 범위는 다음 각 호로 한다.

1. 주식회사 한국관광용품센타가 수입하는 식자재 및 부대용품 [★1]
2. 「항만운송사업법」에 따라 수입 물품 공급업의 등록을 하고 세관장에 등록한 자("수입 물품 공급업자")가 수입하는 선용품 [★1]
3. 군납업자가 수입하는 군납용 물품 [★3]

> **해설** 외화획득용 제품이란 수입한 후 생산 과정을 거치지 아니한 상태로 외화획득에 제공되는 물품 등을 말한다.

③ 외화획득의무

제1항에 따라 원료·기재를 수입한 자와 수입을 위탁한 자는 그 수입에 대응하는 외화획득을 하여야 한다. 다만, 제17조에 따라 산업통상자원부장관의 승인을 받은 경우에는 그러하지 아니하다.

④ 위임

제3항에 따른 외화획득의 범위, 이행기간, 확인방법, 그 밖에 필요한 사항은 대통령령으로 정한다.

[관련 규정] 외화획득의 제반규정(영 제26조 내지 영 제29조)

영 제26조(외화획득의 범위)

① 법 제16조 제4항에 따른 외화획득의 범위는 다음 각 호의 어느 하나에 해당하는 방법에 따라 외화를 획득하는 것으로 한다.

1. 수출 [★5]
2. 주한 국제연합군이나 그 밖의 외국군 기관에 대한 물품등의 매도 [★6]
3. 관광 [★4]

4. 용역 및 건설의 해외 진출 [★5]

5. 국내에서 물품등을 매도하는 것으로서 산업통상자원부장관이 정하여 고시하는 기준에 해당하는 것 [★2]

[관련 규정] 규정 제31조(외화획득의 범위)

영 제26조제1항제5호에 따른 "산업통상자원부장관이 정하여 고시하는 기준에 해당하는 것"이란 다음 각 호의 어느 하나에 해당하는 거래를 말한다.

1. 외국인으로부터 **외화**를 받고 국내의 보세지역에 물품등을 공급하는 경우 [★4]

2. 외국인으로부터 외화를 받고 공장건설에 필요한 물품등을 국내에서 공급하는 경우 [★3]

3. 외국인으로부터 외화를 받고 외화획득용 시설·기재를 외국인과 임대차계약을 맺은 국내업체에 인도하는 경우 [★2]

4. 정부·지방자치단체 또는 정부투자기관이 외국으로부터 받은 차관자금에 의한 국제경쟁입찰에 의하여 국내에서 유상으로 물품등을 공급하는 경우(대금 결제통화의 종류를 불문한다) [★3]

5. **외화**를 받고 외항선박(항공기)에 선(기)용품을 공급하거나 급유하는 경우 [★6]

6. 절충교역거래(off set)의 보완거래로서 외국으로부터 외화를 받고 **국내**에서 제조된 물품등을 국가기관에 공급하는 경우 [★1]

---

② 무역거래자가 외국의 **수입업자**로부터 수수료를 받고 행한 수출 알선은 제1항에 따른 외화획득행위에 준하는 행위로 본다. [★8]

영 제27조(외화획득 이행기간)

① 법 제16조제4항에 따른 외화획득의 이행기간은 다음 각 호의 구분에 따른 기간의 범위에서 산업통상자원부장관이 정하여 고시하는 기간으로 한다.

1. 외화획득용 원료·기재를 수입한 자가 직접 외화획득의 이행을 하는 경우 : 수입통관일 또는 공급일부터 2년 [★4]

2. 다른 사람으로부터 외화획득용 원료·기재 또는 그 원료·기재로 제조된 물품등을 양수한 자가 외화획득의 이행을 하는 경우 : 양수일부터 1년 [★1]

3. 외화획득을 위한 물품등을 생산하거나 비축하는 데에 2년 이상의 기간이 걸리는 경우 : **생산하거나 비축하는 데에 걸리는 기간에 상당하는 기간** [★1]

4. 수출이 완료된 기계류의 하자 및 유지 보수를 위한 외화획득용 원료·기재인 경우: **하자 및 유지 보수 완료일**부터 2년 [★1]

② 외화획득 이행의무자는 제1항에 따른 기간 내에 외화획득의 이행을 할 수 없다고 인정되면 산업통상자원부장관이 정하는 서류를 갖추어 산업통상자원부장관에게 그 기간의 연장을 신청하여야 한다.

③ 산업통상자원부장관은 제2항에 따른 신청을 받은 경우 그 신청이 타당하다고 인정할 때에는 외화획득의 이행기간을 연장할 수 있다.

영 제28조(외화획득용 원료·기재의 사후 관리)

① 산업통상자원부장관은 제24조에 따라 승인을 받아 수입한 외화획득용 원료·기재 및 그 원료·기재로 제조된 물품등에 대하여는 외화획득 이행의무자의 외화획득 이행 여부를 사후 관리하여야 한다.

② 산업통상자원부장관은 산업통상자원부장관이 정하여 고시한 요건을 갖춘 자가 법 제11조제2항에 따른 수입승인을 받아 수입한 외화획득용 원료·기재에 대하여는 제1항에도 불구하고 수입승인을 받은 자가 사후 관리하도록 할 수 있다. 법 제17조에 따라 외화획득용 원료·기재를 양수한 자로서 산업통상자원부장관이 정하여 고시한 요건을 갖춘 자의 경우에도 또한 같다.

③ 제1항과 제2항에 따른 사후 관리는 외화획득 이행의무자별 및 품목별로 매 분기에 수입한 총량을 대상으로 행하되, 사후 관리의 방법 등에 관하여 필요한 사항은 산업통상자원부장관이 정하여 고시한다.

영 제29조(외화획득용 원료·기재의 사후 관리 면제)

산업통상자원부장관은 제28조제1항에도 불구하고 다음 각 호의 어느 하나에 해당하는 경우에는 사후 관리를 하지 아니할 수 있다.

1. 품목별 외화획득 이행 의무의 미이행률이 **10퍼센트** 이하인 경우 [★1]
2. 외화획득 이행의무자의 분기별 미이행률이 10퍼센트 이하이고, 그 미이행 금액이 미화 2만 달러에 상당하는 금액 이하인 경우
3. 외화획득 이행의무자의 책임이 없는 사유로 외화획득의 이행을 하지 못한 경우로서 산업통상자원부장관이 인정하는 경우
4. 해당 품목이 수입승인 대상에서 제외됨으로써 그 수입에 대응하는 외화획득의 이행을 할 필요가 없는 경우 등 산업통상자원부장관이 사후관리를 할 필요성이 없어진 것으로 인정하는 경우

심화 규정 제66조(선용품의 사후관리)

① 수입 물품 공급업자가 수입하는 선용품의 사후 관리는 관세청장이 행한다.
② 수입 물품 공급업자는 수입선용품을 다음 각 호의 어느 하나에 해당하는 자 이외의 자에게 공급하거나 유출하여서는 아니된다.
　　1. 국내항에 정박 중인 외항선박(원양어선을 포함한다) [★1]
　　2. 신조선박 및 수리선박

참조 제17조(외화획득용 원료·기재의 목적을 벗어난 사용 등)

① 제16조제1항에 따라 원료·기재를 수입한 자는 그 수입한 원료·기재 또는 그 원료·기재로 제조된 물품등을 **부득이한 사유**로 인하여 당초의 목적 외의 용도로 사용하려면 대통령령으로 정하는 바에 따라 산업통상자원부장관의 승인을 받아야 한다. 다만, 대통령령으로 정하는 원료·기재 또는 그 원료·기재로 제조된 물품등에 대하여는 그러하지 아니하다.

영 제30조(외화획득용 원료·기재의 사용목적 변경승인 등)
② 법 제17조제1항 본문에서 "부득이한 사유"란 다음 각 호의 어느 하나에 해당하는 경우를 말한다.
　　1. 우리나라나 교역상대국의 전쟁·사변, 천재지변 또는 제도 변경으로 인하여 외화획득의 이행을 할 수 없게 된 경우 [★1]
　　2. 외화획득용 원료·기재로 생산된 물품등으로서 그 물품등을 생산하는 데에 고도의 기술이 필요하여 외화획득의 이행에 앞서 시험제품을 생산할 필요가 있는 경우
　　3. 외화획득 이행의무자의 책임이 없는 사유로 외화획득의 이행을 할 수 없게 된 경우
　　4. 그 밖에 산업통상자원부장관이 불가항력으로 외화획득의 이행을 할 수 없다고 인정한 경우

규정 제49조(사용목적 변경승인)
② 영 제30조제2항제4호에서 "그 밖에 산업통상자원부장관이 불가항력으로 외화획득의 이행을 할 수 없다고 인정한 경우"란 다음 각 호의 어느 하나에 해당하는 것으로 한다.
　　1. 화재나 천재지변으로 인하여 외화획득 이행이 불가능하게 된 경우
　　2. 기술혁신이나 유행의 경과로 새로운 제품이 개발되어 수입된 원료등으로는 외화획득 이행물품등의 생산에 사용할 수 없는 경우 [★1]

> 3. 수입된 원료가 형질이 변화되어 외화획득 이행물품의 생산에 사용할 수 없게 된 경우 [★1]
> 4. 그 밖에 수입 또는 구매한 자에게 책임을 돌릴 사유가 없이 외화획득을 이행할 수 없는 경우로서 사용목적 변경승인기관의 장이 인정하는 경우

② 제16조제1항에 따라 수입한 원료·기재 또는 그 원료·기재로 제조된 물품등을 당초의 목적과 같은 용도로 사용하거나 수출하려는 자에게 양도하려는 때에는 양도하려는 자와 양수하려는 자가 함께 산업통상자원부장관의 승인을 받아야 한다. 다만, 대통령령으로 정하는 원료·기재 또는 그 원료·기재로 제조된 물품등에 대하여는 그러하지 아니하다.

③ 제2항에 따라 원료·기재 또는 그 원료·기재로 제조된 물품등을 양수한 자에 관하여는 제16조 제3항 및 제4항을 준용한다.

제18조(구매확인서의 발급 등)

① 구매확인서의 발급

산업통상자원부장관은 외화획득용 원료·기재를 구매하려는 자가 「부가가치세법」에 따른 영의 세율을 적용받기 위하여 확인을 신청하면 외화획득용 원료·기재를 구매하는 것임을 확인하는 서류("구매확인서")를 발급할 수 있다.

참조 구매확인서 특징 [★1]

1. 구매확인서를 발급하면 처음부터 부가가치세 없이 세금계산서가 발행되기 때문에 수출 후 환급받는 복잡한 절차가 생략된다.
2. 제조자와 수출자가 다른 경우 구매확인서가 발행되면 양쪽 모두에게 수출 기업으로서의 혜택을 부여한다.
3. 구매확인서는 관세환급특례법상 기초원재료납세증명서 또는 분할증명서를 발급받기 위해 수출용 원재료의 국내거래 사실을 입증하는 서류로 활용할 수 있다.

② 사후관리

산업통상자원부장관은 구매확인서를 발급받은 자에 대하여는 외화획득용 원료·기재의 구매 여부를 사후관리하여야 한다. [★1]

③ 위임

제1항과 제2항에 따른 구매확인서의 신청·발급절차 및 사후관리 등에 필요한 사항은 대통령령으로 정한다.

[관련 규정] 영 제31조(구매확인서의 신청·발급 등)

① 법 제18조제1항에 따른 구매확인서를 발급받으려는 자는 구매확인신청서에 다음 각 호의 서류를 첨부하여 산업통상자원부장관에게 제출하여야 한다.

1. 구매자·공급자에 관한 서류
2. 외화획득용 원료·기재의 가격·수량 등에 관한 서류
3. 외화획득용 원료·기재라는 사실을 증명하는 서류로서 산업통상자원부장관이 정하여 고시하는 서류

② 산업통상자원부장관은 제1항에 따른 신청을 받은 경우 신청인이 구매하려는 원료·기재가 제26조에 따른 외화획득의 범위에 해당하는지를 확인하여 발급 여부를 결정한 후 구매확인서를 발급하여야 한다.

[관련 규정] 구매확인서 제반규정

규정 제36조(구매확인서의 신청서류)

① 영 제31조제1항제1호 및 제2호에 규정한 서류는 구매확인서를 발급받으려는 자가 외화획득용원료·기재구매확인신청서를 「전자무역 촉진에 관한 법률」에서 정하는 바에 따른 전자무역문서로 작성하여 외국환은행의 장 또는 전자무역기반사업자에게 제출하는 경우 첨부한 것으로 본다.

② 영 제31조제1항제3호에 규정한 "외화획득용 원료·기재라는 사실을 증명하는 서류"란 다음 각 호의 어느 하나를 말한다.

1. **수출**신용장 [★6]
2. **수출**계약서(품목·수량·가격 등에 합의하여 서명한 수출계약 입증서류) [★6]
3. 외화**매입**(예치)**증명**서(외화획득 이행 관련 대금임이 관계 서류에 의해 확인되는 경우만 해당한다) [★3]
4. 내국신용장 [★4]
5. 구매확인서 [★3]
6. **수출**신고필증(외화획득용 원료·기재를 구매한 자가 신청한 경우에만 해당한다) [★4]
7. 영 제26조 각 호에 따른 외화획득에 제공되는 물품등을 생산하기 위한 경우임을 입증할 수 있는 서류

규정 제37조(구매확인서의 발급신청 등)

① 영 제31조에 따라 국내에서 외화획득용 원료·기재를 구매하려는 자 또는 **구매한 자는 외국환은행의 장 또는 전자무역기반사업자**에게 구매확인서의 발급을 신청할 수 있다. [★9]

② 구매확인서를 발급받으려는 자는 구매확인신청서를 「전자무역 촉진에 관한 법률」에서 정하는 바에 따른 전자무역문서로 작성하여 외국환은행의 장 또는 전자무역기반사업자에게 제출하여야 하고, 제36조제2항 각호의 어느 하나에 해당하는 서류를 동법 제19조에서 정하는 바에 따라 제출하여야 한다. [★3]

③ 외국환은행의 장 또는 전자무역기반사업자는 외화획득용원료·기재구매확인서를 전자무역문서로 발급하고 신청한 자에게 발급사실을 알릴 때 승인번호, 개설 및 통지일자, 발신기관 전자서명 등 최소한의 사항만 알릴 수 있다. [★3]

④ 외국환은행의 장 또는 전자무역기반사업자는 제1항에 따라 신청하여 발급된 구매확인서에 의하여 2차 구매확인서를 발급할 수 있으며 외화획득용 원료·기재의 제조·가공·유통과정이 여러 단계인 경우에는 **각 단계별로** 순차로 발급할 수 있다. [★9]

⑤ 구매확인서를 발급한 후 신청 첨부서류의 외화획득용 원료·기재의 내용 변경 등으로 이미 발급받은 구매확인서와 내용이 상이하여 재발급을 요청하는 경우에는 새로운 구매확인서를 발급할 수 있다. [★9]

⑥ 영 제31조제2항에 규정한 "외화획득의 범위에 해당하는지를 확인"이란 외국환은행의 장 또는 전자무역기반사업자가 구매확인서 발급 신청인으로부터 제36조제2항 각 호의 어느 하나에 해당하는 서류를 확인하는 것을 말한다. [★1]

규정 제38조(발급신청 대행)
구매확인서를 발급받으려는 자가 전산설비를 갖추지 못하였거나 기타 부득이한 사유로 전자문서를 작성하지 못하는 때에는 **전자무역기반사업자**에게 위탁하여 신청할 수 있다. [★6]

참조 내국신용장과 구매확인서

1. 내국신용장(Local L/C)

(1) 개념

외국으로부터 수출 신용장(Master L/C)을 받은 국내 수출자가 수출물품을 제조, 가공하는 데 필요한 원자재 또는 수출용 완제품의 조달을 국내에서 원활하게 하기 위해 원자재 또는 완제품의 공급자를 수익자로 하여 발행하는 신용장을 의미한다.

해설 내국신용장은 개설은행이 물품대금의 **지급을 보증**하며 내국신용장에 의한 물품공급은 수출실적으로 인정받을 수 있다. [★1]

(2) 개설대상

① 내국신용장 개설 이전에 이미 물품공급이 완료된 부분에 대하여는 해당 물품대금 결재를 위한 내국신용장을 개설할 수 없다. [★1]

② 국내업자간의 매매계약에 따라 국외에서 어획물을 수집하여 직접 수출하는 경우라도 동 거래의 특수성에 비추어 내국신용장을 개설할 수 있다. [★1]

④ 선수금영수조건 수출신용장 등의 경우 동 수출신용장 등을 근거로 해당 원자재 및 완제품 조달을 위하여 내국신용장을 개설할 수 있다. [★1]

(3) 내국신용장의 전자화 업무절차

① 내국신용장의 전자적 이용을 위해 개설의뢰인 및 수혜자는 전자무역기반시설에 사전에 가입해야 한다. (uTradeHub) [★1]

② 내국신용장을 개설한 외국환은행은 내국신용장을 전자문서로 개설하였다는 사실을 내국신용장 수혜자에게 통지하고, 개설된 내국신용장을 수혜자에게 전자문서교환방식으로 전달하여야 한다. [★1]

③ 내국신용장 수혜자는 해당 내국신용장을 근거로 수출용 원자재 및 완제품을 구매하기 위하여 또다른 내국신용장의 개설을 의뢰할 수 있다. [★1]

참조 내국신용장(Local L/C)의 전자화

① 2014년부터 내국신용장 매입업무의 전자화가 이루어지면서 관련 프로세스의 전자화가 완성되었다.

③ 내국신용장 매입업무의 전자화 과정에서는 환어음이 폐지되고 판매대금추심 의뢰서를 통하여 결제과정이 진행된다.

④ 관련법규는 한국은행의 "금융중개지원대출관련 무역금융지원 프로그램 운용 세칙"이다.

2. 구매확인서

(1) 개념

내국신용장을 개설할 수 없는 상황에서 국내에서 외화획득용 원료 등의 구매를 원활하게 하고자 외화획득용 원료, 기재를 구매하려는 경우 또는 구매한 경우 외국환은행의 장 또는 산업통상자원부장관이 지정한 전자무역기반 사업자가 내국 신용장에 준하여 발급하는 증서를 말한다.

> **참조**
>
> 구매확인서는 온라인 발급이 의무화되어 구매확인서의 신청과 발급이 [uTradeHub](www.utradehub.or.kr)를 통한 온라인으로만 가능하다.

(2) 발급신청

① 발급자는 외화획득용원료·기재구매확인서를 전자무역문서로 발급하고 신청한 자에게 발급사실을 알릴 때 승인번호, 개설 및 통지일자, 발신기관 전자서 명 등 최소한의 사항만 알릴수 있다. [★1]

② 구매확인서를 발급받으려는 자가 전산설비를 갖추지 못하였거나 기타 부득이한 사유로 전자문서를 작성하지 못한 경우에는 전자무역기반사업자에게 위탁하여 신청할 수 있다. [★1]

③ 발급자는 구매확인서를 발급한 후 신청 첨부서류의 외화획득용 원료·기재의 내용 변경 등으로 이미 발급된 구매확인서와 내용이 상이하여 재발급이 요청되는 경우에는 새로운 구매확인서를 발급할 수 있다. [★1]

④ 발급자는 발급된 구매확인서에 의하여 2차 구매확인서를 발급할 수 있으며, 외화획득용 원료·기재의 제조·가공·유통(완제품의 유통을 포함한 다)과정이 여러 단계인 경우에는 **각 단계별로 순차로 발급**할 수 있다. [★3]

⑤ 발급자는 구매확인서를 발급한 후 기발급 구매확인서의 내용 상이, 근거 서류의 내용 변경 등을 이유로 재발급이 요청되는 경우 새로운 구매확인서를 발급할 수 있다. [★2]

⑥ 구매확인서는 외화획득용 원료, 기재를 세금계산서를 발급받아 이미 구매한 자도 사후신청, 발급 받을 수 있다. [★1]

⑦ 해외에서 위탁가공하기 위해 국내에서 물품을 조달하여 무환으로 외국에 수출한 경우에도 구매확인서 발급대상이 된다. [★1]

3. 구매확인서와 내국신용장

(1) 개념

① 내국신용장이란 한국은행 총재가 정하는 바에 따라 **외국환은행의 장**이 발급하여 **국내에서** 통용되는 신용장을 말한다. [★2]

② 구매확인서를 발급받으려는 자가 전산설비를 갖추지 못하였거나 기타 부득이한 사유로 전자문서를 작성하지 못하는 때에는 **전자무역기반사업자**에게 위탁하여 신청할 수 있다. [★1]

(2) 공통점

① 구매확인서 혹은 내국신용장을 받고 수출자에게 수출용 물품을 공급한 공급자에게도 수출실적이 인정된다. [★1]

② 구매확인서를 받고 수출자에게 수출용 물품을 공급하면 부가가치세법상 영세율 적용이 가능하다. 구매확인서 혹은 내국신용장을 받고 수출자에게 수출용 물품을 공급한 공급자는 영세율 세금계산서를 수출자에게 발행하여야 한다. [★2]

③ 구매확인서, 내국신용장을 발급차수에 제한이 없다. [★2]

참조 내국신용장과 구매확인서 비교

구분	내국신용장	구매확인서
관련법규 [★1]	한국은행 무역금융 취급세칙 및 절차	대외무역법, 전자무역촉진에 관한 법률
발급기관 [★1]	외국환은행	외국환은행, 전자무역기반 사업자
적용대상	수출용 원자재 및 완제품	외화획득용 원료 및 기재
지급보증 [★1]	거래 외국환은행이 지급보증	**지급보증 없음**
발급차수	제한 없이 발급 가능	각 단계별로 순차적으로 제한 없이 발급 가능
사후발급	사후발급 불가능	사후발급 가능
수출실적 [★1]	대외무역관리규정상 수출실적으로 인정	대외무역관리규정상 수출실적으로 **인정**
혜택 [★1]	무역금융, 부가가치세 영세율, 관세환급	

제3절 전략물자의 수출입

참조 전략물자 개요

전략물자에 해당하는 물품이라도 수출이 불가능한 것은 아니다. [★1]
전자, 기계, 화학 등 다양한 분야의 물품이 전략물자에 포함된다. [★1]

제19조(전략물자의 고시 및 수출허가 등)

① 전략물자의 고시

산업통상자원부장관은 관계 행정기관의 장과 협의하여 대통령령으로 정하는 국제수출통제체제의 원칙에 따라 국제평화 및 안전유지와 국가안보를 위하여 수출허가 등 제한이 필요한 물품등(대통령령으로 정하는 **기술을 포함**)을 지정하여 고시하여야 한다. [★3]

[관련 규정] 영 제32조(국제수출통제체제)

법 제19조제1항에서 "대통령령으로 정하는 국제수출통제체제"란 다음 각 호를 말한다.

1. 바세나르체제(WA) [★1]
2. 핵공급국그룹(NSG) [★1]
3. 미사일기술통제체제(MTCR) [★1]
4. 오스트레일리아그룹(AG)
5. 화학무기의 개발·생산·비축·사용 금지 및 폐기에 관한 협약(CWC) [★1]
6. 세균무기(생물무기) 및 독소무기의 개발·생산·비축 금지 및 폐기에 관한 협약(BWC)
7. 무기거래조약(ATT)

[관련 규정] 영 제32조의2(수출허가 등의 제한이 필요한 기술)

법 제19조제1항에서 "대통령령으로 정하는 기술"이란 국제수출통제체제에서 정하는 물품의 제조·개발 또는 사용 등에 관한 기술로서 산업통상자원부장관이 관계 행정기관의 장과 협의하여 고시하는 기술을 말한다. 다만, 다음 각 호의 어느 하나에 해당하는 기술은 **제외**한다. [★1]

1. 일반에 공개된 기술
2. 기초과학연구에 관한 기술 [★1]
3. 특허 출원에 필요한 최소한의 기술
4. 법 제19조제2항에 따라 수출허가를 받은 물품등의 설치, 운용, 점검, 유지 및 보수에 필요한 최소한의 기술

② 수출허가

제1항에 따라 지정·고시된 물품등("전략물자")을 수출(제1항에 따른 기술이 다음 각 호의 어느 하나에 해당되는 경우로서 대통령령으로 정하는 경우를 포함)하려는 자는 대통령령으로 정하는 바에 따라 산업통상자원부장관이나 관계 행정기관의 장의 허가("수출허가")를 받아야 한다. 다만, 「방위사업법」에 따라 허가를 받은 방위산업물자 및 국방과학기술이 전략물자에 해당하는 경우에는 그러하지 아니하다.

1. 국내에서 국외로의 이전 [★1]
2. 국내 또는 국외에서 대한민국 국민으로부터 외국인에게로의 이전

[관련 규정] 영 제32조의3(기술이전)

법 제19조제2항 각 호 외의 부분 본문에서 "대통령령으로 정하는 경우"란 영 제32조의2 본문에 따라 고시하는 기술을 다음 각 호의 어느 하나에 해당하는 방법으로 이전하는 경우를 말한다.

1. 전화, 팩스, 이메일 등 정보통신망을 통한 이전 [★1]
2. 지시, 교육, 훈련, 실연 등 구두나 행위를 통한 이전 [★1]
3. 종이, 필름, 자기디스크, 광디스크, 반도체메모리 등 기록매체나 컴퓨터 등 정보처리장치를 통한 이전 [★1]

③ 상황허가

전략물자에는 해당되지 아니하나 대량파괴무기와 그 운반수단인 미사일 및 재래식무기("대량파괴무기등")의 제조·개발·사용 또는 보관 등의 용도로 전용될 가능성이 높은 물품등을 수출하려는 자는 그 물품등의 수입자나 최종 사용자가 그 물품등을 대량파괴무기등의 제조·개발·사용 또는 보관 등의 용도로 전용할 의도가 있음을 알았거나 그 수출이 다음 각 호의 어느 하나에 해당되어 그러한 의도가 있다고 의심되면 대통령령으로 정하는 바에 따라 산업통상자원부장관이나 관계 행정기관의 장의 허가("상황허가")를 받아야 한다. [★2]

1. 수입자가 해당 물품등의 최종 용도에 관하여 필요한 정보 제공을 기피하는 경우
2. 수출하려는 물품등이 최종 사용자의 사업 분야에 해당되지 아니하는 경우
3. 수출하려는 물품등이 수입국가의 기술수준과 현저한 격차가 있는 경우

4. 최종 사용자가 해당 물품등이 활용될 분야의 사업경력이 없는 경우

5. 최종 사용자가 해당 물품등에 대한 전문적 지식이 없으면서도 그 물품등의 수출을 요구하는 경우

6. 최종 사용자가 해당 물품등에 대한 설치·보수 또는 교육훈련 서비스를 거부하는 경우

7. 해당 물품등의 최종 수하인이 운송업자인 경우

8. 해당 물품등에 대한 가격 조건이나 지불 조건이 통상적인 범위를 벗어나는 경우

9. 특별한 이유 없이 해당 물품등의 납기일이 통상적인 기간을 벗어난 경우

10. 해당 물품등의 수송경로가 통상적인 경로를 벗어난 경우

11. 해당 물품등의 수입국 내 사용 또는 재수출 여부가 명백하지 아니한 경우

12. 해당 물품등에 대한 정보나 목적지 등에 대하여 통상적인 범위를 벗어나는 보안을 요구하는 경우

13. 그 밖에 국제정세의 변화 또는 국가안전보장을 해치는 사유의 발생 등으로 산업통상자원부장관이나 관계 행정기관의 장이 상황허가를 받도록 정하여 고시하는 경우

[관련 규정] 영 제33조(전략물자의 수출허가 또는 상황허가의 신청 등)

① 법 제19조제2항 및 제3항에 따라 전략물자 또는 전략물자에는 해당되지 않으나 대량파괴무기와 그 운반수단인 미사일 및 재래식무기("대량파괴무기등")의 제조·개발·사용 또는 보관 등의 용도로 전용될 가능성이 높은 물품등을 수출(법 제19조제1항에 따른 기술이 법 제19조제2항 각 호의 어느 하나에 해당하는 경우로서 영 제32조의3 각 호의 어느 하나에 해당하는 방법으로 이전되는 경우를 포함)하려는 자는 전략물자수출허가신청서나 상황허가신청서에 다음 각 호의 서류를 첨부하여 산업통상자원부장관이나 관계 행정기관의 장에게 제출해야 한다.

1. 수출계약서, 수출가계약서 또는 이에 준하는 서류
2. 수입국의 정부가 발행하는 수입목적확인서 또는 이에 준하는 서류
3. 수출하는 물품등의 용도와 성능을 표시하는 서류
4. 수출하는 물품등의 기술적 특성에 관한 서류
4의2. 수출하는 물품등의 용도 등에 관한 최종 사용자의 서약서
5. 그 밖에 수출허가나 상황허가에 필요한 서류로서 산업통상자원부장관이 정하여 고시하는 서류

② 제1항에 따른 수출허가신청이나 상황허가신청을 받은 산업통상자원부장관 또는 관계 행정기관의 장은 **15일** 이내에 수출허가나 상황허가의 여부를 결정하고 그 결과를 신청인에게 알려야 한다. 다만, 수출허가나 상황허가를 신청한 물품등에 대하여 별도의 기술 심사, 국내·국제 관계기관과의 협의 또는 현지조사가 필요한 경우에는 그 협의나 현지조사를 하는 데에 걸리는 기간은 본문에 따른 기간에 산입하지 아니한다. [★1]

④ 신청에 따른 허가

산업통상자원부장관이나 관계 행정기관의 장은 수출허가 신청이나 상황허가 신청을 받으면 국제평화 및 안전유지와 국가안보 등 대통령령으로 정하는 기준에 따라 수출허가나 상황허가를 할 수 있다.

⑤ 허가면제

산업통상자원부장관 또는 관계 행정기관의 장은 재외공관에서 사용될 공용물품을 수출하는 경우 등 대통령령으로 정하는 경우에는 수출허가 또는 상황허가를 면제할 수 있다. [★1]

심화 영 제35조(전략물자의 수출허가 또는 상황허가의 면제)
법 제19조제5항에 따라 다음 각 호의 어느 하나에 해당하는 경우에는 전략물자의 수출허가 또는 상황허가를 면제하되, 수출자는 수출 후 7일 이내에 산업통상자원부장관 또는 관계 행정기관의 장에게 수출거래에 관한 보고서를 제출하여야 한다.
1. 재외공관, 해외에 파견된 우리나라 군대 또는 외교사절 등에 사용될 공용물품을 수출하는 경우 [★1]
2. 선박 또는 항공기의 안전운항을 위하여 긴급 수리용으로 사용되는 기계, 기구 또는 부분품 등을 수출하는 경우 [★1]
3. 그 밖에 수출허가 또는 상황허가의 면제가 필요하다고 인정하여 산업통상자원부장관이 관계 행정기관의 장과 협의하여 고시하는 경우

제20조(전략물자의 판정 등)

② 전략물자의 판정

물품등의 무역거래자(제19조제2항에 따른 기술이전 행위의 전부 또는 일부를 위임하거나 기술이전 행위를 하는 자를 포함)는 대통령령으로 정하는 바에 따라 산업통상자원부장관이나 관계 행정기관의 장에게 수출하려는 물품등이 전략물자 또는 제19조제3항제13호에 따른 상황허가 대상인 물품등에 해당하는지에 대한 판정을 신청할 수 있다. 이 경우 산업통상자원부장관이나 관계 행정기관의 장은 제29조에 따른 전략물자관리원장 또는 대통령령으로 정하는 관련 전문기관에 판정을 위임하거나 위탁할 수 있다. [★1]

[관련 규정] 영 제36조(전략물자의 판정 신청 등)
① 법 제20조제2항에 따라 해당 물품등이 전략물자 또는 법 제19조제3항제13호에 따른 상황허가 대상인 물품등에 해당하는지에 대하여 판정을 받으려는 자는 판정신청서에 다음 각 호의 서류를 첨부하여 산업통상자원부장관이나 관계 행정기관의 장에게 제출하여야 한다. [★1]
1. 물품등의 용도와 성능을 표시하는 서류 [★1]
2. 물품등의 기술적 특성에 관한 서류 [★1]
3. 그 밖에 전략물자 또는 법 제19조제3항제13호에 따른 상황허가 대상인 물품등의 판정에 필요한 서류로서 산업통상자원부장관이 정하여 고시하는 서류 [★1]
② 제1항에 따른 신청을 받은 산업통상자원부장관이나 관계 행정기관의 장은 15일 이내에 신청한 물품등이 전략물자 또는 법 제19조제3항제13호에 따른 상황허가 대상인 물품등에 해당하는지를 판정하여 신청인에게 알려야 한다. 다만, 판정을 신청한 물품등에 대하여 별도의 기술 심사나 다른 관계 행정기관과의 협의가 필요한 경우 그 기술 심사나 협의를 하는 데에 필요한 기간은 본문에 따른 기간에 산입하지 아니한다.
③ 제2항에 따른 판정의 유효기간은 **2년**으로 한다. [★5]

③ 자가판정

제2항에도 불구하고 물품등의 무역거래자는 산업통상자원부장관이 고시하는 교육을 이수한 경우에는 다음 각 호의 어느 하나에 해당하지 않는 물품등이 전략물자 또는 제19조 제3항제13호에 따른 상황허가 대상인 물품등에 해당하는지에 대한 판정을 자체적으로 판단하는 자가판정으로 할 수 있다. 이 경우 물품등의 무역거래자는 판정대상 물품의 성능과 용도 등 산업통상자원부장관이 고시하는 정보를 제28조에 따른 전략물자 수출입관리 정보시스템에 등록하여야 한다. [★2]

1. 기술(제25조에 따른 자율준수무역거래자 중 산업통상자원부장관이 고시하는 무역거래자가 기술을 수출하는 경우는 제외한다) [★1]
2. 그 밖에 산업통상자원부장관이 자가판정 대상이 아닌 것으로 고시하는 물품등

> **참조**
>
> 전략물자 판정의 신청과 통보를 위한 웹사이트는 www.yestrade.go.kr이다. [★1]

제22조(수입목적확인서의 발급)

전략물자를 수입하려는 자는 대통령령으로 정하는 바에 따라 **산업통상자원부장관이나 관계 행정기관의 장**에게 수입목적 등의 확인을 내용으로 하는 수입목적확인서의 발급을 신청할 수 있다. 이 경우 산업통상자원부장관과 관계 행정기관의 장은 확인 신청 내용이 사실인지 확인한 후 수입목적확인서를 발급할 수 있다. [★4]

[관련 규정] 영 제40조(전략물자 수입목적확인서의 발급 등)
① 법 제22조에 따라 전략물자 수입목적확인서를 발급받으려는 자는 전략물자 수입목적확인서 발급신청서에 그 전략물자의 최종 사용자 및 사용 목적을 증명할 수 있는 서류 등 전략물자의 수입 목적을 확인하는 데에 필요한 서류로서 산업통상자원부장관이나 관계 행정기관의 장이 정하여 고시하는 서류를 첨부하여 산업통상자원부장관이나 관계 행정기관의 장에게 제출하여야 한다.
② 제1항에 따른 신청을 받은 산업통상자원부장관이나 관계 행정기관의 장은 7일 이내에 전략물자 수입목적확인서를 발급하여야 한다. 다만, 수입목적 확인을 신청한 물품등에 대하여 별도의 기술 심사나 관계 행정기관과의 협의가 필요한 경우 그 기술 심사나 협의를 하는 데에 필요한 기간은 본문에 따른 기간에 산입하지 아니한다.
③ 제2항에 따라 발급한 전략물자 수입목적확인서의 유효기간은 1년으로 한다. [★3]

제23조(전략물자등에 대한 이동중지명령 등)

① 이동중지명령

산업통상자원부장관과 관계 행정기관의 장은 전략물자나 상황허가 대상인 물품등("전략물자등")이 허가를 받지 아니하고 수출되거나 거짓이나 그 밖의 부정한 방법으로

허가를 받아 수출되는 것("무허가수출등")을 막기 위하여 필요하면 적법한 수출이라는 사실이 확인될 때까지 전략물자등의 이동중지명령을 할 수 있다. [★1]

② 이동중지조치 [★1]

제1항에도 불구하고 산업통상자원부장관과 관계 행정기관의 장은 전략물자등의 무허가수출등을 막기 위하여 긴급하게 그 이동을 제한할 필요가 있으면 적법한 수출이라는 사실이 확인될 때까지 직접 그 이동을 중지시킬 수 있다.

③ 경유 및 환적허가 [★1]

전략물자등을 국내 항만이나 공항을 경유하거나 국내에서 환적하려는 자로서 대통령령으로 정하는 자는 대통령령으로 정하는 바에 따라 산업통상자원부장관이나 관계 행정기관의 장의 허가를 받아야 한다.

④ 신청에 따른 허가

산업통상자원부장관과 관계 행정기관의 장은 제3항에 따른 경유 또는 환적 허가의 신청을 받은 경우 국제평화, 안전유지 및 국가안보 등 대통령령으로 정하는 기준에 따라 허가할 수 있다.

[관련 규정] 영 제40조의3(전략물자등의 경유 또는 환적 허가의 기준)

법 제23조제4항에서 "국제평화, 안전유지 및 국가안보 등 대통령령으로 정하는 기준"이란 다음 각 호의 기준을 말한다.

1. 해당 전략물자등이 평화적 목적에 사용될 것 [★1]
2. 해당 전략물자등의 경유 또는 환적이 국제평화 및 안전유지와 국가안보에 영향을 미치지 아니할 것 [★1]
3. 해당 전략물자등의 수출자, 수입자, 최종 사용자 등이 거래에 적합한 자격을 가지고 있고 그 전략물자등의 사용 용도를 신뢰할 수 있을 것 [★1]
4. 국제수출통제체제의 원칙 중 산업통상자원부장관이 정하여 고시하는 사항을 지킬 것

⑤ 협조요청

산업통상자원부장관 또는 관계 행정기관의 장은 제2항에 따른 이동중지조치나 제3항에 따른 경유 또는 환적의 허가를 하기가 적절하지 아니하면 다른 행정기관에 협조를 요청할 수 있다. 이 경우 협조를 요청받은 행정기관은 국내 또는 외국의 전략물자등의 국가 간 무허가수출등을 막을 수 있도록 협조하여야 한다.

⑥ 증표

제2항 또는 제5항에 따라 이동중지조치를 하는 공무원은 그 권한을 표시하는 증표를 지니고 이를 관계인에게 내보여야 한다.

⑦ 기간과 방법 [★1]

제1항·제2항 및 제5항에 따른 이동중지명령 및 이동중지조치의 기간과 방법은 전략물자등의 국가 간 무허가수출등을 막기 위하여 필요한 **최소한도**에 그쳐야 한다.

제24조(전략물자등의 중개)

① 중개허가

전략물자등을 제3국에서 다른 제3국으로 이전하거나 매매를 위하여 중개하려는 자는 대통령령으로 정하는 바에 따라 산업통상자원부장관이나 관계 행정기관의 장의 허가를 받아야 한다. 다만, 그 전략물자등의 이전·매매가 수출국으로부터 국제수출통제체제의 원칙에 따른 수출허가를 받은 경우 등 대통령령으로 정하는 때에는 그러하지 아니하다.

② 신청에 따른 허가

산업통상자원부장관과 관계 행정기관의 장은 제1항 본문에 따라 중개허가의 신청을 받으면 국제평화 및 안전유지와 국가안보 등 대통령령으로 정하는 기준에 따라 중개허가를 할 수 있다.

[관련 규정] 영 제42조의2(수출허가 등의 유효기간)
① 다음 각 호의 어느 하나에 해당하는 허가의 유효기간은 **1년**으로 한다. [★3]
 1. 법 제19조제2항에 따른 수출허가 [★2]
 2. 법 제19조제3항에 따른 상황허가 [★2]
 3. 법 제23조제3항에 따른 경유 또는 환적 허가 [★1]
 4. 법 제24조에 따른 중개허가 [★2]

제24조의2(서류의 보관)

무역거래자는 다음 각 호의 서류를 **5년간** 보관하여야 한다. [★2]

1. 제20조제2항(전략물자의 판정)에 따라 판정을 신청한 경우에는 그 판정에 관한 서류 [★6]

2. 전략물자등을 수출·경유·환적·중개한 자의 경우 그 수출허가, 상황허가, 제23조제3항에 따른 경유 또는 환적 허가, 제24조에 따른 중개허가에 관한 서류 [★4]

3. 그 밖에 산업통상자원부장관이나 관계 행정기관의 장이 정하여 고시하는 서류

제24조의3(수출허가 등의 취소)

산업통상자원부장관 또는 관계 행정기관의 장은 수출허가 또는 상황허가, 제23조제3항에 따른 경유 또는 환적 허가, 제24조에 따른 중개허가를 한 후 다음 각 호의 어느 하나에 해당하는 경우에는 해당 허가를 취소할 수 있다.

1. 거짓 또는 부정한 방법으로 허가를 받은 사실이 발견된 경우
2. 전쟁, 테러 등 국가 간 안보 또는 대량파괴무기등의 이동·확산 우려 등과 같은 국제정세의 변화가 있는 경우

제25조(자율준수무역거래자)

① 지정

산업통상자원부장관은 기업 또는 대통령령으로 정하는 대학 및 연구기관의 자율적인 전략물자 관리능력을 높이기 위하여 전략물자 여부에 대한 판정능력, 수입자 및 최종 사용자에 대한 분석능력 등 대통령령으로 정하는 능력을 갖춘 무역거래자를 자율준수무역거래자로 지정할 수 있다. [★2]

[관련 규정] 규정 제81조(자율준수무역거래자 지정의 유효기간)
① 자율준수무역거래자 지정의 유효기간은 지정된 날로부터 3년으로 한다. [★1]
② 제74조제2항에 따른 갱신 시 유효기간은 당초 유효기간 만료일의 다음날부터 3년으로 한다.

② 자율관리

산업통상자원부장관은 제1항에 따라 지정을 받은 자율준수무역거래자에게 대통령령으로 정하는 바에 따라 전략물자에 대한 수출통제업무의 일부를 자율적으로 관리하게 할 수 있다.

③ 보고의무

자율준수무역거래자는 제2항에 따라 자율적으로 관리하는 전략물자의 수출실적 등을 대통령령으로 정하는 바에 따라 산업통상자원부장관에게 보고하여야 한다. [★2]

④ 지정취소

산업통상자원부장관은 다음 각 호의 어느 하나에 해당하는 경우에는 자율준수무역거래자의 **지정을 취소**할 수 있다.

1. 제1항에 따른 대통령령으로 정하는 능력을 유지하지 못하는 경우
2. 고의나 중대한 과실로 제19조제2항에 따른 수출허가를 받지 아니하고 전략물자를 수출한 경우 [★1]
3. 고의나 중대한 과실로 제19조제3항에 따른 상황허가를 받지 아니하고 상황허가 대상인 물품등을 수출한 경우
4. 고의나 중대한 과실로 제24조의2에 따른 보관의무를 이행하지 아니한 경우
5. 고의나 중대한 과실로 제24조에 따른 중개허가를 받지 아니하고 전략물자를 중개한 경우 [★2]
6. 제3항에 따른 보고의무를 이행하지 아니한 경우 [★1]

제29조(전략물자관리원의 설립 등)

① 전략물자의 수출입 업무와 관리 업무를 효율적으로 지원하기 위하여 전략물자관리원을 설립한다.

② 전략물자관리원은 법인으로 한다.

③ 전략물자관리원은 정관으로 정하는 바에 따라 임원과 직원을 둔다.

④ 전략물자관리원은 그 주된 사무소의 소재지에서 설립등기를 함으로써 성립한다.

⑤ 전략물사관리원은 성부의 전략불자 관리정책에 따라 다음 각 호의 업무를 수행한다.

　　1. 제20조제2항 후단에 따른 판정 업무

　　2. 제28조제1항에 따른 전략물자 수출입관리 정보시스템의 운영 업무

　　3. 전략물자의 수출입자에 대한 교육 업무

　　3의2. 제5조제4호 및 제4호의2에 따른 조치의 이행을 위한 정보제공 등 지원업무

　　4. 그 밖에 대통령령으로 정하는 업무

> **[관련 규정]** 영 제46조(전략물자관리원의 업무)
> 법 제29조제5항제4호에서 "그 밖에 대통령령으로 정하는 업무"란 다음 각 호의 업무를 말한다.
> 1. 전략물자 수출입관리에 관한 조사·연구 및 홍보 지원 업무 [★1]
> 2. 전략물자 수출입통제와 관련된 국제협력 지원 업무 [★1]
> 2의2. 법 제25조에 따른 전략물자 자율준수무역거래자의 지정 및 관리에 대한 지원 업무 [★1]
> 3. 전략물자의 판정 및 통보에 관하여 산업통상자원부장관이 위탁하는 업무

⑥ 전략물자관리원의 장은 산업통상자원부장관의 승인을 받아 제5항 각 호의 업무에 관하여 관리원을 이용하는 자에게 일정한 수수료를 징수할 수 있다.

⑦ 전략물자관리원에 관하여 이 법에서 정한 것 외에는 「민법」 중 재단법인에 관한 규정을 준용한다.

⑧ 정부는 전략물자관리원의 설립·운영에 필요한 경비를 예산의 범위에서 출연하거나 지원할 수 있다.

제31조(전략물자등의 수출입 제한 등)

① 산업통상자원부장관 또는 관계 행정기관의 장은 다음 각 호의 어느 하나에 해당하는 자에게 3년 이내의 범위에서 일정 기간 동안 전략물자등의 전부 또는 일부의 수출이나 수입을 제한할 수 있다. [★1]

　　1. 제19조제2항에 따른 **수출허가**를 받지 아니하고 전략물자를 수출하거나 수출신고한 자 [★1]

　　2. 제19조제3항에 따른 **상황허가**를 받지 아니하고 상황허가 대상인 물품등을 수출하거나 수출신고한 자 [★1]

　　3. 전략물자등의 수출이나 수입에 관한 국제수출통제체제의 원칙을 위반한 자로서 대통령령으로 정하는 자

② 관계 행정기관의 장은 제1항 각 호의 어느 하나에 해당하는 자가 있음을 알게 되면 즉시 산업통상자원부장관에게 통보하여야 한다.

③ 산업통상자원부장관 또는 관계 행정기관의 장은 제1항에 따라 전략물자등의 수출입을 제한한 자와 외국 정부가 자국의 법령에 따라 전략물자등의 수출입을 제한한 자의 명단과 제한 내용을 공고할 수 있다.

제4절 플랜트수출

제32조(플랜트수출의 촉진 등)

① 플랜트수출 승인

산업통상자원부장관은 다음 각 호의 어느 하나에 해당하는 수출("플랜트수출")을 하려는 자가 신청하는 경우에는 대통령령으로 정하는 바에 따라 그 플랜트수출을 승인할 수 있다. 승인한 사항을 변경할 때에도 또한 같다. [★1]

> **참조** 영 제50조(수출승인의 신청 등)
>
> 법 제32조제1항에 따라 플랜트수출의 승인을 받으려는 자는 신청서에 산업통상자원부장관이 정하는 서류를 첨부하여 산업통상자원부장관에게 제출하여야 한다. 변경승인을 받으려는 경우에도 **또한 같다.** [★1]

1. 농업·임업·어업·광업·제조업, 전기·가스·수도사업, 운송·창고업 및 방송·통신업을 경영하기 위하여 설치하는 기재·장치 및 대통령령으로 정하는 설비 중 산업통상자원부장관이 정하는 일정 규모 이상의 산업설비의 수출

   [관련 규정] 규정 제70조(플랜트의 범위) 법 제32조제1항제1호에서 "대통령령으로 정하는 설비 중 산업통상자원부장관이 정하는 일정규모 이상의 산업설비"란 FOB가격으로 미화 50만 달러 상당액 이상인 산업설비를 말한다. [★2]

2. 산업설비·기술용역 및 시공을 포괄적으로 행하는 수출("일괄수주방식에 의한 수출") [★2]

② 타당성 의견청취

산업통상자원부장관은 제1항에 따른 승인 또는 변경승인을 하기 위하여 필요하면 플랜트수출의 타당성에 관하여 관계 행정기관의 장의 의견을 들어야 한다. 이 경우 의견을 제시할 것을 요구받은 관계 행정기관의 장은 정당한 사유가 없으면 지체 없이 산업통상자원부장관에게 의견을 제시하여야 한다.

③ 사전동의

산업통상자원부장관이 일괄수주방식에 의한 수출에 대하여 승인 또는 변경승인하려는 때에는 미리 국토교통부장관의 동의를 받아야 한다. [★1]

④ 승인제한

산업통상자원부장관은 일괄수주방식에 의한 수출로서 건설용역 및 시공부문의 수출에 관하여는 「해외건설 촉진법」에 따른 해외건설사업자에 대하여만 승인 또는 변경승인할 수 있다. [★1]

⑤ 승인통보

산업통상자원부장관은 제1항에 따른 플랜트수출의 승인 또는 변경승인을 한 경우에는 이를 관계 행정기관의 장에게 지체 없이 알려야 한다.

⑥ 플랜트 수출의 촉진

산업통상자원부장관은 플랜트수출을 촉진하기 위하여 그에 관한 제도개선, 시장조사, 정보교류, 수주 지원, 수주질서 유지, 전문인력의 양성, 금융지원, 우수기업의 육성 및 협동화사업을 추진할 수 있다. 이 경우 산업통상자원부장관은 플랜트수출 관련 기관 또는 단체를 지정하여 이들 사업을 수행하게 할 수 있다.

참조 **영 제54조(플랜트수출 관련 기관 등 지정)**

① 산업통상자원부장관은 법 제32조제6항 후단에 따라 플랜트수출에 관한 시장조사 등의 사업을 촉진하기 위한 사업을 담당할 관련 기관 또는 단체("플랜트수출촉진기관")를 지정하려면 다음 각 호의 사항을 종합적으로 검토하여야 한다.
1. 플랜트수출자에 대한 대표성
2. 시장조사 등 사업계획

규정 제72조(플랜트수출 관련 기관 지정)
영 제54조제1항에 따른 플랜트수출촉진기관은 **한국기계산업진흥회** 및 **한국플랜트산업협회**로 한다. [★1]

제5절 정부 간 수출계약

해설 정부 간 수출계약이란 국제교역에서 정부가 계약서상의 책임과 주체를 담당하고, 실질적인 계약의 이행은 민간업자가 부담하는 정부 간 거래(GtoG) 형태를 말한다. [★1]

제32조의2(정부 간 수출계약의 보증 및 원칙)

① 정부 간 수출계약의 보증

정부는 국내 기업의 원활한 정부 간 수출계약을 지원하기 위하여 대통령령으로 정하는 보증·보험기관으로 하여금 국내 기업의 외국 정부에 대한 정부 간 수출계약 이행 등을 위한 보증사업을 하게 할 수 있다.

② 정부 간 수출계약의 원칙

정부는 정부 간 수출계약과 관련하여 어떠한 경우에도 **경제적 이익을 갖지 아니하고**, 보증채무 등 경제적 책임 및 손실을 <u>부담하지 아니한다.</u> [★1]

제32조의3(정부 간 수출계약의 전담기관)

① 전담기관

제2조제4호의 "정부 간 수출계약 전담기관"이란 대한무역투자진흥공사("전담기관")를 말한다. [★1]

② 전담기관 수행업무

전담기관은 정부 간 수출계약과 관련하여 다음 각 호의 업무를 수행한다.

1. 정부 간 수출계약에서 당사자 지위 수행
2. 외국 정부의 구매요구 사항을 이행할 국내 기업의 추천
3. 그 밖에 정부 간 수출계약 업무의 수행을 위하여 산업통상자원부장관이 필요하다고 인정하는 업무

③ 권한과 책임

전담기관의 권한과 책임은 다음 각 호와 같다.

1. 전담기관은 정부 간 수출계약이 체결된 경우 국내 기업으로 하여금 보증·보험의 제공 등 대통령령으로 정하는 계약 이행 보증 조치를 취하도록 하여야 한다.
2. 전담기관은 국내 기업의 계약 이행 상황을 확인하기 위하여 필요한 경우에는 국내 기업에 대하여 관련 자료의 제출을 요구할 수 있다.
3. 그 밖에 전담기관의 권한과 책임에 관하여는 대통령령으로 정한다.

④ 전담기관

전담기관의 장은 정부 간 수출계약 관련 업무를 수행하기 위하여 필요한 경우에는 관계 행정기관 및 관련 단체에 대하여 공무원 또는 임직원의 파견 근무를 요청할 수 있다. 다만, 공무원의 파견을 요청할 때에는 미리 주무부장관과 협의하여야 한다.

심화 제32조의4(정부 간 수출계약 심의위원회)

① 정부 간 수출계약의 체결, 변경, 해지 등 대통령령으로 정하는 사항을 심의·의결하기 위하여 전담기관에 정부 간 수출계약 심의위원회를 둔다. [★1]
② 위원회는 위원장 1명을 포함한 7명 이상 15명 이내의 위원으로 구성하고, 위원장은 대한무역투자진흥공사 사장이 된다.
③ 위원회의 구성 및 운영에 필요한 사항은 대통령령으로 정한다.
④ 위원회는 제1항에 따른 심의에 필요한 경우 국내 기업 및 관계 기관 등에 자료 등의 제출을 요구할 수 있다.
⑤ 위원회는 다음 각 호의 사항에 해당하는 경우에는 회의록, 계약서 등 관련 서류를 공개하지 아니할 수 있다.
　　1. 공개될 경우 정부 간 수출계약의 체결, 이행, 변경, 해지 등이 크게 곤란하여질 우려가 있거나 위원회 심의의 공정성을 크게 저해할 우려가 있다고 인정되는 사항
　　2. 그 밖에 제1호에 준하는 사유로서 공개하기에 적당하지 아니하다고 위원회가 결정한 사항

제3장의2 원산지의 표시 등

제33조(수출입 물품등의 원산지의 표시)

① 원산지의 표시

산업통상자원부장관이 공정한 거래 질서의 확립과 생산자 및 소비자 보호를 위하여 원산지를 표시하여야 하는 대상으로 공고한 물품등("원산지표시대상물품")을 수출하거나 수입하려는 자는 그 물품등에 대하여 원산지를 표시하여야 한다.

[관련 규정] 영 제55조(원산지표시대상물품 지정 등)

① 산업통상자원부장관은 법 제33조제1항에 따라 원산지를 표시하여야 할 물품("원산지표시대상물품")을 공고하려면 해당 물품을 관장하는 관계 행정기관의 장과 미리 협의하여야 한다.
② 법 제33조제2항에서 "대통령령으로 정하는 단순한 가공활동"이란 판매목적의 물품포장 활동, 상품성 유지를 위한 단순한 작업 활동 등 물품의 본질적 특성을 부여하기에 부족한 가공활동을 말하며, 그 가공활동의 구체적인 범위는 관계 중앙행정기관의 장과 협의하여 산업통상자원부장관이 정하여 고시한다.

> [관련 규정] 규정 제78조(수입 후 단순한 가공활동을 수행한 물품등의 원산지 표시)
> ① 영 제55조제2항에 해당하는 물품의 원산지 표시는 다음 각 호의 어느 하나의 방법에 따라 원산지를 표시하여야 한다.
> 　　1. 원산지표시대상물품이 수입된 후, 최종구매자가 구매하기 이전에 국내에서 단순 제조·가공처리되어 수입 물품의 원산지가 은폐·제거되거나 은폐·제거될 우려가 있는 물품의 경우에는 제조·가공업자(수입자가 제조업자인 경우를 포함한다)는 완성 가공품에 수입 물품의 원산지가 분명하게 나타나도록 원산지를 표시하여야 한다.

2. 원산지표시대상물품이 대형 포장 형태로 수입된 후에 최종구매자가 구매하기 이전에 국내에서 소매단위로 재포장되어 판매되는 물품인 경우에는 재포장 판매업자(수입자가 판매업자인 경우를 포함한다)는 재포장 용기에 수입 물품의 원산지가 분명하게 나타나도록 원산지를 표시하여야 한다. 재포장되지 않고 낱개 또는 산물로 판매되는 경우에도 **물품** 또는 판매용기·판매장소에 스티커 부착, 꼬리표부착 등의 방법으로 수입품의 원산지를 표시하여야 한다. [★1]

3. 원산지표시대상물품이 수입된 후에 최종구매자가 구매하기 이전에 다른 물품과 결합되어 판매되는 경우(예 바이올린과 바이올린케이스, 라이터와 라이터케이스 등)에는 제조·가공업자(수입자가 제조업자인 경우를 포함한다)는 수입된 해당 물품의 원산지가 분명하게 나타나도록 "(해당 물품명)의 원산지: 국명"의 형태로 원산지를 표시하여야 한다.

② 단순한 가공활동을 거친 경우 원산지표시

수입된 원산지표시대상물품에 대하여 대통령령으로 정하는 단순한 가공활동을 거침으로써 해당 물품등의 원산지 표시를 손상하거나 변형한 자(무역거래자 또는 물품등의 판매업자에 대하여 제4항이 적용되는 경우는 제외한다)는 그 단순 가공한 물품등에 **당초의 원산지**를 표시하여야 한다. 이 경우 다른 법령에서 단순한 가공활동을 거친 수입 물품등에 대하여 다른 기준을 규정하고 있으면 그 기준에 따른다. [★3]

③ 위임

제1항 및 제2항 전단에 따른 원산지의 표시방법·확인, 그 밖에 표시에 필요한 사항은 대통령령으로 정한다.

[관련 규정] 영 제56조(수출입 물품의 원산지 표시방법)

① 수입물품 원산지표시

원산지표시대상물품을 수입하려는 자는 다음 각 호의 방법에 따라 해당 물품에 원산지를 표시하여야 한다.

1. 한글·한문 또는 영문으로 표시할 것 [★3]
2. 최종 구매자가 쉽게 판독할 수 있는 활자체로 표시할 것 [★4]
3. 식별하기 쉬운 위치에 표시할 것
4. 표시된 원산지가 쉽게 지워지거나 떨어지지 아니하는 방법으로 표시할 것 [★1]

② 원산지표시생략

제1항에도 불구하고 해당 물품에 원산지를 표시하는 것이 곤란하거나 원산지를 표시할 필요가 없다고 인정하여 산업통상자원부장관이 정하여 고시하는 기준에 해당하는 경우에는 산업통상자원부장관이 정하여 고시하는 바에 따라 원산지를 표시하거나 원산지 표시를 생략할 수 있다. [★3]

[관련 규정] 수입물품 원산지표시 및 면제

규정 제75조(수입 물품의 원산지표시대상물품 등)

① 영 제55조 제1항에 따른 원산지표시대상물품은 별표 8에 게기된 수입 물품이며 원산지표시대상물품은 **해당 물품**에 원산지를 표시하여야 한다. [★1]

② 제1항에도 불구하고 원산지표시대상물품이 다음 각 호의 어느 하나에 해당되는 경우에는 영 제56 조 제2항에 따라 해당 물품에 원산지를 표시하지 않고 **해당 물품의 최소포장, 용기 등에 수입 물품의 원산지를 표시할 수 있다.** [★2]

1. 해당 물품에 원산지를 표시하는 것이 불가능한 경우 [★2]
2. 원산지 표시로 인하여 해당 물품이 크게 훼손되는 경우(예 당구 공, 콘택즈렌즈, **포장하지 않은 집적회로 등**) [★5]
3. 원산지 표시로 인하여 해당 물품의 가치가 실질적으로 저하되는 경우 [★3]
4. 원산지 표시의 비용이 해당 물품의 수입을 막을 정도로 과도한 경우(예 물품값보다 표시비용이 더 많이 드는 경우 등) [★2]
5. 상거래 관행상 최종구매자에게 포장, 용기에 봉인되어 판매되는 물품 또는 봉인되지는 않았으나 포장, 용기를 뜯지 않고 판매되는 물품(예 비누, 칫솔, VIDEO TAPE 등) [★1]
6. 실질적 변형을 일으키는 제조공정에 투입되는 부품 및 원재료를 수입 후 **실수요자**에게 직접 공급하는 경우 [★2]
7. 물품의 외관상 원산지의 오인 가능성이 적은 경우(예 두리안, 오렌지, 바나나와 같은 과일·채소 등) [★1]
8. 관세청장이 산업통상자원부장관과 협의하여 타당하다고 인정하는 물품

규정 제82조(수입 물품 원산지 표시의 면제)

① 제75조에 따라 물품 또는 포장·용기에 원산지를 표시하여야 하는 수입 물품이 다음 각 호의 어느 하나에 해당되는 경우에는 원산지를 표시하지 아니할 수 있다.

1. 영 제2조제6호 및 제7호에 의한 외화획득용 원료 및 시설기재로 수입되는 물품
2. 개인에게 무상 송부된 탁송품, 별송품 또는 여행자 휴대품 [★1]
3. 수입 후 실질적 변형을 일으키는 제조공정에 투입되는 부품 및 원재료로서 실수요자가 직접 수입하는 경우(실수요자를 위하여 수입을 대행하는 경우를 포함한다) [★1]
4. 판매 또는 임대목적에 제공되지 않는 물품으로서 실수요자가 직접 수입하는 경우. 다만, 해당 물품 중 제조용 시설 및 기자재(부분품 및 예비용 부품을 포함한다)는 실수요자를 위하여 수입을 대행하는 경우까지도 인정할 수 있다.
5. 연구개발용품으로서 실수요자가 수입하는 경우(실수요자를 위하여 수입을 대행하는 경우를 포함한다) [★1]
6. 견본품(진열·판매용이 아닌 것에 한함) 및 수입된 물품의 하자보수용 물품(수입된 물품의 자체 결함에 따른 하자를 보수하기 위해 직접 수입하는 경우에 한함)
7. 보세운송, 환적 등에 의하여 우리나라를 단순히 경유하는 통과 화물
8. 재수출조건부 면세 대상 물품 등 일시 수입 물품
9. 우리나라에서 수출된 후 재수입되는 물품
10. 외교관 면세 대상 물품
11. 개인이 자가소비용으로 수입하는 물품으로서 세관장이 타당하다고 인정하는 물품
12. 그 밖에 관세청장이 산업통상자원부장관과 협의하여 타당하다고 인정하는 물품

③ 원산지표시방법의 고시

제1항에 규정된 것 외에 수입 물품의 원산지 표시방법에 관하여 필요한 사항은 산업통상자원부장관이 정하여 고시한다. 다만, 수입물품을 관장하는 중앙행정기관의 장은 소비자를 보호하기 위하여 필요한 경우에는 산업통상자원부장관과 협의하여 해당 물품의 원산지 표시에 관한 세부적인 사항을 따로 정하여 고시할 수 있다.

[관련 규정] 수입물품의 원산지표시(규정)

규정 제76조(수입 물품 원산지 표시의 일반원칙)

① 수입 물품의 원산지는 다음 각 호의 어느 하나에 해당되는 방식으로 **한글, 한자 또는 영문**으로 표시할 수 있다. [★2]

1. "원산지 : 국명" 또는 "국명 **산(産)**" [★4]
2. "Made in 국명" 또는 "Product of 국명" [★7]
3. "Made by 물품 제조자의 회사명, 주소, 국명" [★2]
4. "Country of Origin : 국명"
5. 영 제61조의 원산지와 동일한 경우로서 국제상거래관행상 타당한 것으로 관세청장이 인정하는 방식

② 수입 물품의 원산지는 최종구매자가 해당 물품의 원산지를 용이하게 판독할 수 있는 크기의 활자체로 표시하여야 한다. [★4]

③ 수입물품의 원산지는 최종구매자가 정상적인 물품구매과정에서 **원산지표시를 발견할 수 있도록** 식별하기 용이한 곳에 표시하여야 한다. [★2]

④ 표시된 원산지는 쉽게 지워지지 않으며 물품(또는 포장·용기)에서 쉽게 떨어지지 않아야 한다.

⑤ 수입 물품의 원산지는 제조단계에서 인쇄(printing), 등사(stenciling), 낙인(branding), 주조(molding), 식각(etching), 박음질(stitching) 또는 이와 유사한 방식으로 원산지를 표시하는 것을 **원칙**으로 한다. **다만,** 물품의 특성상 위와 같은 방식으로 표시하는 것이 부적합 또는 곤란하거나 물품을 훼손할 우려가 있는 경우에는 날인(stamping), 라벨(label), 스티커(sticker), 꼬리표(tag)를 사용하여 표시할 수 있다. [★4]

⑥ 최종구매자가 수입 물품의 원산지를 오인할 우려가 없는 경우에는 다음 각호와 같이 통상적으로 널리 사용되고 있는 국가명이나 지역명 등을 사용하여 원산지를 표시할 수 있다. [★2]

1. United States of America를 USA로 [★1]
2. Switzerland를 Swiss로 [★1]
3. Netherlands를 Holland로 [★1]
4. United Kingdom of Great Britain and Northern Ireland를 UK 또는 GB로
5. UK의 England, Scotland, Wales, Northern Ireland
6. 특정국가의 식민지, 속령 또는 보호령 지역에서 생산된 경우 관세청 무역통계부호에 규정된 국가별 분류기준에 따른 국가명
7. 기타 관세청장이 산업통상자원부장관과 협의하여 타당하다고 인정하는 국가나 지역명

⑦ 「전기용품 및 생활용품 안전관리법」, 「식품위생법」 등 다른 법령에서 물품에 대한 표시방식 등을 정하고 있는 경우에는 이를 적용하여 원산지를 표시할 수 있다. [★1]

규정 제76조의2(수입 물품 원산지 표시의 예외 등)

① 수입 물품의 크기가 작아 제76조 제1항 제1호부터 제4호까지의 방식으로 해당 물품의 원산지를 표시할 수 없을 경우에는 국명만을 표시할 수 있다.

② 최종구매자가 수입물품의 원산지를 오인할 우려가 없도록 표시하는 전제하에 제76조 제1항 제1호부터 제4호까지의 원산지표시와 **병기하여** 물품별 제조공정상의 다양한 특성을 반영할 수 있도록 다음 각호의 예시에 따라 보조표시를 할 수 있다. [★2]

1. "Designed in 국명", "Fashioned in 국명", "Moded in 국명", "stlyed in 국명" , "Licensed by 국명", "Finished in 국명".... [★3]

   2. 기타 관세청장이 제1호에 준하여 타당하다고 인정한 보조표시 방식
 ③ 수출국에서의 주요 부분품의 단순 결합물품. 원재료의 단순 혼합물품, 중고물품으로 원산지를 특
    정하기 어려운 물품은 다음과 같이 원산지를 표시할 수 있다.
   1. 단순 조립물품 : "Organized in 국명(부분품별 원산지 나열)" [★2]
   2. 단순 혼합물품 : "Mixed in 국명(원재료별 원산지 나열)" [★3]
   3. 중고물품 : "Imported from 국명" [★2]

규정 제79조(수입 세트물품의 원산지 표시)
① 수입 세트물품의 경우 해당 세트물품을 구성하는 개별 물품들의 원산지가 동일하고 최종 구매자에
   게 세트물품으로 판매되는 경우에는 개별 물품에 원산지를 표시하지 아니하고 그 물품의 포장·용
   기에 원산지를 표시할 수 있다. [★1]
② 수입세트물품을 구성하는 개별 물품들의 원산지가 2개국 이상인 경우에는 개별 물품에 **각각의
   원산지를 표시**하고, 해당 세트물품의 포장·용기에는 개별 물품들의 원산지를 모두 나열·표시하
   여야 한다. (예 Made in China, Taiwan, …) [★3]
③ 수입세트물품에 해당되는 원산지 표시대상은 관세청장이 정한다.

규정 제80조(수입용기의 원산지 표시)
① 관세율표에 따라 용기로 별도 분류되어 수입되는 물품의 경우에는 용기에 "(용기명)의 원산지 :
   (국명)"에 상응하는 표시를 하여야 한다(예 "Bottle made in 국명").
② 제1항에도 불구하고 1회 사용으로 폐기되는 용기의 경우에는 최소 판매단위의 포장에 용기의 원산
   지를 표시할 수 있으며, 실수요자가 이들 물품을 수입하는 경우에는 용기의 원산지를 표시하지
   않아도 무방하다. [★3]

⑤ 수출물품 원산지표시
수출 물품에 대하여 원산지를 표시하는 경우에는 제1항 각 호에서 정한 방법에 따라 원산지를 표시하되,
그 물품에 대한 수입국의 원산지 표시규정이 이와 다르게 표시하도록 되어 있으면 그 규정에 따라 원산
지를 표시할 수 있다. 다만, 수입한 물품에 대하여 국내에서 단순한 가공활동을 거쳐 수출하는 경우에는
우리나라를 원산지로 표시하여서는 아니 된다. [★5]
[관련 규정] 영 제57조(원산지 표시방법의 확인)
   ① 제56조에 따른 원산지 표시방법에 따라 원산지를 표시하여야 하는 자는 해당 물품이 수입되기 전에
      문서로 그 물품의 적절한 원산지 표시방법에 관한 확인을 **산업통상자원부장관**에게 요청할 수 있다. [★3]
   ② 제1항에 따른 산업통상자원부장관의 원산지 표시방법의 확인에 관하여 이의가 있는 자는 확인 결과
      를 통보받은 날부터 30일 이내에 서면으로 산업통상자원부장관에게 이의를 제기할 수 있다.

④ 원산지표시 관련 금지행위

   무역거래자 또는 물품등의 판매업자는 수출 또는 수입 물품등 및 제35조에 따른 국내생
   산물품등에 대하여 다음 각 호의 어느 하나에 해당하는 행위를 하여서는 아니 된다.
   다만, 제2호 및 제3호에 따른 금지행위는 수입 물품등에 한정한다.

   1. 원산지를 거짓으로 표시하거나 원산지를 오인하게 하는 표시를 하는 행위 [★3]

   2. 원산지의 표시를 손상하거나 변경하는 행위 [★3]

   3. 원산지표시대상물품에 대하여 원산지 표시를 하지 아니하는 행위 [★2]

4. 제1호부터 제3호까지의 규정에 위반되는 원산지표시대상물품을 국내에서 거래하는 행위

⑤ 서류검사

산업통상자원부장관 또는 시·도지사는 제1항부터 제4항까지의 규정을 위반하였는지 확인하기 위하여 필요하다고 인정하면 수입한 물품등과 대통령령으로 정하는 관련 자료에 대하여 관계된 자를 방문이나 서면으로 조사할 수 있다.

제33조의2(원산지의 표시 위반에 대한 시정명령 등)

① 시정명령

산업통상자원부장관 또는 시·도지사는 제33조제2항부터 제4항까지의 규정을 위반한 자에게 판매중지, 원상복구, 원산지 표시 등 대통령령으로 정하는 시정조치를 명할 수 있다. [★1]

[관련 규정] 영 제58조(원산지표시 위반물품에 대한 시정조치)
① 법 제33조의2제1항에 따른 시정조치의 내용은 다음 각 호와 같다.
  1. 원산지표시의 원상 복구, 정정, 말소 또는 원산지표시명령 [★2]
  2. 위반물품의 거래 또는 판매 행위의 중지 [★2]
② 법 제33조의2제1항에 따른 시정조치 명령은 다음 각 호의 사항을 명시한 서면으로 해야 한다.
  1. 위반행위의 내용 [★2]
  2. 시정조치 명령의 사유 및 내용 [★2]
  3. **시정기한** [★2]

② 과징금

산업통상자원부장관 또는 시·도 지사는 제33조제2항부터 제4항까지의 규정(제33조제4항제4호는 제외한다)을 위반한 자에게 3억원 이하의 과징금을 부과할 수 있다.

③ 필요한 사항

제2항에 따라 과징금을 부과하는 위반행위의 종류와 정도에 따른 과징금의 금액과 그 밖에 필요한 사항은 대통령령으로 정한다.

④ 강제징수

산업통상자원부장관 또는 시·도지사는 제2항에 따라 과징금을 내야 하는 자가 납부기한까지 내지 아니하면 국세 강제징수의 예 또는 「지방행정제재·부과금의 징수 등에 관한 법률」에 따라 징수한다.

⑤ 공표

산업통상자원부장관 또는 시·도지사는 제2항에 따라 과징금 부과처분이 확정된 자에 대해서는 대통령령으로 정하는 바에 따라 그 위반자 및 위반자의 소재지와 물품등의 명칭, 품목, 위반내용 등 처분과 관련된 사항을 공표할 수 있다.

제34조(원산지 판정 등)

① 원산지 판정

산업통상자원부장관은 필요하다고 인정하면 수출 또는 수입 물품등의 원산지 판정을 할 수 있다.

[관련 규정] 영 제61조(수출입 물품의 원산지 판정 기준)

① 수입물품 원산지 판정기준

법 제34조에 따른 수입 물품에 대한 원산지 판정은 다음 각 호의 어느 하나의 기준에 따라야 한다.

1. 수입 물품의 전부가 하나의 국가에서 채취되거나 생산된 물품("완전생산물품")인 경우에는 그 국가를 그 물품의 원산지로 할 것 [★1]
2. 수입 물품의 생산·제조·가공 과정에 둘 이상의 국가가 관련된 경우에는 **최종적으로** 실질적 변형을 가하여 그 물품에 본질적 특성을 부여하는 활동("실질적 변형")을 한 국가를 그 물품의 원산지로 할 것 [★5]
3. 수입 물품의 생산·제조·가공 과정에 둘 이상의 국가가 관련된 경우 단순한 가공활동을 하는 국가를 원산지로 하지 아니할 것

② 위임

제1항에 따른 완전생산물품, 실질적 변형, 단순한 가공활동의 기준 등 원산지 판정 기준에 관한 구체적인 사항은 관계 중앙행정기관의 장과 협의하여 산업통상자원부장관이 정하여 고시한다.

[관련 규정] 규정 제85조(수입 물품의 원산지 판정 기준)

① 다음 각 호에 해당되는 물품을 영 제61조제1항제1호에 따른 완전생산물품으로 본다.

1. 해당국 영역에서 생산한 광산물, 농산물 및 식물성 생산물 [★2]
2. 해당국 영역에서 번식, 사육한 산동물과 이들로부터 채취한 물품 [★2]
3. 해당국 영역에서 수렵, 어로로 채포한 물품 [★1]
4. 해당국 선박에 의하여 해당국 이외 국가의 영해나 배타적 경제수역이 아닌 곳에서 채포(採捕)한 어획물, 그 밖의 물품
5. 해당국에서 제조, 가공공정 중에 발생한 잔여물
6. 해당국 또는 해당국의 선박에서 제1호부터 제5호까지의 물품을 원재료로 하여 제조·가공한 물품

② 영 제61조제1항제2호에서 "실질적 변형"이란 해당국에서의 제조·가공과정을 통하여 원재료의 세번과 상이한 세번(HS 6단위 기준)의 제품을 생산하는 것을 말한다.

③ 산업통상자원부장관은 관세율표상에 해당 물품과 그 원재료의 세번이 구분되어 있지 아니함으로 인하여 제조·가공 과정을 통하여 그 물품의 본질적 특성을 부여하는 활동을 가하더라도 세번(HS 6단위 기준)이 변경되지 아니하는 경우에는 관계기관의 의견을 들은 후 해당 물품 생산에서 발생한 부가가치와 주요 공정 등 종합적인 특성을 감안하여 실질적 변형에 대한 기준을 제시할 수 있다.

④ 제2항에도 불구하고 산업통상자원부장관이 별표 9에서 별도로 정하는 물품에 대하여는 부가가치, 주요 부품 또는 주요 공정 등이 해당 물품의 원산지 판정기준이 된다. [★1]

⑤ 제4항에 따른 부가가치의 비율은 해당 물품의 제조·생산에 사용된 원료 및 구성품의 원산지별 가격누계가 해당 물품의 수입가격(FOB가격 기준)에서 점하는 비율로 한다.

⑥ 제4항의 주요 부품에 대하여는 다음 각 호의 국가를 원산지로 본다.

1. 해당 주요 부품의 원료 및 구성품의 부가가치생산에 최대로 기여한 국가가 해당 완제품의 부가가치비율 기준 상위 2개국 중 어느 하나에 해당하는 경우는 해당 국가

2. 해당 주요 부품의 원료 및 구성품의 부가가치생산에 최대로 기여한 국가가 해당 완제품의 부가가치비율 기준 상위 2개국 중 어느 하나에 해당하지 아니하는 경우는 해당 완제품을 최종적으로 제조한 국가

⑦ 제5항 및 제6항에 따라 부가가치의 비율을 산정하는 경우 해당 물품의 제조·생산에 사용된 원료 및 구성품의 가격은 다음 각 호의 어느 하나에서 정하는 가격으로 한다.

1. 해당 제조·생산국에서 외국으로부터 수입조달한 원료 및 구성품의 가격은 각기 수입단위별 FOB가격

2. 해당 제조·생산국에서 국내적으로 공급된 원료 및 구성품의 가격은 각기 구매단위별 공장도가격

⑧ 다음 각 호의 어느 하나를 영 제61조제1항제3호에 규정된 "단순한 가공활동"으로 보며, 단순한 가공활동을 수행하는 국가에는 원산지를 부여하지 아니한다.

1. 운송 또는 보관 목적으로 물품을 양호한 상태로 보존하기 위해 행하는 가공활동 [★3]

2. 선적 또는 운송을 용이하게 하기 위한 가공활동 [★2]

3. 판매목적으로 물품의 포장 등과 관련된 활동 [★2]

5. 제조·가공결과 HS 6단위가 변경되는 경우라도 다음 각 목의 어느 하나에 해당되는 가공과 이들이 결합되는 가공은 단순한 가공활동의 범위에 포함된다.

　가. 통풍

　나. 건조 또는 단순가열(볶거나 굽는 것을 포함한다)

　다. 냉동, 냉장

　라. 손상부위의 제거, 이물질 제거, 세척

　마. 기름칠, 녹방지 또는 보호를 위한 도색, 도장

　바. 거르기 또는 선별(sifting or screening)

　사. 정리(sorting), 분류 또는 등급선정(classifying, or grading)

　아. 시험 또는 측정

　자. 표시나 라벨의 수정 또는 선명화

　차. 가수, 희석, 흡습, 가염, 가당, 전리(ionizing)

　카. 각피(husking), 탈각(shelling or unshelling), 씨제거 및 신선 또는 냉장육류의 냉동, 단순 절단 및 단순 혼합

　타. 별표 9에서 정한 HS 01류의 가축을 수입하여 해당국에서 도축하는 경우 같은 별표에서 정한 품목별 사육기간 미만의 기간 동안 해당국에서 사육한 가축의 도축(slaughtering)

　파. 펴기(spreading out), 압착(crushing)

　하. 가목부터 파목까지의 규정에 준하는 가공으로서 산업통상자원부장관이 별도로 판정하는 단순한 가공활동

③ 수출물품 원산지판정

　법 제34조에 따른 수출 물품에 대한 원산지 판정은 제1항 및 제2항에 따른 기준을 준용하여 판정하되, 그 물품에 대한 원산지 판정기준이 수입국의 원산지 판정기준과 다른 경우에는 **수입국**의 원산지 판정기준에 따라 원산지를 판정할 수 있다. [★2]

② 공고

원산지 판정의 기준은 대통령령으로 정하는 바에 따라 산업통상자원부장관이 정하여 공고한다.

③ 원산지 판정요청

무역거래자 또는 물품등의 판매업자 등은 수출 또는 수입 물품등의 원산지 판정을 산업통상자원부장관에게 요청할 수 있다.

④ 통보

산업통상자원부장관은 제3항에 따라 요청을 받은 경우에는 해당 물품등의 원산지 판정을 하여서 요청한 사람에게 알려야 한다.

⑤ 이의제기

제4항에 따라 통보를 받은 자가 원산지 판정에 불복하는 경우에는 통보를 받은 날부터 30일 이내에 산업통상자원부장관에게 이의를 제기할 수 있다.

⑥ 이의제기결정

산업통상자원부장관은 제5항에 따라 이의를 제기받은 경우에는 이의 제기를 받은 날부터 150일 이내에 이의 제기에 대한 결정을 알려야 한다.

⑦ 위임

원산지 판정의 요청, 이의 제기 등 원산지 판정의 절차에 필요한 사항은 대통령령으로 정한다.

제35조(수입원료를 사용한 국내생산 물품등의 원산지 판정 기준)

① 국내생산물품등의 원산지판정기준

산업통상자원부장관은 공정한 거래질서의 확립과 생산자 및 소비자 보호를 위하여 필요하다고 인정하면 수입원료를 사용하여 국내에서 생산되어 국내에서 유통되거나 판매되는 물품등("국내생산물품등")에 대한 원산지 판정에 관한 기준을 관계 중앙행정기관의 장과 협의하여 정할 수 있다. 다만, 다른 법령에서 국내생산물품등에 대하여 다른 기준을 규정하고 있는 경우에는 그러하지 아니하다.

[관련 규정] 규정 제86조(수입원료를 사용한 국내생산물품등의 원산지 판정 기준)

① 법 제35조에 따른 수입원료를 사용한 국내생산물품 등에서, 원산지 판정 기준 적용 대상물품은 별표 8의 원산지표시대상물품중 다음 각 호의 어느 하나에도 해당되지 않는 물품이다.
  1. 국내수입후 제85조제8항의 단순한 가공활동을 거친 물품
  2. 1류~24류(농수산물·식품), 30류(의료용품), 33류(향료·화장품), 48류(지와 판지), 49류(서적·신문·인쇄물), 50류~58류(섬유), 70류(유리), 72류(철강), 87류(8701~8708의 일반차량), 89류(선박)
② 제1항의 원산지 판정 기준 적용 대상물품 중에서, 다음 각 호의 어느 하나에 해당하는 경우, 우리나라를 원산지로 하는 물품으로 본다.
  1. 우리나라에서 제조·가공과정을 통해 수입원료의 **세번과 상이한 세번**(HS 6단위 기준)의 물품(세번

HS 4단위에 해당하는 물품의 세번이 HS 6단위에서 전혀 분류되지 아니한 물품을 포함한다)을 생산하고, 해당 물품의 제조원가(해당 물품의 공장도 공급가액에서 판매·관리비와 이윤을 제외한 금액을 말한다. 이하 같다)에서 수입원료의 수입가격(CIF가격 기준)을 공제한 금액이, 제조원가의 51퍼센트 이상인 경우 [★2]

2. 우리나라에서 제조·가공과정을 통해 제1호의 세번 변경이 되지 않은 물품을 최종적으로 생산하고, 해당 물품의 제조원가에서 수입원료의 수입가격(CIF가격 기준)을 공제한 금액이, 제조원가의 **85퍼센트** 이상인 경우 [★2]

③ 제2항에도 불구하고 천일염은 외국산 원재료가 사용되지 않고 제조되어야 우리나라를 원산지로 본다. [★1]

④ 제2항 및 제3항에 따라 국내생산물품 등의 원산지를 우리나라로 볼 수 있는 경우에는 제76조제1항의 규정을 준용하여 표시할 수 있다.

⑤ 법 제35조에 따른 수입원료를 사용한 국내생산물품중 제2항의 원산지 규정을 충족하지 아니한 물품의 원산지 표시는 다음 각 호의 방법에 따라 표시할 수 있다.

1. 우리나라를 "가공국" 또는 "조립국" 등으로 표시하되 원료 또는 부품의 원산지를 동일한 크기와 방법으로 병행하여 표시

2. 제1호의 원료나 부품이 1개국의 생산품인 경우에는 "원료(또는 부품)의 원산지 : 국명"을 표시

3. 제1호의 원료나 부품이 2개국 이상(우리나라를 포함한다)에서 생산된 경우에는 완성품의 제조원가의 재료비에서 차지하는 구성비율이 높은 순으로 2개 이상의 원산지를 각각의 구성비율과 함께 표시(예 "원료 (또는 부품)의 원산지 : 국명(○%), 국명(○%)")

② 공고

산업통상자원부장관은 제1항에 따라 국내생산물품등에 대한 원산지 판정에 관한 기준을 정하면 이를 공고하여야 한다.

> **심화** 규정 제87조(원산지 판정 기준의 특례)
> ① 기계·기구·장치 또는 차량에 사용되는 부속품·예비부분품 및 공구로서 기계 등과 함께 수입되어 동시에 판매되고 그 종류 및 수량으로 보아 정상적인 부속품, 예비부분품 및 공구라고 인정되는 물품의 원산지는 해당 기계·기구·장치 또는 차량의 원산지와 동일한 것으로 본다. [★2]
> ② 포장용품의 원산지는 해당 포장된 내용품의 원산지와 동일한 것으로 본다. 다만, 법령에 따라 포장용품과 내용품을 각각 별개로 구분하여 수입신고하도록 규정된 경우에는 포장용품의 원산지는 내용품의 원산지와 구분하여 결정한다. [★2]
> ③ 촬영된 영화용 필름은 그 영화제작자가 속하는 나라를 원산지로 한다.

제36조(수입 물품등의 원산지증명서의 제출)

① 원산지증명서 제출

산업통상자원부장관은 원산지를 확인하기 위하여 필요하다고 인정하면 물품등을 수입하려는 자에게 그 물품등의 원산지 국가 또는 물품등을 선적한 국가의 정부 등이 발행하는 원산지증명서를 제출하도록 할 수 있다. [★1]

② 위임

제1항에 따른 원산지증명서의 제출과 그 확인에 필요한 사항은 대통령령으로 정한다.

심화 영 제65조(수입 물품의 원산지증명서의 제출)

① 수입물품 원산지증명서 제출

산업통상자원부장관은 법 제36조에 따라 산업통상자원부장관이 정하여 고시하는 지역으로부터 산업통상자원부장관이 정하여 고시하는 물품을 수입하려는 자에게 다음 각 호의 기관에서 발행하는 원산지증명서를 그 물품을 수입할 때에 제출하도록 할 수 있다.

1. 그 물품의 원산지 국가
2. 그 물품을 선적한 국가의 정부
3. 제1호의 국가 또는 제2호의 정부가 인정하는 기관

② 위임

그 밖에 제1항에 따른 원산지증명서에 관하여 필요한 사항은 산업통상자원부장관이 정하여 고시한다.

[관련 규정] 원산지의 확인 및 제출면제

규정 제91조(원산지의 확인)

① 영 제65조제1항에 따라 원산지를 확인하여야 할 물품을 수입하는 자는 수입신고전까지 원산지증명서 등 관계 자료를 제출하고 확인을 받아야 한다. [★2]

② 제1항의 규정에 따라 수입시 원산지증명서를 제출하여야 하는 경우는 다음과 같다.

　　1. 통합공고에 의하여 특정지역으로부터 수입이 제한되는 물품 [★2]

　　2. 원산지 허위표시, 오인·혼동표시 등을 확인하기 위하여 세관장이 필요하다고 인정하는 물품 [★2]

　　3. 그 밖에 법령에 따라 원산지 확인이 필요한 물품

규정 제92조(원산지증명서 등의 제출면제)

제91조제1항에도 불구하고 다음 각 호의 어느 하나에 해당하는 물품은 원산지증명서 등의 제출을 면제한다.

1. 과세가격(종량세의 경우에는 이를 「관세법」 제15조에 준하여 산출한 가격)이 15만원 이하인 물품 [★2]

2. 우편물(「관세법」 제258조제2항에 해당하는 것을 제외한다)

3. 개인에게 무상 송부된 탁송품, 별송품 또는 여행자의 휴대품 [★3]

4. 재수출조건부 면세 대상 물품 등 일시 수입 물품 [★2]

5. 보세운송, 환적 등에 의하여 우리나라를 단순히 경유하는 통과화물 [★2]

6. 물품의 종류, 성질, 형상 또는 그 상표, 생산국명, 제조자 등에 의하여 원산지가 인정되는 물품 [★1]

7. 그 밖에 관세청장이 산업통상자원부장관과 협의하여 타당하다고 인정하는 물품

제37조(원산지증명서의 발급 등)

① 원산지증명서의 발급

수출 물품 또는 국내생산물품등의 원산지증명서를 발급받으려는 자는 산업통상자원부장관에게 원산지증명서의 발급을 신청하여야 한다. 이 경우 수수료를 내야 한다.

② 위임

제1항에 따른 원산지증명서의 발급기준·발급절차, 유효기간, 수수료와 그 밖에 발급에 필요한 사항은 대통령령으로 정한다.

제38조(외국산 물품등을 국산 물품등으로 가장하는 행위의 금지)

누구든지 원산지증명서를 위조 또는 변조하거나 거짓된 내용으로 원산지증명서를 발급받거나 물품등에 원산지를 거짓으로 표시하는 등의 방법으로 외국에서 생산된 물품등(외국에서 생산되어 국내에서 대통령령으로 정하는 단순한 가공활동을 거친 물품등을 포함)의 원산지가 우리나라인 것처럼 가장하여 그 물품등을 수출하거나 외국에서 판매하여서는 아니 된다.

제4장 수입수량 제한조치

해설 수입수량제한조치의 해설

1. 동 조치의 대표적인 국제법적 근거는 WTO Safe Guard 협정이다. [★2]
2. 조치의 내용은 주로 해당물품에 대한 수량제한 또는 관세인상 등이다. [★1]
3. 특정물품의 급격한 수입증가로 인한 국내산업의 피해를 구제하기 위한 조치이다. [★1]
4. 덤핑방지관세나 상계관세보다 발동이 **어렵다.** [★1]

제39조(수입수량 제한조치)

① 수입수량제한조치

산업통상자원부장관은 특정 물품의 수입 증가로 인하여 같은 종류의 물품 또는 직접적인 경쟁 관계에 있는 물품을 생산하는 국내산업이 심각한 피해를 입고 있거나 입을 우려("심각한 피해등")가 있음이 「불공정무역행위 조사 및 산업피해구제에 관한 법률」에 따른 **무역위원회**의 조사를 통하여 확인되고 심각한 피해등을 구제하기 위한 조치가 건의된 경우로서 그 국내산업을 보호할 필요가 있다고 인정되면 그 물품의 국내산업에 대한 심각한 피해등을 방지하거나 치유하고 조정을 촉진하기 위하여 필요한 범위에서 물품의 수입수량을 제한하는 조치("수입수량제한조치")를 시행할 수 있다. [★5]

[관련 규정] 영 제68조(수입수량 제한조치)

① 법 제39조제1항에 따라 산업통상자원부장관이 수입수량을 제한하는 경우 그 제한수량은 최근의 대표적인 **3년**간의 수입량을 연평균수입량으로 환산한 수량("기준 수량") **이상**으로 하여야 한다. 이 경우 최근의 대표적인 연도를 정할 때에는 통상적인 수입량과 비교하여 수입량이 급증하거나 급감한 연도는 제외한다. [★7]

② 산업통상자원부장관은 기준수량 이상으로 수입수량 제한조치를 하는 경우 해당 산업의 심각한 피해를 방지하거나 구제하기 어렵다고 명백하게 인정되는 경우에는 제1항에도 불구하고 기준수량 미만으로 수입수량을 제한**할 수 있다.** [★3]

③ 산업통상자원부장관은 제1항이나 제2항에 따라 제한되는 수입수량을 각 국가별로 할당할 수 **있다.** [★2]

② 검토 및 결정

산업통상자원부장관은 무역위원회의 건의, 해당 국내산업 보호의 필요성, 국제통상 관계, 수입수량제한조치의 시행에 따른 보상수준 및 국민경제에 미치는 영향 등을 검토하여 수입수량제한조치의 시행 여부와 내용을 결정한다. [★2]

③ 무역보상협의

정부는 수입수량제한조치를 시행하려면 이해 당사국과 수입수량제한조치의 부정적 효과에 대한 적절한 무역보상에 관하여 협의할 수 있다. [★5]

④ 적용시기

수입수량제한조치는 **조치 시행일 이후** 수입되는 물품에만 적용한다. [★11]

⑤ 적용기간

수입수량제한조치의 적용 기간은 **4년**을 넘어서는 아니 된다. [★9]

⑥ 공고

산업통상자원부장관은 수입수량제한조치의 대상 물품, 수량, 적용기간 등을 공고하여야 한다. [★2]

⑦ 협조요청

산업통상자원부장관은 수입수량제한조치의 시행 여부를 결정하기 위하여 필요하다고 인정하면 관계 행정기관의 장 및 이해관계인 등에게 관련 자료의 제출 등 필요한 협조를 요청할 수 있다.

⑧ 조치제한

산업통상자원부장관은 수입수량제한조치의 대상이었거나 「관세법」에 따른 긴급관세 또는 잠정긴급관세의 대상이었던 물품에 대하여는 그 수입수량제한조치의 적용기간, 긴급관세의 부과기간 또는 잠정긴급관세의 부과기간이 끝난 날부터 그 적용 기간 또는 부과기간에 해당하는 기간(적용기간 또는 부과기간이 2년 미만인 경우에는 2년)이 지나기 전까지는 다시 수입수량제한조치를 시행할 수 없다. 다만, 다음 각 호의 요건을 모두 충족하는 경우에는 180일 이내의 수입수량제한조치를 시행할 수 있다.

1. 해당 물품에 대한 수입수량제한조치가 시행되거나 긴급관세 또는 잠정긴급관세가 부과된 후 1년이 지날 것

2. 수입수량제한조치를 다시 시행하는 날부터 소급하여 5년 안에 그 물품에 대한 수입
수량제한조치의 시행 또는 긴급관세의 부과가 2회 이내일 것

제40조(수입수량제한조치에 대한 연장 등)

① 수입수량제한조치에 대한 연장

산업통상자원부장관은 무역위원회의 건의가 있고 필요하다고 인정하면 수입수량제한
조치의 내용을 변경하거나 적용기간을 연장할 수 있다. 이 경우 변경되는 조치 내용
및 연장되는 적용기간 이내에 변경되는 조치 내용은 최초의 조치 내용보다 **완화**되어야
한다. [★4]

② 부과기간제한

제1항에 따라 수입수량제한조치의 적용기간을 연장하는 때에는 수입수량제한조치의 적
용기간과 긴급관세 또는 잠정긴급관세의 부과기간 및 그 연장기간을 전부 합산한 기간
이 **8년**을 넘어서는 아니 된다. [★4]

제5장 수출입의 질서 유지

제43조(수출입 물품등의 가격 조작 금지)

무역거래자는 외화도피의 목적으로 물품등의 수출 또는 수입 가격을 조작하여서는 아니
된다. [★1]

제44조(무역거래자간 무역분쟁의 신속한 해결)

① 무역분쟁의 신속한 해결

무역거래자는 그 상호 간이나 교역상대국의 무역거래자와 물품등의 수출·수입과 관련
하여 분쟁이 발생한 경우에는 정당한 사유 없이 그 분쟁의 해결을 지연시켜서는 아니
된다. [★1]

② 의견진술요구

산업통상자원부장관은 제1항에 따른 분쟁이 발생한 경우 무역거래자에게 분쟁의 해결에
관한 의견을 진술하게 하거나 그 분쟁과 관련되는 서류의 제출을 요구할 수 있다. [★1]

③ 사실조사

산업통상자원부장관은 제2항에 따라 서류를 제출받거나 의견을 들은 후에 필요하다고
인정하면 그 분쟁에 관하여 사실 조사를 할 수 있다.

④ 분쟁조정 등

산업통상자원부장관은 제1항에 따른 분쟁을 신속하고 공정하게 처리하는 것이 필요하다고 인정하거나 무역분쟁 당사자의 신청을 받으면 **대통령령으로 정하는 바에 따라** 분쟁을 조정하거나 분쟁의 해결을 위한 중재 계약의 체결을 권고할 수 있다. [★2]

[관련 규정] 영 제80조(분쟁조정 신청 등)
① 무역거래 또는 선적 전 검사와 관련한 분쟁이 발생한 경우 당사자의 일방 또는 쌍방은 법 제44조제4항이나 법 제45조제2항에 따라 산업통상자원부장관에게 분쟁의 조정을 신청할 수 있다. [★1]
② 제1항에 따른 신청절차 등 신청에 필요한 사항은 산업통상자원부장관이 따로 정하여 고시한다.
③ 산업통상자원부장관은 조정을 위하여 관계 전문가에게 자문하거나 이해관계자 등의 의견을 들을 수 있다.

제45조(선적 전 검사와 관련한 분쟁 조정 등)

① 선적전검사기관의 의무

수입국 정부와의 계약 체결 또는 수입국 정부의 위임을 받아 기업이 수출하는 물품등에 대하여 국내에서 선적 전에 검사를 실시하는 기관("선적전검사기관")은 「세계**무역**기구 선적 전 검사에 관한 협정」을 지켜야 한다. 이 경우 선적전검사기관은 선적 전 검사가 기업의 수출에 대한 무역장벽으로 작용하도록 하여서는 아니 된다. [★1]

[관련 규정] 영 제76조(선적 전 검사가 무역장벽으로 간주되는 경우)
법 제45조제1항에 따른 선적전검사기관이 선적 전 검사를 하면서 「세계무역기구 선적 전 검사에 관한 협정」을 위반하여 수출 이행에 장애를 초래하였을 때에 그 선적 전 검사는 무역장벽으로 작용한 것으로 본다. [★1]

② 분쟁조정

산업통상자원부장관은 선적 전 검사와 관련하여 수출자와 선적전검사기관 간에 분쟁이 발생하였을 경우에는 그 해결을 위하여 필요한 조정을 할 수 있다. [★3]

[관련 규정] 조정관련 제반사항
영 제80조(분쟁조정 신청 등)
① 무역거래 또는 선적 전 검사와 관련한 분쟁이 발생한 경우 당사자의 일방 또는 쌍방은 법 제44조제4항이나 법 제45조제2항에 따라 산업통상자원부장관에게 분쟁의 조정을 신청할 수 있다.
영 제81조(조정안의 작성)
① 산업통상자원부장관은 조정신청을 받은 때에는 **30일 이내**에 조정안을 작성하여 당사자에게 제시하여야 한다. [★3]
영 제82조(조정안의 통지)
① 산업통상자원부장관은 제81조에 따라 조정안이 작성된 경우에는 당사자에게 알려야 한다. [★1]
② 제1항에 따라 조정안을 통지받은 분쟁 당사자는 7일 이내에 조정안에 대한 수락 여부를 서면으로 산업통상자원부장관에게 알려야 한다.
영 제83조(조정의 종료)
① 산업통상자원부장관은 다음 각 호의 어느 하나에 해당하는 경우에는 해당 조정 사건을 끝낼 수 있다.

    1. 당사자 간에 합의가 이루어지거나 조정안이 수락된 경우

    2. 조정신청인이나 당사자가 조정신청을 철회한 경우 [★1]

    3. 당사자가 조정안을 거부한 경우 [★1]

    4. 당사자 간에 합의가 성립될 가능성이 없다고 인정되는 경우나 그 밖에 조정할 필요가 없다고 판단되는 경우 [★1]

② 산업통상자원부장관은 조정이 끝난 경우에는 당사자에게 알려야 한다. [★1]

영 제84조(조정비용)

① 산업통상자원부장관은 이 법에 따른 조정과 관련하여 당사자에게 조정비용을 부담하도록 할 수 있다.

③ 독립중재기관 설치

제2항의 분쟁에 관한 중재를 담당할 수 있도록 대통령령으로 정하는 바에 따라 독립적인 중재기관을 설치할 수 있다. [★1]

[관련 규정] 영 제85조(선적전검사중재기관)

① 법 제45조제3항에 따른 중재기관은 「중재법」에 따라 산업통상자원부장관이 지정하는 사단법인("**대한상사중재원**")으로 한다. [★1]

② 법 제45조제3항에 따른 중재에 대하여는 「중재법」을 적용한다.

심화 제46조(조정명령)

① 산업통상자원부장관은 다음 각 호의 어느 하나에 해당하는 경우에는 무역거래자에게 수출하는 물품등의 가격, 수량, 품질, 그 밖에 거래조건 또는 그 대상지역 등에 관하여 필요한 조정을 명할 수 있다.

    1. 헌법에 따라 체결·공포된 조약과 일반적으로 승인된 국제법규에 따른 의무 이행을 위하여 필요한 경우 [★1]

    2. 우리나라 또는 교역상대국의 관련 법령에 위반되는 경우

    3. 그 밖에 물품등의 수출의 공정한 경쟁을 교란할 우려가 있거나 대외 신용을 손상하는 행위를 방지하기 위한 것으로서 다음 각 목의 어느 하나에 해당하는 경우

        가. 물품등의 수출과 관련하여 부당하게 다른 무역거래자를 제외하는 경우 [★1]

        나. 물품등의 수출과 관련하여 부당하게 다른 무역거래자의 상대방에 대하여 다른 무역거래자와 거래하지 아니하도록 유인하거나 강제하는 경우 [★1]

        다. 물품등의 수출과 관련하여 부당하게 다른 무역거래자의 해외에서의 사업활동을 방해하는 경우 [★1]

② 산업통상자원부장관은 제1항에 따라 조정을 명하는 경우에는 다음 각 호의 사항을 고려하여야 한다.

    1. 수출기반의 안정, 새로운 상품의 개발 또는 새로운 해외시장의 개척에 기여할 것

    2. 다른 무역거래자의 권익을 부당하게 침해하거나 차별하지 아니할 것

    3. 물품등의 수출·수입의 질서 유지를 위한 목적에 필요한 정도를 넘지 아니할 것

③ 제1항에 따라 조정을 명하는 절차 등에 필요한 사항은 대통령령으로 정한다.

④ 산업통상자원부장관은 제1항에 따라 조정을 명하는 경우에 필요하다고 인정하면 제11조제2항에 따른 승인을 하지 아니하거나 관계 기관의 장에게 승인에 관련된 절차를 중지하게 할 수 있다.

제6장 보칙

제52조(권한의 위임·위탁)

① 권한의 위임·위탁

이 법에 따른 산업통상자원부장관의 권한은 대통령령으로 정하는 바에 따라 그 일부를 소속기관의 장, 시·도지사에게 위임하거나 관계 행정기관의 장, 세관장, 한국은행 총재, 한국수출입은행장, 외국환은행의 장, 그 밖에 대통령령으로 정하는 법인 또는 단체에 위탁할 수 있다.

[관련 규정] 영 제91조(권한의 위임·위탁)

① 산업통상자원부장관은 법 제52조제1항에 따라 다음 각 호의 권한을 그 대상 물품등의 품목에 따라 그 물품등을 관장하는 중앙 행정기관의 장에게 위탁한다. 다만, 산업통상자원부장관이 관장하는 물품등에 대한 권한은 제외한다.

1. 제24조제2항에 따른 외화획득용 원료·기재의 수입 제한에 관한 권한
2. 제25조에 따른 외화획득용 원료·기재의 기준 소요량 결정에 관한 권한
3. 제27조에 따른 외화획득 이행기간의 결정 및 그 연장에 관한 권한
4. 외화획득용 원료·기재 또는 그 원료·기재로 제조된 물품등에 대한 다음 각 목의 권한
   가. 제28조제1항에 따른 외화획득 이행 여부의 사후 관리에 관한 권한
   나. 법 제17조제1항에 따른 사용목적 변경승인에 관한 권한
   다. 법 제17조제2항에 따른 양도·양수의 승인에 관한 권한
5. 법 제46조제1항에 따른 조정명령에 관한 권한
6. 제3항제2호에 따라 특별시장·광역시장·특별자치시장·도지사 또는 특별자치도지사(시·도지사")에게 위임된 사무에 대한 법 제52조제2항 및 제3항에 따른 지휘·감독 및 자료의 제출 요청에 관한 권한

② 산업통상자원부장관은 법 제52조제1항에 따라 산업통상자원부장관이 관장하는 품목의 물품등에 대한 다음 각 호의 권한을 국가기술표준원장에게 위임한다. 다만, 제1호의 권한 중 목재가구에 대한 권한은 국립산림과학원장에게 위탁한다.

1. 제25조에 따른 외화획득용 원료·기재의 기준 소요량 결정에 관한 권한
2. 제28조제1항에 따른 외화획득 이행 여부의 사후 관리에 관한 권한
3. 제3항제2호에 따라 시·도지사에게 위임된 사무에 대한 법 제52조제2항 및 제3항에 따른 지휘·감독 및 자료의 제출요청에 관한 권한
4. 제7항제2호 및 제3호에 따라 산업통상자원부장관이 지정·고시한 관계 행정기관 또는 단체에 위탁된 사무에 대한 법 제52조제2항 및 제3항에 따른 지휘·감독 및 자료의 제출 요청에 관한 권한

③ 산업통상자원부장관은 법 제52조제1항에 따라 산업통상자원부장관이 관장하는 물품등에 대한 다음 각 호의 권한을 시·도지사에게 위임한다. 다만, 자유무역지역관리원의 관할구역의 입주업체에 대한 권한은 자유무역지역관리원장에게 위임한다.

1. 제27조제2항 및 제3항에 따른 외화획득 이행기간의 연장에 관한 권한
2. 법 제17조제1항에 따른 사용목적 변경승인에 관한 권한

④ 산업통상자원부장관은 법 제52조제1항에 따라 다음 각 호의 권한을 세관장에게 위탁한다. 다만, 제6호의 권한 중 자유무역지역관리원의 관할구역의 입주업체에 대한 권한은 자유무역지역관리원장에게 위임한다.

1. 법 제14조에 따른 수출입 승인 면제의 확인에 관한 권한 [★1]

2. 제57조제4항에 따른 원산지 표시의 확인에 관한 권한 [★1]

3. 법 제33조제5항에 따른 수입한 물품등과 관련 서류의 검사에 관한 권한 [★1]

4. 법 제33조의2제1항에 따른 시정조치 명령

4의2. 법 제33조의2제2항에 따른 과징금 부과 및 이 영 제59조의2에 따른 과징금 납부기한의 연장, 분할납부 및 그 결정의 취소에 관한 권한

5. 제65조에 따른 원산지증명서의 제출 명령에 관한 권한

6. 제66조제2항 및 제3항에 따른 원산지증명서 발급 업무 중 관세양허를 받기 위한 원산지증명서 발급 업무에 관한 권한

7. 법 제59조제2항제3호(이 항 제3호의 권한에 따른 경우만 해당한다)의 자에 대한 같은 조 제3항에 따른 과태료의 부과·징수에 관한 권한

⑤ 산업통상자원부장관은 법 제52조제1항에 따라 다음 각 호의 업무를 **한국무역협회**, 「민법」에 따라 해양수산부장관의 허가를 받아 설립된 한국해운협회("한국해운협회"라 하고, 제4호의 업무에만 해당한다), 「관광진흥법」에 따른 한국관광협회중앙회(제5호의 업무에만 해당한다), 업종별 관광협회(제5호의 업무에만 해당한다) 및 「소프트웨어 진흥법」에 따른 한국소프트웨어산업협회("한국소프트웨어산업협회", 제6호의 업무에만 해당한다)에 위탁한다.

1. 법 제8조의2제1항 및 이 영 제12조의2제2항·제3항에 따른 전문무역상사의 지정 및 법 제8조의2제3항에 따른 지정의 취소 [★4]

1의2. 제21조제1항에 따른 무역업고유번호의 부여 및 관리 등 수출입통계 데이터베이스를 구축하기 위한 전산관리체제의 개발·운영 [★3]

2. 제22조제2항에 따른 수출입 거래에 관한 정보의 수집·분석 [★4]

3. 제23조에 따른 용역의 수출입 확인

4. 제23조에 따른 용역 중 해운업의 수출입 확인 [★3]

5. 제23조에 따른 용역 중 관광사업의 수출입 확인 [★2]

6. 제23조에 따른 전자적 형태의 무체물의 수출입 확인 [★1]

⑥ 산업통상자원부장관은 법 제52조제1항에 따라 다음 각 호의 권한을 관세청장에게 위탁한다.

1. 제56조제3항 본문에 따라 산업통상자원부장관이 정하는 원산지 표시방법의 범위에서 그 표시방법에 관한 세부적인 사항을 정하는 권한

1의2. 제57조제1항 및 제2항에 따른 원산지 표시방법의 확인 및 이의제기에 대한 처리 권한

2. 제62조 및 제63조에 따른 원산지의 판정 및 이의제기의 처리에 관한 권한

3. 제4항에 따라 세관장에게 위탁된 사무에 대한 법 제52조제2항 및 제3항에 따른 지휘·감독 및 자료의 제출 요청에 관한 권한

⑦ 산업통상자원부장관은 법 제52조제1항에 따라 수출입승인 대상물품등에 대한 다음 각 호의 권한을 산업통상자원부장관이 지정하여 고시하는 관계 행정기관 또는 단체의 장에게 위탁한다.

1. 법 제11조제2항부터 제5항까지에 따른 수출 또는 수입의 승인, 승인의 유효기간 설정 및 연장, 변경승인 및 변경사항 신고의 수리에 관한 권한

2. 제24조에 따른 외화획득용 원료·기재의 수입승인에 관한 권한

3. 산업통상자원부장관이 관장하는 외화획득용 원료·기재에 대한 제28조에 따른 사후 관리에 관한 권한

⑧ 산업통상자원부장관은 법 제52조제1항에 따라 법 제32조제1항에 따른 플랜트수출의 승인 및 변경승인(일괄수주방식에 의한 수출로서 국토교통부장관의 동의가 필요한 경우는 제외한다)에 관한 권한을 「산업발전법」에 따라 산업통상자원부장관의 인가를 받아 설립된 **한국기계산업진흥회**에 위탁한다. 다만,

연불금융지원의 경우에는 「한국수출입은행법」에 따른 한국수출입은행에 위탁한다. [★1]

⑨ 산업통상자원부장관은 법 제52조제1항에 따라 다음 각 호의 권한을 대한상사중재원에 위탁한다.

　1. 제75조제2항에 따른 무역분쟁에 대한 조정 또는 알선에 관한 권한 [★1]

　2. 제80조부터 제84조까지의 규정에 따른 분쟁조정, 조정비용 부담 등에 관한 권한

⑩ 산업동상사원부장관은 법 제52조제1항에 따라 제66조제2항 및 제3항에 따른 원산지증명서 빌급 입무를 「상공회의소법」에 따라 설립된 대한상공회의소나 「민법」에 따라 설립된 법인 중 산업통상자원부장관이 지정하여 고시하는 법인에 위탁한다.

⑪ 산업통상자원부장관은 법 제52조제1항에 따라 제31조에 따른 구매확인서의 발급 및 사후 관리에 관한 권한을 외국환은행의 장 및 「전자무역 촉진에 관한 법률」에 따라 **산업통상자원부장관**이 지정한 **전자무역기반사업자**에게 위탁한다. [★1]

⑫ 산업통상자원부장관은 법 제52조제1항에 따라 제36조제2항에 따른 전략물자의 판정 및 통보에 관한 권한을 법 제29조에 따라 설립된 전략물자관리원에 위탁한다.

② 지휘 · 감독

산업통상자원부장관은 제1항에 따라 위임하거나 위탁한 사무에 관하여 그 위임 또는 위탁을 받은 자를 지휘 · 감독한다.

③ 자료제출요청

산업통상자원부장관은 제1항에 따라 위임하거나 위탁한 사무에 관하여 그 위임 또는 위탁을 받은 자에게 필요한 자료의 제출을 요청할 수 있다.

제7장 벌칙

제53조(벌칙)

① 전략물자등의 국제적 확산을 꾀할 목적으로 다음 각 호의 어느 하나에 해당하는 위반행위를 한 자는 7년 이하의 징역 또는 수출 · 경유 · 환적 · 중개하는 물품등의 가격의 5배에 해당하는 금액 이하의 벌금에 처한다.

　1. 제19조제2항에 따른 수출허가를 받지 아니하고 전략물자를 수출한 자 [★1]

　2. 제19조제3항에 따른 상황허가를 받지 아니하고 상황허가 대상인 물품등을 수출한 자

　3. 제23조제3항에 따른 경유 또는 환적 허가를 받지 아니하고 전략물자등을 경유 또는 환적한 자

　4. 제24조에 따른 중개허가를 받지 아니하고 전략물자등을 중개한 자

② 다음 각 호의 어느 하나에 해당하는 자는 5년 이하의 징역 또는 수출 · 수입 · 경유 · 환적 · 중개하는 물품등의 가격의 3배에 해당하는 금액 이하의 벌금에 처한다.

　1. 제5조 각 호의 어느 하나에 따른 수출 또는 수입의 제한이나 금지조치를 위반한 자

2. 제19조제2항에 따른 수출허가를 받지 아니하고 전략물자를 수출한 자

3. 거짓이나 그 밖의 부정한 방법으로 제19조제2항에 따른 수출허가를 받은 자

4. 제19조제3항에 따른 상황허가를 받지 아니하고 상황허가 대상인 물품등을 수출한 자

5. 거짓이나 그 밖의 부정한 방법으로 제19조제3항에 따른 상황허가를 받은 자

5의2. 제23조제3항에 따른 경유 또는 환적 허가를 받지 아니하고 전략물자등을 경유 또는 환적한 자

5의3. 거짓이나 그 밖의 부정한 방법으로 제23조제3항에 따른 경유 또는 환적 허가를 받은 자

6. 제24조에 따른 중개허가를 받지 아니하고 전략물자등을 중개한 자

7. 거짓이나 그 밖의 부정한 방법으로 제24조에 따른 중개허가를 받은 자

9. 제43조를 위반하여 물품등의 수출과 수입의 가격을 조작한 자

10. 제46조제1항에 따른 조정명령을 위반한 자

제53조의2(벌칙)

다음 각 호의 어느 하나에 해당하는 자는 5년 이하의 징역 또는 1억원 이하의 벌금에 처한다. 이 경우 **징역과 벌금은 병과할 수 있다.** [★1]

1. 제23조제1항에 따른 이동중지명령을 위반한 자

2. 제33조제4항 각 호(제35조제3항에서 준용하는 경우를 포함한다)를 위반한 무역거래자 또는 물품등의 판매업자

3. 제33조의2제1항에 따른 시정조치 명령을 위반한 자

4. 제38조에 따른 외국산 물품등의 국산 물품등으로의 가장 금지 의무를 위반한 자

제54조(벌칙)

다음 각 호의 어느 하나에 해당하는 자는 3년 이하의 징역 또는 3천만원 이하의 벌금에 처한다.

1. 제9조제2항을 위반하여 직무상 습득한 기업정보를 타인에게 제공 또는 누설하거나 사용 목적 외의 용도로 사용한 자

2. 제11조제2항 또는 제5항에 따른 승인 또는 변경승인을 받지 아니하고 수출 또는 수입 승인 대상 물품등을 수출하거나 수입한 자

3. 거짓이나 그 밖의 부정한 방법으로 제11조제2항 또는 제5항에 따른 승인 또는 변경승인을 받거나 그 승인 또는 변경승인을 면제받고 물품등을 수출하거나 수입한 자

4. 제16조제3항 본문(제17조제3항에서 준용하는 경우를 포함한다)에 따른 수입에 대응하는 외화획득을 하지 아니한 자

5. 제17조제1항 본문에 따른 승인을 받지 아니하고 목적 외의 용도로 원료·기재 또는 그 원료·기재로 제조된 물품등을 사용한 자

6. 제17조제2항에 따른 승인을 받지 아니하고 원료·기재 또는 그 원료·기재로 제조된 물품등을 양도한 자

7. 제27조에 따른 비밀 준수 의무를 위반한 자

8. 거짓이나 그 밖의 부정한 방법으로 제32조에 따른 승인 또는 변경 승인을 받은 자

제55조(미수범)

제53조제1항, 같은 조 제2항제2호·제4호·제6호 및 제53조의2제2호·제4호의 미수범은 처벌한다.

제56조(과실범)

중대한 과실로 제53조의2 제2호에 해당하는 행위를 한 자는 2천만원 이하의 벌금에 처한다.

제57조(양벌규정)

법인의 대표자나 법인 또는 개인의 대리인, 사용인, 그 밖의 종업원이 그 법인 또는 개인의 업무에 관하여 제53조, 제53조의2 또는 제54조부터 제56조까지의 어느 하나에 해당하는 위반행위를 하면 그 행위자를 벌하는 외에 그 법인 또는 개인에게도 해당 조문의 벌금형을 과한다. 다만, 법인 또는 개인이 그 위반행위를 방지하기 위하여 해당 업무에 관하여 상당한 주의와 감독을 게을리하지 아니한 경우에는 그러하지 아니하다. [★1]

제59조(과태료)

① 다음 각 호의 어느 하나에 해당하는 자에게는 2천만원 이하의 과태료를 부과한다.

1. 제44조제2항을 위반하여 관련되는 서류를 제출하지 아니한 자

2. 제44조제3항에 따른 사실 조사를 거부, 방해 또는 기피한 자

3. 제48조제1항에 따른 보고 또는 자료의 제출을 하지 아니하거나 거짓으로 보고 또는 자료를 제출한 자

4. 제48조제2항에 따른 검사를 거부, 방해 또는 기피한 자

② 다음 각 호의 어느 하나에 해당하는 자에게는 1천만원 이하의 과태료를 부과한다.

1. 제24조의2에 따른 서류 보관의무를 위반한 자

3. 제33조제5항에 따른 검사를 거부, 방해 또는 기피한 자

    4. 제49조에 따른 교육명령을 이행하지 아니한 자

③ 제20조제3항 전단을 위반하여 교육을 이수하지 아니하고 자가판정을 한 자 또는 같은 항 후단을 위반하여 전략물자 수출입관리 정보시스템에 정보를 등록하지 아니한 자에게는 500만원 이하의 과태료를 부과한다.

④ 제1항부터 제3항까지에 따른 과태료는 대통령령으로 정하는 바에 따라 산업통상자원부장관이나 시·도지사 또는 관계 행정기관의 장이 부과·징수한다.

전자무역

I. 전자무역의 개념

- 전자무역의 기본법인 「전자무역 촉진에 관한 법률」에서는 전자무역을 '무역의 일부 또는 전부가 전자무역 문서로 처리되는 거래'로 정의하고 있다. [★1]
- 전자무역은 기존의 무역거래방식을 인터넷을 전환하는 것뿐만 아니라 새로운 기술에 기초하여 기존의 프로세스와 방식을 근본적으로 개선하는 과정을 포함하고 있다. [★1]
- 전자무역 프로세스는 기업이 수출 또는 수입과정에서 수행하는 통관, 물류 결제 등 일련의 활동과 관련된 세관, 운송사, 외국환은행 등과 주고받는 무역문서의 흐름으로 볼 수 있다. [★1]

2. 전자무역의 특징

- 전자무역은 전통적인 방식의 무역거래와는 달리 시간적·공간적 제약을 극복 하고 365일 24시간 업무체제를 제공한다. [★1]
- 전자무역의 효과적인 수행을 통하여 무역단계별 각 프로세스의 처리시간 및 비용이 절감될 수 있는 장점이 있다. [★1]
- 전자무역에서 정보와 결제의 흐름은 완전히 전자적인 방식으로 처리할 수 있지만 물류의 흐름은 물류정보와 실제 물류가 분리되어 처리된다. [★1]
- 전자무역의 관련 산업은 전자무역 인프라에 의해 매개되는 무역프로세스상 의 다양한 기업들, 즉 금융, 물류, 보험, 이마켓플레이스(e-MP) 등을 포괄한다. [★1]

3. 전자문서 및 전자무역계약의 성립과 효력

- 전자문서는 정보처리시스템에 의하여 전자적 형태로 작성, 송신·수신 또는 저장된 정보를 말하는 것이다. [★1]

- 전자문서는 수신자 또는 그 대리인이 해당 전자문서를 수신할 수 있는 정보 처리시스템에 입력한 때에 송신된 것으로 보며, 수신자가 지정한 정보처리 시스템에 입력되거나 또는 지정된 정보처리시스템이 아닌 정보처리시스템에 입력된 경우에는 수신자가 이를 출력한 때 수신된 것으로 본다. [★1]
- 전자적인 방식에 의해 계약을 성립시키고자 하는 경우, 일반적으로 승낙의 의사표시가 도달될 때 계약이 성립되는 것으로 본다. [★1]
- 컴퓨터 프로그램의 오작동으로 인하여 잘못된 가격이나 수치가 상대방에게 전달된 경우에는 표시상의 착오로 보아 의사표시를 취소할 수 있다. [★1]

4. 전자무역 촉진에 관한 법률

- 종전에는 전자무역문서 및 무역정보에 대한 비공개가 원칙이었고, 예외적으로 공개할 수 있는 요건 및 절차를 대통령령으로 위임하고 있어 위임의 구체성과 명확성에 한계가 있었다. 이에 공개할 수 있는 요건 및 절차를 법에서 명확히 규정함으로써 예측가능성을 높였다. [★1]
- 종전에 전자무역전문서비스업자 등록제도는 전자무역전문서비스업자로 등록할 경우에만 필요한 지원을 할 수 있어 등록요건을 충족하지 못한 업체가 상대적으로 불이익을 보는 문제가 있었다. 등록제도를 폐지함으로써 모든 전기통신사업자 등이 공정한 경쟁을 통하여 전자무역서비스를 제공할 수 있게 되었다. [★1]
- 전자무역기반사업자는 무역업자의 위탁을 받아 전자무역문서를 송수신하려는 자와 이용조건 등에 관한 협정을 체결하고 전자무역기반시설의 접속을 제공하게 하는 현행 제도의 운영상 미비점을 개선·보완하였다. [★1]

5. 전자무역플랫폼의 기능

- 무역을 행하는 기업들이 모든 무역업무 프로세스를 단절 없이 처리할 수 있는 싱글윈도우 환경을 제공하고 있다. [★3]
- 무역유관기관과의 협업 프로세스 제공을 위한 연계 솔루션을 개발하고 연계시스템을 구축하여 운영함으로써 무역업무의 일괄처리를 지원할 수 있도록 하고 있다. [★2]
- 다양한 기관과의 시스템 연계를 위하여 인터페이스 방식의 통합이 필요하기 때문에 프로세스의 유기적 연계와 통합기능을 제공하고 있다. [★2]

- 전자문서보관소를 구축하여 제공하고, 보안 및 장애관리를 포함한 운영자의 역할을 수행한다. [★3]
- 관세청, 수출입유관기관, 은행, 보험사, 물류업체 등과의 연계 솔루션을 개발하고 연계시스템을 구축, 운영하여 전체 프로세스에 대한 원스톱 처리를 지원한다.

> **예 시** 전자무역 플랫폼 활용사례
>
> 커스브로(주)는 최근 무역부를 신설하여 해외업체와 계약을 체결하였다. 계약 이후 수출입유관기관, 물류업체, 금융기관 등 유관 기관들과의 원활한 연계를 위해 별도의 시스템 구축을 고민하였으나 전자무역플랫폼(utradehub)을 이용하면 시스템 구축 없이 유관 기관들과 연동될 수 있다는 소식을 접하고 이에 따른 전자무역 플랫폼 기능을 숙지하였다.

6. 전자무역 방식을 통한 무역업무 처리

- 전자무역 인프라는 정형화된 **전자무역문서**를 거래 당사자와 교환하기 위하여 EDI를 기반으로 한 인프라와 인터넷을 기반으로 한 인프라로 구분될 수 있다. 이 중에서 EDI를 기반으로 한 인프라에는 전자문서표준, **메시지표준**, 통신표준이 기본적인 표준역할을 수행한다. [★1]
- 전자무역 플랫폼에는 서비스, 인프라, 연계 등 3가지 구성요소가 있다. 서비스는 무역업체가 전자문서를 작성, 교환할 수 있는 응용서비스를 말하고, 인프라는 서비스를 지원하는 기반으로써 표준의 정립이 중요하며, 연계는 **유관기관**과의 연계를 위한 하위요소를 의미한다. [★1]
- 전자무역의 핵심 인프라는 **전자문서보관소**, 전자문서 표준등록소, 전자문서 중계시스템 등 전자무역문서 유통관리시스템을 말한다. [★1]

> **해 설** 전자무역 플랫폼
>
> 전자무역 플랫폼은 인터넷 환경에서 모든 무역업무 프로세스를 단절 없이 처리할 수 있는 **단일창구**을 제공하며, 무역프로세스에 참여하는 모든 기업의 협업적 상거래를 가능케 하는 인프라를 총칭한다. 전자무역 플랫폼은 무역업체와 관련 기관 시스템의 연계 및 통합기능을 제공하며, **전자무역문서보관소**를 설치하여 무역업무의 통관, 물류, 결제 등 모든 프로세스의 흐름을 더욱 **빠르게** 하고 있다. 또한 전자무역 플랫폼의 3대 구성요소는 서비스, 인프라, **연계**의 3가지로 구분되며, 무역 유관기관과의 협업 프로세스 제공을 위한 **연계솔루션**을 개발하고 연계시스템을 구축하여 운영함으로써 무역업무의 일괄처리를 지원할 수 있다.

> **심 화** eUCP의 특징
>
> ① eUCP는 신용장거래에서 종이문서에 상응하는 전자적 제시에 필요한 규칙들을 제시하고 있다.
> ② eUCP에서는 완전한 전자적 제시와 종이문서와의 혼합 제시 둘 다 가능한 것으로 규정되고 있다.
> ③ eUCP는 특정기술 혹은 특정 전자상거래시스템과는 독립적으로 제정되었다.
>
> ㈜커스브로는 수출마케팅에 해외에서 가장 많이 이용되는 거래알선사이트를 활용하고자 한다. 이와 관련, 전 세계 웹사이트의 인기도 순위를 제공하는 사이트는 **alexa.com**이다.

214

심화 e-Nego의 무역업체 차원에서의 기대효과
① 지연이자에 대한 부담 감소
② 선적서류 수령 및 Nego에 수반되는 시간 및 비용 절감효과
③ 선하증권, 보험증권 등 중요 서류 분실 위험 없음

심화 최근 한국의 B무역상사는 오랫동안 거래해 온 외국 Buyer로부터 '물품대금 입금계좌 변경에 대한 메일을 받았다'며 확인을 요청하는 전화를 받았다. 그런 사실이 없어 경위를 확인해 보니 회사 메일계정이 해킹조직에게 노출되어 B무역상사의 담당자를 사칭하여 바이어에게 은행계좌가 변경되었다는 메일을 보내 송금을 요청하였던 것이다. Buyer의 확인 전화가 아니었다면 물품 대금이 해킹조 직에 입금되어 누구의 실수인지에 대해 다투는 난처한 상황이 될 수 있었다. 이에 B무역상사는 사내 보안을 강화하고자 공인전자문서센터 이용을 위한 공인 인증서 발급을 진행하고자 한다. 다음 중에서 공인인증서를 발급하는 기관은 어디인가?

답 한국무역정보통신(KTNET)

심화 검색엔진의 최적화를 위한 키워드 선택 전략
① 키워드는 사람들이 온라인에서 정보를 찾기 위해 사용하는 단어와 어구이므로 키워드 선택 시 추상적이고 일반적인 단어를 지양하고 정확하고 세부적인 단어를 선택한다.
② 다수의 키워드 리스트를 확보하였다면, 검색엔진을 활용하여 경쟁자가 실제로 어떠한 키워드를 활용하는지 조회하여 경쟁자가 간과한 키워드를 추가하는 것이 바람직하다.
③ 오자, 복수형, 동의어와 같은 변형된 모든 키워드를 동원한다.
④ cheap, low cost, affordable과 같은 묘사적인 어구를 첨가한다.

심화 검색엔진 최적화(SEO)
① 기존의 제품이미지의 파일명을 키워드가 삽입되도록 수정하고, 이미지 파일에 설명 문구를 알트태그(Alt Tag)를 통해 입력한다.
② 홈페이지 URL의 길이는 /로 구분되는데, 3단위(Depth) 이내로 짧게 구성한다. 또한 *.jsp나 1-1.html 등의 의미 없는 URL페이지 표시는 키워드로 재구성한다.
③ www.회사명.co.kr 보다는 www.상품명.co.kr이 검색순위에 영향을 많이 미친다. 또한 메타태그(Meta-Tag)에서 키워드와 설명 문구에는 주요 제품명을 유사어로 많이 삽입한다.

참조 **무역보험**

1. 무역보험 활용 시 수출자의 이점 [★1]
① 환율변동 위험 제거를 통한 안정적인 수출 사업 운영
② 수출에 필요한 자금의 원활한 조달
③ 해외 판매대금의 미회수 위험 제거

2. 위험 [★1]
① 신용위험이란 수입자에 관련된 위험으로 수입자 또는 L/C 개설은행의 파산, 지급불능, 지급거절, 지급지체 등으로 인한 수출대금 미회수위험을 말한다. [★2]
② 비상위험이란 수입국에 관련된 위험으로 전쟁, 내란, 혁명, 환거래제한 또는 모라토리움 선언 등으로 수출불능 또는 수출대금 회수불능위험을 말한다. [★2]

3. 무역보험

- 우리나라 무역보험은 한국무역보험공사(K-SURE)에서 취급한다. [★2]
- 수출보험은 수출기업의 대외 거래 활동 시 발생할 수 있는 **비상위험**과 **신용위험**을 제거함으로써 수출 거래 환경의 불확실성을 제거하여 안정적으로 수출을 촉진하고 도모하기 위한 비영리 정책보험제도로 한국무역보험공사에서 취급한다. [★1]

(1) 환변동보험 [★2]

환변동보험은 수출 또는 수입을 통해 외화를 획득 또는 지급하는 과정에서 발생할 수 있는 환차손익을 제거, 사전에 외화금액을 원화로 확정시킴으로써 환율변동에 따른 위험을 헤지(Hedge)하는 보험이다.

(2) 수입보험 [★6]

수입보험이란 원유, 철, 시설재 등 국민경제에 중요한 자원이나 물품을 수입하는 경우 국내기업이 부담하는 선수금에 대한 미회수 위험을 담보하거나 국내기업에 대한 수입자금 대출지원이 원활하도록 지원하는 제도이다.

> **해설** 수입보험(수입자용)은 원유, 가스 등 주요 전략물자의 장기 안정적 확보를 위하여 국내 수입기업이 수입거래에서 비상위험 또는 신용위험으로 인해 선급금을 회수할 수 없게 된 경우에 발생하는 손실을 보상하는 제도이다.

(3) 수출보험

① 수출보험은 수입자의 계약 파기·파산·대금지급 지연 또는 거절 등의 신용 위험과 수입국에서의 전쟁·내란 또는 환거래 제한 등의 비상위험으로 인해 수출자 또는 수출금융을 제공한 금융기관이 입게 되는 손실을 보상하는 것을 목적으로 한다. [★1]

② 수출보험은 수출대금 미회수에 따른 손실을 보상받을 수 있기 때문에 위험성이 있는 외상거래나 신규 수입자의 적극적인 발굴을 통한 신시장 개척 및 시장다변화를 도모하도록 하는 기능을 하고 있다. [★1]

③ 수출보험은 WTO체제하에서 용인되는 유일한 간접 수출지원제도로서 정부의 수출진흥정책 및 산업지원정책 수단으로 활용되고 있다. [★2]

④ 수출보험은 수입자의 대금지급 지연 또는 거절 등에 대한 비영리 정책보험이다. [★1]

⑤ 수출보험은 한국무역보험공사에서 취급한다. [★1]

⑥ 수출보험의 종류에 단기성 종목은 결제기간 2년 이내의 수출거래 대상으로 단기수출보험, 수출신용보증(선적전, 선적후, Nego), 중소기업Plus＋보험 등이 있다. [★1]

> **심화** 무역보험제도 중 **수출신용보증(선적전)**
>
> 수출기업이 수출계약에 따라 수출물품을 제조, 가공하거나 조달할 수 있도록 외국환은행 또는 수출유관기관들(이하 은행)이 수출신용보증서를 담보로 대출 또는 지급보증을 실행함에 따라 기업이 은행에 대하여 부담하게 되는 상환채무를 한국무역보험공사가 연대보증하는 제도를 말한다.

> **심화** 중장기수출보험(선적전) [★1]
>
> 중장기수출보험(선적전)은 수출자가 중장기 수출계약을 체결하고 계약의 효력이 발생한 후에 수출계약에 따라 물품을 수출할 수 없게 된 경우(수출불능)에 입게 되는 손실을 담보함으로써 수출자의 적극적인 수출 추진을 지원하는 제도이다.

▌출제율
대 금 결 제 ██████████████████████ 70%
외 환 실 무 ██████████ 30%

▌학습전략
① 대금결제란 쉽게 무역거래에 따른 물품에 대한 대가를 지급하는 것을 의미하며, 책의
구성은 가장 많이 출제되는 신용장방식을 포함하여 송금방식, 추심방식, 기타결제방
식으로 이루어져 있다. 각 방식에 대한 특징과 이를 규율하는 국제규칙을 중심으로
공부할 필요성이 있다.
② 대금결제 Part가 물품에 대한 대가를 지급하는 내용인 만큼 외환실무는 통화가 다른
대금을 주고받을 때의 환 위험성을 관리하는 방법에 관하여 다루고 있다. 따라서 외환
실무는 환율을 바탕으로 환 리스크를 관리하는 대내적 기법과 대외적 기법에 관하여
중점적으로 공부하는 것이 좋다.

대금결제

I. 환어음과 선적서류

(1) 환어음(Draft, Bill of Exchange)

① 의의
- 발행인(Drawer)이 지급인(Drawee)인 제3자에게 일정한 날짜에 일정한 장소에서 증권에 기재된 수취인(Payee) 또는 그 지시인(Orderer) 또는 소지인(Bearer)에게 증권상에 기재된 일정한 금액을 무조건적으로 지급할 것을 위탁하는 증권을 말한다.

> **심화** 약속어음(Promissory Note)
> - 발행인이 일정금액을 장래 특정시기·장소에서 지불할 것을 약속한 어음
> - 환어음과의 차이점 : 지급의무 당사자, 발행 주체

② 환어음의 당사자

㉠ 발행인(Drawer)
- 환어음을 발행하고 서명하는 자로서 채권자인 수출자를 말한다. [★2]
- 신용장 거래의 경우 발행인은 수익자를 말한다. [★2]

㉡ 지급인(Drawee)
- 지급인은 환어음의 금액을 만기일에 지급을 위탁받은 채무자를 말한다.
- 신용장 거래의 경우 지급인은 개설은행 또는 개설은행이 지정한 지정은행이 된다. [★5]
- 추심 거래의 경우 지급인은 매수인이 된다. [★5]

㉢ 수취인(Payee)
- 환어음 금액을 지급받을 자로서 발행인 또는 발행인이 지정하는 제3자를 말한다.

③ 환어음의 종류

　㉠ 상업서류 수반 여부에 따른 구분 [★2]

　　a. 화환어음(Documentary Bill of Exchange)

　　　- 다른 상업서류와 함께 발행되는 환어음을 말한다.

　　b. 무화환어음(Clean Bill of Exchange)

　　　- 상업서류의 첨부 없이 환어음만 발행되는 어음을 말한다.

　㉡ 발행지와 지급지에 따른 구분

　　a. 내국환어음(Domestic/Inland Bill)

　　　- 환어음의 발행지와 지급지가 동일한 국가인 환어음을 말한다.

　　b. 외국환어음(Foreign Bill of Exchange)

　　　- 환어음의 발행지와 지급지가 다른 국가인 환어음을 말한다.

　㉢ 상환청구권에 따른 구분

　　a. 상환청구가능어음(Recourse Bill)

　　　- 환어음에 대하여 지급이나 인수가 거절될 때 상환청구권을 행사할 수 있는 어음을 말한다.

　　b. 상환청구불능어음(Without Recourse Bill)

　　　- 환어음에 대하여 지급이나 인수가 거절될 때 상환청구권을 행사할 수 없는 어음을 말한다.

　㉣ 결제방식에 따른 구분

　　a. 신용장부환어음

　　　- 결제방식이 신용장인 경우에 신용장과 함께 발행되는 환어음을 말한다.

　　b. 추심환어음

　　　- 결제방식이 추심인 경우에 발행되는 환어음을 말한다.

　㉤ 만기일에 따른 구분

　　a. 일람불어음(Sight Draft)

　　　- 어음이 제시되는 즉시 지불되는 환어음을 말한다.

　　b. 기한부어음(Usance Bill)

　　　- 어음이 제시되고 난 뒤 일정기간 후에 지급되는 환어음을 말한다.

　　　- 일람 후 정기출급 : 예를 들어 'At xx days After Sight'로 어음이 매수인에게 제시되고 난 뒤 일정기간 후 지급되는 어음을 말한다. [★1]

    – 일부 후 정기출급 : 예를 들어 'At xx days After Date of Draft'로 어음발행 후 일정기간이 경과된 후 지불되는 어음을 말한다.

    – 확정일 출급(On Fixed Date) : 확정(특정)한 날을 만기로 하여 지불되는 어음을 말한다.

ⓗ 지급인에 따른 구분

  a. 개인어음(Private Bill)

    – 환어음의 지급인이 개인인 경우의 환어음을 말한다.

  b. 은행어음(Bank Bill)

    – 환어음의 지급인이 은행인 경우 환어음을 말한다.

참조 **환어음 양식**

BILL OF EXCHANGE

NO. 1173056718   DATE JUNE 2, 19XX

FOR USD100,000   PLACE SEOUL, KOREA

AT 어음만기일 OF BILL OF EXCHANGE(Second of the same tenor and date being unpaid)

PAY TO 수취인 THE SUM OF U.S. DOLLARS ONE HUNDRED THOUSAND ONLY.

VALUE RECEIVED AND CHARGE THE SAME TO ACCOUNT OF 개설의뢰인

DRAWN UNDER 신용장 개설은행

L/C NO. 38100 DATED MAY 2, 19XX

TO 지급인   발행인 및 서명

---

④ 환어음의 구성

㉠ 필수기재사항 [★3]

  a. 발행일과 발행지 [★4]

    – 발행일은 어음이 발행된 날로 어음상에 기재된 일자를 말한다. [★2]

    – 발행일은 신용장의 유효기일 이내에 발행되어야 한다.

    – 발행지는 어음이 발행된 장소로써 어음법 적용의 근거가 된다. [★1]

심화 행위지법

행위지법은 법률 행위가 일어나는 지역의 법을 말하는 것으로 환어음은 원칙적으로 행위지의 준거법에 따른다. 예를 들어 환어음이 한국에서 발행되고 미국에서 지급되었으면 발행에 관해서는 한국어음법, 지급에 대해서는 미국어음법이 적용된다.

b. 만기 표시

- 어음 금액이 지급될 날을 말한다.
- 일람출급(At Sight)의 경우 지급인에게 제시되는 날이 어음의 만기일이 된다.
- 기한부(At xx days After Sight)의 경우 지급인에게 제시된 날로부터 일정기간 이 지난 후에 어음의 만기일이 된다.
- 확정일 출급(On Fixed Date)의 경우 어음상에 확정한 날이 만기일이 된다.

c. 환어음을 나타내는 문자

- 환어음임을 나타내는 문구(Bill of Exchange)가 환어음상에 기재되어야 한다.

d. 무조건 지급위탁 문구

- 일정한 금액을 무조건 지급한다는 위탁문구가 표시되어야 한다.

e. 지급인의 명칭

- 환어음의 지급을 위탁받은 자로 지급인의 명칭을 기재해야 한다.
- "To" 이하에 기재되는 자를 말한다. [★2]

f. 지급지

- 어음 금액이 지급될 지역을 표시해야 한다. [★1]

g. 발행인의 기명날인 또는 서명

- 환어음은 발행인의 기명날인 또는 서명이 되어야 한다. [★3]

ⓛ 임의기재사항

- 환어음의 법적 효력에는 영향을 미치지 않으며, 환어음의 내용을 명확하게 할 목적으로 기재된다.
- 임의기재사항으로는 어음번호, 복본번호, 파훼문구, 대가수취문구, 신용장에 관 한 문구 등이 작성된다.

ⓒ 수취인의 표시 [★1]

a. 기명식 : "Pay to ABC"와 같이 수취인란에 특정인의 상호, 주소를 기재한다.

b. 지시식 : "Pay to ABC or order" 또는 "Pay to the order of ABC"와 같이 작성된다.

c. 소지인식 : "Pay to Bearer"와 같이 작성된다.

⑤ 환어음의 양도

㉠ 의의

- 환어음은 수취인 표시방법에 따라 기명식, 지시식, 소지인식으로 구분하며 기명식 과 지시식은 배서에 의해 양도되며 소지인식은 교부 행위에 의하여 양도된다. [★1]

ⓛ 환어음의 배서

　－ 기명식·지시식 환어음에 일정한 사항을 기재하여 타인에게 유통하는 것을 말한다.

ⓒ 환어음의 교부

　－ 환어음이 소지인식으로 발행된 경우 교부에 의하여 양도된다.

⑥ 환어음 특징

　－ 환어음은 우송 중 분실 또는 연착을 방지하기 위하여 2통이 발행되며, 한 통에는 운송서류의 원본을 첨부하고 다른 한 통에는 운송서류의 부본을 첨부한다. [★1]

　－ 일반적으로 환어음은 2통이 발행되는데 각각 동일한 효력을 가지므로 어느 하나가 지급이 되면 다른 하나는 효력을 상실한다. [★3]

　－ 한국의 어음법에 의하여 형식요건 등이 무효라 할지라도 미국에서 합법적으로 배서되어 유통된다면 미국에서는 유효하게 인정될 수 있다. [★1]

　－ 환어음에 기재된 숫자금액과 문자금액이 상이하다면 문자금액을 기준으로 심사해야 한다. [★3]

　－ 환어음의 만기에 관하여 일람출급이나 일람 후 정기출급 이외의 만기를 요구하는 경우, 그 환어음 자체 내에 있는 정보로부터 만기를 산정하는 것이 가능하여야 한다. [★4]

(2) 선적서류

① 의의

　－ 매도인이 매매계약 내용대로 이행하고, 매수인에게 대금을 청구하기 위해 직접 또는 간접으로 송부하는 상업송장, 운송서류, 보험서류 등의 제서류를 말한다.

② 상업송장(Commercial Invoice)

ⓣ 특징

　－ 계약의 존재 및 계약 이행의 사실을 입증하며, 선적물품의 계약 일치를 증명하기 위한 무역거래의 필수적 서류이다.

ⓛ 종류

　a. 선적송장(Shipped Invoice) : 실제 선적된 물품의 명세가 기재되는 일반적인 상업송장을 말한다.

　b. 견본품송장(Sample Invoice) : 추후 판매할 물품에 대해 견본 발송 시 작성되는 송장을 말한다.

　c. 위탁매매송장(Consignment Invoice) : 위탁매매 시에 사용되는 송장을 말한다.

d. 세관송장(Customs Invoice) : 수입신고 목적으로 수입국 세관의 양식에 따라 작성된 공용송장(Official Invoice)을 말한다.

e. 영사송장(Consular Invoice) : 관세포탈 또는 외화도피 등을 방지하기 위해 수출국에 소재하는 수입국의 영사로부터 확인을 받도록 요구되는 공용송장(Official Invoice)을 말한다.

참 조 **견적송장, 가송장(Proforma Invoice)**

견적송장(가송장)이란 가격계산의 기초로 사용되는 송장으로써 상품에 대하여 개괄적으로 작성하여 발송하는 송장을 말하며, 법적 구속력이 없다.

예 시 상업송장

COMMERCIAL INVOICE	
1) Shipper/Exporter	8) No. & Date of Invoice
	9) No. & Date of L/C
2) For Account & Risk of Messrs	10) L/C issuing Bank
	11) Remarks
3) Notify Party	
4) Port of Loading 5) Final Destination	
6) Carrier 7) Sailing on/or about	

12) Marks and Numbers 13) Description of Goods 14) Quantity/Unit 15) Unit price 16) Amount of PKGS

Signed by _____

③ 선하증권(Bil of Lading)

ㄱ 의의

  - 해상운송계약 및 운송인에 의한 물품의 수령 또는 선적을 증명하는 증권으로서 운송인이 동 증권과 상환으로 물품을 인도할 것을 약정하는 증권을 말한다.

ㄴ 법적기재사항 [★1]

  - 법적기재사항의 경우 해당 내용을 기재하고 운송인이 기명날인 또는 서명하여야 한다.
  - 선박의 정보(명칭, 국적, 톤수), 선적항, 양륙항, 운임, 발행지와 그 발행연월일, 운송물의 정보, 운송인의 성명 또는 상호, 운송인의 주된 영업소 소재지, 선하증권 발행 통수, 수하인 또는 수령인

2. 송금결제방식

(1) 의의

- 송금결제방식은 수출입거래 당사자 간의 신용을 바탕으로 수입상이 계약 물품을 인수하기 전이나 인수 후 또는 인수와 동시에 결제하는 방식을 말한다. [★4]
- 송금결제방식의 결제 방법으로는 T/T, M/T, D/D 등이 있다. [★1]

(2) 특징

- 신용장, 추심방식에 비해 낮은 은행 수수료를 부담한다. [★7]
- 거래내용이 제3자에게 노출되지 않고 수출입업자 당사자만이 그 내용을 알 수 있어 영업 비밀을 지킬 수 있다. [★8]
- 송금결제방식은 환어음을 사용하지 않으며 따라서 어음법이 적용되지 않는다. [★10]
- 적용되는 국제규칙이 없으며, 분쟁 시 중재기관의 중재로 해결되기 어렵고 주로 재판에 의해 해결된다. [★7]
- 서류 및 대금결제는 수출입자 간의 개인적 책임하에 직접 처리되며 대금결제는 수입지의 은행을 통하여 수출업자에게 송금되고 서류는 은행을 경유하지 않고 직접 수출업자가 수입업자에게 송부한다. [★7]
- 송금결제방식에서 계약물품 및 선적서류는 매도인이 매수인에게 직접송부하며, 은행의 역할은 대금을 전달해주는 것에 한정된다. [★4]

- 송금 거래 시 결제은행의 결제수수료, 지급은행의 지급수수료 등이 원금에서 공제된 후 수출자의 계좌에 입금될 수 있다. [★3]
- 대금결제는 SWIFT를 통하면 보다 신속하고 정확하게 진행될 수 있다. [★2]
- 추심, 신용장 방식에 비해 무역거래 흐름이 가장 신속하게 이루어지는 결제방식이나 위험요소가 많다. [★4]
- 오랜 거래 관계로 상호 신뢰가 있는 당사자 간에 활용하기 적합한 결제방식이다. [★2]
- 우리나라의 수출입 거래 모두 송금결제방식이 가장 큰 비중을 차지한다. [★1]
- 송금결제방식은 수출입자 간에 직접 선적서류를 송부하고 물품대금을 결제하는 방식으로 선지급, 동시지급, 외상 등 형태가 다양하다. [★1]
- 송금수표로 수출대금을 수취할 경우 먼저 추심으로 대금을 확보한 후에 선적하는 것이 바람직하다. [★1]
- 수입자가 견본, 소액상품 등 소액결제 거래에 이용할 때 대금은 통상 일시불로 송금한다. [★1]

(3) 송금 수단에 따른 결제방식

① 전신환 송금방식(T/T, Telegraphic Transfer[★1])

ㄱ 의의

- 수입지의 송금은행이 수출지의 지급은행에 대하여 일정 금액을 지급하여 줄 것을 위탁하는 지급지시서를 전신환의 형식으로 발행하여 지급은행 앞으로 송신하는 방식을 말한다.

ㄴ 특징

- T/T를 'Wire Transfer'라고도 부르며 현재 송금결제방식에서는 주로 전신송금에 의한 방법을 활용하고 있다. [★2]
- 실제로 외화현금이 국내에서 해외로 혹은 해외에서 국내로 이동하는 것이 아니다. [★1]
- 수입자는 송금수표, 전신송금, 우편송금 등의 방법으로 수입대금을 결제할 수 있으나 전신 송금을 가장 많이 이용한다. [★1]

② 우편환 송금방식(M/T, Mail Transfer)

ㄱ 의의

- 수입지의 송금은행이 수출지의 지급은행에 대하여 일정 금액을 지급하여 줄 것을 위탁하는 지급지시서를 우편환의 형식으로 발행하여 지급은행 앞으로 우송하는 방식을 말한다.

ⓒ 특징
- 전신환 송금방식과 달리 우송기간이 길어 환위험이 있을 수 있다.

③ 송금수표방식(D/D, Demand Draft)

㉠ 의의
- 수입상이 물품 대금을 은행에 입금하고, 송금수표를 은행으로부터 발급받아 수출상 앞으로 직접 우편으로 송부하는 방식을 말한다.

ⓒ 특징
- 송금수표의 우송 중 도난 분실의 위험이 있다.

(4) 송금 시기에 따른 결제방식

① 개요
- 송금결제방식은 은행의 지급확약 등이 없기 때문에 신용장방식에 비해 수출자의 대금미회수 위험이 높지만 사전 송금 방식을 활용할 경우 이를 감소시킬 수 있다. [★2]
- 매매계약의 이행을 확실하게 하기 위해 보증신용장을 사전송금방식이나 사후송금방식에 활용할 수 있다. [★2]
- 송금방식으로서 사전송금방식과 사후송금방식은 수출자와 수입자 간의 이해관계를 공평하게 충족시켜주지 못한다는 단점이 있다. [★1]

② 사전송금방식(Payment In Advance)

㉠ 의의
- 수출자가 물품을 선적하기 전 수입자가 대금을 수출자에게 송금하고 수출자는 대금 수령 후 일정 기간 이내에 물품을 선적하는 방식을 말한다.

ⓒ 특징
- 수출자가 선수금 방식을 요구하는 경우 수입자는 사전송금에 따른 위험을 관리하기 위하여 수출자에게 신용있는 은행이 발행한 A/P Bond를 발행해 줄 것을 요구할 수 있다. [★12]
- 수입자는 대금을 미리 지급하므로 자금 부담이 있으며, 상품입수불능의 위험을 가진다. [★3]
- T/T in Advance는 Seller's Market의 상황에서 자주 활용되는 방식이다. [★3]

ⓒ 종류

a. 주문 시 지급(CWO, Cash With Order)

- CWO(Cash With Order)는 주문 시 지급하는 사전송금방식이다. [★3]
- CWO는 매수인이 물품을 받기 전에 대금을 송금해야 하므로 매수인에게 불리하다. [★3]

[관련 규정] 선수금 환급 보증(A/P Bond, Advance Payment Bond)
선수금 환급 보증이란 수출자가 계약을 이행하지 못하는 경우에 금융기관이 수입자에게 기지급한 선수금의 환급을 보장한다는 보증서를 말한다.

③ 사후송금방식(Later Remittance)

㉠ 의의

- 수출자가 대금을 받기 전에 수입자에게 물품과 선적서류를 송부하고, 수입자는 이를 수령한 후 대금을 송금하는 방식을 말한다.

ⓛ 특징

- 수출자는 물품을 대금 수령 전에 선적하므로 대금회수불능의 위험이 있다.

ⓒ 종류

- 사후송금방식으로는 서류상환방식(CAD, Cash Against Documents)과 현물상환방식(COD, Cash On Delivery)이 있지만, 이는 경우에 따라 동시지급방식으로도 볼 수 있다.

심화 동시지급방식(Concurrent Payment)
- 동시지급방식은 수입자가 물품 또는 서류의 상환으로 대금을 지급하는 방식을 말한다.
- 상품 또는 서류의 상환으로 대금이 지급된다는 측면에서 'CAD', 'COD', 'D/P', 'Sight L/C'는 동시지급방식으로 분류할 수 있다. [★1]

(5) 대금상환도방식

① 의의

- 수입자가 물품 또는 서류가 인도될 때 또는 인도된 후에 대금을 지급하는 방식으로 대금과 상환으로 인도하여야 할 대상이 서류일 경우 CAD, 물품일 경우 COD 방식이 된다.

② 특징

- CAD는 서류상환 결제방식이며, COD 방식은 현물인도 결제방식이다. [★6]
- CAD, COD는 상품 혹은 서류와 상환으로 대금이 지급된다는 측면에서 보면 동시결제방식이지만 선적 이후에 상품 대금이 지급되기 때문에 "Open Account(O/A)", "European D/P"와 같이 사후송금방식의 일종으로 볼 수 있다. [★7]

- CAD, COD 방식은 수출물품 또는 선적서류가 수입상에게 인도되어야만 외화채권으로 성립되어 대금결제가 이루어진다. [★2]
- CAD, COD 방식은 선적서류, 수출물품이 수입자에게 인도된 후 대금결제가 이루어진다. [★1]

③ 서류상환방식(CAD, Cash Against Documents)

  ㉠ 의의

  - CAD는 수출상이 상품을 선적하고 선적서류(상업송장, 포장명세서, 선하증권, 보험서류 등)를 주로 수출상 국가에 소재하는 수입업자의 지사나 대리인에게 제시하거나 또는 해외 수입상에게 직접 서류를 송부하여, 당해 서류와 상환으로 대금의 결제가 이루어지는 방식이다. [★2]

  ㉡ 특징

  - CAD 거래에서 수입상은 신뢰할 수 있는 대리인을 통하여 선적전 검사(PSI)를 실시하고 [★9] 물품이 매매계약과 일치하는 경우, 대리인을 통하여 물품대금과 선적서류를 교환한다. [★2]
  - CAD 방식에서는 수입자 측에서 수출국 내에서 물품의 제조과정 점검 또는 선적전 검사(PSI)가 필요하다. [★4]
  - CAD 거래에서 수출상이 선적을 완료한 상태에서 수입상이 서류인수를 거절하거나 수입상이 수출국에 있는 자신의 대리인에게 지시하여 서류인수를 거절하게 되면 수출상은 대금회수가 곤란하므로 계약 전에 상대방의 신용상태를 철저하게 확인하여야 한다. [★1]
  - CAD는 D/P와 유사하지만 환어음이 사용되지 않으며 선적서류는 은행을 경유하지 않고 수출자가 수입자에게 직접 발송하여 대금을 청구하는 방식이다. [★2]
  - 서류와 상환으로 대금이 지급된다는 점에서 CAD 방식은 D/P, Sight L/C와 마찬가지로 동시 결제방식으로 분류할 수 있다. [★2]
  - CAD 방식의 거래에서 대금은 은행을 통해 전달되나 선적서류는 은행을 경유하지 않는다. [★1]

④ 현물상환방식(COD, Cash On Delivery)

  ㉠ 의의

  - 수입자가 소재하는 국가에 수출자의 지사나 대리인이 있어 수출자가 물품을 지사 등에게 송부하고 수입자가 물품 검사 후 이를 인수하면서 대금을 결제하는 방식을 말한다.

- 수출자가 도착지까지 운송을 완료한 계약물품을 수입자가 검사한 후 현물과 대금을 교환하는 방식으로 대금지급이 이루어진다. [★2]

ⓒ 특징
- COD 방식에서 상품의 수하인은 일반적으로 수입자를 기재하지만 수출자가 자신의 해외 지사나 대리인을 수하인으로 기재할 수도 있다. [★2]
- COD 방식에서 수출상 자신의 지사나 대리인을 상품의 수하인으로 기재하여 수입업자가 대금을 지급하지 않고는 물품의 인수를 하지 못하게 할 수도 있다. [★1]
- 보석, 귀금속 등 고가품 거래 시 직접 물품 검사를 하기 전에는 정확히 파악하기 어려운 경우의 거래에 COD 거래가 활용될 수 있다. [★1] 따라서 수입자가 물품확인을 원한다면 CAD보다는 COD를 선호할 것이다. [★2]
- COD 방식에서 수출업자는 수입업자가 물품을 수령하지 않는 경우 대금수령과 물품회수가 불확실하다. [★2]
- 수입자가 물품 수령 후 대금지급을 거절할 우려가 있기 때문에 수출자는 해외의 대리인을 지정하는 등 위험관리 방안을 마련해 놓아야 한다. [★2]
- COD 방식은 수출자의 입장에서 수출대금 영수가 보장되지 않으므로, 수출보험 가입을 통해 위험에 대응할 수 있다. [★1]

[관련 규정] BWT 방식
- BWT 방식은 수출자의 책임과 비용으로 판매하고자 하는 국가의 현지까지 물품을 운반하고 현지 보세창고에 물품을 장치한 후에 매매계약이 성립되는 거래방식을 말하며 사후송금방식으로 구분할 수 있다. [★3]
- BWT 거래에서 수출자는 수출대금의 회수가 늦어지고 상품이 판매되지 않을 경우에는 손실을 감수해야 한다. [★1]

3. 추심결제방식

(1) 의의

- 추심이란 은행의 서류취급을 통해 대금을 지급받는 결제방식을 말한다. [★1]
- 추심에 관한 통일규칙(URC 522)에 따르면 추심이란, 은행이 접수한 지시에 따라 인수 및/또는 지급을 받기 위하여 또는 인수 및/또는 지급과 상환으로 서류를 인도하기 위하여 또는 기타의 조건으로 서류를 인도하기 위하여 서류를 취급하는 것을 말한다.

(2) 특징

- 세계적인 무역환경에서 경쟁의 격화로 인하여 판매자 시장에서 구매자 시장으로 전환되어, 수출상이 대금결제상의 불리함을 감수하고 D/P, D/A 거래 및 송금방식의 거래를 하는 경우가 있다. [★1]
- 기업의 국제화로 인하여 다수의 국제기업들이 세계 도처에 지사 및 현지법인, 사무소 등을 설치하여 본·지사 간 무역거래에서는 신용장 결제방식보다는 추심방식이나 송금방식의 거래가 증가하고 있는 추세이다. [★1]
- 추심은 추심통일규칙 URC522가 적용된다. [★7]
- '추심에 관한 통일규칙'을 적용하기 위해서는 '추심지시서'의 본문에 본 규칙의 준거문언이 있어야 한다. [★1]
- 추심거래에 관여하는 은행들은 위임사무의 처리를 위한 중개인 또는 보조자의 역할을 담당할 뿐이다. [★7]
- 추심결제방식에서 수출자에 대한 지급 책임자는 수입자이다. [★8]
- 추심결제방식은 수출자가 물품을 선적한 후 선적서류를 추심의뢰은행과 추심은행을 통하여 수입자에게 추심하여야 비로소 대금을 지급받을 수 있기 때문에 원칙적으로 추심 기간만큼은 대금지급의 지연이 불가피하다. [★4]
- 환어음을 사용하기 때문에 각 국가의 어음법이 적용된다. [★5]
- 추심거래에서 추심대금의 결제가 있기 전까지는 화물의 소유권이 수출자에게 있다. [★3]

(3) 추심거래의 당사자

① 추심의뢰인(Principal)
- 거래은행에 추심업무를 의뢰하는 당사자를 말한다. [★2]
- 무역거래에서 수출자이자 환어음을 발행하는 발행인(Drawer)이며 수출대금의 추심을 의뢰하는 채권자이다. [★2]

② 추심의뢰은행(Remitting Bank)
- 추심의뢰인으로부터 추심업무를 의뢰받은 은행을 말한다. [★4]
- 수출국의 은행을 말한다. [★2]
- 추심의뢰은행은 추심거래의 중개자 역할을 하는 것이므로 대금지급책임은 수입상에게 있다. [★2]
- 추심의뢰은행은 추심지시서에 따라 수입국의 거래은행을 통해 상업서류와 환어음을 매수인에게 제시하여 수출대금을 회수하여 수출상에게 지급하는 역할을 한다.

③ 추심은행(Collecting Bank)

    – 추심의뢰은행 이외에 추심의뢰 과정에 참여하는 모든 은행을 말한다. [★2]

    – 수입국의 은행을 말한다. [★2]

④ 제시은행(Presenting bank)

    – 추심은행 중 지급인인 수입자에게 추심서류를 제시하는 은행을 말한다. [★1]

    – 서류를 송부받아 지급인에게 제시하는 수입국의 은행을 말한다. [★2]

⑤ 지급인(Drawee)

    – 추심지시서의 내용에 따라 추심서류를 제시받는 자를 말한다. [★1]

    – 추심거래의 직접적인 당사자가 아니므로 URC의 적용을 받지 않는다.

    – 수입자이자 추심의뢰에 대한 최종지급을 하는 채무자이다. [★2]

(4) 추심결제방식의 종류

① 지급인도조건(D/P, Documents against Payment)

    ㉠ 의의

        – 수입자를 지급인으로 하는 일람출급 환어음을 발행하고 계약에서 정한 운송서류가 추심의뢰은행 및 추심은행을 통해 수입자에게 제시되었을 때 환어음 대금의 지급이 있는 경우 수입자에게 선적서류를 인도하는 방법을 말한다.

        – 환어음에 'at sight'로 기재되어 수입상이 대금을 지급하면 동시에 서류가 인도되는 방식이며 수출자는 대금수취에 대한 보장이 없다. [★1]

    ㉡ 특징

        – D/P는 지급인도방식으로서 신용장이 없는 at sight 방식의 개념으로 수출업자는 일람불화환어음을 발행한다. [★2]

        – D/P 방식에서 추심은행은 수입자로부터 대금을 받음과 동시에 서류를 수입자에게 인도한다. [★3]

        – D/P 결제방식에서 수출상은 위험회피방안으로 수출보험(Export insurance), 보증신용장(Stand-by credit), 은행보증서(Bank guarantee) 등을 활용할 수 있고, 수입상은 보증신용장(Stand-by credit), 은행보증서(Bank guarantee) 등을 활용할 수 있다. [★2]

        – D/P 방식은 수입자의 입장에서 선적은 확인되지만 계약 물품의 품질확인이 어렵다는 단점이 있어 선적 전 검사(PSI)를 하는 것이 위험을 방지할 수 있다. [★1]

– 추심지시서에는 상업서류가 인수인도(D/A) 또는 지급인도(D/P) 중 어느 조건으로 지급인에게 인도되어야 하는지를 명시해야 한다. 그러한 명시가 없는 경우에는, 상업서류는 지급과 상환(D/P)으로만 인도되어야 한다. [★6]

심화 European D/P

유럽에서 주로 사용되는 결제방식으로써 지급인도방식(D/P)의 형태를 유지하면서 인지세 부담을 줄이기 위하여 환어음을 발행하지 않는 거래 형태를 말한다.

ⓒ 거래절차 [★1]

　a. 수출업자와 수입업자 간 매매계약체결

　b. 수출업자의 선적 및 추심의뢰

　c. 추심의뢰은행이 추심은행으로 추심의뢰 서류송부

　d. 추심은행이 수입업자에게 추심실행

　e. 수입업자가 추심은행으로 수입대금결제

　f. 추심은행이 추심의뢰은행으로 대금송금

　g. 추심의뢰은행이 수출업자에게 수출대금지급

② 인수인도조건(D/A, Documents against Acceptance)

　㉠ 의의

　　– 수입상을 지급인으로 하는 기한부 환어음과 계약에서 정한 운송서류가 추심의뢰은행 및 추심은행을 통해 매수인에게 제시되었을 때 환어음에 대한 인수가 있는 경우 매수인에게 선적서류를 인도하는 방법을 말한다. [★1] 환어음의 만기일이 되면 매수인은 환어음상의 금액을 지급하여야 한다.

　㉡ 특징

　　– 기한부환어음이 활용된다.

　　– D/A 방식으로 거래 시 매수인은 인수행위만으로 선적서류를 인도받은 후 만기일에 수입대금을 추심은행에 지급하여야 한다. [★4]

　　– D/A 방식에서는 수입자가 서류를 인도받는 시점부터 수출자는 화물에 대한 소유권을 상실한다. [★3]

　　– 수출자의 입장에서 D/A의 경우 대금영수 및 물품회수가 보장되지 않을 수 있는 위험이 있다. [★5]

　　– D/A 결제방식에서 수출상은 상품을 선적한 후에 대금을 받기 때문에 신용위험이 있고, 수입상은 위험이 없다. [★2]

– 수출자 입장에서 D/P의 경우는 대금의 영수가 보장되지 않을 수 있고, D/A의 경우는 대금영수 및 물품회수가 보장되지 않을 수 있는 위험이 있다. [★5]

– D/A 방식은 수출자가 기한부 환어음을 발행하고 수입자는 만기일에 대금을 결제한다는 점에서 Usance L/C와 유사하다. [★4]

– D/A 방식에서 수입자는 환어음에 대한 지급의 약속으로 인수(acceptance)를 함으로써 선적서류를 인도받아 화물에 대한 소유권을 획득한다. [★2]

– D/A 서류매입은 은행의 여신에 해당하므로 수출대금이 회수되지 않을 경우 수출자가 D/A 매입대금 전액을 상환하여야 한다. [★1]

ⓒ 거래절차 [★5]

a. 수출업자와 수입업자 간 D/A 조건으로 매매계약 체결

b. 수출업자의 선적 및 추심의뢰

c. 추심은행이 수입업자에게 서류도착 통보 및 서류인수 요구

d. 수입업자에게 서류 송부

e. 추심은행이 추심의뢰은행으로 인수통보

f. 수입업자가 만기에 추심은행으로 수입대금결제

g. 추심은행이 추심의뢰은행으로 대금송금

③ D/P Usance

㉠ 의의

– D/P Usance는 추심은행이 Usance 기간 동안 서류를 보관했다가 이후에 수입자에게 제시해 대금의 지급과 상환으로 서류를 인도하는 방식의 거래를 말한다. [★2]

㉡ 특징

– D/P Usance 방식의 추심업무 처리 시 수입자의 결제가 이뤄지지 않은 상태에서 서류를 인도할 수 없기 때문에 D/A 방식과 차이가 있다. [★1]

– D/P Usance 방식은 D/A 방식에 따른 수출상의 위험부담을 완화하고, 수입상의 대금지급 유예효과를 준다.

– "D/P At 60 days after B/L date"는 서류가 도착하였어도 B/L 일자 이후 60일에 서류를 인도하고 대금을 지급해야 한다. [★1]

(5) 추심에 관여하는 은행의 의무

– 은행은 접수된 서류가 추심지시서에 기재된 대로 외관상 일치하는지를 결정하여야 하며, 또 누락되거나 기재된 것과 다른 서류에 대하여 지체없이 전신으로, 전신이 가능

하지 않은 경우에는 다른 신속한 수단으로 추심지시서를 송부한 당사자에게 통지해야 한다. [★8]

- 은행은 선량한 수임자로서 신의성실의 원칙에 따라서 업무 취급에 있어 상당한 주의를 하여야 한다. [★1]
- 은행은 추심과 관계되는 물품의 보관, 적하보험 부보를 포함한 조치를 하도록 지시를 받은 경우에도 그러한 조치를 취할 의무가 없다. [★2]
- 은행은 서류를 더 이상 심사하지 않고 추심지시서에 기재된 서류의 종류 및 통 수가 맞는지의 여부만을 확인하고 접수된 대로 제시한다. [★6]
- 추심은행은 선적서류의 검토의무가 없다. [★5]
- 추심은행은 지급인이 자기은행의 고객이면 직접 서류를 제시하고, 그렇지 않으면 지급인의 거래은행으로 송부한다. [★1]
- 은행이 어떠한 이유에서 접수된 추심 또는 관련 지시를 취급하지 않을 것을 선택한 경우에는 추심 또는 지시를 송부한 당사자에게 전신, 또는 전신이 가능하지 않은 경우, 다른 신속한 수단으로 지체 없이 통지해야 한다. [★1]

> **심화** 추심의뢰인의 의무
> - 추심의뢰인은 자신의 지시사항을 이행할 목적으로 은행이 다른 은행의 서비스를 이용하는 경우 발생한 모든 비용과 위험을 부담하여야 한다. [★1]
> - 추심의뢰인은 추심과 관련하여 외국의 법률과 관행으로 인하여 부과되는 모든 의무와 책임을 부담하여야 하며 이에 대해 자신이 추심을 의뢰하는 추심의뢰은행에게 보상하여야 한다.

(6) 추심에 관여하는 은행의 면책

- 추심의뢰은행은 전신의 송달 중에 발생한 서류의 지연 및 멸실에 대해서는 상응하는 책임을 지지 않는다. [★3]
- 은행은 모든 통보, 서신, 또는 서류의 송달 중의 지연 및/또는 멸실에 기인하여 발생하는 결과, 또는 모든 전기 통신의 송신 중에 발생하는 지연, 훼손 또는 기타의 오류, 또는 전문용어의 번역이나 해석상의 오류에 대하여 어떠한 의무나 책임을 지지 아니한다. [★3]
- 추심의뢰은행은 추심의뢰인이 추심은행을 지정하지 않는 경우 임의로 선정한 인수지 국가에 있는 어떠한 은행으로도 추심은행을 이용할 수 있다. [★1]
- 은행이 전달한 지시가 이행되지 않는 경우에 그 은행은 의무나 책임을 지지 아니하며, 그 은행 자신이 그러한 다른 은행의 선택을 주도한 경우에도 그러하다.

(7) 제시(Presentation)

- 추심지시서는 지급인이 행위를 취해야 하는 정확한 기한을 기재하여야 한다.
- 제시와 관련하여 또는 지급인에 의해 서류가 인수되어야 하는 기한 또는 지급인에 의해 취해져야 하는 다른 조치에 관하여 '첫째', '신속한', '즉시' 또는 이와 유사한 표현은 사용되어서는 안 된다. 이러한 용어가 사용된 경우 은행은 이를 무시한다.
- 서류는 접수한 대로 지급인에게 제시되어야 한다.
- 추심의뢰인의 지시를 실행할 목적으로, 추심의뢰은행은 추심의뢰인에 의해 지정된 은행을 추심은행으로 이용할 수 있다. 그러한 지정이 없는 경우에는 추심의뢰은행은 지급국가 또는 인수국가, 또는 기타 조건이 준수되어야 하는 국가 내에 자신이 선택하거나 다른 은행이 선택한 모든 은행을 이용할 수 있다. [★1]
- 서류와 추심지시서는 추심의뢰은행이 추심은행으로 직접 송부하거나, 다른 중개 은행을 통하여 송부될 수 있다.
- 추심의뢰은행이 특정 제시은행을 지정하지 아니한 경우에 추심은행은 자신이 선택한 제시은행을 이용할 수 있다.

(8) 분할지급(Partial Payment)

- 무화환 추심에 있어서 분할 지급은 지급지의 유효한 법류에 의하여 허용되는 경우 그 범위와 조건에 따라 인정될 수 있다. 금융서류는 그 전액이 지급되었을 때에 한하여 지급인에게 인도된다.
- 화환 추심에 있어서, 분할 지급은 추심지시서에서 특별히 허용된 경우에만 인정된다. [★2]
- 분할지급이 이루어지는 경우 별도의 지시가 없는 한, 제시은행은 그 전액을 수령한 후에 한하여 서류를 지급인에게 인도하며, 제시은행은 서류인도의 지체에서 비롯되는 어떠한 결과에 대해서도 책임을 지지 아니한다.

(9) 지급거절 및/또는 인수거절통지(Advice of Non-Payment and/or Non-Acceptance)

- 제시은행은 지급거절 또는 인수거절의 사유를 확인하기 위하여 노력하고 그 결과를 추심지시서를 송부한 은행에게 지체없이 통지하여야 한다.
- 제시은행은 지급거절 또는 인수거절의 통지를 지체없이 추심지시서를 송부한 은행으로 송부해야 한다.
- 추심의뢰은행은 그러한 통지를 수령한 때에는 향후의 서류 취급에 대한 적절한 지시를 하여야 한다. 만일 그러한 지시가 지급거절 또는 인수거절을 통지한 후 60일 내에 제시

은행에 의해 접수되지 않는 경우에는 서류는 제시은행 측에 더 이상의 책임 없이 추심지 시서를 송부한 은행으로 반송될 수 있다. [★2]

(10) 신용장 방식과의 비교

① 공통점
- 신용자 방식과 동일하게 은행을 통해 선적 서류가 수입자에게 전달된다. [★5]
- 선적서류 작성과 관련하여서는 신용장 방식과 동일하게 작성된다. [★3]

② 차이점
- D/P 방식은 신용장의 sight L/C 방식과 유사한 거래이나 은행의 지급확약이 없다는 차이가 있다. [★4]
- D/P, D/A 거래에 있어 추심의뢰은행이나 추심은행은 선적서류의 일치성을 심사해야 할 책임이나 대금지급의 의무를 부담하지 않으나 신용장 방식은 신용장 조건에 일치하는 서류를 은행이 심사하여야 할 의무가 있다. [★1]
- D/P, D/A 거래는 선하증권상의 수하인이 신용장방식과 달리 원칙적으로 수입상이 되며 통상 지시식으로 발행토록 요구된다. [★2]
- 선적서류를 취급하는 수출국 은행은 원칙적으로 추심결제방식의 경우에는 "bill collection"을 신용장결제방식의 경우에는 "bill purchased"를 이행한다. [★1]
- 신용장 거래보다 낮은 은행수수료가 적용된다. [★2]
- 신용장방식에서는 신용장 개설시점부터 개설은행의 수입자에 대한 신용공여 행위가 발생하지만 추심결제방식에서는 이러한 신용공여가 발생하지 않는다. [★1]
- 추심결제방식에서는 수출자의 요청에 따라 추심을 통하여 대금이 후지급되는 방식 으로 결제가 이루어지며, 신용장 방식에서는 매입을 통하여 대금이 선지급되는 방식 으로 이루어진다. [★1]
- 적용되는 국제규칙이 신용장과 다르다. [★3]

4. 신용장 결제방식

(1) 신용장의 기초

① 신용장(Letter of Credit, L/C)의 의의
- 신용장은 명칭이나 기술에 관계없이 취소불능이며, 일치하는 제시에 대하여 지급, 인수, 매입하기 위한 명백한 확약을 구성하는 모든 약정을 의미한다. [★6]

- 신용장은 명칭과 상관없이 개설은행이 일치하는 제시에 대하여 결제(honour)하겠다는 확약으로서 취소가 불가능한 모든 약정을 의미한다. [★2]
- 신용장(Letter of Credit, L/C)은 은행의 조건부 지급확약을 말한다. [★4]
- 신용장은 개설은행의 조건부지급확약서로서 그 조건이란 수출상이 매매계약의 내용을 실질적으로 이행하는 것이 아니고 신용장에 기재된 조건에 일치하는 서류를 제시하는 것이다. [★2]
- 신용장은 지급보증서가 아니다. [★5]

② 신용장의 특징
- 수출상은 금융기법을 활용하여 수출대금 미회수 위험을 경감시킬 수 있다. [★1]
- 수출상은 내도된 신용장을 근거로 무역금융의 지원을 받을 수 있다. [★1]
- 수익자는 신용장 조건에 일치하는 서류를 제시하면 수출대금을 회수할 수 있다는 확신을 가질 수 있다. [★2]
- 개설의뢰인은 늦어도 언제까지 상품이 수입지에 도착할 것이라는 예측이 가능하다. [★1]
- 개설의뢰인은 신용장에 따라서 수입상품을 먼저 매도한 판매대금으로 만기일에 결제할 수도 있다. [★1]
- 개설의뢰인은 수익자의 계약불이행의 위험으로부터 안전하게 거래를 할 수 있다. [★2]
- 개설의뢰인은 신용장 조건과 일치하는 서류의 제시가 있으면 물품의 상태 등을 이유로 대금지급을 거절할 수 없다. [★2]
- 수입자는 대금을 결제하기 전이라도 물품을 먼저 인도받을 수 있다. [★1]
- 수입자는 위험관리 차원으로 신용장 조항에 선적서류의 일부로써 수입업자가 지정한 검사원의 검사증명서를 첨부토록 할 수 있다. [★1]
- 신용장에서 수입자가 PSI(Pre-shipment Inspection)를 하는 것은 신용장의 한계성을 극복할 수 있는 방안 중 한 가지이다. [★4]
- 신용장의 한계성을 극복하기 위하여 수입자는 수출자에게 Warranty bond, Retention money 등을 요구할 수 있다. [★1]
- 신용장에서 제시 언어에 대해 침묵한 경우 서류는 어느 언어로 사용해도 상관없다. [★3]
- 신용장 개설 후 수입자가 부도난 경우 개설은행은 이를 이유로 수입대금 결제를 지연하거나 선적 서류를 반송할 수 없고, 지급은행은 수익자에게 상환청구권을 행사할 수 없다. [★3]

- 신용장 거래에서 매입서류가 부도 반환되면 매입은행은 수익자에게 상환청구권을 행사할 수 있다. [★1]
- 신용장거래는 일반적으로 송금 및 추심방식보다 은행 수수료의 종류가 많고 금액도 크다. [★1]

③ 신용장 관련 규정

　㉠ 신용장 관련 국제 규칙

　　a. UCP 600(신용장통일규칙)

　　- UCP 600은 신용장 본문이 이 규칙에 따른다는 명시적으로 표시하고 있는 경우 모든 화환신용장(적용 가능한 경우 보증신용장을 포함)에 적용되는 규칙이다. [★3]

　　b. ISBP(국제표준은행관행)

　㉡ 관련 규정 해석 적용 순위

　　- 매매 당사국의 국내법률 → 신용장 자체의 조건 → UCP → ISBP → ICC Opinion [★2]

④ 신용장 거래절차

　㉠ 매매계약 체결

　　- 수출자(수익자)와 수입자(개설의뢰인)가 신용장 거래를 통한 매매계약을 체결한다.

　㉡ 신용장 개설 의뢰

　　- 개설의뢰인이 개설은행에 신용장 개설을 요청한다.

　㉢ 신용장의 발행

　　- 개설은행은 신용장 개설 요청에 따라 신용장을 개설하여 통지은행에 전달한다.

　㉣ 신용장의 통지

　　- 통지은행이 신용장을 수익자에게 통지한다.

　㉤ 신용장의 확인

　　- 개설은행 외의 별도의 은행인 확인은행의 지급확약이 추가된다.

　㉥ 신용장의 조건변경 및 취소

　　- 기본 당사자의 합의로 기발행된 신용장의 조건을 변경한다.

　㉦ 신용장의 양도

　　- 신용장 권리의 전부 또는 일부를 제2수익자에게 양도한다.

　　* ㉤, ㉥, ㉦의 경우는 필요한 경우에 나타나는 절차이다.

◎ 지급·인수·매입
- 수익자가 수출을 이행하고 일치하는 서류를 제시하여 지급·인수·매입을 요청한다.

ⓩ 대금결제
- 개설은행이 신용장에 따른 대금을 상환한다.

⑤ 용어의 정의

㉠ 개설의뢰인(Applicant)
- 자신의 요청으로 신용장이 발행되는 당사자로써 매수인, 환어음 지급인, 채무자, 수하인을 말한다. [★1]
- 개설의뢰인은 그의 동의 없이 신용장이 취소되었을 때 그 신용장에 대한 어떠한 권리나 의무도 없다. [★2]

㉡ 수익자(Beneficiary)
- 신용장 개설을 통하여 이익을 받는 당사자를 의미한다. [★3]
- 신용장의 수익자는 대금의 결제를 받아 이익을 얻는 수출자(exporter)로서 상품의 매도인(seller), 환어음의 발행인(drawer)이자 물품의 송하인(consignor)이 된다. [★1]

㉢ 개설은행, 발행은행(Issuing Bank)
- 개설의뢰인의 신청 또는 그 자신을 위하여 신용장을 개설한 은행을 개설은행이라고 한다. [★3]
- 개설은행은 보통 개설의뢰인의 주거래은행이 되며 수익자에 대하여 지급 확약하는 자로 환어음 지급에 있어서 최종적인 지급책임의무를 부담한다. [★5]
- 신용장에서 규정된 서류들이 지정은행 또는 개설은행에 제시되고, 그것이 신용장 조건에 일치하는 제시일 경우 개설은행은 일람지급, 연지급, 인수, 매입에 따른 결제(honour)의 의무를 부담한다. [★1]
- 개설은행은 신용장을 발행하는 시점부터 지급이행할 취소불능의 의무를 부담한다. [★2]
- 개설은행은 일치하는 제시에 대하여 결제(honour) 또는 매입을 하고, 그 서류를 개설은행에 송부한 지정은행에 대하여 신용장 대금을 상환할 의무를 부담한다.
- 인수신용장 또는 연지급신용장의 경우 일치하는 제시에 대응하는 대금의 상환은 지정은행이 만기 이전에 대금을 먼저 지급하였거나 또는 매입하였는지 여부와 관계없이 만기에 이루어져야 한다.

- 개설은행의 지정은행에 대한 상환의무는 개설은행의 수익자에 대한 의무로부터 독립적이다. [★1]

② 확인은행(Confirming bank)

- 확인은행이란 개설은행으로부터 수권되었거나 요청받은 제3은행이 신용장에 의해 발행된 어음의 지급, 인수 또는 매입을 추가로 확약하는 은행을 말한다. [★4]
- 확인은행은 개설은행의 지정은행이다. [★1]
- 수출상은 수입상의 거래은행이 정치적, 경제적으로 결제상의 위험이 있다고 판단되면 일반적으로 수출상 소재지의 제3의 은행을 확인은행으로 하는 확인 신용장 발행을 요청하게 된다.
- 확인은행은 개설은행과 마찬가지로 수익자에 대하여 상환청구권을 행사할 수 없으며 독립된 별개의 지급, 연지급, 인수 또는 매입에 대한 추가적인 확약에 대해 일차적인 책임을 지게 된다. [★2]
- 매입신용장에서 환어음의 지급인이 개설은행일지라도, 확인은행은 상환청구권이 없는 매입을 한다. [★6]
- 확인은행은 신용장에 확인을 추가하는 시점으로부터 취소가 불가능한 결제(honour) 또는 매입의 의무를 부담한다. [★2]
- 확인은행은 일치하는 제시에 대하여 결제(honour) 또는 매입을 하고 그 서류를 확인은행에 송부한 다른 지정은행에 대하여 신용장 대금을 상환할 의무를 부담한다.
- 인수신용장 또는 연지급신용장의 경우 일치하는 제시에 대응하는 대금의 상환은 다른 지정은행이 그 신용장의 만기 이전에 대금을 먼저 지급하였거나 또는 매입하였는지 여부와 관계없이 만기에 이루어져야 한다.
- 확인은행의 다른 지정은행에 대한 상환의무는 확인은행의 수익자에 대한 의무로부터 독립적이다.
- 확인은행이 확인 요청을 받았음에도 용의가 없는 경우 이를 거절하고 지체없이 개설은행에 통고하여야 하고, 확인 없이 신용장을 통지할 수 있다. [★4]
- 확인은행은 1차 조건변경 내용에 대하여 확인을 거절하였다고 할지라도, 이후 차수의 조건변경에 대해서는 확인을 추가할 수도 있다. [★1]

[관련 규정] 확인의 요건
- 개설은행의 확인에 관한 수권 또는 요청이 존재해야 하며, 신용장을 통지받았다는 사실만으로는 확인은행이 되지 않는다. [★2]
- 확인신용장이 아닌 신용장을 통지받은 통지은행은 확인해 줄 의무가 없다. [★2]

- 일부기간에 한정하여 확인하거나 일부 금액에 대해서 확인하는 조건부 확인 가능하다. [★2]
- 확인은행은 매입신용장의 경우에도 소구권 없이 매입하여야 한다. [★1]

ⓜ 통지은행(Advising Bank)

- 개설은행이 요청으로 신용장을 통지하는 은행을 말한다. [★1]
- 개설은행은 통지은행에 지급 또는 인수업무를 요청할 수 있다. [★1]
- 통지은행의 의무는 개설은행의 신용도를 파악하는 것이 아니며, 지급이행 또는 매입할 어떠한 확약 없이 수익자에게 신용장 및 모든 조건변경을 단순 통지하는 것이다. [★1]
- 개설은행으로부터 통지 요청을 받은 통지은행이 신용장 및 조건변경을 수익자에게 직접 통지하지 않고 다른 은행을 이용하는 경우가 있는데 이 경우 이용되는 다른 은행을 제2통지은행(Second advising bank)이라 한다. [★2]
- 통지은행 및 제2통지은행은 신용장 또는 조건변경을 통지함으로써 신용장 또는 조건변경의 외관상의 진정성에 관하여 스스로 충족하였다는 것을 의미한다. [★2]
- 통지은행 및 제2통지은행은 신용장 또는 조건변경을 통지함으로써 그 통지가 수령된 신용장 또는 조건변경의 제조건을 정확히 반영하고 있다는 것을 의미한다. [★2]
- 통지은행 또는 제2통지은행을 이용하는 은행은 신용장 조건변경 통지하기 위하여 동일한 은행을 이용하여야 한다. [★2]
- 은행이 신용장 또는 그 조건변경을 통지하도록 요청받았으나 이를 수락하지 않을 경우 신용장, 조건변경 또는 통지를 송부한 은행에 지체 없이 이를 알려주어야 한다. [★3]
- 통지은행이 신용장에 명기된 수수료 부담자로부터 통지 수수료의 징수가 불가능하게 된 경우, 통지를 지시한 개설은행이 부담해야 한다. [★1]
- 진위여부가 확인되지 않았다고 표시된 채로 통지할 수 있다. [★1]

ⓗ 지정은행(Nominated Bank)

- 신용장에서 지급이행을 하거나 매입하도록 수권된 은행 또는 자유매입신용장의 경우 모든 은행을 의미한다.
- 개설은행을 제외한 신용장이 사용될 수 있는 은행, 또는 모든 은행에서 사용될 수 있는 신용장의 경우 모든 은행을 말한다.
- 지정은행은 신용장이 이용 가능한 은행을 의미하고, 신용장에 "available with any bank"라고 기재된 경우에는 모든 은행을 의미한다. [★1]

　　　－ 신용장 조건과 일치하는 서류를 제시하면 개설은행으로부터 신용장 대금을 상환

　　　　받을 수 있다. [★1]

　ⓐ 상환은행(Reimbursing Bank)

　　　－ 상환은행은 개설은행이 발행한 상환수권에 따라 대금상환을 하도록 지시 또는

　　　　수권받는 은행을 말한다. [★1]

　　　－ 상환은행은 개설은행의 지시에 따라 신용장 대금을 매입은행 등에게 지급을 한다.

　　　　[★1]

　　　－ Settling Bank라고도 불린다. [★1]

　　　－ 상환은행은 상환신용장에서 개설은행에게 결제환가료를 청구한다. [★1]

　ⓞ 일치하는 제시(Complying Presentation)

　　　－ 신용장의 제조건, UCP 600의 적용 가능한 규정 및 국제 표준은행관습에 일치하는

　　　　제시를 말한다. [★2]

　ⓩ 매입(Negotiation)

　　　－ 일치하는 제시에 대하여 지정은행이, 지정은행에 상환하여야 하는 은행영업일

　　　　또는 그 전에 대금을 지급함으로써 또는 대금지급에 동의함으로써 환어음 및/

　　　　또는 서류를 구매(purchase)하는 것을 의미한다. [★2]

　　　－ 대금 지급을 해야 하는 당사자 이외의 은행이 하는 행위이다. [★1]

　　　－ 신용장에서 약정하고 있는 서류들을 첨부한 일체를 거래은행이 매입하여 수익자

　　　　에게 미리 대금을 지급하는 것이다. [★2]

　　　－ 매입은행이 만기일 또는 그 이전에 대금을 지급하거나 대금을 지급하기로 동의함

　　　　으로써 환어음 또는 서류를 매수하여야 한다. [★1]

　　　－ 매입(Negotiation)은 결제(Honour)라고 볼 수 없다. [★2]

　　　－ 매입(Negotiation)을 통해 수익자는 대금을 선지급 받을 수 있고 매입은행은 환가

　　　　료라는 이자수익을 확보할 수 있는 이점이 있다. [★1]

　ⓩ 결제(Honour)

　　　－ 신용장이 일람지급에 의하여 이용 가능하다면 일람출급으로 지급하는 것이다. [★2]

　　　－ 신용장이 연지급에 의하여 이용 가능하다면 연지급을 확약하고 만기에 지급하는

　　　　것이다. [★2]

　　　－ 신용장이 인수에 의하여 이용 가능하다면 수익자가 발행한 환어음을 인수하고

　　　　만기에 지급하는 것이다. [★2]

　　　－ 지급은행은 개설은행이 될 수도 있다. [★1]

ㅋ 제시(Presentation)
- 신용장에 의하여 이루어지는 개설은행 또는 지정은행에 대한 서류의 인도 또는 그렇게 인도된 그 서류 자체를 의미한다. [★2]

ㅌ 제시자(Presenter)
- 제시를 하는 수익자, 은행 또는 다른 당사자를 의미한다. [★3]

ㅍ 인수(Acceptance)
- 환어음을 인수하고 만기에 지급하는 것을 의미한다. [★1]

⑥ 신용장의 해석(Interpretations)
- 적용 가능한 경우 단수형으로 된 단어들은 복수형을 포함하고 복수형으로 된 단어들도 단수형을 포함한다.
- 서로 다른 국가에 위치한 같은 은행의 지점들은 다른 은행으로 본다. [★2]
- 서류의 발행자를 표현하기 위하여 사용되는 "first class(일류)", "well known(저명한)", "qualified(자격 있는)", "independent(독립적인)", "official(공적인)", "competent(능력 있는)" 또는 "local(현지의)"라는 용어들은 수익자를 제외하고, 해당 서류를 발행하는 모든 서류 발행자가 사용할 수 있다. [★2]
- 서류에 사용하도록 요구되지 않았다면 "신속하게(prompt)", "즉시(immediately)" 또는 "가능한 한 빨리(as soon as possible)"라는 단어들은 무시된다. [★3]
- 'on or about' 또는 그 유사한 표현은 양 일자를 포함하여 지정일 이전 5일에서 지정일 5일까지 발생하여야 한다는 내용으로 해석된다. [★3]
- 선적일을 결정하는 데 'to', 'until', 'till', 'from', 'between'이라는 용어가 사용된 경우 당해 일자를 포함하고, 'before'와 'after'라는 단어는 명시된 일자를 제외한다. [★3]
- 만기를 정하기 위하여 "from"과 "after"라는 단어가 사용된 경우에는 명시된 일자를 제외한다. [★4]
- 'Within'이 일자와 관련하여 사용되는 경우에는 그 해당일은 기간을 산정할 때 제외되므로 'Within 2days Of August 3, 2021'의 기간은 8월 1일부터 8월 5일까지 총 5일의 기간을 말한다. [★3]
- 특정일자 앞의 'Within'은 해당 일자를 포함하므로 'Shipment is to be made within 2 June.'인 경우 6월 2일이 선적의 최종일이 된다. [★2]
- 'first half'는 지정한 달의 1일부터 15일까지, 'second half'는 지정한 달의 16일부터 말일까지를 의미한다.

- 'begin'은 1일부터 10일까지, 'middle'은 11일부터 20일까지, 'end'는 21일부터 말일까지이며, 당해일을 포함한다.

⑦ 신용장의 이용 가능성
- 신용장은 그 신용장이 이용 가능한 은행을 명시하거나 모든 은행에서 이용 가능한지 여부를 명시하여야 한다. [★1]
- 지정은행에서 사용될 수 있는 신용장은 개설은행에서도 사용될 수 있다.
- 신용장은 그 신용장이 일람지급, 연지급, 인수 또는 매입에 의하여 이용 가능하는지 여부를 명시하여야 한다. [★2]
- 신용장은 개설의뢰인을 지급인으로 하여 발행된 환어음에 의해 이용 가능하도록 개설되어서는 안 된다. [★4]

(2) 신용장 기본원칙

① 독립성의 원칙(Principle of Independence)
- 신용장은 그 본질상 그것의 근거가 될 수 있는 매매계약 또는 기타계약과는 독립된 거래이다. [★1]
- 매매계약과 신용장은 별개로 보아 제시된 서류가 신용장의 조건에 일치하는 경우 개설은행은 대금을 지급하여야 한다. [★1]
- 은행은 계약에 관한 어떠한 참조사항이 신용장에 포함되어 있다 하더라도 그러한 계약과는 아무런 관계가 없으며 또한 이에 구속되지 아니한다. [★1]
- 신용장에 의한 결제(honour), 매입 또는 다른 의무이행의 확약은 개설의뢰인 또는 수익자와 개설의뢰인의 사이의 관계에서 비롯된 개설의뢰인의 주장이나 항변에 구속되지 않는다.
- 수익자는 어떠한 경우에도 은행들 사이 또는 개설의뢰인과 개설은행 사이의 계약관계를 원용할 수 없다. [★2]
- 개설은행은 신용장의 필수적인 부분으로서 근거계약의 사본, 견적송장 등을 포함시키고자 하는 어떠한 시도도 저지하여야 한다. [★1]

② 추상성의 원칙(Principle of Abstraction)
- 은행은 서류의 형식, 충분성, 진정성 등에 대하여 어떠한 의무나 책임도 지지 않는다. [★4]
- 은행은 서류로 거래하는 것이며 물품, 용역 또는 의무이행으로 거래하는 것은 아니다. [★2]
- 은행은 서류에 의해 거래를 하는 것이며 모든 거래관계의 판단은 오직 제시된 서류만으로 한다는 의미이다. [★1]

[관련 규정] 독소조항

1. 의의
   - 일반적으로 수입자가 악의적으로 삽입하는 조항으로서 신용장의 추상성과 독립성을 훼손시킨다.
2. 독소조항의 예시
   - Payment will be made only on realization of export proceed against L/C NO.123. [★2]
   - Claims for reimbursement will be made on the L/C applicant. [★2]
   - Inspection certificate signed by buyer. [★1]
   - B/L shown "said by shipper to contain" not acceptable. [★1]

심화 수입업자가 악용할 수 있는 특수조건 예시 [★2]
- 수입승인 조건부 신용장
- 바이어 agent의 검사증명서 제출
- 개설은행의 매입지시 후에만 네고 가능
- Inspection Certificate approved and signed by buyer's agent required.
- Commercial Invoice must appear on their face to be signed by the applicant's agent.
- Negotiation under this credit subject to further instruction.

③ 엄밀 일치의 원칙(Doctrine of Strict Compliance)
   - 은행이 서류를 심사함에 있어서 제시된 서류가 신용장상 문언에 엄밀하게 일치된 것으로 판명된 서류에 한하여 지급을 이행할 수 있다는 원칙을 말한다.

④ 상당 일치의 원칙(Doctrine of Substantial Compliance)
   - 엄밀일치 원칙을 완화하여 신용장 제조건과 제시된 서류상의 문면이 엄밀히 일치하지 않아도 실질적인 일치성이 존재하면 대금을 지급할 수 있도록 서류를 심사해야 한다는 원칙을 말한다.

⑤ 사기거래배제의 원칙(Fraud Rule)
   - 신용장 거래 시 사기의 명백한 증거가 있는 경우 제시 서류가 신용장의 조건에 일치하더라도 은행은 대금 지급을 거절할 수 있는 원칙을 말한다.
   - 신용장 조건과 일치하는 서류가 제시되더라도 이것이 명백하게 위조 또는 사기에 의한 허위라는 것이 밝혀지면 은행이 이를 수리할 의무가 없으며 지급 거절을 할 수 있다는 것은 Fraud Rule이다. [★1]
   - 사기거래배제의 원칙은 독립·추상성을 악용하는 것을 방지하기 위한 원칙이다. [★2]
   - 수출상의 사기행위에 대한 명백하고 확실한 증거가 존재할 경우, 지정은행이 이 사실을 인지하지 못하고 매입했다고 하더라도 개설은행은 대금지급을 거절할 수 있다. [★1]
   - 개설은행의 대금 지급 이후에는 적용될 수 없으며, 반드시 개설은행의 대금 지급 이전에만 적용된다. [★1]

－ 신용장 거래는 서류에 의한 거래이므로 서류만을 근거로 개설은행이 지급을 확약하는 것은 수출자 측의 한계성이라고 볼 수 있다. [★1]

> **참조 지급정지명령(Injunction)**
> － 지급정지명령이란 우리나라의 가처분에 해당하는 것으로 신용장 거래에서는 신용장 개설은행에 대금 지급을 금지하는 법원의 결정을 의미한다. [★3]
> － UCP 600에는 사기나 위조에 관한 규정을 마련하고 있지 않기 때문에 Injunction은 신용장의 본질을 훼손하는 것으로 볼 수 있다. [★4]
> － 미국 통일상법전에서 서류가 사기적 또는 위조인 경우에 있어 개설은행의 지급거절권이나 지급의무의 범위를 그리고 개설의뢰인의 지급금지명령 획득 가능성을 명문화한 것을 의미한다. [★2]
> － 개설은행이 물품대금을 이미 지급하였다면, 개설은행은 법원의 지급금지명령이 있더라도 해당 화환신용장과 관련해서는 상환청구권을 행사할 수 없다. [★3]

(3) 신용장의 구분과 종류

① 선적서류 첨부 여부에 따른 구분

㉠ 화환신용장(Documentary Credit)

－ 환어음 및 선적서류가 첨부되어 발행되는 신용장을 말한다.

㉡ 무화환신용장(Clean Credit)

－ 선적서류의 첨부 없이 환어음만으로 발행되는 신용장을 말한다.

② 취소 가능 여부에 따른 구분

㉠ 취소가능신용장(Revocable Credit)

－ 취소가능이라는 표시가 있는 신용장을 말한다.

㉡ 취소불능신용장(Irrevocable Credit)

－ 취소불능이라는 표시가 명시되어 있거나 아무런 표시가 없는 신용장을 말한다.

③ 대금결제 시기에 따른 구분

㉠ 일람출급신용장(Sight Credit)

－ 선적 서류 또는 환어음이 제시되면 곧바로 대금을 결제하는 신용장을 말한다.

㉡ 기한부 신용장(Usance Credit)

－ 기한부 신용장이란 선적 서류 또는 환어음이 제시된 후 어음기한 경과 후 대금을 결제하는 신용장을 말한다. [★1]

－ 기한부 신용장은 수출자가 물품을 인도하고 일정 기간 후 대금을 지급하는 신용공여가 나타난다.

- 신용 공여의 주체에 따라 수출자가 유예해주는 경우 Shipper's usance credit 와 인수은행이 유예해주는 Banker's usance credit으로 구분된다. [★1]
- 대금결제를 유예해 준 신용공여 은행이 환어음 인수 시 '인수 수수료(acceptance commission)'와 어음을 할인하여 일람불로 결제 시 발생하는 '할인수수료(discount charge)'는 최종적으로 수입자 부담이다. [★3]
- 인수신용장의 발생 수수료로는 Acceptance commission & discount charge, Negotiation commission, 인수 수수료 등이 있다. [★5]
- A/C와 D/C는 인수은행이 개설의뢰인에게 부과하는 수수료이다. [★1]
- 기한부 신용장 방식으로 수입계약을 체결하려는 수입자는 수출자의 서적 지연 및 선적 불이행 등에 대비하여 수출자에게 performance bond를 요청하였다. [★1]

참조 Shipper's Usance, Banker's Usance 비교

구분	Shipper's Usance	Banker's Usance
신용공여의 주체	수출자	은행
usance 기간의 이자 부담자	수출자 [★2]	수입자, 수출환어음의 대금지급을 유예해 주는 기간 동안의 이자를 수입자가 부담한다. [★4]
환어음의 지급인	개설은행	개설은행 혹은 해외인수은행
환어음의 만기표시	기한부	기한부

④ 확약방식에 따른 구분

　㉠ 지급신용장(Payment Credit)

- 지급이란 대금을 치러주는 행위로, 지급신용장은 수익자가 신용장 조건에 일치하는 서류를 신용장에 지정되어 있는 은행에 제시하면 지정은행에 의해 대금 지급이 이루어지는 신용장이다.
- 지급신용장은 서류가 부도반환되어도 지급은행은 수익자에게 상환청구권을 행사할 수 없다. [★1]

　　a. 일람지급신용장(Sight Payment Credit)

- 신용장 조건에 일치하는 서류가 신용장상에 지정되어 있는 지정은행인 지급은행에 제시되면 일람 후 서류와 상환으로 신용장 금액이 지급하게 되는 신용장을 말한다.
- 일람지급신용장의 경우 바로 지급이 일어나기 때문에 환어음이 발행되지 않을 수 있다.

b. 연지급신용장(Deferred Payment Credit)

- 신용장 조건에 일치하는 서류가 지정은행에 제시되면 은행은 연지급확약서 (Deferred Payment Undertaking)를 발행해주고 일정기간 지급을 유예하였 다가 만기일에 대금을 지급하는 신용장을 말한다. [★1]
- 연지급신용장은 환어음을 사용하지 않고 연지급확약서를 통해 기한부신용 장의 기능을 하는 것으로 연지급 은행이 일정기간 후에 대금을 지급하겠다 는 방식이다. [★4]
- 연지급은행으로 지정된 은행은 신용장의 제 조건과 일치하는 서류를 수익자 가 제시할 때 개설은행의 지시에 따라 수익자에게 만기일을 기재한 연지급 확약서를 발행한다. [★1]
- 신용장 뒷면에 매입 사실 배서를 요구하지 않는 비배서 신용장이다. [★1]

ⓒ 인수신용장(Acceptance Credit)

- 인수란 수익자가 발행한 기한부어음과 신용장 조건에 일치하는 서류를 제시하면 어음의 인수와 만기에 대금을 지급하는 것을 말하며, 인수신용장은 인수방식으로 사용 가능한 신용장을 말한다.
- 인수신용장은 개설은행이 자기의 해외지점이나 예치환거래은행을 인수은행으로 지정하고 그 은행을 지급인으로 수익자가 발행한 기한부환어음을 인수하는 것을 명시하고 있는 신용장이다. [★1]
- 인수신용장은 개설은행이 특정은행을 인수은행으로 지정하고 그 인수은행으로부 터 인수편의를 제공받을 때 사용된다. [★1]
- 인수신용장은 환어음이 반드시 발행된다.
- 신용장 뒷면에 매입 사실 배서를 요구하지 않는 비배서 신용장이다. [★1]

ⓒ 매입신용장(Negotiation Credit)

- 매입이란 매입을 수권받은 은행이 환어음 또는 서류를 수리하고 그 대가를 지급하 는 것을 말하며, 매입신용장은 매입방식으로 사용가능한 신용장을 말한다.
- 매입신용장은 Sight 또는 Usance 중 하나로 사용될 수 있는 유일한 신용장이다. [★2]
- 신용장 뒷면에 매입/인수/지급 등 사실의 배서를 반드시 요구하는 신용장이다. [★1]
- 매입신용장을 제외한 지급, 연지급, 인수신용장은 신용장의 사용을 특정은행으로 제한한다. [★1]

- 매입신용장의 환어음은 숫자금액과 문자금액은 서로 일치하여야 하나, 상이한 경우 문자금액을 기준으로환어음의 일치 여부를 판단한다. [★1]
- Less charge는 매입 당시에는 예상하지 않은 은행수수료가 해외은행으로부터 추가로 징수된 경우 다시 추징하는 수수료이다. [★1]

⑤ 은행 지정 유무에 따른 구분 [★1]

ㄱ 자유매입신용장(Free Negotiable Credit)
- 특정한 은행을 지정하지 아니하고 불특정 다수의 은행에 의한 매입이 허용되어 있는 신용장을 말한다.

ㄴ 제한매입신용장(Restricted Credit)
- 매입이 특정 은행에만 제한적으로 허용되는 신용장을 말한다.

⑥ 상환청구권 유무에 따른 구분

ㄱ 상환청구가능신용장(With Recourse Credit)
- 개설은행에 의해 인수, 지급불능이 된 경우이거나 신용장 조건과 일치하지 않아 지급거절 당한 경우 매입은행이 어음발행인에게 대금 상환을 행사할 수 있는 신용장을 말한다.

ㄴ 상환청구불능신용장(Without Recourse Credit)
- 신용장상에 'Without Recourse' 문언이 있는 경우로써 환어음을 매입한 은행이 어음 발행인에게 대금 상환을 청구할 수 없는 신용장을 말한다.

⑦ 연계무역에 활용되는 신용장

ㄱ 동시개설 신용장, 견질신용장(Back to Back L/C) [★2]
- 수입상이 수입신용장을 개설할 경우 그 신용장은 수출국에서 수출자도 동액의 수출신용장 개설 시에만 유효하다는 조건이 붙은 신용장을 말한다.
- 원신용장을 견질로 하여 제2의 신용장이 개설된다. [★2]
- 원신용장(Master credit)을 담보로 개설된 back to back 신용장의 경우 Master credit의 모든 조건변경을 반영할 필요는 없다. [★2]
- 개설의뢰인은 거래은행에 여신 한도가 있어야 한다. [★1]
- This Letter of Credit shall not be available unless and until standard prime banker's irrevocable Letter of Credit in favor of Hankook Co.Ltd., Seoul for account of HK Enterprise, Hong Kong for an aggregate amount of $1,000,000 have been established pursuant to contract no. [★1]

ⓛ 기탁신용장(Escrow Credit)

- 신용장 개설 시 대금이 수익자에게 직접 지급되지 않고 매입은행에 수익자 명의로 기탁되었다가 수익자가 원신용장 개설의뢰인으로부터 수입하는 상품 결제 시에만 사용하도록 하는 신용장을 말한다.

ⓒ 토마스 신용장(Tomas Credit)

- 매매당사자 일방이 신용장 개설 후 타방 당사자가 신용장을 개설하겠다는 보증서를 발행한 경우 효력이 발생되는 신용장을 말한다.

심화 연계무역

동일한 거래당사자 간에 수출입이 연계된 무역거래를 말한다.

⑧ 특수신용장

㉠ 회전신용장(Revolving Credit)

- 동일한 거래선과 동일품목을 지속적으로 거래하는 경우 거래 시마다 신용장을 개설하지 않고 신용장의 사용 후에도 일정 기간이 경과하면 신용장 효력이 다시 발생하는 신용장을 말한다.

ⓛ 선대신용장, 전대신용장, 집화용 신용장(Red Clause Credit, Packing Credit, Advance Payment Credit) [★4]

- 수익자가 수출에 따른 물품의 생산·가공 등에 필요한 자금을 미리 융통 받기 위하여 물품의 선적과 관련된 선적서류 발행 전에 신용장 금액을 수익자 앞으로 전대하여 줄 것을 수권하고 있는 신용장을 말한다. [★1]
- 수익자는 대금을 청구할 때 운송서류를 제시하지 않아도 된다. [★1]

⑨ 보증신용장(Standby Credit)

㉠ 의의

- 보증신용장은 금융의 담보 또는 채무이행의 보증을 목적으로 발행되는 무화환 신용장으로 개설은행이 상대방으로 하여금 특정인에게 금융지원 또는 채무보증 등을 이행하도록 하고, 특정인이 만기에 채무의 상환을 하지 않을 경우에 지급을 대신 이행하겠다는 내용을 기재한 약속증서이다. [★2]
- 개설의뢰인이 수익자와의 채무계약을 정당하게 이행하지 않았다는 확인 시 개설은행의 지급의무가 발생하며 불이행진술서는 수익자가 제시하는 서류 중 하나이다. [★2]

ⓛ 특징

- 보증신용장은 보증의 수단으로만 사용되는 것이 아니라 물품이나 서비스 거래의 대금징수 수단 등으로도 사용이 가능하다.

- 보증신용장 개설은행은 신용장의 조건과 문면상 일치하는 서류의 제시에 대하여 원인계약과는 관계없이 대금을 지급하여야 하는 1차적이고 독립적인 채무를 부담한다. [★2]

- 해외현지법인의 국내본사는 해외현지법인의 해외거래은행에게 현지금융 보증용도로 국내본사 거래은행이 발행한 보증신용장을 제공한다. [★1]

ⓒ 보증신용장의 국제규칙

- ISP98(보증신용장통일규칙) [★3]

- (적용할 수 있는 경우에 한하여) UCP600(신용장통일규칙) [★8]

참조 화환신용장, 보증신용장, 은행보증서 비교 [★3]

구분	화환신용장 (Documentary L/C)	보증신용장 (Standby L/C)	은행보증서 (Bank Guarantee)
의의	환어음과 선적서류가 첨부되어 있는 신용장	금융을 담보하거나 채무이행의 보증을 목적으로 발행하는 신용장	- Standby L/C와 성격과 내용이 동일한 은행의 보증서 [★1] - 채권자 측의 청구에 대하여 무조건 지급을 약속한다. - 영문으로 Demand Guarantee, 우리말로 요구불 보증이라 한다. - 보증서상에 제시 방법이 특정되어 있지 않다면 종이형태로 제시될 수 있다. [★1]
용도	수입대금 결제용	각종 보증 용도	각종 보증 용도 [★1]
적용규칙	UCP, ISBP	UCP, ISP	청구보증통일규칙 URDG 758 [★4]
제시서류	선적서류	불이행 진술서, 서면청구서, 서면진술서 [★1]	불이행진술서, 서면청구서, 서면진술서 [★2]

(4) 신용장에 참여하는 은행의 면책

- 은행은 어떤 서류의 방식, 충분성, 정확성, 진정성, 위조 여부 또는 법적 효력 또는 서류에 명시되거나 위에 추가된 일반 또는 특정조건에 대하여 어떠한 책임(liability or responsibility)도 지지 않는다. [★1]

- 은행은 물품의 송하인, 운송인, 운송주선인, 수하인, 보험자, 기타 당사자의 이행능력 또는 신용상태에 대하여 어떠한 의무나 책임을 지지 않는다. [★1]
- 은행은 천재지변, 폭동, 소요, 반란, 전쟁, 테러행위 또는 어떤 파업 또는 직장폐쇄 또는 자신의 통제 밖에 있는 원인에 의한 영업의 중단으로부터 발생하는 결과에 대하여 어떠한 책임도 지지 않는다. 은행은 자신의 영업이 중단된 동안에 만료된 신용장 하에서는 결제(honour) 또는 매입을 하지 않는다. [★1]
- 개설은행이나 통지은행은 비록 자신의 판단하에 다른 은행을 선정하였더라도 그가 다른 은행에 전달한 지시가 이행되지 않은 데 대하여 어떤 책임도 지지 않는다. [★1]
- 개설의뢰인은 외국의 법과 관행이 부과하는 모든 의무와 책임에 대하여 은행에 보상할 의무와 책임이 있다. [★1]

(5) 신용장의 조건변경

① 의의
- 신용장의 변경은 신용장 전체의 효력을 무효로 하지 않고 수정, 변경하거나 취소하는 것을 말한다.

② 신용장 변경의 요건
- 개설은행, 있는 경우 확인은행, 수익자의 전원 합의가 있어야 조건변경 또는 취소가 가능하다. [★8]
- 유효기일 내에 신용장의 조건변경이 이루어져야 하며, 당사자 전원 합의 하에 유효기일 연장이 가능하다.
- 수익자가 일정기간 내에 조건변경을 거절하지 않으면 조건변경이 효력을 가진다는 규정은 무시된다. [★4]
- 조건변경에 대해 일부만 수락하는 것은 허용되지 않고, 이는 조건변경내용에 대한 거절의 의사표시로 본다. [★6]

③ 조건변경의 효력발생시기
ㄱ) 개설은행
- 조건 변경서를 발행한 시점부터 취소 불능의무를 부담한다. [★2]
ㄴ) 확인은행
- 조건변경에 확인을 확장하여 그 변경을 통지한 시점부터 취소불능의무를 부담한다. [★2]
- 확인의 추가가 없는 경우 그 사실을 개설은행에게 통고하고, 수익자에게 확인 없이 통고하여야 한다. [★3]

ⓒ 수익자
- 수익자는 수락 또는 거절의 통고를 행하여야 한다.
- 조건변경에 대한 승낙을 조건변경을 통지한 은행에게 통보한 시점부터 효력이 발생한다.
- 승낙 또는 거절의 통고 없이 신용장과 변경된 조건에 일치하는 서류를 수익자가 제시하면 이는 수익자의 조건변경에 대한 수락으로 간주된다. [★5]

④ 통보의무
- 신용장의 조건변경을 통지하는 은행은 조건변경을 송부한 은행에게 조건변경 내용에 대한 수락 또는 거절의 뜻을 통보하여야 한다. [★2]

(6) 은행 간 상환약정

① 대금 상환 통일규칙(URR 725)이 적용되는 경우
- 청구은행이 다른 당사자(이하 "상환은행"이라 한다)에게 청구하여 상환을 받도록 규정하고 있다면, 그 신용장은 상환과 관련하여 신용장 개설일에 유효한 은행 간 상환에 대한 국제상업회의소 규칙(URR 725)의 적용을 받는지 여부를 명시하여야 한다. [★1]

② 대금 상환 통일규칙(URR 725)이 적용되지 않는 경우
- 개설은행은 신용장에 명시된 이용 가능성에 부합하는 상환수권을 상환은행에 수여하여야 한다.
- 상환수권은 유효기일의 적용을 받지 않아야 한다.
- 상환수권(Reimbursement Authorization)은 신용장과 독립적으로 개설은행이 상환은행으로 하여금 청구은행에게 대금을 상환하도록 하거나, 또는 개설은행의 요청에 의하여 상환은행 앞으로 발행된 기한부 환어음을 인수하고 지급하도록 발행된 지시 또는 수권을 의미한다. [★1]
- 개설은행이 지급이행을 거절하거나 확인은행이 지급이행 또는 매입을 거절하고 해당 내용을 통지한 경우 그 은행은 Forfating 매입을 하지 않았을 경우 이미 행해진 상환금에 이자를 추가하여 상환금 반환을 청구할 권리가 있다. [★1]
- 상환은행의 비용은 개설은행의 부담으로 하여야 한다.

(7) 서류심사기준

① 심사의 주체

— 지정에 따라 행동하는 지정은행, 확인은행이 있는 경우의 확인은행 그리고 개설은행
은 서류에 대하여 문면상 일치하는 제시를 구성하는지 여부를 서류만을 기초로 심사
하여야 한다.

② 서류심사기간

— 서류의 제시가 일치하는지 여부를 결정하기 위하여 서류 제시일의 다음날로부터 기
산하여 최장 5은행영업일이 주어진다. [★9]

— 단기간 내에 심사 가능한 서류는 5은행영업일을 기다리지 말고 신속히 처리해야 한
다. [★1]

— 최장 5은행영업일이란 문자 그대로 한도에 불과하며, 이 한도 내에 신속히 심사하여
야 하는 것을 의미한다. [★1]

— 서류심사기간은 제시를 위한 유효기일 또는 최종제시일 또는 그 이후의 사건에 단축
되거나 영향을 받지 않는다.

③ 유효기일, 선적기일, 서류 제시기한

㉠ 유효기일(E/D, Expiry Date)

— 신용장은 제시를 위한 유효기일을 명시하여야 하며, 지급 이행 또는 매입을 위하
여 명시된 유효기일은 제시를 위한 유효기일로 본다. [★1]

— 수익자 또는 그를 대리하는 제시는 최종 제시일이 휴업일인 경우를 제외하고는
유효기일 또는 그 이전에 행하여야 한다. [★2]

— 유효기일 또는 최종 제시일이 불가항력의 사유에 언급된 이외의 지정된 은행의
휴업일인 경우에는 최초의 다음 은행영업일까지 연장된다. [★5]

㉡ 선적기일

— 최종 선적일(Latest Shipping Date, S/D)은 유효기일 또는 최종 제시일이 최초의
다음 은행영업일까지 연장되었다 하더라도 연장되지 않는다. [★4]

㉢ 서류 제시기한(P/D, Presentation Date)

— UCP 600에 따른 하나 이상의 운송서류 원본이 포함된 제시는, 이 규칙에서 정하
고 있는 선적일 후 21일보다 늦지 않게 수익자에 의하거나 또는 그를 대신하여
이루어져야 하고, 어떠한 경우라도 신용장의 유효기일보다 늦게 이루어져서는
안 된다. [★3]

255

④ 서류의 내용 및 명세 일치성

㉠ 서류의 내용 일치성

- 서류상의 정보는 신용장, 서류 그 자체 그리고 국제표준은행관행에 따라 검토하는 경우 그 서류나 다른 적시된 서류 또는 신용장상의 정보와 반드시 일치될 필요는 없으나, 상충되어서는 안 된다. [★1]

㉡ 서류의 명세 일치성

- 상업송장의 물품, 서비스 또는 의무이행의 명세는 신용장의 명세와 일치해야 한다. [★3]
- 상업송장 이외의 서류의 물품, 서비스 또는 의무이행의 명세는 신용장상의 명세와 상충되지 않는 한 일반 용어로 기재될 수 있다. [★3]

[관련 규정] UCP600 제18조 상업송장(Commercial Invoice)

a. 상업송장은
- (제38조가 적용되는 경우를 제외하고는) 수익자가 발행한 것으로 보여야 한다. [★4]
- (제38조 (g)항이 적용되는 경우를 제외하고는) 개설의뢰인 앞으로 발행되어야 한다. [★4]
- 신용장과 같은 통화로 발행되어야 한다. 그리고
- 서명될 필요는 없다. [★7]

b. 지정에 따라 행동하는 지정은행, 확인은행이 있는 경우의 확인은행 또는 개설은행은 신용장에서 허용된 금액을 초과하여 발행된 상업송장을 수리할 수 있고, 이러한 결정은, 문제된 은행이 신용장에서 허용된 금액을 초과한 금액을 결제(honour) 또는 매입하지 않았던 경우에 한하여, 모든 당사자를 구속한다. [★2]

예시 상업송장의 명세

신용장의 상품명세(Decription of Good)에는 "Car Model T"인데 상업송장의 물품명세란에 "Car Model T and Y"로 표시된 경우 지급거절의 사유가 된다. [★1]

⑤ 요구되지 않은 서류의 심사

- 제시되었으나 신용장에서 요구되지 아니한 서류는 무시될 것이고 제시자에게 반환될 수 있다. [★2]

⑥ 비서류적 조건의 심사

- 신용장이 어떤 조건과 일치함을 나타낼 서류를 명시함이 없이 신용장에 어떠한 조건이 담겨 있다면, 은행은 그러한 조건이 기재되지 아니한 것으로 간주하고 무시할 것이다. [★2]
- 신용장 거래에서 비서류적 조건이 있는 경우 이 조건의 준수는 명시된 서류에 의하여 입증되지 않더라도 무방하다. [★1]

⑦ 요구서류 조항(Document required) 및 추가조건(Additional condition)
  - 개설은행은 요구서류 조항 및 추가조건에서 요구하는 심사대상 서류가 나타내고 있는 물품 또는 서비스의 적정성을 심사할 의무가 없다. [★1]

⑧ 서류의 작성일
  - 서류는 신용장 개설일 이전 일자에 작성된 것일 수 있으나 제시일자보다 늦은 일자에 작성된 것이어서는 안 된다. [★7]

⑨ 수익자와 개설의뢰인의 주소
  ㉠ 서류상의 수익자와 개설의뢰인의 주소는 신용장 또는 타 서류에 기재된 것과 동일할 필요는 없으나 신용장에 기재된 주소와 동일한 국가 내에 있어야 한다. [★5]
  ㉡ 수익자와 개설의뢰인의 세부 연락처(팩스, 전화, 이메일, 이와 유사한 것)는 무시된다.
  ㉢ 개설의뢰인의 주소와 세부 연락처가 운송서류 상의 수하인 또는 통지처의 내용인 경우에는 신용장에 명시된 대로 기재되어야 한다.

  예시 수익자의 주소
  신용장의 수익자의 주소가 "123-45, Guro-Dong, Guro-Gu, Seoul, Korea"인데 상업송장의 수출자 란에 "543-12, Guro-Dong, Guro-Gu, Seoul, Korea"로 표시된 경우 지급거절의 사유로 보지 않는다. [★1]

⑩ 송하인과 선적인 표기
  - 어떠한 서류상에 표시된 물품의 송하인 또는 선적인은 신용장의 수익자일 필요가 없다. [★5]

⑪ 운송서류의 발행인
  - 운송서류는 운송인, 선주, 용선자 외의 모든 당사자에 의하여 발행될 수 있다.

참조 수익자증명서(Beneficiary certificate)

- 신용장에서 일정한 사실에 대하여 수익자가 담보, 확인하는 것을 요구하는 경우 수익자가 해당 사실을 보증하기 위하여 직접 작성하는 서류를 말한다.
- 신용장에서 수익자의 증명서를 제시하도록 요구하는 경우 신용장 조건에 따라 제시된 서류는 신용장과 동일한 제목과 또는 유사한 제목으로 기재되어도 되고 심지어 제목이 기재되지 않아도 된다. [★2]
- 당해 서류가 신용장에서 요구하는 정보와 증명사항을 담고 있어서 증명서의 기능을 수행한다면, 제목이 없는 서류의 제시로도 충족된다. [★1]
- 수익자 증명서에 기재되는 정보는 신용장의 요건과 저촉되지 않아야 한다. [★2]
- 수익자 증명서에 기재되는 정보나 증명사항은 신용장에서 요구되는 것과 동일할 필요는 없으나, 신용장에 명시된 요건이 충족되었음을 명백하게 표시되어야 한다. [★1]

- 수익자증명서에 기재되는 정보나 증명사항은 물품명세를 포함하거나 신용장 또는 명시된 다른 서류에 대한 참조를 포함할 필요가 없다. [★1]
- 수익자증명서는 수익자나 그 대리인에 의하여 서명되어야 한다. [★1]

(8) 불일치 서류에 대한 거절통지

① 불일치 서류의 거절 통지
- 지정에 따라 행동하는 지정은행, 확인은행(있는 경우) 또는 개설은행은 제시가 일치하지 않는다고 판단하는 때에는, 결제(honour) 또는 매입을 거절할 수 있다.
- 지정에 따라 행동하는 지정은행, 확인은행(있는 경우) 또는 개설은행이 결제(honour) 또는 매입을 거절하기로 결정하는 때에는, 제시자에게 그러한 취지로 1회만 통지하여야 한다. [★3]
- 지정은행, 있는 경우 확인은행, 개설은행은 거절 통지를 행한 후 언제든지 제시인에게 서류를 반송할 수 있다. [★5]
- 개설은행 또는 확인은행이 불일치 통지 규정에 따라 행동하지 못하면, 그 은행은 서류에 대한 일치하는 제시가 아니라는 주장을 할 수 없다.

② 개설의뢰인과의 권리포기 교섭
- 개설은행은 제시가 일치하지 않는다고 판단하는 때에는, 자신의 독자적인 판단으로 하자에 대한 권리포기(waiver)를 위하여 개설의뢰인과 교섭할 수 있다. 그러나 이로 인하여 서류 심사기간에 규정된 기간이 연장되지는 않는다. [★3]
- 개설은행은 하자통지 전문을 발송하기 전에 개설의뢰인과 교섭할 수 있다. [★1]
- 선적서류가 신용장의 조건과 불일치한다 하더라도 개설의뢰인이 개설은행에 'waiver'의 의사표시를 한다면 수익자는 대금을 지급 받을 수 있다. [★1]

③ 거절 통지 기간
- 통지는 전신(telecommunication)으로, 또는 그것의 이용이 불가능하다면 다른 신속한 수단으로, 제시일의 다음날로부터 기산하여 5영업일의 종료 시보다 늦지 않게 이루어져야 한다. [★8]

④ 상환대금 및 이자의 반환
- 개설은행이 결제(honour)를 거절하거나 또는 확인은행이 결제(honour) 또는 매입을 거절하고 그 취지의 통지를 한 때에는, 그 은행은 이미 지급된 상환 대금을 이자와 함께 반환 청구할 권리를 갖는다. [★1]

(9) 원본 서류 및 사본(Original Document and Copies)

① 서류 제시 원칙

- 적어도 신용장에서 명시된 각각의 서류의 원본 한 통은 제시되어야 한다. [★3]
- 신용장이 서류 사본의 제시를 요구하는 경우, 원본 또는 사본의 제시가 모두 허용된다. [★2]
- 신용장이 "in duplicate", "in two folds" 또는 "in two copies"와 같은 용어를 사용하여 복수의 서류의 제시를 요구하는 경우, 이 조건은 그 서류 자체에 달리 정함이 없는 한 적어도 한 통의 원본과 나머지 수량의 사본을 제시함으로써 충족된다.

② 원본 서류의 범위

- 서류 자체가 원본이 아니라고 표시하고 있지 않은 한, 은행은 명백하게 원본성을 갖는 서류 발행자의 서명, 마크, 스탬프 또는 라벨이 담긴 서류를 원본으로 취급한다. [★1]
- 원본 서류에 서명과 발행일자가 표시되어 있더라도, 사본 서류에는 서명과 발행일이 없어도 된다. [★2]
- 서류가 달리 표시하지 않으면, 은행은 또한 다음과 같은 서류를 원본으로 수리한다.
- ㉠ 서류 발행자의 손으로 작성, 타이핑, 천공서명 또는 스탬프된 것으로 보이는 것 또는
- ㉡ 서류 발행자의 원본 서류용지 위에 작성된 것으로 보이는 것 또는 [★1]
- ㉢ 원본이라는 표시가 제시된 서류에는 적용되지 않는 것으로 보이지 않는 한, 원본이라는 표시가 있는 것 [★1]

(10) 운송서류 수리요건

① 운송서류의 일반적인 수리요건

- ㉠ "갑판적재", "내용물 부지약관"과 운임에 대한 추가비용
  - 운송서류는 물품이 갑판에 적재되거나 적재될 것이라는 표시를 하여서는 안 된다. 물품이 갑판에 적재될 수도 있다고 기재하는 운송서류상의 조항은 수리될 수 있다.
  - "선적인이 적재하고 검수하였음(shipper's load and count)"과 "선적인의 내용신고에 따름(said by shipper to contain)"과 같은 조항이 있는 운송서류는 수리될 수 있다. [★1]
  - 운송서류는 스탬프 또는 다른 방법으로 운임에 추가되는 요금을 언급할 수 있다.

ⓛ 무고장 운송서류(Clean Transport Document)

- 무고장 운송서류란 물품 또는 그 포장에 명확히 하자가 있는 상태를 표시하는 조항 또는 단서를 기재하고 있지 않는 것을 말하며, 은행은 해당 무고장 운송서류 만을 수리한다. [★2]
- 무고장(Clean)이라는 단어는 운송 서류상에 작성될 필요가 없다. [★7]

② 각 운송서류별 수리요건

㉠ 선하증권(B/L, Bill of Lading)

- 선하증권은 명칭에 관계없이 다음과 같이 보여야 한다.
- 운송인 명칭을 표시하여야 한다. [★1]
- 운송인, 선장의 서명이 되어 있어야 하며, 대리인의 경우 누구를 대리하여 서명하 였는지 표시하여야 한다. [★4]
- 선하증권의 사본에는 서명이 필요하지 않다. [★1]
- 신용장에 명시된 선적항에서 지정선박에 "사전인쇄문언 또는 본선적재표기"를 통 해 본선 적재되었음을 표시해야 하며, 본선적재표기가 있는 경우에는 본선적재표 기에 기재된 일자를 선적일로 본다. [★4]
- 선하증권상에 "본선적재됨(shipped on board)"이라고 미리 인쇄되고 본선 적재 일(on board notation)의 표기가 없으면 선하증권의 발행일자를 선적일자로 본다. [★2]
- 신용장에 기재된 선적항으로부터 하역항까지의 선적을 표시해야 한다.
- 하나의 원본 선하증권이거나 하나 이상의 원본이 발행된 경우 표시된 운송서류의 전통이 제시되어야 한다.
- 용선계약에 의한다는 어떠한 표시도 없어야 한다. [★4]
- 환적이란 신용장에서 명시된 선적항으로부터 하역항으로 운송하는 도중에 한 선 박에서 다른 선박으로 재적재되는 것을 말한다. [★1] 물품이 환적될 것이라거나 환적 될 수 있다는 것을 표시할 수 있다.
- 신용장에서 환적을 금지하였더라도 하나의 선하증권이 전운송을 커버하고 화물 이 컨테이너, 트레일러 또는 래쉬바지에 선적되었다는 표시가 있다면 환적이 허용 된다. [★2]
- 신용장에서 환적을 금지하였으나 운송인이 환적할 권리를 유보하고 있다는 표시 가 있는 선하증권은 하자가 아니다. [★1]

260

- 선하증권에는 물품 또는 포장의 결함을 명백히 표시하는 문구가 포함되지 않아야 하므로, 신용장 방식에서 '포장이 해상조건에 충분하지 않다'는 문구는 수리거절 사유가 되지만 '포장이 해상운송에 충분하지 않을 수 있다'는 문구는 수리거절 사유가 아니다. [★3]
- 신용장에서 하나 또는 둘 이상의 통지처(notify parties)의 세부정보를 명시하였다면 선하증권에는 하나 또는 둘 이상의 추가적 통지처의 세부 정보가 표시될 수 있다. [★1]
- 신용장 거래에서 B/L상 Consignee는 개설은행이 되며, Notify party는 수입상이 된다. [★1]

참조 **Surrendered B/L**

- Surrender B/L은 Original B/L을 포기한다는 개념으로 선사가 Original B/L을 발급하지 않고 선하증권 사본에 "Surrender" 문구를 찍어 수하인이 선하증권 원본의 제시 없이 송하인으로부터 제공받은 사본으로 물품을 찾을 수 있도록 권리를 양도한 선하증권이다.
- 'surrendered B/L acceptable'이라고 기재되어 있는 경우 개설은행은 수입화물에 대한 담보권을 확보할 수 없다. [★3]

ⓛ 용선계약부선하증권(Charter Party B/L)
   - 용선계약에 따른다는 표시를 포함하는 선하증권(용선계약 선하증권)은 그 명칭에 관계없이 다음과 같아야 한다. [★1]
   - 선장, 선주, 용선자, 대리인의 서명이 있어야 한다. [★2]
   - 대리인의 서명은 선장, 선주, 용선자 중 누구를 대리하였는지 표시하여야 한다.
   - 신용장에 명시된 선적항에서 지정선박에 "사전인쇄문언 또는 본선적재표기"를 통해 본선 적재되었음을 표시해야 하며, 본선적재표기가 있는 경우에는 본선적재표기에 기재된 일자를 선적일로 본다. [★1]
   - 본선적재표기가 없는 경우에는 용선계약 선하증권의 발행일을 선적일로 본다. [★1]
   - 신용장에 기재된 선적항으로부터 하역항까지의 선적을 표시해야 한다.
   - 하나의 원본 용선계약 선하증권이거나 하나 이상의 원본이 발행된 경우 표시된 운송서류의 전통이 제시되어야 한다.

> **참조 부정기선과 용선계약 선하증권**
>
> 국제운송에서 부정기선(tramp vessel)을 이용하는 경우가 많은데 이 경우에는 선하증권에 용선계약이 적용된다는 것이 표시되므로 신용장 거래에서의 용선계약부 선하증권에 해당된다. [★1]

    ⓒ 항공운송증권(Air Waybill)
- 운송인 명칭을 표시하여야 한다. [★2]
- 운송인의 서명이 되어 있어야 하며, 대리인의 경우 누구를 대리하여 서명하였는지 표시하여야 한다. [★2]
- 물품이 운송을 위하여 인수되었음을 표시되어야 한다.
- 서류의 발행일을 표시하여야 한다. [★5]
- 항공운송증권이 실제 선적일을 표시하고 있는 경우에는 그 일자를 선적일로 보며, 표시하지 않은 경우에는 증권의 발행일을 선적일로 본다. [★6]
- 운항번호 및 일자에 관하여 기타 정보는 선적일을 결정하는데 고려되지 않는다.
- 신용장에 명시된 출발공항 및 도착공항을 명시해야 한다. [★3]
- 출발공항과 도착공항은 IATA 코드를 사용할 수 있다. [★1]
- 신용장이 원본 전통을 요구하더라도 송하인 또는 선적인(shipper)용 원본으로 표시된 것(1부)이면 된다. [★9]
- 환적이란 신용장에 명시된 출발공항으로부터 목적공항까지 운송과정 중에 한 항공기로부터 양하 및 다른 항공기로의 재적재를 말한다.
- 항공운송증권은 물품이 환적될 것이라거나 또는 될 수 있다고 표시할 수 있다. 다만 전 운송은 동일한 항공운송증권에 의하여 커버되어야 한다.
- 신용장이 환적을 금지하고 있더라도 은행은 환적이 행해질 것이거나 또는 행해질 수 있다고 표시하고 있는 항공운송증권은 수리될 수 있다. [★5]

    ⓓ 복합운송증권(Multimodal Transport Document)
- 운송인의 명칭을 표시하고 운송인, 선장의 서명이 있어야 한다.
- 대리인의 서명은 누구를 대리하여 서명한 것인지를 표시하여야 한다.
- 물품이 신용장에 명시된 장소에서 사전인쇄문언, 스탬프 또는 부기를 통해 발송, 수탁 또는 본선적재되었음을 표시하여야 한다.
- 운송서류의 발행일은 발송일, 수탁일 또는 본석적재일과 선적일로 본다.

- 운송서류가 스탬프 또는 부기에 의하여 발송일, 수탁일, 또는 본선적재일을 표시하는 경우에는 그 일자를 선적일로 본다.
- 신용장에 기재된 발송지, 수탁지, 선적지와 최종목적지를 표시하여야 한다.
- 전 운송이 하나의 동일한 운송서류에 의하여 포괄된다면 물품이 환적될 것이라거나 환적될 수 있다는 것을 표시할 수 있으며 이러한 표시가 있는 운송서류는 신용장이 환적을 금지하더라도 수리될 수 있다.

㉑ 특송화물수령증, 우편수령증 또는 우송증명서
- 특송업자의 명칭을 표시하고 서명, 스탬프, 부기가 있어야 한다. [★1]
- 신용장에서 지정된 장소에서 지정된 특송업체 의하여 스탬프 또는 서명되어야 한다. [★1]
- 접수, 집배일자(a date of pick-up) 또는 수령일자(a date of receipt)를 명시하여야 하고 이 일자를 선적일로 본다. [★2]
- 특송요금이 지급 또는 선지급되어야 한다는 요건은 특송요금이 수하인 이외에 제3자의 부담이라는 것을 입증하는 특송업자에 의하여 발행된 운송서류에 의해 충족될 수 있다.
- 우편수령증, 우송증명서는 신용장에 물품이 선적되기로 기재된 장소에서 스탬프 또는 서명되고 일자가 기재된 것으로 보여야 하며 이 날짜를 선적일로 본다.

(11) 보험서류와 부보범위(Insurance Document and Coverage)

① 보험서류 요건
- 보험증권, 보험증서 또는 포괄보험에서의 확인서와 같은 보험서류는 보험회사, 보험인수인 또는 그들의 대리인 또는 수탁인(proxies)에 의하여 발행되고 서명된 것으로 보여야 한다. [★2]
- 대리인 또는 수탁인에 의한 서명은 보험회사 또는 보험중개인을 대리하여 서명했는지의 여부를 표시하여야 한다.
- 보험서류가 한 통을 초과한 원본으로 발행되었다고 표시하는 경우, 신용장에서 보험증권 원본 1부의 제시를 요구하였더라도 모든 원본 서류가 제시되어야 한다. [★14]
- 보험서류는 신용장에서 요구되는 형식으로 발행되고 필요시 배서권자나 보험청구권자의 배서가 있어야 한다. [★1]
- 보험서류에는 보험금 지급청구를 위한 만료일이 표시되어 있지 않아야 한다. [★4]
- 잠정적 보험영수증(cover notes)은 수리되지 않는다. [★3]

- 보험증권(Insurance Policy)은 포괄예정보험에 의한 보험증명서(Insurance Certificate) 또는 통지서(Declaration)를 대신하여 수리될 수 있다. [★3]
- 보험서류에서 부보가 선적일보다 늦지 않은 일자로부터 유효하다고 보이지 않는 한 보험서류의 일자는 선적일보다 늦어서는 안 된다. [★3]
- Insurance Policy 발행일이 선적일보다 늦더라도 Insurance Policy에 운송서류 발행 일 이전에 효력이 발생함을 나타내고 있는 경우에는 하자가 아니다. [★2]

② 부보범위
- 보험서류는 부보금액을 표시하여야 하고 신용장과 동일한 통화로 표시되어야 한다. [★5]
- 신용장에 부보금액이 물품의 가액, 송장가액 또는 그와 유사한 가액에 대한 백분율로 표시되어야 한다는 요건이 있는 경우, 이는 요구되는 부보금액의 최소한으로 본다.
- 신용장에 부보 범위에 부보금액에 대한 명시가 없는 경우, 부보금액은 최소한 물품의 CIF 또는 CIP 가액의 110%가 되어야 한다. [★8]
- CIF 또는 CIP 가액을 서류로부터 결정할 수 없는 경우, 부보금액의 범위는 지급이행 (Honor) 또는 매입 금액 또는 송장에 나타난 물품에 대한 총 가액 중 더 큰 금액을 기준으로 산출되어야 한다. [★2]
- 신용장에서 110% 부보를 조건으로 하고 있을 때 120%를 부보하면 하자가 된다. [★1]
- 보험서류는 최소한 신용장에 명시된 수탁지 또는 선적지로부터 양륙지 또는 최종 목적지 사이에 발생하는 위험에 대하여 부보가 되는 것이어야 한다. [★1]
- 신용장은 요구되는 보험의 종류를 명시하여야 하고, 부보되어야 할 추가 위험이 있다 면 그것도 명시하여야 한다. 만일 신용장이 "통상의 위험" 또는 "관습적인 위험"과 같이 부정확한 용어를 사용하는 경우 보험서류는 특정위험을 부보하지 않는지 여부 와 관계없이 수리된다.
- 신용장이 "전위험(all risks)"에 대한 부보를 요구하는 경우에 "전위험(all risks)" 표시 또는 문구를 포함하는 보험서류가 제시되는 때에는, 제목에 "전위험(all risks)"이 포 함되는가에 관계없이, 또한 어떠한 위험이 제외된다고 기재하는가에 관계없이 수리 된다.
- 보험서류는 어떠한 제외문구(exclusion clause)의 참조를 포함할 수 있다. [★3]
- 보험서류는 부보 범위가 일정한도 본인 부담이라는 조건 또는 일정한도 이상 보상 조건(면책 비율 조항, a franchise or excess) (일정액 공제제도, deductible)의 적용 을 받고 있음을 표시할 수 있다. [★1]

(12) 신용장 금액, 수량 그리고 단가의 허용치

① 개산수량조건

- 신용장 금액 또는 신용장에서 표시된 수량 또는 단가와 관련하여 사용된 "about" 또는 "approximately"라는 단어는, 그것이 언급하는 금액, 수량 또는 단가에 관하여 10%를 초과하지 않는 범위 내에서 많거나 적은 편차를 허용하는 것으로 해석된다. [★1]
- "약(About)", "대략(Approximately)"의 해당 수식어구가 있는 부분에만 적용된다. [★1]
- "약"이 언급된 신용장의 금액, 수량, 단가에 대해서는 10% 과부족을 허용한다. [★1]

② 과부족 용인 조건

㉠ 요건

- 신용장상에 포장단위품목(Packing Units) 또는 개별품목(Individual Items)으로서 수량을 명시하지 않아야 한다.
- 예를 들어, "1,000 PCs of audio speaker"라고 표시된 경우에는 적용되지 않는다. [★1]
- 주로 Bulk Cargo에 적용되며, 수량을 대상으로 적용된다. [★1]
- 환어음의 발행금액이 신용장 금액을 초과하지 않아야 한다.

㉡ 내용

- 물품 수량의 5% 과부족을 허용한다.

③ 환어음 감액발행 허용

㉠ 요건

- 분할선적이 허용되지 않는 경우에도 적용 가능하다. [★1]
- 물품의 수량이 전부 선적되어야 한다.
- 단가는 감액되어서는 아니 된다.
- 개산수량조건이 적용되지 않아야 한다.
- 과부족 용인 조건이 적용되지 않아야 한다.

㉡ 내용

- 신용장 금액의 5%의 부족을 허용한다. [★1]
- 송장과 환어음은 신용장 금액의 5%의 범위 내에서 감액발행할 수 있지만, 송장상의 수량과 단가는 신용장조건과 일치하여야 한다. [★1]

(13) 분할선적(Partial shipment)과 할부선적(Instalment shipment)

① 분할선적

   ㉠ 분할 허용

     - 신용장에서 금지하는 문구가 없는 경우 분할어음발행(Partial Drawing) 또는 분할선적(Partial Shipment)은 허용된다. [★8]

   ㉡ 분할선적으로 보지 않는 경우

     - 동일한 운송수단에 동일한 운송을 위하여 출발하는 선적을 증명하는 둘 이상의 운송서류의 제시는 동일한 목적지를 표시하고 있는 한, 상이한 선적일 또는 상이한 적재항, 수탁지 또는 발송지를 표시하더라도 분할선적으로 보지 않는다. [★7]

     - 신용장에서 분할선적을 금지하더라도 동일한 선박에 선적되었고, 동일항로로 하역항이 동일하다면 선적항과 선적일이 다르더라도 하자가 되지 않는다. [★1]

     - 제시가 2조 이상의 운송서류를 구성하는 경우 이들 운송서류 상의 가장 늦은 선적일을 선적일로 간주한다. [★4]

   ㉢ 분할선적으로 보는 경우

     - 동일한 운송 형태에서 둘 이상의 운송수단의 선적을 증명하는 둘 이상의 운송서류의 제시는 운송수단이 동일한 일자에 동일한 목적지로 출발하는 경우에도 분할선적이 된다. [★2]

     - Shipment should be effected in three equal lots during August, September, October of 2017. [★1]

   ㉣ 특송, 우편의 경우

     - 둘 이상의 특송화물수령증, 우편수령증 또는 우편증명서의 제시는 동일한 장소, 동일한 일자, 동일한 목적지를 위하여 동일한 특송업자 또는 우편서비스에 의하여 스탬프 또는 서명된 경우 분할선적으로 보지 않는다. [★2]

② 할부선적

   - 할부선적은 신용장에 명시된 선적일정에 따라 선적되어야 하며, 동 선적일정에 따른 선적이 되지 않은 경우 동 선적분을 포함한 향후 선적분에 대해 신용장의 효력이 상실된다. [★4]

   - 신용장에서 할부선적이 요구된 경우 할부선적 기간 내에 할부선적이 이루어지지 않을 경우 동 신용장은 더 이상 이용될 수 없다. [★1]

(14) 양도가능신용장(Transferable L/C)

① 의의
- 양도가능신용장이란 "양도가능(transferable)"이라고 특별히 명기하고 있는 신용장을 말한다. [★4]
- 양도된 신용장은 양도은행에 의하여 제2수익자에게 사용될 수 있도록 되는 신용장을 말한다.
- 양도은행이란 신용장을 양도하는 지정은행, 또는 모든 은행에서 사용될 수 있는 신용장에 있어서 개설은행으로 부터 양도할 수 있는 권한을 특정하여 받아 신용장을 양도하는 은행을 말한다.
- 개설은행도 양도은행이 될 수 있다. [★2]

② 양도 요건
- 양도가능신용장은 "Transferable"이라는 문구가 있어야 한다. 만약 유사한 표현이 기재된 신용장을 수취한 경우에 반드시 개설은행에 그 의도를 확인하고 양도가능을 의도하는 것이라면 "Transferable"이라는 표현으로 변경하도록 지시하여야 양도가 가능하게 된다. [★3]
- 신용장에 "assignable"이라고 기재되어 있다고 하여 신용장이 양도가능한 것은 아니다. [★4]
- 양도가능신용장의 경우 양도은행으로 지정된 은행이 양도를 원하지 않는 경우 신용장을 양도할 의무는 없다. [★3]
- 원신용장에 확인이 추가되었다면, 양도된 신용장도 확인이 추가된 신용장이다. [★1]
- 분할어음발행 또는 분할선적이 허용되는 한 신용장은 2 이상의 제2수익자에게 분할 양도될 수 있다. [★6]
- 원신용장에서 분할선적이 금지되면 분할양도가 불가능하다. [★2]
- 양도은행은 양도가능신용장 금액의 전액 또는 일부를 양도할 수 있다. [★1]
- 신용장의 별도의 명시가 없는 경우 국내양도와 국외양도도 가능하다. [★1]
- 제2수익자에 의하거나 또는 그를 위한 서류의 제시는 양도은행에서 이루어져야 한다. [★2]

③ 양도 횟수
- 양도는 제2수익자의 요청에 의하여 그 이후의 어떠한 수익자에게도 양도될 수 없다. [★12]

- 제1수익자는 그 이후의 수익자로 보지 않으므로 제2수익자가 원수익자(제1수익자)에게 양도환원하는 것은 가능하다. [★1]

④ 양도비용 부담자
- 달리 합의된 경우를 제외하고, 양도 시 양도와 관련하여 발생한 모든 수수료(요금, 보수, 경비 또는 비용 등)는 제1수익자가 지급해야 한다. [★3]

⑤ 양도신용장의 조건변경
- 양도를 위한 조건변경은 제2수익자에게 통지될 수 있는지, 어떤 조건으로 제2수익자에게 통지될 수 있는지를 표시하여야 한다.
- 조건변경을 거절한 제2수익자에게는 원신용장의 조건이 유효하게 적용된다. [★1]
- 다수의 제2수익자에게 분할 양도된 신용장의 조건변경은 그 조건변경에 동의한 제2수익자에게만 조건변경이 성립된 것을 본다. [★4]

⑥ 양도 내용에 대한 원칙
- 신용장은 원신용장의 조건에 따라서만 양도가 가능하다. 다만, 신용장의 금액, 신용장에 명기된 단가, 유효기일, 제시를 위한 기간, 최종선적일 또는 정해진 선적기간 중 일부 또는 전부는 감액 또는 감축될 수 있다. [★4]
- 보험 부보되어야 하는 백분율은 신용장 또는 이 규칙에서 명시된 부보금액을 규정하기 위하여 높일 수 있다.
- 신용장의 개설의뢰인의 이름을 제1수익자의 이름으로 대체할 수 있다. 만일 신용장이 송장을 제외한 다른 서류에 개설의뢰인의 이름이 보일 것을 특정하여 요구하는 경우, 그러한 요건은 양도된 신용장에도 반영되어야 한다.

⑦ 제1수익자의 권리
- 제1수익자는 신용장에 명시된 금액을 초과하지 않는 금액에 대하여 제2수익자의 송장 및 환어음을 자신의 송장 및 환어음으로 대체할 권리를 가진다. [★4]
- 대체 시에 송장 사이에 차액이 있는 경우 해당 차액에 대하여 신용장에 따라 어음을 발행할 수 있다.
- 제1수익자의 환어음 또는 송장 교체 시 하자 사항이 발견된 경우는 제2수익자의 서류에는 하자가 없었어도 개설은행으로부터 결제를 거절당할 수 있다. [★1]
- 제1수익자는 양도 요청에서, 신용장이 양도된 장소에서 신용장의 유효기일 이전에 제2수익자에게 결제 또는 매입이 이루어져야 한다는 것을 표시할 수 있다.

(15) 대금의 양도

- 신용장이 양도가능하다고 기재되어 있지 않다는 사실은, 수익자가 신용장 하에서 받거나 받을 수 있는 대금을 준거법의 규정에 따라 양도할 수 있는 권리에 영향을 미치지 않는다. 해당 내용은 오직 대금의 양도에 관한 것이고 신용장 하에서 이행할 수 있는 권리를 양도하는 것에 관한 것은 아니다. [★4]
- 신용장의 서류작성 및 제시 등의 의무는 원수익자에게 그대로 남아 있다. [★1]

(16) ISBP(International Standard Banking Practice for the Examination of Documents)

① 의의
- ISBP란 UCP의 적용에 관한 실무상의 보완서로써, '화환신용장 서류심사를 위한 국제표준 은행관습'을 말한다.

② 주요내용
   ⊙ 일반원칙
- 서류는 신용장에서 요구하는 언어로 작성되어야 한다.
- 신용장에 의하여 증명서, 표명서, 진술서가 요구되는 경우에 이 서류는 서명되어야 한다. [★1]
- 신용장에서 증명서, 표명서 또는 진술서를 요구하는 경우 제시된 서류에 반드시 발행일이 필요한 것은 아니다. [★2]
- 신용장이 별도로 요구하지 않아도 운송서류와 보험서류, 환어음에는 날짜를 기재하여야 한다. [★1]
- 분석증명서(Certificate of analysis), 검사증명서(Inspection certificate), 또는 훈증증명서(Fumigation certificate)에는 선적일 이후의 일자로 발행할 수 있다. [★2]
- 발행일(작성일)을 표시하고 그보다 나중에 서명일을 표시하는 서류는 서명일에 발행된 것으로 본다. [★2]
- 'within'이란 용어가 일자와 관련하여 사용되는 경우 그 해당일은 기간을 계산할 때 제외된다. [★3]
- 신용장에서 선적일이 "Shipment should be effected not later than Feburary 07, 2015"이라고 기재되었다면 최종선적일은 2015. 02. 07까지가 된다. [★1]
- 서류의 단순한 오탈자는 용인되지만, 제품번호나 중량 또는 당사자의 성씨를 잘못 기재하면 하자가 된다는 점에 유의하여야 한다. [★1]

- 서류상에 오자나 오타는 당해 단어나 문장의 의미에 영향을 주지 않는다면 서류의 하자로 되지 않는다. [★2]
- 선적서류(Shipping documents)는 환어음, 전송보고서 그리고 서류의 발송을 증빙하는 특송영수증, 우편영수증 및 우편증명서를 제외한 신용장에서 요구하는 모든 서류를 의미한다. [★7]
- 기간경과서류 수리가능(stale documents acceptable)은 신용장의 유효기일 이전에 제시되는 것을 전제로 서류가 선적일 후 달력상 21일 후에도 제시될 수 있다는 의미이다. [★3]
- 신용장 유효기일보다 늦지 않게 제시된다면 선적일 다음 날로부터 기산하여 21일을 초과하여 제시된 서류도 수리 가능하다는 것을 의미한다. [★1]
- '제3자 서류 수리 가능(Third party documents acceptable)'의 해석은 환어음을 제외하고 송장을 포함한 모든 서류는 수익자가 아닌 당사자가 발행할 수 있다는 것을 의미한다. [★3]
- '제3자 서류 수리 불가(Third party documents not acceptable)'는 어떠한 의미도 갖지 않으며 무시되어야 한다. [★1]
- 서명은 환어음, 증명서, 신고서의 경우 필수적이며 운송 및 보험서류의 경우 UCP에 따른 서명이 있어야 한다. [★2]
- 서명은 자필일 필요가 없으며 팩시밀리서명, 천공서명, 스탬프, 상징물이나 전자식 혹은 기계식 확인 수단으로도 충분하다.

ⓛ 환어음과 만기일자 계산
- 어음기한은 신용장조건과 일치해야 한다.
- 환어음의 만기일을 결정하는 데 사용된 'from'과 'after'라는 단어는 당해 서류의 일자나 선적일 또는 신용장에 명시된 사건의 발생일의 다음 날부터 만기일이 기산된다. [★2]
- 환어음은 수익자에 의하여 발행되고 서명되어야 하며 발행일이 표시되어야 한다. [★1]

ⓒ 송장
- Invoice, in 4 copies은 최소 원분 1부와 나머지 숫자만큼의 송장 사본을 제시함으로써 만족된다. [★4]
- 상업송장에는 무료 샘플이나 광고물이라 하더라도 신용장에서 요구되지 않은 물품 등을 표시해서는 안 된다. [★3]

- 송장은 실제로 선적된 물품의 종류만을 표시하여야 하고, 선적된 물품의 가액, 단가, 통화, 단위, 정형거래조건과 준거법규, 수량 등이 정확히 일치하여야 한다. [★3]
- 송장에서는 신용장에 명시되지 않은 선지급이나 할인 등에 따른 공제가 표시될 수 있다. [★8]
- 상업송장에 신용장에서 요구되는 할인 또는 공제가 표시되어야 한다. [★4]
- 상업송장에 물품단가는 신용장에서 명기된 경우 반드시 표시되어야 한다. [★3]
- 신용장에서 요구되지 않는다면, 송장은 서명이나 발행일자의 표시가 없어도 된다. [★6]
- 신용장에서 상업송장을 요구하는 경우 송장이라는 제목이 있는 서류는 수리 가능하다. [★1]
- 신용장 등에서 제출 서류로 단순히 Invoice를 요구하는 경우 견적송장(Proforma Invoice)을 제외한 어떤 종류의 송장이 제시되더라도 무방하다. [★5]
- 신용장에서 '송장'이라 하면 모든 종류의 송장을 포함하지만, 가송장이나 견적송장은 특별한 경우가 아닌 한 제외된다.

㉣ 서류의 인증 및 정정과 변경
- 수익자(Beneficiary)가 발행하는 서류의 정정은 환어음을 제외하고는 인증될 필요가 없다. [★5]
- 수익자가 발행하였으나 제3자에 의해 공증, 사증, 공인을 받는 서류는 인증이 필요하다.
- 수익자 외의 당사자가 발행한 서류의 정정은 인증이 있어야 된다.
- 선하증권 원본의 정정과 변경은 그 발행인이나 수권된 당사자의 인증이 있어야 하며, 비유통성 사본의 정정과 변경은 인증을 필요로 하지 아니한다. [★2]
- 선하증권 정정에 대한 인증은 운송인, 선장, 운송인의 기명대리인, 선장의 기명대리인 중 하나가 해야 된다. [★1]
- 신용장이 통지처를 기재하지 않았다면 선하증권의 해당란은 공란으로 남겨두거나 또는 어떠한 방법으로 기재하여도 된다. [★1]

㉤ 보험서류(Insurance Document and Coverage)
- 보험서류에는 선적일보다 후에 위험담보가 개시된다고 표시되지 않아야 한다. [★1]
- 보험서류상에 유효기일이 있는 경우 보험금 청구와 관련된 것이 아닌 물품 송달을 위한 최종일자에 관련이 있다는 명시가 있어야 한다. [★2]

271

- 신용장에서 보험서류가 소지인식(to bearer)이나 지시식(to order)으로 발행되도록 요구하여서는 아니 된다. [★2]
- 보험서류에서는 보험금지급청구를 위한 만료일이 표시되어 있지 않아야 한다. [★2]
- 보험서류가 "전 위험" 담보가 요구된 경우 그 표제와 관계없이 "전 위험" 조항이나 표기 또는 ICC(A) 조건의 보험서류면 충분하다.

참조 SWIFT

- 전 세계적으로 통용되는 금융기관 간의 메시지 연계 서비스망이다. [★1]
- 은행 간의 자금이체뿐만 아니라 고객 간의 송금에도 사용될 수 있다. [★1]
- MT700을 이용하여 송수신되는 것은 화환신용장이다. [★1]

[관련 규정] 수입화물선취보증서(L/G, Letter of Guarantee)
- 수입화물이 운송서류 원본보다 도착지에 먼저 도착하는 경우 수입자와 신용장 개설은행이 연대 보증하여 선사에 제출하는 일종의 보증서로써 선하증권 원본 대신 제출하고 선사로부터 화물인도지시서를 발급받아 수입화물을 인도받을 수 있다. [★4]
- 수입화물선취보증서를 발행한 경우 선적서류에 하자가 있더라도 개설의뢰인 앞 조회는 불필요하며, 부도처리를 할 수 없다. [★2]
- 수입화물선취보증서 발행은 수입자에 대한 개설은행의 여신 행위로 볼 수 있다. [★1]
- 신용장 거래에서 수입화물선취보증서에 의해 인수한 화물에 대한 손해는 클레임을 제기할 수 없다. [★1]
- 항공운송에서는 L/G와 유사한 항공화물인도승낙서가 사용된다. [★1]

[관련 규정] 수입화물대도(T/R, Trust Receipt)
1. 의의
   - 수입자가 결제자금 부족 시 개설은행이 수입자 대신 대금결제 후 수입화물의 소유권을 유보하고 처분권 또는 점유권만을 수입자에게 위탁하여 추후 판매대금으로 수입대금을 결제하도록 하는 행위를 말한다. [★4]
2. 개설은행이 개설의뢰인에게 T/R을 요구하는 경우 [★1]
   - 기한부 신용장에 대한 선적서류가 인도될 때
   - 개설의뢰인이 일람불신용장에 대해 L/G 발급을 요청하는 경우
   - Shipper's usance L/C에 의해 수입화물이 인도될 때
3. 수입화물선취보증서(L/G)와 수입화물대도증서(T/R)와의 관계
   - 신용장 개설은행은 수입보증금을 적립하지 않고 L/G를 발급받고자 하는 수입업자에게 T/R을 요구할 수도 있다. [★2]

참조 신용장 내용

20 : Documentary Credit Number	신용장 번호
27 : Sequence of Credit	신용장 페이지
31C : Date of Issue	신용장 개설일자
31D : Date of Place of Expiry of Expiry	신용장의 유효기일 및 장소
32B : Currency code, Amount	신용장 통화 및 신용장 금액
39A : Percentage Credit Amount Tolerance	신용장 금액 과부족 한도
40A : Form of Documentary Creidt	신용장 형식
41A : Available with	신용장을 사용할 수 있는 은행
41D : Available with/by [★1]	신용장을 사용할 수 있는 은행과 지급, 인수 등과 같은 사용방법
42C : Drafts at	환어음 기일
42D : Drawee	지급인
42P : Deferred Payment Details	연지급 명세
43P : Partial Shipments	분할선적 허용 여부
43T : Transshipment	환적 허용 여부
44C : Latest date of Shipment	최종 선적일
44D : Shipment Period	선적기간
44E : Port of Loading/Airport of Departure	선적항/출발공항
44F : Port of Discharge/Airport of Destination	양륙항/도착공항
45A : Description of Goods and/or Services	상품 및 용역의 명세
46A : Documents Required	제출 서류
47A : Additional Conditions	추가 조건
48 : Period for Presentation	제시 기간
49 : Confirmation Instructions	확인은행의 여부
50 : Applicant	개설의뢰인
52D : Issuing Bank	개설은행
59 : Beneficiary	수익자
78 : Instructions to the Paying/Accepting/Negotiating Bank	지급/인수/매입은행 지시사항

5. 기타 결제방식

(1) 선적통지부 결제 방식(O/A, Open Account)

① 의의
- Open Account 거래는 수출상이 물품의 선적을 완료하고 해외의 수입자에게 동 사실을 통지함과 동시에 채권이 발생하는 거래를 말한다. [★7]
- 무역계약의 결제조건에 'Open Account 90 days'의 문구를 기재하고 수출자가 선적서류를 송부하면 만기일에 수입자가 대금을 송금하는 방식이다. [★1]
- 물품이나 선적서류가 수입자에게 전달되어야 수출채권이 발생하는 것이 아니라 수출자가 물품선적 후 선적완료 사실을 수입자에 통부하는 시점에 수출채권이 성립한다. [★2]

② 특징
- O/A 방식 거래에서 수출자는 선적완료 후 거래은행과의 약정에 따라 선하증권 등 선적서류 사본을 거래은행에 제시하고 외상채권을 매각함으로서 조기에 현금화할 수 있다. [★3]
- 수출자는 환어음 없이 선적서류 원본을 수입자에게 송부한다. [★6]
- 주로 본지사간이나 신용도가 높은 고정거래선 등과 같이 수출자의 대금회수위험이 없는 경우에 한하여 제한적으로 이용되는 결제방식이다. [★3]
- 일반적으로 Buyer's market의 상황에서 활용되는 송금결제방식 중 하나이다. [★3]
- 은행의 선적서류 심사가 없고, 은행 수수료가 절감되는 장점이 있다. [★2]
- 신용사회 풍토가 정착된 서유럽과 북미에서 가장 널리 사용되는 대금 결제 방법으로 우리나라에서도 그 사용 비중이 높아지고 있는 추세에 있다. [★1]
- 수입상의 입장에서는 상업위험의 부담은 제거할 수 있지만 수출상의 입장에서 보면, 신용위험의 부담을 지게 된다. [★2]
- O/A 방식의 경우 수출자는 무역보험에 가입하여 신용위험을 관리할 수 있다. [★3]
- 물품 대금이 다른 결제 방식에 비해 높은 수준으로 책정될 가능성이 높다. [★3]
- 수출자는 수출팩터링 금융을 활용하여 재무구조를 개선시킬 수 있다. [★2]

③ Open Account Nego
- O/A Nego는 금융기관이나 신용장이나 선하증권 등에 의해 담보되지 않는 순수한 외상수출채권을 매입하는 거래이다. [★3]
- O/A Nego는 수출자 또는 수입자의 재무상태와 신용도가 양호한 경우에 한하여 수출자가 지원받을 수 있는 금융기관의 신용공여이다. [★1]

- 국제간 외상판매방식의 거래로 대금결제 여부가 전적으로 수입상의 신용에 의존하게 되므로 O/A Nego는 재무 상태나 신용이 견실한 우량기업 위주로 제한적으로 활용되고 있다. [★4]
- Open Account 매입은 은행이 수출상에게 제공하는 일종의 여신행위에 해당하므로 O/A 매입을 의뢰하고자 할 경우 사전에 은행으로부터 O/A Nego 한도승인을 받아 여신거래약정을 체결해야 한다. [★3]
- 'O/A Nego'를 통하여 대금을 조기에 회수하고자 하는 수출상은 먼저 거래은행과 당해 외상수출채권의 양수도에 관한 상담을 통하여 거래승인을 얻은 후, 이에 관한 여신거래약정을 체결하여야 한다. [★1]
- O/A Nego 후 수입자가 대금지급을 거절하게 되면, 수출자는 매입은행에게 환매채무를 이행하여야 한다. [★1]

④ 타 결제 방식과 비교
  ㉠ 송금 결제방식
    - COD(Cash On Delivery)는 수출업체가 선적을 완료하고 그 물품이 수입국가에 도착하면 수입자가 물품을 인수하면서 대금을 결제하는 점에서 Open Account 거래와 다르다. [★2]
    - 사후송금방식이라는 점에 있어서 CAD, COD 방식의 수출과 동일하나 O/A 거래는 물품의 선적통지시점에, CAD, COD 거래는 서류 또는 물품의 인도후에 수출채권이 성립된다는 점에서 차이가 있다. [★3]
    - 일반적인 사후송금방식의 거래에서는 선적서류 또는 물품이 수입상에게 인도된 후에야 수출채권이 성립하는 데 반하여, O/A 거래는 '선적통지조건의 기한부 사후송금 결제방식'의 거래를 말한다. [★1]
    - O/A방식은 다른 송금결제방식에 비해 매수인에게 유리하다. [★1]
  ㉡ 추심 결제방식
    - 수입자의 지급지연이 발생하는 경우 추심은행에 신용기록이 남지 않는다는 측면에서 O/A가 D/A보다는 수입자에게 유리하다고 볼 수 있다. [★2]
    - O/A는 선적 후 수출업자가 선적서류를 수입자에게 직접 송부하여 대금을 청구하지만, D/A는 선적 후 은행을 통해 대금을 회수한다. [★1]
    - D/A는 외상거래라는 측면에서는 O/A와 유사하지만, 수입자를 지급인으로 하는 환어음을 발행한다는 점에서 O/A와 차이가 있다. [★2]

ⓒ 신용장 결제방식

– 신용장 방식에 비해 거래가 단순하고 은행의 서류 심사가 불필요하며, 수입자는
물품 인수 시 대금결제 유예를 통한 현금 유동성 활용에 유리하다. [★1]

(2) 청산계정 결제방식(O/A, Open Account)

청산계정 결제방식이란 수출입 대금을 매 거래 시마다 결제하지 않고 거래내용을 장부에
기입해둔 후 일정기간마다 그 대차의 잔액만을 현금으로 결제하는 방식을 말한다.

(3) 국제팩터링(International Factoring)

① 의의

– 수출자가 수입자에게 물품을 외상으로 판매한 후 외상매출채권을 팩토링 회사에 양
도하여 매출채권 관리 및 전도금융의 수혜 등의 금융서비스를 제공받는 금융기법을
말한다. [★1]

– 팩터링 회사가 수출자와 수입자 사이에서 신용조사, 지급보증 및 전도금융 등을 제공
하는 금융서비스다. [★2]

– 수출자는 물품을 선적하고 선적서류를 수출팩터에게 양도하면 수출팩터는 서류확인
후 수출자에게 전도금융을 제공하며, 관련 수수료를 수출자에게 청구한다. [★2]

② 당사자

ⓐ 수출자

– 물품을 외상수출하고 선적서류를 수출팩터에게 양도하면서 전도금융을 제공받는
자를 말한다.

ⓑ 수입자

– 수입팩터의 신용을 바탕으로 외상으로 물품을 수입하고 만기일에 대금을 지급할
의무가 있는 자로써 채권의 양도, 양수에 따라 지급의무를 부담하는 채무자를 말
한다.

ⓒ 수출팩터

– 수출상과 팩터링 계약을 체결하고 수입팩터의 수입상에 대한 신용조사를 의뢰하
여 신용승인을 제공받은 범위 내에서 수출상의 팩터링 채권 매입을 통해 전도금융
을 제공하며 수출채권과 관련한 회계서비스를 제공하는 자를 말한다.

ⓓ 수입팩터

– 수입상과 팩터링 계약을 체결하고 수입상에 대한 신용조사 및 신용위험을 인수하며

수출채권의 양수 및 송금 등 대금회수를 보장하면서 수입상에 대한 제반 회계서비스를 제공하는 자를 말한다.

③ **국제팩터링의 절차** [★2]

    ㉠ 팩터링에 기반한 무역거래계약 체결

    ㉡ 수출자의 물품선적

    ㉢ 수출자는 수출팩터에게 선적서류 양도

    ㉣ 수출팩터는 선적서류 확인 후 수출대금을 선 지급

    ㉤ 수출팩터는 수입팩터에게 수출대금의 추심을 의뢰

    ㉥ 수입자의 수출대금지급

④ **특징**

    – '신용승인'이란 수입자가 자금부족, 파산 등의 재무상 이유로 수입팩터링 채무를 이행하지 못하는 경우에 수입팩터가 그 대금을 대신하여 지급할 것임을 약속하는 일종의 보증서를 말한다. [★1]

    – 수입팩터로부터 수입상에 대한 신용승인이 이루어지면, 수입상의 클레임이 제기되지 않는 한 수출상은 해당 신용승인 한도 내에서 그 대금지급을 보장받게 된다. [★3]

    – 팩터링을 제공하는 팩터는 국제팩터링기구에 가입된 회원이어야 한다. [★1]

    – 수출상이 부담하는 팩터링 수수료에는 수출팩터 수수료뿐만 아니라 수입팩터 수수료도 포함된다. [★1]

    – 수출상은 송장 및 선적서류를 수출팩터에게 양도하고 전도금을 제공받는다. [★2]

    – 수출자가 팩터링 회사에 수입자의 신용승인을 요청하고 팩터가 수출자에게 신용조사결과 및 승인내용을 통지하면, 수입자의 채무불이행 상황에서도 팩터가 지급을 약속하는 보증의 효과가 있다. [★2]

    – 수출상의 귀책사유에 따른 클레임으로 인하여 수입상이 대금지급을 거절하는 경우 수입팩터는 물품대금을 대신 지급하지 않는다. [★2]

⑤ **효용**

    – 수입자는 물품수령 후 일정기간 내에 수입대금을 결제하면 되므로 자금부담이 경감된다. [★2]

    – 수입상은 본인 신용만으로 기한의 이익을 향유하여 외상수입이 가능하다. [★3]

    – 수출자는 매출채권을 수출팩터에게 양도함으로써 수출대금을 조기에 즉시 현금화할 수 있다. [★2]

(4) 포페이팅(Forfaiting)

① 의의
- 수출거래에 따른 환어음이나 약속어음을 소구권 없이 고정이자율로 할인하여 매입하는 금융기법을 말한다. [★9]
- 수출거래에서 생성되는 환어음 등 청구권이 자유롭게 유통 가능한 증서를 이전의 어음 소지인에게 상환청구권을 행사함이 없이 매입하는 것이다. [★2]
- 수출거래의 환어음이나 약속어음을 수출자로부터 고정이자율로 할인 매입하는 방식이다. [★3]
- 포페이터가 상환청구권이 없는 조건으로 수출자의 채권을 매입하는 것이다. [★3]
- 포페이팅은 외상매출채권에 대하여 포페이터가 수출상에게 만기일 전에 금융을 제공하는 것이다. [★1]
- 포페이터는 개설은행 또는 확인은행에 포페이팅 계약 여부를 통보할 의무는 없다. [★2]

② 당사자
ㄱ 수출자
- 환어음 등의 금액에 대한 권리를 가지는 채권자로서 포페이팅 금융의 수혜자를 말한다.
ㄴ 수입자
- 포페이팅의 대상인 환어음 등의 지급의무가 있는 채무자를 말한다.
ㄷ 포페이터
- 기한부어음을 소구권 없이 할인하여 매입하는 금융기관을 말한다.
ㄹ 보증은행
- 수입상을 위해 어음에 보증을 추가 또는 지급보증서를 발급하는 은행을 말한다.

③ 절차
ㄱ 수출자와 수입자의 매매계약 체결
ㄴ 수출자는 약정된 조건대로 물품을 선적
ㄷ 수입자는 지급보증은행에 환어음 또는 어음을 제출
ㄹ 지급보증은행은 지급보증서를 발급하거나 어음상에 Aval을 추가하여 수출자에게 인도
ㅁ 수출자는 포페이터와 포페이팅 계약을 체결
ㅂ 수출자는 포페이팅 계약 체결 시 지급보증서 또는 Aval이 추가된 어음을 제시
ㅅ 포페이터는 수출자에게 어음을 할인하여 제시

◎ 포페이터는 어음의 만기일에 어음을 보증은행에 제시하고 지급보증은행은 포페이터에게 대금을 지급

㉣ 지급보증은행은 매수인에게 어음을 제시하고 대금을 회수

④ 특징

− 포페이팅은 개별적으로 확정된 매출채권에 대해서만 적용되며 미래에 발생될 매출채권은 적용되지 않는다. [★4]

− 포페이팅은 소구권이 없는(Without Recourse) 방식으로 진행되기 때문에 수출자가 대금지급 거절의 위험을 부담하지 않는다. [★1]

− 신용장 방식에서 수출상에 대한 무상환청구권(무소구조건)으로 전환되는 시점은 선적서류를 접수한 수입국 신용장 개설은행으로부터 선적서류에 대한 인수의사를 통보하는 시점이다. [★1]

− 신용장 방식으로 계약한 수출자는 포페이팅을 활용하여 위험을 관리할 수 있다. [★2]

− 포페이팅 통일규칙(URF 800)이 적용된다. [★2]

− 은행 등 포페이터는 고정이자율로 수출자의 환어음을 매입한다. [★1]

− 매입 할인율은 국가(Country risk) 및 은행위험(Bank risk)에 따라 달라진다. [★3]

− 팩터링에 비하여 장기 및 고액거래에 주로 사용되는 금융이다. [★1]

− 포페이팅 거래의 할인대상은 통상 중장기 어음이며, 고정금리부로 할인이 이루어지기 때문에 계약 전에 미리 그 할인비용을 확정할 수 있다. [★3]

− Sight L/C는 거래 대상이 아니지만, Usance L/C와 D/A는 거래대상이다. [★7]

− 신용장의 경우 기한부 신용장만 거래 가능하다. [★2]

− 수입상 거래은행의 지급확약 또는 Aval이 지급근거가 된다. [★4]

− 포페이팅은 USD, EURO 등 주요 국제통화만 선별적으로 가능하다. [★1]

− Aval D/A 거래도 포페이팅의 대상이 될 수 있다. [★1]

− 최초의 포페이터는 2차 포페이터에게 양도할 수 있다. [★1]

⑤ 효용

− 소구가 불가능한 방식으로 이뤄지기 때문에 수출자가 대금미회수 위험을 회피할 수 있다. [★1]

− 수출자의 수출대금 조기회수가 가능하다. [★2]

6. 무역보험

(1) 개요

- 무역보험은 운송 중에 발생하는 운송위험에 대해 담보하는 해상보험이 보상해주지 않는 대금결제위험으로부터 보호하고자 정부주도하에 운영하는 비영리 정책보험을 말한다.
- 우리나라의 대표적 무역보험서비스 제공기관은 K-SURE이며 수출보험뿐만 아니라 수입보험, 환변동보험 서비스도 제공한다. [★2]
- 한국무역협회 등 무역지원기관에서는 수출보험료 지원서비스를 제공하고 있으므로 수출기업은 지원혜택을 무역보험 가입 전에 확인할 필요가 있다. [★1]

(2) 수출보험

- 단기수출보험은 결제기간이 2년 이내의 거래를 대상으로 수출이 불가능하게 되거나 수출대금을 받을 수 없게 된 때에 입게 되는 손실을 보상하는 보험을 말한다.
- 단기수출보험은 결제기간 2년 이내의 일반 수출뿐만 아니라 위탁가공무역, 중계무역, 재판매 거래 등도 대상이 된다. [★6]
- 중장기수출보험은 결제기간이 2년을 초과하는 중장기 수출계약을 대상으로 한다.
- 중장기수출보험은 연불계약을 체결한 후 신용위험 또는 비상위험으로 인해 수출이 불가능하게 되거나 수출대금을 받을 수 없는 경우 입게 될 손실을 보상하게 된다. [★1]
- 단기수출보험 거래순서는 '수출계약 → 보상한도신청 → 수출통지 → 사고발생통지 → 보상심사 → 보험금지급'으로 이루어진다. [★1]

(3) 수입보험

- 수입보험은 신용위험 또는 비상위험으로 인해 물품을 인도받지 못하거나 선급금을 회수하지 못하게 되어 수입자 또는 자금을 제공한 금융기관이 입게 되는 손실을 보상하는 제도를 말한다.
- 수입보험의 경우 선급금 지급 후 2년 이내에 선적하여야 하는 수입거래가 대상거래이며 중계무역은 제외한다. [★1]

외환실무

1. 외환

(1) 의의

- 외환이란 외국통화, 외국통화로 표시된 지급수단, 증권, 파생상품, 채권 등과 그 밖에 표시통화에 관계없이 외국에서 사용할 수 있는 지급수단을 말한다.

2. 외환거래

(1) 의의

- 외환거래란 개인이나 기관이 하나의 통화를 매입하는 동시에 다른 하나의 통화를 매도하는 거래를 말한다.

(2) 특징

- 외환거래는 특정한 장소에서 거래가 이뤄지지 않고 장외시장에서 거래가 이뤄지는 것이 일반적이다. [★1]
- 지역적으로 서로 다른 두 외환시장 간의 환율 움직임이 일시적으로 불균형 상태일 때 이를 활용하여 이익을 얻고자 하는 외환거래는 '재정거래'라 한다. [★1]
- 수출대금으로 획득한 외화를 환전하거나 수입대금의 결제를 위한 외화획득을 위해 이루어지는 외환거래는 '실수요 외환거래'라 한다.
- 환율의 변동을 이용하여 수익을 도모하는 외환거래를 '투기적 목적 외환거래'라 한다.
- 무역 및 국제 자본거래와 관련된 실수요 외환거래보다 투기적 목적의 외환 거래가 더 많다. [★2]

(3) 외환거래의 사례

- 우리나라 기업이 우리나라 은행에게 달러를 매도하고 원화를 수취했다. [★1]
- 우리나라 은행이 외국 은행에게 달러를 매도하고 원화를 수취했다. [★1]
- 대학생 커스브로는 해외여행을 가기 위하여 인터넷 환전을 통해 원화를 대가로 달러를 매입하였다. [★2]
- 토마토(주)는 달러로 표시된 수출 신용장을 은행에서 네고한 후 수출대금을 원화 예금 계좌에 입금하였다. [★3]
- 토마토무역은 수출대금으로 받은 달러로 엔화 수입대금을 결제하였다. [★1]
- 토마토물산은 원화 예금을 인출하여 달러 수입대금을 결제하였다. [★1]
- 토마토(주)는 수입대금 50만 달러의 결제를 위하여 보유하고 있던 외화예금 30만 달러를 사용하고 20만 달러는 원화로 결제하였다. [★2]

(4) 외환거래로 보지 않는 사례

- 우리나라 기업이 우리나라 은행에서 달러를 차입했다. [★2]
- 우리나라 은행이 외국 은행에서 달러를 차입했다. [★2]
- 우리나라 기업이 해외거래처로부터 수출대금으로 달러를 수취했다. [★1]
- 토마토은행은 싱가포르 은행에서 1억 달러를 2년 만기로 차입하여 이 자금을 국내 해운사에 선박 구입용으로 외화 대출하였다. [★1]
- ㈜토마토은행은 싱가포르은행에서 미화 10만 달러를 5년 만기 상환조건으로 차입하였다. [★1]

3. 외환시장

(1) 의의

- 외환시장이란 외환의 거래가 이루어지고, 외환의 수요와 공급에 따라 시세가 이루어지는 시장을 말한다.

(2) 특징

- 환 리스크 회피를 위한 헤지거래보다 환 리스크를 감수하더라도 수익을 얻으려는 투기거래의 비중이 많다. [★5]

- 외환시장 참가자는 자국 외환시장 영업시간 이후에도 다른 국가, 지역의 외환시장을 통해 24시간 외환거래를 할 수 있다. [★3]
- 외환시장은 참가자들이 정해진 시간에 특정한 장소에 모여서 거래하는 장내 시장이 아닌, 통신수단을 통해 시간, 장소 제약 없이 외환거래가 가능한 장외시장이다. [★3]

(3) 외환시장의 구분

① 대고객시장(Customer Market)
- 은행과 은행의 입장에서 고객이라고 볼 수 있는 기업, 개인 등과의 외환 거래가 이루어지는 시장을 말한다.

② 은행 간 시장(Inter - Bank Market)
- 대고객 외환시장보다 은행 간 외환시장의 거래 규모가 훨씬 크다. [★1]
- 은행 간 시장의 달러/원 거래는 평일 오전 9시부터 오후 3시 반까지 이루어진다. (단, 공휴일 제외) [★3]
- 외국환은행과 외환브로커는 은행 간 외환시장의 주요 참가자들이다. [★2]
- 개인, 기업은 은행 간 시장의 직접적인 당사자로 직접 참여할 수 없으며, 은행을 통하여 간접적으로만 참여할 수 있다. [★3]
- 은행 간 외환시장에서의 거래는 대부분 외환브로커를 통해서 이루어진다. [★2]
- 우리나라 은행 간 외환거래는 외환브로커를 통하여 체결되는 경우가 많지만 외환브로커를 통하지 않고 은행끼리 직접 거래하는 것도 허용되고 있다. [★2]
- 국내에서 은행 간 외환시장을 통해 거래되는 통화는 미국 달러화(USD/KRW)와 중국 위안화(CNH/KRW)이다. [★9]
- 우리나라의 은행 간 외환시장에서는 미국 달러화와 중국 위완화를 제외한 USD/JPY, EUR/USD 등 다른 통화의 거래는 이루어지지 않는다. [★2]

참조 **원-위안 직거래시장**

- 기존에 달러를 매개로 원화나 위안화를 사고파는 거래가 이루어졌으나 2014년 12월 1일부터 서울 원－위안 직거래 시장이 개설되었다. [★2]
- 기업의 입장에서는 원/위안 직거래시장의 개설로 인해 위안화 환전 시 외환거래 수수료를 절감할 수 있다. [★2]
- 원/위안 직거래시장의 환율은 달러－원 환율과 달러－위안 환율에 영향을 받는다. [★1]
- 원/위안 직거래시장은 평일 오전 9시에 거래를 시작하여 오후 3시 반에 거래를 마감한다. [★1]

4. 환율

(1) 개요

- 환율이란 자국 통화와 다국 통화의 교환 비율을 말한다.
- 1945년 해방 직후 초기에는 달러화의 환율을 고정환율제도로 표시하였다. [★1]
- 1964년 이후에는 외환을 중앙은행에 집중하고, 환율은 단일변동환율제도를 사용하였다. [★1]
- 1990년부터는 외환자유화의 일환으로 외환시장에서 거래된 환율의 평균값으로 결정되는 시장평균환율제도를 채택하였다. [★1]
- 우리나라는 1997년 12월부터 자유변동환율제도를 실시하고 있다. [★2]

(2) 환율의 구조

기준통화(Base Currency)는 환율표시의 기준이 되는 앞에 표시되는 통화를 말하며, 상대통화(Counter Currency)는 기준통화와 교환되는 통화로서 뒤에 표시되는 통화를 말한다.

① 매매기준율(기준환율)
- 매매기준율은 외국환을 취급하는 은행들 간의 거래가 이루어지는 외환시장에서 기본이 되는 평균 환율로서 일반 고객이 은행에서 외화를 사고팔 때 기준이 되는 환율을 말한다.
- 우리나라 은행은 국내외 외환시장의 움직임에 따라 각 은행 독자적으로 매매기준율을 수시로 변경하여 횟수에 관계없이 고시한다. [★1]
- 외국환은행은 은행 간 외환시장에서 거래된 도매환율을 반영하여 매매기준율을 수시로 변경하여 고시한다. [★1]
- 외국환은행이 매일 아침에 첫 번째로 고시하는 환율은 각 기업이 재무제표를 작성할 때 기준환율로 사용된다. [★1]
  - ㉠ 외국환은행 간 매매율
    - 외국환은행 간 매매율이란 외환시장에서 외국환은행 상호간의 외환거래에 의하여 자유로이 형성되는 환율을 말한다.
  - ㉡ 외국환은행 대고객매매율
    - 외국환은행이 고객과의 외환거래에서 적용하는 환율을 말한다.
    - 외국환은행 대고객매매율은 매매기준율, 재정된 매매기준율, 외국환은행 간 매매율을 감안하여 은행이 자율적으로 결정한다.

- 외국환은행 대고객매매율은 전신환 매매율, 현찰 매매율, 여행자수표 매매율 등으로 구분된다.

  a. 전신환매매율
    - 환어음결제를 전신으로 행하는 경우 적용되는 환율을 말한다.
    - 전신환매입율은 수출업체가 외화의 수출대금을 받아 은행을 통해 원화로 환전할 때 적용되는 환율을 말한다.
    - 전신환매입율은 은행의 입장에서 외화를 매입할 때 적용하는 환율을 말한다.
    - 전신환매도율은 수입업체가 수입대금을 은행을 통화 외화로 환전할 때 적용되는 환율을 말한다.
    - 전신환매도율은 은행의 입장에서 외화를 매도할 때 적용하는 환율을 말한다.

  b. 현찰매매율
    - 외화표시의 지폐나 동전의 매매 시 적용되는 환율을 말한다.
    - 현찰매입율은 은행의 입장에서 달러를 매입할 때 적용하는 환율을 말하며, 현찰매도율은 은행의 입장에서 달러를 매도할 때 적용하는 환율을 말한다.
    - 외국환은행 대고객매매율 중 현찰매도율은 가장 높은 환율을 적용받고, 현찰매입율은 가장 낮은 환율을 적용받는다.

  c. 여행자수표매도율
    - 은행의 입장에서 여행자수표를 팔 때, 즉, 외화표시 여행자수표를 원화로 판매하는 경우 적용하는 환율로서 기준환율에 여행자수표 위탁판매에 따른 수수료를 가산해 고시하는 환율을 말한다.

참조 은행이 고시한 미 달러화 원화 간의 환율표 [★3]

통화명	현찰		전신환		T/C 사실 때	외화수표 파실 때	매매기준율	환가료율
	사실 때	파실 때	보내실 때	받으실 때				
미국 USD	1,115.0	1,075.0	1,105.0	1,085.0	1,108.0	1,083.0	1,095.0	2.0120

- 고객(기업) 측의 시각으로 은행이 작성한 환율표로 수입업체가 대금 결제를 위하여 환전하는 경우 전신환매도율(1,105.0)이 적용되고, 수출업체가 대금을 받아 원화로 환전하는 경우 전신환매입율(1,085.0)이 적용된다.
- 기업이 T/T로 수령한 달러화 수출 대금을 은행에 매도할 경우 1.085.0 환율이 적용된다.
- 기업이 해외로열티 지급을 위해 미 달러화로 환전하여 송금하려는 경우 '1,105.0' 환율이 적용된다.

(3) 환율의 표시방법

① 직접표시법(Direct Quotation)

- 환율을 나타낼 때, 외국통화 1단위를 자국통화로 표시하는 방법을 직접표시법이라고 한다.
- 기준통화가 외국통화, 상대통화가 자국통화로 이루어지며 USD/KRW = 1,120이 예시가 된다.

② 간접표시법(Indirect Quotation)

- 환율을 나타낼 때, 자국통화 1단위를 외국통화로 표시하는 방법을 간접표시법이라고 한다. [★1]
- 기준통화가 자국통화, 상대통화가 외국통화로 이루어지며 KRW/USD = 0,00825가 예시가 된다.

③ 유럽식 표기법(European Term)

- 미국 통화 1단위가 다른나라 통화로 얼마인가를 나타내는 환율방식을 말한다.
- USD/KRW = 1,200, USD/JPY = 111.17

④ 미국식 표시법(American Term)

- 다른나라 통화 1단위가 미국 통화로 얼마인가를 나타내는 환율방식을 말한다.
- 유로화(EUR), 영국 파운드(GBP), 호주 달러(AUD), 뉴질랜드 달러(NZD)에는 미국식 표시법을 사용한다. [★3]
- EUR/USD = 1.16, GBP/USD = 1.35

(4) 환율의 종류

① 매입환율과 매도환율

　㉠ 매입환율(Bid Rate)

- 은행이 기준통화를 매입하는 경우, 고객이 기준통화를 매도하는 경우에 적용되는 환율을 말한다.
- 환율이 비쌀수록 가격추종자인 고객의 입장에서는 유리하다. [★3]

　㉡ 매도환율(Offer Rate, Ask Rate)

- 은행이 기준통화를 매도하는 경우, 고객이 기준통화를 매입하는 경우에 적용되는 환율을 말한다.
- 환율이 쌀수록 가격추종자인 고객의 입장에서는 유리하다. [★3]

ⓒ 스프레드(Spread)

- 스프레드는 매입환율과 매도환율의 차이를 말한다. [★2]
- 선물환율의 스프레드는 현물환율의 스프레드보다 큰 것이 일반적이다. [★1]
- 전신환매매율의 스프레드는 현찰매매율의 스프레드에 비해 작다. [★1]
- 우리나라 은행은 거래 고객에게 적용하는 환율을 고시할 때 현찰매매율의 스프레드를 전신환매매율의 스프레드에 비해 크게 고시한다. [★1]
- 스프레드는 은행의 입장에서는 수익으로, 고객의 입장에서는 거래비용이 된다.

② 현물환율 및 선물환율

㉠ 현물환율(Spot Exchange Rate)

- 외환거래 계약 후 2영업일 이내에 결제가 이루어지는 외환거래에 적용되는 환율을 말한다.

  a. 당일물환율(Value Today Rate)

  - 계약체결 당일 결제가 이루어지는 현물환율을 말한다.

  b. 익일물환율(Value Tomorrow Rate)

  - 계약체결일부터 1영업일 후에 결제가 이루어지는 현물환율을 말한다.

  c. 스팟일물환율(Value Spot Rate)

  - 계약체결일부터 2영업일 후에 결제가 이루어지는 현물환율을 말한다.

㉡ 선물환율(Forward Exchange Rate)

- 외환거래 계약 후 2영업일 이후 미래의 특정 시점에 이루어지는 외환거래에 적용되는 환율을 말한다.
- 선물환율은 경우에 따라 현물환율보다 높거나, 낮거나 같을 수 있다. [★1]
- 달러/원 선물환율은 미 달러와 우리나라 원화, 두 통화의 이자율에 영향을 받는다. [★1]

③ 재정환율(Arbitrated Rate)

- 재정환율이란 한 나라의 환율을 산정할 때 그 기준으로 삼는 특정국가의 환율인 기준환율을 이용하여 제3국의 환율을 간접적으로 계산한 환율을 말한다.
- 외환거래 대부분이 미 달러화 중심으로 이루어지고 있고, 미 달러화 외의 통화 간에는 직접적인 환율 형성이 힘들기 때문에 미 달러화와 제3국 통화와의 교환비율을 기초로 제3국 통화와 자국통화의 환율을 계산한다.

> **참조 동조화 현상 (Coupling)**
> - 동조화 현상이란 우리나라 원, 중국의 위안, 일본의 엔 등 아시아 국가의 통화가 미국 달러와의 환율에서 움직임이 서로 비슷하게 나타나는 현상을 말한다. [★1]
> - 아시아 각국의 환율 간 상관계수는 0보다 1에 가까워진다. [★1]
> - 아시아 각국 통화의 동조화 현상이 커질수록 각국 통화에 대한 분산투자 효과는 감소한다. [★1]
> - 아시아 각국의 미국 경제에 대한 의존성이 증가하면서 나타나는 증상이다. [★1]

(5) 환율의 변동

① 의의

- 환율의 변동이란 외환시장에서의 수요와 공급에 의해 결정되는 환율이 상승하고 하락하는 것을 말한다.
- 환율의 상승은 외국 통화에 대한 해당 통화의 교환비율이 올라가는 현상을 말한다.
- 환율의 하락은 외국 통화와 비교하였을 때 해당 통화의 교환비율이 하락하는 현상을 말한다.

② 환율의 상승 예시

㉠ 미국의 금리 인상 및 우리나라의 금리 인하

- 미국 연방공개시장위원회(FOMC)의 기준금리 인상 전망 [★8]
- 미국 FRB, 시장의 허를 찌른 과감한 금리인상 단행 [★3]
- 미국 달러 금리 인상에 따라 달러 수요가 증가할 것을 예상하여 환율 상승 전망 [★1]
- 한국은행 금융통화위원회, 기준금리 0.25% 포인트 인하 [★1]
- 우리나라 금리 인하에 따라 국내 외국인 투자자금의 이탈을 예상하여 환율 상승 전망 [★2]

㉡ 우리나라 무역수지의 적자

- 우리나라 경상수지가 흑자에서 대규모 적자로의 전환 전망 [★4]

㉢ 달러 강세

- 위험자산 회피심리로 신흥국 통화절하 지속 [★2]
- 중국이 달러 대비 위안화의 대폭적인 평가절하 지속 [★2]
- 일본은행(BOJ), 추가 통화완화 단행하기로 결정 [★1]
- 국제시장에서 달러 강세 현상 지속 전망 [★1]

- 미 FRB, 시장의 예상을 뒤엎고 인플레를 막기 위한 강력한 통화 긴축정책 실시한다고 발표 [★1]
- 유럽 국가들의 재정위기로 안전자산인 달러의 수요가 높아져 환율이 상승 [★1]
- 달러 인덱스 상승 [★1]

ⓔ 기타
- 외국인 투자자의 주식 순매도 [★4]
- 트럼프 미국 대통령의 북한 관련 강경 발언 [★1]
- 미국과 중국 사이의 쌍방 관세 부과 등 무역분쟁 심화 [★1]
- 불안한 중국, 자본 유출에 이어 수출까지 감소세 [★1]
- 한반도의 지정학적 위기 고조로 인한 안전자산 선호 강화 [★3]
- 특허권 사용료의 해외지급 증가 [★1]

③ 환율의 하락
ⓐ 미국의 금리 인하 및 우리나라의 금리 인상
- 한국은행, 예상과 달리 기준금리 인상하기로 결정 [★2]
- 미국 FRB, 달러 금리를 마이너스 수준으로 큰 폭 인하 [★3]

ⓑ 우리나라 무역수지의 흑자
- 한국 무역수지, 올해에도 대규모 흑자 기록할 것으로 예상 [★4]
- 국내 중공업사 선박수주, 기대 이상 실적 달성 [★1]
- 우리나라 조선회사의 선박 인도물량 증가에 따른 선물환 매도 증가 [★1]

ⓒ 달러 약세
- 미 재무부, 경기부양을 위해 2023년까지 대규모 긴급재난지원금 방출하기로 결정 [★1]
- 유로존의 경제 상황 개선에 따른 유로화 강세 전망 [★2]
- 엔화강세가 갑작스럽게 확대되는 추세 [★2]
- 미국과 중국이 전격적으로 모든 무역 분쟁을 끝내기로 합의함에 따라 위안화 강세 전망 확산 [★1]
- 중국 인민은행, 외국인 직접투자 유도 목적으로 위안화 환율을 과감하게 절상하기로 결정 [★1]
- 중국 인민은행의 달러/위안화 기준환율 하락 고시 [★1]
- 유럽 국가들의 재정위기 안정 국면으로 달러에 대한 수요가 감소하여 환율이 하락

ㄹ 기타
- 국내 주식시장에서 외국인 투자자의 주식매수 대거 확대 전망 [★6]
- 북한과의 정치적, 군사적 긴장관계가 지속적으로 완화 [★1]
- 미국과 중국의 무역 분쟁 완화 [★1]
- 국내 수출기업의 채산성 악화 [★1]

5. 환 위험(Exchange risk)

(1) 의의

- 환위험 혹은 환리스크는 일반적으로 환율의 변동에 의하여 발생하는 위험으로 자국의 통화가 아닌 타 국가 통화를 보유하거나 결제에 사용할 때 발생하는 위험을 말한다.
- 헤지거래는 무역거래 또는 자본거래에서 발생하는 환위험을 제거하기 위하여 실수요 거래와 반대 방향의 효과가 나타나도록 실행하는 외환거래를 말한다. [★1]

(2) 환 위험(Exchange risk) 종류

① 환산환위험(Translation Exchange Risk) [★1]
- 환산환위험은 환율변동에 따라 타국통화로 표시된 기업체의 자산 및 부채를 자국 통화로 표시되는 연결재무제표를 작성 시 발생하는 회계상의 변화 가능성을 말한다. [★3]
- 한국 본사의 재무제표와 미국 현지법인의 재무제표를 결합할 때 발생하는 환 위험은 환산환위험이다. [★1]
- 결산 시점에 미국 지사의 달러 표시 재무제표를 우리나라 원화로 전환할 때 각 항목에 적용하는 환율에 따라 평가금액이 달라지는 경우를 환산환위험이라 한다. [★1]
② 거래환위험(Transaction Exchange Risk)
- 거래환위험은 환율변동에 의하여 외국통화로 표시된 채권이나 채무가 거래시점의 환율과 다른 환율에 의하여 결제되면서 발생하게 된다. [★2]
- 거래환위험은 상품이나 용역의 수출입, 외환자금의 거래에 따라 거래발생시점과 결제시점 간에 발생하는 환율변동에 기인한다. [★1]
- 환율변동으로 상품의 수출이나 수입 또는 외화의 차입과 대출 시 계약시점과 결제시점의 환율차이로 발생하는 환위험을 말한다. [★1]
- 수출계약 당시의 환율에 비하여 수출대금을 결제할 때의 환율이 하락하여 손실을 입을 가능성을 말한다. [★1]

③ 영업환위험(Business Exchange Risk)
  - 예기치 못한 환율변동으로 기업체의 매출액, 판매가격, 원가 등 실질적인 영업요인에 영향을 미쳐 현금흐름 및 영업이익이 변동하게 되는 위험을 말한다.
  - 예상하지 못한 급격한 환율 변동이 기업의 판매량, 판매가격, 원가 등에 실질적인 영향을 미치고, 이에 따라 현금흐름이나 이익이 변동하는 환위험을 말한다.
  - 최근 USD/JPY 환율이 상승하면서 일본 기업들의 수출 가격 경쟁력이 상승한 바 상대적으로 우리나라 수출기업들의 가격경쟁력이 낮아지면서 수출이 감소하고 있다. [★2]

6. 외환포지션

(1) 의의

- 외환거래를 통해 매입한 외환매입액과 외환매도액의 차액으로 일정시점에서의 외화자산과 외화부채의 차액을 말한다.

(2) 외환포지션의 종류

① 오픈 포지션(Open Position)
  ㉠ 롱포지션(Long Position)
    - 일정시점에서 외화자산이 외화부채를 초과하는 상태로 매입초과 포지션을 말한다. [★2]
    - 환위험을 헤지하기 위해서 매도헤지(Short Hedge)가 필요하다. [★1]
    - 환율이 상승하면 환차익, 환율이 하락하면 환차손이 나타난다. [★3]
  ㉡ 숏포지션(Short Position)
    - 일정시점에서 외화부채가 외화자산을 초과하는 상태로 매도초과 포지션을 말한다. [★3]
    - 환위험을 헤지하기 위해서 매입헤지(Long Hedge)가 필요하다. [★1]
    - 환율이 상승하면 환차손, 환율이 하락하면 환차익이 나타난다. [★5]
    - 기업이 미국 달러화 숏 포지션을 보유하고 있을 경우 향후에 달러/원 환율(앞쪽 통화가 기준통화)이 상승하면 외환차손이 발생한다. [★1]
    - 기업이 달러에 대해 숏포지션 상태를 유지하고 있을 경우 달러/원 환율이 하락하면 외환차익이 발생한다. [★1]

② 스퀘어 포지션(Square Position)

- 외환매입액과 외환매도액이 균형을 이루어 외화 자산과 외화 부채가 일치하는 환 포지션을 말한다. [★1]
- 기업이 스퀘어 포지션(Square Position) 상태일 경우에는 환율이 상승하거나 하락해도 외환차익이나 외환차손이 발생하지 않는다. [★1]
- 궁극적인 목표는 외환 포지션을 스퀘어 포지션 상태로 만드는 것이다. [★1]

③ 기타 포지션

㉠ 현금포지션(Cash Position)

- 기업의 대차대조표에 기장되어 있는 외화자산과 외화부채의 차액을 현금 포지션(Cash Position)이라고 한다. [★1]

㉡ 선물환 포지션

- 선물환 포지션이란 현재시점으로부터 제3영업일 이후에 만기가 도래하는 거래에서 발생하는 외환 포지션을 의미한다. [★1]

7. 대내적 관리기법

(1) 매칭(Maching)

① 의의

- 환리스크 관리를 위해 수출대금 수령시점(외화유입)과 수입대금 결제시점(외화유출)을 일치시켜 환리스크를 관리하는 환 위험관리 기법을 말한다. [★2]
- 수입거래가 수출거래에 비해 훨씬 많은 경우 매칭 기법을 통해 일정 기간 동안의 외환포지션을 산출한 후 선물환 매입거래를 통해 환위험을 해지한다. [★1]

② 예시

- 달러화 원자재 수입 대금을 동일 시점에 수취한 달러화 수출 대금으로 결제 [★2]
- 계약금으로 받은 달러를 원화로 환전하지 않고 보유하고 있다가 원자재 구매대금으로 사용 [★1]

(2) 리딩(Leading)과 래깅(Lagging)

① 의의

- 환율과 전망이 다르게 움직일 경우 환위험이 커질 수 있는 대내적 환위험에 대한 관리기법이다. [★2]
- 환율 전망에 따라 결제시기를 앞당기거나 늦추는 방법을 말한다. [★3]

② 리딩(Leading)

- 리딩은 외화자금의 결제시기를 최대한 앞당기는 것을 말한다. [★3]
- 리딩은 달러/원 환율 상승이 예상돼 수입대금을 만기일보다 앞당겨 결제하는 경우를 말한다. [★3]

③ 래깅(Lagging)

- 래깅은 외화자금의 결제시기를 최대한 늦추는 것을 말한다. [★5]
- 래깅은 강세가 예상되는 외국 통화의 수취를 가급적 지연하는 경우를 말한다. [★2]

④ 특징

- 모든 거래는 시한이 있기 마련이므로 결제시기를 무한정 늦추거나 앞당길 수 없다는 한계가 있다. [★1]
- 실제 환율이 당초 예상하였던 방향과 다르게 움직이면 환위험이 더욱 커지는 단점이 있다. [★2]
- 기존의 외화 포지션과 반대방향으로 거래하는 것이 아니므로 리딩과 래깅만으로는 환위험을 완벽하게 해지할 수 없다. [★5]
- 실제 환율의 움직임이 예상과 다르다면 리딩과 래깅으로 오히려 환 위험이 증가하는 결과도 초래된다. [★2]
- 리딩과 래깅은 본－지사 간의 거래에 주로 이용된다. [★1]

(3) 네팅, 상계(Netting)

- 기업의 본·지사 간 또는 지사 상호 간에 발생하는 채권·채무 관계를 일정기간이 경과한 후에 차액만을 결제하는 환위험 관리기법을 말한다. [★1]
- 일정기간 동안 거래 쌍방 간의 자금 지급이나 수취가 이뤄지지 않은 채 외화자산과 외화부채를 누적시켜야 하므로 자금흐름이 왜곡될 가능성이 있다. [★1]
- 본사와 미국 현지법인 간의 채권채무를 상계하고 차액만 결제하는 경우 네팅으로 볼 수 있다. [★1]

(4) 포트폴리오 전략(Portfolio Management) [★1]

통화를 1개가 아닌 다수의 통화 바스켓으로 구성하여 통화 간의 환율 변동이 서로 상쇄되는 효과를 통해 환율 변동에 따른 위험을 줄이는 전략을 말한다. [★3]

(5) 가격정책(Pricing Policy)

물품의 가격을 환율 변동에 따라 조정하거나 통화를 조정하여 환 위험을 줄이는 전략을 말한다.

8. 대외적 관리기법

(1) 선물환거래(Forward Exchange Transaction)

① 의의
  - 외화를 장래의 특정일 또는 특정 기간에 미리 계약한 환율로 매매할 수 있도록 약정하고, 만기일에 기 약정된 환율로 외화를 매매하는 거래를 말한다.

② 특징
  - 선물환 거래는 신용도에 따라 증거금을 요구하는 경우도 있다. [★1]
  - 선물환 거래는 장외시장에서 당사자 간의 1대1 거래이다. [★8]
  - 선물환 거래는 당사자의 신용도가 낮으면 거래하기가 어렵다. [★4]
  - 선물환 거래는 두 당사자 간의 합의에 의해서 거래가 이루어진다. [★3]
  - 선물환 거래는 두 당사자 간의 합의에 의하여 거래규모와 만기일을 자율적으로 정한다. [★4]
  - 선물환 거래는 만기일에 실물의 인수도가 대부분 이뤄진다. [★5]
  - 선물환 거래는 장외(Over-the-Counter)거래이다. [★3]
  - 거래일(Deal Date)은 거래 쌍방이 환율, 거래규모, 매매의 방향, 결제일 등의 거래조건에 합의하는 날이다. [★2]
  - 선물환 포지션이란 현재시점으로부터 제3영업일 이후에 만기가 도래하는 거래에서 발생하는 외환 포지션을 의미한다. [★1]
  - 일정 기간이 지나서 결제 시점에 이르면 당초의 계약조건에 따라 결제가 이루어지는 거래이다. [★2]

③ 선물환율(Forward Exchange Rate)

ㄱ 의의

- 미래의 특정 시점에 외환을 주고받는 선물환거래에 적용되는 환율을 말한다.

ㄴ 선물환율의 계산 [★18]

- 선물환율 = 현물환율＋[현물환율×(상대통화금리(%)－기준통화금리(%)×개월수/12]

예시 선물환율의 계산

서울 외환시장에서 USD/KRW 현물환율(환율표기에서 앞쪽의 통화가 기준통화)은 1달러 = 1,100원이며, 자금시장에서 한국 원화 금리는 연 2.50%, 미국 달러화 금리는 연 0.50%이다. 금융시장의 상황이 이럴 경우 이를 사용하여 6개월 만기 달러 선물환율을 구하시오.(단, 간편식을 이용하여 정답을 구하시오.)

- 선물환율＝1100＋[1,100×(2.5%－0.5%)×6/12]＝1,111.00원

ㄷ 선물환 마진

a. 선물환 프리미엄

- 선물환거래에 적용되는 환율로 선물환율이 현물환율보다 높은 경우를 말한다.

b. 선물환 디스카운트

- 선물환거래에 적용되는 환율로 선물환율이 현물환율보다 낮은 경우를 말한다.

④ 스왑레이트(Swap Rate)

ㄱ 의의

- 선물환율을 결정하기 위해 현물환율에서 프리미엄 또는 디스카운트 되는 숫자로 두 통화의 이자율 차이를 환율로 표시한 것이다.

- 스왑레이트는 선물환율과 현물환율의 차이를 말한다. [★2]

ㄴ 특징

- 스왑레이트는 핍(pip) 단위로 표시된다. [★1]

- 핍(PIP)은 일상 상거래에서 사용되는 최소 화폐단위의 1/100을 말하므로 USD/KRW의 스왑레이트가 4인 경우 0.04원을 말한다. [★1]

- 스왑레이트는 두 통화 간의 금리차이와 결제일까지의 기간을 반영하여 산출된다. [★2]

- 스왑레이트로 판단할 때 달러화의 금리가 원화의 금리보다 높다. [★2]

ㄷ 스왑레이트를 통한 선물환율 계산 [★14]

- Bid 값이 Offer 값보다 큰 경우 현물환율에 스왑레이트를 차감하여 선물환율을 계산 Bid(매입율)＞Offer(매도율)인 경우, '선물환율＝현물환율－스왑레이트'로 계산한다.

– Bid 값이 Offer 값보다 작은 경우 현물환율에 스왑레이트를 더하여 선물환율을 계산

Bid(매입율) < Offer(매도율)인 경우, '선물환율＝현물환율＋스왑레이트'로 계산한다.

예시 스왑레이트를 통한 선물환율 계산

토마토(주)는 미국에 수박을 수출하고 3개월 후에 달러화를 수취할 예정인데, 환율변동 위험을 헤지하려고 은행에 선물환율을 문의하였다. 은행이 다음과 같은 Two-Way 방식으로 환율을 고시하였다면 이 회사는 어떤 환율로 거래할 수 있는가?

구분	Bid	Offer
Spot Rate	1,120.00	1,125.00
3개월 Swap Rate	10	15

– 매도율(Offer)이 매입율(Bid)보다 크므로 현물환율에 스왑레이트를 더하여 선물환율을 계산.
– 또한 토마토(주)는 3개월 후 수취한 달러를 은행에 달러를 팔아야 하므로, 매입율(Bid)을 적용하므로 1,120.10이 적용된다.

ⓔ 스왑레이트와 금리와의 관계 [★4]

1	기준통화의 금리가 낮음	Bid (매입율) < Offer (매도율)	선물환 프리미엄	선물환율 > 현물환율
2	기준통화의 금리가 높음	Bid (매입율) > Offer (매도율)	선물환 디스카운트	선물환율 < 현물환율

예시 스왑레이트와 금리와의 관계

외환시장에서 주요 통화의 현물환율 및 3개월물 스왑레이트가 다음과 같고, 스왑레이트를 토대로 판단할 때 어떤 통화의 금리가 가장 높은 것으로 추정되는가? 환율 표기에서 앞쪽의 통화가 기준통화이다. (스왑레이트 단위 : pip)

	USD/YEN	GBP/USD	EUR/USD
Spot	120.10 – 120.20	1.5130 – 1.5140	1.1850 – 1.860
3 Months Swap	2 – 1	8 – 4	3 – 6

– Bid(매입율) > Offer(매도율)의 차이가 가장 큰 GBP의 통화가 금리가 가장 높을 것으로 추정된다.

(2) 역외선물환(NDF, Non-Deliverable Forward) 거래

① 의의

– 만기에 계약 원금의 교환없이 사전에 약정한 환율인 계약 선물환율과 현물환율에 따른 차액만을 계약 당시 지정통화로 결제하는 거래를 말한다. [★1]

② 특징

– 현물환율은 당사자 간 약정에 따라 결정되며 원–달러 NDF의 경우 만기일 전일의 매매기준율로 정한다.

- 역외 선물환율은 국내 외환시장의 환율에 밀접한 영향을 미친다. [★9]
- 1개월물부터 5년물까지 선물환 상품이 다양하지만 만기가 짧은 1개월물의 거래가 가장 활발하다. [★4]
- 순수한 환 위험 헤지 목적의 거래는 많지 않고, 투기적인 거래가 대부분을 차지한다. [★2]
- 만기에 원금이 교환되지 않는 차액결제 방식으로 차액은 달러로 결제한다. [★4]
- 역외 선물환거래의 경우, 달러로 정산이 이루어진다. [★4]
- 우리나라를 벗어난 런던이나 뉴욕, 싱가포르 등 국제 외환시장의 중심지에서 거래되는 USD/KRW 선물환 거래를 말한다. [★3]
- 아시아 금융시장에서는 한국의 원화, 대만 달러, 중국 위안화 등이 거래된다. [★1]
- 우리나라 외환시장에서 거래할 때 부담하는 세금이나 규제를 회피할 수 있다. [★3]

③ 역외선물환거래의 현금 흐름 [★6]

　㉠ 계약환율이 현물환율(정산환율)보다 높은 경우(계약환율 > 현물환율)
　　- 현물환율보다 비싸게 매도한 입장에서는 '이익'이므로 차액을 수령
　　- 현물환율보다 비싸게 매입한 입장에서는 '손해'이므로 차액을 지급

　㉡ 계약환율이 현물환율(정산환율)보다 낮은 경우(계약환율 < 현물환율)
　　- 현물환율보다 싸게 매입한 입장에서는 '이익'이므로 차액을 수령
　　- 현물환율보다 싸게 매도한 입장에서는 '손해'이므로 차액을 지급

　㉢ 차액 계산
　　- 차액 = (계약환율과 현물환율의 차이) × 거래금액 / 현물환율

　　예시 역외선물환거래의 현금 흐름
　　미국의 ABC사는 뉴욕은행과 다음의 달러/원 역외선물환(NDF) 거래를 체결하였다. 이 경우 만기 시 현금 흐름에 대한 설명으로 가장 적절한 것은?
　　*ABC사가 뉴욕은행에 달러 NDF 매도
　　*거래금액 : 1,000,000 달러　　*계약환율 : 1,100원　　*정산환율 : 1,000원
　　- 뉴욕은행이 ABC사에게 10만 달러 지급한다. [★1]
　　- [(1100 - 1000) × 1,000,000] / 1000 = 100,000

(3) 통화선물거래(Currency Futures)

① 의의
- 장래의 일점 시점에서 특정 통화의 일정 수량에 대한 매매 계약을 할 때 약정한 환율로 매매할 것을 약속하는 거래를 말한다.

② 특징

- 통화선물거래는 불특정 다수 간의 호가에 의해서 거래가 이루어진다. [★6]
- 통화선물거래는 거래단위나 만기일 등이 규격화, 표준화되어 있다. [★6]
- 통화선물거래는 만기일이 도래하기 전에 반대 거래를 통해 중도 청산이 가능하다. [★1]
- 통화선물거래는 만기일 이전에 반대매매에 의해서 청산되는 것이 대부분이다. [★1]
- 통화선물거래는 신용위험이 없다. [★1]
- 시장에서 매매하는 방식이므로 만기 이전에 언제든 자유롭게 계약변경이 가능하다. [★1]
- 일반적으로 중소기업이 은행과 선물환거래를 할 때 지불하는 수수료에 비하여 통화
  선물거래의 수수료가 저렴하다. [★1]
- 통화선물거래는 공인된 선물거래소에서 거래가 체결되는 장내거래이다. [★4]

③ 통화선물거래 증거금

- 거래하는 사람의 신용도가 높든 낮든 상관없이 누구나 증거금을 납부하여야 한다. [★4]
- 신용도에 상관없이 선물거래소에 정해진 증거금만 납부하면 통화선물거래가 가능하
  다. [★3]
- 선물거래소는 매일 증거금에 대하여 일일정산을 실시한다. [★4]
- 증거금에 대한 일일정산은 거래상대방의 신용위험을 제거하려는 제도이다. [★1]
- 변동증거금을 정해진 기한에 납부하지 않으면 선물계약이 강제로 청산된다. [★1]
- 증거금의 종류에는 개시증거금, 유지증거금, 추가증거금이 있다. [★1]

개시증거금	- 선물거래 주문 때 예치하는 보증금을 말한다. - 선물거래 주문을 내려면 먼저 개시증거금을 납부하여야 한다. [★1]
유지증거금	- 선물 거래를 하는 데 필요한 최소한의 증거금을 말한다.
추가증거금	- 선물 가격 변동에 따른 손익을 증거금에 반영한 후에 추가로 납부하게 하는 증거금을 말한다.

(4) 통화옵션(Currency Option) [★3]

① 의의

- 미래의 특정 시점에 특정 통화를 미리 약정한 가격(환율)으로 사거나 팔 수 있는
  권리를 말한다.
- 기초자산이란 옵션계약의 거래대상이 되는 자산으로 특정 통화를 말한다. [★1]
- 통화옵션에서 기초자산은 달러, 엔, 원 같은 외환이 기초자산이 된다. [★1]
- 행사가격이란 옵션계약에서 옵션 매입자가 권리를 행사할 때 적용되는 가격을 말
  한다.

- 옵션 프리미엄이란 옵션 매수자가 권리의 대가로서 옵션 매도자에게 지불해야 하는 금액을 말한다.

② 특징
- 통화옵션의 경우 권리이므로 환율변동에 따라 자유롭게 옵션을 행사하거나 행사하지 않을 수 있다.
- 통화옵션을 매입하는 경우 옵션 프리미엄을 지급해야 한다. [★3]
- 옵션 매입자가 권리를 행사하여 얻는 이익은 무제한이나, 손실은 옵션 프리미엄으로 한정된다. [★2]
- 옵션 매도자의 이익은 옵션 프리미엄으로 한정되나 손실은 무제한이다. [★1]

③ 옵션계약의 종류
ⓐ 콜옵션(Call Option)
- 특정한 기초자산을 만기일이나 만기일 이전에 미리 정한 행사가격으로 살 수 있는 권리를 말한다.
- 콜옵션 매입자의 경우 옵션 프리미엄을 지급하고 만기일 내에 미리 정한 행사가격으로 특정 통화를 살 수 있는 권리를 가진다.
- 콜옵션 매도자의 경우 옵션 프리미엄을 받고 매입자가 권리를 행사하는 경우 미리 약정한 행사가격으로 특정 통화를 팔아야 하는 의무를 가진다.

ⓑ 풋옵션(Put Option)
- 특정한 기초자산을 만기일이나 만기일 이전에 미리 정한 행사가격으로 팔 수 있는 권리를 말한다.
- 풋옵션 매입자의 경우 옵션 프리미엄을 지급하고 만기일 내에 미리 정한 행사가격으로 특정 통화를 팔 수 있는 권리를 가진다.
- 풋옵션 매도자의 경우 옵션 프리미엄을 받고 매입자가 권리를 행사하는 경우 미리 약정한 행사가격으로 특정통화를 사야 하는 의무를 가진다. [★1]
- 풋옵션을 매입하는 경우 환율하락으로 인한 최대 손실은 제한된다. [★2]
- 수출자는 수출통화의 풋옵션을 매입해야 한다. [★1]

참조 옵션 거래전략
- 환율상승 위험에 대한 헤징 목적의 경우 콜옵션을 매입하고 풋옵션을 매도한다.
- 환율하락 위험에 대한 헤징 목적의 경우 콜옵션을 매도하고 풋옵션을 매입한다.

④ 옵션 프리미엄의 구성

  ㉠ 개요

    – 옵션 프리미엄(가격)은 내재가치와 시간가치로 이루어진다. [★2]

  ㉡ 내재가치

    – 옵션을 즉시 행사할 경우 얻을 수 있는 가치를 말하며, 기초자산의 가격과 행사가격의 차이를 나타낸다.

    – 콜옵션의 경우 기초자산의 가격이 행사가격보다 높은 경우에 내재가치를 가진다. [★1]

    – 콜옵션의 경우 내재가치 크기는 Max(기초자산가격-행사가격, 0)으로 계산한다. [★1]

    – 풋옵션의 경우 기초자산의 가격이 행사가격보다 낮은 경우에 내재가치를 가진다. [★2]

    – 풋옵션의 경우 내재가치 크기는 Max(행사가격-기초자산가격, 0)으로 계산한다. [★2]

  ㉢ 내재가치 상태 [★3]

구분	콜옵션	풋옵션
내가격(In the Money, ITM)	기초자산 가격 > 행사가격	기초자산 가격 < 행사가격
등가격(At The Money, ATM)	기초자산 가격 = 행사가격	기초자산 가격 = 행사가격
외가격(Out of The Money, OTM)	기초자산 가격 < 행사가격	기초자산 가격 > 행사가격

    a. 내가격 : 내재가치가 존재하는 옵션

    b. 등가격 : 기초자산 가격과 행사가격이 같은 옵션

    c. 외가격 : 내재가치가 존재하지 않는 옵션(시간가치만 존재)

  ㉣ 시간가치

    – 만기까지 남은 시간 동안 기초자산의 가격이 변화함에 따라 생길 수 있는 가치를 말한다.

    – 시간가치는 만기까지의 기간이 길거나 기초자산의 가격변동성이 클수록 높게 형성된다.

  ㉤ 옵션 프리미엄의 특징

    – 현물가격이 상승할수록 콜옵션 프리미엄은 증가한다. [★1]

    – 시장환율이 상승하면 풋옵션의 프리미엄이 감소한다. [★1]

    – 만기일까지 기간이 길면 길수록 콜옵션 및 풋옵션의 옵션 프리미엄은 증가한다. [★2]

    – 가격변동성이 증가할수록 콜옵션 및 풋옵션의 옵션 프리미엄은 증가한다. [★1]

⑤ 통화옵션 활용 예시

- 이탈리아에서 의류를 수입하고 유로화로 결제하는 C사는 유로화 콜옵션을 매입하였다. [★1]

- 중동지역에 석유화학 플랜트를 건설하고 공사대금으로 달러를 수취하는 D사는 달러 풋옵션을 매입하였다. [★1]

- 중국에 위안 수취조건으로 수출하는 기업이 위안화 풋옵션을 매입힌다. [★1]

예시 통화옵션

㈜커스브로는 수출대금으로 1백만 달러를 오늘 수령한다. 그런데 이 회사는 3개월 전에 환리스크 관리를 위하여 만기가 오늘이고 행사가격이 1,120.00원인 미국 달러 풋옵션을 달러당 15원의 옵션 프리미엄을 지급하고 매입하였다. 옵션 만기일인 오늘의 USD/KRW 현물환율이 1,115.00원이라면 이 회사는 옵션을 행사하는가? 그리고 수출대금을 오늘 원화로 환전할 경우 옵션 프리미엄도 감안하여 ㈜해동이 실제로 수취하게 되는 금액은 모두 얼마인가?

- 행사가격이 현물환율보다 높으므로, 풋옵션을 행사한다.

- 실제 수취 원화 금액은 1,105,000,000원이다.

- 1,105,000,000원 = 1,120,000,000원 − 15,000,000원(1,000,000원 × 15원)

⑥ 통화옵션 전략

㉠ 스트래들 전략(Straddle)

- 동일한 기초자산에 대하여 동일한 행사가격과 동일한 만료일을 가진 풋옵션과 콜옵션을 동시에 매입하거나 매도하는 전략을 말한다.

- 콜옵션과 풋옵션을 동시에 매입하면서 콜옵션의 행사가와 풋옵션의 행사가를 같게 하는 매입전략을 말한다. [★3]

- 외환시장의 변동성이 크지 않은 경우에 사용하는 투기 전략이다. [★1]

㉡ 스트랭글 전략(Strangle)

- 동일한 만료일을 가진 콜옵션과 풋옵션을 동시에 매수하지만 행사가격이 서로 다른 전략을 말한다. [★2]

⑦ 옵션 유형

㉠ 유럽식 옵션, 유로피안 옵션(European Option)

- 옵션 약정기간의 만기일에만 권리행사를 할 수 있는 옵션을 말한다. [★1]

㉡ 미국식 옵션, 아메리칸 옵션(American Option)

- 옵션 약정기간 중 어느 때에나 권리행사를 할 수 있는 옵션을 말한다.

(5) 환변동보험

① 의의
- 환변동보험은 보장환율과 결제환율의 차이에 따라 발생하는 원화 차액만 한국무역보험공사와 정산하는 방식의 환위험 관리 수단이다. [★1]
- 환변동보험은 1년 이상의 중·장기 수출에 수반하는 환위험을 관리하기 위한 수단이다.

② 특징
- 환변동보험은 신용도가 낮거나 규모가 작은 중소수출기업을 대상으로 개발되었다. [★1]
- 보장환율은 환위험을 막기 위하여 무역보험공사가 기업에 보장해주는 환율이다. [★1]
- 보장환율은 청약일의 시장평균환율에 기간별 스왑포인트를 더하거나 빼서 산출되고 보장환율은 환변동보험 청약일 다음 날에 확인할 수 있다. [★1]
- 환변동보험은 기업의 자금 흐름에 대한 조정이 필요할 경우 만기일 이전에 조기결제가 가능하다. [★2]

③ 환변동보험의 현금흐름 [★3]
- ㉠ 보장환율이 결제환율보다 높은 경우(보장환율 > 결제환율)
  - 고객(기업)에게 차액(환차손)만큼 보험금을 지급한다.
- ㉡ 보장환율이 결제환율보다 낮은 경우(보장환율 < 결제환율)
  - 고객(기업)으로부터 차액(환차익)을 환수한다.

PART 3 무역계약

▮ 출제율

무 역 계 약 ▬▬▬▬▬▬▬▬▬▬▬ 70%

국 제 운 송 ▬▬▬ 15%

해 상 보 험 ▬▬▬ 15%

▮ 학습전략

① 무역계약은 국제매매계약을 체결하는 데 있어서 일련의 과정을 학습하는 것으로 CISG, Incoterms와 같이 국제협약 및 국제규칙을 중심으로 공부해야 하며, 범위가 방대하므로 기출이 많이 된 파트를 중점적으로 보는 시각이 필요하다.

② 국제운송은 국제매매계약에 수반되는 운송계약으로써 해상, 항공, 육상 운송 등에 관해 학습하며, 각 운송마다 사용되는 운송 서류 및 국제 규칙에 관해 대략적인 틀을 볼 줄 아는 시각이 필요하다.

③ 해상보험은 운송계약과 함께 부수적으로 수반되는 계약으로 해상보험만이 가지는 특성을 이해하는 것이 필요하다. 특히 보험금 계산과 해상보험계약 및 협회적하약관에 관하여 중점적으로 공부하는 것이 필요하다.

무역계약

Ⅰ. 무역계약의 개요

(1) 의의

무역이란 상이한 국가 간에 물품을 대상으로 이루어지는 상거래를 말하며, 넓게는 물품뿐만 아니라 기술, 용역, 자본거래를 포함한 대외적 경제거래를 말한다.

(2) 무역계약의 법적성질

① 낙성계약(Consensual Contract)
- 무역계약은 계약당사자 쌍방의 계약체결을 향한 의사표시의 합치만으로 계약이 성립되는 낙성계약의 특성을 갖고 있다. [★6]
- 무역계약은 매매당사자 일방의 거래제의에 대하여 상대방이 이를 승낙하면 계약이 성립되는 낙성계약의 성격을 갖는다. [★2]
- 무역계약에는 계약당사자들이 이행할 계약상 권리 의무의 대상이 되는 목적물이 계약 체결 당시에 반드시 존재할 필요는 없다. [★1]

② 불요식계약(Informal Contract)
- 무역계약은 계약의 성립을 위하여 일정한 형식이나 절차를 요하지 않는 불요식 계약의 특성을 갖는다. [★4]
- 무역계약은 불요식 계약의 성격에 따라 의사표시의 방법인 구두, 전화, 문서, 행동 등 어떠한 방식에 의해서도 계약을 성립시킬 수 있다. [★5]
- 다만, 거래관계 개설 시 교환된 일반거래약정서에서 서면에 의한 계약만을 인정하는 조항을 두고 있다면 전화통화에 의해 계약은 성립되지 않는다. [★1]

③ 쌍무계약(Bilateral Contract)
- 무역계약은 계약당사자 쌍방이 각각 상대방에 대하여 교환적 내지 대가적 의미를 지니는 채무를 부담하게 되는 계약으로 쌍무계약의 특성을 갖고 있다. [★9]

- 수출업자는 물품인도의무를, 수입업자는 대금지급의무를 이행한다. [★2]
- 동시이행 항변권은 쌍무계약에서 발생되는 권리로서, 일방이 그 의무를 이행하지 않으면서 상대방에 대해 먼저 이행을 청구하는 경우에 상대방이 갖는 권리이다. [★1]

④ 유상계약(Remunerative Contract)
- 무역계약은 매도인의 물품인도를 포함한 계약내용의 이행에 대하여 상대방인 매수인은 그 반대급부로서의 대가의 지급을 수반하는 약인(consideration)에 의한 계약으로 유상계약의 특성을 갖고 있다. [★10]
- 무역계약은 매도인의 물품공급과 매수인의 대금지급이 이루어진다는 측면에서 유상계약의 성격을 갖고 있다. [★1]
- 경제적 대가 지급의 이행은 국제결제에 의한 금전의 지급에 의하여 실행되지만 물물교환(Barter Trade)에서와 같이 물품의 지급 방식도 있다. [★1]
- 무역계약은 대가적 관계의 급부가 있는 계약이라는 유상계약의 특성을 갖고 있으며, 상호 간에 경제적 가치가 있는 어떠한 것을 제공하는 행위가 있고 이것이 상호대가적인 의미가 있어야 한다. [★2]
- 무역계약은 유상계약을 원칙으로 하지만 무상견본 수출 등 무환으로 거래되는 일부 거래유형의 경우 수출실적으로 인정된다. [★1]

(3) 무역계약의 종류

① 개별계약
- 개별계약이란 특정품목을 거래할 때마다 매번 구체적인 거래조건에 대해 합의하는 방식으로 체결되는 계약을 말한다. [★3]
- 개별계약은 현업에서 약칭하여 CBC Contract라고도 하며 최초의 거래 시나 거래가 1회로 종결되는 경우에 주로 사용되는 방법이다. [★8]
- 개별계약은 특정품목을 거래할 때마다 거래단위별로 일일이 구체적인 거래조건에 대하여 합의하는 방식으로 고정 거래선이 아닌 경우 또는 중장기연불방식에 의한 수출입 등의 경우에 주로 이용된다. [★4]
- 산업설비나 선박 또는 대형산업기계류와 같은 대규모 거래에서는 개별매매계약 방식이 많이 활용된다. [★1]
- 개별계약체결방식의 경우, 계약서는 통상 표면과 이면의 양면으로 구성하는 것이 바람직하다. [★1]

② 포괄계약

- 포괄계약은 동일한 상대방과 거래가 지속적으로 이루어지는 경우, 일반거래조건에 관한 협정을 체결하여 향후 거래 시 적용될 수 있는 기본원칙을 규정한다. [★6]

- 지속적인 거래에서는 일정한 기간 내의 모든 매매계약조건을 하나의 계약으로 약정함으로써 포괄매매계약을 체결하고 그것에 의하여 매수인의 선적요청이 있을 때마다 물품을 인도하는 형태를 취한다. [★1]

- 매매계약의 당사자는 기본적이고 공통적인 사항을 합의하여 포괄계약을 체결한 후 가변적이고 구체적인 사항은 거래할 때마다 개별적으로 합의한다. [★2]

- 매도인과 매수인 간에 장기간 거래하거나 동일한 상품을 지속해서 거래할 경우에는 포괄계약을 체결한다. [★2]

[관련 규정] 일반거래약관, 일반거래조건
- 일반거래약관 혹은 보통거래약관이란 특정 종류의 거래에 적용하기 위하여 미리 작성된 정형화된 계약조건을 가리키며 통상 계약서상 표제로 'General terms & conditions' 또는 'An agreement on general terms & conditions'라 쓰고 있다. 한편 영미에서는 이와 같은 정형화된 계약 조항을 광고업계의 관행을 고려하여 'Boilerplate Terms'라 부르기도 한다. [★7]
- 일반거래 약관은 무역거래에서 손해배상액 산정 방법, 분쟁해결방법 등을 정형화하여 정해두는 데 주로 활용된다. [★2]

(4) 무역계약의 적용법규

① 준거법(Proper law)

ㄱ 의의

- 준거법은 Applicable law, Proper law 등으로 지칭하며, 상이한 법률을 적용하는 국가에 속한 무역계약 당사자의 분쟁해결, 계약 내용의 해석상 다툼 등을 대비하기 위하여 미리 정하는 법률을 말한다. [★5]

- 무역계약은 계약자유의 원칙이 지배되므로 내용 결정의 자유가 있다. 따라서 계약 내용은 당사자들이 약정한 명시조건, 거래관행에 의한 묵시조건 법률로 구성되며 이때 적용되는 법률을 준거법이라 한다. [★1]

ㄴ 특징

- 준거법의 선택은 계약 당사자가 합의에 의해 준거법으로 채택된 법률을 대상으로 하는 방법과 당사자 간의 합의, 의사와 관계없이 법원, 중재원이 객관적으로 타당하다고 판단하는 법률을 준거법으로 하는 방법이 있다. [★1]

- 계약당사자 간의 준거법에 대한 합의가 없는 경우 우리나라는 국제사법에 따라 해당 계약과 가장 밀접한 관련이 있는 국가의 법을 준거법으로 하고 있다. [★1]

- 서로 다른 국가에 영업소를 둔 계약당사자 사이의 계약이라 하더라도 합의에 따라 일방 당사자가 속한 국가의 국내법도 계약의 준거법이 될 수 있다. [★6]
- 계약당사자가 속한 국가의 법률 또는 CISG와 같은 국제법을 준거법으로 둘 수 있다. [★1]
- 준거법은 계약 내용 해석이나 의견차이로 분쟁이 발생할 경우 이에 대한 해석을 하게 되는 근거가 되기 때문에 계약서에 명시되지 않은 내용을 채우는 역할을 할뿐 아니라 명시된 내용을 해석하는 역할도 한다. [★2]
- 계약서는 영어를 비롯해 상대국 언어로 작성하면서 국문번역본과 상이한 부분이 있는 경우에 영문본에 우선적인 효력을 부여하는 준거법을 선택할 수 있다. [★2]
- 무역계약의 내용의 해석과 관련하여 계약 내용이 의심스러운 경우이거나 여러 가지의 해석이 가능한 경우, 해당 계약서를 작성한 자에게 불리하게 해석한다는 원칙이 적용된다. [★2]
- 무역계약 내용의 해석과 관련하여 계약 내용이 상대방에게 불리한 경우에는 해당 조항을 축소하여 해석해야 한다는 원칙이 적용된다. [★2]
- 준거법과 재판관할은 반드시 일치할 필요는 없다. [★3]
- 준거법은 양 당사자 소재 국가의 법외에 제3의 국가의 법으로 지정할 수도 있다. [★2]

② 준거법의 적용순서
- ㉠ 국제무역계약법의 규정 중 강행규정, ㉡ 무역당사자간에 작성한 계약서의 조항, ㉢ 국제무역계약법의 규정 중 임의규정, ㉣ 국제상관습법의 규정 [★3]
- 당해 계약에 적용되는 법률상의 강행규정이 당사자 간의 합의보다 우선한다. [★6]
- 매매계약 당사자 간의 약정은 국제규칙, 국제협약보다 우선적으로 적용된다. [★6]
- 준거법이 있더라도 계약당사자가 합의한 내용이 우선적으로 적용된다. [★2]

예시 무역계약서 [★1]

Item No HS code	Commodity & Description	Quantity	Unit Price(FOB)	Amount
KD1732PF 8510.87	17" Sony Trinitron CDT Monitor	9,200pcs	USD135.00	USD1,242,000
	19" Sony Trinitron CDT Monitor	1,700pcs	USD215.00	USD365,500
	21" Sony Trinitron CDY Monitor	350pcs	USD480.00	USD168,000
TOTAL AMOUNT		11,250pcs	USD1,775,500	

- Origin : Republic Of Korea
- Trade terms : FOB Korea
- Packing : Export Standadrd Packing

- Shipment : Within 30days after receipt of your L/C at sight
- Insurance : To be covered by Buyer on ICC(A/R)
- Payment : By an irrevocable L/C at sight in favor of us
- Shipping Port : Any Korean Port
- Validity : Mar. 31, 2015
- Shall은 의무를 May는 권리를 표현할 때 사용된다.
- Subject to는 통상 '~을 조건으로 한다.'와 같이 번역한다.
- POA는 위임장의 영문 약어이다.

2. 무역계약의 성립 과정

(1) 무역계약의 성립

- 무역계약의 성립 과정은 ① 해외시장조사 및 거래처 발굴 ② 거래제의 ③ 조회와 회신 ④ 신용조회 ⑤ 청약과 승낙 ⑥ 계약의 성립을 거쳐 이루어진다.
- 매도확약서(Sales Note)는 매도인이 청약 시 주로 사용하는 문서이며, 구매주문서(Purchase Order)는 매수인이 주문 시 주로 사용하는 문서를 말한다. [★1]
- 매도인이 청약서를 보낸 경우 매수인이 동일한 내용으로 구매주문서(Purchase Order)를 보낸 경우 의사의 합치가 이루어졌으므로 계약은 성립된다. [★1]
- MOU(Memorandum of Understanding)나 LOI(Letter of Intent)라는 제목의 합의서라도 그 내용에 따라서는 당사자들에게 법적구속력이 있을 수 있다. [★3]
- 양해각서는 일반적으로 집행할 수 있는 법적 문서로서 효력이 있는 것은 아니나, 계약의 이행에 필요한 모든 요건들을 갖추고 있을 경우에는 계약으로서 효력을 가질 수도 있다. [★1]

(2) 무역계약의 이행

무역계약의 이행은 수출자는 소유권이전의무, 물품인도의무, 서류 제공의무의 이행을, 수입자는 대금지급의무, 물품인수의무의 이행을 말한다. [★2]

(3) 무역계약의 종료

① 계약 이행에 의한 종료
- 매매계약 당사자가 계약상의 의무를 완전히 이행하였을 경우 계약이 종료된다.

② 합의에 의한 종료
- 계약 당사자가 미이행된 채무에 대해 서로 자신의 권리를 서명에 의해 포기함으로써 계약은 종료될 수 있고, 이를 계약의 해제라고 한다. [★2]

③ 계약상 소멸 규정에 의한 종료 [★1]
- 계약상 국내 강행법규 등의 소멸 규정에 해당하는 경우 계약은 종료된다.

④ 기간 만료에 의한 종료
- 유효기간을 정하고 있는 계약의 경우 기간 만료 시 갱신을 하지 않으면 계약이 종료된다.

⑤ 대물변제에 의한 종료
- 대물변제(Accord and satisfaction)란 한 당사자의 계약상 의무이행 이외에 어떤 만족할 만한 약인(consideration)을 제공함으로써 그 당사자의 채무를 소멸시키는 것을 말한다. [★2]

⑥ 이행불능에 의한 종료
- 계약이 체결된 뒤 예상치 못했던 사태변화로 인하여 계약의 목적달성이 불가능하게 되면 즉시 당사자의 의무가 면책되고, 계약은 자동 종료된다. [★1]

⑦ 계약위반에 의한 종료
- 계약당사자의 책임 있는 사유로 계약이행을 하지 않는 경우 상대방의 계약해제 의사에 의해 계약은 종료된다.

3. 청약과 승낙

(1) 청약

① 의의
- 청약(Offer)이란 매매거래의 조건을 구체적으로 상대방에게 제시하면서 그러한 조건으로 물품을 판매 또는 구매하겠다는 제의로서, 상대방의 승낙이 있으면 계약을 성립하겠다는 의사표시를 말한다. [★1]
- 청약은 계약당사자가 될 특정인에게 하는 행위이며, 그 제시된 내용과 매매조건에 당사자가 구속되는 것이다. [★2]
- 청약은 매도인만이 할 수 있는 것은 아니며 매수인도 할 수 있으며 Offer Sheet, Proforma Invoice는 매도인이 청약 시 주로 사용하는 문서이다. [★2]

> **참조** **구매주문서(Purchase Note), 판매확인서(Sales Note)**
>
> Purchase Note는 매매계약 내용을 확인하기 위하여 매수인이 작성하는 계약서를 말하며, Sales Note 는 매도인이 작성하는 계약서를 말한다. 주로 2통을 각각 서명하여 발행하며, 1통은 자신이 보관하고 부본 1통은 상대방에게 발송하여 교부하는 방식을 통해 계약을 체결한다.

② 청약의 요건

　㉠ 대상의 특정

　　－ 청약은 계약의 당사자가 될 1인 또는 다수의 특정인을 대상으로 하며, 불특정 다수를 대상으로 하는 신문광고나 상품목록 배포와 같은 청약의 유인과는 구분된다. [★9]

　㉡ 당사자 구속

　　－ 청약은 제시된 내용이나 매매조건에 당사자가 구속되는 것이어야 하므로 청약에 대한 승낙이 있으면 계약이 성립한다는 확정적인 내용이어야 한다. [★5]

　㉢ 확정성

　　－ 어떠한 제의가 청약으로서의 효력을 발휘하기 위해서는 물품, 수량, 가격 등이 확정적이어야 한다. [★5]

　　－ 청약이 물품을 표시하고 있고, 물품의 수량과 대금을 명시적·묵시적으로 지정하고 있는 경우 이 청약은 충분히 확정적인 것이다. [★6]

　　－ 청약은 계약체결의 제안으로서 그 내용이 구체적이고 확정적이어야 하며, 단순히 청약서라는 표제를 가지고 있다는 사실만으로 청약으로 취급할 수 있는 것은 아니다. [★1]

③ 청약의 유인(Invitation to offer)

　－ 청약의 유인은 불특정 다수인 상대방을 유인하여 자기에게 청약하도록 하는 행위로서 계약 체결의 예비적 교섭에 불과하다. [★1]

　－ 청약의 유인을 받은 자가 이를 승낙하여도 계약은 성립되지 않으며, 청약의 유인을 한 자가 상대방의 승낙에 대한 승낙의 의사 표시를 하여야 계약이 성립된다. [★2]

　－ 불특정 다수에게 보낸 가격표나 카탈로그(가격 포함)가 대표적인 사례이다. [★1]

　－ 청약의 상대방을 특정하지 않은 것이다. [★2]

　－ 타인으로 하여금 청약을 하도록 유도하는 데 목적이 있다. [★1]

④ 청약의 효력발생

    – 청약은 상대방에게 도달한 때에 효력이 발생한다. [★7]

참조 **청약의 효력 소멸**

– 청약에 유효기간이 설정된 경우, 그 기간이 경과하면 그 청약은 효력을 상실한다. [★2]
– 유효기간이 명시되지 않은 청약의 경우에는 합리적인 기간이 경과하였을 때 청약의 효력은 소멸된다. [★1]

---

⑤ 청약의 철회 및 취소

    ㉠ 청약의 철회(Withdrawal)

        – 청약을 거두어들이는 의사가 청약이 상대방에게 도달하기 전 또는 청약과 함께 도달되면 철회라 한다. [★1]

        – 청약은 취소될 수 없더라도, 철회의 의사표시가 청약 도달 전 또는 그와 동시에 상대방에게 도달하는 경우 철회될 수 있다. [★7]

        – 청약이 피청약자에게 도달하기 전에는 그 의사표시에 유효기간이 기재되어 있는가의 여부를 고려하지 않고 언제라도 철회가 가능하다. [★2]

    ㉡ 청약의 취소(Revocation)

        – 청약이 상대방에게 도달한 후 그러나 상대방이 아직 승낙하기 전에 청약의 효력을 소멸시키고자 하는 의사를 취소라 한다. [★1]

        – 청약은 계약이 체결되기까지 취소될 수 있다. 다만, 상대방이 승낙의 통지를 발송하기 전에 취소의 의사표시가 상대방에게 도달되어야 한다. [★8]

        – 청약이 승낙기간을 명시하고 있거나 또는 기타의 방법으로 청약이 취소 불능임을 표시하고 있는 경우에는 청약은 취소될 수 없다. [★4]

        – 계약이 체결되기까지는 청약은 취소될 수 있으나, 피청약자가 청약이 취소 불능이라고 신뢰하는 것이 합리적인 경우 청약은 취소될 수 없다. [★3]

⑥ 청약의 거절(Rejection)

    – 청약에 대해 피청약자가 거절의 의사표시를 한다면, 청약은 효력을 상실하게 된다. [★2]

⑦ 청약의 종류

㉠ 청약의 주체 기준

매도청약(Selling Offer)	매도인이 매수인에게 매도의사를 표시하는 청약을 말한다.
매수청약(Buying Offer)	매수인이 매도인에게 매수의사를 표시하는 청약을 말한다.

㉡ 청약의 확정력 기준

확정청약(Firm Offer)	• 확정청약(Firmn Offer)은 일단 발행되어 그것이 법률상 청약으로서의 효력이 발생되면, 당사자는 이에 구속되어 그 유효기간 내에는 청약자가 그 내용을 변경하거나 취소할 수 없는 청약을 말한다. [★7] • 확정청약은 청약자의 판매 또는 구매의 확정적 의사표시이므로 피청약자가 이를 승낙하면 그것만으로 무역계약이 성립된다. [★2] • 청약에 유효기간이 명시되어 있느냐의 여부에 따라 확정청약과 불확정청약으로 구분한다. [★3] • 확정청약은 유효기간(승낙기간)이 명시되어 있거나 확정(Firm) 또는 취소불능(Irrevocable)이라는 표현이 있어야 한다. [★2]
불확정청약(Free Offer)	• 불확정청약은 청약자의 판매 또는 구매의 단순한 불확정적 구상이라는 성격을 지니며, 피청약자가 승낙을 하여도 그 승낙에 대한 청약자의 최종확인(Confirmation)이 있어야 계약이 성립된다. [★3] • 불확정청약(Free Offer)의 경우 청약자가 피청약자의 동의 없이도 언제든지 내용변경 및 취소할 수 있다. [★2] • 불확정청약에는 유효기간이 제시되어 있지 않다. [★1]

㉢ 특수청약

교차청약(Cross Offer)	청약자와 피청약자 상호 간에 동일한 내용의 청약이 상호 교차되는 청약을 말한다. [★1]
반대청약(Counter Offer)	• 반대청약이란 피청약자가 원 청약의 내용을 변경하거나 새로운 조항을 추가한 청약을 원청약자에게 다시 청약하는 것을 말한다. [★5] • 청약에 조건을 추가, 제한 또는 변경을 한 승낙은 청약의 거절이며 반대청약이다. [★3] • 반대청약은 원청약에 대한 거절이면서 새로운 청약이 되며, 원청약은 반대청약에 의해 소멸된다. [★5] • 반대청약의 경우 원래의 청약자는 Offeree, 피청약자는 Offeror가 된다. [★2]
조건부청약 (Conditional Offer)	청약자의 청약 내용에 어떤 조건이나 단서가 붙어 있는 청약을 말한다.

> **참조** **대응청약**
>
> 피청약자가 청약자의 청약내용에 대하여 가격, 수량, 선적조건 등에 관한 오퍼 내용의 일부를 변경 또는 추가하여 제의를 해오는 경우가 있는데 이를 대응청약이라 한다. [★1]

ⓛ 조건부청약 (Conditional Offer)

반품허용조건부청약 (Offer on Sale or Return)	• 청약과 함께 대량의 물품을 송부하여 피청약자가 일정한 기한 내에 이를 판매하게 하고, 판매되지 않은 것은 반품하도록 조건을 붙인 청약이다. [★3] • 신규개발품이나 판매 부진 물품을 청약할 때 쓰일 수 있는 청약이다. [★1]
확인조건부 청약 (Sub-con offer, Offer on condition of our final confirmation)	피청약자가 승낙을 하여도 그것만으로 계약이 성립되지 않고 청약자의 최종확인이 있어야 비로소 계약이 성립되는 청약을 말한다. [★2]
점검 후 구매조건청약 (Offer on approval)	• 청약과 함께 물품을 송부하여 피청약자가 이를 점검해 본 후 구매할 의사가 있으면 대금을 지급하고 그렇지 않을 경우에는 반품하도록 하는 청약이다. [★1] • 신규 개발품목이나 판매부진 물품의 판매를 위해 소비자에게 직접 청약할 경우 점검 후 구매조건청약이 적절하다. [★1]
재고잔류청약 (Offer Subject to Prior Sale)	청약이 승낙되었다 하더라도 바로 팔리지 않고 남은 상품의 재고가 있거나, 선착순판매조건으로 계약이 성립되는 청약이다. [★1]
시황 조건부 청약 (Offer Subject to Market Fluctuation)	청약상에 가격이 확정되어 있지 않고, 시세에 따르도록 하는 내용의 청약이다.

(2) 승낙

① 의의
- 승낙이란 청약을 받은 피청약자가 청약을 수리하고 계약을 성립시킨다는 피청약자의 의사표시를 말한다.
- 승낙은 '경상의 원칙(Mirror image rule)'에 따라 청약을 승낙할 때 청약 내용 그대로 승낙해야 된다. 따라서 조건부 승낙, 부분 승낙, 청약 내용의 변경승낙, 지연된 승낙은 원칙에 위배되므로 계약이 성립되지 않는다. [★5]

② 승낙의 요건
- 청약을 승낙할 때에는 경상의 원칙에 따라 청약 내용 그대로를 고스란히 승낙해야 하며, 조건부 승낙, 부분 승낙, 지연된 승낙으로는 계약이 성립되지 않는다. [★5]

- 청약이 대상을 특정한 경우 승낙은 그 특정인에 의해 이루어져야 한다.
- 승낙은 청약에서 정한 방법과 유효기간 내에 이루어져야 한다.
- 승낙은 절대적이고 무조건적이어야 한다.

③ 승낙기간
- 승낙은 청약의 유효기간이 있는 경우 해당 기간 내에 유효기간이 없는 경우 청약자가 사용한 통신수단의 신속성 등을 고려하여 합리적인 기간 내에 도달하여야 한다. [★1]
- 구두의 청약(Oral Offer)은 특별한 사정이 없는 한 즉시 승낙되어야 한다. [★3]

④ 연착된 승낙의 효력
- 정해진 유효기간(승낙기간)을 경과하여 도착된 승낙은 계약이 성립되었다고 볼 수 없다. [★3]
- 다만, 정해진 유효기간(승낙기간)을 경과하여 연착된 승낙이라 할지라도 청약자가 지체 없이 구두로 피청약자에게 유효하다는 취지를 통보하면 승낙으로서의 효력을 갖는다. [★7]

⑤ 승낙의 방법
- 청약자(Offeror)의 청약(Offer)에 대한 동의를 표시하는 피청약자(Offeree)의 진술(Statement) 또는 그 밖의 행위(Other conduct)는 승낙이 된다. [★3]
- 청약자(Offeror)의 청약에 대한 침묵(Silence) 또는 부작위(Inactivity) 그 자체로는 승낙이 되지 않는다. [★12]
- 승낙의 방식이나 방법은 원칙적으로 자유이고, 특별한 제한은 없다. [★3]
- 당사자 간 확립된 관례나 관행의 결과로 피청약자가 청약자에 대한 통지 없이 물품의 발송이나 대금지급과 같은 행위를 함으로써 동의를 표시할 수 있는 경우 승낙은 그 시점에 효력이 발생한다. [★5]
- 승낙의 과정을 생략하고 물품인도나 대금지급 등의 계약 내용을 이행하는 것은 "Performing An Act"라고 하며, 이것은 승낙이 없었다고 하더라도 승낙으로 간주하여 계약을 성립시키는 것이다. [★2]
- 청약을 받은 피청약자가 승낙의 절차를 거치지 않고 그 청약의 내용을 구체적으로 실행함으로써 계약을 성립시킬 수도 있는데 이를 '의사실현에 의한 계약성립'이라고 한다. [★6]
- 청약에 대한 승낙의 방법에는 제한이 없으나, 청약에서 승낙방법을 지정한 경우에 다른 방법을 이용하여 승낙하더라도 계약은 성립되지 아니한다. [★3]

예시 승낙(Acceptance)으로 볼 수 없는 경우
- 청약자는 피청약자에게 피청약자의 양식으로 구매주문서(Purchase Order)를 작성하여 보내줄 것을 요청하였고, 이에 대해 피청약자는 전화상으로 승낙의 의사를 표시한 경우 [★1]
- Open Account를 요구하는 구매청약에 매도인이 제품생산을 완료한 경우 [★1]
- 청약자는 단가를 기재한 Offer Sheet를 피청약사에게 선달하였고, 피청약자는 이에 대해 거절의 의사를 표시하였으나 다음날 시세보다 낮은 가격인 것을 확인하고 승낙한 경우 [★1]
- 매수인이 발행한 청약에 대하여 매도인이 수출물품의 환적을 허용하는 내용을 추가로 기재한 매매계약서를 서명하여 송부한 경우 [★2]
- 매도인의 신용장방식 거래 요청에 대해 매수인이 환어음을 발행한 경우 [★1]
- 매도인의 청약상 유효기간 경과 후 도착된 매수인의 승낙서 [★1]

⑥ 승낙의 효력발생
- 청약에 대한 승낙은 의사표시가 청약자에게 도달하는 시점에 효력이 발생한다. [★8]

참조 **발신주의와 도달주의**

우편 및 전보등 통신수단을 통한 격지자간 승낙의 효력발생시기에 대해 미국의 경우는 우리나라와 같이 발신주의 방식을 채택하고 있으나 CISG(비엔나협약)는 도달주의 입장을 취하고 있다. [★1]

⑦ 승낙의 철회
- 승낙을 발신하였더라도 승낙의 철회통지가 승낙의 효력이 발생하기 이전이나 또는 그와 동시에 도달하는 경우 철회될 수 있다. [★5]
- 비엔나 협약상 승낙은 철회가 가능하며, 이 경우 승낙의 효력이 소멸한다. [★1]

심화 계약의 성립시기
- 계약은 청약에 대한 승낙이 효력을 발생하는 시점에 성립된다.

⑧ 부가조건부 승낙
- 부가조건부 승낙이란 승낙을 의도하고 있으나 그 내용이 원청약을 실질적으로 변경하는 경우를 말하며, 이는 새로운 청약이 된다. [★3]
- 부가조건부 승낙으로써 원청약의 내용을 실질적으로 변경하지 않는 경우 청약자가 이의를 제기하지 않는 경우 원청약에 대한 승낙으로 본다. [★3]
- 대금, 대금지급, 물품의 품질과 수량, 인도시기와 장소, 상대방에 대한 책임범위, 분쟁해결에 관한 조건은 원청약을 실질적으로 변경하는 것으로 본다. [★4]

4. 무역계약의 기본 조건

(1) 품질조건(Quality Terms)

① 의의

- 품질조건이란 어떠한 품질 수준의 물품을 거래대상으로 할 것인지 결정하는 거래조건으로 품질의 결정방법, 결정시기 등에 대하여 약정한다.

② 품질의 결정방법

㉠ 견본매매(Sales by Sample)

- 매매당사자가 제시한 견본과 동일한 품질의 물품을 인도하도록 약정하는 방식이다. [★1]
- 봉제완구 및 조화 등 비규격 공산품 거래 시 품질의 수준을 약정할 때 매도인은 비치견본(Keep Sample)을 보관하는 것이 현명하며 "same as the sample"이라는 표현보다는 "as per sample" 혹은 "About equal to sample", "Similar to sample"이라는 표현이 후일의 market claim을 예방하는 데 도움이 된다. [★15]
- Sample을 품질조건 결정을 위해 사용하는 경우에는 마켓클레임 발생에 대비하여 바이어가 승인한 Approved Sample을 보관하는 것이 적절하다. [★1]
- 분쟁 발생 시 입증용으로 사용할 수 있도록 하는 것을 Filed Sample이라고 한다. [★1]
- 견본매매의 경우 수출자는 품질클레임에 대비하여 계약서상에 '견본과 같음 또는 Up to the sample'보다 '견본과 유사함 또는 Similar to the sample'과 같은 표현을 사용하는 것이 유리하다. [★6]
- 원견본(Original Sample)이란 매도인으로부터 또는 매수인으로부터 최초로 상대방에게 보낸 견본을 말한다. [★2]
- 반대견본(Counter sample)이란 Original sample을 받은 당사자가 그 형태나 색상 또는 규격이나 소재 등의 물품명세에 대하여 유사하거나 일부 또는 전부를 수정하여 거꾸로 제시하는 견본을 말한다. [★7]

㉡ 상표매매(Sales by Brand/Trade mark)

- 품질의 기준이 인지도가 높은 상표나 브랜드가 되는 방식이다.
- 상표매매는 매매당사자 사이에 그 제품에 대한 상표와 명성이 알려져 있다고 인정하여 견본을 제공하지 않아도 되는 경우, 단순하게 상표로 거래대상물의 규격 등을 약정할 수 있다. [★2]

ⓒ 규격매매(Sales by Grade/Type)

- 규격매매는 KS, JIS, BBS 등처럼 규격을 이용하여 품질을 결정하는 방식이다.
- KS, JIS, ISO, BSS 등은 국가/공인기관이 설정한 기준에 따라 평가, 판정된 물품의 품질수준으로 약정하는 방법으로 표준규격매매(Sales by grade)의 품질결정기준이다. [★6]
- 규격매매에 적합한 것은 전자제품이나 전기제품 또는 각종 기기나 도구 등이다. [★2]

ⓓ 명세서 매매(Sales by Specification/Description)

- 견본 제시가 곤란한 선박, 항공기 등 고가의 거대한 제품이나 영양식품이나 화학제품 거래에서는 색채, 광택, 향기, 수분 등을 표시한 명세서에 의해 품질수준을 결정하는 방식이다. [★4]

ⓜ 표준품 매매(Sales by Standard)

- 표준품 매매는 일정한 규격이 없고 견본 제시가 곤란한 농수산물 등을 거래대상으로 하는 경우, 해당 연도의 표준품질을 기초로 매매물품의 품질을 결정하는 방식이다. [★4]
- 거래목적물이 아직 생산되기 전에 미리 이루어지는 매매를 선물거래라고 하며 곡물류나 원유에 많이 이용된다. [★2]
- FAQ, GMQ, USQ 등의 조건은 주로 비공산품 거래에서 활용되는 조건이다. [★1]

평균중등품질조건 [★2] (FAQ, Fair Average Quality)	• 당해 연도 당해 지역에서 생산되는 동종 생산물 가운데 대체로 중간정도의 품질에 해당하는 것을 인도하기로 약정하는 평균중등품질조건이며 곡물류나 과일류의 매매에 주로 채택된다. [★6] • 선적 시점 및 선적 장소에서 평균중등품질일 것을 조건으로 하는 선적품질조건으로 운송 중 변질에 대해 수출업자는 책임이 없다. [★4]
판매적격품질조건 [★2] (GMQ, Good Merchantable Quality)	• 잠재적 하자가 있을 가능성이 높은 목재, 광석류, 냉동 어류 등의 거래에 있어서 인도 당시 판매할 수 있는 상태의 품질로 제공할 것을 약정하는 데 사용되는 조건이다. [★10] • GMQ는 양륙지 시장에서 판매가 적격해야 하는 조건으로 양륙품질조건이다. [★2]
보통품질조건 [★1] (USQ, Usual Standard Quality)	• 공인검사기관 또는 공인표준기관의 판정에 의해서 정해진 보통품질을 표준품의 품질수준으로 결정하는 방법이다. [★9] • 원사, 원면, 인삼, 오징어 등의 거래에 이용된다. [★4]

③ 품질의 결정시기

　㉠ 일반 물품의 품질결정시기

　　a. 선적품질조건(Shipped quality term)

　　　‒ 선적품질조건은 약정된 물품이 선적 시의 품질과 일치할 것을 조건으로 결정하는 방법이다. [★2]

　　　‒ 선적품질조건인 경우 매도인이 선적지에서 공인검사기관의 품질확인을 받아 검사증명서를 제공하면 운송 중 변질되어 양륙지에 도착하더라도 면책될 수 있다. [★4]

　　　‒ 운송 도중에 쉽게 변질될 수 있는 물품이 유리한 조건이다. [★1]

　　b. 양륙품질조건(Landed Quality Terms)

　　　‒ 양륙품질조건은 약정한 물품의 품질 일치 여부를 양륙 시의 품질에 의하여 결정하는 방법을 말한다.

　　　‒ Incoterms의 DPU, DAP, DDP 조건과 GMQ, RT 등이 양륙품질조건에 해당한다.

　　　‒ 운송 중 파손에 대해 매도인이 책임을 지는 조건이다. [★1]

　㉡ 곡물의 품질결정시기

　　a. Tale Quale(TQ) [★1]

　　　‒ 매도인이 약정한 물품의 품질을 선적할 때까지만 책임을 지고 양륙 시의 품질 상태에 대하여는 책임을 지지 않는 선적품질조건이다. [★6]

　　　‒ 운송 도중 손상의 위험이 높은 곡물의 수출자가 이 위험에 따른 클레임을 회피하기 위해 가장 유리한 조건이다. [★1]

　　b. Rye Terms(RT)

　　　‒ 호밀거래에서 유래된 양륙품질조건이다. [★2]

　　c. Sea Damaged(SD)

　　　‒ SD는 Sea Damaged의 약어로 선적품질조건에 양륙품질조건이 혼합된 조건으로서 원칙적으로 선적품질조건이지만, 예외적으로 수분에 의한 손상, 운송 중 해수(Sea Water) 또는 응결(Condenstion) 등에 기인하는 품질 손해에 대하여는 매도인이 부담하는 조건부 선적품질조건이다. [★6]

　　　‒ 검품의 시기를 정하는 조건에서 SD는 혼합형 검품조건이라고 할 수 있다. [★2]

(2) 수량조건(Quantity Temrs)

① 의의

- 수량조건은 수량에 대한 분쟁 또는 가격을 산출하는 기초가 되는 조건으로 수량단위, 수량결정방법 등에 대하여 약정한다.

② 수량의 단위

- 수량의 단위는 물품의 성질에 따라 개수, 중량, 길이 등으로 표시한다.
- MOQ(Minimum Order Quantity)는 최소주문수량을 말한다. [★1]

㉠ 개수

- Piece, Each, Set, Dozen은 낱개로 거래되는 공산품의 계산단위를 말한다. [★7]
- dozen(12개), small gross(12x10개), gross(12x12개), great gross(12x12x12개) [★3]

㉡ 중량

- Ton은 중량을 표시하는 단위이며 중량톤에는 M/T, L/T, S/T가 있다. [★3]
- 영국계 L/T(English ton, Long Ton)은 1,016kgs, 프랑스계, 유럽식 M/T(French ton, Metric Ton)은 1,000kgs, 미국계 S/T(American ton, Short Ton)은 907kg을 말한다. [★9]
- Gross Ton(2,240lbs, 1,016kg), Kilo Ton(2,204lbs, 1,000kg), Net Ton(2,000lbs, 907kg) [★2]

㉢ 길이

- 1 Inch는 약 2.5399cm이며, Foot(ft)는 12Inches, Yard(yd)는 36Inches이다.

㉣ 용적/부피

- CBM, CFT는 용적을 나타내는 단위이다. [★6]
- CBM(Cubic Meter)은 가로, 세로 및 높이가 각각 1m씩인 부피를 의미하며, 통상 운임 및 부대비용 산출 시 활용된다. [★4]
- 1 M/T(Measurement Ton)은 480SF, 40 Cubic Feet이다. [★3]

㉤ 컨테이너

- 컨테이너의 크기는 피트(Feet)로 나타내며 TEU는 20피트, FEU는 40피트 크기의 컨테이너를 나타낸다. [★2]
- TEU는 Twenty-Foot Equivalent Unit으로 20피트 컨테이너를 말한다. [★5]
- FEU는 Forty-Foot Equivalent Unit으로 40피트 컨테이너를 말한다. [★2]

③ 중량 결정방법

　ⓒ 총중량(Gross Weight)

　　- 외포장과 내포장, 내부 충전물과 내용물까지 모두 합쳐 계량하는 조건이다. [★1]

　　- 제품 중량 및 내포장, 외포장 무게를 합한 중량을 말한다. [★1]

　ⓒ 순중량(Net Weight)

　　- 총 중량에서 외부 포장의 무게를 공제한 중량을 말한다. [★4]

　ⓒ 법적순중량(Legal Net Weight)

　　- 총중량에서 겉포장 재료의 무게를 제외한 중량을 말한다.

　ⓒ 정미순중량(Net)

　　- 순중량에서 내포장과 충전물을 제외한 제품 내용물만의 순수한 중량만을 말한다.

④ 수량의 결정시기

　ⓒ 선적수량조건(Shipped Quantity Terms)

　　- 선적 시점에 수량을 결정하는 것으로 매도인은 운송 중 감량에 대하여 책임을 지지 않는다.

　ⓒ 양륙수량조건(Landed Quantity Terms)

　　- 양륙 시점에 수량을 결정하는 것으로 감량, 누손 발생이 쉬운 거래에 주로 사용된다.

⑤ 수량 표현의 방법

　- 포장단위물품, 개체물품의 경우 정확히 수량을 표시하여 약정하고 인도하여야 한다.

　- 과부족용인조항이나 개산수량조건에 의해 약간의 과부족이 허용된 경우라 하더라도 과부족수량에 대해 대금정산을 하여야 한다. [★1]

　ⓒ 개산수량조건

　　- 신용장 거래 시 포장하지 않고 화물 그대로 적재하고 운송하는 화물에 대하여 금액, 수량, 단가와 관련하여 "약(About)", "대략(Approximately)"이 언급된 금액, 수량, 단가에 대해서는 10% 과부족을 허용조건을 말한다. [★11]

　ⓒ 과부족용인조항(M/L, More or Less Clause) [★7]

　　- 포장단위상품(Packing Units)이나 개체물품(Individual Items)이 아닌, 살물(Bulk Cargo) 또는 운송 중 감량이 생길 우려가 있는 물품에 대하여 과부족 한도를 두고 수량 부족을 용인하는 조건을 말한다. [★3]

　　- 과부족용인조항이 있는 경우 그 비율 범위 내의 과부족이 발생해도 클레임 대상이 되지 않으며, 실제인도수량과 계약수량의 차이는 결제대금에서 조정하게 된다. [★1]

- 신용장으로 살물(Bulk Cargo) 거래 시 신용장에 과부족을 인정하지 않는다는 금지표시가 없는 한 5%의 과부족을 허용한다. [★10]
- 신용장에 M/L clause 조항이 없었다고 해도 곡물과 같은 살물의 경우 5%의 과부족(Tolerance)이 허용된다. [★5]
- 살물이란 곡물, 광물, 모래, 자갈 등과 같이 비포장상태로 거래되는 불가산물품을 의미하며 화물 속성상 인도과정에서 감량이 필연적이므로 정확한 수량을 인도하는 것이 불가능하다. 따라서 살물(bulk cargo)인 경우 수량 그대로를 정확하게 인도하는 것은 거의 불가능하므로 과부족의 한도를 설정하는 것이 분쟁을 예방할 수 있다. [★2]

(3) 가격조건(Price Terms)

① 의의
- 가격조건은 매매당사자의 이익과 직결되는 조건으로써 가격으로 인한 분쟁을 예방하기 위하여 가격 산출근거, 원가요소 등에 대하여 약정한다.

② 가격 산출근거
- 매매가격은 매도인과 매수인이 부담해야 할 여러 원가요소와 인도장소 등을 고려하여 책정되며, 일반적으로 매도인과 매수인이 부담하는 항목을 정형화한 정형거래조건을 기초로 산출된다.

③ 원가요소
- 가격을 구성하는 원가요소로는 제조원가, 포장비, 검사비, 운송비, 예상이익, 통관비용, 세금 등이 있으며, 이를 누구 부담으로 하는가에 따라 상품의 단가가 달라진다.

(4) 대금결제조건(Payment Terms)

① 의의
- 대금결제조건은 대금의 결제방식, 결제시기 등에 대하여 약정하는 조건을 말한다.

② 대금결제방식
　㉠ 송금방식
- 대금을 은행을 통하여 송금해주는 방식을 말하며, 송금수표방식(Demand Draft), 우편환송금(Mail Transfer), 전신환송금(Telegraphic Transfer)이 있다.

　㉡ 추심방식
- 추심방식은 은행의 지급 확약 없이 매매당사자 간의 계약에 따라 매도인이 상품을

선적한 후 서류를 첨부한 화환어음을 은행을 통하여 매수인에게 제시하면 매수인이 그 어음에 대하여 지급 또는 인수를 하는 결제방식을 말한다.

ⓒ 신용장방식
- 신용장방식은 개설의뢰인의 요청과 지시에 따라 개설은행이 신용장 조건에 일치하는 서류와의 상환으로 수익자에게 대금을 지급하거나 수익자가 발행한 환어음을 지급, 인수하거나 지급, 인수, 매입하도록 수권함의 약정을 말하는 것으로 은행의 조건부 지급확약을 말한다.

③ 대금결제시기
ㄱ 선지급
- 선지급 결제방식은 물품 또는 서류 인도전에 대금지급이 이루어지는 방식을 말한다.
- 선지급 결제방식의 예로는 CWO, 사전송금, 전대신용장(Packing Credit) 등이 있다.
- CWO(Cash With Order)는 주문과 동시에 대금을 지급하는 방식으로 매도인의 입장에서 가장 안전한 결제방식이다. [★1]

ⓛ 동시지급
- 동시지급 결제방식은 물품 또는 서류 인도와 동시에 대금을 지급하는 방식을 말한다.
- 동시지급 결제방식의 예로는 CAD, COD, D/P, 일람지급 신용장이 있다. [★4]
- 추심결제방식인 D/P는 은행이 추심에 관여하기 때문에 당사자들끼리 거래하는 O/A 방식보다 수출자에게 유리하지만 은행의 지급확약이 있는 거래는 아니다. [★1]
- CAD(Cash Againsst Documents)는 환어음을 발행하지 않고 대금을 결제하는 방식으로 운송서류가 포함된 무역서류의 인도와 동시에 대금결제가 이루어진다. [★3]

ⓒ 후지급
- 후지급 결제방식은 물품 또는 서류의 인도 후 대금지급이 이루어지는 방식을 말한다. [★1]
- 대금 결제가 늦게 이루어지는 만큼 수출자에게는 대금회수불능 위험이 있어 불리하다. [★1]
- 후지급 결제방식의 예로는 청산결제(Open Account) 방식, 기한부 신용장(Usance L/C), D/A, 팩토링 등이 있다. [★7]

(5) 선적조건(Shipment Terms)

① 의의
- 선적이란 모든 운송수단에의 적재를 말하며, 선적조건은 선적시기, 선적일자의 해석 등에 관하여 약정하는 것이다.

② 선적시기의 약정

㉠ 특정조건
- 선적시기를 특정 월, 연월, 일정 기간 내에 선적하는 조건을 말한다.

㉡ 즉시 선적조건
- 특정 월이나 기일을 명시하지 않고, Immediately, Promptly 등과 같은 용어로 선적시기를 정하는 방법을 말한다.

③ 선적일자의 해석

㉠ UCP 600 제3조 해석에 따른 해석
- '신속한(Prompt)', '즉시(immediately)', '가능한 빨리(As soon as possible)'와 같은 단어는 서류에서 사용되도록 요구되지 않는 경우 무시한다. [★5]
- 선적일과 선적기간과 관련하여 'on or about' 표현은 양 일자를 포함하여 지정일 이전 5일에서 지정일 5일까지 발생하여야 한다는 내용으로 해석된다. [★11]
- 'first half'는 지정한 달의 1일부터 15일까지, 'second half'는 지정한 달의 16일부터 말일까지를 의미한다. [★4]
- 'begin'은 1일부터 10일까지, 'middle'은 11일부터 20일까지, 'end'는 21일부터 말일까지이며, 당해일을 포함한다. [★4]
- 선적일을 결정하는 데 'to', 'until', 'till', 'from', 'between'이 사용되는 경우 해당 일자를 포함한다. [★4]
- 선적 기간을 정하기 위하여 "before"와 "after"라는 단어는 당해 일자를 제외한다. [★3]
- 만기일을 정하기 위하여 "from"과 "after"라는 단어가 사용된 경우에는 명시된 일자를 제외한다. [★3]

㉡ 그 외
- 'Within'이 일자와 관련하여 사용되는 경우에는 그 해당일은 기간을 산정할 때 제외되므로 'Within 2days Of August 3, 2021'의 기간은 8월 1일부터 8월 5일까지 총 5일의 기간을 말한다. [★3]

- 특정일자 앞의 'Within'은 해당 일자를 포함하므로 'Shipment is to be made within 2 June.'인 경우 6월 2일이 선적의 최종일이 된다.
- 선적선하증권은 선하증권의 발행일을 선적일로 취급하며, 수취선하증권은 본선 적재부기일을 선적일로 취급한다. [★5]
- 신용장 선적기일의 마지막 날이 휴무일(국경일/일요일 등)인 경우, 연장되지 아니한다. [★7]

④ 선적지연(Delayed Shipment)
- 선적지연은 선적기한 내에 선적을 이행하지 않거나 약정된 기한을 경과하여 선적하는 경우를 말한다.
- 불가항력에 의한 선적지연의 경우 수출자는 면책되며, 이 경우 선적기간은 일정기간 동안 자동으로 연장된다. [★2]
- 선적지연의 원인이 '매도인이 통제할 수 없는 사유' 즉 불가항력에 의한 경우에는 매도인은 면책된다. 그러나 불가항력 사태가 발생할 경우를 대비하여 매매계약 시에는 불가항력조항을 설정하여 두어야 한다. [★1]

⑤ 분할선적(Partial Shipment)
- 분할선적이란, 계약물품을 1회에 전량 선적하지 않고, 2회 이상으로 나누어 선적하는 것을 말한다. [★2]
- 무역계약에서 신용장을 결제방식으로 정한 경우 별도의 금지표시가 없으면 분할선적(Partial shipment)은 허용된다. [★12]
- 분할선적이 허용된 경우 특별히 정하지 않으면 분할횟수는 제한이 없다. [★1]
- 분할선적은 선적기일을 넘기지 않는 범위 내에서 매도인이 자유롭게 수량과 선적횟수를 정할 수 있다. [★4]
- 신용장에서 분할선적을 금지하고 있으면 신용장의 분할매입(Negotiation)뿐만 아니라 분할양도도 불가능하다. [★2]
㉠ UCP600에서 분할선적으로 보는 경우
- 동일한 운송 형태에서 둘 이상의 운송수단의 선적을 증명하는 둘 이상의 운송서류의 제시는 운송수단이 동일한 일자에 동일한 목적지로 출발하는 경우에도 분할선적이 된다.

    ⓛ UCP600에서 분할선적으로 보지 않는 경우
     – 동일한 운송수단에 동일한 운송을 위하여 출발하는 선적을 증명하는 둘 이상의 운송서류의 제시는 동일한 목적지를 표시하고 있는 한, 상이한 선적일 또는 상이한 적재항, 수탁지 또는 발송지를 표시하더라도 분할선적으로 보지 않는다.
     – 신용장에서 분할선적을 금지하더라도 동일한 선박에 선적되었고, 동일항로로 하역항이 동일하다면 선적항과 선적일이 다르더라도 하자가 되지 않는다. [★2]

  ⑥ 할부선적(Instalment Shipment)
   – 할부선적이란 계약에서 정해진 수량을 특정 기간 동안 여러 회차에 걸쳐 물품을 나누어 선적하는 것을 말한다. [★1]
   – 신용장에서 일정 기간 내에 할부청구 또는 할부선적이 행해지도록 규정된 경우, 이 할부거래를 위하여 정해진 기간 내에 할부청구 또는 할부선적이 되지 않으면, 해당 할부분과 향후 할부분에 대해서는 효력을 상실한다. [★8]
   – 할부선적에서 분할횟수, 수량, 선적기간이 Buyer's option이며, 분할선적에서는 분할횟수 등이 Seller's option이다. [★3]

  ⑦ 환적(Transhipment)
   – 환적이란 선적지부터 도착지까지 가는 도중에 하나의 운송수단에서 다른 운송수단으로 옮겨 싣는 것을 말한다.
   – 신용장상에 환적금지문구가 있더라도 전운송이 하나의 운송서류에 의해 커버되고 물품이 컨테이너에 실려 있음이 표기된 경우에 환적은 허용된다. [★6]
   – 무역계약의 인도조건에 환적금지(Transshipment now allowed)라는 문언이 신용장에 기재되어 있다 하더라도 '운송인이 환적할 권리를 유보하고 있다'고 명시한 문구를 표방하고 있는 운송서류를 은행이 지급거절의 근거로 사용할 수 없다. [★2]
   – 선적과 관련하여 '직항선(Direct steamer)'이 명시되어 있는 경우 환적이 불가하다. [★1]

(6) 보험조건(Insurance Terms)

 ① 의의
  – 보험조건은 운송 중에 발생할 수 있는 위험을 담보하기 위하여 보험가액, 보험금액 등을 약정하는 조건을 말한다.

 ② 보험계약의 당사자
  – 보험계약의 기본 당사자로는 보험자(Insurer), 보험계약자(Policy Holder), 피보험자(Assured)가 있다.

③ 보험가액과 보험금액

- 보험가액은 피보험이익의 평가액으로서 보험사고가 발생한 경우 피보험자가 입게 되는 손해액의 최고한도액을 말한다.
- 보험금액은 보험자가 부담하는 보상책임의 최고한도액을 말한다.
- 보험금액은 최소 CIF, CIP를 기준으로 송장금액의 110%를 부보하는 것이 일반적이며, 통화는 매매계약의 통화와 동일하여야 한다. [★1]

④ Incoterms2020상 보험부보의무의 귀속

- Incoterms 2020을 무역계약에 사용함을 명시한 경우 보험계약 체결자를 누구로 할지는 별도로 약정할 필요가 없다. [★1]
- CIF, CIP 조건 외의 조건에서는 당사자 임의로 자신을 위해 보험을 부보한다.

(7) 포장조건(Packing Terms)

① 의의

- 포장(Packing)이란 물품의 운송, 보관, 하역, 판매 등을 하는 데 있어 그 물품의 내용 및 외형을 보호하고 상품으로서의 가치를 유지하기 위하여 적절한 재료나 용기로 둘러싸는 기술작업 및 상태를 말한다.
- 포장조건은 포장의 방법, 포장의 종류, 화인 등에 대하여 약정하는 조건을 말한다.
- 포장조건 설정 시 포장 재질, 화인, 포장규정이나 상관습을 고려하여야 한다. [★1]

② 포장의 방법

㉠ 개장

- 소매의 단위가 되는 최소 묶음을 개별적으로 하는 소포장을 말한다.

㉡ 내장

- 운송하기에 편리하도록 내부결속 등을 통해 개장된 물품을 포장하는 것을 말한다.

㉢ 외장

- 운송 중 파손을 방지하기 위하여 상자 등에 넣어 포장하는 것을 말한다.

③ 포장의 종류

- 의류, 완구 등 일반잡화인 경우는 종이상자, 특수 용기의 경우에는 용기 포장, 살물의 경우는 무용기 포장이 있다.

④ 화인(Shipping Mark)

- 화인이란 화물의 식별 그리고 취급을 용이하게 하기 위해 포장의 겉면에 특정한 기호나 문자 따위를 표시하는 것을 말하며, 도착항에서 물품이 양하되지 않거나 함부로

취급됨으로써 손상이 발생될 가능성을 방지하기 위해 활용된다. [★1]

- 화인은 매수인의 요청이 있는 경우 그에 따르고 요청이 없는 경우 매도인이 임의로 표시한다. [★1]

- 거래당사자가 화인을 표시하기로 합의하였다면 Main Mark, Port Mark 및 Case Number는 반드시 표시해야 하는 필수적인 것들이며, 중요 화인의 표시가 누락된 화물을 NM cargo라고 한다. [★6]

- 주화인(Main Mark)은 다른 화물과의 식별을 용이하게 하기 위한 기호로써 수화인(Consignee)의 표시이다. [★3]

- 착항표시(Port Mark)는 화물의 오송을 방지하기 위한 것이다. [★2]

- 착항표시(Port Mark)가 누락된 화물이 다른 항구에 양륙한 때에 Hague Rule(1924) 등 국제운송 법규상으로도 운송인이 그로 인한 손해배상 등 일체의 책임을 지지 않게 되어 있다. [★1]

- 'Fragile', 'No Hooks', 'This side up' 등의 주의표시(Care Mark)는 문자 및 상징적 그림으로 표시하여도 무방하다. [★3]

- "Do not drop"과 같이 운송 또는 보관 시 취급상 주의사항은 보통 포장의 측면에 표시되므로 "Side Mark"라고도 한다. [★1]

5. 무역계약의 조항

(1) 분쟁해결조항

① 불가항력조항(Force Majeure Clause)

- 불가항력 등 예상치 못한 상황 발생 또는 불법 파업 등의 이유로 계약을 미이행한 경우에 대비하여 삽입하는 조항이다. [★6]

- 이 조항에 단순히 'Act of God'만을 기재한다면, 홍수나 지진과 같은 자연재해는 포함되겠으나, 파업이나 원자재의 부족 등은 포함하지 않는 것으로 해석될 수 있다. [★1]

- 이 조항에는 단순한 면책규정만 기재되지 않고, 이행기간이 일정기간 동안 연장되는 규정도 있을 수 있다. [★1]

- 무역계약 체결 후 이행과정에서 매매당사자들의 통제범위를 넘어서는 사건으로부터 당사자들의 책임을 면제시키고자 할 때 사용하는 조항으로 불가항력에 의해 계약의 이행이 지체되거나 불가능하게 되었을 때를 대비하는 조항을 말한다. [★1]

- The certificate granted by the Chamber of Commerce of the country where the relevant circumstances take place shall be considered as the appropriate evidence of their beginning, duration and termination. Failure by the Party suffering from war, riot, strike, typhoon, earthquake event to provide such a notice or to provide it in time will preclude such a Party from using it as a ground for non−fulfillment of its relevant obligations. [★1]

② 사정변경조항, 하드쉽조항, 계약유지조항(Hardship Clause)

- Hardship Clause는 계약성립 시에 비해 계약이행 시의 사정이 근본적으로 변경되어 계약의 본질적 변경이 불가피해질 경우를 대비하여 당사자 의무의 균형조정을 위해서 삽입하는 조항을 말한다. [★7]

- Hardship 조항의 적용요건에는 양 당사자에 의하여 예상하지 못했고 예상 불가능한 이행상의 장애 발생, 장애사건의 발생으로 계약의 균형이 근본적으로 변경되어 계약 의무사항의 이행이 과중한 부담이 되는 경우 등이 있다. [★3]

- Hardship 조항의 성립으로 계약의 수정이 요구되었을 경우에 양 당사자는 어떠한 당사자도 과중한 불이익을 당하지 않도록 균형의 원칙에 따라 상호계약의 수정에 관한 견해를 교환한다. [★2]

- 산업설비나 대형 선박 등 장기간이 소요되는 경우에 주로 설정되며, 주로 계약의 인도기일의 조정 등이 다뤄진다. [★5]

- 사정변경에 능동적으로 대처하여 계약을 유지·이행하려는 의도로 기재되는 조항 [★1]

- Should the occurrence of events not contemplated by the parties fundamentally alter the equilibrium of the present contract thereby placing an excessive burden on one of the parties in the performance of its contractual obligation that party may proceed as follows: The party shall make a request for revision within a reasonable time from the moment it become aware of the event and of its effect on the economy of the present contract. The request shall indicate the grounds on which it is based. [★1]

> **참 조** **Frustration(계약의 목적달성불능)**
>
> – Frustration은 계약 성립 후 계약 이행 전에 당사자들이 예상하지 못했던 사태가 발생하여 당사자 의지와는 무관하게 계약 이행이 불가능해진 상황을 말한다.
> – Frustration의 성립요건에는 계약목적물의 멸실, 새로운 법의 적용 등 후발적 위법, 주요 공급원의 예기치 못한 폐쇄와 같은 사정의 본질적인 변화 등이 있다. [★2]
> – Frustration이 성립되는 경우 장래의 계약이행을 소멸시키는 계약 해지의 효과를 가진다.
> – Frustration을 방지하기 위하여 불가항력 조항이나 Hardship 조항을 삽입한다.

③ 준거법조항(Governing Law clause)
- 무역계약의 성립, 이행 및 해석이 어떤 법률에 따라 행하여지는지에 대하여 당사자 간에 합의한 조항을 말한다. [★2]
- The formation, validity and the performance of this contract shall be governed by the law of the Republic of Korea. [★2]

④ 재판관할조항(Jurisdiction clause)
- 분쟁의 해결을 중재에 의하지 않고 법원의 판결에 따르기로 한 경우, 소송을 제기할 법원을 당사자 간에 미리 약정한 조항을 말하며, 법원의 지정은 특정지의 법원을 명확하게 지정하여야 한다. [★3]

⑤ 클레임조항(Claim clause)
- 클레임이란 일방의 계약위반 시 상실된 권리, 이익의 구제 또는 손해배상을 청구하는 것을 말한다. [★1]
- 클레임이란 당사자가 약정된 계약을 위반함으로써 상대방이 단순한 불평의 차원을 넘어 손해배상까지 요구하는 것을 말한다. [★1]
- 클레임은 가능한 한 당사자들 간에 우호적으로 해결되어야 하지만, 그렇지 못할 경우에는 부득이 제3자를 통해 해결하도록 한다. [★1]
- 클레임조항이란 클레임 제기기간, 제기의 근거 및 방법, 클레임의 해결방안, 제기의 정당성을 입증할 만한 공인된 감정인의 보고서 첨부 여부 등이 기재된 조항을 말한다. [★3]
- 클레임조항은 불필요한 분쟁을 예방할 수 있고, 분쟁이 발생한 경우에도 신속 명확하게 결정을 내리는 데 도움을 줄 수 있다. [★1]

⑥ 중재조항(Arbitration Clause)

- 계약과 관련하여 분쟁 발생 시 법원의 소송에 의하지 않고 중재인에게 의뢰하여 중재인이 판정으로 분쟁을 해결하겠다고 약정하는 조항을 말한다. [★2]

- 중재조항의 내용으로는 중재합의의 3요소인 중재기관, 중재장소, 준거법이 포함되어야 한다. [★2]

- All disputes, controversies, or differences which may arise between the parties, out of or in relation to or in connection with this contract, or for the breach thereof, shall be finally settled by arbitration in Seoul, Korea. The award rendered by the arbitrator(s) shall be final and binding upon both parties concerned. [★2]

[관련 규정] 직소금지원칙
- 직소금지 원칙은 중재합의가 무효이거나 효력을 상실하였거나 이행이 불가능한 경우를 제외하고 중재조항이 삽입된 분쟁 사건은 반드시 중재에 의해 해결해야 하며 법원에 소를 제기할 수 없다는 것을 말한다.
- 무역계약서에 중재조항이 존재하는데도 불구하고 매수인이 매도인을 상대로 소송을 제기할 경우 직소금지원칙에 따라 그 소는 각하될 가능성이 매우 높다. [★1]

(2) 기타 무역계약조항

① 분리가능조항(Severability Clause)

- 계약 내용의 일부가 어떠한 사유로 실효 또는 무효화되더라도 그 계약 전체가 실효 또는 무효화되는 것을 방지하기 위하여 설정되는 조항을 말한다. [★13]

- If any one or more of the provisions in this contract shall be declared invalid, illegal or unenforceable in any respect under any governing law, by any arbitration or by court of competent jurisdiction, the validity, legality and enforceability of the remaining provisions contained herein shall not in any way be affected or impaired. [★3]

- If any provision of this Agreement is subsequently held invalid or unenforceable by any court or authority agent, such invalidity or unenforceability shall in no way affect the validity or enforceability of any other provisions thereof. [★2]

② 손해배상액의 예정조항(Liquidated damages Clause)

- 계약이 위반될 경우에 지급 혹은 청구할 수 있는 손해배상액을 계약체결 시에 미리 약정하는 조항을 말한다. [★10]

- 상대방이 계약을 위반하는 경우 손해배상액을 청구하기 위해서는 계약위반 사실과 손해액을 입증해야 한다. 손해액을 입증하는 것이 쉬운 일이 아니기 때문에 이 조항을

계약체결 시에 약정하는 경우가 일반적이다. [★3]

– 손해배상액 예정조항을 매매계약서에 기재한 경우에 손해액을 입증하지 않아도 된다. [★3]

– 손해를 입은 당사자는 계약서 조항 내의 금액의 확실한 회수를 위하여 채무자로 하여금 보증서(Bond) 등을 구비하여 제출하도록 하는 경우도 있다. [★2]

– 약정된 금액보다 더 많은 손해가 발생되었음을 입증하는 경우에도, 약정된 금액까지만 청구할 수 있다. [★3]

– 약정된 금액이 과도하다면, 신청에 의하여 법원은 합리적인 한도까지 감액할 수 있다. [★2]

– Should issuing the letter of credit be delayed for causes for which the Buyer is liable, Buyer shall pay the Seller amount equal to [two tenth of one percent(0.2%)] of the amount of relevant letter of credit per each full week as liquidated damages net cash or sight draft within [three days] from receipt of relevant bill from the Seller. [★2]

③ 완전합의조항(Entire Agreement Clause, Merger clause)

– 이 계약과 관련하여 계약체결 이전에 있었던 당사자 간의 합의, 진술, 양해 등은 본 계약이 체결됨으로서 효력을 상실하고 이 계약에 흡수, 통합된다는 조항을 말한다. [★7]

– This Contract supersedes all previous agreements and understandings between the parties with respect to the sale and purchase of Product, and may not be modified except by a written document which expressly states the intention of the parties to modify this Contract, and signed by the duly authorized representatives of the parties. [★4]

– This Agreement including Annex A, B, C, D and E and the documents and instruments referred to herein supersedes all prior representations, arrangements, understandings and agreements between the Parties, (whether written or oral) relating to the subject matter hereof and sets forth the entire complete and exclusive agreement and understanding between the Parties hereto relating to the subject matter hereof. [★2]

④ 비밀유지조항(Confidentiality Clause, Non-Disclosure Clause, Secrecy Clause)
  – 무역거래나 기술도입의 과정에서 알게 된 비밀정보는 철저히 보호되어야 하며, 상대방의 비밀정보를 누설하거나 도용해서는 안 된다는 조항을 말한다. [★5]
  – 비밀유지계약을 체결하는 경우 보호되어야 할 비밀정보에 대하여 추상적으로 정의하기보다 최대한 구체적으로 범위를 설정하는 것이 좋다. [★4]
  – 분리가능 조항을 통해 비밀유지계약의 유효기간과 비밀준수 기간의 연결고리를 절단해야 충분하게 보호받을 수 있다. [★1]
  – 정보수취자의 입장에서 자신의 고의/과실 없이 비밀정보가 유출되는 경우에는 면책을 주장하기 위해서 비밀유지계약은 필요하다. [★1]
  – The parties shall keep strictly private and confidential any information relating to this Contract or any transaction or dealings between them pursuant to this Contract. [★3]

⑤ 권리불포기조항(Non-Waiver clause, No Waiver of Right Clause)
  – 장기공급계약에서 수출자의 반복된 이행지연에 대해 수입자가 클레임을 제기하지 않더라도 권리구제수단 행사를 할 수 있도록 한 규정을 말한다. [★7]
  – 계약당사자의 어느 일방이 일시적으로 계약상의 어떤 조항에 의한 이행청구를 하지 않았더라도 이를 이유로 그 후의 동일 조항에 의한 이행청구권을 박탈할 수 없다는 조항을 말한다. [★3]
  – No failure on the part of either party to exercise, and no delay on its part in exercising, any right or remedy under this Contract will operate as a waiver thereof, nor will any single or partial exercise of any right of remedy preclude any other of further exercise thereof or the exercise of any other right or remedy. [★2]

⑥ 권리침해조항(Infringement Clause)
  – 매수인이 제공한 규격에 따라 매도인이 물품을 생산하여 매수인에게 인도한 경우에는 그 생산으로 인하여 제3자의 산업재산권 침해하게 된 경우에는 그로 인한 모든 책임은 매수인이 부담하며 매도인에게는 아무런 피해를 주어서는 안 된다는 조항을 말한다. [★10]
  – The buyer shall be liable for and hold the Seller harmless from and against all losses and damages incurred and suits and claims brought by third party due to possible infringement of trademark, patent, copyright or other proprietary rights

of the third party in connection with the Seller's manufacture and sle of the Goods according to the Specification attached. [★1]

⑦ 제조물배상책임조항(Product Liability Clause)

- 제조되고 판매된 물품이 소비자나 기타의 제3자의 신체 또는 재산에 손상, 손해를 발생시킨 경우에는 그 제조자, 수출자, 수입자, 판매 내지 유통자, 원자재나 부품의 생산자 등 여러 사람에게 제조물배상책임을 물을 수 있는 바, 이러한 책임을 매도인과 매수인이 약정하는 조항을 말한다. [★2]

- The Buyer shall defend, indemnify and hold the Seller harmless from and against any or all loss, damage, liability or expense, including but not limited to the attorney's fees, arising out of or in relation to the product liability brought by the third parties for death or injury to person(s) or damage to or destruction of property caused or resulting from the sale, resale, use, consumption or other disposal of the products after the delivery by the Seller thereof. [★3]

⑧ 계약당사자관계조항(Privity Clause)

- 계약체결 당사자의 법적지위가 본인 대 본인(Principal to principal)인지, 대리인 대 대리인(Agent to agent)인지를 기재하는 조항을 말한다. [★4]

⑨ 설명조항(Recitals Clause, Whereas clause)

- 당사자가 계약체결에 이른 경위나 계약의 주된 내용의 개요를 기재하는 조항을 말한다. [★2]

- 계약의 전문으로 Recital 조항이라고도 부른다. [★1]

- WHEREAS, XYZ desires to purchase from ABC and ABC desire to sell to XYZ (five million sets of T.V.) during a period of five (5) years. [★1]

⑩ 약인조항(Consideration Clause)

- 계약에 따른 행위의 약속에 대해 제공되는 대가나 행위에 관한 조항을 말한다. [★1]

- Now, THEREFORE, in consideration of the foregoing and the obligations hereunder, the parties hereto agree as follows. [★2]

⑪ 책임제한조항(Limit of Liability clause)

- 계약위반의 상대방은 계약위반으로 인해 직접적으로 입은 손해에 대해서만 배상을 청구할 수 있을 뿐, 기업명성 등에 피해가 발생되었다고 주장하면서 간접적으로 입은 피해는 배상을 요구할 수 없다는 조항을 말한다. [★6]

⑫ 양도조항(Assignment Clause)
- 해당 계약에 대하여 제3자에게 계약을 양도 금지하거나 허용하는 경우 그 양도조건을 기재한 조항을 말한다. [★5]
- Neither party may assign or transfer any of its rights or obligations under the Contract or any part thereof without the prior written consent of the other party. [★3]

⑬ 신축조항, 에스컬레이션 조항(Escalation Clause)
- 외환시세나 국제상품가격의 급등락에 대비하여 계약상의 상품가격 등을 조정할 수 있도록 정하는 조항이다. [★6]
- An Escalation Clause is a clause in a lease or contract that guarantees a change in the agreement price once a particular factor beyond control of either party affecting the value has been determined. An important example of this is a contract that adjusts for inflation. [★1]

⑭ 계약해제조항(Termination Clause)
- 계약을 종료시킬 수 있는 사정, 방법 등을 다투는 규정을 말한다. [★2]

⑮ 배상조항(Indemnification Clause)
- 계약위반이나 계약불이행에 대한 손해배상을 다루는 조항을 말한다. [★2]
- 국제 무역계약에서 어느 일방이 계약 불이행이나 제3자에 대한 의무 불이행으로 인한 손해에 대하여 배상할 것을 규정하는 조항을 말한다. [★2]

⑯ 전매조항(Product release clause)
- 매수인의 계약취소, 인수 거절에 대비해 매도인이 상표권 등 산업재산권과 관계없이 현지에서 제3자에게 물품을 재판매, 처분할 수 있는 조항을 말한다. [★1]

⑰ 상충조항(Conflict clause)
- 계약 당사자 간에 계약서 간 번역이 상이해 분쟁이 발생할 경우 특정 언어를 우선하겠다는 것을 약정하는 조항을 말한다. [★2]

⑱ 동시이행조건(Concurrent Condition)
- 계약 당사자 간에 물품인도와 대금지급이 동시에 이루어진다는 조건이다. [★1]

6. 비엔나 협약(CISG, Vienna Convention 1980)

(1) 개요

- 국제물품매매거래는 상이한 상관습 및 상이한 법체계 국가 간 거래로써 이에 대한 통일법으로 국제연합(UN)이 CISG(Vienna Convention)를 제정하였다.
- CISG(Vienna Convention)는 국제물품매매거래에서의 계약문제를 주로 규정한다. [★1]
- 비엔나 협약은 일반 법원뿐만 아니라 중재 법정에서도 적용된다. [★1]

(2) CISG의 적용범위

① 영업소 요건
  - CISG는 서로 다른 국가에 영업소를 둔 양 당사자 간 물품매매계약에 적용된다. [★4]
  - 영업소 이외의 당사자의 국적이 달라야 한다거나 타국으로 물품이 이동되어야 한다는 부가적인 조건은 요구되지 않는다. [★1]
  - 당사자가 서로 다른 국가에 영업소를 가지고 있다는 사실은 계약체결 전 또는 계약체결 시에 당사자 간의 거래나 당사자에 의하여 밝혀진 정보로부터 드러나지 않은 경우 고려되지 않는다.
  - 둘 이상의 영업소를 가지고 있는 경우 계약체결 전이나 체결 시 양 당사자에 알려진 영업소나 계약 및 계약 이행과 가장 밀접한 관련이 있는 곳이 영업소가 된다.
  - 당사자 일방이 영업소를 가지고 있지 않은 경우 상거소를 영업소로 본다.

② 직접적용 및 간접적용
  ㉠ 직접적용
    - CISG는 계약당사자의 영업소가 소재하는 다른 두 국가가 모두 체약국인 경우 직접적용되며, 1개국만 체약국인 경우는 직접 적용되지 않는다. [★4]
    - 양 당사자의 영업소의 소재지가 모두 체약국인 경우 양 당사자가 별도로 합의하지 않더라도 자동적으로 적용된다. [★2]
  ㉡ 간접적용
    - 국제사법 규칙에 의하여 체약국법이 적용되는 경우 간접적용된다.

③ 국제성
  - CISG는 영업소가 상이한 국가에 있는 당사자 간의 물품매매계약에 적용되기 때문에 Incoterms 2020과 달리 국내거래에는 적용되지 않는다. [★3]

④ 당사자 국적 및 계약의 성격
  - 당사자의 국적 또는 당사자나 계약의 민사적·상사적 성격은 이 협약의 적용 여부를 결정하는 데에 고려되지 아니한다. [★3]

⑤ 당사자의 합의 우선
  - 양 당사자의 영업소의 소재지가 모두 체약국인 경우 양 당사자가 협약의 적용을 배제하기로 합의한 경우에는 적용이 배제된다. [★4]
  - CISG 규정과 당사자 합의가 충돌하는 경우 사적자치의 원칙에 따라 당사자 합의가 우선적으로 적용된다. [★2]

(3) CISG 적용 배제

① 특정 계약의 적용 배제
  ㉠ 개인용·가족용 또는 가사용으로 구입된 물품의 매매 [★2]
    - 다만, 이 사실을 알지 못하였고, 알았어야 했던 것도 아닌 경우에는 적용 가능하다.
  ㉡ 경매에 의한 매매 [★2]
  ㉢ 강제집행 그 밖의 법령에 의한 매매
  ㉣ 주식, 지분, 투자증권, 유통증권 또는 통화의 매매 [★3]
  ㉤ 선박, 소선, 부선, 또는 항공기의 매매 [★3]
  ㉥ 전기의 매매 [★1]
  ㉦ 제조 또는 생산에 필요한 재료의 중요한 부분을 공급하는 계약 [★2]
    - 다만, 물품을 제조 생산하여 공급하는 계약에는 적용 가능하다.
  ㉧ 노무·그 밖의 서비스의 공급이 주된 부분인 계약 [★6]

② 사망이나 상해에 따른 책임 적용 배제
  - 물품으로 인하여 야기된 자연인의 사망 또는 신체적인 상해에 대한 매도인의 책임에 대해서는 적용하지 않는다. [★4]

③ 계약의 효력 및 소유권 이전 적용 배제
  - 매매계약의 성립 및 그 계약으로부터 발생하는 매도인과 매수인의 권리와 의무에 대해서만 규율하며, 매매된 물품의 소유권에 대하여 계약이 가질 수 있는 효력에 대해서는 관여하지 아니한다. [★1]

[관련 규정] CISG 및 당사자 해석원칙

CISG 해석원칙	• CISG의 해석에는 그 국제적 성격 및 적용상의 통일과 국제거래상의 신의준수를 고려하여야 한다. • CISG에 의하여 규율되는 사항으로서 CISG에 따라 명시적으로 해결되지 않는 문제는 이 협약이 기초하고 있는 일반원칙, 그 원칙이 없는 경우에는 국제사법 규칙에 의하여 적용되는 법에 따라 해결되어야 한다.
당사자 진술 또는 행위의 해석원칙	• 당사자의 진술 또는 행위는 그 의도를 알았거나 모를 수 없었던 경우에는 그 의도에 따라 해석되어야 한다. 이를 적용할 수 없는 경우 상대방과 동일한 부류의 합리적인 사람이 동일한 상황에서 이해하였을 바에 따라 해석되어야 한다. • 의도에 따라 해석 또는 합리적인 사람에 의한 해석은 교섭, 당사자 간에 확립된 관례, 관행 및 당사자의 후속행위를 포함하여 모든 사항을 고려하여야 한다.

(4) 매매계약의 형식

- 매매계약은 서면에 의하여 체결되거나 입증될 필요가 없고, 방식에 관해서도 어떠한 요건이 요구되지 않는다. [★2]
- 매매계약의 입증은 증인을 포함하여 어떠한 방법에 의하여도 될 수 있다. [★1]

(5) 매도인의 의무

① 개요

- 매도인은 계약과 이 협약에 따라 물품을 인도하고, 관련 서류를 교부하며 물품의 소유권을 이전하여야 한다. [★1]

② 물품인도의무

㉠ 인도장소

- 물품을 특정 장소에서 인도하기로 한 경우에는 해당 특정 장소에서 물품을 인도하여야 한다.
- 인도할 특정 장소가 없는 경우에는 다음의 장소에서 물품을 인도하여야 한다.

  a. 매매계약에 운송이 포함된 경우 : 최초의 운송인에게 물품을 인도

  b. 계약이 특정물에 관련되거나 특정한 재고품으로부터 인출되는 불특정물이거나 제조 또는 생산되는 불특정물로써 계약 체결 시에 물품이 존재하는 장소 또는 제조 또는 생산되는 장소를 알고 있었던 경우 : 그 장소에서 매수인의 임의처분하에 인도

  c. 그 밖의 경우 : 계약 체결 시 매도인의 영업소에서 물품을 매수인의 임의처분하에 인도

    ⓛ 인도 수반 의무

      a. 물품 특정 의무

        - 매도인이 물품을 운송인에게 인도할 때 물품이 화인, 선적서류, 그 밖의 방법에 따라 계약의 목적물로서 명확히 특정되어 있지 않은 경우 매수인에게 물품을 특정하는 탁송통지를 하여야 한다.

      b. 운송계약 체결의무

        - 매도인이 물품의 운송을 계약하여야 하는 경우 매도인은 상황에 맞는 적절한 운송수단, 통상의 조건으로 지정된 장소까지 필요한 계약을 체결하여야 한다.

      c. 보험정보 제공의무

        - 매도인은 물품에 대하여 보험에 부보할 의무가 없는 경우에도 매수인의 요청이 있는 경우에는 매수인이 부보하는 데 필요한 정보를 제공하여야 한다.

    ⓒ 인도시기

    - 정해진 인도기일이 있는 경우 : 해당 기일

    - 정해진 인도기간이 있는 경우 : 그 기간 내의 어느 시기

    - 그 밖의 경우 : 합리적인 기간

    ⓔ 물품 적합성

    - 매도인은 계약에서 정한 수량, 품질 및 종류에 적합하고 계약에서 정한 방법으로 용기에 담겨지거나 포장된 물품을 인도하여야 한다. [★1]

    - 당사자가 계약에 따라 합의한 경우를 제외하고는 다음의 경우 계약에 적합하지 않은 것으로 본다.

      a. 해당 물품이 동종 물품의 통상적으로 사용되는 목적에 적합하지 않은 경우

      b. 물품이 계약 체결 시 명시적 또는 묵시적으로 알려진 특정 목적에 적합하지 않은 경우 [★1] 다만, 매수인이 매도인의 기술과 판단을 신뢰하지 않거나 신뢰하는 것이 불합리한 경우에는 부적합으로 보지 않는다.

      c. 매도인이 견본 또는 모형으로 매수인에게 제시한 물품의 품질을 가지고 있지 않은 경우 [★1]

      d. 물품에 대해 통상의 방법으로, 통상의 방법이 없는 경우에는 그 물품을 보존하고 보호하는데 적절한 방법으로 용기에 담겨지거나 포장되어 있지 않은 경우 [★1]

    - 매수인이 계약 시 물품의 부적합을 알았거나 모를 수 없었던 경우에는 매도인은 부적합에 대하여 책임지지 않는다.

ⓜ 인도기일 전 하자보완

- 매도인이 인도기일 전에 물품을 인도한 경우 매수인에게 불합리한 불편 또는 비용을 초래하지 않는 한 인도기일까지 부적합을 보완할 수 있다.
- 보완방법은 누락분을 인도, 부족한 수량 보충, 부적합한 물품에 갈음하여 대체품을 인도, 인도된 물품의 부적합을 치유 등이 있다.
- 매수인은 이 협약에서 정한 손해배상을 청구할 권리를 보유한다.

ⓑ 인도기일 후 하자보완

- 매도인은 인도기일 후 불합리하게 지체하지 않고, 매수인에게 불합리한 불편 또는 매수인의 선급비용을 매도인으로부터 상환받는 데 대한 불안을 초래하지 않는 경우 자신의 비용으로 의무 불이행을 치유할 수 있다.

ⓢ 제3자의 권리로부터 자유로운 물품 인도

a. 제3자의 권리 및 권리청구인 경우

- 매수인이 동의한 경우를 제외하고 매도인이 인도해야 할 물품은 제3자의 권리나 청구권이 붙어있지 아니한 물품을 인도하여야 한다. [★1]

b. 제3자의 공업소유권 및 지적재산권인 경우

- 매도인은 계약 체결 시에 자신이 알았거나 모를 수 없었던 공업소유권 및 그 밖의 지적재산권에 기초한 제3자의 권리나 권리주장의 대상이 아닌 물품을 인도하여야 한다. [★1]
- 공업소유권 및 지적재산권은 물품이 전매되거나 사용될 것으로 예상되는 국가의 법 또는 매수인이 영업소를 가지는 국가의 법에 근거한다.
- 매수인이 계약 체결 시에 그 권리나 권리주장을 알았거나 모를 수 없었던 경우, 권리나 권리주장이 매수인이 제공한 기술설계, 디자인, 방식에 매도인이 따른 결과로 발생한 경우에는 매도인은 책임이 없다.

③ 서류교부의무

- 매도인은 계약에서 정한 시기, 장소, 방식에 따라 서류를 교부하여야 한다.
- 매도인은 교부하여야 할 시기 전에 서류를 교부한 경우 불합리한 불편 또는 비용을 초래하지 않는 한 계약에서 정한 시기까지 서류의 결함을 보완할 수 있다. 다만, 매수인은 협약에서 정한 손해배상 청구 권리를 보유한다.

(6) 매수인의 의무

① 개요

　－ 매수인은 계약과 이 협약에 따라 물품의 대금을 지급하고 물품의 인도를 수령하여야 한다. [★1]

② 대금지급의 의무

　㉠ 대금지급의무의 내용

　　－ 매수인의 대금지급의무에는 현실적인 지급 및 신용장 개설, 송금허가 등 대금의 지급을 가능하게 하는 조치 및 절차를 포함한다. [★1]

　　－ 물품에 대한 위험이 이전된 후에는 물품을 수령하지 못했더라도 대금지급 의무가 소멸되지 아니한다. [★1]

　㉡ 대금이 미확정된 경우 대금의 결정

　　－ 계약이 유효하게 성립되었으나 대금을 명시적 또는 묵시적으로 정하고 있지 않거나 이를 정하기 위한 조항을 두지 않은 경우 당사자는 반대의 표시가 없는 한 계약 체결 시 해당 거래와 유사한 상황에서 매도되는 동종 물품에 일반적으로 청구되는 대금을 묵시적으로 정한 것으로 본다.

　㉢ 순중량에 의한 대금결정

　　－ 중량을 기준으로 대금을 정하는 경우에는 물품의 순중량에 의하여 대금을 결정하는 것으로 한다. [★1]

　㉣ 대금지급의 장소

　　－ 매수인이 대금지급장소를 정한 경우에는 그 장소에서 지급하여야 한다.

　　－ 특정한 대금지급장소를 정하지 않은 경우에는 다음의 장소에서 매도인에게 이를 지급하여야 한다.

　　　a. 매도인의 영업소

　　　b. 대금이 물품 또는 서류의 교부와 상환하여 지급되어야 하는 경우 그 교부가 이루어지는 장소

　　－ 매도인은 계약 체결 후 영업소를 변경함으로써 발생하는 대금지급에 대한 부수비용의 증가액을 부담하여야 한다.

　㉤ 대금지급의 시기

　　－ 매수인이 대금을 특정 기일에 지급하여야 할 의무가 있는 경우에는 그 특정 기일에 지급해야 한다.

　　– 매수인이 대금을 특정 기일에 지급하여야 할 의무가 없는 경우에는 계약 및 동 협약의 규정에 따라 매도인이 물품 또는 물품을 처분할 수 있도록 하는 서류를 매수인의 임의처분하에 적치하였을 때에 대금을 지급해야 한다. [★1]

　　– 계약에 물품의 운송이 포함되는 경우 매도인은 대금의 지급과 상환하여서만 물품 또는 그 처분을 지배하는 서류를 매수인에게 교부한다는 조건으로 물품을 발송할 수 있다.

　　– 매수인은 물품을 검사할 기회를 가질 때까지는 대금을 지급할 의무가 없다. 다만 당사자 간에 합의된 인도 또는 지급절차가 매수인이 검사 기회를 가지는 것과 모순되는 경우에는 그러하지 아니하다.

　ⓗ 대금지급 시기의 도래

　　– 매수인은 계약 또는 이 협약에서 지정되거나 확정될 수 있는 기일에 대금을 지급하여야 하며, 이 경우 매도인은 어떠한 요구를 하거나 절차를 따를 필요가 없다.

③ 물품 수령 의무

매수인의 물품 수령 의무는 다음과 같다.

　㉠ 매도인의 인도를 가능하기 하기 위하여 매수인에게 합리적으로 기대될 수 있는 모든 행위를 하는 것

　㉡ 물품을 수령하는 것

[관련 규정] 물품의 검사
– 매수인은 그 상황에서 실행가능한 단기간 내에 물품을 검사하거나 검사하게 하여야 한다.
– 계약에 물품의 운송이 포함되는 경우 검사는 물품이 목적지에 도착한 후까지 연기될 수 있다.
– 매수인이 검사할 합리적인 기회를 가지지 못하고 운송 중 물품의 목적지를 변경하거나 물품을 재발송하고, 매도인이 계약 체결 시에 그 변경 또는 재발송의 가능성을 알았거나 알 수 있었던 경우에는 검사는 물품이 새로운 목적지에 도착한 후까지 연기될 수 있다.

(7) 계약위반에 따른 매도인과 매수인의 구제수단

매도인과 매수인의 구제수단은 한 가지만 선택하여 행사할 수 있는 것이 아니라 두 가지 이상을 병행적으로 사할 수도 있으며, 특히 손해배상청구는 그 밖의 다른 수단과 함께 이루어질 수 있다. [★5]

[관련 규정] 본질적 위반
– 당사자 일방의 계약위반은 그 계약에서 상대방이 기대할 수 있는 바를 실질적으로 박탈할 정도의 손실을 상대방에게 주는 경우에 본질적인 것으로 한다.
– 다만, 위반 당사자가 그러한 결과를 예견하지 못하였고, 동일한 부류의 합리적인 사람도 동일한 상황에서 그러한 결과를 예견하지 못하였을 경우에는 그러하지 아니하다.

① 매도인의 구제수단
  ㉠ 물품명세확정권 [★2]
    − 계약상 매수인이 물품의 형태, 규격, 특징을 지정하여야 하는 경우 매수인이 특정 기일 또는 합리적인 기간 내에 그 지정을 하지 않은 경우 매도인은 자신이 보유하는 다른 권리를 해함이 없이 자신이 알고 있는 매수인의 필요에 따라 스스로 지정할 수 있다.
    − 매도인은 스스로 지정하는 경우 매수인에게 그 상세한 상황을 통고하고 매수인이 이와 다른 지정을 할 수 있도록 합리적인 기간을 정하여야 한다.
    − 매수인이 지정에 대한 통지를 수령한 후 정하여진 기간 내에 다른 지정을 하지 않은 경우 매도인의 지정이 구속력을 가진다.

② 매수인의 구제수단 [★2]
  ㉠ 대체품인도청구권
    − 매도인이 계약 이행을 했으나 물품이 계약에 부적합한 경우 매수인은 대체물의 인도를 청구할 수 있다. 다만, 그 부적합이 본질적 계약위반을 구성해야 한다. [★4]
    − 대체품 청구는 물품 부적합의 통지와 동시에 또는 그 후 합리적인 기간 내에 행하여진 경우에 한한다.
  ㉡ 하자보완청구권
    − 물품이 계약에 부적합한 경우 매수인은 모든 상황을 고려하여 불합리한 경우를 제외하고 매도인에게 수리에 의한 부적합의 치유를 청구할 수 있다.
    − 수리 청구는 물품 부적합의 통지와 동시에 또는 그 후 합리적인 기간 내에 행하여져야 한다.
    − 매수인이 매도인에게 하자보완의 청구를 하면서 동시에 대금 감액의 청구를 하는 것은 불가능하다. [★2]
  ㉢ 대금감액권
    − 물품이 계약에 부적합한 경우 대금의 지급 여부에 관계없이 매수인은 현실로 인도된 물품이 인도 시에 가지고 있던 가액이 계약에 적합한 물품이 그때에 가지고 있었을 가액에 대하여 가지는 비율에 따라 대금을 감액할 수 있다.
    − 인도기일 전 하자보완, 인도기일 후 하자보완에 따라 부적합을 치유하거나 매도인이 보완을 거절한 경우에는 대금을 감액할 수 없다.

   ⓔ 이행기 전 인도, 초과인도

    – 매도인이 이행기 전에 물품을 인도한 경우 매수인은 이를 수령하거나 거절할 수 있다.

    – 매도인이 계약에서 정한 것보다 다량의 물품을 인도한 경우 매수인은 초과분을 수령하거나 이를 거절할 수 있다.

    – 매수인이 초과분의 전부 또는 일부를 수령한 경우 계약대금의 비율에 따라 그 대금을 지급하여야 한다.

  ③ 매도인과 매수인의 공통 구제수단

  계약대로의 이행청구, 계약해제권, 손해배상의 청구, 이행기의 추가설정은 공통적으로 사용할 수 있는 구제수단이다. [★7]

   ㉠ 계약대로의 이행청구권

    a. 매도인

     – 매도인은 매수인에게 대금의 지급, 인도의 수령 또는 그 밖의 의무의 이행을 청구할 수 있다. 다만, 매도인이 그 청구와 모순되는 구제를 구한 경우에는 그러하지 아니하다.

    b. 매수인

     – 매도인이 계약 이행을 하지 않은 경우 매수인은 매도인에게 의무의 이행을 청구할 수 있다. 다만, 매수인이 이러한 청구와 모순되는 구제를 구한 경우에는 그러하지 아니하다.

   ㉡ 이행기의 추가기간 설정권

   특정이행의 청구나 대체품의 인도청구 및 하자보완 청구에 수반하여 행사하는 조치이므로 독립된 권리구제 수단으로서의 성격이 상대적으로 미약하다고 할 수 있다. [★1]

    a. 매도인

     – 매도인은 매수인의 의무이행을 위하여 합리적인 추가기간을 정할 수 있다.

     – 추가기간 내에 이행할 의사가 없다는 취지의 통지를 매수인으로부터 받지 않는 한, 해당 기간 중에는 계약의 위반에 대하여 손해배상 청구권 이외에는 어떠한 구제수단도 청구할 수 없다. [★1]

    b. 매수인

     – 매수인은 매도인의 의무이행을 위하여 합리적인 추가기간을 정할 수 있다.

     – 추가기간 내에 이행할 의사가 없다는 취지의 통지를 매도인으로부터 받지 않는 한, 해당 기간 중에는 계약의 위반에 대하여 손해배상 청구권 이외에는 어떠한 구제수단도 청구할 수 없다.

        – 매수인이 설정한 추가이행기간 내에 매도인이 물품을 인도하지 않았을 경우에 매수인은 계약을 해제할 수 있다. [★1]

ⓒ 계약해제권

  a. 매도인

      – 매도인은 매수인의 본질적 계약위반(Fundamental breach of contract)이 있을 경우 계약을 해제할 수 있다. [★5]

      – 매도인이 설정한 계약이행을 위한 추가기간 내에 매수인이 대금지급 또는 물품의 인수 의무를 이행하지 않았을 경우 또는 이행하지 않겠다고 선언한 경우 매도인은 계약을 해제할 수 있다. [★4]

  b. 매수인

      – 매수인은 매도인의 의무 불이행이 본질적 계약위반(Fundamental breach of contract)인 경우 계약을 해제할 수 있다. [★4]

      – 인도불이행의 경우로서 매수인이 설정한 추가이행기간 내에 매도인이 물품을 인도하지 아니할 것임을 표명한 경우 또는 그 기간 내에 인도하지 않은 경우에 매수인은 계약을 해제할 수 있다. [★4]

ⓔ 손해배상 청구권

  – 당사자 일방의 계약위반으로 인한 손해배상액은 이익의 상실을 포함하여 그 위반의 결과 상대방이 입은 손실과 동등한 금액으로 한다.

  – 손해배상액은 위반 당사자가 계약 체결시에 알았거나 알 수 있었던 사실과 사정에 비추어 계약 위반의 가능한 결과로서 발생할 것을 예견하였거나 예견할 수 있었던 손실을 초과할 수 없다.

ⓜ 이행기 전 이행정지

  – 계약당사자 어느 일방의 의무불이행이 명확히 예견되는 경우에는 자신의 의무이행을 정지할 수 있다. [★1]

  – 의무불이행 사유가 명확히 되기 전에 매도인이 물품을 발송한 경우 매수인이 물품을 취득할 수 있는 증권을 소지하고 있더라도 물품이 매수인에게 교부되는 것을 저지할 수 있다.

  – 이행을 정지한 당사자는 물품의 발송 전후에 관계없이 즉시 상대방에게 그 이행정지를 통지하여야 하며, 상대방이 이에 관하여 적절한 보상을 제공한 경우 이행을 계속하여야 한다.

ⓑ 이행기 전 계약해제

- 계약의 이행기일 전에 당사자 일방이 본질적 계약위반을 할 것이 명백한 경우 상대방은 계약 해제를 할 수 있다. [★1]
- 시간이 허용하는 경우 계약을 해제하려는 당사자는 상대방이 이행에 관하여 적절한 보상을 제공할 수 있도록 합리적인 통지를 하여야 한다.
- 통지는 상대방이 의무를 이행하지 않겠다고 선언한 경우에는 면제된다.

ⓢ 분할이행계약의 해제

- 분할인도 계약에서 어느 분할부분에 관한 당사자 일방의 의무 불이행이 그 분할부분에 관하여 본질적 계약위반이 되는 경우 상대방은 그 분할부분에 관하여 계약을 해제할 수 있다.
- 어느 분할부분에 관한 당사자 일방의 의무 불이행이 장래의 분할부분에 대한 본질적 계약위반의 발생을 판단하는 데 충분한 근거가 되는 경우 상대방은 장래 계약을 해제할 수 있다.
- 분할인도의 경우 이미 행한 인도와 장래의 인도가 상호 의존 관계에 있음으로서, 어느 분할 인도의 불이행으로 인해 계약목적의 달성이 불가능할 경우, 매수인은 이미 행한 인도분과 앞으로 이행해야 할 인도분 모두에 대해 계약 해제를 할 수 있다. [★2]

참조 매수인의 계약불이행에 대한 매도인의 통상적인 대응조치 순서
① 계약대로의 이행청구   ② 이행기의 추가 설정   ③ 계약해제 통보
④ 손해배상 청구   ⑤ 계약서 합의에 따라 중재신청

(8) 계약해제(Avoidance)의 효력

① 계약해제의 의의

- 계약의 해제란 이미 성립되어 있는 계약의 효력을 계약 성립 시로 소급하여 소멸시킴으로써 처음부터 그 계약이 없었던 것과 같은 법률 효과를 발생시키는 계약당사자의 의사표시이자 법률행위를 말한다. [★7]
- 계약의 효력이 그 성립 당시로 소급적으로 상실되므로 아직 이행되지 않은 부분에 대해서는 채무는 소멸한다. [★3]

- 일방의 당사자는 상대방의 불이행이 자신의 작위(Act) 또는 부작위(Omission)에 기인하는 경우 상대방의 불이행에 대해 구제수단을 주장할 수 없다. [★1]
- 계약해제의 선언은 그것이 상대방에게 통지되었을 경우에만 효력이 있다고 규정하고 있다. [★3]

② 계약의무의 소멸과 반환의무
- 계약의 해제는 이미 발생한 모든 손해배상 의무를 제외하고 양 당사자를 계약의 의무로부터 면하게 한다. [★3]
- 계약해제 시 계약상 분쟁해결 조항 또는 계약해제 이후의 당사자들의 권리, 의무를 규율하는 조항에는 영향을 미치지 않는다. [★2]
- 계약의 전부 또는 일부를 이미 이행한 자는 상대방에게 자기가 그 계약에 의해 이미 공급하거나 지급한 것을 반환하도록 요구할 수가 있으며, 당사자 쌍방이 반환할 대상이 있을 때에는 양 당사자는 동시이행을 하여야 한다. [★8]

③ 반환의무불능과 계약해제권 상실
- 매수인이 물품을 수령한 상태와 실질적으로 동등한 물품을 반환하는 것이 불가능한 경우에는 매수인은 계약의 해제를 선언하거나 또는 매도인에게 대체품의 인도를 요구하는 권리를 상실한다. [★6]
- 다음의 경우에는 계약해제권이 상실되지 아니한다.
  - ㉠ 물품을 반환할 수 없거나 수령한 상태와 실질적으로 동일한 상태로 반환할 수 없는 것이 매수인의 작위 또는 부작위에 기인하지 않은 경우
  - ㉡ 물품의 전부 또는 일부가 검사의 결과로 멸실 또는 훼손된 경우
  - ㉢ 매수인이 부적합을 발견하였거나 발견하였어야 했던 시점 전에 물품의 전부 또는 일부가 정상적인 거래과정에서 매각되거나 통상의 용법에 따라 소비 또는 변형된 경우 [★1]

④ 계약해제권 상실과 기타구제권 보유
- 매수인은 계약해제권 또는 대체품 인도청구권을 상실한 경우에도 계약과 이 협약에 따른 그 밖의 모든 구제권을 보유한다. [★2]

⑤ 이자와 이익의 반환
- 매도인이 대금을 반환하여야 하는 경우 대금이 지급된 날로부터 그에 대한 이자도 지급하여야 한다. [★3]
- 매수인은 다음의 경우 물품의 전부 또는 일부로부터 발생된 모든 이익을 매도인에게 지급하여야 한다. [★1]

　　　㉠ 매수인이 물품의 전부 또는 일부를 반환하여야 하는 경우

　　　㉡ 물품의 전부 또는 일부를 반환할 수 없거나 수령한 상태와 실질적으로 동일한 상태로 전부 또는 일부를 반환할 수 없음에도 불구하고 매수인이 계약을 해제하거나 매도인에게 대체물의 인도를 청구한 경우

(9) 위험의 이전

① 의의
  - 위험이란 물품의 멸실 또는 손상을 말하며, 위험 이전이란 위험에 대한 책임이 매도인으로부터 매수인에게 이전되는 것을 말한다.

② 위험부담 일반원칙
  - 위험이 매수인에게 이전된 후에 물품이 멸실 또는 손상되더라도 매수인은 대금지급 의무를 면하지 못한다. [★1] 다만, 그 멸실 또는 손상이 매도인의 작위 또는 부작위로 인한 경우에는 그렇지 않다. [★1]

7. Incoterms 2020

(1) 의의

  - Incoterms는 무역거래에 수반된 매도인과 매수인의 법률관계, 즉 매도인의 의무와 매수인의 의무의 내용을 국제상업회의소(ICC, International Commercial Terms)가 11개의 정형거래조건별로 설명한 정형거래조건들의 해석에 관한 규칙이다. [★1]
  - 정형거래조건(International commercial terms)이란 국제매매거래에 수반된 매도인과 매수인의 의무를 정형화하여 무역거래에 쓰여지는 조건들을 말한다. [★1]
  - Incoterms는 CIF, DAP 등과 같이 일반적으로 사용되는 세 글자로 이루어지고 물품매매 계약상 기업 간 거래관행(Business-to-business Practice)을 반영하는 11개의 거래조건(Trade Term)을 설명한다.

(2) 특징

  - Incoterms는 당사자들이 이를 적용한다고 합의한 경우에 적용되며, 이의 준거를 명시하지 않으면 분쟁의 가능성이 있을 수 있다. [★2]
  - 현재 Incoterms 2020이 사용되고 있으나 종전 버전의 사용이 금지되는 것은 아니다. 구 버전의 규칙이 더 현실적이고 명확하다고 생각하는 경우 구버전을 사용할 수 있으며, 이를 준거문구로 명확히 해야 한다. [★8]

- Incoterms는 국제매매계약 및 국내매매계약에 모두 적용 가능하다. [★8]

- 무역계약에서 Incoterms를 사용하고자 한다면 물품인도 장소를 'FOB 조건은 선적항, FCA 조건은 지정장소'와 같이 명확하게 정할 필요가 있다. [★3]

- Incoterms는 무역거래에 수반된 매도인과 매수인의 법률관계, 즉 매도인의 의무와 매수인의 의무의 내용을 규정하고 있다. [★1]

- Incoterms는 운송계약체결의무, 물품선적/인도 통지의무, 서류조달 협조의 의무, 운송 및 보험계약 체결의무, 수출입 통관의무 등에 관하여 규정하고 있다. [★3]

- Incoterms는 물품매매계약에 따른 매도인과 매수인의 역할만을 다루기 때문에, 일부 조건에서 운송계약체결의무, 보험계약체결의무를 규정하고 있으나 운송 및 보험계약 체결 하의 권리, 의무를 다루고 있지는 않다. [★6]

- Incoterms는 매매계약에 따른 소유권의 이전, 계약위반에 따른 권리구제 또는 의무면제의 사유 등을 다루지 않고 있으며, 이러한 사항은 각국의 국내법에서 다루어야 하는 사항이다. [★13]

- Incoterms는 위험부담의 분기점을 규정함으로써 물품의 멸실이나 손상에 대한 위험이 언제, 어디에서 매도인으로부터 매수인에게 이전되는지를 정하고 있다. [★2]

- 물품인도와 위험부담의 이전시기를 동일하게 규정하고 있다. [★4]

- Incoterms는 물품의 생산에서부터 최종 목적지에서 물품을 수하인에게 인도할 때까지 발생되는 여러 비용 가운데, 어느 장소, 어느 시점 이전에 발생되는 비용은 매도인이 부담하고, 그 이후의 비용은 매수인의 부담으로 귀속시킬 것인가의 문제를 분명히 하고 있다. [★2]

- 비용부담의 귀속문제, 즉 매도인의 부담으로 귀속되는 비용들이 어떤 것인가는 곧 물품 단가의 견적을 좌우하므로 대단히 중요하다. [★2]

- Incoterms는 유체물의 거래에 적용되며, 컴퓨터 프로그램을 비롯한 무형재 거래에는 사용할 수 없다. 다만, 컴퓨터 프로그램을 CD 등의 매체에 담아 거래하는 경우에는 적용 가능성이 있다. [★2]

- 준거법상의 임의규정과 인코텀즈의 규정이 상충되는 경우 인코텀즈의 규정에 따라 계약을 이행하면 된다. [★1]

(3) Incoterms의 개정

① 본선적재표기가 있는 선하증권과 FCA 조건

  - FCA 규칙에서 물품의 인도는 본선 적재 전에 완료되므로 수취식선하증권이 발행되며, 이는 신용장 방식에서 은행의 수리 거절 사유가 될 수 있다. 이를 대비하여 Incoterms 2020에서는 매수인이 선적 후에 선적선하증권을 매도인에게 발행하도록 그의 운송인에게 지시할 것을 합의할 수 있고, 매도인은 은행들을 통하여 선적선하증권을 제공할 의무가 있다. [★1]

② 비용에 관한 일람표 제공

  - Incoterms 2020에서는 사용자들에게 비용에 관한 일람표(One-Stop List)를 제공하여 매도인과 매수인이 부담하는 모든 비용을 한곳에서 찾아볼 수 있도록 하였다.

③ CIF와 CIP 간 부보수준의 차별화

  - 매도, 매수인과의 별도의 합의가 없다면 Incoterms 2010의 CIP 규칙에서는 매도인이 최소부보 조건인 ICC(C) 조건, Incoterms 2020의 경우 최대 부보 조건인 ICC(A) 조건의 부보를 해야 하는 것으로 되어 있다. [★8]
  - CIF의 경우 전통적으로 1차 산품에서 사용되므로 여전히 최소부보 조건인 ICC(C)를 규정하고 있다.

④ FCA 및 DAP, DPU, DDP 조건에서 매도인 또는 매수인 자신의 운송수단에 의한 운송 허용

  - Incoterms 2020에서는 FCA 조건과 D조건에서 매도인, 매수인이 지정한 목적지까지 운송하기 위해 매도인, 매수인이 반드시 독립된 운송계약을 체결할 필요가 없고, 자신이 스스로 운송을 하는 것도 가능하도록 변경되었다. [★3]

⑤ DAT에서 DPU로 변경

  - Incoterms 2020에서는 DAT 조건이 삭제되고 매도인이 지정된 장소에서 물품을 양하하여 인도하는 것을 내용으로 한 DPU 조건이 신설되었다. [★2]
  - DPU 조건에서 지정 목적지는 '터미널'뿐만 아니라 어떤 장소든지 수입국의 지정 장소로 그 범위가 확대되었다. [★1]
  - Incoterms 2010의 DAT 규칙이 터미널에서 인도하도록 한 것에 비해, Incoterms 2020의 DPU 규칙은 터미널 이외의 장소에서도 인도가 가능하도록 한 것을 제외하고는 DAT 규칙과 내용상 별다른 차이가 없다. [★2]

⑥ 운송의무 및 비용조항에 보안관련 요건 삽입
- Incoterms 2020에서는 종전의 Incoterms 2010에서 도입된 당사자의 보안(Security) 관련 의무사항이 운송의무 및 비용조항으로 명시적으로 강조되었다. [★1]

⑦ 사용자를 위한 설명문(Explanatory Notes for Users)
- Incoterms 2010에서 개별 Incoterms 규칙의 첫머리에 있던 사용지침(Guidance Note)은 Incoterms 2020에서 '사용자를 위한 설명문(Explanatory Notes for Users)' 이 되었다.

⑧ Incoterms 규칙 변용 시 유의점
- 당사자들이 Incoterms 규칙을 조금씩 변경해서 사용하는 것을 금지하지 않으나 그러한 변경으로 인하여 의도하는 효과를 계약에서 매우 분명하게 표시하여야 한다. [★3]

(4) Incoterms 2020의 소개문(Introduction to Inctoems 2020)

① 소개문의 목적
- Incoterms 2020 규칙이 무슨 역할을 하고, 하지 않는지와 어떻게 Incoters 규칙을 가장 잘 편입시킬 수 있는지에 대해 설명하고 있다.
- 매도인과 매수인의 기본적 역할과 책임, 인도, 위험 및 Incterms 규칙과 계약들 사이의 관계에 관해 기술하고 있다.
- 어떻게 당해 매매계약에 올바른 Incoterms 규칙을 가장 잘 선택할지 설명하고 있다.
- Incoterms 2010과 2020의 주요 변경 사항에 관해 설명하고 있다.

② Incoterms의 역할
- Incoterms 규칙은 CIF, DAP 등과 같이 가장 일반적으로 사용되는 세 글자로 이루어지고 물품매매계약상 기업 간 거래관행을 반영하는 11개의 거래조건을 설명한다.
- Incoterms 규칙은 다음을 규정하고 있다.
  ㉠ 의무 : 매도인과 매수인 사이에 누가 무엇을 하는지
  ㉡ 위험 : 매도인은 어디서 그리고 언제 물품을 인도하여 위험이 어디서 매도인으로부터 매수인에게 이전하는지
  ㉢ 비용 : 운송비용, 포장비용 등 비용에 관하여 어느 당사자가 어떤 비용을 부담하는지

③ Incoterms가 다루지 않는 사항 [★5]
  ㉠ 매매계약의 존부
  ㉡ 매매물품의 성상
  ㉢ 대금지급의 시기, 장소, 방법 또는 통화

ⓔ 매매계약 위반에 대하여 구할 수 있는 구제수단

ⓜ 계약상 의무이행의 지체 및 그 밖의 위반의 효과

ⓗ 제재의 효력

ⓢ 관세부과

ⓞ 수출 또는 수입의 금지

ⓩ 불가항력 또는 이행가혹

ⓒ 지식재산권

ⓚ 의부위반의 경우 분쟁해결의 방법, 장소 또는 준거법

ⓣ 매매물품의 소유권 및 물권의 이전

(5) Incoterms 2020 규칙 내 조항의 순서

각 Incoterms 규칙마다 10개의 A/B 조항이 구성되어 있으며, A는 매도인의 의무, B는 매수인의 의무를 말한다.

A1/B1	일반의무(General Obligations)
A2/B2	인도/인도의 수령(Delivery Taking Delivery)
A3/B3	위험의 이전(Transfer of Risks)
A4/B4	운송(Carriage)
A5/B5	보험(Insurance)
A6/B6	인도/운송서류(Delivery Transport Document)
A7/B7	수출/수입통관(Export/Import Clearance)
A8/B8	점검/포장/화인표시(Checking/packaging/marking)
A9/B9	비용분담(Allocation of costs)
A10/B10	통지(Notices)

(6) Incoterms 규칙 특징

- 계약서상 수출지가 표시되는 조건 : EXW, FCA, FAS, FOB [★2]

- 해상 및 내수로운송 전용조건 : FAS, FOB, CFR, CIF [★8]

- 계약서상에 수출지가 표시되는 조건 : EXW, FCA, FAS, FOB [★2]

- 적출지의 지명이 표기되어야 하는 조건 : EXW, FCA, FAS, FOB [★3]

- 항공기에 적재할 수 있는 조건 : FCA, CPT, CIP [★1]

- 매도인의 물품인도 의무가 수출지에서 종료되는 조건 : EXW, FCA, FOB, FAS, CIF, CPT, CFR, CIP [★1]

- 목적지에서 도착된 운송수단으로부터 양하된 상태로 인도하는 조건 : DPU [★2]

- 도착지에서 운송수단으로부터 양하하지 아니한 상태로 물품을 인도하는 조건 : DDP [★1]
- C조건은 해상 및 내수로운송 전용조건인 CFR, CIF와 운송방식에 제한이 없는 운송방식 불문조건인 CPT, CIP로 나누어진다. [★2]
- Incoterms에서 모든 정형거래조건은 'C' terms를 제외하고 위험부담의 분기점과 비용부담의 분기점이 동일하다. [★2]
- 'C' 규칙과 'D' 규칙으로 거래 시 목적지까지의 물품운송계약은 매도인이 체결해야 한다. [★2]
- DAP, DPU, DDP 조건에서 매도인은 본인의 운송수단으로 물품을 목적지까지 운송할 수 있다. [★1]
- '조달한다(Procure)'는 일차산품에서 일반적인 수차에 걸쳐 연속적으로 이루어지는 매매(연속매매)에 대응하기 위함이다. [★1]
- 수출자는 제3의 공급자로부터 각 규칙의 인도조건에 부합한 상태로 물품을 조달해서 마진을 붙여 수입자에게 넘기는 전매행위를 할 수 있다. [★1]
- FOB, CFR, CIF 규칙에서 인도지점으로 물품이 본선에 적재(On board the vessel)된 때에 인도되는 것으로 규정하고 있다. [★2]
- FOB, CFR, CIF 조건에서는 매도인이 선박내로 물품을 반입·인도해야 하지만 현실적으로는 컨테이너 운송이 보편화되면서 선박에 반입되기 전에 운송인에게 인도되는 것이 보편적이므로 FCA, CPT, CIP 조건으로 하는 것이 바람직하다. [★2]
- FOB, CFR, CIF 조건 등에서 이미 선적된 물품을 구매하여 건네주도록 규정한 것은 운송 중(선적 이후)에도 수차례 거래가 성립, 진행되는 1차 산품의 거래형태를 고려한 것이다. [★1]
- FOB, CFR, CIF 조건에서 매도인이 본선에 물품을 적재하여 인도하는 것뿐만 아니라 이미 선박에 선적된 물품을 구매하여 공급하는 것도 가능하다. [★1]

(7) 모든 운송방식에 적용되는 규칙(Rules For Any Mode Or Modes Of Transport)

① EXW(Ex Works, 공장인도조건)

ㄱ 의의
- EXW은 매도인이 수출통관되지 않은 물품을 영업장 구내(공장이나 창고) 또는 지정장소에서 운송수단에 적재하지 않은 채 매수인의 처분하에 두는 때에 매수인에게 물품을 인도하는 조건을 말한다. [★12]

ㄴ 특징
- 매도인의 최소의무를 나타내는 조건이다. [★1]

- 매수인은 수입통관뿐만 아니라 수출통관절차를 이행하여야 한다. [★3]
- 운송수단에의 적재와 수출통관을 매도인이 부담하게 하기 위해서는 FCA 규칙을 선택하는 것이 좋다. [★3]

ⓒ 위험 및 비용의 분기점
- 위험 및 비용의 분기점은 물품이 합의된 시기에 매도인의 영업장 구내 또는 지정 장소에서 매수인의 임의처분하에 둔 때 이전된다. [★3]

ⓓ 운송 계약
  a. 매도인
    - 매도인은 매수인에 대하여 운송계약을 체결할 의무가 없다. 다만, 매수인의 요청이 있는 경우 운송관련 정보를 제공하여야 한다.
  b. 매수인
    - 매수인은 자신의 비용으로 물품을 지정인도장소로부터 운송하는 계약을 체결하거나 그러한 운송을 마련해야 한다.

ⓜ 보험 계약
  a. 매도인
    - 매도인은 매수인에 대하여 보험 계약을 체결할 의무가 없다. 다만, 매수인의 요청이 있는 경우 매수인의 위험과 비용으로 부보하는 데 필요한 정보를 제공하여야 한다.
  b. 매수인
    - 매수인은 매도인에 대하여 보험 계약을 체결할 의무가 없다.

참조 밀크런(Milk-Run)

최근 일본 자동차 업체의 한국산 부품에 대한 수요가 증가하면서 사용되는 물류방식으로 밀크런 물류는 우유회사가 목장을 순회하며 원유를 수집하듯이 일본 자동차회사의 부품전용 운반차가 한국 생산업체를 돌면서 물품을 조달받는 방식으로 가격 조건 중 EXW 조건에 해당한다. [★1]

---

② FCA(Free Carrier, 운송인인도조건)
  ㉠ 의의
    - FCA는 매도인이 물품을 매수인이 지정한 운송인 또는 기타의 자에게 영업장 구내 또는 그 밖의 장소에서 인도하는 조건을 말한다. [★2]

　　ⓛ 특징
　　　－ FCA 조건에서 인도장소가 매도인의 영업장 구내인 경우와 기타 장소인 경우 인도 방법이 다르게 이루어진다. [★2]
　　　－ 자신의 위험과 비용으로 매도인은 수출통관을, 매수인은 수입통관을 이행하여야 한다. [★1]
　　　－ 매도인은 수출신고 및 수출로 인하여 부과되는 제세공과금과 수출통관 등의 세관 수속상의 비용을 부담한다. [★1]
　　　－ 매도인의 위험과 비용부담 의무가 선적지에서 종료되게 때문에 계약서상에 선적지의 인도장소가 기재된다. [★1]
　　ⓒ 위험 및 비용의 분기점
　　　a. 위험의 분기점
　　　　－ 위험의 분기점은 합의된 시기에 지정된 장소에서 지정된 운송인 또는 제3자에게 매도인이 물품을 인도한 때이다. [★2]
　　　　－ 지정된 장소가 매도인 영업장 구내인 경우에는 매수인이 지정한 운송인이 제공한 운송수단에 적재하였을 때 인도가 완료된다. [★3]
　　　　－ 지정된 장소가 그 밖의 장소인 경우에는 매도인의 운송수단에 적재된 상태로 양하 준비된 상태에서 매수인이 지정한 운송인이나 제3자의 임의처분하에 놓인 때에 인도가 완료된다. [★1]
　　　b. 비용의 분기점
　　　　－ 비용의 분기점은 매도인이 매수인과 합의된 장소에서 매수인이 지정한 운송인에게 제품을 인도할 때까지의 비용과 물품을 인도하기 위한 목적에 필요한 점검 작업(품질, 용적, 중량, 수량의 점검)에 드는 비용, 그리고 수출국에 의하여 강제되는 선적전 검사에 드는 비용을 부담해야 한다. [★2]
　　ⓔ 운송 계약
　　　a. 매도인
　　　　－ 매도인은 매수인에 대하여 운송 계약을 체결할 의무가 없다. 다만, 매수인의 요청이 있는 경우 운송관련 정보를 제공하여야 한다.
　　　　－ 합의가 있는 경우 매도인은 매수인의 위험과 비용으로 통상적인 조건으로 운송 계약을 체결하여야 한다.

  b. 매수인

  - 매수인은 자신의 비용으로 물품을 지정인도 장소로부터 운송하는 계약을 체결하거나 그러한 운송을 마련해야 한다. [★1]

  - 다만, 매도인이 운송 계약을 체결하는 경우에는 예외이다.

㉤ 보험 계약

  a. 매도인

  - 매도인은 매수인에 대하여 보험 계약을 체결할 의무가 없다. 다만, 매수인의 요청이 있는 경우 매수인의 위험과 비용으로 부보하는 데 필요한 정보를 제공하여야 한다.

  b. 매수인

  - 매수인은 매도인에 대하여 보험계약을 체결할 의무가 없다. [★1]

③ CPT(Carriage Paid To, 운송비지급인도조건)

  ㉠ 의의

  - 매도인이 합의된 장소에서 물품을 자신이 지정한 운송인이나 제3자에게 인도하고 운송계약을 체결하여야 하는 조건을 말한다. [★1]

  ㉡ 특징

  - 적용 가능한 경우 매도인은 수출 및 제3국을 통과하는 인도전의 운송에 필요한 모든 통관절차를 이행해야 한다. [★4]

  ㉢ 위험 및 비용의 분기점

  a. 위험의 분기점

  - 매도인은 합의된 장소에서 물품을 운송 계약을 체결한 운송인에게 인도하거나 후속하는 여러 운송인이 있을 경우 최초의 운송인에게 물품을 인도할 때까지 위험을 부담한다.

  b. 비용의 분기점

  - 비용의 분기점은 수입국 내의 지정된 목적지이며, 매도인은 물품이 인도될 때까지 비용과 수입국의 지정된 목적지까지 운송비 등을 부담하여야 한다.

  ㉣ 운송 계약

  a. 매도인

  - 매도인은 지정목적지까지 또는 그 지정목적지에 합의된 지점이 있는 때에는 그 지점까지 물품을 운송하는 계약을 체결하거나 그러한 계약을 조달하여야 한다. [★3]

- 운송계약은 매도인의 비용으로 통상적인 조건으로 체결되어야 하며 매매물품과 같은 종류의 물품을 운송하는 데 사용되는 통상적인 항로로 관행적인 방법으로 운송하는 내용이여야 한다.

    b. 매수인

      - 매수인은 매도인에 대하여 운송계약을 체결할 의무가 없다.

  ㉤ 보험 계약

    a. 매도인

      - 매도인은 매수인에 대하여 보험계약을 체결할 의무가 없다. 다만, 매수인의 요청이 있는 경우 매수인의 위험과 비용으로 부보하는 데 필요한 정보를 제공하여야 한다. [★5]

    b. 매수인

      - 매수인은 매도인에 대하여 보험 계약을 체결할 의무가 없다.

④ CIP(Carriage and Insurance Paid To, 운송비 및 보험료 지급인도조건)

  ㉠ 의의

    - CIP는 매도인이 합의된 장소에서 물품을 자신이 지정한 운송인이나 제3자에게 인도하고 운송계약 및 보험계약을 체결할 의무를 추가로 부담하는 조건을 말한다. [★1]

  ㉡ 특징

    - 둘 이상의 운송방식이 채택된 경우에도 사용될 수 있는 조건이다. [★1]

    - 매도인은 물품 운송 시 보험사고가 발생할 경우 무역계약의 결제통화로 보험금이 지급될 수 있도록 보험계약을 체결해야 한다. [★1]

    - 수출통관의 의무는 매도인이 부담하며 수입통관의 의무는 매수인이 부담한다. 매도인은 수출국에서 강제되는 선적전 검사에 드는 비용을 부담해야 한다. [★2]

  ㉢ 위험 및 비용의 분기점

    a. 위험의 분기점

      - 매도인은 합의된 장소에서 물품을 운송 계약을 체결한 운송인에게 인도하거나 후속하는 여러 운송인이 있을 경우 최초의 운송인에게 물품을 인도할 때까지 위험을 부담한다. [★2]

    b. 비용의 분기점

      - 비용의 분기점은 수입국 내의 지정된 목적지이며, 매도인은 물품이 인도될 때까지 비용과 수입국의 지정된 목적지까지 운송비 및 보험료 등을 부담하여야 한다.

㉣ 운송 계약

  a. 매도인

     – 매도인은 지정목적지까지 또는 그 지정목적지에 합의된 지점이 있는 때에는 그 지점까지 물품을 운송하는 계약을 체결하거나 그러한 계약을 조달하여야 한다. [★2]

     – 운송 계약은 매도인의 비용으로 통상적인 조건으로 체결되어야 하며 매매물품과 같은 종류의 물품을 운송하는 데 사용되는 통상적인 항로로 관행적인 방법으로 운송하는 내용이어야 한다.

  b. 매수인

     – 매수인은 매도인에 대하여 운송 계약을 체결할 의무가 없다.

㉤ 보험 계약

  a. 매도인

     – 다른 합의나 관행이 없는 경우 매도인은 자신의 비용으로 협회적하 약관이나 그와 유사한 약관의 A약관에서 제공하는 담보조건에 따른 적하보험을 취득하여야 한다. [★2]

     – 보험계약은 평판이 양호한 보험인수업자나 보험회사와 체결하여야 하고 보험은 매수인이나 물품에 피보험이 이익을 가지는 제3자가 보험자에 대하여 직접 청구할 수 있도록 하는 것이어야 한다.

     – 매수인의 요청이 있는 경우 매도인은 필요한 정보를 매수인이 제공하는 것을 조건으로 매수인의 비용으로 협회전쟁약관 및 협회동맹파업약관과 같은 추가보험을 제공하여야 한다.

     – 보험금액은 최소한 매매계약에 규정된 대금에 10%를 더한 금액(매매대금의 110%)이어야 하고, 보험의 통화는 매매계약의 통화와 같아야 한다. [★2]

     – 보험은 인도지점부터 적어도 지정목적지까지 부보되어야 한다. [★2]

  b. 매수인

     – 매수인은 매도인에 대하여 보험 계약을 체결할 의무가 없다. 다만, 매수인은 요청이 있는 경우 매도인에게 부보에 필요한 정보를 제공하여야 한다.

⑤ DAP(Delivered at Place, 도착지인도조건)

  ㉠ 의의

    – DAP는 매도인이 물품을 지정목적지 또는 지정목적지 내에 어떠한 지점이 합의된 경우에는 그 지점에서 도착운송수단에 실어둔 채 양하준비된 상태로 매수인의 처분하에 놓인 때 인도하는 조건이다. [★2]

  ㉡ 특징

    – DAP 조건으로 수출하는 경우, 수입통관 및 수입관세 납부 의무자는 매수인이다. [★1]

    – DAP 조건은 당사자들이 수출자로 하여금 수입통관을 이행하고 수입관세를 지급할 것을 의도한다면 DDP 조건을 사용하는 것이 적절하다. [★1]

    – 적용 가능한 경우 매도인은 수출 및 제3국을 통과하는 인도 전의 운송에 필요한 모든 통관절차를 이행해야 한다. [★1]

    – DAP 조건으로 거래 시 매도인은 자신의 비용으로 물품을 지정목적지까지 또는 그 지정목적지에 합의된 지점이 있는 때에는 그 지점까지 운송하는 계약을 체결해야 하며 목적지에서의 양하비용은 매수인이 지불한다. [★3]

  ㉢ 위험 및 비용의 분기점

    – 매도인은 지정목적지에서 또는 지정목적지 내에 어떠한 지점이 합의된 경우 그 지점에서 도착운송수단에 양하 준비된 상태로 매수인의 처분하에 둘 때까지 위험과 비용을 부담한다.

  ㉣ 운송 계약

    a. 매도인

      – 매도인은 자신의 비용으로 물품을 지정목적지까지 또는 그 지정목적지에 합의된 지점이 있는 때에는 그 지점까지 운송 계약을 체결하여야 한다. [★1]

    b. 매수인

      – 매수인은 매도인에 대하여 운송 계약을 체결할 의무가 없다.

  ㉤ 보험 계약

    a. 매도인

      – 매도인은 매수인에 대하여 보험 계약을 체결할 의무가 없다.

    b. 매수인

      – 매수인은 매도인에 대하여 보험 계약을 체결할 의무가 없다. 다만, 매도인의 요청이 있는 경우 매도인의 위험과 비용으로 부보하는 데 필요한 정보를 제공하여야 한다.

⑥ DPU(Deliverd at Place Unloaded, 도착지양하인도조건)

　　㉠ 의의

　　　　- DPU는 매도인이 물품을 지정목적지에서 또는 지정목적지 내에 합의된 지점이 있는 경우 그 지점에서 도착운송수단으로부터 양하된 상태로 매수인의 처분하에 놓인 때에 인도하는 조건이다. [★6]

　　㉡ 특징

　　　　- 인코텀즈 2010의 DAT 조건이 DPU 조건으로 변경되었다. [★1]

　　　　- 매도인, 매수인이 합의한 지정목적지의 지점이 물품 인도장소이다. [★1]

　　　　- 매도인이 수입통관이나 수입관세를 납부하도록 하고자 하는 경우에는 DDP 조건을 사용하는 것이 권고된다. [★2]

　　㉢ 위험 및 비용의 분기점

　　　　- 매도인은 지정목적지에서 또는 지정목적지 내에 어떠한 지점이 합의된 경우 그 지점에서 도착운송수단으로부터 양하된 상태로 매수인의 처분하에 둘 때까지 위험과 비용을 부담한다. [★4]

　　㉣ 운송 계약

　　　　a. 매도인

　　　　　　- 매도인은 자신의 비용으로 물품을 지정목적지까지 또는 그 지정목적지에 합의된 지점이 있는 때에는 그 지점까지 운송 계약을 체결하여야 한다.

　　　　b. 매수인

　　　　　　- 매수인은 매도인에 대하여 운송 계약을 체결할 의무가 없다.

　　㉤ 보험 계약

　　　　a. 매도인

　　　　　　- 매도인은 매수인에 대하여 보험 계약을 체결할 의무가 없다.

　　　　b. 매수인

　　　　　　- 매수인은 매도인에 대하여 보험 계약을 체결할 의무가 없다. 다만, 매도인의 요청이 있는 경우 매도인의 위험과 비용으로 부보하는 데 필요한 정보를 제공하여야 한다.

⑦ DDP(Delivered Duty Paid, 관세지급인도조건)

ㄱ 의의

- DDP는 매도인이 물품을 지정목적지에서 또는 지정목적지 내에 합의된 지점이 있는 경우 그 지점에서 수입통관 후 도착운송수단에 실어둔 채 양하 준비된 상태로 매수인의 처분하에 놓인 때에 인도하는 규칙이다. [★2]

ㄴ 특징

- DDP 조건은 매도인의 최대의무를 표방한다. [★1]
- 항공, 해상, 육상 등 운송방식을 가리지 않고 사용될 수 있으며 2가지 이상의 운송 방식이 채택된 경우에도 사용될 수 있다. [★2]
- 수입통관된 물품이 지정목적지에서 도착운송수단에 실린 채 양하 준비된 상태로 매수인의 처분하에 놓였을 때 물품이 인도된 것으로 본다. [★1]
- 매도인이 목적지에서 양하에 관한 비용을 지출한 경우, 당사자 간에 별도로 합의되지 않았다면 매도인은 이를 매수인에게 구상할 수 없다. [★1]
- 매도인은 물품의 수출통관 및 수입통관을 모두 하여야 한다. [★5]
- DDP 조건으로 수출하는 경우, 수출자는 수입자가 지정하는 최종 목적지(Final destination)까지의 모든 운송비용과 수입국에서 발생하는 수입관세도 부담해야 한다. [★2]
- DDP 조건에서 매도인은 수입통관의 의무를 부담하고 관세의 납부의무도 부담한다. 여기에서 관세란 통관절차의 책임과 비용, 관세, 조세 및 기타부과금의 지급까지를 포함한다. 따라서 수입 시에 지급되는 기타 비용, 예컨대 부가가치세를 매도인의 부담에서 제외시키려면 "DDP(VAT unpaid)" 등을 계약서에 기재하여 명확히 해야 한다. [★1]
- DDP 조건으로 수출계약 체결을 요청받은 수출자는 수입 시에 부과되는 부가가치세 환급업무가 복잡하여 수입자와 'DDP VAT unpaid' 조건으로 계약을 체결하였다. [★1]

ㄷ 위험 및 비용의 분기점

- 매도인은 지정목적지에서 또는 지정목적지 내에 어떠한 지점이 합의된 경우 그 지점에서 도착운송수단에 실어둔 채 양하 준비된 상태로 매수인의 처분하에 둘 때까지 위험과 비용을 부담한다.
- DDP는 매도인의 위험이전 및 비용부담의 분기점이 동일하다. [★1]

ⓔ 운송 계약

   a. 매도인

      – 매도인은 자신의 비용으로 물품을 지정목적지까지 또는 그 지정목적지에 합의된 지점이 있는 때에는 그 지점까지 운송 계약을 체결하여야 한다. [★2]

   b. 매수인

      – 매수인은 매도인에 대하여 운송 계약을 체결할 의무가 없다.

ⓜ 보험 계약

   a. 매도인

      – 매도인은 매수인에 대하여 보험 계약을 체결할 의무가 없다. [★2]

   b. 매수인

      – 매수인은 매도인에 대하여 보험계약을 체결할 의무가 없다. 다만, 매도인의 요청이 있는 경우 매도인의 위험과 비용으로 부보하는 데 필요한 정보를 제공하여야 한다.

(8) 해상과 내수로 운송에 적용되는 규칙 [★5]

① FAS(Free Alongside Ship, 선측인도조건)

   ㉠ 의의

      – FAS는 매도인이 지정선적항에서 매수인이 지정한 선박의 선측[부두 또는 바지(barge)]에 물품이 놓인 때 또는 이미 그렇게 인도된 물품을 조달한 때에 물품을 인도하는 조건이다.

   ㉡ 특징

      – FAS 조건으로 화물을 수입하는 자는 다른 사정이 없다면 운송 개시 시점부터 본선 선측까지 운송 구간을 부보할 필요가 없다. [★1]

      – FAS 조건은 일반화물의 수출입보다는 본선에 적재하는 데 비용이 많이 드는 원목, 원면, 곡물 등의 BulkCargo의 거래에 주로 사용된다. [★2]

      – FAS 조건에서 본선의 선측이란 본선이 사용하는 양화기나 기타 선적용구가 도달할 수 있는 장소를 의미하며, 본선이 외항에 정박하고 있을 때에는 매도인이 본선이 있는 곳까지의 부선료(lighterage)를 부담해야 한다. [★1]

   ㉢ 위험 및 비용의 분기점

      – 매도인은 지정선적항에서 물품을 본선 선측에 두거나 그렇게 인도된 물품을 조달함으로써 물품을 인도할 때까지 위험과 비용을 부담한다.

　　　－ 물품의 멸실 또는 손상의 위험은 물품이 선측에 놓인 때에 이전된다. [★1]
　ⓔ 운송 계약
　　a. 매도인
　　　－ 매도인은 매수인에 대하여 운송 계약을 체결할 의무가 없다. 다만, 매도인은 매수인의 요청이 있는 경우 매수인의 위험과 비용으로 운송 관련 정보를 제공하여야 한다.
　　　－ 합의가 있는 경우 매도인은 매수인의 위험과 비용으로 통상적인 조건으로 운송 계약을 체결하여야 한다.
　　b. 매수인
　　　－ 매수인은 자신의 비용으로 물품을 지정선적항으로부터 운송하는 계약을 체결하여야 한다. 다만, 매도인이 운송 계약을 체결하는 경우에는 예외이다.
　ⓜ 보험 계약
　　a. 매도인
　　　－ 매도인은 매수인에 대하여 보험 계약을 체결할 의무가 없다. 다만, 매도인은 매수인의 요청이 있는 경우 매수인의 위험과 비용으로 부보에 필요한 정보를 제공하여야 한다.
　　b. 매수인
　　　－ 매수인은 매도인에 대하여 보험 계약을 체결할 의무가 없다.
② FOB(Free On Board, 본선인도조건)
　㉠ 의의
　　　－ FOB는 매도인이 지정선적항에서 매수인이 지정한 선박에 적재하거나 이미 그렇게 인도된 물품을 조달함으로써 물품을 인도하는 조건이다.
　㉡ 특징
　　　－ FOB 조건은 물품을 약정된 선적항에서 수입자가 지정한 본선 내에 적재하여 인도하거나 이미 선적되어진 물품을 구매하여 제공하는 조건이다. [★1]
　　　－ FOB 조건으로 거래 시 매도인은 물품을 지정선적항에서, 특히 그 항구 내에 매수인이 표시하는 선적지점이 있는 경우에는 그 지점에서, 매수인이 지정한 본선에 적재함으로써 또는 인도된 물품을 조달함으로써 인도한다. [★1]

ⓒ 위험 및 비용의 분기점

- 매도인은 지정선적항에서 물품이 본선에 적재하여 인도하거나 이미 그렇게 인도 된 물품을 조달할 때까지 위험과 비용을 부담한다. [★1]
- 매도인의 비용부담과 위험부담의 분기점이 동일한 조건이다. [★1]

ⓔ 운송 계약

a. 매도인

- 매도인은 매수인에 대하여 운송 계약을 체결할 의무가 없다. 다만, 매도인은 매수인의 요청이 있는 경우 매수인의 위험과 비용으로 운송 관련 정보를 제공 하여야 한다.
- 합의가 있는 경우 매도인은 매수인의 위험과 비용으로 통상적인 조건으로 운송 계약을 체결하여야 한다.

b. 매수인

- 매수인은 자신의 비용으로 물품을 지정선적항으로부터 운송하는 계약을 체결 하여야 한다. 다만, 매도인이 운송 계약을 체결하는 경우에는 예외이다. [★1]

ⓜ 보험 계약

a. 매도인

- 매도인은 매수인에 대하여 보험계약을 체결할 의무가 없다. 다만, 매도인은 매 수인의 요청이 있는 경우 매수인의 위험과 비용으로 부보에 필요한 정보를 제 공하여야 한다.

b. 매수인

- 매수인은 매도인에 대하여 보험 계약을 체결할 의무가 없다. [★1]

③ CFR(Cost And Freight, 운임포함인도조건)

ⓙ 의의

- CFR은 매도인이 운송계약을 체결하고 물품을 본선에 적재하거나 또는 이미 그렇 게 인도된 물품을 조달함으로써 인도하는 규칙이다.

ⓝ 특징

- CFR 조건에서 매도인은 자신의 운송계약상 목적항 내의 명시된 지점에서 양하에 관하여 비용이 발생한 경우 당사자 간에 달리 합의되지 않은 한 그러한 비용을 매수인으로부터 별도로 상환받을 권리가 없다. [★1]
- 매수인은 자신의 위험과 비용으로 수입통관을 이행하여야 한다. [★1]

364

ⓒ 위험 및 비용의 분기점

    a. 위험의 분기점

        – 매도인은 물품을 본선에 적재하거나 그렇게 인도된 물품을 조달할 때까지 모든 위험을 부담한다. [★2]

    b. 비용의 분기점

        – 매도인은 선적항에서 물품을 본선 적재할 때까지의 물품에 관련된 모든 비용과 목적항까지의 운임 등을 부담한다.

ⓔ 운송 계약

    a. 매도인

        – 매도인은 물품을 인도장소로부터 또는 그 인도장소에 합의된 인도지점이 있는 경우에는 그 지점으로부터 지정목적항까지 또는 합의가 있는 경우 그 지정목적항의 합의 지점까지 운송하는 계약을 체결하거나 조달하여야 한다. [★1]

        – 운송계약은 매도인의 비용으로 통상적인 조건으로 체결되어야 하며 매매물품과 같은 종류의 물품을 운송하는 데 통상적으로 사용되는 종류의 선박으로 통상적인 항로로 운송하는 내용이어야 한다.

    b. 매수인

        – 매수인은 매도인에 대하여 운송 계약을 체결할 의무가 없다.

ⓜ 보험 계약

    a. 매도인

        – 매도인은 매수인에 대하여 보험 계약을 체결할 의무가 없다. 다만, 매도인은 매수인의 요청이 있는 경우 매수인의 위험과 비용으로 부보에 필요한 정보를 제공하여야 한다. [★2]

    b. 매수인

        – 매수인은 매도인에 대하여 보험계약을 체결할 의무가 없다.

④ CIF(Cost Insurance and Freight, 운임 및 보험료포함 인도조건)

    ㉠ 의의

        – CIF는 매도인이 운송계약 및 보험계약을 체결하고, 물품을 본선에 적재하거나 이미 그렇게 인도된 물품을 조달함으로써 인도하는 조건을 말한다. [★4]

    ㉡ 특징

        – 이 규칙은 오직 해상운송이나 내수로운송의 경우에만 사용되어야 한다. [★2]

- '운임・보험료포함인도' 규칙으로 매도인이 물품을 본선에 적재된 상태에서 매수인에게 인도한다. [★1]
- 매도인은 물품을 본선에 적재하는 것으로 물품인도의무를 완료하게 된다. [★1]
- CIF 규칙하에서 수출자가 물품에 대한 청구권을 표창하는 선하증권을 수입자에게 제공한 때 수입자의 처분하에 둔 것으로 보며, 또한 물품의 제공만으로 수입자의 대금지급의무가 발생하는 것은 아니다. [★1]
- 운송 중의 위험을 매수인이 부담하기 때문에 해상운송 과정에서 사고가 발생하여 매수인이 물품을 수령하지 못하는 경우에도 매수인의 대금지급의무는 사라지지 않는다. [★1]
- 매도인이 물품을 선적한 후 선적서류를 제공하지 않은 상태에서 매수인의 대금지급거절에 대한 클레임을 제기할 수 없다. [★1]
- CIF 규칙으로 계약이 체결되고 보험이 부보되지 않은 상태로 운송하였다면, 운송 중 사고가 발생하지 않았다하더라도 수입자는 보험서류 미제공을 이유로 물품인수를 거절할 수 있다. [★6]
- 매수인은 매도인에게 ICC(A) 조건으로 부보해 줄 것을 요청할 수 있다. [★1]
- 매수인은 자신의 창고에서 보험이 종료되도록 부보해 줄 것을 매도인에게 요청할 수 있다. [★1]
- 매도인은 수출통관을 해야 하지만, 수입통관을 하거나 수입관세를 부담할 의무는 없다. [★3]

ⓒ 위험 및 비용의 분기점

   a. 위험의 분기점

     - 매도인은 물품을 본선에 적재하거나 그렇게 인도된 물품을 조달할 때까지 모든 위험을 부담한다. [★2]

   b. 비용의 분기점

     - 매도인은 선적항에서 물품을 본선 적재할 때까지의 물품에 관련된 모든 비용과 목적항까지의 운임 및 보험료 등을 부담한다. [★2]

ⓓ 운송 계약

   a. 매도인

     - 매도인은 물품을 인도장소로부터 또는 그 인도장소에 합의된 인도지점이 있는 경우에는 그 지점으로부터 지정목적항까지 또는 합의가 있는 경우 그 지정목적항의 합의 지점까지 운송하는 계약을 체결하거나 조달하여야 한다.

- 운송계약은 매도인의 비용으로 통상적인 조건으로 체결되어야 하며 매매물품과 같은 종류의 물품을 운송하는 데 통상적으로 사용되는 종류의 선박으로 통상적인 항로로 운송하는 내용이여야 한다.

  b. 매수인

  - 매수인은 매도인에 대하여 운송 계약을 체결할 의무가 없다.

ⓜ 보험 계약

  a. 매도인

  - 다른 합의나 관행이 없는 경우 매도인은 자신의 비용으로 협회적하약관이나 그와 유사한 약관의 C약관에서 제공하는 담보조건에 따른 적하보험을 취득하여야 한다. [★5]

  - 보험 계약은 평판이 양호한 보험인수업자나 보험회사와 체결하여야 하고 보험은 매수인이나 물품에 피보험이 이익을 가지는 제3자가 보험자에 대하여 직접 청구할 수 있도록 하는 것이어야 한다. [★1]

  - 매수인의 요청이 있는 경우 매도인은 필요한 정보를 매수인이 제공하는 것을 조건으로 매수인의 비용으로 협회전쟁약관 및 협회동맹파업약관과 같은 추가 보험을 제공하여야 한다.

  - 보험금액은 최소한 매매계약에 규정된 대금에 10%를 더한 금액(매매대금의 110%)이어야 하고, 보험의 통화는 매매계약의 통화와 같아야 한다. [★4]

  - 보험은 인도지점부터 적어도 지정목적지까지 부보되어야 한다. [★1]

  b. 매수인

  - 매수인은 매도인에 대하여 보험 계약을 체결할 의무가 없다. 다만, 매수인은 요청이 있는 경우 매도인에게 부보에 필요한 정보를 제공하여야 한다. [★1]

8. 무역클레임

(1) 의의

- 클레임이란 매매당사자 일방이 매매계약내용을 이행하지 않는 경우 상대방이 계약내용 및 준거법에 의해 자신의 권리구제를 위해 행한 일정한 청구 및 그 청구에 관한 권리를 말한다.

- Notice of Claim은 클레임 통지를 정식으로 제기하기에 앞서 물품에 하자가 있는 것으로 나타나 정밀한 물품검사를 거쳐 곧 클레임을 제기하겠다는 예고장이다. [★1]

(2) 클레임 제기 원인

① 직접적인 원인
- 계약과 직접적인 관련이 있는 이행 지체(Delay in performance), 이행 불충분(Incomplete ofperformance), 이행불능(Impossibility of performance) 등이 있다. [★1]

② 간접적인 원인
- 신용조사의 불충분, 언어와 상관습의 상이, 무역실무 지식의 부족, 국제상관습 및 법규에 대한 무지, 도량형 및 규격의 상이, 운송중 위험, 과도한 가격경쟁 등의 사유가 있다.

9. 분쟁해결

(1) 개요

당사자 간의 분쟁해결 외에 제3자에 의한 해결방법에는 알선, 조정, 중재, 재판 등의 방식이 있다. [★1]

(2) 당사자 간의 분쟁해결

- 청구권의 포기(Waiver of claim), 화해(Amicable settlement)는 분쟁 당사자 간 자주적인 분쟁 해결방법이다. [★2]
- 청구권의 포기는 클레임을 제기하지 않고 단순한 주의, 경고 후 거래를 지속시키는 방법을 말한다. [★1]
- 화해는 당사자 쌍방이 자주적인 교섭을 통해 합의점을 발견함으로써 분쟁을 원만하게 해결하는 방법으로, 계약서상에는 당사자가 서로 양보할 것, 분쟁을 종료할 것, 그 뜻을 약정할 것 등 3가지 요건을 필요로 한다. [★2]

(3) 제3자 개입에 의한 해결

① 대체적 분쟁해결제도 ADR(Alternative Dispute Resolution)
   a. 알선(Intercession)
- 알선이란 당사자의 일방 또는 쌍방의 의뢰에 따라 제3의 기관이 해결방안을 제시하거나 조언하는 것을 말한다. [★3]
- 당사자의 일방 또는 쌍방의 의뢰에 따라 상공회의소 등 제3의 기관이 조언함으로써 분쟁을 해결하는 방법으로, 조언의 구속력이 없어 어느 일방 또는 쌍방이 불복할 수 있다. [★4]

- 알선은 공정한 제3자가 당사자의 일방 또는 쌍방의 의뢰에 의하여 분쟁사건에 개입하여 그 해결을 위해 조언하는 것을 말하며, 무역거래에서 알선기관은 각국의 상공회의소가 대표적이다. [★2]
- 알선은 상대방의 수락 없이 일방이 실시할 수 있다. [★1]

b. 조정(Mediation, Conciliation)
- 조정은 당사자 쌍방의 합의에 따라 공정한 제3자를 조정인으로 선임하여 해결하는 것을 말한다. [★1]
- 조정은 조정인이 제시한 조정안을 쌍방이 수락함으로써 분쟁을 해결하는 방법이며, 당사자 중 일방이 조정인이 제시한 조정안을 거부할 수 있다. [★3]
- 당사자 쌍방의 조정합의에 따라 공정한 제3자를 조정인으로 선임하고, 그가 제시하는 조정안에 쌍방이 동의함으로써 분쟁을 해결한다. [★2]
- 조정은 중재절차의 개시 전에 진행될 수 있는 분쟁해결방법의 하나이며 당사자들은 조정안을 받아들일 의무는 없다. 그러나 쌍방이 받아들인다면 법원의 확정판결과 동일한 효력이 발생되어 당사자는 이에 구속된다. [★3]

c. 중재(Arbitration)
- 당사자 쌍방의 중재합의에 따라 공정한 제3자를 중재인으로 선정하여 중재판정부를 구성하고 그 판정부에서 내려진 중재판정으로, 분쟁을 해결하는 방법으로 중재판정의 구속력이 있어 쌍방은 승복해야 한다. [★2]

② 소송(Litigation)
- 소송절차에 의거 법관에 의한 법원의 판결로 분쟁을 해결하는 방법으로, 판결의 구속력은 쌍방이 승복할 경우 발생하고 어느 일방, 또는 쌍방이 불복할 경우 상소가 가능하다. [★1]
- 소송은 공개주의가 원칙이다. [★3]

369

10. 중재제도

(1) 의의

중재란 당사자 간의 합의로 당사자 간에 현존하는 분쟁 또는 발생 가능한 분쟁을 법원의 재판에 의하지 아니하고 중재인의 판정에 의하여 해결하는 절차를 말한다.

(2) 특징

- 상사중재의 주요한 특징은 전문가에 의한 판단, 단심제, 신속한 분쟁해결, 중재절차의 비공개, 외국에서의 강제집행 가능, 저렴한 비용을 들 수 있다. [★10]
- 중재(Arbitration)는 반드시 서면으로 합의해야 하며 사전합의 및 사후합의로도 중재를 진행할 수 있다. [★6]
- 중재는 단심제이므로 판정에 불만이 있어도 2, 3심을 제기할 수 없다. [★4]
- 무역실무에 정통한 무역전문가에 의한 판단에 의하므로 공정한 무역분쟁의 해결을 도모할 수 있다. [★3]
- 중재에서 당사자의 일방이 출석하지 아니하거나 출석해서 심리에 응하지 아니하는 경우에도 심리절차는 그대로 진행시킬 수 있다. [★3]
- 중재신청이 있는 경우 그 피신청인이 중재신청의 내용을 부인하면서 그것에 그치지 않고 오히려 피신청인이 손해를 보았으니 이를 배상하라는 등의 적극적인 청구를 하는 것을 반대신청이라고 한다. [★1]
- New York Convention(1958)은 중재판정의 국가 간 효력 및 집행에 관한 규칙(국제협약)이다. [★5]
- New York Convention(1958) 가입국끼리는 외국에서도 중재판정의 승인 및 집행을 보장받게 된다. [★7]
- 중재판정의 결과는 뉴욕협약에 의해 국제적으로 집행력을 보장받을 수 있다. [★1]
- 중재합의의 '직소금지효력'을 규정한 입법례로는 영국중재법, 미국중재법, New York Convention(1958) 등이 있다. [★1]

(3) 중재인 및 중재기관

- 중재인은 당사자 자치의 원칙에 따라 당사자가 합의로 선정하게 된다. [★1]
- 당사자 간의 합의에 의하여 중재인을 선정하거나 또는 중재인의 선정방법을 정하였을 경우에는 그것에 의하여 중재인이 선정된다. [★1]
- 중재기관은 당사자의 합의에 의해 특정개인이나 단체로 정할 수도 있다. [★1]

– 우리나라의 상사중재기관으로는 대한상사중재원이 있다. [★1]

(4) 중재합의

① 의의

– 당사자 간 이미 발생하였거나 앞으로 발생할 수 있는 분쟁의 전부 또는 일부를 중재에 의하여 해결하도록 하는 당사자 간의 합의를 말한다. [★2]

② 특징

– 중재계약은 분쟁이 발생하기 전에 계약서에 중재조항을 삽입하는 사전중재합의 방식과 실제로 분쟁이 발생한 이후에 당사자 간에 분쟁의 해결을 중재로 하기로 하는 합의하는 사후중재합의 방식이 있다. [★3]

– 중재에 대한 합의는 분쟁이 발생한 이후에 하는 것보다 사전에 계약서에 해 두는 것이 좋다. [★1]

– 중재합의가 있는 경우 바로 법원에 소송을 제기하는 것은 불가하다. [★3]

– 중재합의는 직소금지와 중재로 해결해야만 하는 법적효력이 있다. [★4]

– 중재합의가 있음에도 불구하고 상대방이 법원에 소를 제기하였을 경우, 1차 변론기일 전까지 본안 전 항변을 통하여 중재계약이 있음을 주장, 입증하면 법원은 소 각하 판결을 하게 된다. [★2]

③ 중재합의 종류

㉠ 사전중재합의

– 장래에 분쟁이 발생하면 중재에 의하여 해결하도록 하는 중재합의를 말한다. [★2]

㉡ 사후중재합의

– 분쟁이 발생한 후에 그 분쟁을 중재에 의하여 해결하기로 하는 중재합의를 말한다. [★3]

④ 중재합의의 형식

– 중재합의의 형식적 성립요건은 서면주의이다. 즉, 중재계약은 구두로는 불가능하고 반드시 문서에 의해야 한다. [★7]

– 중재합의문에는 중재지, 중재기관, 준거법의 세 가지 요소가 포함된다. [★8]

– 중재합의문에는 중재지, 중재기관, 준거법 3가지 요소 외에 중재절차의 진행요건도 기재될 수 있다. [★2]

– 대한상사중재원이 권고하는 중재합의의 표준문구와 표준합의서를 참고하여 작성하는 것이 좋다. [★1]

⑤ 중재판정

- 중재 판정의 효력은 법원의 확정 판결과 동일한 구속력과 확정력을 가진다. [★4]
- 중재판정의 효력은 기판력과 확정력 및 집행력을 지닌다. [★1]
- 중재판정은 최종적이며 양 당사자를 구속한다. [★1]
- Award는 중재판정 결과를 의미한다. [★1]
- 중재판정은 법원의 확정 판결과 동일한 효력이 있기 때문에 본안에 대해서 법원 또는 중재로 다시 다툴 수 없다. [★3]
- 중재판정이 일단 내려지면 소송과 같이 불복절차인 항소나 상고제도가 허용되지 않는다. [★2]
- 중재판정 후 거래상대방이 중재판정의 내용을 이행하지 않을 경우에는 법원의 집행 판결을 얻어 '강제집행'도 가능하다. [★2]
- 중재는 단심제이지만 패소자가 그 판정에 불복하여 "중재판정취소의 소"를 법원에 제기할 수 있다. [★2]
- 중재판정 결과로 패소자가 "중재판정취소의 소"를 제기하는 경우 법원의 직권으로 취소될 수도 있다. [★1]
- 중재판정의 집행이란 중재에서 이긴 당사자가 상대방 당사자의 임의적인 이행이 없을 때, 상대방의 재산 소재지 등에서 중재판정의 내용을 법적으로 실현시키는 행위를 말한다. [★2]
- 중재판정은 법원의 집행 판결을 받아야만 집행력이 발생한다. [★2]
- 중재판정은 국제분쟁뿐만 아니라 국내거래 중재에도 활용할 수 있다. [★1]

⑥ 중재판정 취소의 소를 제기할 수 있는 사유

- 당사자의 무능력 또는 중재합의가 당사자들이 지정한 법에 의하여 무효로 된 때 [★1]
- 중재인의 선정 또는 중재절차에 관한 통지 또는 본안 변론에 대한 방어권이 결여된 때 [★1]
- 중재 판정이 중재조항의 범위를 벗어난 분쟁에 관한 것인 경우 [★1]
- 중재판정부의 구성 또는 중재절차가 중재법규에 위배된 때 [★2]
- 중재판정의 구속력이 결여되거나 취소 또는 정지된 경우

심화 국제중재규칙에 따르면 중재판정부는 당사자들이 중재신청서와 답변서에 대한 추가서면을 제출하도록 재량에 따라 허가하거나 요구할 수 있고 이 경우 추가서면 제출을 위하여 중재판정부가 정하는 기간은 45일을 초과할 수 없다. 또한 모든 당사자들이 달리 합의하지 않는 한 중재판정부는 최종서면의 제출일과 심리의 종결일 중 나중의 날짜로부터 45일 이내에 판정을 내려야 한다. [★1]

국제운송

I. 운송서류

(1) 선하증권(B/L, Bill of Lading)

① 의의
- 해상운송계약 및 운송인에 의해 물품의 수령 또는 선적을 증명하는 증권으로서 운송인이 동 증권과 상환으로 물품을 인도할 것을 약정하는 증권을 말한다. [★1]

② 선하증권의 기능
- ㉠ 운송계약의 추정적 증거 [★2]
  - 선하증권 그 자체가 운송계약 체결의 증거서류로서 계약이 성립되었음을 증명하는 기능을 한다.
- ㉡ 화물수취증 [★2]
  - 선하증권에 기재된 화물의 명세, 수량, 상태 등과 동일한 물품을 인수·수령했다는 화물수취증의 기능이 있다.
- ㉢ 권리증권 [★2]
  - 선하증권은 화물에 대한 권리를 나타내는 권리증권이다.
  - 화물의 선적 여부와 관련 없이 운송인이 선하증권을 발행하면 선하증권의 소유자는 그 증권에 기재된 화물의 소유자로 인정된다. [★1]

③ 선하증권의 법적성질
- ㉠ 요인증권성
  - 화물을 인수하였다는 원인으로 선하증권이 발행된다.
- ㉡ 요식증권성
  - 법적 기재사항이 기재되어야 효력이 발생된다. [★1]
- ㉢ 유통증권성
  - 배서나 인도에 의해 권리가 이전된다.

ⓔ 문언증권성

- 권리의 내용이 증권의 문언에 의해 정하여진다.

ⓜ 인도증권성

- 선하증권의 인도가 물품의 인도와 동일한 효력을 가진다.

ⓗ 제시증권성

- 선하증권의 제시가 없는 한 운송인이 변제할 필요가 없다.

④ 선하증권의 특징

- 선하증권 원본의 발행은 1통으로도 가능하나 분실 등에 대비하여 그 이상을 한 세트로 하여 발행할 수 있다. 일반적으로 3통을 한 세트로 발행하는데 각 통은 내용이 동일하고, 동등한 효력을 가진다. [★1]
- 화주가 선하증권을 분실하였을 경우 유가증권 분실에 대한 공시최고와 관할 법원으로부터 제권판결을 받아서 운송인으로부터 선하증권을 재발행받을 수 있다. [★1]
- B/L 상에 특정 수취인을 기재하지 않고 단순히 'To Order', 'To Order of Shipper' 또는 'To Order of XXX Bank'식으로 기재되어 있는 것을 지시식 선하증권이라 한다. [★1]
- 신용장거래에서 B/L상에 'Shipper's load, count & seal'나 'Said by shipper to contain'이라고 표시된 운송서류는 수리된다. [★1]
- 선하증권 상에 'Shipper's Load, Count and Seal'이라고 기재되었다면 FCL 화물이라고 볼 수 있다. [★1]

참조 **선하증권의 운송인 면책약관**

- 컨테이너에 적입된 화물과 선하증권에 기재된 화물이 일치하지 않아서 제기된 클레임 [★1]
- 부적절한 Shoring, Dunnage에 기인한 화물파손에 대하여 제기된 클레임 [★1]
- 부적절한 Shipping Mark에 의한 화물의 인도 지연에 대하여 제기된 클레임 [★1]

---

⑤ 선하증권의 종류

㉠ 권리포기선하증권(Surrendered B/L)

- Surrender B/L은 Original B/L을 포기한다는 개념으로 선사가 Original B/L을 발급하지 않고 선하증권 사본에 "Surrender" 문구를 찍어 수하인이 선하증권 원본의 제시 없이 송하인으로부터 제공받은 사본으로 물품을 찾을 수 있도록 권리를 양도한 선하증권이다. [★3]

- 일반적으로 근거리 해상운송에서 화물이 B/L 등 선적서류보다 목적지에 먼저 도착하는 경우에 사용된다. [★3]
- 수출업자는 수입업자가 화물을 빨리 인도받는 편의를 제공하기 위해서 수출업자와 수입업자가 합의하에 수출국 운송인에게 Surrender를 신청하는 것이 관례이다. [★3]
- Surrender는 Original B/L의 유통성을 소멸시키는 행위이므로, 수입업자가 Original B/L의 제시 없이 화물을 인도받을 수 있다. [★2]
- 주로 기명식 선하증권으로 Surrender를 하므로 수입업자는 기본적으로 기명된 수입업자가 자신이라는 것을 입증하여야 한다. [★1]
- 신용장방식에서는 은행이 수입자로부터 신용장대금에 대한 채권보전조치를 해둔 경우에 Surrender를 허용해 줄 수도 있다. [★1]
- 운송계약의 증거가 되며 운송인이 화물을 수취했다는 증거가 된다. [★1]
- Surrendered B/L은 무신용장 무역거래에서 사용된다. [★2]

ⓒ 제시기일 경과선하증권, 지체선하증권(Stale B/L)
- 선적 후 정당하다고 인정되는 기간이 경과한 후에 은행에 제시된 선하증권을 말한다. [★1]
- 신용장 거래의 경우 제시기한이 명시되어 있지 않은 경우 선적일 이후 21일 이내에 제시해야 한다.

ⓒ Switch B/L
- Switch B/L은 중계무역 등에 사용되는 선하증권으로 중계무역상이 실공급자와 실수요자를 노출하지 않을 목적으로 사용하기 위하여 송하인, 수하인, 통지처 등의 사항을 변경하여 다시 발행된 선하증권을 말한다. [★4]
- 삼국 간 무역에서 발행되는 선하증권으로 발행에 관련한 국제규정 및 상법의 정의가 없으며 선사의 내부 규정에 따라 발급된다. [★2]

ⓔ 제3자선하증권(Third Party B/L)
- 송하인(Shipper)이 수출업자 또는 신용장방식에서는 수익자가 아닌 제3자가 기재되어 있는 선하증권으로서 주로 중계무역에서 이용된다. [★4]
- 신용장 거래의 경우 Third Party B/L은 UCP 600에 의거하여 신용장에 별도의 명시가 없는 한 은행은 이를 수리한다. [★1]

ⓜ 발행일자소급선하증권(Back Dated B/L)

　− Back Dated B/L은 실제 선적일자보다 소급하여 선적일자를 기재하여 발행된 선하증권을 말한다.

ⓗ 적색 선하증권(Red B/L)

　− 보험부보 내용이 기재된 선하증권을 말한다.

ⓢ 발행 시기에 따른 분류

　a. 선적선하증권(Shipped B/L)

　　− 화물을 본선에 적재한 후에 발행하는 선하증권을 말하며, 선하증권상에 'Shipped on Board'와 같이 선적완료를 표시하고 있다. [★1]

　b. 본선선적선하증권(On Board B/L)

　　− 화물이 목적지까지 운송할 본선에 적재되었음을 증명하는 선하증권으로 수령선하증권으로 발급한 뒤 본선적재표기를 한 선하증권을 말한다.

　c. 수령선하증권(Received B/L)

　　− 운송인이 화주로부터 화물을 수령하고 선적하지 않은 경우에 발행되는 B/L로서 추후에 화물이 본선에 선적되고 운송인이 B/L에 'On board notation'을 한 경우 On Board B/L과 동일한 효력을 가진다. [★4]

ⓞ 사고 유무에 따른 분류

　a. 무사고선하증권(Clean B/L)

　　− 선적 시 화물의 상태가 양호하고 수량이 맞아 비고란에 아무것도 기재되지 않은 선하증권을 말한다.

　b. 사고부선하증권(Foul or Dirty B/L)

　　− 화물의 포장이나 수량 등에 대해 사고부 문언의 표시가 비고란에 기재되어 있는 선하증권을 말한다.

　　− 수출자는 선사에 L/I(Letter of Indemnity)를 제공하고 정상적인 무사고 선하증권을 교부받을 수 있다. [★6]

ⓩ 수하인의 표시방법에 따른 분류 [★1]

　a. 기명식선하증권(Straight B/L)

　　− 수하인란에 수하인의 이름 및 상호가 기재된 선하증권을 말한다. [★2]

　　− 유통 및 배서 양도가 불가능하다.

　　　b. 지시식선하증권(Order B/L)
　　　　－ 선하증권의 수하인(Consignee)란에 "Oder"라는 문구가 포함되어 있는 선하증권으로 유통 가능한(Negotiable) 증권을 말한다. [★3]
　　　　－ 배서에 의해 양도가 가능하며 신용장 방식에서 통상적으로 은행 지시식 선하증권이 사용된다.
　㊈ 발행주체에 따른 분류
　　　a. 집단선하증권(Master B/L)
　　　　－ 선박회사가 운송주선인에게 발행하는 선하증권을 말한다. [★1]
　　　b. 혼재선하증권(House B/L)
　　　　－ 선박회사로부터 받은 Master B/L을 근거로 운송주선인이 개별 화주에게 발급하는 선하증권을 말한다. [★1]
　㊀ 증권 양식에 따른 분류
　　　a. 정식선하증권(Long Form B/L)
　　　　－ 선하증권의 필수기재사항과 이면 운송약관이 모두 기재되어 발행되는 선하증권을 말한다. [★1]
　　　b. 약식선하증권(Short Form B/L)
　　　　－ 선하증권의 필수기재사항은 전부 기재되어 있으나 상세정보는 다른 서식에 작성한 선하증권을 말한다. [★1]
⑥ 선하증권 기재사항
　㉠ 법적기재사항
　　　－ 법적기재사항의 경우 해당 내용을 기재하고 운송인이 기명날인 또는 서명하여야 한다.
　　　－ 선박의 정보(명칭, 국적, 톤수), 선적항, 양륙항, 운임, 발행지와 그 발행연월일, 운송물의 정보, 운송인의 성명 또는 상호, 운송인의 주된 영업소 소재지, 선하증권 발행 통 수, 수하인 또는 수령인
　㉡ 임의기재사항
　　　－ 법적기재사항 외에 운송계약의 내용을 명료히 하기 위해 작성되는 내용을 말한다.

예 시 선하증권(Bill of Lading)

Bill of Lading

① Shipper/Exporter		⑪ B/L No. :		
② Consignee				
③ Notify Party				
Pre-Carrage by	⑥ Place of Receipt			
④ Ocean Vessel	⑦ Voyage No.	⑫ Flag		
⑤ Port of Loading	⑧ Port of Discharge	⑨ Place of Delivery	⑩ Final Destination	

⑬ Container No. ⑭ Seal No. Marks & No	⑮ No. & Kinds of Containers or Packages	⑯ Description of Goods	⑰ Gross Weight	Measurement

⑱ Freight and Charges	⑲ Revenue tons	⑳ Rate	㉑ Per	㉒ Prepaid	㉓ Collect
㉓ Freight prepaid at	㉔ Freight payable at	㉖ Place and Date of Issue			
Total prepaid in	㉕ No. of original B/L				
㉗ Laden on board vessel Date Signature					
RECEIVED BY THE CARRIER FROM THE SHIPPER IN APPARENT GOOD ORDER AND CONDITION UNLESS OTHERWISE INDICATED HEREIN, (이하 생략)		㉘ As a carrier			

(2) 해상화물운송장(Sea Waybill)

① 의의

　－ 해상운송에서 송하인과 운송인 간에 발행되는 화물의 수취증, 운송계약의 증거로써 운송장상의 수하인에게 본인임이 증명되면 물품을 인도하는 비유통성의 운송서류를 말한다. [★5]

② 특징

- 운송인에게 화물의 인도를 청구하는 자는 Sea Waybill을 사용하는 경우 OB/L의 제시 없이 화물을 인도받을 수 있어 원본 선하증권의 입수가 물품의 도착보다 지연됨으로써 발생하는 물품의 인도 지연을 해소할 수 있다. [★5]
- 해상화물운송장에 의한 화물의 인도는 OB/L의 분실, 도난, 훼손과 관계없이 안전하다. [★1]
- 유가증권이 아니므로 기명식으로 발행된다. [★1]
- 권리증권이 아니므로 Sea Waybill을 소지한 자가 화물에 대한 권리를 가진다는 것은 아니고, Consignee란에 기재된 수하인이 기본적으로 화물의 인도청구권을 가진다. [★1]
- 선사마다 양식이 다르다. [★1]
- 우리나라의 경우 Sea Waybill은 상법에 관련 규정이 있다. [★1]

(3) 항공화물운송장(AWB, Air Waybill)

① 의의

- 항공화물운송장은 송하인과 항공화물운송인 사이에서 항공운송계약의 성립을 입증하는 서류를 말한다. [★3]

② 기능

- 송하인과 운송인 간에 운송계약이 성립되었음을 입증하는 증서의 기능을 한다. [★1]
- 운임청구서의 기능이 있다. [★2]
- 항공운송인이 송하인으로부터 항공화물운송장에 기재된 화물을 수령하였다는 화물수령증서의 기능을 한다. [★2]
- 수출입 신고에 필요한 서류로서의 기능을 한다. [★1]

③ 법적성질

㉠ 비유통증권성

- 항공화물운송장은 양도성이나 유통성이 없는 비유통증권이다. [★5]

㉡ 증거증권

- 유가증권이 아닌 기명식으로 발행되는 단순한 증거증권이다. [★1]

㉢ 불완전 처분증권

- 비유통증권으로 송하인에게는 처분권이 인정되나 수하인에게 완전한 처분권이 인정되지 않는다.

④ 항공운송화물운송장 발행
- 항공화물운송장은 송하인이 작성하여 제출함이 원칙이지만 항공사나 항공사의 권한을 위임받은 대리점에 의해 발행되는 것이 일반적이다. [★2]
- 항공화물운송장은 기본적으로 3장의 원본(Triplicate)과 사본으로 발행된다. [★1]
- 제1원본은 녹색이며 '운송인용'으로 발행된다. [★1]
- 제2원본은 분홍색, 적색이며 '수하인용'으로 발행된다.
- 제3원본은 청색이며, '송하인용'으로 발행된다.

⑤ 특징
- 항공화물운송장은 IATA(국제항공운송협회)에 의해 통일된 양식과 발행방식이 규정되어 있다. [★2]
- 작성된 항공화물운송장의 내용을 수정하거나 추가할 때에는 원본과 부본 전체가 수정 또는 추가되어야 한다. [★1]
- Declared Value for Carriage, Handling Information, Chargeable Weight는 항공화물운송장에만 기재되는 항목이다. [★1]
- 항공화물운송장은 별도의 비행일자 부기일이 있는 경우 해당 부기일이 선적일로 취급된다. [★1]

(4) 복합운송증권

① 의의
- 복합운송인에 의하여 물품이 인수되고 복합운송계약 내용에 따라 물품을 인도할 것을 약속한 복합운송계약을 증명하는 증권을 말한다.
- 복합운송증권은 선박, 철도, 항공기, 트럭에 의한 운송방식 중 적어도 두 가지 이상의 다른 운송방식에 의하여 화물의 수탁지와 인도지가 상이한 국가의 영역 간에 이루어지는 복합운송계약을 증명하는 증권이다. [★1]

② 특징
- 복합운송증권은 본선적재 전에 복합운송인이 수탁 또는 수취한 상태에서 발행이 가능하다. [★1]
- 복합운송증권은 발행자인 운송인이 운송품의 수령을 증명하고 운송계약의 증거가 되며, 유가증권의 성격을 갖는다. [★5]
- 지시식 또는 무기명식으로 발행될 경우 선하증권과 같이 유통증권으로서의 기능을 가진다. [★1]

- 수하인 기재방식이 지시식인 경우에는 배서에 의해 양도가 가능하다. [★1]
- 운송인뿐만 아니라 운송주선인에 의해서도 발행이 가능하다. [★2]
- 현재 실무에서 사용되는 선하증권 형식의 복합운송증권은 FIATA B/L(또는 KIFFA B/L)이 보편적으로 사용되고 있다. [★2]
- 명칭이 "FIATA 복합운송 선하증권(FBL)"이라고 표시되어 있음에도 불구하고 실제로 단일운송수단만 사용된 경우에도 FBL 표준이면 약관이 적용된다. [★2]
- Freight Forwarder의 국제민간기구는 FIATA이다. [★1]

2. 해상운송

(1) 의의

해상운송이란 해상운송인이 해상에서 상선을 이용하여 화물을 운송하고 그 대가로 운임을 받는 것을 말한다.

(2) 해상운송의 특징 [★2]

- 대량운송 및 원거리 운송이 가능하다.
- 운송비가 상대적으로 저렴하다.
- 화물의 중량 제한을 받지 않는다.
- 기후에 민감하다.
- 상대적으로 운송 중 손상의 위험이 높다.
- 상대적으로 운송 속도가 느리다.

(3) 해상운송 일반적인 수출입 절차

① 선복예약 및 인수예약서 교부
- 수출화주는 선사의 배선표(Shipping Schedule)를 보고 선적요청서(Shipping Request)를 제출하여 선복예약(Booking)을 한다.
- 선박회사는 선적요청서(Shipping Request)를 근거로 인수예약서(Booking Note)를 발급한다.

② 선적지시서 발급(Shipping Order)
- 선박회사는 계약된 화물을 선박에 적재하여 목적항까지 운송할 것을 선장에게 지시하는 선적지시서(Shipping Order)를 발급한다.

③ 검수 및 화물의 선적
- 계약 물품을 본선에 적재하는 과정에서 검수인(Tally Man)이 화물의 수량과 상태를 조사하기 위해 검수표(Tally Sheet)를 작성한다.

④ 본선수취증(Mate's Receipt)의 발급
- 선적이 끝난 후 이에 대한 증거로서 검수표(Tally Sheet)를 근거로 본선수취증(Mate Receipt)을 수출화주에게 발급한다.

⑤ 선하증권(Bill of Lading)의 발행
- 수출화주는 본선수취증(Mate's Receipt)을 제출하고 선하증권(B/L)을 발급받는다.

⑥ 적하목록신고 및 출항
- 선박에 적재한 화물의 목록을 나타내는 적하목록(Manifest)을 선박의 입항 및 출항허가를 위하여 관할 세관에 제출한다.

⑦ 선적서류 수령 및 화물도착예정통지서(Arrival Notice) 통보
- 수입항의 운송인은 선적항으로부터 선적서류를 수령하고, 화물이 목적지에 도착하기 전에 화물도착예정통지서(Arrival Notice)를 선하증권상의 착화통지처(Notify Party)에 통보하여 적시에 화물을 수취할 수 있도록 한다.

⑧ 대금결제 및 선하증권(B/L) 수령
- 수입화주는 계약에서 정한 결제방식에 따라 대금결제를 완료하고 선하증권(B/L)을 수령한다.

⑨ 선하증권(B/L)과 상환으로 화물인도지시서(D/O, Delivery Order) 발행
- 수입화주는 운송인에게 운임을 정산하고 선하증권 원본을 제출하여 운송인으로부터 화물인도지시서(Delivery Order)를 발급받는다.

참조 수입화물선취보증서(L/G, Letter of Guarantee)

선하증권이 도착하지 않아 수입화주가 화물의 인도가 불가능한 경우 선하증권을 대체할 목적으로 은행에서 수입화물선취보증서(L/G)를 발급받아 운송인에게 제출한 후 화물인도지시서(D/O)를 발급받을 수 있다.

참조 화물인도지시서(Delivery Order)

수입국에 도착한 화물을 수하인이 운송인으로부터 인도받기 위하여 운송인이 수하인 앞으로 기재화물의 인도를 지시하는 서류이다. 일반적으로 수하인은 원본 B/L을 운송인에게 제출하고 운임 등 기타 비용을 정산하면 이 서류를 발급받을 수 있다. [★2]

⑩ 화물인도지시서(D/O) 제출 및 화물의 인도
  – 수입화주는 화물인도지시서(D/O)를 화물보관자에게 제출하여 화물을 인도받는다.

(4) 해상운송의 형태

① 정기선 운송
  ㉠ 의의
    – 정기선은 Liner라고도 하며 정해진 항로를 화물이 있고 없음에 관계없이 정해진
      운항일정에 따라 규칙적으로 운항하는 것으로 주로 완제품 또는 반제품 등 2차
      상품을 운송하는 것을 말한다. [★2]
  ㉡ 특징
    – 정기선은 운송인인 선박회사가 불특정 다수의 송하인으로부터 개품을 인수하여
      운송계약의 추정적 증거이자 본선에 화물을 적재하였음을 증명하는 선하증권을
      발행 및 교부하는 것이 특징이다. [★1]
    – 정기선 운송은 일반적으로 개품운송계약으로 운송인과 화주 사이에 별도의 운송
      계약서를 작성하지 않고도 운송인이 발행하는 선하증권이 운송계약 체결의 증거
      서류로 인정된다. [★4]
    – 일반적으로 해운동맹이나 운임동맹을 통해 고시된 운임요율표(Freight Tariff)에
      따라 운영된다.
    – 정기선 운송 시 선사들은 항로별로 Tariff를 보유하고 있으나 국제적으로 물량을
      유치하기 위한 선사 간 경쟁이 치열하므로 실제로 선사가 징수하는 해상운임은
      일반적으로 Tariff보다 낮으나 시황에 따라 다를 수 있다. [★1]
  ㉢ 정기선 운임 및 부대요금
    a. 기본운임
      – 정기선운임은 화물의 종류에 따라 중량 또는 용적에 대해 톤당으로 계산하고,
        고가품인 경우 종가운임을 기준으로 하여 계산한다.
      – 박스 운임(Box Rate)은 컨테이너를 사용하는 경우 적입되는 화물의 양(부피)
        에 상관없이 컨테이너 하나당 금액으로 운임을 측정하는 것을 말한다.
      – 품목무차별운임(FAK rate)은 화물의 종류나 내용에는 관계없이 화물의 중량이
        나 용적에 따라 전 품목에 동일한 운임률을 적용하는 것이다. [★1]
      – 우대운송계약운임(Service Contract Rate)은 선사가 계약기간 중 일정량의 화
        물을 선적할 것을 미리 약속한 화주에게 Tariff상의 일반적인 운임에 비해 저렴
        한 수준으로 적용하는 우대 운임을 말한다. [★1]

b. 할증운임

중량할증운임(Heavy Life Surcharge)	일반화물보다 무거운 경우 부과하는 할증료를 말한다.
용적 및 장척할증료 (Bulky/Lengthy Surcharge)	부피가 크거나 길이가 길 때 부과되는 할증료를 말한다.
체선할증료 (Port Congestion Surcharge)	• 양륙항의 항만사정이 선박으로 혼잡할 때 부과되는 할증료를 말한다. • 오랜 시간으로 인해 항구정박에 따른 손실을 보전하기 위해 부과한다.
환적할증료 (Transhipment Charge)	환적을 요청하는 경우 그에 따른 추가비용을 보전하기 위하여 부과하는 할증료를 말한다.
통화할증료 (CAF, Currency Adjustment Factor)	통화할증료는 일정기간 해당 통화의 가치변동률을 감안하여 기본운임의 일정비율(%)을 부과하고 있으며 운임표시 통화가치 하락에 따른 손실을 보전하기 위해 부과하는 할증료를 말한다. [★2]
유류할증료 (BAF, Bunker Adjustment Factor)	유류할증료는 선박의 주연료인 벙커유의 가격변동에 따른 손실을 보전하기 위하여 부과하는 할증료를 말한다. [★2]

c. 부대비용

터미널화물처리비 (THC, Terminal Handling Charge)	터미널화물처리비는 수출화물의 CY입고시점부터 선측까지, 수입화물의 본선 선측에서 CY게이트 통과 시까지 화물의 이동에 따르는 화물처리비용을 말한다. [★1]
양륙항 변경료 (Diversion Charge)	양륙항 변경료는 화주가 화물을 선적한 후에 이미 지정된 도착항을 변경하는 경우에 추가로 부과되는 운임을 말한다. [★1]
양륙항 추가운임 (Optional Charge)	선적 시 양륙항을 2개로 정했다가 본선 출항 후 1개항을 도착항으로 선택할 때 부가되는 운임을 말한다.
CFS 작업료 (CFS Charge)	• LCL 화물이 CFS(Container Freight Station)에서 컨테이너 혼재 또는 분류 작업이 이루어질 경우 발생하는 비용을 말한다. [★2] • FCL 화물의 경우 CFS 작업료는 발생하지 않는다. [★1]
서류발급비 (Documentation Fee)	• 선사 또는 포워더가 화주에게 제공하는 선하증권이나 화물인도지시서를 발급해줄 때 징수하는 비용을 말한다. • D/F는 서류발급비로서 수출 시는 B/L charge, 수입 시는 D/O charge라고도 부른다. [★1]
체화료 (Demmurage)	체화료는 화주가 CY에서 보관료 없이 장치할 수 있는 허용된 시간(Free Time)을 초과하여 컨테이너를 반출해 가지 않을 경우 지불해야 하는 비용을 말한다. [★3]
지체료 (Detention Charge)	지체료는 화주가 선사로부터 빌린 컨테이너를 Free Time(무료사용기간) 내에 선사가 지정한 장소에 반납하지 못하는 경우 선사에게 지불하는 요금을 말한다. [★2]

384

② 부정기선 운송(Tramper)

　㉠ 의의

　　- 부정기선 운송은 일정한 항로나 화주를 한정하지 않고 화물의 수송수요에 따라 화주가 원하는 시기와 항로에 선복을 제공하는 형태의 운송을 말한다. [★2]

　　- 부정기선 운송은 용선운송계약으로 체결한다. [★2]

> **심화** 용선계약
>
> 용선계약이란 배를 빌리는 용선자가 선주로부터 선복의 일부 또는 전부를 빌려 화물을 운송하는 것을 약정하고 이에 대해 용선료를 지급하는 계약을 말한다.

　㉡ 특징

　　- 우리나라 상법상 용선계약은 기간(정기)용선계약, 항해용선계약, 선체용선(나용선)계약으로 구분되어 있으며, 이 중에서 수출입 화주가 주로 이용하는 용선계약 방법은 항해용선계약이다. [★3]

　　- 부정기선 운송계약 형태는 통상 화주가 필요로 하는 선박에 대하여 항차당 선적지와 양하지, 운송시기와 운임조건을 감안하여 용선계약서를 작성하여 임대차 계약을 맺는 형태이다. [★1]

　　- 정기용선의 경우 용선자는 용선료 차익을 얻으려는 상업 목적으로 다시 제3자와 정기용선 또는 항해용선계약을 체결할 수도 있다. [★1]

　　- 부정기선 시장은 운송수요가 시간적, 지역적으로 불규칙하고 불안정하여 수시로 항로를 바꿔야 하므로 GlobalMarket을 형성하게 되어 특정 업체의 시장점유율이 높지 않아서 정기선과 달리 운임동맹을 구성할 수 없다. [★1]

　㉢ 부정기선의 용선 방법

　　a. 기간용선계약, 정기용선계약(Time Charter)

　　　- 기간(정기)용선계약은 일정기간 동안 운항상태를 갖춘 선복의 전부 혹은 일부를 용선하는 계약을 말하며, 그 기간을 기준으로 용선료를 지급한다. [★1]

　　　- 용선기간 동안 선박의 사용에 관한 권한은 용선자에게 있다.

　　　- 기간(정기)용선계약에서 용선자는 다시 제3자에게 정기용선 또는 항해용선을 주고 용선비 차액을 취득할 수도 있다. [★2]

　　　- 선주는 선원비, 수리비, 선용품, 검사비 등의 직접선비와 선박의 보험료, 등록세와 같은 간접선비를 부담한다.

　　　- 용선자는 용선료 외의 항만사용료, 연료비 등의 운항비를 부담한다.

- 기간(정기)용선계약의 주요 내용은 선박의 명세, 인도 장소, 연료소모량, 용선료 등이 있다.
- 기간(정기)용선계약은 선주가 선장을 임명하고 지휘, 감독하므로 선장은 선주의 대리인으로 볼 수 있다. [★1]

b. 항해용선계약(Voyage Charter)
- 항해용선계약은 선주와 용선자가 단일 항해운송을 약정하는 계약을 말한다. [★1]
- 선주와 용선자가 단일 항해운송을 약정하는 것으로 항로, 화물, 기일 등은 이들 당사자 간의 약정에 의해 결정된다. [★1]
- 선주는 운항 상태를 갖춘 선박을 항해에 사용하게 하고 그 대가로 용선료를 받는다.
- 항해운송계약의 주요 내용은 화물의 종류, 수량, 운송시기, 선적항, 양하항, 운임, 유치권, 하역비 부담, 정박 기간 조출료, 대기료, 체선료, 불가항력 및 면책사항 등이 있다. [★1]
- 항해용선계약은 선주가 선장을 임명하고 지휘, 감독하므로 선장은 선주의 대리인으로 볼 수 있다. [★1]
- 선주는 직접선비, 간접선비, 운항비를 모두 부담한다. [★2]
- 항해용선계약의 내용에는 용선자와 선주간 약정한 화물의 양을 실제로 선적하지 못하였을 경우 이에 대한 부적운임을 선주에게 지불하는 조항이 있다. [★1]
- 항해용선계약은 선주가 선박의 항해에 대한 모든 책임과 비용을 부담하고 운임은 운송화물의 수량 혹은 선복량에 의하여 결정된다. [★1]

심화 하역비용의 부담 조건
- Berth Term : 선주가 선적 및 양하 시 하역비용을 부담하는 조건 [★2]
- FI (Free In) : 선적 시 하역비용은 용선자가 부담하고 양하 시 하역비용은 선주가 부담하는 조건
- FO (Free Out) : 선적 시 하역비용은 선주가 부담하고 양하 시 하역비용은 용선자가 부담하는 조건
- FIO (Free In Out) : 용선자가 선적비와 하역비용을 부담하고 선주는 비용을 부담하지 않는 조건 [★1]
- FIOST : 선적 및 양하 시 하역비용, 적부비용, 선창 내 화물정리비 등 모든 책임 및 비용을 용선자가 부담하는 조건

c. 나용선계약, 선체용선계약(Demise Charter, Bareboat Charter)
- 나용선계약은 용선자가 선박 자체만을 임차하고 선원, 항세, 급유비, 수리비, 항해비용, 선체보험료 등 항해에 필요한 일체의 인적 물적 요소를 용선자가 부담하는 임대차 계약을 말한다. [★2]

- 일반적으로 나용선계약의 용선기간은 상대적으로 장기간에 걸쳐 이루어지므로 임대차계약의 성격을 가진다.
- 선주는 선박의 보험료, 등록세 등과 같은 간접선비를 부담하며, 용선자는 선원비, 수리비, 검사비 등 직접 선비와 항만사용료, 연료비와 같은 운항비를 부담한다.
- 나용선계약은 용선자가 선장을 임명하므로 이때 선장은 용선자의 대리인으로 볼 수 있다. [★1]

② 부정기선 운임
- 부정기선 운임은 해운 시황에 따라 등락하기 때문에 정기선 운임처럼 Tariff가 없고 선적되는 화물의 운임톤(R/T)당 얼마의 형식으로 표시된다. [★4]
- R/T는 중량과 용적 중 운임이 높은 쪽이 실제 운임으로 결정되는 톤 단위를 말한다. [★1]

  a. 선복운임(Lump Sum Freight) : 선복운임이란 화물의 개수, 중량 또는 용적과 관계없이 선박의 1회 항해(Trip or voyage) 또는 선복(Space)을 기준으로 계산하는 운임을 말한다. [★4]

  b. 비율운임(Pro Rate Freight) : 비율운임이란 선박이 항해 중 불가항력 등에 의해 항해가 불가능하게 되어 운송계약의 일부만을 이행하고 화물을 인도한 경우 행한 운송 비율에 따라 선주가 취득하는 운임을 말한다.

  c. 부적운임(Dead Freight) : 부적운임이란 선적하기로 서면 계약한 물량보다 실제 선적량이 적은 경우 화주가 그 부족분에 대해서도 지불하는 운임을 말한다. [★1]

  d. 연속항해운임(Consecutive Voyage Freight) : 어느 특정 항로를 연속하여 항해하는 경우 약정한 연속 항해의 전부에 대하여 적용하는 운임을 말한다. [★1]

  e. 스팟운임(Spot Freight) : 특정 짧은 기간에 한정적으로 진행되는 운임을 말한다. [★1]

  f. 장기계약운임(Long Term Contract Freight) : 장기간에 걸쳐 반복되는 항해에 의하여 화물을 운송하는 계약에 적용되는 운임을 말한다. [★1]

3. 항공운송

(1) 의의

- 항공기를 이용하여 승객의 수하물과 우편물, 항공화물운송장 등에 의해 운송되는 화물 등을 항공로를 통해 운송하는 것을 말한다.

(2) 특징

- 다품종 소량생산 추세로 인해 항공운임 부담력이 높은 상품이 증가하는 현상이 항공운송의 성장요인이 되고 있다. [★1]
- 타 운송수단보다 운송의 신속성을 가지므로 계절상품이나 긴급화물에 적합하다.
- 중량이나 부피가 큰 물품과 같은 대량운송에는 적합하지 않다.
- 항공운송은 정시성을 가지며, 운송기간의 단축으로 창고 보관료를 절약할 수 있다.
- 상대적으로 화물의 손상 및 침식 또는 부식 등에 대한 안전성이 높다.

(3) 항공화물운송인

① 항공화물운송대리점(Air Cargo Agents)
- 항공사를 대리하여 유상으로 항공운송 계약의 체결을 대리하는 자로서 항공사의 명의로 Master AWB을 발행한다. [★1]

② 항공화물운송주선인(Air Freight Forwarder)
- 개개의 송하인과 운송계약을 체결하고 운송에 대한 책임을 부담하며, 집화한 소량화물을 혼재하여 스스로 송하인 입장에서 항공회사에 운송을 위탁하는 자를 말한다.
- 항공사의 운임과는 다른 자체적인 운임(Tariff)을 적용한다.
- 항공화물운송주선인은 송하인의 입장으로 항공사와 운송계약을 맺고 Master AWB을 발행받으며, 송하인과 운송계약을 맺고 House AWB을 발행한다. [★2]

(4) 항공운송 운임

- IATA(국제항공운송협회)에서 지나친 운임경쟁을 방지하고자 화물운임 및 수수료 등을 결정하고 있다.
- 항공화물의 요율은 대부분 출발지 국가의 현지통화로 설정되며 예외적으로 일부 국가에서 현지통화 대신에 U.S. 달러로 요율을 설정한다. [★2]
- 항공운임을 후불(Collect)로 지불할 경우 일정 수수료가 부과된다. [★1]

- 항공화물은 사고 발생 시 항공운송인의 최대 배상 한도액이 정해져 있으므로 이 한도액 이상으로 보상받으려면 종가요금을 지불하여야 한다. [★2]

① 일반화물요율(GCR, General Cargo Rates)

- 일반적으로 모든 화물에 적용되는 가장 기본적인 요율이다. [★1]
- 일반화물요율에서 중량운임이나 부피운임이 최저운임보다 낮을 경우 최저운임이 적용된다. [★1]

② 특정품목할인요율(SCR, Specific Commodity Rates)

- 특정 구간 동일물품이 계속적으로 반복 운송되는 물품에 대하여 일반품목보다 낮게 적용하는 요율을 말한다. [★1]
- 품목분류 요율이나 일반화물 요율보다 우선하여 적용한다. [★1]

③ 품목분류요율(CCR, Commodity Classification Rates)

- 화물의 특성, 가격 등을 고려하여 몇 가지 특정 품목, 특정지역 간에 적용되는 요율을 말한다. [★1]

④ 종가운임(Valuation Charge)

- 화물 1KG당 일정금액을 초과하면 가격에 비례하여 부과하는 운임을 말한다.

⑤ 부대운임

터미널화물처리비 THC(Terminal Handling Charge)	항공터미널에서 이루어지는 작업 및 터미널 시설 이용료를 말한다.
유류할증료 (FSC, Fuel Surcharge) [★1]	국제 유가의 상승으로 인해 항공운임을 보전하기 위해 항공사에서 화물에 대하여 추가로 징수하는 비용을 말한다.
보안할증료 (SSC. Security Surcharge) [★1]	항공기의 안전점검, 화물 X-RAY 검사 등과 같이 보안과 관련하여 징수하는 비용이다.
착지불수수료 (CCF, Charges Collect Fee) [★1]	항공화물의 운임이 후불로 항공운송대리점에 지불할 경우 환전 및 송금에 필요한 경비를 보전하기 위하여 청구하는 비용이다.
입체지불수수료 (Disbursement Fee) [★1]	항공운송 개시 이전 송하인 또는 그 대리인이 수하인으로부터 징수하는 요금을 운송 전에 지불하여 청구하는 비용을 말한다.

4. 복합운송(Multimodal Transport)

(1) 의의

- 복합운송이란 화물을 육상, 해상, 내수, 항공, 철도, 도로 중 적어도 두 가지 이상의 다른 종류의 운송수단에 의하여 물품을 운송하는 것을 말한다.

– 복합운송은 복합운송인이 자기 책임하에 두 종류 이상 운송수단을 사용하여 운송하는 것을 말하며, Door To Door 운송형태로 발전하고 있다. [★1]

(2) 특징

– 복합운송은 컨테이너 발달과 운송기술 및 장비의 혁신에 따라 종래의 Tackle to Tackle 운송개념이 CY to CY로 발전되고 나아가 Door to Door라는 운송형태로 나타나게 된 것이다. [★1]

– Incoterms2020의 조건들 중에서 7개의 '운송수단 불문조건'은 국제적으로 단일운송뿐만 아니라 복합운송에서도 사용할 수 있도록 제정되어 있다. [★1]

– 하나의 복합운송증권에 의해 계약이 이루어지며, 전 운송구간에 대해 하나의 복합운송 증권을 발행한다. [★1]

– 복합운송인이 전 구간에 걸쳐 화주에 대해 단일 책임을 진다. [★1]

– 운송수단별이 아닌 전 구간에 대하여 하나의 운임으로 운임이 계산된다. [★1]

(3) 복합운송인(MTO, Multimodal Transport Operator)

① 의의

– 복합운송인이란 스스로 또는 대리인을 통해서 복합운송계약을 체결하고, 송하인이나 운송인의 대리인이 아닌 운송계약의 주체로서 행동하고 그 계약의 불이행에 관한 채무를 부담하는 자를 말한다.

– 복합운송인은 자신의 명의와 계산으로 복합운송을 인수하므로 운송구간별 운임을 구분하여 부과하지 않고 전 구간에 대한 일괄운임으로 설정하여 제시한다. [★2]

② 복합운송인의 유형

㉠ 실제운송인형(Actual Carrier)

– 자신이 직접 운송수단을 보유하면서 복합운송인의 역할을 수행하는 경우를 말한다.

– 실제운송인에는 선박회사, 항공회사, 철도회사 등이 해당한다.

㉡ 계약운송인형(Contracting Carrier)

– 운송수단을 보유하지 않으면서 실제운송인처럼 운송주체자로서 기능과 책임을 지는 자를 말한다. [★1]

– 화주에게는 운송인의 역할을 하며, 실제운송인에게는 화주의 역할을 수행한다.

– 계약운송인에는 국제물류주선인, 운송주선업자(Freight Forwarder), 무선박운송인(NVOCC) 등이 해당한다. [★1]

5. 컨테이너 운송

(1) 의의

- 컨테이너는 포장, 운송, 보관, 하역 등 운송의 전반적인 과정에서 경제성, 신속성, 안정성의 특징을 가지는 운송용구이다. [★1]
- 컨테이너를 모체로 한 국제복합운송은 그 시스템의 합리성과 경제성으로 짧은 시일에 국제운송에 혁명적 변혁을 가져 왔다. [★1]

(2) 특징

- 해상운송 컨테이너는 20feet, 40feet, 40feet High Cube 등이 있다. [★1]
- 해상운송에 사용되고 있는 Container는 ISO 표준 규격을 사용하도록 권고되고 있으며 40˚feet High Cubic Container는 표준 40 feet Container보다 높이가 약 1feet가 높은 것을 말한다. [★1]
- 20feet 컨테이너 1개를 1TEU(Twenty−foot Equivalent Unit)라 하여 물동량 산출이나 컨테이너 선박의 최대 적재능력이 표시의 기준이 된다. [★1]
- 컨테이너의 사양과 관련, Tare weight는 빈 컨테이너 자체의 무게를 의미하고, Payload는 컨테이너 안에 실을 수 있는 화물이 총 무게를 뜻하며 [★2], Max Gross weight는 Tare weight와 Payload를 합한 총무게를 의미한다. [★1]
- Break Bulk 화물이란 화물의 크기가 Container 크기를 초과하여 Container에 적재할 수 없는 화물을 말한다. [★1]
- 표준 컨테이너 규격을 초과한 화물인 중량화물 등 이른바 OOG(Out of Gauge)화물을 선적하기 위해서는 일반적으로 Open Top 컨테이너나 Flat Rack 컨테이너 등을 사용하고 있다. [★1]
- Container 규격을 초과하는 화물을 선적하는 경우 규격초과로 인하여 다른 Container를 선적할 수 없는 Dead Space가 발생될 수 있는데 화주는 발생된 Dead Space의 운임도 부담하여야 한다. [★1]

(3) 컨테이너 화물의 운송절차

① FCL(Full Container Load)의 경우 [★2]

㉠ 수출화주는 선사의 배선표(Shipping Schedule)를 확인하고 수출화물 출고 계획을 세운다.

ⓛ 수출화주는 선사의 소정 양식인 선적요청서(Shipping Request)를 작성하여 제출함으로써 인수예약서(Booking Note)를 발급받는다.

ⓒ CY Operator는 인수예약서(Booking Note)를 기초로 수출화주에게 공컨테이너를 제공한다. 이 경우 수출사의 공장에서 공컨테이너 점검 및 컨테이너 적입 책임은 기본적으로 수출화주에게 있다.

ⓔ FCL 화물을 수출하는 화주는 해당 빈 컨테이너에 수출화물을 적입한 후 컨테이너의 문을 닫고 봉인(Sealing)을 한 컨테이너를 관련 선적항 CY에 입고시킨다.

ⓜ 선적절차가 끝나면 수출화주는 수입자에게 지체없이 선적통지를 하고 관련 선적서류를 은행 또는 수입화주에게 제출하거나 송부한다.

② LCL(Less Container Load)의 경우 [★3]

ⓖ 수출화주는 선박 스케줄을 검색하여 적절한 선박을 선택하거나 포워더에게 의뢰하여 선적일정을 정한다.

ⓛ 수출화주는 포워더에게 선적을 의뢰하며, 의뢰 시 선적요청서, 상업송장, 포장명세서 및 수출신고필증 사본 등을 제출한다.

ⓒ 포워더는 화물을 입고할 CFS 및 관할 세관을 화주에게 알려주고 정해진 시간 이내에 화물이 입고될 수 있도록 한다.

ⓔ 포워더는 결정된 선적일정에 따라 선사에 예약을 하고 혼재를 위한 공컨테이너를 요청한다.

ⓜ 수출화주는 수배한 운송수단에 화물을 싣고 지정된 CFS에 반입시킨다.

ⓑ CFS에 입고된 화물에 대하여 검수 등을 실시하고 컨테이너 적입표(CLP)에 따라 화물을 적입한다.

ⓢ 컨테이너 문을 닫고 봉인(Sealing)을 한 후 지정된 CY에 입고시킨다.

(4) 컨테이너 종류

① 드라이 컨테이너(Dry Container)

- 일반화물, 즉 잡화, 온도조절이 필요 없는 화물 등을 운송하기 위한 컨테이너로서 규격초과 화물을 적입할 수 없다. [★1]

- Empty Dry Container의 경우 내부 공간이 일반적으로 20feet 컨테이너는 약 33CBM, 40feet 컨테이너는 약 67CBM이 나오지만 화물 적입 시 사용하는 Pallet, 고정자재, 틈새 공간(Dead Space)등을 감안할 때 컨테이너 내부 전체를 화물로 가득 채우기는 어렵다. [★1]

② 냉동 컨테이너(Reefer Container)
- 냉동 화물을 운송할 수 있도록 냉동기가 부착된 컨테이너를 말한다. [★1]

③ 하이큐빅 컨테이너(High Cubic Container)
- 일반 컨테이너보다 1feet 높은 9.6feet의 컨테이너를 말한다. [★1]

④ 천장 개방형 컨테이너(Open Top Container)
- 장척물이나 기계류 등을 적재 및 운송하기에 편리하도록 천장이 개방되어 있는 컨테이너를 말한다.
- 기본적으로 지붕이 없는 형태이므로 규격초과 화물을 적재할 수 있고 규격초과로 인한 Dead space가 발생될 경우 추가운임이 부과될 수 있다. [★2]

⑤ 플랫 랙 컨테이너(Flat Rack Container)
- 장척물을 운송하기 위하여 보통 컨테이너 바닥과 4개의 기둥만이 있는 컨테이너를 말한다. [★1]
- Out of gauge 화물도 적재할 수 있다. [★1]
- DRY 컨테이너의 지붕과 벽을 제거하고 컨테이너 바닥 양쪽에 견고한 기둥이 있는 컨테이너를 말한다. [★1]

⑥ 분체용 벌크 컨테이너(Solid Bulk Container)
- 소맥분이나 가축사료 등과 같은 화물을 운송하기 위해 제작된 컨테이너를 말한다. [★1]

⑦ 탱크 컨테이너(Tank Container)
- 액체상태의 유류, 주류 등을 운송하기에 적합하도록 제작된 컨테이너를 말한다.

⑧ 행거 컨테이너(Hanger Container)
- 고급의류 등이 구겨지지 않도록 옷걸이에 걸어 수입지에서 그대로 판매되도록 제작된 컨테이너를 말한다.

⑨ 통풍 컨테이너(Ventilated Container)
- 적재 화물의 신선도 유지를 위하여 환기창을 갖춘 컨테이너를 말한다.

(5) 컨테이너 복합운송방식

① 피시백(Fishy-Back)
- 선박과 육상운송방식이 결합된 복합운송방식을 말한다.

② 버디백(Birdy-Back)
- 항공과 육상운송방식이 결합된 복합운송방식을 말한다.

③ 피기백(Piggy-Back)

    - 철도와 육상운송방식이 결합된 복합운송방식을 말한다.

(6) 컨테이너 화물의 운송형태

① CFS/CFS 운송(Forwarder's consolidation) [★1]

    - 다수의 수출상이 다수의 수입상에게 수출하는 경우에 이용된다.

② CY/CFS 운송(Shipper's consolidation) [★1]

    - 1인의 수출상이 다수의 수입상에게 수출하는 경우에 이용된다.

③ CFS/CY 운송(Buyer's consolidation) [★1]

    - 다수의 수출상이 1인의 대규모 수입상에게 수출하는 경우에 이용된다.

④ CY/CY 운송

    - 1인의 수출상이 1인의 수입상에게 수출하는 경우에 이용된다.

(7) 하역방식에 따른 컨테이너선 분류

① RO/RO(Roll on/Roll Off)

    - 선박에 설치된 개구부를 통하여 컨테이너트레일러나 차량이 선박으로 들어와 컨테이너를 하역하는 방식을 말한다.

② LO/LO(Lift on/Lift Off)

    - 크레인을 이용하여 컨테이너를 적재하는 하역방식을 말한다.

③ FO/FO(Float On/Float Off)

    - 부선에 화물을 적재하고 컨테이너 대신에 크레인으로 부선을 하역하는 방식을 말한다.

(8) 내륙컨테이너기지 ICD(Inland Container Depot)

- 항만 터미널과 내륙 운송 수단을 연계하기에 편리한 산업 지역에 설치된 컨테이너 장치장을 말하며, 경기도 의왕 ICD와 경상남도 양산 ICD가 국내 대표 ICD이다.

- 내륙컨테이너기지에서는 화물의 집하 및 보관, 수출입 화물의 통관, 관세 환급 등의 기능을 수행한다. [★1]

- 항만지역의 교통 및 통관 혼잡을 피하여 시간을 절감할 수 있고, 항구와 내륙컨테이너기지 사이의 철도수송으로 수송비를 절감할 수 있다.

6. 국제 운송 규칙

(1) 헤이그 규칙(Hague Rules, 1924)

① 의의
- 해상운송 관련 최초의 국제규칙으로 운송인 및 그 사용인의 책임과 면책 등에 관하여 규정하고 있다.

② 주요내용
- ㉠ 적용범위
  - 체약국에서 작성한 선하증권에 한하여 적용된다.
  - 산동물이나 갑판적화물, 비상업적으로 운송되는 특수화물을 제외한 모든 화물에 적용한다.
  - 운송물의 선적이 이루어진 때부터 양륙된 때까지(Tackle to Tackle) 적용된다.
- ㉡ 책임한도액물품의 멸실, 손상에 대해 1포장당 또는 단위당 100파운드를 한도로 보상한다. 다만, 선적 전에 운송인에게 고지하여 선하증권에 기재된 경우는 제외한다.
- ㉢ 운송인의 책임범위
  - a. 선박의 감항성 담보 [★1]
    - 발항 당시 선박의 감항성(안전하게 운항할 능력)을 유지하기 위해 상당한 주의를 다 할 의무가 있다.

    심화 선박의 감항성
    선박의 감항성은 선박을 항해에 견딜 수 있는 상태에 두고, 선원의 승선 및 의상을 갖추고, 보급품을 보급하며, 화물을 적재할 모든 장소를 화물의 수령, 운송과 보존에 적합하고 양호한 상태로 두어야 하는 것을 말한다.

  - b. 상업과실에 대한 책임
    - 화물의 선적, 취급, 적부, 운송, 보관, 관리, 양륙이 적절하고 신중하게 행해지지 않아 발생된 화물의 손해에 대한 책임을 진다.
- ㉣ 운송인의 면책범위
  - a. 항해과실의 면책
    - 운송인은 항해 또는 선박의 취급에 관한 선장, 해원, 도선사 또는 사용인의 작위, 부주의 또는 과실로 인하여 생긴 항해과실에 대해서 면책된다. [★2]
  - b. 화재
    - 운송인은 자신의 고의 또는 과실로 인한 것이 아닌 한 화재로 인한 손해는 면책된다.

c. 면책카탈로그

– 항해과실, 화재를 포함하여 운송인의 면책사항을 17개 항목으로 나열해둔 것을 말한다.

– 해상고유의 위험, 불가항력, 전쟁위험, 공적위험, 송하인의 과실, 동맹파업, 폭동 또는 내란, 해상구조, 화물 고유의 하자, 포장 및 화인의 불충분, 잠재하자, 운송인 측의 무과실에 의한 손해, 공권력 작용, 검역조치 [★1]

심화 운송인의 책임원칙

1. 과실책임원칙
   – 선량한 관리자로서의 합리적인 주의를 다하지 못함으로써 발생한 손해에 대해서는 운송인이 책임을 져야 한다는 원칙을 말한다.
2. 무과실책임원칙
   – 운송인의 과실 여부에 불문하고 책임을 지는 원칙을 말하며, 불가항력, 통상의 누손, 화물 고유의 성질, 포장의 불비에 대해서는 면책을 인정한다.
3. 엄격책임원칙
   – 과실 유무에 불구하고 손해의 결과에 대해 절대적으로 책임을 지는 원칙을 말하며 면책의 항변이 절대 인정되지 않는다.

(2) 헤이그-비스비 규칙(Hague-Visby Rules, 1968)

① 의의

– 컨테이너, 파레트(Pallet)의 등장 및 통화가치의 상승 등의 사유로 헤이그-비스비 규칙이 등장하였다.

– 헤이그 규칙을 원칙으로 하되, 일부가 수정되거나 새로운 내용이 추가되었다. [★1]

② 주요 내용

㉠ 적용범위 확대

– 선하증권이 체약국에서 발행된 경우에 적용할 수 있다.

– 운송이 체약국 항구로부터 개시된 경우에 적용할 수 있다.

– 지상약관에 의하여 적용되는 경우에 적용할 수 있다.

㉡ 책임한도액

– 선적 1단위당 책임한도액을 666.67SDR 또는 중량 1KG당 2SDR 중 큰 금액을 적용한다.

– 헤이그 규칙의 책임한도액 단위가 영국의 파운드화로 되어 있어 헤이그-비스비 규칙에서는 금액 단위를 국제통화기금(IMF)의 특별인출권(SDR. Special Drawing Rights)을 사용하는 것으로 개정하였다.

ⓒ 운송인의 책임 및 면책 범위
- 운송인의 고의나 미리 알고 있는 과실(중과실)의 경우에는 책임 제한이 인정되지 않으며, 무제한의 책임을 진다.

(3) 함부르크 규칙(Hamburk Rules, 1978)

① 의의
- 해상화물운송에 관한 UN 협약으로써 헤이그-비스비 협약보다 운송인의 책임이 강화되고, 화주의 이익을 반영하였다.

② 주요 내용
ⓐ 적용범위 확대
- 선적항 또는 양륙항이 체약국에 있는 경우 해당 조약을 적용할 수 있다.
- 산동물, 갑판적 화물에 대하여도 해당 조약을 적용할 수 있다.
- 물품을 수령하는 시점부터 양륙지에서 인도하는 시점(Port to Port)까지 적용된다.

ⓑ 책임한도액
- 포장 단위당 835SDR 또는 총 중량 1KG당 2.5SDR로 인상되었다.

ⓒ 운송인의 책임 및 면책 범위
- 감항성 담보에 관한 주의의무 규정이 삭제되고, 물품이 운송인의 관리하에 있는 동안 멸실, 손상 또는 지연을 원인으로 된 사고가 발생하면 과실책임주의에 의거 운송인이 책임을 부담한다.
- 항해과실에 대한 면책 규정 및 화재에 대한 면책 규정을 폐지하였다. 다만, 화재에 의한 손해의 경우는 화주가 입증 책임을 가진다. [★1]
- 면책카탈로그를 폐지하고 운송인 책임원칙(과실책임주의)을 적용한다.

(4) 로테르담 규칙(Rotterdam Rules, 2009)

① 의의
- 해상운송규칙의 통일을 위하여 국제해사위원회(CMI)와 유엔국제무역법위원회(UNCITRAL)이 함께 제정한 규칙이다.

② 주요 내용
ⓐ 적용범위 확대
- 선적항(수령지) 또는 양륙항(인도지)이 속한 국가 중 하나의 국가라도 체약국인 경우 적용 가능하다.

- 해상운송과 결합된 복합운송 구간까지 적용 가능하다.
- 전자선하증권 등 전자운송시스템과 전통적인 선하증권 및 화물운송장을 동일한 기능을 수행하는 것으로 인정한다.
- 운송인 또는 이행당사자가 운송을 위하여 운송물을 수령한 때부터 인도될 때까지 (Door to Door) 적용된다.

ⓛ 책임한도액
  - 포장 단위당 875SDR 또는 화물의 총 중량 1KG당 3SDR로 인상되었다.

ⓒ 운송인의 책임범위
  - 운송인의 화물에 대한 주의의무 및 감항성 담보 주의 의무는 해상구간에 관계없이 운송 전구간에 걸쳐 존재한다.

ⓔ 운송인의 면책범위
  - 화재, 화물에 관한 주의의무, 화물의 인도지연, 감항성 담보 주의 의무의 경우 운송인이 과실이 없음을 증명하면 면책될 수 있다.
  - 항해과실에 대한 면책에 관하여는 함부르크 규칙과 같이 과실책임주의에 따라 처리한다.

(5) 상법

① 의의
  - 헤이그 규칙 등을 반영하여 1963년부터 시행되었으며, 상법은 개품운송계약과 항해 용선계약을 구분하여 규정하여 적용하고 있다.

② 주요내용
  ⓐ 적용범위
    - 화물을 송하인으로부터 수령하여 양륙항에 수하인에게 인도할 때까지 적용된다.
  ⓛ 책임한도액
    - 포장 단위당 835SDR 또는 화물의 총 중량 1KG당 2.5SDR 중 큰 금액으로 한다.
  ⓛ 운송인의 책임 및 면책범위
    - 운송인은 감항성 담보 주의 의무, 화물에 대한 주의 의무, 선하증권 교부의무가 있다.
    - 항해과실, 과실에 의하지 않는 화재, 발항 후 불내항, 기타 불가항력적 사유에 관하여는 면책에 해당한다.
    - 일반적으로 화재로 인하여 화물에 손해가 발생한 경우 운송인은 면책되지만 운송인의 과실로 인한 화재의 경우에는 운송인이 그 손해에 대하여 책임을 져야 한다. [★1]

398

    – 운송물의 포장에 인쇄된 불완전한 화인에 기인한 손해에 대하여 운송인은 책임지지 않는다. [★2]

    – 기항항의 항만노동자들의 파업 및 쟁의행위에 의해 하역되어 있는 화물에 손해가 발생되는 경우 운송인은 그 손해에 대하여 면책된다. [★1]

    – 부두 파업으로 신선화물을 하역하지 못하여 발생한 화물의 손해에 대해서 운송인은 배상책임이 없다. [★1]

    – 운송물의 손해배상과 관련하여 과실의 유무에 관한 입증책임은 운송인에게 있다. [★1]

(6) 항공운송원칙

① 바르샤바체제(Warsaw system)
    – 국제항공운송인의 책임에 관한 1929년의 바르샤바 협약을 비롯하여 1955년의 헤이그 의정서, 1961년의 과달라하라협약, 1966년의 몬트리올 협정, 1971년의 과테말라 의정서, 1975년의 몬트리올 추가의정서를 총칭하여 바르샤바체제라고 한다.

② 몬트리올 협약(Montreal Convention, 1999)
    – 기존 바르샤바 체제의 협약들을 현대화, 통합한 것으로 바르샤바 협약의 기본구조를 유지하면서 국제항공사법을 통일화하였다.

    – 몬트리올 협약은 운송인의 책임을 강화하여 소비자 보호에 더 비중을 두고 있다.

(7) 복합운송규칙

① 복합운송증권에 관한 ICC 통일규칙(ICC Uniform Rules for a Combined Transport Document)
    – 컨테이너 운송이 활발해짐에 따라 복합운송에 관한 국제조약의 제정이 필요하게 되어 등장했다.

    – 과실책임원칙에 따라 입증책임은 운송인이 갖는다.

    – 책임한도는 손해발생구간이 불명확할 경우 1KG당 30프랑으로 제한되며, 손해발생구간이 확인되는 경우 각 구간에 적용되는 국제협약이 적용된다.

    – 운송사고와 관련하여 소송제기 기한은 물품의 인도 후 9개월 물품의 전부 멸실은 12개월 이내이다. [★1]

② UN국제물품복합운송조약(United Nations Convention on Multimodal Transport of Goods)
  − 국제연합무역개발회의(UNCTAD)에서 채택한 복합운송조약으로 해상운송의 함부르그 협약과 ICC 복합운송증권 통일규칙 등을 기초로 제정되었다.
  − 과실책임원칙에 따라 입증책임은 운송인이 갖는다.
  − 책임한도는 손해발생구간이 판명되지 않은 경우 포장당 920SDR 또는 1KG당 2.75SDR 중 높은 쪽을 선택하도록 하며, 손해구간이 판명된 경우 구간의 국제규칙이나 강행적인 국내법과 UN국제물품복합운송조약 중 보다 높은 쪽의 책임한도액을 적용한다.
  − 소송제기 기한은 2년이며, 기한연기는 서면에 의한 운송인의 선언 및 당사자의 합의에 따른다.
③ 복합운송증권에 관한 UNCTAD/ICC 통일규칙(UNCTAD/ICC Rules for Multimodal Transport)
  − 국제연합무역개발회의(UNCTAD)와 국제상업회의소(ICC)가 공동으로 제정한 복합운송서류에 관한 규칙이다.
  − 과실책임원칙에 따라 입증책임은 운송인이 갖는다.
  − 책임한도는 포장당 666.67SDR 또는 1KG당 2SDR 중 높은 쪽은 선택하도록 한다.
  − 소송제기기한은 물품의 인도일로부터 9개월이다. [★1]

7. 운송클레임

(1) 의의
  − 운송클레임은 계약물품의 운송 중 일어나는 멸실 및 손상 등의 사고에 기인하는 손해화물에 대하여 배상해 줄 것을 청구하는 것이다. [★2]

(2) 특징
  − 운송클레임은 항공운송보다는 주로 해상운송 구간에서 많이 발생한다. [★1]
  − 클레임의 제기 주체는 원칙적으로 그 화물의 소유자이지만 배상청구권을 대위(Subrogation)받은 보험회사도 클레임을 제기할 수 있다. [★3]
  − 운송클레임은 원칙적으로 화물을 인수할 때까지 통지해야 하며 서면상에 화물의 멸실이나 손상이 있었음을 기재한다. [★1]

– 정식 클레임 제기를 위해 공인 검정기관에 의해 발행된 검정보고서(Surbey Report) 및 제조사보고서(Out Turn Report)와 같은 서류가 필요하다. [★1]

(3) 클레임 제기

① 해상운송

– 해상운송 클레임은 화주가 운송인에게 사고통지를 한 후 운송물을 수령한 날로부터 1년 이내에 본 클레임(Final Claim)을 제기하여야 한다. [★1]

– 해상운송 클레임의 경우 수하인이 운송물의 일부 멸실 또는 훼손을 발견한 때에는 수령 후 지체 없이 운송인에게 서면으로 통지를 발송해야 한다. 다만, 그 멸실 또는 훼손이 즉시 발견할 수 없는 것인 때에는 수령한 날부터 3일 이내에 그 통지를 발송 해야 한다. [★1]

– 해상운송 클레임 제기 시 제출서류로는 송장, 손해배상청구서, Survey Report 등이 있다. [★1]

② 항공운송

– 화물의 파손에 대한 클레임은 수입업자의 화물 인수일로부터 14일 이내에 제기하여 야 한다. [★2]

– 지연에 대한 클레임 제기나 클레임 의사 통고는 화물의 도착통보를 받은 날로부터 21일 이내에 서면으로 하여야 한다. [★2]

– 화물의 분실에 대한 클레임은 운송장 발행일부터 120일 이내에 제기하여야 한다. [★1]

– 클레임은 피해 당사자인 송하인, 수하인 또는 그의 대리인이 하여야 하며 대리인의 경우 반드시 위임장이 첨부되어야 한다. [★1]

– 클레임에 필요한 서류는 항공화물운송장 원본 및 사본, 상업송장, 포장명세서, 검사 증명서, 파손에 따른 손실계산서 및 기타 서류 등이다. [★2]

해상보험

Ⅰ. 해상보험계약

(1) 개요

- 해상보험이란 해상위험에 의해 발생하는 손해를 보상할 것을 목적으로 하는 손해보험의 일종을 말한다. [★1]
- 해상보험은 항해에 관한 위험과 이와 병행하여 항해에 부수되거나 수반되는 육상, 내수로 또는 항공운송 중의 위험까지도 담보한다. [★3]
- 영국 해상보험법(MIA, Marine Insurance Act)에 따르면 해상보험계약이란 보험자가 그 계약에 의하여 합의한 방법과 범위 내에서 해상손해, 즉 해상사업에 수반되는 손해에 대하여 피보험자에게 손해보상을 약속하는 손해보상계약을 말한다.
- 해상보험은 별도의 국제규칙이나 협약을 제정하지 않고 많은 국가들이 영국의 법률과 관습을 사용하고 있다. [★1]

(2) 해상보험의 기본원칙

① 실손보상의 원칙

- 실손보상의 원칙은 해상보험 사고 시 피보험자가 입은 손해에 대해서 보험계약상의 보험금액을 한도로 보상한다는 원칙을 말한다.
- 해상보험은 손해보험이며 손해보험은 실손보상주의 원칙에 따라 보상되므로 보험자의 보상은 원칙적으로 실손해까지 보상해 주며, 손해방지비용이 발생된 경우에는 보험금액을 초과하여서도 보상해 준다. [★3]
- 해상보험은 기평가보험으로 이용되고 있고 보상금액은 협정 보험가액을 토대로 계산되므로 완벽한 개념의 실손 보상이 되지 않을 수 있다. [★2]

② 근인주의

- 영국 해상보험법에 따르면 근인설이란 위험과 손해 사이의 인과관계에서 시간적 개념이 아닌, 손해 발생에 가장 큰 영향을 미친 것을 근인으로 한다. [★1]

③ 소급보상의 허용

- 보험계약 체결 전에 발생한 손해일지라도 당사자가 계약 체결 시 보험사고의 발생 여부에 대해 알지 못한 경우에는 소급보상에 대한 합의가 유효하다.

(3) 법적성질

① 낙성계약

- 보험계약은 당사자 간 의사표시 합치만으로 계약이 성립되며 특별한 방식이 필요치 않다. [★1]
- 보험계약은 보험계약자가 청약을 하고 보험자가 인수의 승낙을 했을 때 계약이 성립된다. [★3]

② 쌍무계약

- 보험계약의 성립으로 보험계약자는 보험료 지급의무를, 보험자는 손해 발생 시 보험금 지급의무를 부담한다.

③ 유상계약

- 보험계약은 합의된 방법과 범위에서 보험자가 피보험자의 손해를 보상할 것을 약속하는 대가로 보험료를 지급받는 대가관계에 있는 유상계약이다.

④ 불요식계약

- 보험계약은 당사자 간의 합의 외에 별도의 방식을 필요로 하지 않는 계약이다. [★1]

⑤ 부합계약

- 계약조건을 상호 협의하에 정하지 않고 보험자가 제시하는 약관을 승인함으로써 계약이 성립되는 부합계약이다. [★1]

⑥ 사행계약

- 보험계약은 우연한 사고의 유발에 따라 이익과 손해가 결정되는 사행계약이다.

⑦ 최대선의의 계약(Utmost Good Faith)

- 보험계약은 최대선의에 의해 이루어지는 계약으로 이를 준수하지 않으면 계약은 취소되거나 해지된다.

(4) 해상보험 및 보험증권의 분류

① 해상보험의 분류

분류 기준	구분	내용
보험목적물	적하보험 (Cargo Insurance)	- 화물의 적하를 보험목적물로 하는 보험을 말한다. [★2] - 적하보험은 협회화물약관에 따라 혼합보험으로 이용되고 있다. [★2]
	선박보험 (Hull Insurance)	선박을 보험목적물로 하는 보험을 말한다. [★2]
	운임보험 (Insurance on Freight)	선박의 소유자, 운송인 등이 화물 또는 여객을 운송한 경우의 얻을 운임에 대해 보험목적물로 부보하는 보험을 말한다.
보험기간	항해보험 (Voyage Insurance)	항해보험은 보험기간을 '항해 단위'를 기준으로 하며 적하보험에서 주로 이용된다. [★1]
	기간보험 (Time Insurance)	기간보험은 보험기간을 '일정한 기간'을 기준으로 하며 선박보험에서 주로 이용된다.
	혼합보험 (Mixed Insurance)	혼합보험은 기간과 항해를 혼합한 보험을 말한다.

② 보험증권의 분류

- 보험증권은 보험계약의 성립과 내용을 증명하기 위하여 보험자가 작성하고 서명 또는 기명날인하여 보험계약자에게 교부하는 증권을 말한다.

분류 기준	구분	내용
보험가액	기평가보험증권 (Valued Policy)	보험목적물의 협정보험가액(Agreed Value)을 기재한 보험증권을 말한다.
	미평가보험증권 (Unvalued Policy)	보험계약 체결 시 보험목적물의 가액을 기재하지 않고 손해발생 시에 보험금액의 안도에 따라 보험가액을 확정하는 보험증권을 말한다.
계약방식	확정보험증권 (Definite Policy)	확정보험은 보험목적물, 보험금액, 적재선박 등의 보험요건이 모두 확정된 상태에서 그 위험의 개시 전에 체결되는 보험계약을 말한다. [★1]
	예정보험증권 (Open Policy)	예정보험은 화물의 선적이 이루어지지 않은 상태에서 선박명 또는 적하의 보험가액이 정해지지 않은 상태에서 계약하고 후에 확정하기로 하는 계약을 말한다. [★1]
	개별예정보험증권 (Provisional Policy)	- 개별예정보험은 보험목적물에 대한 일부 내용이 확정되지 않은 개별적인 화물에 대하여 체결한 보험계약을 말한다. - 보험계약체결 시점에 선박명이 확정되지 않은 경우에 발행되는 선명미정보험증권(Floating policy)와 보험가액이 확정되지 않은 미평가보험증권(Unvalued policy)이 있다. [★1]

계약방식	포괄예정보험증권 (General Open Policy)	– 포괄보험은 하나의 보험증권이 발급된 후 보험목적물과 송장 가액 등이 확정되면 이를 보험자에게 통지함으로써 계약 내용이 구체적으로 확정되는 보험을 말한다. [★2] – 보험계약자는 매 선적단위별, 월별 혹은 보험계약 체결 당시 합의된 기간별로 해당 화물에 대한 확정통지를 통해 보험계약을 확정하여야 한다. [★2] – 포괄보험계약이 체결되면 보험자는 약정한 범위에 해당하는 모든 화물을 인수하는 것이 원칙이다. [★2] – 포괄보험의 경우 피보험자는 포괄보험 대상이 되는 모든 보험목적물의 목록을 매달 혹은 분기별로 보험자에게 통지하고 이에 따라 보험료를 정산한다. [★1] – 포괄보험은 기간보험이다. [★1] – 포괄보험에 가입한 피보험자는 단순 실수로 보험자에게 확정통지를 하지 못한 경우에도 보험 가입 누락을 회피할 수 있다. 즉, 보험보호를 받을 수 있다. [★2]

(5) 해상보험계약 당사자

① 보험자(Insurer)

– 보험계약의 당사자로서 보험사고에 의한 보험금을 지급할 의무가 있는 자를 말한다.

② 보험계약자(Policy Holder, Applicant)

– 보험자와 보험계약을 체결하고 보험료를 납입하는 자를 말한다.

③ 피보험자(Assured)

– 피보험이익(Insurable Interest)을 갖고 보험사고 발생 시 손해보상을 청구하여 보험금을 받을 권리가 있는 자를 말한다.

④ 보험대리점(Insurance Agent)

– 일정한 보험자를 위하여 보험계약 체결을 대리하거나 매개하는 것을 업으로 하는 자를 말한다.

⑤ 보험중개인(Insurance Broker)

– 불특정 보험자를 위하여 보험자와 보험계약자 사이에서 보험계약의 체결을 중개하는 것을 업으로 하는 자를 말한다.

(6) 보험계약자 및 피보험자의 의무

① 고지의무(Duty of Disclosure) [★3]
  - 고지의무란 보험계약자, 피보험자가 보험계약이 체결되기 전 계약의 인수 여부 또는 보험료 산정을 결정하는 데 있어서 영향을 줄 수 있는 중요한 사항을 고지하여야 하는 의무를 말한다. [★2]
  - 고지의무 위반이 발생하였다는 사실은 보험자가 입증하여야 한다. [★1]
  - 고지의무 위반 시 상법상 보험자는 계약을 해지할 수 있다.

② 보험료 납입 의무 [★2]
  - 보험계약은 쌍무, 유상계약으로써 보험자가 위험을 부담하는 대가로 보험계약자는 보험료를 납입할 의무를 가진다.

③ 통지의무(Duty of Notice) [★1]
  - 보험계약자는 보험계약 체결 후 위험이 현저하게 변경, 증가되거나 보험사고가 발생한 경우 보험자에게 통지하여야 한다.
  - 보험자에게 사고 통지 시 피보험자는 보험계약의 내용, 손상화물의 상태, 화물의 보관 장소 및 향후 화물 처리 예정 등을 통지한다. [★1]
  - 선박으로 운송된 화물의 경우 화물인도일로부터 3일 이내, 항공운송의 경우 14일 이내에 사고 통지를 하여야한다. [★2]
  - 위험의 현저한 변경, 증가의 통지의무 위반 시에는 보험자는 계약을 해지할 수 있으며, 보험사고 발생의 통지의무 위반 시에는 계약해지권은 인정되지 않으며 손해배상으로 이루어진다.

참조 **보험사고 발생 시 피보험자의 조치**

- 손해발생 시 지체 없이 손상화물의 양하지 또는 그 인접지역의 보험자의 본·지점 또는 대리점에 통지해서 손해사정을 받는 수속을 진행하는 것이 필요하다. [★2]
- 선박으로 운송된 화물의 멸실이나 손상이 화물 인수 시 명백히 나타나지 않는 경우 화물인도일로부터 3일 이내에 서면으로 사고통지를 하여야 한다. [★1]
- 유실물이 있을 경우 운송인, 항만당국 혹은 기타 수탁자에게 즉시 배상청구를 해야 한다. [★1]

---

④ 손해방지 및 경감의무(Duty of Avert or Minimize the Loss) [★2]
  - 보험계약자 또는 피보험자는 보험사고로 인한 손해를 방지할 뿐만 아니라 손해를 절감할 적절한 조치를 신의성실 원칙에 따라 사전에 취해야 한다. [★3]

- 손해방지 및 경감의무에 대한 조치를 소홀히 해서 피해가 증대된 경우 보험자는 그 증대된 손해에 대해서는 보상해 주지 않는다. [★1]
- 보험사고로 인한 손해의 방지 의무자로 피보험자뿐만 아니라 사용인과 대리인도 포함됐다. [★1]

(7) 담보(Warranty)

① 의의
- 담보란 피보험자가 반드시 지켜야 할 약속으로 내용의 중요성에 관계없이 피보험자에 의해 반드시 준수 및 이행되어야 한다. [★2]

② 특징
- 담보는 피보험자의 불고지, 부실고지 사실을 보험자가 입증해야 하는 어려움을 보완하기 위하여 보험증권에 관련 사항을 명시함으로써 안전장치를 마련한 것이다. [★2]
- 담보 위반 시 담보위반일로부터 보험자는 보상책임이 면책되며, 담보위반 전에 발생한 손해는 보상해야 한다.
- 담보 위반에 대한 입증 책임은 보험자에게 있다. [★1]
- 담보 위반을 교정하여 담보가 충족되고 난 후 보험사고가 발생하더라도 보험자가 담보 위반을 입증하면 보상받을 수 없다. [★1]
- 담보를 위반하면 보험계약이 해지될 수 있다. [★1]

③ 담보의 종류
ㄱ 명시담보
- 보험증권 상에 담보의 내용이 기재되거나 첨부되는 것으로 해당 내용을 육안으로 확인 할 수 있는 담보를 말한다. [★1]
ㄴ 묵시담보
- 보험증권에 기재되거나 첨부되어 있지 않지만, 피보험자가 묵시적으로 반드시 지켜야 하는 담보로써 감항성 담보와 적법성 담보가 있다.
- 감항성 담보는 선박이 항해를 개시할 때 항해에 적합하도록 감항성이 있어야 함을 정한 담보를 말한다. [★1]
- 적합성 담보는 해상보험은 그 내용이 합법적이어야 함을 말하며, 밀무역을 행하거나 항해금지구역을 항해하는 것은 묵시담보 위반이 된다. [★1]

(8) 보험기간과 보험계약기간

① 의의

– 보험기간은 보험자의 책임기간을 말한다.

– 보험계약기간은 보험계약이 유효하게 존속하는 기간을 말한다.

② 보험기간과 보험계약기간이 불일치하는 경우

㉠ 소급보험

– 보험기간 개시일이 보험계약기간 개시일보다 빠르다.

㉡ 포괄예정보험

– 보험계약기간 개시일이 보험기간 개시일보다 빠르다.

③ 보험의 시기와 종기

– 적하보험은 혼합보험으로 통상 운송의 시작부터 종료까지를 보험기간으로 하고 있다. [★1]

– 해상보험약관상 최종 하역항에서 하역한 후 60일이 경과하면 보험이 종료된다. [★1] 다만, 우리나라로 수입되는 화물에 대해서는 30일이 적용된다. [★1]

> **심화** ICC상 보험기간
> 1. 시기 : 운송개시를 위해 운송차량 또는 기타 운송용구에 보험목적물을 즉시 적재할 목적으로 창고 또는 보관장소에서 보험목적물이 최초로 움직인 때
> 2. 종기
>   ① 목적지의 최종 창고 또는 보관장소에서 운송차량 등으로부터 양하가 완료된 때
>   ② 피보험자 또는 그 사용인이 통상의 운송과정이 아닌 보관이나 할당 또는 분배를 하기 위해 선택한 임의의 창고 또는 보관장소에서 차량 또는 기타운송용구로부터 양하가 완료된 때
>   ③ 피보험자 또는 그 사용인이 통상의 운송과정이 아닌 보관을 목적으로 운송차량 또는 기타 운송용구 또는 컨테이너를 사용하고자 선택한 때
>   ④ 최종양륙항에서 외항선으로부터 보험의 목적을 양륙 완료한 후 60일이 경과한 때 [★1]

2. 피보험이익

(1) 의의

– 피보험이익이란 보험목적물에 보험사고가 발생하여 경제적 손해가 발생될 우려가 있는 경우 보험목적물과 피보험자와의 경제적 이해관계를 말한다. [★1]

(2) 피보험이익 요건

① 경제성
- 피보험 이익은 객관적인 재산적 가치를 가지는 것으로서 금전으로 산정할 수 있는 이익이어야 한다. [★1]

② 확정성
- 피보험이익은 보험사고 발생 시까지 확정되어야 한다. [★1]

③ 적법성
- 공서 양속에 위반되는 도서, 밀수행위, 도박 등과 관련된 이익은 피보험이익이 될 수 없다. [★1]

(3) 보험가액과 보험금액

① 보험가액
　㉠ 의의
- 보험사고가 발생한 경우 피보험자가 입게 되는 손해액의 최고한도액이며, 피보험이익의 평가액을 말한다.
　㉡ 법정보험가액과 협정보험가액
- 법정보험가액은 보험가액을 손해가 발생한 때와 장소에 따라 산정하는 것을 말한다.
- 협정보험가액은 보험계약 체결 시 상호협의하에 보험가액을 평가하는 것을 말한다.

② 보험금액
- 손해 발생 시 보험자가 부담하는 보상책임의 최고한도액을 말한다.
- 보험금액은 보험가액을 초과할 수 없으며 보험자는 보험금액을 한도로 보상책임을 가진다. [★1] 예를 들어 물적손해와 비용손해의 합계액, 즉 실손해액이 보험금액을 초과할 때는 보험자의 최고보상한도액이 보험금액까지이므로 이 금액까지만 보상하여 준다. [★1]
- 화물이 전손되었을 경우 기평가보험인 경우에는 보험금액을, 미평가보험인 경우에는 보험가액과 보험금액 중 적은 금액으로 보험금이 지급된다. [★2]

③ 보험가액과 보험금액의 관계 [★2]

전부보험	보험금액이 보험가액과 동일한 경우의 보험을 말한다.
일부보험	보험금액이 보험가액보다 작은 경우의 보험을 말하며, 사고 발생 시 비례보상이 이루어진다.
초과보험	보험금액이 보험가액을 초과하는 경우의 보험을 말하며 초과분에 대해서는 효력이 없다.
공동보험	보험금액의 합계액이 보험가액을 초과하지 않는 경우의 보험으로 동일한 피보험이익을 복수의 보험자에게 일부씩 보험에 가입한 보험을 말한다.
중복보험 [★1]	– 동일한 피보험이익에 대하여 복수의 보험계약을 통해 보험금액의 합계액이 보험가액을 초과하는 경우의 보험을 말한다. – 각 보험에서 비례 보상하여 실손 이상으로 보상받지 못하도록 하고 있다. [★1]

(4) 보험보상의 한도와 방식 [★9]

① 양적손해

– 양적손해란 화물의 전부 또는 일부가 피보험자에게 인도되지 않았거나 인도되었다 하더라도 본래의 목적에 사용할 수 없어 폐기되어야 하는 경우를 말한다. [★3]

– 양적손해 손해율 = 보험금액 × (멸실수량/전체 부보수량) [★2]

② 질적손해

– 질적손해란 화물의 전부 또는 일부가 손상되어 도착했을 때 그 손상으로 인하여 가치가 하락된 경우를 말한다. [★1]

– 질적손해 손해율 = 보험금액 × (정상가격－손상가격)/정상가격 [★2]

③ 구조물차감방식

– 구조물차감방식이란 운송 도중 손상된 화물이 중간항에서 매각되어 정상가격이나 손상가격을 산정하기 어려운 경우에 실무적으로 적용되는 보험금 계산방식을 말한다. [★1]

– 구조물차감방식 보상액 = 보험금액 － 구조물 순매각금 [★2]

3. 해상보험증권

(1) 해상보험증권 기재사항

– 보험증권은 보험계약 내용을 증명하는 증거증권으로서 기능을 수행하려면 보험계약 내용에 관한 사항이 기재되어 있어야 한다.

– 보험증권의 Assured etc.란에는 피보험자 이름이 기록되나 경우에 따라서는 은행명이 지시식으로 기재되기도 한다. [★1]

- 보험증권의 Arrived at란에는 화물의 하역항을 기입하고 Thence to란에는 화물의 최종 목적지를 기입한다. [★1]

(2) 해상보험증권 해석원칙

① 수기 문언 우선의 원칙
- 인쇄문언과 수기문언이 상충하는 경우 수기로 기재한 문언을 우선 적용한다.

② 계약 당사자 의사 존중과 판례의 적용
- 원칙적으로 당사자 의도에 따라 해석하며, 의도가 일치하지 않는 경우 판례에 따라 해석한다.

③ P.O.P 원칙
- 평이하고(Plain), 통상적이며(Ordinary), 대중적인(Popular) 의미로 해석한다.

④ 문서작성자 불이익의 원칙
- 보험증권에 불명확한 표현이 있는 경우 문서작성자인 보험자에게 불리하게 해석한다.
- 보험청약서에 불명확한 표현이 있는 경우 문서작성자인 보험계약자에게 불리하게 해석한다.

⑤ 동종제한의 원칙
- 해당 단어와 유사한 뜻을 가지고 있는 단어를 동일한 종류로서 해석한다.

4. 협회적하약관

(1) 의의

협회적하약관은 해상적하보험에 있어 해상보험계약의 표준양식으로 사용되는 표준약관으로서 1912년 최초로 제정되어 1963년에 구협회적하약관, 1982년, 2009년에 개정을 거쳐 신협회적하약관으로 사용되고 있다.

(2) 담보방식

① 열거책임주의
- 보험자가 보상하는 위험을 약관에 일일이 열거하고, 그 열거된 위험만을 담보하는 방식을 열거책임주의라고 한다. [★2]

- 열거책임주의 조건으로 부보하여 보험사고가 발생한 경우 피보험자는 보험기간 중의 사고라는 것을 입증하여야 하고 발생된 손해의 구체적인 근인까지 입증책임을 갖는다. [★3]

② 포괄책임주의

- 보험자가 보상하는 위험을 약관에 구체적으로 열거하지 않고 면책위험 이외 일체의 위험 또는 사고를 보상위험으로 하고 있는 방식을 포괄책임주의라고 한다. [★2]

- 포괄책임주의 조건으로 부보하여 선박의 지연으로 인한 손실이 발생한 경우 피보험자는 보험기간 중의 사고라는 것을 입증하여야 하지만 지연으로 인한 결과적 손해는 면책이라는 것을 주장하기 위해서는 보험자가 이를 입증하여야 한다. [★2]

- 즉, 피보험자는 발생한 손해가 보험기간 중에 발생했다는 사실만 증명하고 보험자는 이러한 손해가 면책위험에 의해 발생했다는 입증 책임을 가지며 증명하지 않는 경우 보험자가 보상하여야 한다. [★3]

- 입증책임으로만 본다면 피보험자의 입장에서는 포괄책임주의가 열거책임주의보다 유리하다고 할 수 있다. [★1]

(3) 구협회적하약관

① 개요

- 구협회적하약관에는 단독해손부담보약관, 분손담보약관, 전 위험담보약관 등이 있으며, 각 약관은 14개 조항과 주의규정으로 구성되어 있다, 14개 조항 중 제5조 담보에 대해서만 서로 다르고 그 외의 조항은 동일하다.

② 단독해손부담보조건(FPA, Free From Particular Average)

　㉠ 특징

- 단독해손에 대하여 원칙적으로 보상되지 않는 조건이지만 좌초, 침몰 및 화재에 의한 분손을 담보한다. [★2]

　㉡ 담보위험 [★2]

- 전손(현실전손, 추정전손)

- 선박 또는 부선의 침몰(Sinking), 좌초(Stranding), 화재(Burning)로 인하여 발생한 단독해손과 공동해손 [★1]

- 손해방지비용, 구조비, 피난항에서의 단독비용 및 부대비용. 다만, 해수손해 및 불가항력에 의한 분손은 제외한다.

412

- 선적·환적·양하 중 포장당 전손 [★2]
- 화재, 폭발, 충돌, 운송용구와의 접촉 [★2]
- 피난항에서의 양하로 인한 손해

③ 분손담보조건(WA, With Average Clause)

ㄱ 특징
- 피보험목적물의 전손과 공동해손은 물론이고 단독해손에 의한 손해까지도 보상된다. [★1]
- 면책률약관하에 일정비율 미만의 소손해는 원칙적으로 담보하지 않는다. [★1]

ㄴ 담보위험
- 단독해손부담보조건(FPA)의 담보위험
- FPA에서 담보하지 않는 단독해손 [★1]
- 악천후에 의한 해수손 [★1]

참조 **WA3%, WAIOP**

- WA3%는 손해액이 3%를 초과하는 경우에만 손해액 전부를 보상한다는 조건을 말한다.
- WAIOP(With Average Irrespective Of Percentage)는 소손해 면책률에 상관없이 손해액의 전부를 보상하는 조건을 말한다. [★1]

---

④ 전위험담보조건(A/R, All Risks Clause)

ㄱ 특징
- 면책위험을 제외하고 일체의 위험을 담보하는 것을 원칙으로 한다. [★2]

ㄴ 면책위험
- 전쟁위험(해적위험 포함) 및 동맹파업위험
- 지연 또는 보험목적물의 고유의 하자 또는 성질
- 피보험자의 고의에 의한 불법행위
- 통상의 자연소모, 누손과 파손
- 쥐나 해충에 의한 손해

(4) 신협회적하약관

① 개요

- 담보범위에 따라 ICC(C), ICC(B), ICC(A)로 구분되며, [★1] 총 19개 조항 중 제1조 담보위험, 제4조 일반면책조항 제6조 전쟁면책조항을 제외하고 나머지 16개 조항은 동일하다.

② ICC(C)

㉠ 특징

- ICC(C)는 담보방식을 열거책임주의를 택하고 있다. [★1]

㉡ 담보위험

- 화재 또는 폭발 [★3]
- 본선 또는 부선의 좌초, 교사, 침몰 또는 전복
- 육상운송용구의 전복 또는 탈선
- 본선, 부손 또는 운송용구의 물 이외의 일체의 다른 물체와의 충돌 또는 접촉
- 피난항에서의 화물의 양하 [★1]
- 공동해손희생손해 [★1]
- 투하 [★1]

③ ICC(B)

㉠ 특징

- ICC(B)는 담보방식을 열거책임주의를 택하고 있다. [★1]
- ICC(B) 조건에서는 보험의 목적이 빗물에 침수되어 발생한 손해는 담보되지 않으므로 이러한 손해를 보상받기 위해서는 부가위험인 'R.F.W.D'에 가입하여야 한다. [★2]

㉡ 담보위험 [★1]

- ICC(C)에서의 담보위험
- 지진, 분화 또는 낙뢰 [★1]
- 갑판유실 [★2]
- 본선, 부선, 선창, 운송용구, 컨테이너, 지게자동차 또는 보관장소에의 해수, 호수 하천수의 침수 [★5]
- 본선 또는 부선에의 선적, 하역 중 포장단위당 추락전손 [★3]

④ ICC(A)

  ㉠ 특징

  　－ ICC(A)는 담보방식을 포괄책임주의를 택하고 있다. [★2]

  　－ ICC(A)에서 피보험자는 발생한 손해가 보험기간 중에 발생했다는 사실만 증명하고 보험 목적의 손상을 발생시킨 구체적인 원인까지 입증할 필요는 없다. [★1]

  　－ 보험자는 손해가 면책위험에 의하여 발생했다는 것을 증명하지 않는 한 보험자가 보상하여야 한다.

  　－ ICC(A)는 보상하는 위험에 관한 규정으로 보험기간에 대한 피보험자의 입증 책임에는 영향을 주지 않아, 피보험자는 보험개시 시에는 화물이 정상적인 상태였으나 보험이 종료되는 시점에 이미 손상이 있었음을 여전히 입증해야만 한다. [★1]

  ㉡ 담보위험

  　－ ICC(A)는 포괄책임주의를 채택하여 신협회적하약관 제4조, 제5조, 제6조, 제7조에 따른 면책 사유를 제외한 일체의 해상위험을 담보한다. [★1]

  　－ 제4조 일반면책조항 중 제3자의 불법행위에 의한 고의적 손상 및 파괴 [★3]

⑤ 신협회적하약관 면책위험

  ㉠ 제4조 일반면책조항

  　－ 피보험자의 고의에 의한 위법 행위 [★2]

  　－ 지연 [★1]

  　－ 보험목적의 고유의 하자

  　－ 통상의 누손, 중량손, 용적손, 자연소모

  　－ 핵무기

  　－ 선주 등의 재정상의 지급 불능, 채무불이행 [★2]

  　－ 포장의 불완전

  　－ 제3자의 불법행위에 의한 고의적 손상 및 파괴. [★2] 단, ICC(A)에서는 담보가 가능하다.

  ㉡ 제5조 불감항 및 부적합 면책조항

  ㉢ 제6조 전쟁면책조항

  　－ 해적행위가 포함되며, 다만, ICC(A)에서 해적행위는 담보된다.

  ㉣ 제7조 동맹파업면책조항

> **참조** **수송약관(Transit clause)**
>
> - 화물이 보험증권에 기재된 지역의 창고 또는 보관장소에서 운송개시를 위해 떠날 때 보험자의 책임이 시작된다. [★2]
> - 화물이 보험증권에 기재된 목적지의 창고, 기타의 최종 창고 또는 보관장소에 인도될 때 보험이 종료된다. [★1]
> - 목적지 도착 이전이라 하더라도 화물이 이례적인 보관을 위해 피보험자가 선택한 창고에 인도된다면 보험은 종료된다. [★1]
> - 개시된 보험은 보험목적물이 통상의 수송 과정 중에 있는 동안 계속된다. [★2]

> **참조** **부가위험담보조건**
>
> 부가위험(Extraneous Risks)은 보험증권에 열거된 위험은 아니지만, 특약에 의해 추가보험료를 지급하고 특별히 담보되는 위험을 말한다.
> ① 도난, 발화, 불착(TPND, Theft, Pilferage and Non-Delivery)
>   - 도난, 포장내용물의 일부를 빼내는 발하, 화물이 송두리째 목적지에 도착하지 않는 불착을 담보한다. [★1]
> ② 빗물, 담수에 의한 손해(RFWD, Rain and/or Fresh Water Damage) [★1]
>   - 빗물 또는 담수에 의한 손해를 담보한다.
> ③ 유류, 타 화물과의 접촉(COOC, Contact with Oil and/or Other Cargo) [★1]
>   - 유류에 의해 화물이 입게 되는 유손, 타 화물에 직접 접촉함으로써 오염되었을 때의 손해를 담보한다.
> ④ 갑판유실(WOB, Washing Over Board)
>   - 풍랑 등의 사유로 유실된 손해를 담보한다.
> ⑤ 투하(Jettison)
> ⑥ 갈고리에 의한 손해(Hook and Hole)
>   - 하역작업 중 갈고리를 사용함으로써 생기는 손해를 담보한다.
> ⑦ 파손(Breakage) [★1]
>   - 부보화물의 파손으로 인한 손해를 담보한다. [★2]
> ⑧ 누손, 부족손(Leakage and/or Shortage)
>   - 누손 및 수량 또는 중량부족으로 인한 손해를 담보한다. [★1]
> ⑨ 습기와 가열에 의한 손해(SH, Sweat and/or Heating)
>   - 선창 내와 선외의 기온 차에 의해 선창의 천정 또는 내벽에 응결된 수분에 접촉함으로써 생기는 손해를 담보한다.
> ⑩ 곡손(DB, Denting and/or Bending)
>   - 기계류의 부분적인 파손 또는 곡손으로 인한 손해를 담보한다.

⑪ 자연발화(Spontaneous Combustion)
- 석탄, 성냥 등 화물 자체의 화학적 변화에 의해 자연 발화하는 경우의 손해를 담보하는 조건이다.
⑫ 쥐, 벌레에 의한 손해(Rats or Vermin)
- 쥐나 벌레의 의한 손해를 담보한다.

참조 기타 특별약관

선적하는 화물의 종류에 따라 첨부되는 약관은 다음과 같다.
① 갑판적 약관(On-deck Clause) [★1]
- 갑판적 약관은 발화성 액체와 같은 위험화물, 철강재와 같은 중량이 많이 나가는 화물 등 위험요소가 큰 갑판적 화물을 선적할 때 적용되는 약관을 말한다.
- 밀폐된 컨테이너(Dry or Reefer container) 화물에는 'On-Deck Clause'가 적용되지 않는다. [★2]
② 기계류수선특별약관(Special Replacement Clause) [★2]
- 기계류 수리와 관련된 위험을 담보할 때 적용되는 약관을 말한다.
③ 상표약관(Label Clasue) [★1]
- 상표약관은 상표가 훼손될 위험을 담보할 때 적용되는 약관을 말한다.
- 상표 회복에 필요한 비용만을 보상한다.
④ 송유관 약관(Pipeline Clause)
- 석유화공품 등 액체화물과 관련된 위험을 담보할 때 적용되는 약관을 말한다.
⑤ 생동물약관(Livestock Clause)
- 운송 중 생동물이 사망하는 위험을 담보할 때 적용되는 약관을 말한다. [★1]

5. 해상위험

(1) 의의
- 해상위험이란 해상위험 또는 항해사업에 관한 사고로써 항해에 기인하여 발생되는 위험이며 항해에 부수하여 발생하는 사고를 포함한다.

(2) 해상위험의 종류
- 해상고유의 위험
- 화재, 투하, 선장 또는 선원의 악행, 해적행위, 표도, 강도
- 전쟁위험

- 동맹파업위험
- 부가위험

(3) 위험의 변동

① 특징

- 보험계약이 성립된 후 위험의 변동이 있는 경우 영국보험법에서는 보험증권에 별도의 규정이 있는 경우를 제외하고 변동 이후에 발생한 사고에 대하여 보험자는 원칙적으로 책임을 지지 않는 것으로 규정하고 있다. [★1]

② 위험 변동의 유형

㉠ 위험의 변경

- 보험계약의 기초가 된 위험사정의 변경으로 위험률의 양적변경을 말한다.
- 위험의 변경의 예로는 이로, 항해의 지연, 환적, 강제하역이 있다.

㉡ 위험의 변종

- 기존 부보위험과는 전혀 다른 위험으로 바뀌는 위험의 질적변경을 말한다.
- 위험의 변종 예로는 항해의 변경, 선박의 변경이 있다.

6. 해상손해

(1) 의의

해상위험으로 인한 보험목적물의 멸실손상의 결과로 피보험자가 입게 되는 경제적 손실을 말한다. [★1]

(2) 해상손해의 종류 [★1]

① 물적손해(Physical Loss)

㉠ 전손(Total loss)

a. 현실전손(Actual total loss)

- 보험목적물의 멸실 또는 손상으로 인한 직접손해로 피보험이익이 전부 멸실된 경우를 말한다. [★1]
- 화물 본래의 종류가 달라질 정도의 손상이 발생한 경우는 현실전손에 해당하여 피보험자는 보험금액을 보험금으로 수령할 수 있다. [★1]

참 조 **현실전손의 구체적 형태**
- 보험목적물의 실질적인 파괴, 멸실된 경우
- 보험목적물의 본래의 성질이 상실된 경우
- 보험목적물의 점유를 박탈당하여 회복 가망이 없는 경우
- 선박이 행방불명되고 상당한 기간이 경과한 경우 [★1]

b. 추정전손(Constructive total loss)
   - 보험의 목적이 현실적으로 전손될 것이 불가피하다고 인정될 경우, 또는 회복
     비용이 회복되었을 때의 보험의 목적의 가액을 초과할 것으로 예상되는 경우
     로서 현실전손으로 되는 것이 불가피한 손해를 말한다. [★1]
   - 추정전손이 있는 경우 피보험자는 그 손해를 위부를 통해 현실전손으로 처리
     하거나 위부 없이 분손으로 처리할 수도 있다. [★1]

참 조 **추정전손의 성립사유**
- 선박 또는 적하의 점유 또는 지배력을 상실한 경우 [★2]
- 화물의 손상 시 그 손상을 수선하는 비용과 화물을 목적지까지 운송하는 비용을 합산한 비용이
  목적지 도착 시 화물의 가액을 초과할 경우 [★1]
- 선박의 수선비가 선박의 가액을 초과할 것으로 예상되는 경우

ⓛ 분손(Partial loss)
   a. 단독해손(Particular Average)
      - 보험의 목적 일부가 멸실되거나 훼손된 경우로 피보험자가 단독으로 부담해야
        하는 손해를 단독해손이라 한다. [★2]
   b. 공동해손(General Average)
      - 보험목적물이 공동의 안전을 위하여 희생된 경우 그 이해관계자 공동으로 손
        해액을 분담하는 손해를 말한다. [★1]
      - MIA에 따르면, 공동해손이란 공동해손행위로 인하여 발생한 손해 또는 공동해
        손행위의 직접적인 결과로 발생하는 손해를 말한다. [★1]
      - 공동해손행위는 해상사업에 참여하는 공동운명의 여러 이익단체가 공동의 위
        험을 조우한 경우 공동안전을 위해 적절하고 합리적인 조치를 취하는 행위를
        말한다.

- 공동해손행위는 이례적(Extraordinarily)이고, 합리적(Reasonably)이고, 고의적(Voluntarily)이어야 한다.
- 공동해손의 위험은 현재의 공동의 위험으로써 이례적인 위험이어야 한다.
- 공동해손의 정산은 요크-앤트워프 규칙에 따라 공동해손분담금이 결정된다.

참 조	공동해손손해
공동해손 희생손해	• 공동의 안전을 위해 선박 또는 적하의 일부를 희생시킴으로써 발생하는 손해를 말한다. • 투하, 선내 화재소화에 따른 손해, 임의 좌초에 의한 손해, 기계 등의 손해, 연료로 사용한 선용품 등이 있다. [★1]
공동해손 비용손해	• 공동의 위험에 대처하기 위해 이례적으로 지출한 비용손해를 말한다. • 구조비, 피난한비용, 임시수리 또는 대체비용, 자금조달비용, 공동해손 정산비용 등이 있다. [★2]

② 비용손해(Expenses)

  ㉠ 특징

 - 비용손해 중 보험보상의 대상이 되는 손해는 순수구조료, 계약구조료, 특별비용, 손해방지비용, 공동해손비용, 손해조사비용이다. [★2]
 - 보험자는 물적손해에 대해서 보상책임이 있으나, 비용손해는 예외적으로 보험약관과 법률에 의해 인정하기로 특별히 규정한 경우에만 보상이 된다. [★1]
 - 담보위험을 원인으로 이례적으로 발생하였으며, 손상된 보험목적물을 위해 지출된 비용으로, 화물의 안전 또는 보전을 위해 발생한 비용은 특별비용으로 보상될 수 있다. [★1]
 - 손해가 발생하였을 경우, 손해의 원인 및 정도를 조사하는 데 소용되는 비용은 손해조사비용으로 처리된다. [★1]

  ㉡ 종류

  a. 구조비(Salvage Charge)

 - 구조계약에 의하지 않고 임의로 구조한 자가 회수할 수 있는 비용을 말한다.
 - 구조비는 위험이 존재하고, 임의적인 구조행위를 통해 구조를 성공한 경우에만 성립된다.

b. 손해방지비용(Sue and Labor Charge)
- 보험의 목적에 해상위험이 발생 시 이를 방지, 경감하려는 목적으로 피보험자 또는 그 대리인이 합리적으로 지출하는 비용을 말한다.
- 손해방지비용이 발생된 경우에는 보험금액을 초과하여서도 보상하여 준다. [★4]
- 손해방지와 감소에 대한 목적으로 행해지면 되며, 효과가 발휘되지 않아도 된다.

c. 특별비용(Particular Charge)
- 보험목적물의 안전 또는 보존을 위하여 피보험자에 의해 또는 피보험자를 위해 지출된 비용을 말한다.
- 피난항에서의 양륙비, 창고보관료, 재포장비용 등 공동해손비용 및 구조료 이외의 비용을 말한다.

(3) 대위(Subrogation)

① 의의
- 대위란 보험사고에 의하여 손해가 발생하여 피보험자에게 보상하는 경우 지급한 보험금 한도 내에서 피보험자 또는 보험계약자의 보험의 목적이나 제3자에 대한 손해배상청구권을 보험자에게 이전하는 권리의 이전을 말한다. [★1]

② 대위의 종류
㉠ 보험의 목적에 대한 대위
- 보험목적물에 대하여 전손금을 지불한 경우 전손금이 지불된 보험목적물에 잔존할 수 있을 피보험자의 이익을 승계할 권리를 갖는다.
- 보험 목적의 전부의 멸실과 보험금액의 전부 지급이 이루어져야 한다.
㉡ 제3자에 대한 손해배상청구권에 대한 대위
- 피보험자의 손해가 제3자의 행위로 인해 생긴 경우 보험자는 지급한 금액의 한도에서 제3자에 대한 보험계약자 또는 피보험자의 손해배상청구권리를 승계할 권리를 갖는다.
- 제3자에 대한 피보험자의 권리가 존재하고, 보험자가 보험금액을 지급한 경우에 이루어진다.

(4) 위부(Abandonment)

① 의의

- 위부란 피보험자가 보험자에게 보험목적물에 대한 손해를 추정전손으로 하기 위하여 소유권과 제3자에 대한 구상권을 보험자에게 양도하는 것을 말한다. [★3]

② 위부의 성립요건

- 위부는 조건부나 기한부로 이루어져서는 안 되고 무조건적(Unconditional)이어야 한다.
- 보험목적의 전부에 대하여 위부가 이루어져야 한다. 다만, 일부보험의 경우에는 보험금액의 보험가액에 대한 비율에 따라 위부가 가능하다.
- 추정전손의 성립요건을 만족시켜야 한다.
- 위부의 통지와 승낙이 이루어져야 한다.

③ 위부의 통지

- 피보험자가 보험의 목적을 보험자에게 위부할 것을 결정한 경우에는 피보험자는 위부의 통지를 해야 한다. [★1]
- 위부의 통지는 전부 또는 일부를 서면 또는 구두로 할 수 있다. [★1]
- 위부의 통지는 손해에 관한 신뢰할만한 정보를 수취한 후에 부당한 지체없이 이를 행하여야 한다. 단, 그 정보가 의심스러운 경우에는 피보험자는 이를 조사하기 위하여 합리적인 시간적 여유를 가질 권리가 있다. [★1]
- 위부의 통지가 수락되었을 경우에는 손해에 대한 정보가 미흡하거나 사정의 변경이 있어도 피보험자는 위부를 철회할 수 없다. [★2]

④ 위부의 승낙

- 위부의 승낙은 보험자의 명시적 또는 묵시적 행위에 의해 이루어지며, 단순한 침묵은 승낙으로 볼 수 없다.

PART 4 무역영어

▌출제율

국 제 협 약	20%
무 역 실 무 이 론	40%
무 역 서 신	30%
기 타 문 제 유 형	10%

▌학습전략

① 무역영어 과목에서 다루는 국제협약은 크게 CISG, Incotemrs 2020, UCP 600, URC 522로 볼 수 있다. 가장 중점으로 봐야할 것은 무역의 3대 법규라고 불리는 CISG, Incoterms 2020, UCP 600이며 범위가 방대하기 때문에 모든 조항을 공부하는 것보다는 지금까지 빈출이 잦은 조항만을 위주로 공부하는 시각이 필요하다.

② 무역실무 이론은 2과목과 3과목인 무역결제와 무역계약에 대한 내용을 영어로 다시 한 번 공부하는 것이다. 따라서 반복적인 기출문제 풀이와 이론에 대한 복습이 중요하다.

③ 무역서신 및 기타 문제 유형은 무역에 대한 지식을 요구하는 것이 아닌, 영어에 대한 기본적인 지식인 문법, 어휘, 어색한 문장 등에 대하여 묻는 것으로써 별도로 공부하지 않아도 점수를 취득할 수 있는 파트이다. 따라서 영어에 어느 정도 자신이 있는 수험생에게는 굉장히 유리하다.

국제협약

l. 비엔나 협약(CISG, Vienna Convention 1980)

[Article 1]

(1) <u>This Convention applies to contracts of sale of goods between parties whose places of business are in different States</u>: [★7]

    (a) when the States are Contracting States; or [★1]

    (b) when the rules of **private international law** lead to the application of the law of a Contracting State. [★1]

(2) The fact that the parties have their places of business in different States is to be disregarded [★1]

    whenever this fact does not appear either from the contract or from any dealings between, or from information disclosed by, the parties at any time before or at the conclusion of the contract. [★2]

(3) <u>Neither</u> the nationality of the parties <u>nor</u> the civil or commercial character of the parties or of the contract is to be taken into consideration in determining the application of this Convention. [★3]

[제1조]

(1) 이 협약은 다음의 경우에, 영업소가 서로 다른 국가에 있는 당사자 간의 물품매매계약에 적용된다.

    (가) 해당 국가가 모두 체약국인 경우, 또는

    (나) 국제사법 규칙에 의하여 체약국법이 적용되는 경우

(2) 당사자가 서로 다른 국가에 영업소를 가지고 있다는 사실은, 계약으로부터 또는 계약체결 전이나 그 체결 시에 당사자 간의 거래나 당사자에 의하여 밝혀진 정보로부터 드러나지 아니하는 경우에는 고려되지 아니한다.

(3) 당사자의 국적 또는 당사자나 계약의 민사적·상사적 성격은 이 협약의 적용 여부를 결정하는 데에 고려되지 아니한다.

[Article 2]

This Convention **does not apply** to sales: [★2]

(a) of goods bought for personal, family or household use, unless the seller, at any time before or at the conclusion of the contract, neither knew nor ought to have known that the goods were bought for any such use;

(b) by auction; [★1]

(c) on execution or otherwise by authority of law;

(d) of stocks, shares, investment securities, negotiable instruments or money; [★1]

(e) of ships, vessels, hovercraft or aircraft; [★2]

(f) of electricity. [★1]

[제2조]

이 협약은 다음의 매매에는 적용되지 아니한다.

(가) 개인용·가족용 또는 가정용으로 구입된 물품의 매매

다만, 매도인이 계약체결 전이나 그 체결 시에 물품이 그와 같은 용도로 구입된 사실을 알지 못하였고, 알았어야 했던 것도 아닌 경우에는 그러하지 아니하다.

(나) 경매에 의한 매매

(다) 강제집행 그 밖의 법령에 의한 매매

(라) 주식, 지분, 투자증권, 유통증권 또는 통화의 매매

(마) 선박, 소선(小船), 부선(浮船), 또는 항공기의 매매

(바) 전기의 매매

[Article 3]

(1) Contracts for the supply of goods to be manufactured or produced are to be considered sales **unless** the party who orders the goods undertakes to supply a substantial part of the materials necessary for such manufacture or production. [★2]

(2) This Convention **does not apply** to contracts in which the preponderant part of the obligations of the party who furnishes the goods consists in the supply of labour or other services. [★5]

[제3조]

(1) 물품을 제조 또는 생산하여 공급하는 계약은 이를 매매로 본다. 다만, 물품을 주문한 당사자가 그 제조 또는 생산에 필요한 재료의 중요한 부분을 공급하는 경우에는 그러하지 아니하다.

(2) 이 협약은 물품을 공급하는 당사자의 의무의 주된 부분이 노무 그 밖의 서비스의 공급에 있는 계약에는 적용되지 아니한다.

[Article 4]

This Convention **governs only** the formation of the contract of sale and the rights and obligations of the seller and the buyer arising from such a contract. [★4] In particular, except as otherwise expressly provided in this -Convention, **it is not concerned with**: [★4]

(a) the validity of the contract or of any of its provisions or of any usage; [★5]

(b) the effect which the contract may have on the property in the goods sold.

[제4조]

이 협약은 매매계약의 성립 및 그 계약으로부터 발생하는 매도인과 매수인의 권리의무만을 규율한다. 이 협약에 별도의 명시규정이 있는 경우를 제외하고, 이 협약은 특히 다음과 관련이 없다.

(가) 계약이나 그 조항 또는 관행의 유효성

(나) 매매된 물품의 소유권에 관하여 계약이 미치는 효력

[Article 5]

This Convention **does not apply** to the liability of the seller for death or personal injury caused by the goods to any person. [★4]

[제5조]

이 협약은 물품으로 인하여 발생한 사람의 사망 또는 상해에 대한 매도인의 책임에는 적용되지 아니한다.

[Article 6]

The parties may exclude the application of this Convention [★2] or, subject to article 12, derogate from or vary the effect of any of its provisions. [★2]

[제6조]

당사자는 이 협약의 적용을 배제할 수 있고, 제12조에 따를 것을 조건으로 하여 이 협약의 어떠한 규정에 대하여도 그 적용을 배제하거나 효과를 변경할 수 있다.

[Article 14]

(1) A **proposal** for concluding a contract addressed **to one or more** specific persons constitutes an **offer** if it is sufficiently definite and indicates the intention of **the offeror** to be bound in case of acceptance. [★5] A proposal is sufficiently definite if it indicates the goods and **expressly or implicitly** fixes or makes provision for determining the quantity and the price. [★2]

(2) A proposal other than one addressed to one or more specific -persons is to be considered merely as an invitation to make offers, [★2] unless the contrary is clearly indicated by the person making the proposal. [★1]

[제14조]

(1) 1인 또는 그 이상의 특정인에 대한 계약체결의 제안은 충분히 확정적이고, 승낙 시 그에 구속된다는 청약자의 의사가 표시되어 있는 경우에 청약이 된다. 제안이 물품을 표시하고, 명시적 또는 묵시적으로 수량과 대금을 지정하거나 그 결정을 위한 조항을 두고 있는 경우에, 그 제안은 충분히 확정적인 것으로 한다.

(2) 불특정 다수인에 대한 제안은 제안자가 반대 의사를 명확히 표시하지 아니하는 한, 단지 청약의 유인으로 본다.

[Article 15]

(1) An offer becomes effective when it reaches the **offeree**. [★4]

(2) An offer, even if it is irrevocable, **may be** withdrawn if the -withdrawal reaches **the offeree** before or at the same time as the offer. [★5]

[제15조]

(1) 청약은 상대방에게 도달한 때에 효력이 발생한다.

(2) 청약은 취소될 수 없는 것이더라도, 철회의 의사표시가 청약의 도달 전 또는 그와 동시에 상대방에게 도달하는 경우에는 철회될 수 있다.

[Article 16]

(1) Until a contract is concluded an offer may be revoked if the revocation reaches the offeree before he has dispatched an acceptance. [★3]

(2) However, an offer cannot be revoked:

(a) if it indicates, whether by stating a fixed time for acceptance or otherwise, that it is irrevocable; or

(b) if it was reasonable for the offeree to rely on the offer as being irrevocable and the offeree has acted in reliance on the offer

[제16조]

(1) 청약은 계약이 체결되기까지는 취소될 수 있다. 다만, 상대방이 승낙의 통지를 발송하기 전에 취소의 의사표시가 상대방에게 도달되어야 한다.

(2) 그러나 다음의 경우에는 청약은 취소될 수 없다.

(가) 승낙기간의 지정 그 밖의 방법으로 청약이 취소될 수 없음이 청약에 표시되어 있는 경우, 또는

(나) 상대방이 청약이 취소될 수 없음을 신뢰하는 것이 합리적이고, 상대방이 그 청약을 신뢰하여 행동한 경우

[Article 17]

An offer, even if it is irrevocable, **is terminated** when a rejection reaches the offeror. [★5]

[제17조]

청약은 취소될 수 없는 것이더라도, 거절의 의사표시가 청약자에게 도달한 때에는 효력을 상실한다.

[Article 18]

(1) A statement made by or other conduct of **the offeree** indicating -assent to an offer is an acceptance. [★4] Silence or inactivity does not in itself amount to acceptance. [★3]

(2) An acceptance of an offer becomes effective at the moment the indication of assent reaches **the offeror**. [★3] An acceptance is not effective if the indication of assent does not reach the offeror within the time he has fixed or, if no time is fixed, **within**

a reasonable time, [★1] due account being taken of the circumstances of the transaction, including the rapidity of the means of communication employed by the offeror. **An oral offer** must be accepted immediately unless the circumstances indicate otherwise. [★1]

(3) However, if, by virtue of the offer or as a result of practices which the parties have established between themselves or of usage, the offeree may indicate assent by performing an act, such as one relating to the dispatch of the goods or payment of the price, without notice to the offeror, the acceptance is effective at the moment the act is performed, provided that the act is performed within the period of time laid down in the preceding paragraph.

[제18조]

(1) 청약에 대한 동의를 표시하는 상대방의 진술 그 밖의 행위는 승낙이 된다. 침묵 또는 부작위는 그 자체만으로 승낙이 되지 아니한다.

(2) 청약에 대한 승낙은 동의의 의사표시가 청약자에게 도달하는 시점에 효력이 발생한다. 동의의 의사표시가 청약자가 지정한 기간 내에, 기간의 지정이 없는 경우에는 청약자가 사용한 통신수단의 신속성 등 거래의 상황을 적절히 고려하여 합리적인 기간 내에 도달하지 아니하는 때에는, 승낙은 효력이 발생하지 아니한다. 구두의 청약은 특별한 사정이 없는 한 즉시 승낙되어야 한다.

(3) 청약에 의하여 또는 당사자 간에 확립된 관례나 관행의 결과로 상대방이 청약자에 대한 통지 없이, 물품의 발송이나 대금지급과 같은 행위를 함으로써 동의를 표시할 수 있는 경우에는, 승낙은 그 행위가 이루어진 시점에 효력이 발생한다. 다만, 그 행위는 제2항에서 정한 기간 내에 이루어져야 한다.

[Article 19]

(1) A reply to an offer which purports to be an acceptance but contains additions, limitations or other modifications is a rejection of the offer and constitutes **a counter-offer.** [★5]

(2) However, a reply to an offer which purports to be an acceptance but contains additional or different terms which do not **materially** alter the terms of the offer constitutes an acceptance, unless the offeror, without undue delay, objects orally

to the discrepancy or dispatches a notice to that effect. If he does not so object, the terms of the contract are the terms of the offer with the modifications contained in the acceptance. [★2]

(3) Additional or different terms relating, among other things, to the price, payment, quality and quantity of the goods, place and time of delivery, extent of one party's liability to the other or the settlement of disputes are considered to alter the terms of the offer materially.

[제19조]

(1) 승낙을 의도하고 있으나, 부가, 제한 그 밖의 변경을 포함하는 청약에 대한 응답은 청약에 대한 거절이면서 또한 새로운 청약이 된다.

(2) 승낙을 의도하고 있고, 청약의 조건을 실질적으로 변경하지 아니하는 부가적 조건 또는 상이한 조건을 포함하는 청약에 대한 응답은 승낙이 된다. 다만, 청약자가 부당한 지체 없이 그 상위(相違)에 구두로 이의를 제기하거나 그러한 취지의 통지를 발송하는 경우에는 그러하지 아니하다. 청약자가 이의를 제기하지 아니하는 경우에는 승낙에 포함된 변경이 가하여진 청약 조건이 계약 조건이 된다.

(3) 특히 대금, 대금지급, 물품의 품질과 수량, 인도의 장소와 시기, 당사자 일방의 상대방에 대한 책임범위 또는 분쟁해결에 관한 부가적 조건 또는 상이한 조건은 청약 조건을 실질적으로 변경하는 것으로 본다.

[Article 22]

An acceptance **may be** withdrawn if the withdrawal reaches the -offeror before or at the same time as the acceptance would have become effective. [★2]

[제22조]

승낙은 그 효력이 발생하기 전 또는 그와 동시에 회수의 의사표시가 청약자에게 도달하는 경우에는 회수될 수 있다.

[Article 30]

The seller must **deliver the goods, hand over any documents relating to them** and **transfer the property in the goods,** as required by the contract and this Convention. [★1]

[제30조]

매도인은 계약과 이 협약에 따라 물품을 인도하고, 관련 서류를 교부하며 물품의 소유권을 이전하여야 한다.

[Article 46]

(1) The buyer may require performance by the seller of his obligations unless the buyer has resorted to a remedy which is inconsistent with this requirement.

(2) If the goods do not conform with the contract, the buyer may require delivery of substitute goods only if the lack of conformity constitutes **a fundamental breach of contract** [★1] and a request for substitute goods is made either in conjunction with notice given under article 39 or within a reasonable time thereafter.

(3) If the goods do not conform with the contract, the buyer may -require the seller to remedy the lack of conformity by repair, unless this is -unreasonable having regard to all the circumstances. A request for repair must be made either in conjunction with notice given under article 39 or within a reasonable time thereafter.

[제46조]

(1) 매수인은 매도인에게 의무의 이행을 청구할 수 있다. 다만, 매수인이 그 청구와 양립하지 아니하는 구제를 구한 경우에는 그러하지 아니하다.

(2) 물품이 계약에 부적합한 경우에, 매수인은 대체물의 인도를 청구할 수 있다. 다만, 그 부적합이 본질적 계약위반을 구성하고, 그 청구가 제39조의 통지와 동시에 또는 그 후 합리적인 기간 내에 행하여진 경우에 한한다.

(3) 물품이 계약에 부적합한 경우에, 매수인은 모든 상황을 고려하여 불합리한 경우를 제외하고, 매도인에게 수리에 의한 부적합의 치유를 청구할 수 있다. 수리 청구는 제39조의 통지와 동시에 또는 그 후 합리적인 기간 내에 행하여져야 한다.

[Article 71]

(1) A party may suspend the performance of his obligations if, after the conclusion of the contract, it becomes apparent that the other party will not perform a substantial part of his obligations as a result of: [★1]

(a) a serious deficiency in his ability to perform or in his credit worthiness; or

(b) his conduct in preparing to perform or in performing the contract. [★1]

(2) If the seller has already dispatched the goods before the grounds described in the preceding paragraph become evident, he may prevent the handing over of the goods to the buyer even though the buyer holds a -document which entitles him to obtain them. The present paragraph relates only to the rights in the goods as between the buyer and the seller.

(3) A party suspending performance, whether before or after dispatch of the goods, must immediately give notice of the suspension to the other party and must continue with performance if the other party provides -adequate assurance of his performance.

[제71조]

(1) 당사자는 계약체결 후 다음의 사유로 상대방이 의무의 실질적 부분을 이행하지 아니할 것이 판명된 경우에는, 자신의 의무 이행을 정지할 수 있다.

(가) 상대방의 이행능력 또는 신용도의 중대한 결함

(나) 계약의 이행 준비 또는 이행에 관한 상대방의 행위

(2) 제1항의 사유가 명백하게 되기 전에 매도인이 물품을 발송한 경우에는, 매수인이 물품을 취득할 수 있는 증권을 소지하고 있더라도 매도인은 물품이 매수인에게 교부되는 것을 저지할 수 있다. 이 항은 매도인과 매수인간의 물품에 관한 권리에 대하여만 적용된다.

(3) 이행을 정지한 당사자는 물품의 발송 전후에 관계없이 즉시 상대방에게 그 정지를 통지하여야 하고, 상대방이 그 이행에 관하여 적절한 보장을 제공한 경우에는 이행을 계속하여야 한다.

[Article 72]

(1) If prior to the date for performance of the contract it is clear that one of the parties will commit a fundamental breach of contract, the other party may declare the contract avoided. [★1]

(2) If time allows, the party intending to declare the contract avoided must give reasonable notice to the other party in order to permit him to provide adequate assurance of his performance.

(3) The requirements of the preceding paragraph do not apply if the other party has declared that he will not perform his obligations.

[제72조]

(1) 계약의 이행기일 전에 당사자 일방이 본질적 계약위반을 할 것이 명백한 경우에는, 상대방은 계약을 해제할 수 있다.

(2) 시간이 허용하는 경우에는, 계약을 해제하려고 하는 당사자는 상대방이 이행에 관하여 적절한 보장을 제공할 수 있도록 상대방에게 합리적인 통지를 하여야 한다.

(3) 제2항의 요건은 상대방이 그 의무를 이행하지 아니하겠다고 선언한 경우에는 적용되지 아니한다.

[Article 74]

Damages for breach of contract by one party consist of a sum equal to the loss, including loss of profit, suffered by the other party as a consequence of the breach. Such damages **may not exceed** the loss which the party in breach foresaw or ought to have foreseen at the time of the conclusion of the contract, in the light of the facts and matters of which he then knew or ought to have known, as a possible **consequence of the breach of contract.** [★1]

[제74조]

당사자 일방의 계약위반으로 인한 손해배상액은 이익의 상실을 포함하여 그 위반의 결과 상대방이 입은 손실과 동등한 금액으로 한다. 그 손해배상액은 위반 당사자가 계약체결 시에 알았거나 알 수 있었던 사실과 사정에 비추어, 계약위반의 가능한 결과로서 발생할 것을 예견하였거나 예견할 수 있었던 손실을 초과할 수 없다.

[Article 79]

(1) A party **is not liable** for a failure to perform any of his obligations if he proves that the failure was due to an impediment beyond his control and that he could not reasonably be expected to have taken the impediment into account at the time of the conclusion of the contract or to have avoided or overcome it, or its consequences. [★1]

(2) If the party's failure is due to the failure by a third person whom he has engaged to perform the whole or a part of the contract, that party is exempt from liability only if:

    (a) he is exempt under the preceding paragraph; and

    (b) the person whom he has so engaged would be so exempt if the provisions of that paragraph were applied to him.

(3) The exemption provided by this article has effect for the period during which the impediment exists.

(4) The party who fails to perform must give notice to the other party of the impediment and its effect on his ability to perform. If the notice is not received by the other party within a reasonable time after the party who fails to perform knew or ought to have known of the impediment, he is liable for damages resulting from such non-receipt.

(5) Nothing in this article prevents either party from exercising any right other than to claim damages under this Convention.

[제79조]

(1) 당사자는 그 의무의 불이행이 자신이 통제할 수 없는 장애에 기인하였다는 것과 계약 체결 시에 그 장애를 고려하거나 또는 그 장애나 그로 인한 결과를 회피하거나 극복하는 것이 합리적으로 기대될 수 없었다는 것을 증명하는 경우에는, 그 의무불이행에 대하여 책임이 없다.

(2) 당사자의 불이행이 계약의 전부 또는 일부의 이행을 위하여 사용한 제3자의 불이행으로 인한 경우에는, 그 당사자는 다음의 경우에 한하여 그 책임을 면한다.

    (가) 당사자가 제1항의 규정에 의하여 면책되고, 또한

    (나) 당사자가 사용한 제3자도 그에게 제1항이 적용된다면 면책되는 경우

(3) 이 조에 규정된 면책은 장애가 존재하는 기간 동안에 효력을 가진다.

(4) 불이행 당사자는 장애가 존재한다는 것과 그 장애가 자신의 이행능력에 미치는 영향을 상대방에게 통지하여야 한다. 불이행 당사자가 장애를 알았거나 알았어야 했던 때로부터 합리적인 기간 내에 상대방이 그 통지를 수령하지 못한 경우에는, 불이행 당사자는 불수령으로 인한 손해에 대하여 책임이 있다.

(5) 이 조는 어느 당사자가 이 협약에 따라 손해배상 청구권 이외의 권리를 행사하는 것을 방해하지 아니한다.

[Article 82]

(1) The buyer loses the right to declare the contract avoided or to require the seller to deliver substitute goods if [★1] it is impossible for him to make restitution of the goods substantially in the condition in which he received them.

(2) The preceding paragraph does not apply:

    (a) if the impossibility of making restitution of the goods or of making restitution of the goods substantially in the condition in which the buyer received them is not due to his act or omission; [★1]

    (b) if the goods or part of the goods have perished or deteriorated as a result of the examination provided for in article 38; or [★1]

    (c) if the goods or part of the goods have been sold in the normal course of business or have been consumed or transformed by the buyer in the course of normal use before he discovered or ought to have discovered the lack of conformity. [★1]

[제82조]

(1) 매수인이 물품을 수령한 상태와 실질적으로 동일한 상태로 그 물품을 반환할 수 없는 경우에는, 매수인은 계약을 해제하거나 매도인에게 대체물을 청구할 권리를 상실한다.

(2) 제1항은 다음의 경우에는 적용되지 아니한다.

    (가) 물품을 반환할 수 없거나 수령한 상태와 실질적으로 동일한 상태로 반환할 수 없는 것이 매수인의 작위 또는 부작위에 기인하지 아니한 경우

    (나) 물품의 전부 또는 일부가 제38조에 따른 검사의 결과로 멸실 또는 훼손된 경우

    (다) 매수인이 부적합을 발견하였거나 발견하였어야 했던 시점 전에, 물품의 전부 또는 일부가 정상적인 거래과정에서 매각되거나 통상의 용법에 따라 소비 또는 변형된 경우

2. Incoterms 2020

[Introduction to Incoterms® 2020]

1. The purpose of the text of this Introduction is fourfold:

    • to explain what the Incoterms® 2020 rules do and do NOT do and how they are best incorporated;

- to set out the important fundamentals of the Incoterms® rules : the basic roles and responsibilities of seller and buyer, delivery, risk, and the relationship between the Incoterms® rules and the contracts surrounding a typical contract of sale for export/import and also, where appropriate, for domestic sales;

- to explain how best to choose the right Incoterms® rule for the particular sale contract; and

- to set out the central changes between Incoterms® 2010 and Incoterms® 2020.

[인코텀즈 2020 소개문]

1. 본 소개문의 목적은 다음 4가지이다.

- 인코텀즈 2020 규칙이 무슨 역할을 하고 또 하지 않는지 그리고 어떻게 인코텀즈 규칙을 가장 잘 편입시킬 수 있는지를 설명하는 것

- 다음과 같은 인코텀즈 규칙의 중요한 기초들을 기술하는 것 : 매도인과 매수인의 기본적 역할과 책임, 인도, 위험 및 인코텀즈 규칙과 계약들 (전형적인 수출/수입매매계약 및 해당되는 경우 국내매매계약을 둘러싼 계약들) 사이의 관계

- 어떻게 당해 매매계약에 올바른 인코텀즈 규칙을 가장 잘 선택할 지를 설명하는 것

- 인코텀즈 2010과 인코텀즈 2020의 주요한 변경사항들을 기술하는 것

I. WHAT THE INCOTERMS® RULES DO

2. The Incoterms® rules explain a set of eleven of the most commonly−used three−letter trade terms, e.g. CIF, DAP, etc., reflecting business – to – business practice in contracts for the sale and purchase of goods. [★2]

3. The Incoterms® rules describe:

- Obligations : Who does what as between seller and buyer, e.g. who organises carriage or insurance of the goods or who obtains shipping documents and **export or import licences**; [★3]

- Risk : **Where and when the seller "delivers" the goods**, in other words **where risk transfers from seller to buyer**; and [★2]

- Costs : Which party is responsible for which costs, for example transport, packaging, loading or unloading costs, and checking or security−related costs. The Incoterms® rules cover these areas in a set of ten articles, numbered A1/B1 etc., the A articles representing the seller's obligations and the B articles representing the buyer's obligations.

Ⅰ. 인코텀즈 규칙은 무슨 역할을 하는가

2. 인코텀즈 규칙은 예컨대 CIF, DAP 등과 같이 가장 일반적으로 사용되는 세 글자로 이루어지고 물품매매계약상 기업 간 거래관행(Business to Business Practice)을 반영하는 11개의 거래조건(Trade Term)을 설명한다.

3. 인코텀즈 규칙은 다음 사항을 규정한다.

- 의무 : 매도인과 매수인 사이에 누가 무엇을 하는지. 즉 누가 물품의 운송이나 보험을 마련하는지 또는 누가 선적서류와 수출 또는 수입허가를 취득하는지

- 위험 : 매도인은 어디서 그리고 언제 물품을 '인도'하는지, 다시 말해 위험은 어디서 매도인으로부터 매수인에게 이전하는지

- 비용 : 예컨대 운송비용, 포장비용, 적재 또는 양하비용 및 점검 또는 보안관련 비용에 관하여 어느 당사자가 어떤 비용을 부담하는지

  인코텀즈 규칙은 A1/B1 등의 번호가 붙은 일련의 10개의 조항에서 위와 같은 사항들을 다루는데, 여기서 A조항은 매도인의 의무를, 그리고 B조항은 매수인의 의무를 지칭한다.

II. WHAT THE INCOTERMS® RULES DO NOT DO

4. The Incoterms® rules are NOT in themselves—and are therefore no substitute **for a contract of sale.** [★2] They are devised to reflect trade practice for no particular type of goods and for any. They can be used as much for the trading of a bulk cargo of iron ore as for five containers of electronic equipment or ten pallets of airfreighted fresh flowers. [★1]

5. The Incoterms® rules do NOT deal with the following matters : [★1]

- whether there is a contract of sale at all; [★1]

- the specifications of the goods sold; [★2]

- the time, place, method or currency of payment of the price; [★2]

- the remedies which can be sought for breach of the contract of sale; [★3]

- most consequences of delay and other breaches in the performance of contractual obligations; [★1]

- the effect of sanctions;

- the imposition of tariffs;

- export or import prohibitions;

- force majeure or hardship;

- intellectual property rights; or [★3]

- the method, venue, or law of dispute resolution in case of such breach.

Perhaps most importantly, it must be stressed that the Incoterms® rules do NOT deal with the transfer of property / title / ownership of the goods sold.

II. 인코텀즈 규칙이 하지 않는 역할은 무엇인가

4. 인코텀즈 규칙 그 자체는 매매계약이 아니며, 따라서 매매계약을 대체하지도 않는다. 인코텀즈 규칙은 어떤 특정한 종류의 물품이 아니라 모든 종류의 물품에 관한 거래관행을 반영하도록 고안되어 있다. 인코텀즈 규칙은 산적화물(Bulk Cargo) 형태의 철광석 거래에도 적용될 수 있고 5개의 전자장비 컨테이너 또는 항공운송되는 10개의 생화 팔레트의 거래에도 적용될 수 있다.

5. 인코텀즈 규칙은 다음의 사항을 다루지 않는다.
   - 매매계약의 존부
   - 매매물품의 성상
   - 대금지급 시기, 장소, 방법 또는 통화
   - 매매계약 위반에 대하여 구할 수 있는 구제수단
   - 계약상 의무이행의 지체 및 그 밖의 위반의 효과
   - 제재의 효력
   - 관세부과
   - 수출 또는 수입의 금지
   - 불가항력 또는 이행가혹
   - 지식재산권 또는
   - 의무위반의 경우 분쟁해결의 방법, 장소 또는 준거법

아마도 가장 중요한 것으로 인코텀즈 규칙은 매매물품의 소유권 / 물권의 이전을 다루지 않는다는 점도 강조되어야 한다.

III. HOW BEST TO INCORPORATE THE INCOTERMS® RULES

6. If parties want the Incoterms® 2020 rules to apply to their contract, the safest way to ensure this is to make that intention clear in their contract, through words such as "[the chosen Incoterms® rule] [named port, place or point] Incoterms® 2020" [★1]

7. Thus, for example,CIF Shanghai Incoterms® 2020, or DAP No 123, ABC Street, Importland Incoterms® 2020.

8. Leaving the year out could cause problems that may be difficult to resolve. The parties, a judge or an arbitrator need to be able to determine which version of the Incoterms® rules applies to the contract.

9. The place named next to the chosen Incoterms® rule is even more important: [★1]
   * in all Incoterms® rules except the C rules, the named place indicates where the goods are "delivered", i.e. where risk transfers from seller to buyer;
   * in the D rules, the named place is the place of delivery and also the place of destination and the seller must organise carriage to that point;
   * in the C rules, the named place indicates the destination to which the seller must organise and pay for the carriage of the goods, which is not, however, the place or port of delivery.

III. 어떻게 인코텀즈 규칙을 가장 잘 편입시킬 수 있는가

6. 당사자들이 인코텀즈 2020 규칙이 계약에 적용되도록 하고자 하는 경우 가장 안전한 방법은 계약에서 다음과 같은 문구를 통하여 그러한 의사를 명백하게 표시하는 것이다. "[선택된 인코텀즈 규칙] [지정항구, 장소 또는 지점] Incoterms 2020"

7. 따라서 예컨대, CIF Shanghai Incoterms 2020 또는 DAP No 123, ABC Street, Importland Incoterms 2020.

8. 연도를 빠트리면 해결하기 어려운 문제가 발생할 수 있다. 당사자, 판사 또는 중재인이 어떤 버전의 인코텀즈 규칙이 계약에 적용되는지 결정할 수 있어야 한다.

9. 선택된 인코텀즈 규칙 바로 다음에 기명되는 장소는 더 중요하다.
   * C 규칙을 제외한 모든 인코텀즈 규칙에서 그러한 지정장소는 물품이 어디서 '인도'되는지, 즉 위험이 어디서 매도인으로부터 매수인에게 이전하는지를 표시한다.
   * D 규칙에서 지정장소는 인도장소이자 목적지이고 매도인은 그 지점까지 운송을 마련하여야 한다.

440

- C 규칙에서 지정장소는 매도인이 그 운송을 마련하고 그 비용도 부담하여야 하는 물품운송의 목적지이지만 인도장소나 인도항구는 아니다.

IV. DELIVERY, RISK AND COSTS IN THE INCOTERMS® 2020 RULES

10. A named place or port attached to the three letters, e.g. CIP Las Vegas or CIF Los Angeles, then, is critical in the workings of the Incoterms® 2020 rules. Depending on which Incoterms® 2020 rule is chosen, that place will identify either the place or port at which the goods are considered to have been "delivered" by the seller to the buyer, the place of "delivery", or the place or port to which the seller must organise the carriage of the goods, i.e. their destination; or, in the case of the D rules, both.

11. In all Incoterms® 2020 rules, A2 will define the place or port of "delivery"

12. The place or port of delivery identified by A2 is critical both for risk and for costs.

13. The place or port of delivery under A2 marks the place at which risk transfers from seller to buyer under A3. It is at that place or port that the seller performs its obligation to provide the goods under the contract as reflected in A1 such that the buyer cannot recover against the seller for the loss of or damage to the goods occurring after that point has passed.

14. The place or port of delivery under A2 also marks the central point under A9 which allocates costs to seller and buyer. In broad terms, A9 allocates costs before the point of delivery to the seller and costs after that point to the buyer.

IV. 인코텀즈 2020 규칙상 인도, 위험 및 비용

10. 따라서 예컨대 CIP Las Vegas 또는 CIF Los Angeles와 같이 세 글자 다음에 부가되는 지정장소나 지정항구는 인코텀즈 2020 규칙의 작동과정에서 매우 중요하다. 어떤 인코텀즈 2020 규칙이 선택되는지에 따라 그러한 장소는 물품이 매도인에 의하여 매수인에게 "인도된" 것으로 다루어지는 장소나 항구 또는 "인도"장소가 되거나 매도인이 마련하여야 하는 물품운송의 목적지나 목적항이 되고, D 규칙의 경우에는 양자 모두가 된다.

11. 모든 인코텀즈 2020 규칙에서 A2는 "인도"의 장소나 항구를 정한다.

12. A2에서 정해지는 인도장소나 인도항구는 위험과 비용 모두에 관하여 매우 중요하다.

13. A2의 인도장소나 인도항구는 A3하에서 위험이 매도인으로부터 매수인에게 이전하는 장소를 확정한다. 매도인은 이러한 장소와 항구에서 A1에 반영되어 있는 계약에 따른 물품인도의무를 이행하며 그에 따라 매수인은 그 지점을 지난 뒤에 발생하는 물품의 멸실 또는 훼손에 대하여 매도인에게 책임을 묻지 못한다.

14. A2의 인도장소나 인도항구는 또한 A9하에서 매도인과 매수인 사이에 비용을 할당하는 기준점을 확정한다. 대략 말하자면, A9에서 그러한 인도지점 전의 비용은 매도인이 분담하고 그러한 지점 후의 비용은 매수인이 분담한다.

Delivery points

Extremes and in−betweens : the four traditional Incoterms® rules groups

15. Versions of the Incoterms® rules before 2010 traditionally grouped the rules into four, namely E, F, C and D, with E and D lying at extreme poles from each other in terms of the point of delivery and the F and C rules lying in between. While the Incoterms® rules have, since 2010, been grouped according to the means of transport used, the old groupings are still helpful in understanding the point of delivery. Thus, the delivery point in EXW is an agreed point for collection of the goods by the buyer, whatever the destination to which the buyer will take them. At the other extreme in DAP, DPU and DDP, the delivery point is the same as the destination point to which the seller or its carrier will carry the goods. In the first, EXW, risk transfers before the transport cycle even starts; in the second, the D rules, risk transfers very late in that cycle. Again, in the first, EXW and, for that matter, FCA (seller's premises), the seller performs its obligation to deliver the goods whether or not they actually arrive at their destination. In the second, the seller performs its obligation to deliver the goods only if they actually arrive at their destination.

16. The two rules at the extreme ends of the Incoterms® rules are EXW and DDP. However, traders should consider alternative rules to these two for their international contracts. Thus, with EXW the seller has to merely put the goods at the buyer's disposal. This may cause problems for the seller and the buyer, respectively, with loading and export clearance. The seller would be better advised to sell under the

FCA rule. Likewise, with DDP, the seller owes some obligations to the buyer which can only be performed within the buyer's country, for example obtaining import clearance. It may be physically or legally difficult for the seller to carry out those obligations within the buyer's country and a seller would therefore be better advised to consider selling goods in such circumstances under the DAP or DPU rules.

17. Between the two extremes of E and D rules, there lie the three F rules (FCA, FAS and FOB), and the four C rules (CPT, CIP, CFR and CIF).

인도지점

극단적 그룹과 중간적 그룹 : 4가지의 전통적 인코텀즈 규칙 그룹

15. 2010전의 인코텀즈 규칙 버전들에서는 전통적으로 개별 규칙들을 4개 그룹, 즉 E 그룹, F 그룹, C 그룹 및 D 그룹으로 분류하였는데, 인도지점의 측면에서 E 그룹과 D 그룹은 양극단에 있고 F 그룹과 C 그룹은 그 중간에 있다. 2010 버전부터 인코텀즈 규칙은 사용된 운송수단에 따라 그룹을 분류하고 있으나 과거의 분류방법은 아직도 인도지점을 이해하는데 유익하다. 따라서 EXW에서 인도지점은 매수인이 물품을 수취하기로 합의된 지점이며, 매수인이 그 물품을 가져갈 목적지는 어느 곳이든 무방하다. 반대편 극단에 있는 DAP, DPU 및 DDP의 경우 인도지점은 매도인이나 그의 운송인이 운송할 물품의 목적지와 동일하다. 전자 즉 EXW의 경우에는 운송과정이 시작되기도 전에 위험이 이전한다. 후자 즉 D 규칙의 경우에는 운송과정의 막바지에 이르러 위험이 이전한다. 또 전자, 즉 EXW의 경우 및 같은 문제로 FCA(매도인의 영업구내)의 경우에 매도인의 물품인도의무는 물품이 실제로 목적지에 도착하는지와 무관하다. 후자의 경우에 매도인은 물품이 실제로 목적지에 도착한 경우에만 물품인도의무를 이행한 것으로 된다.

16. 인코텀즈 규칙들 중 양극단에 있는 두 규칙, 즉 EXW와 DDP 규칙은 국제거래에서 전형적으로 사용되는 총 11개 규칙 중에 포함된다. 그러나 거래당사자들은 국제계약에서는 이러한 두 가지를 대체하는 규칙을 고려하여야 한다. EXW의 경우에 매도인은 물품을 단지 매수인의 처분하에 두기만 하면 된다. 이는 적재와 수출통관에 관하여 매도인과 매수인에게 각각 문제를 야기할 수 있다. 따라서 매도인은 FCA 규칙으로 매매하는 것이 더 좋다. 마찬가지로 DDP의 경우에 매도인은 매수인 국가에서만 이행될 수 있는 의무들 예컨대 수입통관을 할 의무를 부담한다. 매도인이 그러한 의무들을 매수인 국가에서 이행하기는 물리적으로나 법적으로 어려울 수 있고, 따라서 매도인은 그러한 경우에 DAP나 DPU 규칙으로 물품을 매매하는 것을 고려하는 것이 더 좋다.

17. 양극단의 E 규칙과 D 규칙 사이에 3개의 F 규칙 (FCA, FAS, FOB)과 4개의 C 규칙 (CPT, CIP, CFR, CIF)이 있다.

V. INCOTERMS® 2020 RULES AND THE CARRIER

18. In the F and the C rules, placing the goods, for example, on board the vessel or handing them over to, or placing them at the disposal of, the carrier marks the point at which the goods are "delivered" by the seller to the buyer. Therefore this is the point at which risk transfers from the seller to the buyer.

19. Given those two important consequences, it becomes essential to identify who the carrier is where there is more than one carrier, each carrying out a separate leg of transport, for instance by road, rail, air or sea. Of course, where the seller has taken the far more prudent course of making one contract of carriage with one carrier taking responsibility for the entire carriage chain, in a so−called "through" contract of carriage, the problem does not arise. However, where there is no such "through" carriage contract, the goods could be handed over (where the CIP or CPT rules are used) to a road−haulier or rail company for onward transmission to a sea carrier. The same situation may arise with exclusively maritime transport where, for example, the goods are first handed over to a river or feeder short−sea carrier for onward transmission to an ocean carrier.

V. 인코텀즈 2020 규칙과 운송인

18. F 규칙과 C 규칙에서는 예컨대 물품을 선박에 적재하거나 운송인에게 교부하거나 운송인의 처분하에 둠으로써 물품이 매도인에 의하여 매수인에게 "인도된" 지점이 확정된다. 따라서 이 지점에서 위험이 매도인으로부터 매수인에게 이전한다.

19. 위와 같은 두 가지의 중요한 효과 때문에 개별 운송구간 예컨대 도로, 철도, 항공 또는 해상운송구간을 각각 따로 담당하는 복수의 운송인이 있는 경우에 누가 운송인인지를 확정하는 것은 매우 중요하다. 물론 매도인이 매우 신중을 기하여 단일운송인이 운송의 모든 운송구간을 책임지는 하나의 운송계약을 체결하는 이른바 "통"운송계약을 체결한 경우에는 문제가 발생하지 않는다. 그러나 그러한 "통"운송계약이 없는 경우에 물품은 (CIP나 CPT 규칙이 사용되는 경우) 후속하는 해상운송인에게 전달하기 위하여 먼저 도로운송회사나 철도회사에게 교부될 수 있다. 해상운송만이 단독으로 사용되는 경우

에도 예컨대 물품이 후속하는 해양운송인에게 전달하기 위하여 먼저 강호운송인이나 연안의 피더운송인에게 교부되는 때에는 같은 상황이 발생할 수 있다.

VI. RULES FOR THE CONTRACT OF SALE AND THEIR RELATIONSHIP TO OTHER CONTRACTS

20. This discussion of the role of the carrier in the delivery of the goods as between the seller and the buyer in the C and F Incoterms® rules raises the question: what role do the Incoterms® rules play in the contract of carriage, or, indeed, in any of the other contracts typically surrounding an export contract, for example an insurance contract or a letter of credit?

21. The short answer is that the Incoterms® rules do not form part of those other contracts: where incorporated, the Incoterms® rules apply to and govern only certain aspects of the contract of sale.

22. This is not the same as saying, however, that the Incoterms® rules have no impact on those other contracts. Goods are exported and imported through a network of contracts that, in an ideal world, should match the one with the other. Thus, the sale contract, for example, will require the tender of a transport document issued by the carrier to the seller/shipper under a contract of carriage and against which the seller/shipper/beneficiary might wish to be paid under a letter of credit. Where the three contracts match, things go well; where they do not, problems rapidly arise.

VI. 매매계약 규칙 및 이것과 다른 계약들과의 관계

20. 인코텀즈 C 규칙과 F 규칙에서 운송인이 매도인과 매수인 사이에서 물품인도에 관하여 어떤 역할을 하는지의 논의는 의문을 야기한다. 즉 인코텀즈 규칙은 과연 운송계약에서 또는 사실 전통적으로 예컨대 보험계약이나 신용장 같은 수출계약을 둘러싼 다른 계약들에서 어떤 역할을 하는가?

21. 짧은 대답은 인코텀즈 규칙은 그러한 다른 계약들의 일부를 이루지 않는다는 것이다. 즉 인코텀즈 규칙은 편입되는 경우에 매매계약의 단지 일정한 국면에 적용되고 이를 규율한다.

22. 그러나 이는 인코텀즈 규칙이 그러한 다른 계약들에 어떠한 영향도 주지 않는다는 말은 아니다. 물품은 이상적인 세계에서라면 서로 일치하는 계약들의 네트워크를 통하여 수출되고 수입된다. 따라서 매매계약은 예컨대 운송인이 운송계약상 매도인/송하인에

게 발생하는 운송서류의 제공을 요구하고 매도인/송하인/수익자는 신용장상 그러한 운송서류와 상환으로 대금을 지급받고자 할 수 있다. 이러한 세 계약이 일치할 때 일이 잘 굴러간다. 그렇지 않을 때 문제가 속히 발생한다.

VII. THE ELEVEN INCOTERMS® 2020 RULES—"SEA AND INLAND WATERWAY" AND "ANY MODE(S) OF TRANSPORT" : GETTING IT RIGHT

23. The main distinction introduced in the Incoterms® 2010 rules, that between Rules for any Mode or Modes of Transport (comprising EXW, FCA, CPT, CIP, DAP, the newly named DPU—the old DAT—and DDP), and Rules for Sea and Inland Waterway Transport, (comprising FAS, FOB, CFR and CIF) has been retained.

24. The four so-called "maritime" Incoterms® rules are intended for use where the seller places the goods on board (or in FAS alongside) a vessel at a sea or river port. It is at this point that the seller delivers the goods to the buyer. When these rules are used, the risk of loss of or damage to those goods is on the buyer's shoulders from that port.

25. The seven Incoterms® rules for any mode or modes of transport (so-called "multi-modal"), on the other hand, are intended for use where
    a) the point at which the seller hands the goods over to, or places them at the disposal of, a carrier, or
    b) the point at which the carrier hands the goods over to the buyer, or the point at which they are placed at the disposal of the buyer, or
    c) both points (a) and (b) are not on board (or in FAS alongside) a vessel.

26. Where delivery happens and risk transfers in each of these seven Incoterms® rules will depend on which particular rule is used. For example, in CPT, delivery happens at the seller's end when the goods are handed over to the carrier contracted by the seller. In DAP, on the other hand, delivery happens when the goods are placed at the buyer's disposal at the named place or point of destination.

27. One of the most frequent problems in the use of the Incoterms® rules is the choice of the wrong rule for the particular type of contract.

28. Gaps, overlaps and unnecessary costs are likely to arise—and all this because the wrong Incoterms® rule has been chosen for the particular contract. What makes the

mismatch "wrong" is that insufficient regard has been given to the two most important features of the Incoterms® rules, features which are mirrors of each other, namely the port, place or point of delivery and the transfer of risks.

29. The reason for the frequent misuse of the wrong Incoterms® rule is that Incoterms® rules are frequently regarded exclusively as price indicators : this or that is the EXW, FOB, or DAP price. The initials used in the Incoterms® rules are doubtless handy abbreviations for the formula used in the calculation of the price. Incoterms® rules are not, however, exclusively, or even primarily, price indicators. They are a list of general obligations that sellers and buyers owe each other under well－recognised forms of sale contract—and one of their main tasks is to indicate the port, place or point of delivery where the risk is transferred.

VII. 11개의 인코텀즈 2020 규칙 － "해상운송과 내수로운송"에 적용되는 규칙 및 "모든 운송 방식"에 적용되는 규칙 : 올바른 사용법

23. 인코텀즈 2010 규칙에 도입된 기본분류법 즉 "모든 운송방식에 적용되는 규칙"(EXW, FCA, CPT, CIP, DAP, DPU, DDP)와 "해상운송과 내수로운송에 적용되는 규칙"(FAS, FOB, CFR, CIF)으로 구분하는 방법은 유지되었다.

24. 4개의 이른바 "해상" 인코텀즈 규칙은 매도인이 물품을 바다나 강의 항구에서 선박에 적재하는 (FAS에서는 선측에는 두는) 경우에 사용하도록 고안되었다. 이러한 지점에서 매도인은 매수인에게 물품을 인도한다. 이러한 규칙이 사용되는 경우에 물품의 멸실 또는 훼손의 위험은 그러한 항구로부터 매수인이 부담한다.

25. 한편 모든 운송방식에 적용되는 7개의 인코텀즈 규칙(이른바 "복합운송" 인코텀즈 규칙)은 다음과 같은 지점이 선상(또는 FAS에서는 선측)이 아닌 경우에 사용되도록 고안되었다.

   a) 매도인이 물품을 운송인에게 교부하거나 운송인의 처분하에 두는 지점 또는

   b) 운송인이 물품을 매수인에게 교부하는 지점 또는 물품이 매수인의 처분하에 놓이는 지점 또는

   c) 위의 (a) 지점과 (b) 지점 모두

26. 이러한 각각의 7개 인코텀즈 규칙에서 어디서 인도가 일어나고 위험이 이전하는지는 사용된 당해 규칙이 무엇인지에 달려 있다. 예컨대 CPT의 경우에 인도는 물품이 매도인과 계약을 체결한 운송인에게 교부되는 때 즉 매도인의 끝단에서 일어난다. 반면에

DAP의 경우에 인도는 물품이 지정목적지 또는 지정목적지지점에서 매수인의 처분하에 놓인 때 일어난다.

27. 인코텀즈 규칙을 사용할 때 가장 자주 발생하는 문제 중의 하나는 당해 계약의 종류에 맞지 않는 규칙이 선택되는 것이다.

28. 공백부분, 중복부분과 불필요한 비용이 발생할 수 있고 – 이러한 모든 것은 당해 계약에서 잘못된 인코텀즈 규칙이 선택되었기 때문이다. 그러한 불일치가 "잘못된 것"이 되는 이유는 인코텀즈 규칙의 가장 중요한 두 가지 특징적 사항, 즉 인도항구, 인도장소 또는 인도지점이라는 사항과 위험이전이라는 사항이 상호간에 거울이라는 점을 충분히 고려하지 않았기 때문이다.

29. 잘못된 인코텀즈 규칙을 종종 오용하게 되는 이유는 인코텀즈 규칙이 종종 전적으로 가격지표라고 오해되기 때문이다. 즉 이것 또는 저것이 EXW 가격, FOB 가격 또는 DAP 가격이라고 말이다. 인코텀즈 규칙에 사용되는 머리글자들은 가격산정에 사용되는 의심의 여지없는 편리한 약어들이다. 그러나 인코텀즈 규칙은 전적인 가격지표가 아니며 주요한 가격지표도 아니다. 인코텀즈 규칙은 널리 인정되는 정형적인 매매계약 하에서 매도인과 매수인이 서로에 대하여 부담하는 일반적 의무들의 목록이고 – 인코텀즈 규칙의 주요한 역할 중의 하나가 위험이 이전하는 인도항구나 인도장소 또는 인도지점을 표시하는 것이다.

VIII. ORDER WITHIN THE INCOTERMS® 2020 RULES

30. In Incoterms® 2020, the internal order within each Incoterms® rule now follows this sequence :

A1/B1 : General obligations

A2/B2 : Delivery/Taking delivery

A3/B3 : Transfer of risks

A4/B4 : Carriage

A5/B5 : Insurance

A6/B6 : Delivery/transport document (EXW B6의 경우는 Proof of Delivery)

A7/B7 : Export/import clearance

A8/B8 : Checking/packaging/marking

A9/B9 : Allocation of costs

A10/B10 : Notices

VIII. 인코텀즈 2020 규칙 내 조항의 순서

30. 인코텀즈 2020에서 개별 인코텀즈 규칙의 내부적 순서는 다음과 같다.

A1/B1 : 일반의무

A2/B2 : 인도/인도의 수령

A3/B3 : 위험이전

A4/B4 : 운송

A5/B5 : 보험

A6/B6 : 인도/운송서류

A7/B7 : 수출통관/수입통관

A8/B8 : 점검/포장/화인표시

A9/B9 : 비용분담

A10/B10 : 통지

IX. DIFFERENCES BETWEEN INCOTERMS® 2010 AND 2020

31. Returning to the changes made by ICC to the Incoterms® 2010 rules in the Incoterms® 2020 rules, these are :

[a] Bills of lading with an on−board notation and the FCA Incoterms® rule

[b] Costs, where they are listed

[c] Different levels of insurance cover in CIF and CIP

[d] Arranging for carriage with seller's or buyer's own means of transport in FCA, DAP, DPU and DDP

[e] Change in the three−letter initials for DAT to DPU

[f] Inclusion of security−related requirements within carriage obligations and costs

[g] Explanatory Notes for Users

31. ICC가 인코텀즈 2010 규칙을 이번 인코텀즈 2020 규칙에서 변경한 사항들은 다음과 같다.

[a] 본선적재표기가 있는 선하증권가 인코텀즈 FCA 규칙

[b] 비용 − 어디에 규정할 것인가

[c] CIF와 CIP 간 부보수준의 차별화

[d] FCA, DAP, DPU 및 DDP에서 매도인 또는 매수인 자신의 운송수단에 의한 운송 허용

[e] DAT에서 DPU로의 명칭변경

[f] 운송의무 및 비용 조항에 보안관련요건 삽입

[g] 사용자를 위한 설명문

[a] Bills of lading with an on−board notation and the FCA Incoterms® rule [★1]

32. Where goods are sold FCA for carriage by sea, sellers or buyers (or more likely their banks where a letter of credit is in place) might want a bill of lading with an on−board notation. [★2]

33. However, delivery under the FCA rule is completed before the loading of the goods on board the vessel. It is by no means certain that the seller can obtain an on−board bill of lading from the carrier. That carrier is likely, under its contract of carriage, to be bound and entitled to issue an on−board bill of lading only once the goods are actually on board.

34. To cater for this situation, FCA A6/B6 of Incoterms® 2020 now provides for an additional option. The buyer and the seller can agree that the buyer will instruct its carrier to issue an on−board bill of lading to the seller after the loading of the goods, the seller then being obliged to tender that bill of lading to the buyer, typically through the banks. [★2] ICC recognises that, despite this somewhat unhappy union between an on board bill of lading and FCA delivery, this caters for a demonstrated need in the marketplace. Finally, it should be emphasised that even where this optional mechanism is adopted, the seller is under no obligation to the buyer as to the terms of the contract of carriage.

[a] 본선적재표기가 있는 선하증권과 인코텀즈 FCA 규칙

32. 물품이 FCA 규칙으로 매매되고 해상운송 되는 경우에 매도인 또는 매수인(또는 신용장이 개설된 경우에는 그들의 은행이 그럴 가능성이 더 크다)은 본선적재표기가 있는 선하증권을 원할 수 있다.

33. 그러나 FCA 규칙에서 인도는 물품의 본선적재 전에 완료된다. 매도인이 운송인으로부터 선적선하증권을 취득할 수 있는지는 결코 확실하지 않다. 운송인은 자신의 운송계약상 물품이 실제로 선적된 후에야 비로소 선적선하증권을 발행할 의무와 권리가 있다.

34. 이러한 상황에 대비하여 이제 인코텀즈 2020 FCA A6/B6에서는 추가적인 옵션을 규정한다. 매수인과 매도인은 매수인이 선적 후에 선적선하증권을 매도인에게 발행하도록 그의 운송인에게 지시할 것을 합의할 수 있고, 그렇다면 매도인은 전형적으로 은행들을 통하여 매수인에게 선적선하증권을 제공할 의무가 있다. ICC는 이러한 선적선하증권과 FCA 인도 사이의 약간의 불편한 결합에도 불구하고 이러한 규정이 시장의 증명된 필요에 부응한다고 인정한다. 끝으로 이러한 선택적 기제가 채택되더라도 매도인은 운송계약조건에 관하여 매수인에 대하여 어떠한 의무도 없다는 것을 강조한다.

[b] Costs, where they are listed

35. In the Incoterms® 2020 rules, the equivalent of A6/B6, namely A9/B9, now lists all the costs allocated by each particular Incoterms® rule. A9/B9 in the Incoterms® 2020 rules are consequently longer than A6/B6 in the Incoterms® 2010 rules.

36. The purpose is to provide users with a one−stop list of costs, so that the seller or buyer can now find in one place all the costs for which it would be responsible under that particular Incoterms® rule.

[b] 비용 – 어디에 규정할 것인가

35. 이제 인코텀즈 2020 규칙에서는 그러한 A6/B6에 상당하는 조항 즉 A9/B9에서 당해 인코텀즈 규칙상의 분담비용을 모두 열거한다. 따라서 인코텀즈 2020 규칙의 A9/B9은 인코텀즈 2010 규칙의 A6/B6보다 더 길다.

36. 그 목적은 사용자들에게 비용에 관한 일람표(One−stop list)를 제공하는 데 있으며, 그에 따라 이제 매도인과 매수인은 당해 인코텀즈 규칙상 자신이 부담하는 모든 비용을 한 곳에서 찾아볼 수 있다.

[c] Different levels of insurance cover in CIF and CIP [★4]

37. In the Incoterms® 2010 rules, A3 of both CIF and CIP imposed on the seller the obligation to "obtain at its own expense cargo insurance complying at least with the minimum cover as provided by Clauses (C) of the Institute Cargo Clauses (Lloyd's Market Association/International Underwriting Association 'LMA/IUA') or any similar clauses." During the consultations leading to the Incoterms® 2020 rules, the case was made for moving from Institute Cargo Clauses (C) to Institute Cargo

Clauses (A), thus increasing the cover obtained by the seller for the benefit of the buyer. After considerable discussion within and beyond the Drafting Group, the decision was made to provide for different minimum cover in the CIF Incoterms® rule and in the CIP Incoterms® rule. In the first, which is much more likely to be used in the maritime commodity trades, the status quo has been retained, with Institute Cargo Clauses (C) as the default position, although it is, of course, open to the parties to agree to higher cover. In the second, namely the CIP Incoterms® rule, the seller must now obtain insurance cover complying with Institute **Cargo Clauses (A),** [★3] although it is, of course, again open to the parties to agree on a lower level of cover. [★2]

[c] CIF와 CIP 간 부보수준의 차별화

37. 인코텀즈 2010 규칙에서는 CIF 및 CIP의 A3에서 매도인에게 "자신의 비용으로 (로이즈 시장협회/국제보험업협회의) 협회적하약관이나 그와 유사한 약관의 C-약관에서 제공하는 최소담보조건에 따른 적하보험을 취득"할 의무를 부과하였다. 인코텀즈 2020 규칙의 초안을 위한 의견수렴과정에서 협회적하약관의 C-약관에서 협회적하약관 A-약관으로 변경함으로써 매도인이 취득하는 부보의 범위를 확대하여 매수인에게 이익이 되도록 하자는 의견이 제기되었다. 초안그룹 내외에서 상당한 논의를 거친 후 CIF 인코텀즈 규칙과 CIP 인코텀즈 규칙에서 최소부보에 관하여 다르게 규정하기로 결정되었다. 전자 즉 CIF 규칙은 일차산품의 해상무역에서 사용될 가능성이 매우 높으므로 CIF 규칙에서는 현상유지 즉 협회적하약관 C-약관의 원칙을 계속 유지하되 다만 당사자들이 보다 높은 수준의 부보를 하기로 달리 합의할 수 있도록 길을 열어두었다. 후자 즉 CIP 규칙의 경우에 이제 매도인은 협회적하약관의 A-약관에 따른 부보를 취득하여야 한다. 물론 또한 당사자들은 원한다면 보다 낮은 수준의 부보를 하기로 합의할 수 있다.

[d] Arranging for carriage with seller's or buyer's own means of transport in FCA, DAP, DPU and DDP

38. It became clear in the deliberations leading to Incoterms® 2020, that there were some situations where, although the goods were to be carried from the seller to the buyer, they could be so carried without any third-party carrier being engaged at all. Thus,

for example, there was nothing stopping a seller on a D rule from arranging for such carriage without outsourcing that function to a third party, namely by using its own means of transportation. [★1] Likewise, with an FCA purchase, there was nothing to stop the buyer from using its own vehicle for the collection of the goods and for their transport to the buyer's premises.

[d] FCA, DAP, DPU 및 DDP에서 매도인 또는 매수인 자신의 운송수단에 의한 운송허용

38. 인코텀즈 2020 초안의 논의과정에서 물품이 매도인으로부터 매수인에게 운송될 때 상황에 따라서는 제3자 운송인의 개입이 전혀 없이 운송될 수도 있는 경우가 있다는 것이 명백해졌다. 따라서 예컨대 D 규칙에서 매도인이 운송을 제3자에게 아웃소싱하지 않고 즉 자신의 운송수단을 사용하여 운송하는 것을 못하도록 하는 그 어떤 것도 없다. 마찬가지로 FCA 매매에서 매수인이 물품을 수취하기 위하여 나아가 자신의 영업구내까지 운송하기 위하여 자신의 차량을 사용하는 것을 금지하는 그 어떤 것도 없다.

[e] Change in the three—letter initials for DAT to DPU

39. ICC decided to make two changes to DAT and DAP. First, the order in which the two Incoterms® 2020 rules are presented has been inverted, and DAP, where delivery happens before unloading, now appears before DAT. Secondly, the name of the rule DAT has been changed to DPU (Delivered at Place Unloaded), emphasizing the reality that the place of destination could be **any place** **and not only a "terminal".** [★1] However, if that place is not in a terminal, the seller should make sure that the place where it intends to deliver the goods is a place where it is able to unload the goods.

[e] DAT에서 DPU로의 명칭변경

39. ICC는 DAT와 DAP에서 두 가지를 변경하기로 결정하였다. 첫째, 이러한 두 인코텀즈 2020 규칙의 등장순서가 서로 바뀌었고, 양하 전에 인도가 일어나는 DAP가 이제는 DAT 앞에 온다. 둘째, DAT 규칙의 명칭이 DPU(Delivered at Place Unloaded)로 변경되었고, 이는 "터미널" 뿐만 아니라 어떤 장소든지 목적지가 될 수 있는 현실을 강조하기 위함이다. 그러나 그러한 목적지가 터미널에 있지 않는 경우에 매도인은 자신이 물품을 인도하고자 하는 장소가 물품의 양하가 가능한 장소인지 꼭 확인하여야 한다.

[f] Inclusion of security−related requirements within carriage obligations and costs [★1]

40. It will be recalled that security−related requirements made a rather subdued entry into the Incoterms® 2010 rules, through A2/B2 and A10/B10 in each rule. The Incoterms® 2010 rules were the first revision of the Incoterms® rules to come into force after security−related concerns became so prevalent in the early part of this century. Those concerns, and the associated shipping practices which they have created in their wake, are now much more established. Connected as they are to carriage requirements, an express allocation of security−related obligations has now been added to A4 and A7 of each Incoterms® rule. The costs incurred by these requirements are also now given a more prominent position in the costs article, namely A9/B9.

[f] 운송의무 및 비용 조항에 보안관련요건 삽입

40. 되돌아보면 인코텀즈 2010 규칙에서는 보안관련요건이 개별 규칙의 A2/B2 내지 A10/B10에 걸쳐 다소 얌전하게 들어가 있었다. 인코텀즈 2010 규칙은 21세기 초반에 들어 보안관련 우려가 널리 확산된 후 시행된 인코텀즈 규칙의 최초 개정이었다. 그러한 우려 및 그에 관하여 초기에 그러한 우려 때문에 성립된 선적관행은 이제 상당히 정립되었다. 그러한 우려는 운송요건과 관련되기 때문에 이제 보안관련의무의 명시적 할당이 개별 인코텀즈 규칙의 A4와 A7에 추가되었다. 그러한 요건 때문에 발생하는 비용도 또한 이제는 더 현저한 위치 즉 비용조항인 A9/B9에 규정된다.

[g] Explanatory Notes for Users

41. The Guidance Notes appearing at the start of each Incoterms® rule in the 2010 version now appear as "Explanatory Notes for Users". These Notes explain the fundamentals of each Incoterms® 2020 rule, such as when it should be used, when risk transfers and how costs are allocated between seller and buyer.

[g] 사용자를 위한 설명문

41. 2010 버전에서 개별 인코텀즈 규칙의 첫 머리에 있던 '사용지침'은 이제는 '사용자를 위한 설명문'이 되었다. 이러한 설명문은 각 규칙이 어떤 경우에 사용되어야 하는지, 위험은 언제 이전하는지 그리고 매도인과 매수인 사이에 비용분담은 어떠한지와 같은 개별 인코텀즈 2020 규칙의 기초를 설명한다.

X. CAUTION WITH VARIANTS OF INCOTERMS® RULES

42. Sometimes the parties want to alter an Incoterms® rule. The Incoterms® 2020 rules **do not prohibit** such alteration, [★3] but there are dangers in so doing. In order to avoid any unwelcome surprises, the parties would need to make the intended effect of such alterations extremely clear in their contract.

X. 인코텀즈 규칙 변용 시 유의점

42. 때때로 당사자들은 인코텀즈 규칙을 조금 고쳐서 사용하길 원한다. 인코텀즈 2020 규칙은 그러한 변경을 금지하지 않으나 그렇게 하는 데에는 위험이 따른다. 의외의 결과를 피하기 위하여 당사자들은 그러한 변경으로 의도하는 효과를 계약에서 매우 분명하게 표시하여야 한다.

[RULES FOR ANY MODE OR MODES OF TRANSPORT]

(1) EXW | Ex Works (insert named place of delivery)

   ㉠ EXPLANATORY NOTES FOR USERS

   ① Delivery and risk : "Ex Works" means that the seller delivers the goods to the buyer [★1]

   * when it places the goods at the disposal of the buyer at a named place (like a factory or warehouse), and

   * that named place may or may not be the seller's premises.
     For delivery to occur, the seller does not need to load the goods on any collecting vehicle, nor does it need to clear the goods for export, where such clearance is applicable.

   ② A note of caution to buyers : EXW is the Incoterms® rule which imposes the least set of obligations on the seller. [★1]

[모든 운송방식에 적용되는 규칙]

(1) EXW | 공장인도 (지정인도장소 기입)

   ㉠ 사용자를 위한 설명문

   ① 인도와 위험 : "공장인도"는 매도인이 다음과 같이 한 때 매수인에게 물품을 인도하는 것을 의미한다.

- 매도인이 물품을 (공장이나 창고와 같은) 지정장소에서 매수인의 처분하에 두는 때, 그리고
- 그 지정장소는 매도인의 영업구내일 수도 있고 아닐 수도 있다.
  인도가 일어나기 위하여 매도인은 물품을 수취용 차량에 적재하지 않아도 되고, 물품의 수출통관이 요구되더라도 이를 수행할 필요가 없다.
② 매수인을 위한 유의사항 : EXW는 매도인에게 최소의 일련의 의무를 지우는 인코텀즈 규칙이다.

(2) FCA | Free Carrier (insert named place of delivery)
  ① EXPLANATORY NOTES FOR USERS
    ㉠ Delivery and risk : "Free Carrier (named place)" means that the seller delivers the goods to the buyer in one or other of two ways. [★3]
      - First, when the named place is the seller's premises, the goods are delivered
        − when they are loaded on the means of transport arranged by the buyer.
      - Second, when the named place is another place, the goods are delivered
        − when, having been loaded on the seller's means of transport, [★1]
        − they reach the named other place and
        − are ready for unloading from that seller's means of transport and
        − at the disposal of the carrier or of another person nominated by the buyer. Whichever of the two is chosen as the place of delivery, that place identifies where risk transfers to the buyer and the time from which costs are for the buyer's account.

(2) FCA | 운송인인도 (지정인도장소 기입)
  ① 사용자를 위한 설명문
    ㉠ 인도와 위험 : "운송인인도 (지정장소)"는 매도인이 물품을 매수인에게 다음과 같은 두 가지 방법 중 어느 하나로 인도하는 것을 의미한다.
      - 첫째, 지정장소가 매도인의 영업구내인 경우 물품은 다음과 같이 된 때 인도된다.
        − 물품이 매수인이 마련한 운송수단에 적재된 때
      - 둘째, 지정장소가 그 밖의 장소인 경우, 물품은 다음과 같이 된 때 인도된다.
        − 매도인의 운송수단에 적재되어서

456

- 지정장소에 도착하고
- 매도인의 운송수단에 실린 채 양하준비된 상태로
- 매수인이 지정한 운송인이나 제3자의 처분하에 놓인 때

그러한 두 장소 중에서 인도장소로 선택되는 장소는 위험이 매수인에게 이전하는 곳이자 또한 매수인이 비용을 부담하기 시작하는 시점이 된다.

(3) CPT | Carriage Paid To (insert named place of destination)

① EXPLANATORY NOTES FOR USERS

㉠ Delivery and risk : "Carriage Paid To" means that the seller delivers the goods —and transfers the risk—to the buyer [★1]

- by handing them over to the carrier
- contracted by the seller
- or by procuring the goods so delivered.
- The seller may do so by giving the carrier physical possession of the goods in the manner and at the place appropriate to the means of transport used.

(3) CPT | 운송비지급인도 (지정목적지 기입)

① 사용자를 위한 설명문

㉠ 인도와 위험 : "운송비지급인도"는 매도인이 다음과 같이 매수인에게 물품을 인도하는 것을 - 그리고 위험을 이전하는 것을 - 의미한다.

- 매도인과 계약을 체결한 운송인에게
- 물품을 교부함으로써
- 또는 그렇게 인도된 물품을 조달함으로써
- 매도인은 사용되는 운송수단에 적합한 방법으로 그에 적합한 장소에서 운송인에게 물품의 점유를 이전함으로써 물품을 인도할 수 있다.

(4) CIP | Carriage and Insurance Paid To (insert named place of destination)

① EXPLANATORY NOTES FOR USERS

㉠ Delivery and risk : "Carriage and Insurance Paid To" means that the seller delivers the goods — and transfers the risk — to the buyer

- by handing them over to the carrier

- contracted by the seller
- or by procuring the goods so delivered.
- The seller may do so by giving the carrier physical possession of the goods in the manner and at the place appropriate to the means of transport used. Once the goods have been delivered to the buyer in this way, the seller does not guarantee that the goods will reach the place of destination in sound condition, in the stated quantity or indeed at all.

  This is because risk transfers from seller to buyer when the goods are delivered to the buyer by handing them over to the carrier; the seller must nonetheless contract for the carriage of the goods from delivery to the agreed destination. Thus, for example, goods are handed over to a carrier in Las Vegas (which is not a port) for carriage to Southampton (a port) or to Winchester(which is not a port). In either case, delivery transferring risk to the buyer happens in Las Vegas, and the seller must make a contract of carriage to either Southampton or Winchester.

ⓛ Insurance : The seller must also contract for insurance cover against the buyer's risk of loss of or damage to the goods from the point of delivery to at least the point of destination. This may cause difficulty where the destination country requires insurance cover to be purchased locally: in this case the parties should consider selling and buying under CPT. The buyer should also note that under the CIP Incoterms® 2020 rule the seller is required to obtain extensive insurance cover complying with Institute Cargo Clauses (A) or similar clause, rather than with the more limited cover under Institute Cargo Clauses (C). It is, however, still open to the parties to agree
on a lower level of cover.

ⓒ Costs of unloading at destination : If the seller incurs costs under its contract of carriage related to unloading at the named place of destination, the seller is not entitled to recover such costs separately from the buyer unless otherwise agreed between the parties. [★1]

(4) CIP | 운송비·보험료 지급인도 (지정목적지 기입)

① 사용자를 위한 설명문

㉠ 인도와 위험 : "운송비·보험료 지급인도"는 매도인이 다음과 같이 매수인에게 물품을 인도하는 것을 - 그리고 위험을 이전하는 것을 - 의미한다.

• 매도인과 계약을 체결한 운송인에게

• 물품을 교부함으로써

• 또는 그렇게 인도된 물품을 조달함으로써

• 매도인은 사용되는 운송수단에 적합한 방법으로 그에 적합한 장소에서 운송인에게 물품의 물리적 점유를 이전함으로써 물품을 인도할 수 있다.

물품이 이러한 방법으로 매수인에게 인도되면, 매도인은 그 물품이 목적지에 양호한 상태로 그리고 명시된 수량 또는 그 전량이 도착할 것을 보장하지 않는다. 왜냐하면 물품이 운송인에게 교부됨으로써 매수인에게 인도된 때 위험은 매도인으로부터 매수인에게 이전하기 때문이다. 그러나 매도인은 물품을 인도지로부터 합의된 목적지까지 운송하는 계약을 체결하여야 한다. 따라서 예컨대 (항구인) 사우샘프턴이나 (항구가 아닌) 윈체스터까지 운송하기 위하여 (항구가 아닌) 라스베이거스에서 운송인에게 물품이 교부된다. 이러한 각각의 경우에 위험을 매수인에게 이전시키는 인도는 라스베이거스에서 일어나고 매도인은 사우샘프턴이나 윈체스터로 향하는 운송계약을 체결하여야 한다.

㉡ 보험 : 매도인은 또한 인도지점부터 적어도 목적지점까지 매수인의 물품의 멸실 또는 훼손 위험에 대하여 보험계약을 체결하여야 한다. 이는 목적지 국가가 자국의 보험자에게 부보하도록 요구하는 경우에는 어려움을 야기할 수 있다. 이러한 경우에 당사자들은 CPT로 매매하는 것을 고려하여야 한다. 또한 매수인은 인코텀즈 2020 CIP하에서 매도인은 협회적하약관의 C 약관에 의한 제한적인 담보조건이 아니라 협회적하약관의 A 약관이나 그와 유사한 약관에 따른 광범위한 담보조건으로 부보하여야 한다는 것을 유의하여야 한다. 그러나 당사자들은 여전히 더 낮은 수준의 담보조건으로 부보하기로 합의할 수 있다.

㉢ 목적지의 양하비용 : 매도인이 자신의 운송계약상 지정목적지에서 양하에 관하여 비용이 발생한 경우에 매도인은 당사자 간에 달리 합의되지 않은 한 그러한 비용을 매수인으로부터 별도로 상환받을 권리가 없다.

(5) DAP | Delivered at Place (insert named place of destination)
  ① EXPLANATORY NOTES FOR USERS
    ㉠ Delivery and risk : "Delivered at Place" means that the seller delivers the goods—and transfers risk—to the buyer [★2]
- when the goods are placed at the disposal of the buyer
- on the arriving means of transport ready for unloading
- at the named place of destination or
- at the agreed point within that place, if any such point is agreed.

      The seller bears all risks involved in bringing the goods to the named place of destination or to the agreed point within that place. In this Incoterms® rule, therefore, delivery and arrival at destination are the same.

    ㉡ Unloading costs : The seller is not required to unload the goods from the arriving means of transportation. However, if the seller incurs costs under its contract of carriage related to unloading at the place of delivery/destination, the seller is not entitled to recover such costs separately from the buyer unless otherwise agreed between the parties. [★1]

(5) DAP | 도착지인도 (지정목적지 기입)
  ① 사용자를 위한 설명문
    ㉠ 인도와 위험 : "도착지인도"는 다음과 같이 된 때 매도인이 매수인에게 물품을 인도하는 것을 - 그리고 위험을 이전하는 것을 - 의미한다.
- 물품이 지정목적지에서 또는
- 지정목적지 내에 어떠한 지점이 합의된 경우에는 그 지점에서
- 도착운송수단에 실어둔 채 양하준비된 상태로
- 매수인의 처분하에 놓인 때

      매도인은 물품을 지정목적지까지 또는 지정목적지 내의 합의된 지점까지 가져가는 데 수반되는 모든 위험을 부담한다. 따라서 본 인코텀즈 규칙에서 인도와 목적지의 도착은 같은 것이다.

    ㉡ 양하비용 : 매도인은 도착운송수단으로부터 물품을 양하(Unload)할 필요가 없다. 그러나 매도인이 자신의 운송계약상 인도장소/목적지에서 양하에 관하여 비용이 발생한 경우에 매도인은 당사자 간에 달리 합의되지 않은 한 그러한 비용을 매수인으로부터 별도로 상환받을 권리가 없다.

(6) DPU | Delivered at Place Unloaded (insert named place of destination)

    ① EXPLANATORY NOTES FOR USERS

        ㉠ Delivery and risk : "Delivered at Place Unloaded" means that the seller delivers the goods—and transfers risk—to the buyer

- when the goods,
- once **unloaded** from the arriving means of transport, [★3]
- are placed at the disposal of the buyer
- at a named place of destination or
- at the agreed point within that place, if any such point is agreed.

The seller bears all risks involved in bringing the goods to and unloading them at the named place of destination. In this Incoterms® rule, therefore, the delivery and arrival at destination are the same. DPU is the only Incoterms® rule that requires the seller to unload goods at destination. The seller should therefore ensure that it is in a position to organise unloading at the named place.

Should the parties intend the seller not to bear the risk and cost of unloading, the DPU rule should be avoided and DAP should be used instead.

(6) DPU | 도착지양하인도(지정목적지 기입)

    ① 사용자를 위한 설명문

        ㉠ 인도와 위험 : "도착지양하인도"는 다음과 같이 된 때 매도인이 매수인에게 물품을 인도하는 것을 – 그리고 위험을 이전하는 것을 – 의미한다.

- 물품이
- 지정목적지에서 또는
- 지정목적지 내에 어떠한 지점이 합의된 경우에는 그 지점에서
- 도착운송수단으로부터 양하된 상태로
- 매수인의 처분하에 놓인 때

매도인은 물품을 지정목적지까지 가져가서 그곳에서 물품을 양하하는 데 수반되는 모든 위험을 부담한다.

따라서 본 인코텀즈 규칙에서 인도와 목적지의 도착은 같은 것이다. DPU는 매도인이 목적지에서 물품을 양하하도록 하는 유일한 인코텀즈 규칙이다. 따라서

매도인은 자신이 그러한 지정장소에서 양하를 할 수 있는 입장에 있는지를 확실히 하여야 한다. 당사자들은 매도인이 양하의 위험과 비용을 부담하기를 원하지 않는 경우에는 DPU를 피하고 그 대신 DAP를 사용하여야 한다.

(7) DDP | Delivered Duty Paid (insert named place of destination)

① EXPLANATORY NOTES FOR USERS

㉠ Delivery and risk : "Delivered Duty Paid" means that the seller delivers the goods to the buyer [★1]

- when the goods are placed at the disposal of the buyer,
- cleared for import,
- on the arriving means of transport,
- ready for unloading,
- at the named place of destination or at the agreed point within that place, if any such point is agreed.

The seller bears all risks involved in bringing the goods to the named place of destination or to the agreed point within that place. In this Incoterms® rule, therefore, delivery and arrival at destination are the same.

(7) DDP | 관세지급인도 (지정목적지기입)

① 사용자를 위한 설명문

㉠ 인도와 위험 : "관세지급인도"는 다음과 같이 된 때 매도인이 매수인에게 물품을 인도하는 것을 의미한다.

- 물품이 지정목적지에서 또는 지정목적지 내의 어떠한 지점이 합의된 경우에는 그러한 지점에서
- 수입통관 후 [★1]
- 도착운송수단에 실어둔 채
- 양하준비된 상태로
- 매수인의 처분하에 놓인 때

매도인은 물품을 지정목적지까지 또는 지정목적지 내의 합의된 지점까지 가져가는 데 수반되는 모든 위험을 부담한다. 따라서 본 인코텀즈 규칙에서 인도와 목적지의 도착은 같은 것이다.

[RULES FOR SEA AND INLAND WATERWAY TRANSPORT]

(1) FAS | Free Alongside Ship (insert named port of shipment)

   ① EXPLANATORY NOTES FOR USERS

      ㉠ Delivery and risk : "Free Alongside Ship" means that the seller delivers the goods to the buyer

        • when the goods are placed alongside the ship (e.g. on a quay or a barge) [★1]

        • nominated by the buyer

        • at the named port of shipment

        • or when the seller procures goods already so delivered.

      The risk of loss of or damage to the goods transfers when the goods are alongside the ship, and the buyer bears all costs from that moment onwards.

[해상운송과 내수로운송에 적용되는 규칙]

(1) FAS | 선측인도 (지정선적항 기입)

   ① 사용자를 위한 설명문

      ㉠ 인도와 위험 : "선측인도"는 다음과 같이 된 때 매도인이 물품을 매수인에게 인도하는 것을 의미한다.

        • 지정선적항에서

        • 매수인이 지정한 선박의

        • 선측에 (예컨대 부두 또는 바지에) 물품이 놓인 때

        • 또는 이미 그렇게 인도된 물품을 조달한 때.

      물품의 멸실 또는 훼손의 위험은 물품이 선측에 놓인 때 이전하고, 매수인은 그 순간부터 향후의 모든 비용을 부담한다.

(2) FOB | Free On Board (insert named port of shipment)

   ① EXPLANATORY NOTES FOR USERS

      ㉠ Delivery and risk : "Free on Board" means that the seller delivers the goods to the buyer [★1]

        • on board the vessel

        • nominated by the buyer

- at the named port of shipment
- or procures the goods already so delivered.

The risk of loss of or damage to the goods transfers when the goods are on board the vessel, and the buyer bears all costs from that moment onwards. [★1]

(2) FOB │ 본선인도 (지정선적항 기입)

① 사용자를 위한 설명문

㉠ 인도와 위험 : "본선인도"는 매도인이 다음과 같이 물품을 매수인에게 인도하는 것을 의미한다.

- 지정선적항에서
- 매수인이 지정한
- 선박에 적재함
- 또는 이미 그렇게 인도된 물품을 조달함.

물품의 멸실 또는 훼손의 위험은 물품이 선박에 적재된 때 이전하고, 매수인은 그 순간부터 향후의 모든 비용을 부담한다.

참조 **매도인의 의무 - A2. Delivery**

The seller must deliver the goods either by placing them **on board the vessel** nominated by thebuyer at the loading point, if any, indicated by the buyer at the named port of shipment orbyprocuring the goods so delivered. [★1]

매도인은 물품을 지정선적항에서, 그 지정선적항에 매수인이 표시하는 적재지점이 있는 경우에는 그 지점에서 매수인이 지정하는 선박에 적재하거나 그렇게 인도된 물품을 조달함으로써 인도하여야 한다.

참조 **매도인의 의무 - A3. Transfer of risks**

The seller bears all risks of loss of or damage to the goods until they have been delivered in accordance with **A2.** [★1]

매도인은 물품이 A2에 따라 인도된 때까지 물품의 멸실 또는 훼손의 모든 위험을 부담한다.

(3) CFR | Cost and Freight (insert named port of destination)

① EXPLANATORY NOTES FOR USERS

㉠ Delivery and risk : "Cost and Freight" means that the seller delivers the goods to the buyer [★1]

- on board the vessel

- or procures the goods already so delivered.

The risk of loss of or damage to the goods transfers when the goods are on board the vessel, such that the seller is taken to have performed its obligation to deliver the goods whether or not the goods actually arrive at their destination in sound condition, in the stated quantity or, indeed, at all. In CFR, the seller owes no obligation to the buyer to purchase insurance cover: the buyer would be well−advised therefore to purchase some cover for itself.

(3) CFR | 운임포함인도 (지정목적항 기입)

① 사용자를 위한 설명문

㉠ 인도와 위험 : "운임포함인도"는 매도인이 물품을 매수인에게 다음과 같이 인도하는 것을 의미한다.

- 선박에 적재함

- 또는 이미 그렇게 인도된 물품을 조달함.

물품의 멸실 또는 훼손의 위험은 물품이 선박에 적재된 때 이전하고, 그에 따라 매도인은 명시된 수량의 물품이 실제로 목적지에 양호한 상태로 도착하는지를 불문하고 또는 사실 물품이 전혀 도착하지 않더라도 그의 물품 인도의무를 이행한 것으로 된다. CFR에서 매도인은 매수인에 대하여 부보의무가 없다. 따라서 매수인은 스스로 부보하는 것이 좋다.

(4) CIF | Cost Insurance and Freight (insert named port of destination)

① EXPLANATORY NOTES FOR USERS

㉠ Delivery and risk : "Cost Insurance and Freight" means that the seller delivers the goods to the buyer

- on board the vessel

• or procures the goods already so delivered.

The risk of loss of or damage to the goods transfers when the goods are on board the vessel, such that the seller is taken to have performed its obligation to deliver the goods whether or not the goods actually arrive at their destination in sound condition, in the stated quantity or, indeed, at all.

(4) CIF | 운임·보험료 포함인도 (지정목적항 기입)

① 사용자를 위한 설명문

㉠ 인도와 위험 : "운임·보험료 포함인도"는 매도인이 물품을 매수인에게 다음과 같이 인도하는 것을 의미한다.

• 선박에 적재함

• 또는 이미 그렇게 인도된 물품을 조달함.

물품의 멸실 또는 훼손의 위험은 물품이 선박에 적재된 때 이전하고, 그에 따라 매도인은 명시된 수량의 물품이 실제로 목적지에 양호한 상태로 도착하는지를 불문하고 또는 사실 물품이 전혀 도착하지 않더라도 그의 물품인도 의무를 이행한 것으로 된다.

3. 신용장통일규칙(UCP 600)

[Article 1] Application of UCP

The Uniform Customs and Practice for Documentary Credits, 2007 Revision, ICC Publication no. 600 ("UCP") are rules that apply to any documentary credit ("credit") (including, to the extent to which they may be applicable, any standby letter of credit) when the text of the credit expressly indicates that it is subject to these rules. They are binding on all parties thereto unless expressly modified or excluded by the credit.

[제1조] 신용장통일규칙의 적용범위

제6차 개정 신용장통일규칙(2007년 개정, 국제상업회의소 간행물 제600호, "신용장통일규칙")은 신용장의 문면에 위 규칙이 적용된다는 것을 명시적으로 표시한 경우 모든 화환신용장{위 규칙이 적용 가능한 범위 내에서는 보증신용장(standby letter of credit)을 포함한다. 이하 "신용장"이라 한다}에 적용된다. 이 규칙은 신용장에서 명시적으로 수정되거나 그 적용이 배제되지 않는 한 모든 당사자를 구속한다.

[Article 2] Definitions

For the purpose of these rules :

— Advising bank means the bank that advises the credit at the request of the issuing bank.

— Applicant means the party on whose request the credit is issued.

— Banking day means a day on which a bank is regularly open at the place at which an act subject to these rules is to be performed. [★1]

— Beneficiary means the party in whose favour a credit is issued. [★1]

— Complying presentation means a presentation that is in accordance with the terms and conditions of the credit, the applicable provisions of these rules and international standard banking practice. [★2]

— Confirmation means a definite undertaking of **the confirming bank,** in addition to that of the issuing bank, to honour or negotiate a complying presentation. [★2]

— Confirming bank means the bank that adds its confirmation to a credit upon **the issuing bank's** authorization or request. [★1]

— Credit means any arrangement, however named or described, that is irrevocable and thereby constitutes a definite undertaking of the issuing bank to honour a complying presentation. [★1]

— Honour means :

   a. to pay at sight if the credit is available **by sight payment.** [★2]

   b. to incur a deferred payment undertaking and pay at maturity if the credit is available **by deferred payment.** [★1]

   c. to accept a bill of exchange ("draft") drawn by the beneficiary and pay at maturity if the credit is available **by acceptance.** [★2]

— Issuing bank means the bank that issues a credit at the request of an applicant or on its own behalf. [★3]

— Negotiation means the purchase by the nominated bank of drafts (drawn on a bank other than the nominated bank) and/or documents under a complying presentation, by advancing or agreeing to advance funds to the beneficiary on or before the banking day on which reimbursement is due to the nominated bank. [★1]

- Nominated bank means the bank with which the credit is available or any bank in the case of a credit available with any bank. [★2]
- Presentation means either the delivery of documents under a credit to the issuing bank or **nominated bank** or the documents so delivered. [★2]
- Presenter means a beneficiary, bank or other party that makes a presentation.

[제2조] 정의

이 규칙에서는 다음과 같이 해석한다.

- 통지은행(Advising Bank)은 개설은행의 요청에 따라 신용장을 통지하는 은행을 의미한다.
- 개설의뢰인(Applicant)은 신용장 개설을 신청한 당사자를 의미한다.
- 은행영업일(Banking day)은 이 규칙이 적용되는 행위가 이루어지는 장소에서 은행이 통상적으로 영업하는 날을 의미한다.
- 수익자(Beneficiary)는 신용장 개설을 통하여 이익을 받는 당사자를 의미한다.
- 일치하는 제시(Complying presentation)는 신용장 조건, 적용 가능한 범위 내에서의 이 규칙의 규정, 그리고 국제표준은행관행에 따른 제시를 의미한다.
- 확인(Confirmation)은 일치하는 제시에 대하여 결제(honour) 또는 매입하겠다는 개설은행의 확약에 추가하여 확인은행이 하는 확약을 의미한다.
- 확인은행(Confirming bank)은 개설은행의 수권 또는 요청에 의하여 신용장에 확인을 한 은행을 의미한다.
- 신용장(Credit)은 그 명칭과 상관없이 개설은행이 일치하는 제시에 대하여 결제(honour) 하겠다는 확약으로서 취소가 불가능한 모든 약정을 의미한다.
- 결제(honour)는 다음과 같은 내용을 의미한다.
  a. 신용장이 일람지급에 의하여 이용 가능하다면 일람출급으로 지급하는 것
  b. 신용장이 연지급에 의하여 이용 가능하다면 연지급을 확약하고 만기에 지급하는 것
  c. 신용장이 인수에 의하여 이용 가능하다면 수익자가 발행한 환어음을 인수하고 만기에 지급하는 것
- 개설은행(Issuing bank)은 개설의뢰인의 신청 또는 그 자신을 위하여 신용장을 개설한 은행을 의미한다.
- 매입(Negotiation)은 일치하는 제시에 대하여 지정은행이, 지정은행에 상환하여야 하는 은행영업일 또는 그 전에 대금을 지급함으로써 또는 대금지급에 동의함으로써 환어음

(지정은행이 아닌 은행 앞으로 발행된) 및/ 또는 서류를 매수(purchase)하는 것을 의미한다.

— 지정은행(Nominated bank)은 신용장에서 권한을 받은 특정한 은행을 의미하고, 모든 은행에 대한 수권이 있는 신용장의 경우에는 모든 은행을 의미한다.

— 제시(Presentation)는 신용장에 의하여 이루어지는 개설은행 또는 지정은행에 대한 서류의 인도 또는 그렇게 인도된 그 서류 자체를 의미한다.

— 제시자(Presenter)는 제시를 하는 수익자, 은행 또는 다른 당사자를 의미한다.

[Article 3] Interpretations

For the purpose of these rules:

— Where applicable, words in the singular include the plural and in the plural include the singular.

— A credit is irrevocable even if there is no indication to that effect.

— A document may be signed by handwriting, facsimile signature, perforated signature, stamp, symbol or any other mechanical or electronic method of authentication.

— A requirement for a document to be legalized, visaed, certified or similar will be satisfied by any signature, mark, stamp or label on the document which appears to satisfy that requirement.

— Branches of a bank in different countries are considered to be separate banks. [★1]

— Terms such as "first class", "well known", "qualified", "independent", "official", competent or "local" used to describe the issuer of a document allow any issuer except the beneficiary to issue that document.

— Unless required to be used in a document, words such as "prompt", "immediately" or as soon as possible will be disregarded. [★1]

— The expression "**on or about**" or similar will be interpreted as a stipulation that an event is to occur during a period of **five calendar days** before until five calendar days after the specified date, both start and end dates **included.** [★1]

— The words "to", "until", "till", "from" and "between" when used to determine a period of shipment **include** the date or dates mentioned, and the words "before" and "after" exclude the date mentioned. [★1]

- The words "from" and "after" when used to determine a maturity date **exclude** the date mentioned. [★1]
- The terms "first half" and "second half" of a month shall be construed respectively as the 1st to the 15th and the 16th to the last day of the month, all dates inclusive.
- The terms "beginning", "middle" and "end" of a month shall be construed respectively as the 1st to the 10th, the 11th to the 20th and the 21st to the last day of the month, all dates inclusive.

[제3조] 해석

이 규칙에서는 다음과 같이 해석한다.

- 적용 가능한 경우, 단수의 단어는 복수의 단어를 포함하고, 복수의 단어는 단수의 단어를 포함한다.
- 신용장은 취소불능이라는 표시가 없더라도 취소가 불가능하다.
- 서류는 자필, 팩시밀리서명, 천공서명, 스탬프, 상징 또는 그 외 기계식 또는 전자식 확인방법으로 서명될 수 있다.
- 공증, 사증, 공인 또는 이와 유사한 서류의 요건은 그 요건에 부합하는 것으로 보이는 서류상의 모든 서명, 표시, 탬프 또는 라벨에 의하여 만족될 수 있다.
- 서로 다른 국가에 위치한 같은 은행의 지점들은 다른 은행으로 본다.
- 서류의 발행자를 표현하기 위하여 사용되는 "first class(일류)", "well known(저명한)", "qualified(자격 있는)", "independent(독립적인)", "official(공적인)", "competent(능력 있는)" 또는 "local(현지의)"라는 용어들은 수익자를 제외하고, 해당 서류를 발행하는 모든 서류 발행자가 사용할 수 있다.
- 서류에 사용하도록 요구되지 않는다면 "신속하게(prompt)", "즉시(immediately)" 또는 "가능한 한 빨리(as soon as possible)"라는 단어들은 무시된다.
- "그 시경(on or about)" 또는 이와 유사한 표현은 어떠한 일이 첫날과 마지막 날을 포함하여 특정 일자의 전 5일부터 후 5일까지의 기간 중에 발생해야 하는 규정으로 해석된다.
- 선적기간을 정하기 위하여 "to", "until", "till", "from", 그리고 "between"이라는 단어가 사용된 경우 이는 (기간에) 명시된 일자 또는 일자들을 포함하고, "before"와 "after"라는 단어는 명시된 일자를 제외한다.
- 만기(滿期)를 정하기 위하여 "from"과 "after"라는 단어가 사용된 경우에는 명시된 일자를 제외한다.

- 어느 월의 "전반(first half)"과 "후반(second)"이라는 단어는 각 해당 월의 1일부터 15일까지, 16일부터 해당 월의 마지막 날까지로 해석되며, 그 기간 중의 모든 날짜를 포함한다.

- 어느 월의 "초(beginning)", "중(middle)", "말(end)"이라는 단어는 각 해당 월의 1일부터 10일, 11일부터 20일, 21일부터 해당 월의 마지막 날까지로 해석되며, 그 기간 중의 모든 날짜가 포함된다.

[Article 4] Credits v. Contracts

a. A credit by its nature is a separate transaction from the sale or other contract on which it may be based. Banks are in no way concerned with or bound by such contract, even if any reference whatsoever to it is included in the credit. [★3] Consequently, the undertaking of a bank to honour, to negotiate or to fulfil any other obligation under the credit is not subject to claims or defences by the applicant resulting from its relationships with the issuing bank or the beneficiary. beneficiary. can in no case avail itself of the contractual relationships existing between banks or between the applicant and the issuing bank. [★1]

b. An issuing bank **should discourage** any attempt by the applicant to include, as an integral part of the credit, copies of the underlying contract, pro forma invoice and the like. [★1]

[제4조] 신용장과 원인계약

a. 신용장은 그 본질상 그 기초가 되는 매매 또는 다른 계약과는 별개의 거래이다. 신용장에 그러한 계약에 대한 언급이 있더라도 은행은 그 계약과 아무런 관련이 없고, 또한 그 계약 내용에 구속되지 않는다. 따라서 신용장에 의한 결제(honour), 매입 또는 다른 의무이행의 확약은 개설의뢰인 또는 수익자와 개설의뢰인의 사이의 관계에서 비롯된 개설의뢰인의 주장이나 항변에 구속되지 않는다. 수익자는 어떠한 경우에도 은행들 사이 또는 개설의뢰인과 개설은행 사이의 계약관계를 원용할 수 없다.

b. 개설은행은 개설의뢰인이 원인계약이나 견적송장 등의 사본을 신용장의 일부분으로 포함시키려는 어떠한 시도도 하지 못하게 하여야 한다.

[Article 5] Documents v. Goods, Services or Performance

Banks deal with documents and not with goods, services or performance to which the documents may relate.

[제5조] 서류와 물품, 용역 또는 의무이행

은행은 서류로 거래하는 것이며 그 서류가 관계된 물품, 용역 또는 의무이행으로 거래하는 것은 아니다.

[Article 6] Availability, Expiry Date and Place for Presentation

a. A credit must state the bank with which it is available or whether it is available with any bank. [★1] A credit available with a nominated bank is also available **with the issuing bank.** [★3]

b. **A credit must state whether it is available by sight payment, deferred payment, acceptance or negotiation.** [★2]

c. A credit **must not be issued** available by a draft drawn on the applicant. [★3]

d. i. A credit **must** state an expiry date for presentation. [★4] An expiry date stated for honour or negotiation will be deemed to be an expiry date for presentation. [★3]

ii. The place of the bank with which the credit is available is the place for presentation. The place for presentation under a credit available with any bank is that of any bank. A place for presentation other than that of the issuing bank is in addition to the place of the issuing bank.

e. Except as provided in sub−article 29 (a), a presentation by or on behalf of the beneficiary must be made on or before the expiry date. [★1]

[제6조] 이용 가능성, 유효기일 그리고 제시장소

a. 신용장은 그 신용장이 이용 가능한 은행을 명시하거나 모든 은행에서 이용 가능한지 여부를 명시하여야 한다. 지정은행에서 이용 가능한 신용장은 또한 개설은행에서도 이용할 수 있다.

b. 신용장은 그 신용장이 일람지급, 연지급, 인수 또는 매입에 의하여 이용 가능한지 여부를 명시하여야 한다.

c. 신용장은 개설의뢰인을 지급인으로 하는 환어음에 의하여 이용 가능하도록 개설되어서는 안 된다.

472

d. ⅰ. 신용장은 제시를 위한 유효기일을 명시하여야 한다. 신용장 대금의 결제(honour) 또는 매입을 위한 유효기일은 제시를 위한 유효기일로 본다.

　　ⅱ. 신용장이 이용가능한 은행의 장소가 제시를 위한 장소이다. 모든 은행에서 이용가능한 신용장에서의 제시장소는 그 모든 은행의 소재지가 된다. 개설은행의 소재지가 아닌 제시장소는 개설은행의 소재지에 그 장소를 추가한 것이다.

e. 제29조 (a)항에 규정된 경우를 제외하고, 수익자에 의한 또는 수익자를 위한 제시는 유효기일 또는 그 전에 이루어져야 한다.

[Article 7] Issuing Bank Undertaking

a. Provided that the stipulated documents are presented to the nominated bank or to the issuing bank and that they constitute a complying presentation, the issuing bank must honour if the credit is available by : [★1]

　　i. sight payment, deferred payment or acceptance with the issuing bank; [★1]

　　ii. sight payment with a nominated bank and that nominated bank does not pay;

　　iii. deferred payment with a nominated bank and that nominated bank does not incur its deferred payment undertaking or, having incurred its deferred payment undertaking, does not pay at maturity;

　　iv. acceptance with a nominated bank and that nominated bank does not accept a draft drawn on it or, having accepted a draft drawn on it, does not pay at maturity;

　　v. negotiation with a nominated bank and that nominated bank does not negotiate.

b. An issuing bank is irrevocably bound to honour as of the time it issues the credit. [★1]

c. An issuing bank undertakes to reimburse a nominated bank that has honoured or negotiated a complying presentation and forwarded the documents to the issuing bank. [★1] Reimbursement for the amount of a complying presentation under a credit available by acceptance or deferred payment is due at maturity, whether or not the nominated bank prepaid or purchased before maturity. An issuing bank's undertaking to reimburse a nominated bank is independent of the issuing bank's undertaking to the beneficiary.

[제7조] 개설은행의 의무

a. 신용장에서 규정된 서류들이 지정은행 또는 개설은행에 제시되고, 그것이 신용장 조건에 일치하는 제시일 경우 개설은행은 다음과 같은 결제(honour)의 의무를 부담한다.

   ⅰ. 신용장이 개설은행에서 일람지급, 연지급 또는 인수에 의하여 이용될 수 있는 경우

   ⅱ. 신용장이 지정은행에서 일람지급에 의하여 이용될 수 있는데, 지정은행이 대금을 지급하지 않는 경우

   ⅲ. 신용장이 지정은행에서 연지급에 의하여 이용될 수 있는데, 지정은행이 연지급의 의무를 부담하지 않는 경우, 또는 그와 같은 연지급의 의무를 부담하였으나 만기에 대금을 지급하지 않는 경우

   ⅳ. 신용장이 지정은행에서 인수에 의하여 이용될 수 있는데, 지정은행이 지정은행을 지급인으로 한 환어음을 인수하지 않거나 그 환어음을 인수하였더라도 만기에 지급하지 않는 경우

   ⅴ. 신용장이 지정은행에서 매입에 의하여 이용될 수 있는데, 지정은행이 매입하지 않는 경우

b. 개설은행은 신용장의 개설시점으로부터 취소가 불가능한 결제(honour)의 의무를 부담한다.

c. 개설은행은 일치하는 제시에 대하여 결제(honour) 또는 매입을 하고, 그 서류를 개설은행에 송부한 지정은행에 대하여 신용장 대금을 상환할 의무를 부담한다. 인수신용장 또는 연지급신용장의 경우 일치하는 제시에 대응하는 대금의 상환은 지정은행이 만기 이전에 대금을 먼저 지급하였거나 또는 매입하였는지 여부와 관계없이 만기에 이루어져야 한다. 개설은행의 지정은행에 대한 상환의무는 개설은행의 수익자에 대한 의무로부터 독립적이다.

[Article 8] Confirming Bank Undertaking

a. Provided that the stipulated documents are presented to the confirming bank or to any other nominated bank and that they constitute a complying presentation, the confirming bank must:

   i. honour, if the credit is available by [★1]

      a) sight payment, deferred payment or acceptance with the confirming bank;

      b) sight payment with another nominated bank and that nominated bank does not pay;

    c) deferred payment with another nominated bank and that nominated bank does not incur its deferred payment undertaking or, having incurred its deferred payment undertaking, does not pay at maturity;

    d) acceptance with another nominated bank and that nominated bank does not accept a draft drawn on it or, having accepted a draft drawn on it, does not pay at maturity;

    e) negotiation with another nominated bank and that nominated bank does not negotiate.

  ii. negotiate, without recourse, if the credit is available by negotiation with the confirming bank.

b. A confirming bank is irrevocably bound to honour or negotiate as of **the time it adds its confirmation** to the credit. [★1]

c. A confirming bank undertakes to reimburse another nominated bank that has honoured or negotiated a complying presentation and forwarded the documents to the confirming bank. Reimbursement for the amount of a complying presentation under a credit available by acceptance or deferred payment is due at maturity, whether or not another nominated bank prepaid or purchased before maturity. A confirming bank's undertaking to reimburse another nominated bank is independent of the confirming bank's undertaking to the beneficiary.

d. If a bank is authorized or requested by the issuing bank to confirm a credit but is not prepared to do so, it must inform the issuing bank without delay and may advise the credit without confirmation. [★1]

[제8조] 확인은행의 의무

a. 신용장에서 규정된 서류들이 확인은행 또는 다른 지정은행에 제시되고, 그것이 신용장 조건에 일치하는 제시일 경우

  i. 확인은행은 다음과 같은 경우 결제(honour)의 의무를 부담한다.

    a) 신용장이 확인은행에서 일람지급, 연지급 또는 인수에 의하여 이용될 수 있는 경우

    b) 신용장이 다른 지정은행에서 일람지급에 의하여 이용될 수 있는데, 해당 지정은행이 대금을 지급하지 않는 경우

c) 신용장이 다른 지정은행에서 연지급에 의하여 이용될 수 있는데, 해당 지정은행이 연지급의 의무를 부담하지 않는 경우, 또는 그와 같은 연지급의 의무를 부담하였으나 만기에 대금을 지급하지 않는 경우

d) 신용상이 다른 지정은행에서 인수에 의하여 이용될 수 있는데, 해당 지정은행이 그 지정은행을 지급인으로 한 환어음을 인수하지 않거나 그 환어음을 인수하였더라도 만기에 대금을 지급하지 않는 경우

e) 신용장이 다른 지정은행에서 매입에 의하여 이용될 수 있는데, 해당 지정은행이 매입하지 않는 경우

ⅱ. 신용장이 확인은행에서 매입의 방법으로 이용 가능하다면, 확인은행은 상환청구권(recourse) 없이 매입하여야 한다.

b. 확인은행은 신용장에 확인을 추가하는 시점으로부터 취소가 불가능한 결제(honour) 또는 매입의 의무를 부담한다.

c. 확인은행은 일치하는 제시에 대하여 결제(honour) 또는 매입을 하고 그 서류를 확인은행에 송부한 다른 지정은행에 대하여 신용장 대금을 상환할 의무를 부담한다. 인수신용장 또는 연지급신용장의 경우 일치하는 제시에 대응하는 대금의 상환은 다른 지정은행이 그 신용장의 만기 이전에 대금을 먼저 지급하였거나 또는 매입하였는지 여부와 관계없이 만기에 이루어져야 한다. 확인은행의 다른 지정은행에 대한 상환의무는 확인은행의 수익자에 대한 의무로부터 독립적이다.

d. 어떤 은행이 개설은행으로부터 신용장에 대한 확인의 권한을 받았거나 요청 받았음에도 불구하고, 그 준비가 되지 않았다면, 지체 없이 개설은행에 대하여 그 사실을 알려주어야 하고, 이 경우 신용장에 대한 확인 없이 통지만을 할 수 있다.

[Article 10] Amendments

a. Except as otherwise provided by article 38, a credit can neither be amended nor cancelled without the agreement of **the issuing bank, the confirming bank, if any, and the beneficiary.** [★1]

b. An issuing bank is irrevocably bound by an amendment as of the time it issues the amendment. A confirming bank may extend its confirmation to an amendment and will be irrevocably bound as of the time it advises the amendment. A confirming bank may, however, choose to advise an amendment without extending its confirmation and, if so, it must inform the issuing bank without delay and inform the beneficiary in its advice.

c. The terms and conditions of the original credit (or a credit incorporating previously accepted amendments) will remain in force for the beneficiary until the beneficiary communicates its acceptance of the amendment to the bank that advised such amendment. The beneficiary should give notification of acceptance or rejection of an amendment. [★1] If the beneficiary fails to give such notification, a presentation that complies with the credit and to any not yet accepted amendment will be deemed to be notification of acceptance by the beneficiary of such amendment. As of that moment the credit will be amended.

d. A bank that advises an amendment should inform the bank from which it received the amendment of any notification of acceptance or rejection.

e. Partial acceptance of an amendment is not allowed and will be deemed to be notification of rejection of the amendment.

f. A provision in an amendment to the effect that the amendment shall enter into force unless rejected by the beneficiary within a certain time shall be disregarded.

[제10조] 조건변경(Amendments)

a. 제38조에서 규정한 경우를 제외하고 신용장은 개설은행, 확인은행이 있는 경우에는 그 확인은행, 그리고 수익자의 동의가 없이는 조건변경되거나 취소될 수 없다.

b. 개설은행은 신용장에 대한 조건을 변경한 경우 그 시점으로부터 변경 내용에 대하여 취소 불가능하게 구속된다. 확인은행은 조건변경에 대한 확인을 연장할 수 있고, 그 조건변경을 통지한 경우 그 시점으로부터 취소 불가능하게 그 내용에 구속된다. 그러나, 확인은행이 조건변경에 대하여 확인을 연장함이 없이 통지만을 하기로 선택한 경우 지체 없이 개설은행에 그 사실을 알려주어야 하고, 그 통지에서 수익자에게 그 사실을 알려주어야 한다.

c. 원신용장(또는 이전에 조건변경이 수락된 신용장)의 조건은 수익자가 조건변경을 통지한 은행에 대하여 변경된 내용을 수락한다는 뜻을 알려줄 때까지는 수익자에 대하여 효력을 가진다. 수익자는 조건변경 내용에 대한 수락 또는 거절의 뜻을 알려주어야 한다. 수익자가 위 수락 또는 거절의 뜻을 알리지 않은 경우, 신용장 및 아직 수락되지 않고 있는 조건변경 내용에 부합하는 제시가 있으면 수익자가 그러한 조건변경 내용을 수락

한다는 뜻을 알린 것으로 간주한다. 이 경우 그 순간부터 신용장은 조건이 변경된다.

d. 신용장의 조건변경을 통지하는 은행은 조건변경을 송부한 은행에게 조건변경 내용에 대한 수락 또는 거절의 뜻을 통보하여야 한다.

e. 조건변경에 대하여 일부만을 수락하는 것은 허용되지 않으며, 이는 조건변경 내용에 대한 거절의 의사표시로 간주한다.

f. 수익자가 일정한 시간 내에 조건변경을 거절하지 않으면 조건변경이 효력을 가지게 된다는 규정이 조건변경 내용에 있는 경우 이는 무시된다.

[Article 14] Standard for Examination of Documents

a. A nominated bank acting on its nomination, a confirming bank, if any, and the issuing bank must examine a presentation to determine, on the basis of the documents alone, whether or not the documents appear on their face to constitute a complying presentation.

b. A nominated bank acting on its nomination, a confirming bank, if any, and the issuing bank shall each have a maximum of five banking days following the day of presentation to determine if a presentation is complying. [★1]

This period is not curtailed or otherwise affected by the occurrence on or after the date of presentation of any expiry date or last day for presentation.

c. A presentation including one or more original transport documents subject to articles 19, 20, 21, 22, 23, 24 or 25 must be made by or on behalf of the beneficiary not later than 21 calendar days after the date of shipment as described in these rules, but in any event not later than the expiry date of the credit.

d. Data in a document, when read in context with the credit, the document itself and international standard banking practice, need not be identical to, but must not conflict with, data in that document, any other stipulated document or the credit.

e. In documents other than **the commercial invoice**, the description of the goods, services or performance, if stated, may be in general terms not conflicting with their description in the credit. [★1]

f. If a credit requires presentation of a document other than a transport document, insurance document or commercial invoice, without stipulating by whom the document is to be issued or its data content, banks will accept the document as presented if its content appears to fulfil the function of the required document and otherwise complies with sub—article 14 (d).

g. A document presented but not required by the credit will be disregarded and may be returned to the presenter. [★1]

h. If a credit contains a condition without stipulating the document to indicate compliance with the condition, banks will deem such condition as not stated and will disregard it. [★1]

i. A document may be dated prior to the issuance date of the credit, but must not be dated later than its date of presentation. [★2]

j. When the addresses of the beneficiary and the applicant appear in any stipulated document, they need not be the same as those stated in the credit or in any other stipulated document, but must be within the same country as the respective addresses mentioned in the credit. Contact details (telefax, telephone, email and the like) stated as part of the beneficiary's and the applicant's address will be disregarded. However, when the address and contact details of the applicant appear as part of the consignee or notify party details on a transport document subject to articles 19, 20, 21, 22, 23, 24 or 25, they must be as stated in the credit.

k. The shipper or consignor of the goods indicated on any document **need not be** the beneficiary of the credit. [★2]

l. A transport document **may be issued by** any party other than a carrier, owner, master or charterer provided that the transport document meets the requirements of articles 19, 20, 21, 22, 23 or 24 of these rules. [★1]

[제14조] 서류심사의 기준

a. 지정에 따라 행동하는 지정은행, 확인은행이 있는 경우의 확인은행 그리고 개설은행은 서류에 대하여 문면상 일치하는 제시가 있는지 여부를 단지 서류만에 의해서 심사하여 야 한다.

b. 지정에 따라 행동하는 지정은행, 확인은행이 있는 경우의 확인은행 그리고 개설은행에게는 제시가 일치하는지 여부를 결정하기 위하여 제시일의 다음날로부터 기산하여 최장 5 은행영업일이 각자 주어진다. 이 기간은 유효기일 내의 제시일자나 최종제시일 또는 그 이후에 발생하는 사건에 의해서 단축되거나 달리 영향을 받지 않는다.

c. 제19조, 제20조, 제21조, 제22조, 제23조, 제24조 또는 제25조에 따른 하나 이상의 운송서류 원본이 포함된 제시는, 이 규칙에서 정하고 있는 선적일 후 21일보다 늦지 않게 수익자에 의하거나 또는 그를 대신하여 이루어져야 하고, 어떠한 경우라도 신용장의 유효기일보다 늦게 이루어져서는 안 된다.

d. 신용장, 서류 그 자체 그리고 국제표준은행관행의 문맥에 따라 읽을 때의 서류상의 정보(data)는 그 서류나 다른 적시된 서류 또는 신용장상의 정보와 반드시 일치될 필요는 없으나, 그들과 저촉되어서는 안 된다.

e. 상업송장 이외의 서류에서, 물품, 서비스 또는 의무이행의 명세는, 만약 기재되는 경우, 신용장상의 명세와 저촉되지 않는 일반적인 용어로 기재될 수 있다.

f. 신용장에서 누가 서류를 발행하여야 하는지 여부 또는 그 정보의 내용을 명시함이 없이 운송서류, 보험서류 또는 상업송장 이외의 다른 어떠한 서류의 제시를 요구한다면, 그 서류의 내용이 요구되는 서류의 기능을 충족하는 것으로 보이고 또한 그밖에 제14조 (d)항에 부합하는 한 은행은 제시된 대로 그 서류를 수리한다.

g. 제시되었으나 신용장에서 요구되지 아니한 서류는 무시될 것이고 제시자에게 반환될 수 있다.

h. 조건과 일치함을 나타낼 서류를 명시함이 없이 신용장에 어떠한 조건이 담겨 있다면, 은행은 그러한 조건이 기재되지 아니한 것으로 간주하고 무시할 것이다.

i. 서류는 신용장 개설일 이전 일자에 작성된 것일 수 있으나 제시일자보다 늦은 일자에 작성된 것이어서는 안 된다.

j. 수익자와 개설의뢰인의 주소가 어떤 요구서류에 나타날 때, 그것은 신용장 또는 다른 요구서류상에 기재된 것과 동일할 필요는 없으나 신용장에 기재된 각각의 주소와 동일한 국가 내에 있어야 한다. 수익자 및 개설의뢰인의 주소의 일부로 기재된 세부 연락처(팩스, 전화, 이메일 및 이와 유사한 것)는 무시된다. 그러나 개설의뢰인의 주소와 세부 연락처가 제19조, 제20조, 제21조, 제22조, 제23조, 제24조 또는 제25조의 적용을 받는 운송서류상의 수하인 또는 통지처의 일부로서 나타날 때에는 신용장에 명시된 대로 기재되어야 한다.

k. 어떠한 서류상에 표시된 물품 선적인 또는 송하인은 신용장의 수익자일 필요가 없다.

l. 운송서류가 이 규칙 제19조, 제20조, 제21조, 제22조, 제23조 또는 제24조의 요건을 충족하는 한, 그 운송서류는 운송인, 소유자, 선장, 용선자 아닌 어느 누구에 의해서도 발행될 수 있다.

[Article 15] Complying Presentation

a. When an issuing bank determines that a presentation is complying, it must honour. [★1]

b. When a confirming bank determines that a presentation is complying, it must honour or negotiate and forward the documents to the issuing bank. [★1]

c. When a nominated bank determines that a presentation is complying and honours or negotiates, it must forward the documents to the confirming bank or issuing bank. [★1]

[제15조] 일치하는 제시

a. 개설은행은 제시가 일치한다고 판단할 경우 결제(honour)하여야 한다.

b. 확인은행은 제시가 일치한다고 판단할 경우 결제(honour) 또는 매입하고 그 서류들을 개설은행에 송부하여야 한다.

c. 지정은행은 제시가 일치한다고 판단하고 결제(honour) 또는 매입할 경우 그 서류들을 확인은행 또는 개설은행에 송부하여야 한다.

[Article 17] Original Documents and Copies

a. At least one original of each document stipulated in the credit must be presented.

b. A bank shall treat as an original any document bearing an apparently original signature, mark, stamp, or label of the issuer of the document, unless the document itself indicates that it is not an original.

c. Unless a document indicates otherwise, a bank will also accept a document as original if it :

    i. appears to be written, typed, perforated or stamped **by the document issuer's hand**; [★1] or

    ii. appears to be on the document issuer's original stationery; or

iii. **states that it is original,** unless the statement appears not to apply to the document presented. [★1]

d. If a credit requires presentation of copies of documents, presentation of either originals or copies is permitted.

e. If a credit requires presentation of multiple documents by using terms such as "in duplicate", "in two fold" or "in two copies", this will be satisfied by the presentation of at least one original and the remaining number in copies, except when the document itself indicates otherwise.

[제17조] 원본 서류와 사본

a. 적어도 신용장에서 명시된 각각의 서류의 원본 한 통은 제시되어야 한다.

b. 서류 자체가 원본이 아니라고 표시하고 있지 않은 한, 은행은 명백하게 원본성을 갖는 서류 발행자의 서명, 마크, 스탬프 또는 라벨이 담긴 서류를 원본으로 취급한다.

c. 서류가 달리 표시하지 않으면, 은행은 또한 다음과 같은 서류를 원본으로 수리한다.

　ⅰ. 서류 발행자의 손으로 작성, 타이핑, 천공서명 또는 스탬프된 것으로 보이는 것 또는

　ⅱ. 서류 발행자의 원본 서류용지 위에 작성된 것으로 보이는 것 또는

　iii. 원본이라는 표시가 제시된 서류에는 적용되지 않는 것으로 보이지 않는 한, 원본이라는 표시가 있는 것

d. 신용장이 서류 사본의 제시를 요구하는 경우, 원본 또는 사본의 제시가 모두 허용된다.

e. 신용장이 "in duplicate", "in two folds" 또는 "in two copies"와 같은 용어를 사용하여 복수의 서류의 제시를 요구하는 경우, 이 조건은 그 서류 자체에 달리 정함이 없는 한 적어도 한 통의 원본과 나머지 수량의 사본을 제시함으로써 충족된다.

[Article 18] Commercial Invoice

a. A commercial invoice :

　i. must appear to have been issued by the beneficiary (except as provided in article 38); [★2]

　ii. must be made out in the name of the applicant (except as provided in sub—article 38 (g)); [★1]

　iii. must be made out in the same currency as the credit; and [★1]

　iv. need not be signed. [★3]

b. A nominated bank acting on its nomination, a confirming bank, if any, or the issuing bank may accept a commercial invoice issued for an amount in excess of the amount permitted by the credit, and its decision will be binding upon all parties, provided the bank in question has not honoured or negotiated for an amount in excess of that permitted by the credit.

c. The description of the goods, services or performance in a commercial invoice must correspond with that appearing in the credit.

[제18조] 상업송장

a. 상업송장은,

    i. (제38조가 적용되는 경우를 제외하고는) 수익자가 발행한 것으로 보여야 한다.

    ii. (제38조 (g)항이 적용되는 경우를 제외하고는) 개설의뢰인 앞으로 발행되어야 한다.

    iii. 신용장과 같은 통화로 발행되어야 한다. 그리고

    iv. 서명될 필요는 없다.

b. 지정에 따라 행동하는 지정은행, 확인은행이 있는 경우의 확인은행 또는 개설은행은 신용장에서 허용된 금액을 초과하여 발행된 상업송장을 수리할 수 있고, 이러한 결정은, 문제된 은행이 신용장에서 허용된 금액을 초과한 금액을 결제(honour) 또는 매입하지 않았던 경우에 한하여, 모든 당사자를 구속한다.

c. 상업송장상의 물품, 서비스 또는 의무이행의 명세는 신용장상의 그것과 일치하여야 한다.

[Article 20] Bill of Lading

a. A bill of lading, however named, must appear to : [★1]

    i. indicate the name of the carrier and be signed by : [★1]

        ● the carrier or a named agent for or on behalf of the carrier, or [★1]

        ● the master or a named agent for or on behalf of the master. [★1]

    Any signature by the carrier, master or agent must be identified as that of the carrier, master or agent. Any signature by an agent must indicate whether the agent has signed for or on behalf of the carrier or for or on behalf of the master.

    ii. indicate that the goods have been shipped on board a named vessel at the port of loading stated in the credit by :

- pre−printed wording, or

- an on board notation indicating the date on which the goods have been shipped on board.

The date of issuance of the bill of lading will be deemed to be the date of shipment unless the bill of lading contains an on board notation indicating the date of shipment, in which case the date stated in the on board notation will be deemed to be the date of shipment.

If the bill of lading contains the indication "intended vessel" or similar qualification in relation to the name of the vessel, an on board notation indicating the date of shipment and the name of the actual vessel <u>is required.</u> [★1]

iii. indicate shipment from the port of loading to the port of discharge stated in the credit. If the bill of lading does not indicate the port of loading stated in the credit as the port of loading, or if it contains the indication "intended" or similar qualification in relation to the port of loading, an on board notation indicating the port of loading as stated in the credit, the date of shipment and the name of the vessel is required. This provision applies even when loading on board or shipment on a named vessel is indicated by pre−printed wording on the bill of lading.

iv. be the sole original bill of lading or, if issued in more than one original, be the full set as indicated on the bill of lading.

v. contain terms and conditions of carriage or make reference to another source containing the terms and conditions of carriage (short form or blank back bill of lading). Contents of terms and conditions of carriage will not be examined.

vi. contain no indication that it is subject to a charter party.

b. For the purpose of this article, transhipment means unloading from one vessel and reloading to another vessel during the carriage from the port of loading to the port of discharge stated in the credit.

c. i. A bill of lading may indicate that the goods will or may be transhipped provided that the entire carriage is covered by one and the same bill of lading.

ii. A bill of lading indicating that transhipment will or may take place is acceptable, even if the credit prohibits transhipment, if the goods have been shipped in a container, trailer or LASH barge as evidenced by the bill of lading.

d. Clauses in a bill of lading stating that the carrier reserves the right to tranship will be disregarded.

[제20조] 선하증권

a. 선하증권은 어떤 명칭을 사용하든 간에 다음과 같이 보여야 한다.

 ⅰ. 운송인의 명칭이 표시되고 다음의 자에 의하여 서명되어야 한다.

 ● 운송인, 또는 운송인을 위한 또는 그를 대리하는 기명대리인

 ● 선장, 또는 선장을 위한 또는 그를 대리하는 기명대리인

 운송인, 선장 또는 대리인의 서명은 운송인, 선장 또는 대리인의 서명으로서 특정되어야 한다. 대리인의 서명은 그가 운송인을 위하여 또는 대리하여 또는 선장을 위하여 또는 대리하여 서명한 것인지를 표시하여야 한다.

 ⅱ. 물품이 신용장에서 명시된 선적항에서 기명된 선박에 본선적재 되었다는 것을 다음의 방법으로 표시하여야 한다.

 ● 미리 인쇄된 문구 또는

 ● 물품이 본선적재된 일자를 표시하는 본선적재표기

 선하증권이 선적일자를 표시하는 본선적재표기를 포함하지 않는 경우에는 선하증권 발행일을 선적일로 본다. 선하증권에 본선적재표기가 된 경우에는 본선적재표기에 기재된 일자를 선적일로 본다. 선하증권이 선박명과 관련하여 "예정선박" 또는 이와 유사한 표시를 포함하는 경우에는 선적일과 실제 선박명을 표시하는 본선적재표기가 요구된다.

 ⅲ. 신용장에 기재된 선적항으로부터 하역항까지의 선적을 표시하여야 한다.

 선하증권이 신용장에 기재된 선적항을 선적항으로 표시하지 않는 경우 또는 선적항과 관련하여 "예정된"이라는 표시 또는 이와 유사한 제한을 포함하는 경우에는, 신용장에 기재된 선적항과 선적일 및 선적선박명을 표시하는 본선적재표기가 요구된다. 이 조항은 기명된 선박에의 본선적재 또는 선적이 미리 인쇄된 문구에 의하여 선하증권에 표시된 경우에도 적용된다.

 ⅳ. 유일한 선하증권 원본이거나 또는 원본이 한 통을 초과하여 발행되는 경우 선하증권에 표시된 전통(full set)이어야 한다.

ⅴ. 운송조건을 포함하거나 또는 운송조건을 포함하는 다른 출처를 언급하여야 한다(약식 또는 뒷면 백지 선하증권). 운송조건의 내용은 심사되지 않는다.

ⅵ. 용선계약에 따른다는 어떤 표시도 포함하지 않아야 한다.

b. 이 조항의 목적상, 환적은 신용장에 기재된 선적항으로부터 하역항까지의 운송 도중에 하나의 선박으로부터 양하되어 다른 선박으로 재적재되는 것을 의미한다.

c. ⅰ. 선하증권은 전운송이 하나의 동일한 선하증권에 의하여 포괄된다면 물품이 환적될 것이라거나 환적될 수 있다는 것을 표시할 수 있다.

ⅱ. 환적이 될 것이라거나 될 수 있다고 표시하는 선하증권은, 물품이 컨테이너, 트레일러, 래시 바지에 선적되었다는 것이 선하증권에 의하여 증명되는 경우에는 비록 신용장이 환적을 금지하더라도 수리될 수 있다.

d. 운송인이 환적할 권리를 갖고 있음을 기재한 선하증권의 조항은 무시된다.

[Article 26] "On Deck", "Shipper's Load and Count", "Said by Shipper to Contain" and Charges Additional to Freight

a. A transport document must not indicate that the goods are or will be loaded on deck. A clause on a transport document stating that the goods may be loaded on deck is acceptable. [★1]

b. A transport document bearing a clause such as "shipper's load and count" and said by shipper to contain is acceptable.

c. A transport document may bear a reference, by stamp or otherwise, to charges additional to the freight.

[제26조] "갑판적재", "내용물 부지약관"과 운임에 대한 추가비용

a. 운송서류는 물품이 갑판에 적재되거나 적재될 것이라는 표시를 하여서는 안 된다. 물품이 갑판에 적재될 수도 있다고 기재하는 운송서류상의 조항은 수리될 수 있다.

b. "선적인이 적재하고 검수하였음(shipper's load and count)"과 "선적인의 내용신고에 따름(said by shipper to contain)"과 같은 조항이 있는 운송서류는 수리될 수 있다.

c. 운송서류는 스탬프 또는 다른 방법으로 운임에 추가되는 요금을 언급할 수 있다.

[Article 27] Clean Transport Document

A bank will only accept a clean transport document. A clean transport document is one bearing no clause or notation expressly declaring a defective condition of the goods or their packaging. The word "clean" need not appear on a transport document, even if a credit has a requirement for that transport document to be "clean on board". [★1]

[제27조] 무고장 운송서류

은행은 단지 무고장 운송서류만을 수리한다. 무고장 운송서류는 물품 또는 포장의 하자상 태(defective conditions)를 명시적으로 선언하는 조항 또는 부기가 없는 운송서류를 말한 다. "무고장"이라는 단어는 비록 신용장이 운송서류가 "무고장 본선적재"일 것이라는 요건 을 포함하더라도 운송서류상에 나타날 필요가 없다.

[Article 28] Insurance Document and Coverage

a. An insurance document, such as an insurance policy, an insurance certificate or a declaration under an open cover, must appear to be issued and signed by an insurance company, an underwriter or their agents or their proxies. [★2] Any signature by an agent or proxy must indicate whether the agent or proxy has signed for or on behalf of the insurance company or underwriter.

b. When the insurance document indicates that it has been issued in more than one original, all originals must be presented. [★2]

c. Cover notes **will not be accepted**. [★3]

d. An insurance policy is acceptable in lieu of an insurance certificate or a declaration under an open cover. [★3]

e. The date of the insurance document must be no later than the date of shipment, unless it appears from the insurance document that the cover is effective from a date not later than the date of shipment. [★3]

f. i. The insurance document must indicate the amount of insurance coverage and be in the same currency as the credit. [★1]

ii. A requirement in the credit for insurance coverage to be for a percentage of the value of the goods, of the invoice value or similar is deemed to be the minimum amount of coverage required. If there is no indication in the credit of the insurance coverage required, the amount of insurance coverage must be at least 110% of the

CIF or CIP value of the goods. [★2] When the CIF or CIP value cannot be determined from the documents, the amount of insurance coverage must be calculated on the basis of the amount for which honour or negotiation is requested or the gross value of the goods as shown on the invoice, whichever is greater.

iii. The insurance document must indicate that risks are covered at least between the place of taking in charge or shipment and the place of discharge or final destination as stated in the credit.

g. A credit should state the type of insurance required and, if any, the additional risks to be covered. An insurance document will be accepted without regard to any risks that are not covered if the credit uses imprecise terms such as "usual risks" or "customary risks".

h. When a credit requires insurance against "all risks" and an insurance document is presented containing any "all risks" notation or clause, whether or not bearing the heading "all risks", the insurance document will be accepted without regard to any risks stated to be excluded. [★1]

i. An insurance document **may** contain reference to any exclusion clause. [★1]

j. An insurance document may indicate that the cover is subject to a franchise or excess (deductible). [★1]

[제28조] 보험서류와 부보범위

a. 보험증권, 보험증서 또는 포괄보험에서의 확인서와 같은 보험서류는 보험회사, 보험인수인 또는 그들의 대리인 또는 수탁인(proxies)에 의하여 발행되고 서명된 것으로 보여야 한다. 대리인 또는 수탁인에 의한 서명은 보험회사 또는 보험중개인을 대리하여 서명했는지의 여부를 표시하여야 한다.

b. 보험서류가 한 통을 초과한 원본으로 발행되었다고 표시하는 경우, 모든 원본 서류가 제시되어야 한다.

c. 잠정적 보험영수증(cover notes)은 수리되지 않는다.

d. 보험증권은 보험증서나 포괄보험의 확인서를 대신하여 수리 가능하다.

e. 보험서류의 일자는 선적일보다 늦어서는 안 된다. 다만 보험서류에서 부보가 최소한 선적일자 이전에 효력이 발생함을 나타내고 있는 경우에는 그러하지 아니하다.

f. i. 보험서류는 부보금액을 표시하여야 하고 신용장과 동일한 통화로 표시되어야 한다.

   ii. 신용장에 부보금액이 물품의 가액, 송장가액 또는 그와 유사한 가액에 대한 백분율로 표시되어야 한다는 요건이 있는 경우, 이는 요구되는 부보금액의 최소한으로 본다. 신용장에 부보 범위에 부보금액에 대한 명시가 없는 경우, 부보금액은 최소한 물품의 CIF 또는 CIP 가액의 110%가 되어야 한다. 서류로부터 CIF 또는 CIP 가액을 결정할 수 없는 경우, 부보금액의 범위는 요구된 결제(honor) 또는 매입 금액 또는 송장에 나타난 물품에 대한 총가액 중 더 큰 금액을 기준으로 산출되어야 한다.

   iii. 보험서류는 최소한 신용장에 명시된 수탁지 또는 선적지로부터 양륙지 또는 최종 목적지 사이에 발생하는 위험에 대하여 부보가 되는 것이어야 한다.

g. 신용장은 요구되는 보험의 종류를 명시하여야 하고, 부보되어야 할 추가 위험이 있다면 그것도 명시하여야 한다. 만일 신용장이 "통상의 위험" 또는 "관습적인 위험"과 같이 부정확한 용어를 사용하는 경우 보험서류는 특정위험을 부보하지 않는지 여부와 관계없이 수리된다.

h. 신용장이 "전위험(all risks)"에 대한 부보를 요구하는 경우, 어떠한 "전위험(all risks)" 표시 또는 문구를 포함하는 보험서류가 제시되는 때에는, 제목에 "전위험(all risks)"이 포함되는가에 관계없이, 또한 어떠한 위험이 제외된다고 기재하는가에 관계없이 수리된다.

i. 보험서류는 어떠한 제외문구(exclusion clause)에 대한 언급을 포함할 수 있다.

j. 보험서류는 부보범위가 일정한도 본인부담이라는 조건 또는 일정한도 이상 보상 조건(a franchise or excess)(일정액 공제제도, deductible)의 적용을 받고 있음을 표시할 수 있다.

[Article 30] Tolerance in Credit Amount, Quantity and Unit Prices

a. The words "about" or "approximately" used in connection with the amount of the credit or the quantity or the unit price stated in the credit are to be construed as allowing a tolerance not to exceed 10% more or 10% less than the amount, the quantity or the unit price to which they refer.

b. A tolerance not to exceed 5% more or 5% less than the quantity of the goods is allowed, provided the credit does not state the quantity in terms of a stipulated number of packing units or individual items and the total amount of the drawings does not exceed the amount of the credit.

c. Even when partial shipments are not allowed, a tolerance not to exceed 5% less than the amount of the credit is allowed, provided that the quantity of the goods, if stated in the credit, is shipped in full and a unit price, if stated in the credit, is not reduced or that sub−article 30 (b) is not applicable. This tolerance does not apply when the credit stipulates a specific tolerance or uses the expressions referred to in sub−article 30 (a).

[제30조] 신용장 금액, 수량 그리고 단가의 허용치

a. 신용장 금액 또는 신용장에서 표시된 수량 또는 단가와 관련하여 사용된 "about" 또는 "approximately"라는 단어는, 그것이 언급하는 금액, 수량 또는 단가에 관하여 10%를 초과하지 않는 범위 내에서 많거나 적은 편차를 허용하는 것으로 해석된다.

b. 만일 신용장이 수량을 포장단위 또는 개별단위의 특정 숫자로 기재하지 않고 청구금액의 총액이 신용장의 금액을 초과하지 않는 경우에는, 물품의 수량에서 5%를 초과하지 않는 범위 내의 많거나 적은 편차는 허용된다.

c. 물품의 수량이 신용장에 기재된 경우 전량 선적되고 단가가 신용장에 기재된 경우 감액되지 않은 때, 또는 제30조 (b)항이 적용되지 않는 때에는, 분할선적이 허용되지 않더라도 신용장 금액의 5% 이내의 편차는 허용된다. 이 편차는 신용장이 특정 편차를 명시하거나 제30조(a)항에서 언급된 표현을 사용하는 때에는 적용되지 않는다.

[Article 31] Partial Drawings or Shipments

a. Partial drawings or shipments are allowed.

b. A presentation consisting of more than one set of transport documents evidencing shipment commencing on the same means of conveyance and for the same journey, provided they indicate the same destination, will not be regarded as covering a partial shipment, even if they indicate different dates of shipment or different ports of loading, places of taking in charge or dispatch. If the presentation consists of more than one set of transport documents, the latest date of shipment as evidenced on any of the sets of transport documents will be regarded as the date of shipment. A presentation consisting of one or more sets of transport documents evidencing shipment on more than one means of conveyance within the same mode of transport will be regarded as covering a partial shipment, even if the means of conveyance leave on the same day for the same destination.

c. A presentation consisting of more than one courier receipt, post receipt or certificate of posting will not be regarded as a partial shipment if the courier receipts, post receipts or certificates of posting appear to have been stamped or signed by the same courier or postal service at the same place and date and for the same destination.

[제31조] 분할청구 또는 분할선적

a. 분할청구 또는 분할선적은 허용된다.

b. 같은 운송수단에서 개시되고 같은 운송구간을 위한 선적을 증명하는 두 세트 이상의 운송서류로 이루어진 제시는, 그 운송서류가 같은 목적지를 표시하고 있는 한 비록 다른 선적일자 또는 다른 선적항, 수탁지 또는 발송지를 표시하더라도 분할선적으로 보지 않는다. 제시가 두 세트 이상의 운송서류로 이루어지는 경우 어느 운송서류에 의하여 증명되는 가장 늦은 선적일을 선적일로 본다. 같은 운송방법 내에서 둘 이상의 운송수단상의 선적을 증명하는 하나 또는 둘 이상의 세트의 운송서류로 이루어진 제시는, 비록 운송수단들이 같은 날짜에 같은 목적지로 향하더라도 분할선적으로 본다.

c. 둘 이상의 특송배달영수증, 우편영수증 또는 우송확인서로 이루어진 제시는 만일 특송배달영수증, 우편영수증 또는 우송확인서가 같은 특송배달용역 또는 우체국에 의하여 같은 장소, 같은 날짜 그리고 같은 목적지로 스탬프가 찍히거나 서명된 것으로 보이는 경우에는 분할선적으로 보지 않는다.

[Article 38] Transferable Credits

a. A bank is under no obligation to transfer a credit except to the extent and in the manner expressly consented to by that bank. [★1]

b. For the purpose of this article : Transferable credit means a credit that **specifically states it is "transferable"**. [★1] A transferable credit may be made available **in whole or in part to another beneficiary** ("second beneficiary") at the request of the beneficiary ("first beneficiary"). [★1] Transferring bank means a nominated bank that transfers the credit or, in a credit available with any bank, a bank that is specifically authorized by the issuing bank to transfer and that transfers the credit. [★1] An issuing bank may be a transferring bank. [★1] Transferred credit means a credit that has been made available by the transferring bank to **a second beneficiary**. [★1]

c. Unless otherwise agreed at the time of transfer, all charges (such as commissions, fees, costs or expenses) incurred in respect of a transfer must be paid by **the first beneficiary**. [★2]

d. A credit may be transferred in part to more than one second beneficiary provided partial drawings or shipments are allowed. A transferred credit cannot be transferred at the request of a second beneficiary to any subsequent beneficiary. The first beneficiary is not considered to be a subsequent beneficiary. [★2]

e. Any request for transfer must indicate if and under what conditions amendments may be advised to the second beneficiary. The transferred credit must clearly indicate those conditions.

f. If a credit is transferred to more than one second beneficiary, rejection of an amendment by one or more second beneficiary does not invalidate the acceptance by any other second beneficiary, with respect to which the transferred credit will be amended accordingly. For any second beneficiary that rejected the amendment, the transferred credit will remain unamended. [★1]

g. The transferred credit must accurately reflect the terms and conditions of the credit, including confirmation, if any, with the exception of : — **the amount of the credit**, — any unit price stated therein, — **the expiry date**, — **the period for presentation**, or — the latest shipment date or given period for shipment, any or all of which may be reduced or curtailed. [★4] **The percentage for which insurance cover must be effected may be increased** to provide the amount of cover stipulated in the credit or these articles. [★1] The name of the first beneficiary may be substituted for that of the applicant in the credit. If the name of the applicant is specifically required by the credit to appear in any document other than the invoice, such requirement must be reflected in the transferred credit.

h. The first beneficiary has the right to substitute its own invoice and draft, if any, for those of a second beneficiary for an amount not in excess of that stipulated in the credit, and upon such substitution the first beneficiary can draw under the credit for the difference, if any, between its invoice and the invoice of a second beneficiary

i. If the first beneficiary is to present its own invoice and draft, if any, but fails to do so on first demand, or if the invoices presented by the first beneficiary create discrepancies that did not exist in the presentation made by the second beneficiary and the first beneficiary fails to correct them on first demand, the transferring bank has the right to present the documents as received from the second beneficiary to the issuing bank, without further responsibility to the first beneficiary.

j. The first beneficiary may, in its request for transfer, indicate that honour or negotiation is to be effected to a second beneficiary at the place to which the credit has been transferred, up to and including the expiry date of the credit. This is without prejudice to the right of the first beneficiary in accordance with sub-article 38 (h).

k. Presentation of documents by or on behalf of a second beneficiary must be made to the transferring bank. [★1]

[제38조] 양도가능신용장

a. 은행은 자신이 명시적으로 승낙하는 범위와 방법에 의한 경우를 제외하고는 신용장을 양도할 의무가 없다.

b. 이 조항에서는 다음과 같이 해석한다. 양도가능신용장이란 신용장 자체가 "양도가능"이라고 특정하여 기재하고 있는 신용장을 말한다. 양도가능신용장은 수익자(이하 "제1수익자"라 한다)의 요청에 의하여 전부 또는 부분적으로 다른 수익자(이하 "제2수익자"라 한다)에게 이용하게 할 수 있다. 양도은행이라 함은 신용장을 양도하는 지정은행, 또는 어느 은행에서나 이용할 수 있는 신용장의 경우에는 개설은행으로부터 양도할 수 있는 권한을 특정하여 받아 신용장을 양도하는 은행을 말한다. 개설은행은 양도은행이 될 수 있다. 양도된 신용장이라 함은 양도은행이 제2 수익자가 이용할 수 있도록 한 신용장을 말한다.

c. 양도 시에 달리 합의된 경우를 제외하고, 양도와 관련하여 발생한 모든 수수료(요금, 보수, 경비 또는 비용 등)는 제1수익자가 지급해야 한다.

d. 분할청구 또는 분할선적이 허용되는 경우에 신용장은 두 사람 이상의 제2수익자에게 분할양도될 수 있다. 양도된 신용장은 제2수익자의 요청에 의하여 그 다음 수익자에게 양도될 수 없다. 제1수익자는 그 다음 수익자로 간주되지 않는다.

e. 모든 양도 요청은 제2수익자에게 조건변경을 통지하여야 하는지 여부와 그리고 어떠한 조건 하에서 조건변경을 통지하여야 하는지 여부를 표시하여야 한다. 양도된 신용장은 그러한 조건을 명확하게 표시하여야 한다.

f. 신용장이 두 사람 이상의 제2수익자에게 양도되면, 하나 또는 둘 이상의 수익자가 조건변경을 거부하더라도 다른 제2수익자의 수락은 무효가 되지 않으며, 양도된 신용장은 그에 따라 변경된다. 조건변경을 거부한 제2수익자에 대하여는 양도된 신용장은 변경되지 않은 상태로 남는다.

g. 양도된 신용장은 만일 있는 경우 확인을 포함하여 신용장의 조건을 정확히 반영하여야 한다. 다만 다음은 예외로 한다. － 신용장의 금액 － 그곳에 기재된 단가 － 유효기일 － 제시기간 또는 － 최종선적일 또는 주어진 선적기간 위의 내용은 일부 또는 전부 감액되거나 단축될 수 있다. 부보되어야 하는 백분율은 신용장 또는 이 규칙에서 명시된 부보 금액을 규정하기 위하여 높일 수 있다. 신용장의 개설의뢰인의 이름을 제1 수익자의 이름으로 대체할 수 있다. 만일 신용장이 송장을 제외한 다른 서류에 개설의뢰인의 이름이 보일 것을 특정하여 요구하는 경우, 그러한 요건은 양도된 신용장에도 반영되어야 한다.

h. 제1수익자는 신용장에서 명시된 금액을 초과하지 않는 한 만일 있다면 자신의 송장과 환어음을 제2수익자의 그것과 대체할 권리를 가지고, 그러한 대체를 하는 경우 제1수익자는 만일 있다면 자신의 송장과 제2수익자의 송장과의 차액에 대하여 신용장하에서 청구할 수 있다.

i. 제1수익자가 만일 있다면 자신의 송장과 환어음을 제시하려고 하였으나 첫번째 요구에서 그렇게 하지 못한 경우 또는 제1수익자가 제시한 송장이 제2수익자가 제시한 서류에서는 없었던 하자를 발생시키고 제1수익자가 첫 번째 요구에서 이를 정정하지 못한 경우, 양도은행은 제1수익자에 대하여 더 이상의 책임이 없이 제2수익자로부터 받은 그대로 서류를 개설은행에게 제시할 권리를 갖는다.

j. 제1수익자는 양도 요청에서, 신용장이 양도된 장소에서 신용장의 유효기일 이전에 제2수익자에게 결제 또는 매입이 이루어져야 한다는 것을 표시할 수 있다. 이는 제38조 (h)항에 따른 제1수익자의 권리에 영향을 미치지 않는다.

k. 제2수익자에 의한 또는 그를 위한 제시는 양도은행에 대하여 이루어져야 한다.

4. 추심에 관한 통일규칙(URC 522)

[ARTICLE 1] APPLICATION OF URC 522

a. The Uniform Rules for Collections, 1995 Revision, ICC Publication No. 522, shall apply to all collections as defined in Article 2 where such rules are incorporated into the text of the "collection instruction" referred to in Article 4 and are binding on all parties thereto unless otherwise expressly agreed or contrary to the provisions of a national, state or local law and/or regulation which cannot be departed from.

b. Banks shall have no obligation to handle either a collection or any collection instruction or subsequent related instructions. [★1]

c. If a bank elects, for any reason, not to handle a collection or any related instructions received by it, it must advise the party from whom it received the collection or the instructions by telecommunication or, if that is not possible, by other expeditious means, without delay.

[제1조] 통일규칙의 적용

a. 1995년 개정, ICC 간행물 번호 522, 추심에 관한 통일규칙은 본 규칙의 준거문언이 제4조에 언급된 '추심지시서'의 본문에 삽입된 경우에 제2조에 정의된 모든 추심에 적용할 수 있으며, 별도의 명시적인 합의가 없거나 또는 국가, 주, 또는 지방의 법률 및/또는 위반할 수 없는 규칙의 규정에 반하지 아니하는 한 모든 관계당사자를 구속한다.

b. 은행은 추심 또는 추심지시 또는 관련된 후속지시를 취급해야 할 의무를 지지 아니한다.

c. 은행이 어떠한 이유에서 접수된 추심 또는 관련지시를 취급하지 않을 것을 선택한 경우에는 추심 또는 지시를 송부한 당사자에게 전신, 또는 전신이 가능하지 않은 경우, 다른 신속한 수단으로 지체 없이 통지해야 한다.

[ARTICLE 2] DEFINITION OF COLLECTION

For the purposes of these Articles:

a. "Collection" means the handling by banks of documents as defined in sub−Article 2(b), in accordance with instructions received, in order to:

1 obtain payment and/or acceptance, or

2 deliver documents against payment and/or against acceptance, or

3 deliver documents on other terms and conditions.

b. "Documents" means financial documents and/or commercial documents:

  1 "**Financial documents**" means bills of exchange, promissory notes, cheques, or other similar instruments used for obtaining the payment of money; [★1]

  2 "Commercial documents" means invoices, transport documents, documents of title or other similar documents, or any other documents whatsoever, not being financial documents.

c. "Clean collection" means collection of financial documents not accompanied by commercial documents. [★1]

d. "**Documentary collection**" means collection of:

  1 Financial documents accompanied by commercial documents; [★1]

  2 Commercial documents not accompanied by financial documents.

[제2조] 추심의 정의

본 규칙의 목적상,

a. "추심"이란 은행이 접수된 지시에 따라 다음과 같은 목적으로 아래 b항에 정의된 서류를 취급하는 것을 의미한다.

  1. 지급 및/또는 인수를 취득하거나

  2. 서류를 지급인도 및/또는 인수인도하거나

  3. 기타의 제조건으로 서류를 인도하는 목적

b. "서류"란 다음의 금융서류 및/또는 상업서류를 의미한다.

  1. "금융서류"란 환어음, 약속어음, 수표 또는 기타 금전의 지급을 취득하기 위하여 사용되는 이와 유사한 증서를 의미하며,

  2. "상업서류"란 송장, 운송서류, 권리증권 또는 이와 유사한 서류, 또는 그밖에 금융서류가 아닌 모든 서류를 의미한다.

c. "무담보추심"이란 상업서류가 첨부되지 않은 금융서류의 추심을 의미한다.

d. "화환추심"이란 다음과 같은 추심을 의미한다.

  1. 상업서류가 첨부된 금융서류의 추심

  2. 금융서류가 첨부되지 않은 상업서류의 추심

[ARTICLE 3] PARTIES TO A COLLECTION

a. For the purposes of these Articles the "parties thereto" are :

    1. the "principal" who is the party entrusting the handling of a collection to a bank;

    2. the "remitting bank" which is the bank to which the principal has entrusted the handling of a collection;

    3. the "collecting bank" which is any bank, other than the remitting bank, involved in processing the collection; [★1]

    4. the "presenting bank" which is the collecting bank making presentation to the drawee.

b. The "drawee" is the one to whom presentation is to be made in accordance with the collection instruction. [★1]

[제3조] 추심 당사자

a. 본조의 목적상 관계당사자란 다음과 같은 자를 의미한다.

    1. 은행에 추심업무를 의뢰하는 당사자인 "추심의뢰인",

    2. 추심의뢰인으로부터 추심업무를 의뢰받은 은행인 "추심의뢰은행"

    3. 추심의뢰은행 이외에 추심의뢰 과정에 참여하는 모든 은행인 "추심은행"

    4. 지급인에게 제시를 행하는 추심은행인 "제시은행"

b. "지급인"이란 추심지시서에 따라 제시를 받아야 할 자를 말한다.

[ARTICLE 6] SIGHT/ACCEPTANCE

In the case of documents payable at **sight** the presenting bank must make presentation for **payment** without delay. In the case of documents payable at a tenor other than **sight** the presenting bank must, where **acceptance** is called for, make presentation for **acceptance** without delay, and where payment is called for, make presentation for payment not later than the appropriate **maturity date**. [★1]

[제6조] 일람출급/인수

서류가 일람출급인 경우에는 제시은행은 지체없이 지급을 위한 제시를 하여야 한다. 서류가 일람출급이 아닌 기한부지급조건인 경우에는 제시은행은 인수가 요구되는 때에는 지체없이 인수를 위한 제시를, 그리고 지급이 요구되는 때에는 적합한 만기일 내에 지급을 위한 제시를 해야 한다.

무역실무 이론

I. 대금결제

(1) 환어음과 선적서류

① 환어음

㉠ 특징

- The bill of exchange is a document by means of which the **drawer** instructs the **drawee** to pay **unconditionally** on the due date a certain sum to the **payee**. [★1]

  환어음이란 발행인이 지급인으로 하여금 수취인에게 납기일에 일정 금액을 무조건 지급하도록 지시하는 서류이다.

- A bill of exchange is not drawn in the context of a contract where the seller requires the payment in advance. [★1]

  판매자가 선지급을 요구하는 계약의 맥락에서 환어음은 작성되지 않는다.

㉡ 은행의 환어음 심사내용 [★1]

- The draft appears to be signed by the drawer.
- The name of the drawer on the draft corresponds with the name of the beneficiary.
- The draft is drawn on the correct drawee.
- The tenor on the draft is as required by the L/C.
- The name of payee on the draft is identified or is issued "to order".

② 선적서류

- shipping documents : air waybill, bill of lading, commercial invoice, certificate of origin, insurance certificate, packing list, or other documents required to clear customs and take delivery of the goods. [★1]

선적 서류 : 항공 운송장, 선하증서, 상업 송장, 원산지 증명서, 보험 증명서, 포장 목록 또는 통관과 물품의 인도를 위하여 요구되어지는 서류

(2) 신용장 결제 방식

① 신용장 종류에 따른 설명

   ㉠ 회전신용장(Revolving Credit)

      – A revolving credit usually depends on three main features : the type(time, value), whether or not it is to occur on an automatic basis and whether or not it is to be on a cumulative basis. [★1]

      회전신용장은 일반적으로 유형(시간, 금액), 자동 발생 여부 및 누적 기준의 세 가지 주요 기능에 따라 달라진다.

      – A revolving credit should state that it is revolving and whether it is automatically applied or under specified conditions. [★1]

      회전신용장은 회전이 자동으로 적용되는지 또는 지정된 조건에서 적용되는지 여부를 명시해야 한다.

      – A revolving credit is generally used between an applicant and beneficiary who have a long–standing repetitive trading relationship and experiences in shipment of the goods. [★2]

      회전신용장은 일반적으로 개설의뢰인과 수익자 사이에 오랜 반복적 거래관계가 있고 물품 선적 경험이 있는 사이에 사용된다.

   ㉡ 동시개설 신용장, 견질신용장(Back to Back L/C)

      – The credit involving two separate letter of credit; one opened in favour of the first or primary beneficiary, and one opened for the account of the first or primary beneficiary in favour of a second beneficiary who is supplying the goods. [★1]

      두 개의 별도 신용장을 포함하는 신용장; 하나는 첫 번째 또는 기본 수익자의 이익으로 개설되고 다른 하나는 상품을 공급하는 두 번째 수익자의 이익으로 첫 번째 또는 기본 수익자의 계정으로 개설된다.

      – It is a credit that serves as the collateral for another credit. The advising bank of the first letter of credit becomes the issuing bank of the second letter of credit(normally 'local L/C'). In contrast to a transferable letter of credit, permission of the importer (the applicant of the original L/C) or the issuing bank, is not required in this L/C. [★1]

이것은 다른 신용장을 담보로써 하는 신용장이다. 첫 번째 신용장의 통지은행은 두 번째 신용장(보통 '내국 신용장')의 개설은행이 된다. 양도 가능 신용장과는 대조적으로, 본 신용장에는 수입업자(원래 신용장 개설의뢰인) 또는 개설은행의 허가가 필요하지 않다.

ⓒ 선대신용장, 전대신용장(Red Clause Credit, Packing Credit, Advance Payment Credit, Anticipatory L/C)

— A credit intended to assist the exporter in the production or procurement of the goods contracted. The credit is payable at a time prior to the shipment of the goods and against a document other than a transport document. [★1]

계약된 상품의 생산 또는 조달에 있어 수출자를 돕기 위한 신용장이다. 신용장은 상품의 선적 이전 시점에 그리고 운송서류가 아닌 다른 서류에 대해 지불할 수 있다.

— Under **Packing L/C**, at the beneficiary's request, the applicant may agree to make a part of the purchase price available to the beneficiary as a pre-shipment in advance. **Packing L/C** provides for the amount of the advance to be deducted from the amount to be paid to the beneficiary upon the presentation of complying documents. [★1]

Packing L/C에 따라 개설의뢰인은 수익자의 요청으로 선적 전 선지급으로써 수취인에게 구매 가격의 일부를 미리 제공하는 데 동의할 수 있다. Packing L/C는 일치하는 서류를 제시할 때 수익자에게 지불해야 할 금액에서 선지급 금액을 공제하여 제공한다.

— We authorize the negotiating bank to pay 30% of this credit amount to the beneficiary against presentation of the following documents : (1) Beneficiary's simple receipt stating that the beneficiary has duly received 30% of this credit amount. (2) Beneficiary's statement that the beneficiary will perform the shipment of the goods in compliance with terms and conditions of this credit. [★1]

우리는 매입은행이 다음 문서를 제시하는 것에 대해 이 신용장 금액의 30%를 수익자에게 지불하도록 수권한다. (1) 수익자가 이 신용장 금액의 30%를 정당하게 받았다는 수익자의 단순 영수증. (2) 수익자가 이 신용장의 조건에 따라 상품의 선적을 수행할 것이라는 수익자의 진술.

 ㉣ 보증신용장(Stand-by L/C)

  — This credit stipulates that a sum will be paid to the beneficiary on demand in the beneficiary submitting a signed statement setting forth that there has been default or non-performance. [★1]

  이 신용장은 채무 불이행 또는 불이행이 있음을 명시한 서명된 진술서를 제출하는 수익자의 요구에 따라 금액이 수익자에게 지급될 것임을 규정한다.

  — This is a guarantee of payment by a bank on behalf of their client. It is a lender's guarantee of payment to an interested third-party in the event the client defaults on an agreement. This helps to prove the credit quality and repayment abilities of the client. [★1]

  이것은 고객을 대신하여 은행의 지급 보증이다. 이는 고객이 계약을 불이행하는 경우 대출 기관이 이해 관계인 제3자에게 지급을 보증하는 것이다. 이는 고객의 신용도 및 상환 능력을 입증하는 데 도움이 된다.

② 기타 결제방식

 ㉠ 선적통지부 결제 방식(O/A, Open Account)

  — An "open account" is conceptually opposite of a "payment in advance." [★1]
  Open Account는 개념적으로 선지급과 반대이다.

  — One of the practical methods for the exporter to mitigate risks associated with an open account would be purchasing an export insurance. [★1]

  수출업자가 Open Account와 관련된 위험을 완화하기 위한 실용적인 방법 중 하나는 수출 보험에 가입하는 것이다.

  — Open account occurs when goods to a buyer are usually available before payment, depending on how the products are shipped and the length of payment option. [★2]

  Open Account는 상품이 배송되는 방식 및 지급 방식의 기간에 따라 일반적으로 지급 이전에 구매자에게 상품이 준비되어 있을 때 발생한다.

  — Time of payment is normally net 30 or 60 day terms from the date of invoice or bill of lading. [★2]

지급 시기는 일반적으로 상업송장 또는 선하증권의 일자로부터 30일 또는 60일 조건이다.

— Open account is desirable for traders who have a long−established trading relationship with a good track record. [★2]

오랜 거래 관계와 좋은 실적을 가진 거래자에게는 Open Account가 바람직하다.

— An open account transaction is a sale where the goods are shipped and delivered before payment is due. [★1]

Open Account는 결제 기한 전에 상품을 선적 및 배송하는 거래이다.

— An open account transaction is the most advantageous for the importer in terms of cash flow and cost. [★1]

Open Account 거래는 현금흐름과 비용면에서 수입업자에게 가장 유리하다.

— In an open account transaction, the goods, together with all the necessary documents, are shipped directly to the importer who has agreed to pay the exporter's invoice at a specified date. [★1]

Open Account 거래에서 물품은 필요한 모든 서류와 함께 지정된 날짜에 수출업자의 송장을 지급하기로 동의한 수입업자에게 직접 배송된다.

ⓛ 국제팩터링(International Factoring)

— Factoring involves not only finance but also additional services, and is generally more complex. [★1]

팩토링은 금융뿐만 아니라 추가 서비스를 포함하며 일반적으로 더 복잡하다.

— The exporter enters into a factoring agreement to sell the receivables to the factor.

수출자는 팩터에게 채권을 판매하기 위하여 팩토링 계약을 체결한다.

— A factoring contract means a contract pursuant to which a supplier may or will assign accounts receivable to a factor.

팩토링 계약은 공급자가 팩터에게 외상 매출금을 할당할 수 있거나 할당할 계약을 의미한다.

ⓒ 포페이팅(Forfaiting)

— Forfaiting is a form of export trade finance involving the discount of trade−related debt obligations due to mature at a future date without recourse to the exporter/endorser. Forfaiting is typically medium−term finance concluded at a fixed interest rate, although it can also be arranged on a floating interest−bearing basis for periods from six months to ten years or more. [★2]

포페이팅(Forfaiting)은 수출자/보증인에게 의존하지 않고 미래에 만기가 도래하는 무역 관련 채무를 할인하는 수출 무역 금융의 한 형태이다. 포페이팅은 일반적으로 고정 이자율로 체결되는 중기 금융이지만 6개월에서 10년 또는 그 이상의 기간 동안 변동 이자 부담 기준으로 마련될 수도 있다.

− Forfaiting purchases a draft or promissory note on a without−recourse basis. [★1]

포페이팅은 환어음 또는 약속어음을 무소구조건으로 구매한다.

− Forfaiting is a form of export trade finance and supply chain financing. [★1]

포페이팅은 수출 무역 금융 및 공급망 금융의 한 형태입니다.

− Forfaiting involves the purchase of future payment obligations on a "without recourse" basis. [★2]

포페이팅은 "소구 없이" 미래 지급 채권을 구매하는 것을 포함한다.

− Forfaiting removes country and commercial risk. [★1]

포페이팅은 국가위험(정치적) 및 상업적 위험을 제거한다.

− This has been developed to provide medium−term finance at fixed interest rates for construction projects or the sale of capital goods. [★1]

건설 프로젝트나 자본재 매각을 위해 고정금리로 중기 자금을 조달하기 위해 개발되었다.

참조 **포페이팅에서 일반적으로 요구되는 서류** [★1]

− Copy of supply contract or of its payment terms
− Copy of signed commercial invoice
− Letter of guarantee or aval if applicable
− (if relevant) Copies of letter of credit and amendments, if any

(3) 기타 용어 설명

① Aval

- In some countries a bank or other party can guarantee payment of a Draft by giving its Aval. By signing the note in this way on the back, the bank or other organization commits itself unconditionally to pay should the maker or drawee default. [★1]
- 일부 국가에서는 은행이나 다른 당사자가 Aval을 제공함으로써 어음의 지급을 보장할 수 있다. 뒷면에 이러한 방식으로 어음에 서명함으로써, 은행이나 다른 기관은 제조자나 발행자가 채무 불이행할 경우 무조건 지불하기로 약속한다.

② 청구보증(Demand Guarantee)

- Under demand guarantee, the guarantor must pay on first demand by the beneficiary.

  청구보증의 경우 보증인은 수익자의 최초 요구에 따라 지불해야 한다.
- There is no need to prove that the applicant has actually defaulted on a contractual obligation.

  개설의뢰인이 실제로 계약상 의무를 불이행했음을 입증할 필요가 없다.
- From a legal perspective, demand guarantee is said to be independent or autonomous undertaking.

  법적인 관점에서 청구보증은 독립적이거나 자주적인 보증이다.
- ICC sought to standardize demand guarantee practice through the URDG, which was adopted in 1991 and revised in 2010.

  ICC는 1991년에 채택되어 2010년에 개정된 URDG를 통해 수요보증 관행의 표준화를 추구했다.

2. 무역계약

(1) Exclusive Distributor Agreement(독점계약)

① 특징

- Supplier hereby appoints distributor as a/an **exclusive distributor** of the products in the territory. The parties agree that the **distributor** will act at all times as a **principal** and **independent contractor** in its own name and for its own account and not as a servant, employee or agent of the supplier, and that the distributor is not authorized to obligate or bind the supplier in any way. [★1]

공급업체는 이를 통해 유통(판매)업자를 해당 지역의 제품 독점판매(유통)업자로 지정한다. 양 당사자는 유통업자가 공급업체의 하인, 직원 또는 대리인이 아닌 자체 이름과 자체 계정으로 항상 주요 및 독립 계약자로서 행동할 것을 동의하며, 유통업자는 어떤 식으로든 공급업체에 의무화하거나 구속할 권한이 없다.

② Distributor의 의무

- The obligation not to manufacture or distribute goods which compete with the contract goods. [★3]

  계약물품과 경쟁하는 물품을 제조하거나 유통하지 않을 의무.

- The obligation to obtain the contract goods for resale only from the other party. [★3]

  재판매를 위한 계약 물품을 상대방에게서만 획득할 의무 [★3]

- The obligation to refrain from seeking customers, from establishing any branch and from maintaining any distributing depot outside the contact territory. [★3]

  고객을 찾는 것, 지점을 설립하는 것, 접촉 영역 외부에 유통 창고를 유지하는 것을 삼가할 의무 [★3]

③ Distribution agreement

- A Distribution agreement is a contract between channel partners that stipulates the responsibilities of both parties. Channel partners are usually a manufacturer of goods and a middleman who buys the goods under his own name and resells them at a price he set. The basic elements of this agreement include the time period for which the contract is in effect, terms and conditions of supply, and the sales territories covered by the agreement. [★1]

  유통 계약은 양 당사자의 책임을 규정하는 채널 파트너 간의 계약이다. 채널 파트너는 일반적으로 상품 제조업체이자 자신의 이름으로 상품을 구매하고 자신이 설정한 가격으로 재판매하는 중개인을 말한다. 이 계약의 기본 요소에는 계약이 유효한 기간, 공급 조건 및 계약이 적용되는 판매 지역이 포함된다.

3. 국제운송

(1) 항공운송증권

- An air waybill also contains the conditions of the contract that describe the carrier's terms and conditions, such as its liability limits and a description of the goods, and applicable charges. [★2]

  항공 운송장에는 책임 한도, 상품 설명, 적용 요금 등 운송인의 조건을 설명하는 계약 조건도 포함된다.

- A contract of affreightment issued by an airline acknowledging receipt of merchandise and indicating conditions for carriage. [★1]

  상품의 수령과 운송 조건을 나타내는 항공사에 의해 발행된 운송 약정계약서

- "Air Waybill" is a contract. To become a valid contract, it has to be signed by the shipper or his agent and by the carrier or its authorized agent. [★2]

  "항공운송장"은 계약이다. 유효한 계약이 되려면 송하인 또는 그의 대리인과 운송인 또는 권한을 위임받은 대리인이 서명해야 한다.

- After completion, an original copy of Air Waybill is given to the shipper as evidence of the acceptance of goods and as proof of contract of carriage. [★2]

  완료 후, 항공화물운송장은 운송 계약 증빙서 및 물품 인수 증빙서로서 역할을 하며, 항공화물운송장 원본은 송하인에게 제공된다.

- An original copy of Air Waybill is used for the carrier's accounting. [★1]

  항공운송장 원본은 항공사의 회계처리에 사용된다.

- An air waybill should be issued in at least 9 copies, of which the first three copies are classified as originals. The first copy is retained by the issuing carrier, the second copy by the consignee, and the third copy by the shipper. [★2]

  항공운송장은 9부 이상 발행하여야 하며, 그중 최초 3부가 원본으로 분류된다. 첫 번째 사본은 운송인이 보관하고 두 번째 사본은 수하인이 보관하며 세 번째 사본은 송하인이 보관한다.

- Air Waybill serves as a receipt for the shipper, indicates that the carrier has accepted the good listed, obligates the carrier to carry the consignment to the airport of destination according to specified conditions. [★1]

항공화물운송장은 송하인의 영수증 역할을 하며, 운송인이 나열된 물품을 인수했음을 나타내고 운송인은 지정된 조건에 따라 목적지 공항까지 화물을 운송할 의무가 있다.

(2) 부지약관(Unknown Clause)

① 의의
- 화물이 포장으로 인하여 운송인이 선적된 운송품의 내용을 알지 못한다는 약관으로 이 경우 운송인의 책임은 없다. [★2]

② 표시
- 'said to contain', 'said to weigh', 'shipper's load and count'로 표시한다. [★3]

(3) 해상 운송

① 정기선 운송 관련 운임
  ㉠ 품목무차별운임(FAK Rate)
   - A carrier's tariff classification for various kinds of goods that are pooled and shipped together at one freight rate. This rate is not restricted to a particular commodity. Consolidated shipments are generally classified as this rate. [★2]
   하나의 운임으로 모아서 선적되는 다양한 종류의 상품에 대한 운송업체의 요금 분류를 말한다. 이 요금은 특정 상품에 국한되지 않는다. 혼합된 선적 물품은 일반적으로 이 요금으로 분류된다.

  ㉡ 박스 운임(Box Rate)
   - Most ocean freight in modern shipping is containerized. Hence, there is a trend towards the flat rate per container for FCL shipments, known as **Box Rate**, at times also referred to as FAK rate, instead of the weight or measure that is commonly applied in the LCL shipments. The **Box Rate** is convenient in simplifying the freight cost calculation in consignments consisting of a wide range of products. The **Box Rate** is commonly used between the ocean carrier and the NVOCC, large shipper(e.g. the giant trading company), or large importer(e.g. the chain store). [★1]
   현대 해운의 대부분의 해상 화물은 컨테이너로 운송된다. 따라서 LCL 선적에 일반적으로 적용되는 중량이나 측정 대신에 FAK 요율이라고도 하는 FCL 선적에 대한 컨테이너당 고정 요금(박스 요금이라고도 함)으로 향하는 추세가 보여진다. Box

Rate는 다양한 상품으로 구성된 위탁화물의 운임계산을 간소화하는 데 편리하다. Box Rate는 일반적으로 해상 운송업체와 NVOCC, 대형 화주(예 대형 무역 회사) 또는 대형 수입업체(예 체인점) 간에 사용된다.

ⓒ 터미널화물처리비(THC, Terminal Handling Charge)

- Terminal Handling Charges are fees charged by the shipping terminals for the storage and positioning of containers before they are loaded on a vessel. The charges usually consist of goods handling, unloading the container, stacking and crane service. [★2]

  터미널 취급 수수료는 컨테이너가 선박에 적재되기 전에 컨테이너의 보관 및 위치 지정에 대해 선적 터미널에서 부과하는 수수료를 말한다. 수수료는 일반적으로 상품 취급, 컨테이너 하역, 적재 및 크레인 서비스로 구성된다.

- Normally, Terminal Handling Charges for exports are collected from shippers by shipping lines while releasing bill of lading after completion of export customs clearance procedures. [★1]

  일반적으로 수출에 대한 터미널 취급 수수료는 수출 통관 절차가 완료된 후 선하 증권을 발행하면서 운송 회사에서 화주로부터 징수된다.

- The import terminal handling charges are collected by shipping carriers at the time of issuing delivery order to the consignee to take delivery goods. [★1]

  수입터미널 취급수수료는 수하인이 물품을 인수하기 위해 화물인도지시서를 발행할 때 운송업체에 의해 징수된다.

ⓔ 체화료(Demurrage) [★1]

- This charge is an additional charge, raised when the full container is not moved out of the port/terminal for unpacking within the allowed free days offered by the shipping line. The charge is levied by the shipping line to the importer. [★2]

  이 요금은 부대비용으로, 운송 회사에서 제공하는 보관료 없이 장치할 수 있는 허용된 시간 내에 컨테이너를 항구/터미널 밖으로 반출하지 않을 경우 발생한다. 요금은 운송업체가 수입업자에게 부과한다.

ⓜ 부두사용료(Wharfage)

- A charge assessed by a pier or dock owner for handling incoming or outgoing cargo. It is a charge assessed by a shipping terminal or port when goods are moved through the location. [★1]

입출항하는 화물을 취급하기 위해 부두 또는 부두 소유자가 부과하는 요금을 말한다. 화물이 그 위치를 통과할 때 선적 터미널이나 항구에서 부과하는 요금이다. [★1]

ⓗ 지체료(Detention Charge)

- A penalty charge against shippers or consignees for delaying the return of the carrier's container or trailer beyond the allowed free time. [★1]

운송인의 컨테이너 또는 트레일러의 반환을 허용된 Free Time을 초과하여 지연시킨 화주 또는 수하인에 대한 위약금을 말한다.

② 부정기선(Tramper)의 용선 방법

㉠ 기간용선계약, 정기용선계약(Time Charter)

- A time charter is an arrangement for the hiring of a vessel for a specific period of time. [★1]

정기용선계약은 특정 기간 동안 선박을 빌리는 약정이다.

㉡ 항해용선계약(Voyage Charter)

- A voyage charter is an arrangement for the hiring of a vessel and crew for a voyage between a load port and a discharge port. [★2]

항해용선은 선적항과 양륙항 사이의 항해를 위해 선박과 선원을 빌리는 약정이다.

- A voyage charter specifies a period, known as laytime, for unloading the cargo. If laytime is exceeded, the charterer must pay demurrage. If laytime is saved, the charter party may require the shipowner to pay despatch to the charterer. [★2]

항해 용선은 화물을 하역하기 위한 기간을 지정한다. 정박 기간이 초과되면 용선자는 체선료를 지불해야 한다. 만약 정박 기간이 절약되면 용선자는 선주에게 용선자에게 조출료를 지급하도록 요구할 수 있다.

㉢ 나용선계약, 선체용선계약(Demise Charter, Bareboat Charter)

- The ship owner leases his/her entire vessel and the charterer has the responsibility of operating it as though it were his/her own vessel. [★1]

선주는 자신의 선박 전체를 임대하며, 용선자는 자신의 선박처럼 운용할 책임을 가진다.

- The charterer hires a vessel whereby no administration or technical maintenance is included as part of the agreement. [★1]

  용선자는 계약의 일부로 관리 또는 기술 유지 보수가 포함되지 않은 선박을 빌린다. [★1]

- The charterer obtains possession and full control of the vessel along with the legal and financial responsibility for it. [★1]

  용선자는 선박에 대한 법적, 재정적 책임과 함께 선박의 소유권과 완전한 통제권을 얻는다.

- The charterer pays for all operating expenses, including fuel, crew, port expenses and P&I and hull insurance. [★1]

  용선자는 연료, 선원, 항만 경비, P&I 및 선체 보험을 포함한 모든 운영 비용을 지불한다. [★2]

- The charter period may last for many years and may end with the charterer acquiring title of the ship. [★1]

  용선 기간은 수년간 지속될 수 있으며 용선자가 선박의 소유권을 취득함으로써 용선 기간은 종료될 수 있다.

③ 부정기선 운송 운임

   ㉠ 선복운임(Lump Sum Freight)

- A freight rate based on voyage or ship space regardless of number, weight or volume of cargo. [★1]

  화물의 수, 중량, 부피에 관계없이 항행이나 선박 공간을 기준으로 한 운임을 말한다.

   ㉡ 부적운임(Dead Freight)

- Dead Freight is an amount a shipper needs to pay, when the shipper does not utilize the space he or she has reserved on a truck or a vessel. Late amendments or cancellations may result in this fees, or late cancellation fees. [★1]

  Dead Freight는 화주가 트럭이나 선박에 예약한 공간을 활용하지 않을 때 지불해야 하는 금액이다. 수정 또는 취소가 늦으면 수정 수수료 또는 취소 수수료가 발생할 수 있다.

- When the shipper fails to load the cargo or the full cargo after arranging with the ship owner for its carriage, he is in breach of the contract of carriage and is liable to pay the agreed freight as damages. [★1]

선주와 운송을 협의한 후 화물 또는 화물 전량을 선적하지 못할 경우 운송계약을 위반하고 약정한 화물에 손해를 배상해야 한다.

참조 항공운송의 Chargeable Weight [★2]

- 화물의 실 무게와 부피무게 중 더 높은 값으로 하며, 부피무게는 '가로 × 세로 × 높이 × 개수 / 6000'으로 계산한다.
- Chargeable Weight of air freight shipment is calculated as the Actual Weight(Gross Weight) or the Volumetric(also called Volume or Dimensional) Weight of the shipment, whichever is the greater. [★1]

항공 화물의 Chargeable Weight은 화물의 실제 중량(총 중량) 또는 부피(용적 또는 용적이라고도 함) 중량 중 더 큰 것으로 계산된다.
- Chargeable Weight of air freight shipment uses an estimated weight that is calculated based on the dimensions(length, width and height) of a package. [★1]

항공화물 Chargeable Weight는 포장물의 치수(가로, 세로, 높이)를 기준으로 산정한 추정중량을 사용한다.
- Typically, large items with a light overall weight take up more space on an aircraft than a small, heavy item. That is why the airlines charge according to Chargeable Weight. [★1]

일반적으로 전체 중량이 가볍고 부피가 큰 품목은 부피가 작고 무거운 품목보다 항공기에서 더 많은 공간을 차지한다. 그렇기 때문에 항공사는 Chargeable Weight에 따라 요금을 부과한다. [★1]

---

④ 기타

㉠ 수입화물선취보증서(L/G, Letter of Guarantee)

- This is a document commonly used in international trade to allow a carrier to release goods to a consignee who is not yet in possession of the bill of lading. [★2]

이것은 아직 선하증권을 소지하지 않은 수하인에게 운송인이 물품을 인도할 수 있도록 하기 위해 국제무역에서 일반적으로 사용되는 문서이다.

– Whereas you have issued a Bill of Lading covering the above shipment and the above cargo has arrived at the above port of discharge (or the above place of delivery), we hereby request you to give delivery of the said cargo to the above mentioned party without production of the original Bill of Lading. [★2]

귀하가 상기 선적을 포함하는 선하증권을 발행하고 상기 화물이 상기 양륙항(또는 상기 인도 장소)에 도착한 반면, 당사는 귀하가 위의 당사자에게 선하증권 원본의 제시 없이 화물을 인도할 것을 요청한다.

ⓛ 수입화물대도(T/R, Trust Receipt)

– A trust receipt is a notice of release of goods to a buyer from a bank. [★1]

수입화물대도는 은행에서 구매자에게 물품을 인도하는 통지서이다.

– The bank retains the ownership title of the released assets. [★1]

은행은 인도된 자산의 소유권을 보유한다.

– The buyer is allowed to hold the goods in trust for the bank, for normally manufacturing or sales purposes. [★1]

구매자는 일반적으로 제조 또는 판매 목적으로 은행에 상품을 신탁할 수 있다.

ⓒ 파손화물보상장 L/I(Letter of Indemnity)

– A document which the shipper indemnifies the shipping company against the implications of claims that may arise from the issue of a clean Bill of Lading when the goods were not loaded in accordance with the description in the Bill of Lading. [★1]

화물이 선하증권의 명세에 따라 선적되지 않은 경우에 무사고 선하증권 발행으로 인해 발생할 수 있는 클레임의 영향에 대해 화주가 운송회사에 면책하는 문서를 말한다.

4. 해상보험

(1) 고지의무

① 의의

고지의무란 보험계약자, 피보험자가 보험계약이 체결되기 전 계약의 인수 여부 또는 보험료 산정을 결정하는 데 있어서 영향을 줄 수 있는 중요한 사항을 고지하여야 하는 의무를 말한다.

② 고지가 필요 없는 사항 [★1]

　㉠ 위험을 감소시키는 일체의 사실

　　Any circumstance which diminishes the risk [★1]

　㉡ 보험자가 알고 있거나 알고 있을 것으로 추정되는 사실

　　The fact that the insurer knows or is presumed to know.

　㉢ 고지받을 권리를 포기한 사실

　　Any circumstance as to which information is waived by the insurer [★1]

　㉣ 담보에 의해 고지가 필요 없는 사실

　　Any circumstance which it is superfluous to disclose by reason of any express or implied warranty [★1]

(2) ICC(C) 조건에서 담보되지 않는 위험 [★4]

－ 해당 내용은 ICC(B)에서 담보되는 위험을 말한다.

① earthquake volcanic eruption or lightning

　지진, 분화 또는 낙뢰

② washing overboard

　갑판유실

③ entry of sea lake or river water into vessel craft hold conveyance container liftvan or place of storage

　본선, 부선, 선창, 운송용구, 컨테이너, 지게자동차 또는 보관장소에의 해수, 호수 하천수의 침수

④ total loss of any package lost overboard or dropped whilst loading on to, or unloading from, vessel or craft

　본선 또는 부선에의 선적, 하역 중 포장단위당 추락전손

(3) 기타 용어 정의

① 보험가액(insurable value)

　－ **the insurable value** is the value of property stated in an insurance contract indicating the limit of indemnity that will be paid at the time of loss. In insurance on goods or merchandise, it is the prime cost of the property insured, plus the expenses of and incidental to shipping and the charges of insurance upon the whole. [★2]

보험가액이란 보험계약상 손해를 입었을 때 지급되는 손해배상액의 한도를 명시한 재산의 가액을 말한다. 상품 또는 상품에 대한 보험의 경우 재산의 가액에 운송 및 부대 비용 및 전체에 대한 보험 비용을 더한 금액을 말한다.

② 보험료(Premium)

- Unless otherwise agreed, the duty of the assured or his agent to pay the premium, and the duty of the insurer to issue the policy to the assured or his agent, are concurrent conditions, and the insurer is not bound to issue the policy until payment or tender of the premium. [★1]

  달리 약정하지 않는 한 피보험자 또는 그의 대리인이 보험료를 지급할 의무와 보험자가 피보험자 또는 그의 대리인에게 보험증권을 발행할 의무는 동시 조건이며 보험자는 보험료를 지급하기 전까지 보험증권을 발행할 의무가 없다.

③ 투하(Jettison)

- Jettison includes the act of throwing overboard part of a vessel's cargo in the hope of saving a ship from sinking. [★1]

  투하에는 선박이 가라앉지 않도록 하기 위해 선박 화물의 일부를 바다에 던지는 행위가 포함된다.

④ 해상고유의 위험(perisls of the seas)

- perils of the seas refers only to fortuitous accident or causalities of the seas. [★1]

  해상고유의 위험은 오직 바다의 우연한 사고나 재난만을 의미한다.

⑤ 해적(Pirates)

- Pirates are passengers who mutiny and rioters who attacked the ship from the shore. [★1]

  폭동을 일으키는 승객과 육지로부터 선박을 공격하는 폭도를 말한다.

  심화

  pilferage는 화물 전체를 훔치는 것이 아니고 내용물을 빼내어 훔치는 등의 좀도적 행위를 말한다.

⑥ 선장이나 선원의 악행(barratry)

- Barratry means every wrongful act willfully committed by the master or crew to the prejudice of the owner or, as the case may be, the charterer. [★1]

  선장이나 선원의 악행은 소유자 또는 경우에 따라서는 용선자에게 손해를 입히는 선장 및 선원의 고의에 의한 일체의 위법행위를 포함한다.

무역서신

I. 서신의 구성요소

(1) 필수 구성요소 [★2]

① Letter Head(서두)

② Date(발신일자)

③ Inside Address(수신인의 성명 및 주소)

④ Salutation(서두 인사)

⑤ Body of the Letter(본문)

⑥ Complimentary Close(결미어)

⑦ Signature(서명)

(2) 보조 구성요소

① Attention Line or Special address(참조인)

② Reference Number(참조번호)

③ Subject(표제명)

④ Indentification Marks(관련자 약호)

⑤ Enclosure Notations(동봉물 표시)

⑥ Carbon Copy Notation(사본 발송처)

⑦ Postscript(추신)

⑧ Mailing Direction(우편 종별 표시)

⑨ Additional Sheet(추가면)

2. 무역서신 작성 기본원칙 [★7]

(1) 정확성(Correctness)

- 철자, 구두점, 일자, 관용표현 등 문법적으로 정확해야 한다.
- The fabric as well as the lace were delivered in damaged conditions. (X)

  The fabric, as well as the lace, was delivered in damaged condition. (O)

(2) 간결성(Conciseness)

- 불필요한 표현은 생략하며, 의도한 바를 간결하고 직접적인 표현으로 사용해야 한다.
- You asked us to let you know when the new model of the portable camera came on the market. It is now obtainable. (X)
- The new model of the portable camera is now available. (O)

(3) 명료성(Clearness)

- 육하원칙(누가, 언제, 어디서, 무엇을, 어떻게, 왜)에 따라 내용이 구체적으로 나타나야 한다.
- 수동태 형식보다는 능동태 형식의 문장을 사용해야 한다.
- Mr. Nam wrote to Mr. Kim that he had accepted his proposal. (X)

  Mr. Nam wrote to Mr. Kim that he had accepted Mr. KIm's proposal. (O)

(4) 완전성(Completeness)

- 표현하고자 하는 내용들은 간결하되 완전하게 표현해야 한다.
- We received your recent order. (X)

  We received your order NO.Cusbro 123, dated June 2, 2000 for model No.111. (O)

(5) 예의성(Courtesy)

- 무역 서신인 만큼 예의를 갖춘 표현을 사용하며, 자기중심보다는 상대방의 중심으로 표현한다.
- You are requested to answer immediately without fail. (X)

  Your prompt answer would be highly appreciated. (O)

3. 무역서신의 작성요령(AIDA 원칙) [★1]

(1) A : Attention(주위의 환기)

(2) I : Interest(관심의 유발)

(3) D : Desire(욕구의 창출)

(4) A : Action(행동의 자극)

4. 무역서신 기타 문제 유형

(1) 빈칸 넣기

무역서신의 빈칸 안에 적절한 문장 또는 어휘를 고르는 유형으로 약 5문제 정도 출제된다.

(2) 문장 순서대로 배열하기

무역서신을 문단으로 나누어 적절한 순서대로 배열하는 유형으로 약 1~2문제 정도가 출제된다.

(3) 목적 찾기

무역서신이 의도하는 목적을 고르는 유형으로 약 출제되는 경우 약 1~2문제 정도 출제된다.

(4) 적절한 설명

무역서신 내용과 관련하여 일치하거나 일치하지 않는 설명을 고르는 유형으로 출제되는 경우 약 2~3문제 정도 출제된다.

(5) 무역서신에 대한 답변 채택하기

주어진 무역서신에 대한 적절한 회신 내용을 고르는 유형으로 출제되는 경우 약 1문제 정도 출제된다.

(6) 적절한 영문법 및 어휘 고르기

무역서신 유형과 함께 출제되거나 별도로 출제되는 경우가 있으며 출제되는 경우 약 1~2 문제가 출제된다.

기타 문제 유형

I. 적절한 번역 고르기

영문을 국문으로 번역하거나 국문을 영문으로 번역하는 유형으로 무역용어를 숙지하고 있는 경우 도움이 되며, 출제되는 경우 약 1~2문제가 출제된다.

(1) 영문을 국문으로 번역하는 유형

Your letter conveys us that you are specially interested in selling Cotton goods, and in these we may say that we are specialists.

→ 귀사의 서신에서는 귀사가 면제품에 특별히 관심이 높음을 전하고 있는데, 이러한 업종에서 당사는 전문가라 말할 수 있습니다.

(2) 국문을 영문으로 번역하는 유형

당사 제품의 가격은 경쟁사들의 가격보다 훨씬 저렴합니다.

→ Our company's products are much cheaper compared to our competitors'.

2. 비즈니스 협상 전략 [★3]

(1) BATNA

상호 간에 협상이 결렬될 경우의 최선의 대안을 말한다.

(2) The Red Herring

협상과는 본질에서 벗어난 내용으로 다른 방향으로 관심을 돌려 논점을 흐리는 것을 말한다.

(3) The Wince

협상 내용에 대하여 명백한 부정적 반응을 보이는 것을 말한다.

(4) Monkey on the Back

해결하기 힘든 매우 성가시고 골치 아픈 문제를 말한다.

(5) Take It or Leave It

협상 중에 제안을 마음에 들어 하지 않아 하는 상대방에게 쓰는 표현으로 '받아들이거나 그만두거나'를 의미한다.

(6) Strategic Silence

전략적 침묵으로 상대방을 당황하게 하기 위한 전략이다.

3. 빈출 어휘 정리

- variety 다양성
- perusal 정독, 숙독, 통독
- enforceable 집행할 수 있는
- investigation 조사, 연구
- receipt 수령, 영수, 인수증
- beg of ~에게 부탁하다
- bold 용감한, 선명한
- jettison 투하
- point out 주목하다, 지적하다
- Distributorship Agreement 독점판매계약
- convenience 편의
- volcano eruption 분화
- washing overboard 갑판유실
- misconduct 위법행위
- sustainable 지속 가능한
- settlement 해결, 합의
- Processing Trade 위탁가공무역
- Intermediary Trade 중계무역
- ascertainable 확인할 수 있는
- Emergency tariff 긴급관세
- satisfactory 만족스러운, 충분한
- negotiable 협상의 여지가 있는
- remedy 구제조치
- quantity 수량
- avail 도움이 되다
- turnout 집합, 소집, 참가자 수
- despite of ~을 무시하고
- observe 관찰하다, 보다
- consignment 탁송, 탁송물
- assured 피보험자
- lightning strike 낙뢰
- overboard 배 밖으로
- chargeable weight 운임 적용중량(C/W)
- Joint Venture Agreement 합작투자계약
- liquidated damages 손해배상금
- Consignment Trade 위탁판매 무역
- Merchandising Trade 중개무역
- Countervailing duties 상계관세
- Retaliatory tariff 보복관세

- Anti-dumping duties 덤핑관세
- transaction 매매, 거래
- Act of God 불가항력
- re-exportation 재수출
- compete 경쟁하다
- trial order 시험주문
- adjudicate 판정을 내리다, 재결하다
- inactivity 부작위
- corridor 복도, 통로
- barge 부선
- ascertain 알아내다
- collateral 담보물
- Accounts receivable 매출채권
- amend 개정하다
- jurisdiction 관할권
- seriously 진정으로, 심각하게
- remuneration 보수
- detriments 손해
- void 무효인
- make good 손해를 보상하다.

- reference 조회, 언급, 참고
- indebtedness 채무
- identification 식별, 인지
- approval 승인, 찬성
- initial order 최초주문
- settle 해결하다, 결정하다
- payment instrument 지급수단
- intermodal transportation 복합운송
- confusion 혼란, 혼동
- briefly 간단히
- consent 동의
- continuously 연달아
- offset 상계, 상쇄하다
- Infringement 위반, 침해
- desirable 가치있는, 호감가는
- significantly 상당히
- severance payment 퇴직수당
- shading of price 가격인하
- award 중재안

PART 5 실전모의고사

CHAPTER 01 제1회 실전모의고사

01 무역규범

01 대외무역법령에서 규정하고 있는 통상의 진흥과 관련된 설명이다. 잘못된 것은?

① 산업통상자원부장관은 무역과 통상을 진흥하기 위하여 필요한 경우에 통상진흥 시책을 수립 및 발표할 수 있다.

② 산업통상자원부장관은 통상진흥 시책의 수립을 위하여 교역상대국의 제도·관행 등에 대한 조사와 함께 해외진출 기업에 필요한 자료를 요청할 수 있다.

③ 산업통상자원부장관은 통상진흥 시책의 수립과 관련, 관계 행정기관과 지방자치단체, 대한무역투자진흥공사, 한국무역협회 등에 필요한 협조를 요청할 수 있다.

④ 산업통상자원부장관은 기업의 해외진출에 대한 지원 업무를 종합적으로 수행하기 위하여 대한무역투자진흥공사에 해외진출지원센터를 설치, 운영하도록 하고 있다.

02 무역거래자가 발급받는 무역업고유번호에 대한 설명 중에서 잘못된 것은?

① 상호, 대표자, 주소, 전화번호 등의 변동사항이 발생한 경우에는 변동사항이 발생한 날로부터 20일 이내에 한국무역협회장에게 알리거나 무역업 데이터베이스에 변동사항을 수정 입력하여야 한다.

② 무역거래자는 수출입 신고 시 무역업고유번호를 수출(입)자 상호명과 함께 기재하여야 한다.

③ 무역업고유번호를 부여받으려는 자는 별지 제1호 서식에 의하여 한국무역협회장에게 신청하여야 하며, 한국무역협회장은 접수 즉시 신청자에게 무역업고유번호를 부여하여야 한다.

④ 합병, 상속 등으로 지위의 변동이 발생한 경우에는 기존의 무역업고유번호를 유지하거나 수출입실적 등을 승계받을 수 없다.

03 다음은 대외무역법령에서 규정하는 수입물품의 원산지표시와 관련된 설명이다. 올바른 것을 모두 기재한 것은?

<수입물품의 원산지표시 대상물품은 원칙적으로 해당 물품에 원산지를 표시하여야 하나, 다음 사항의 하나에 해당되는 경우에는 최소포장, 용기 등에 수입물품의 원산지를 표시할 수 있다.>

A. 원산지표시의 비용이 해당 물품의 수입을 막을 정도로 과도한 경우(물품값보다 표시비용이 더 많이 드는 경우)

B. 원산지표시로 인하여 해당 물품이 크게 훼손되는 경우(당구공, 콘텍트렌즈, 포장하지 않은 집적회로 등)

C. 물품의 외관상 원산지의 오인 가능성이 적은 경우(두리안, 오렌지, 바나나 등)

D. 원산지표시로 인하여 해당 물품의 가치가 실질적으로 저하되는 경우

E. 실질적 변형을 일으키는 제조공정에 투입되는 부품 및 원재료를 수입 후 내수시장에서 유통상에게 공급하는 경우

① A, B, D
② B, C, D, E
③ A, B, C, D
④ A, B, D, E

04 다음 중 우리나라의 대외무역법령에서 규정하고 있는 전략물자의 수출입에 관한 설명이 잘못된 것은?

① 전략물자는 국제수출통제체제의 원칙에 따라 국제평화 및 안전유지와 국가안보를 위하여 수출허가 등 제한이 필요한 물품 등을 말하는 것으로 대통령령으로 정하는 기술도 포함된다.

② 전략물자에 해당되는 기술의 이전 방식에는 전화, 팩스, 이메일 등 정보통신망을 통한 이전과 기록매체나 컴퓨터 등 정보처리장치를 통한 이전 등이 있으며 지시, 교육, 훈련, 실연 등 구두나 행위를 통한 이전은 제외된다.

③ 전략물자의 판정을 신청하고자 할 경우 물품 등의 용도와 성능을 표시하는 서류, 물품 등의 기술적 특성에 관한 서류, 그 밖에 전략물자 또는 상황허가 대상인 물품 등의 판정에 필요한 서류를 구비하여야 한다.

④ 전략물자관리원은 전략물자 수출입관리에 관한 조사·연구 및 홍보 지원업무, 전략물자 수출입통제와 관련된 국제협력 지원 업무, 전략물자 자율준수 무역거래자의 지정 및 관리에 대한 지원 업무 등을 수행한다.

05 다음은 수출입공고에 관한 설명이다. 다음 설명 중에서 잘못된 것은?

① 수출입공고에는 수출입승인대상품목과 승인기관이 명시되어 있으며, 승인신청 및 변경신청 절차에 대해서도 규정하고 있다.

② 무상으로 수출·수입하여 무상으로 수입·수출하거나, 무상으로 수입·수출할 목적으로 수출·수입하는 것으로서 사업 목적을 달성하기 위하여 부득이하다고 인정되는 물품은 수출입승인을 면제할 수 없다.

③ 수입수량제한조치, 특정국 물품에 대한 특별수입수량제한조치를 시행하는 경우 수입제한을 기본공고인 수출입공고에 고시한다.

④ 하나의 수출입물품에 대해 통합공고의 수출입 요건확인 내용과 수출입공고의 제한내용이 동시에 적용될 경우에는 통합공고상의 요건확인 내용과 수출입공고의 제한내용이 모두 충족되어야만 수출 또는 수입이 가능하다.

06 다음 중 대외무역법의 벌칙 규정에 대한 설명으로 잘못된 것은?

① 수출허가를 받지 아니하고 전략물자를 수출한 자는 징역 또는 벌금에 처한다.

② 원산지표시대상물품에 대하여 원산지표시를 하지 아니한 자는 징역 또는 벌금에 처한다.

③ 대외무역법의 벌칙에는 징역과 벌금형을 동시에 처하는 병과규정이 있다.

④ 대외무역법의 벌칙은 위반행위자의 소속법인까지 처벌하는 양벌규정은 적용되지 않는다.

07 다음은 대외무역법령에서 규정하고 있는 거래형태별 수출, 수입실적에 관한 설명이다. 다음 중 가장 잘못된 것은?

① 수출실적의 인정범위는 수출 중 유상으로 거래되는 수출과 대북한 유상반출 실적을 포함한다.

② 용역 또는 전자적 형태의 무체물의 수출·수입실적 확인 및 증명 발급기관의 장은 발급현황 등에 관한 매분기 실적을 다음달 20일까지 산업통상자원부장관과 관세청장에게 보고하여야 한다.

③ 물품의 수입실적 인정금액은 CIF 가격 기준으로 수입통관액이며 단, 외국인수수입과 용역 또는 전자적 형태의 무체물의 수입의 경우에는 외국환은행의 지급액으로 한다.

④ 용역의 수출·수입실적 확인 및 증명 발급기관으로 지정받으려는 자는 증명서 발급에 필요한 인력 및 시설 등을 갖추고 있음을 입증할 수 있는 서류를 첨부하여 관세청장에게 신청하여야 한다.

08 다음 중 대외무역법령상 수입물품에 대한 원산지표시 방법으로 가장 옳은 것은?

① 소비자에게 낱개로 판매되는 물품을 벌크포장 외부에만 원산지를 표시한 경우
② 중국산 물품에 별도 원산지표시 없이 「경주특산품」이라고 표시한 경우
③ 물품에 「Country of Origin : China」라고 표시한 후, 그 아래에 「Designcd in Korea」라고 보조표시를 한 경우
④ 가방 안주머니 속에 작은 원산지표시 라벨을 부착한 경우

09 대외무역법령의 용역 수출입에 대한 사례로 설명이 잘못된 것은?

① 한국의 기업이 온라인을 통하여 베트남 현지 기업의 컴퓨터시스템에 대해 제공한 컨설팅은 '용역 수출'로 인정되지 않는다.
② 한국의 기업이 한국인 직원을 파견하여 중국 현지 기업에게 제공한 경영자문은 '용역 수출'로 인정된다.
③ 한국의 기업이 미국 기업의 미국인 직원으로부터 국내에서 제공받은 설계자문은 '용역 수입'으로 인정된다.
④ 한국의 기업이 이탈리아에서 현지 기업으로부터 제공받은 디자인 자문은 '용역 수입'으로 인정된다.

10 대외무역법령의 구매확인서에 대한 설명으로 잘못된 것은?

① 발급자는 구매확인서를 발급한 후 신청 첨부서류의 외화획득용 원료·기재의 내용 변경 등으로 이미 발급된 구매확인서와 내용이 상이하여 재발급이 요청되는 경우에는 새로운 구매확인서를 발급할 수 있다.
② 구매확인서는 외화획득용 원료, 기재를 세금계산서를 발급받아 이미 구매한 자도 사후신청, 발급받을 수 있다.
③ 해외에서 위탁가공하기 위해 국내에서 물품을 조달하여 무환으로 외국에 수출한 경우에는 구매확인서 발급대상이 아니다.
④ 발급자는 외화획득용원료·기재구매확인서를 전자무역문서로 발급하고 신청한 자에게 발급 사실을 알릴 때 승인번호, 개설 및 통지일자, 발신기관 전자서명 등 최소한의 사항만 알릴 수 있다.

11 다음은 관세법상 관세의 납세의무자에 대한 설명이다. 잘못된 것은?

① 해외 직구를 한 물품이 특송화물로 수입되는 경우 : 구매자
② 보세창고에 보관중인 외국물품이 도난된 경우 : 보세창고 운영인
③ 위탁받은 수입업체가 대행 수입한 경우 : 송품장에 표시된 수입자
④ 우편으로 수입되는 물품인 경우 : 우편물의 수취인

12 A는 해외직구를 통해 미국에서 쌍안경을 구입하였다. 이 물품의 품목분류는 다음과 같다. 이에 대한 설명으로 올바른 것은?

> HS 9005.10 − 0000

① A가 구입한 쌍안경의 HS는 제9005류에 해당한다.
② 법적인 목적상 품목분류는 호의 용어 및 주에 따라 분류함이 원칙이다. 이 물품의 호는 9005.10이다.
③ 제시문과 같이 쌍안경의 10단위의 세번 모두를 알지 못하고 소호까지의 세번만 알 경우에도 기본관세율이 얼마인지를 알 수 있다.
④ A가 구입한 쌍안경에 대한 국제협약상 유효한 분류범위는 9005까지이다.

13 다음의 사례와 관련된 관세청(세관)의 관세법상의 지원대책 중 잘못된 것은?

> 관세청이 최근 전라도 지역에 내린 기록적인 폭설로 인한 피해대책으로 관내의 수출입업체에 대한 특별통관지원대책을 마련하여 즉시 시행할 예정이다.

① 수출물품에 대한 적기 선적이 곤란한 것임을 고려하여 적재기간 연장 필요시 적재기간을 연장할 수 있다.
② 폭설 등으로 인하여 수입신고된 물품이 신고수리 전 변질·손상된 때에는 손상감세 적용이 가능하다.
③ 수입신고가 수리된 물품이 수리 후 계속 지정보세구역에 장치되어 있던 중에 폭설 등으로 변질·손상된 경우, 변질·손상된 물품의 관세를 전부 또는 일부 돌려받을 수 있다.
④ 수출입업체가 폭설로 재산상 피해를 입은 경우 2년의 범위 내에서 관세 납부기한을 연장하거나 분할납부를 허용할 수 있다.

14 다음은 관세법상 관세 부과대상에 대한 설명이다. 잘못된 것은?

① 수입물품에는 관세를 부과한다.

② 무상으로 수입하는 샘플에 대해서는 관세를 부과하지 않는다.

③ 컴퓨터 소프트웨어를 CD에 저장하여 수입하는 경우 수입신고대상이며 제세 대상이다.

④ 10억짜리 설계도면을 미국 수출자로부터 전자메일로 받는 경우 관세법상 관세부과의 대상이 되지 않는다.

15 다음과 같은 상황에서 수입상 커스브로(주)가 취할 수 있는 행위로 잘못된 설명은?

커스브로(주)는 2021년 1월 5일부터 A제품을 일본으로부터 수입하면서 관세율 0%의 HS 코드로 수입통관을 하였다. 그러던 중 2022년 10월 3일 서울본부세관으로부터 심사를 받았고, 심사결과 HS 적용 오류로 인한 신고세액 부족을 이유로 추징세액 2억원을 과세전통지 받았다.

① 커스브로(주)는 서울본부세관에 추징세액에 대한 과세전적부심사를 청구할 수 있다.

② 커스브로(주)는 과세전적부심사 청구를 거치지 아니하면 조세심판원에 심판청구를 할 수 없다.

③ 커스브로(주)는 심판청구에 대한 결정통지를 받은 날로부터 90일 내에 행정소송을 제기할 수 있다.

④ 커스브로(주)는 관세법에 따른 심사청구 또는 심판청구를 거치지 아니하면 행정소송을 제기할 수 없다.

16 관세법상 세액결정에 영향을 미치기 위하여 과세가격 또는 관세율 등을 거짓으로 신고하거나 신고하지 아니하고 수입한 자의 벌칙 조항 중 가장 올바른 것은?

① 밀수출입죄　　　　　　　　② 관세포탈죄

③ 가격조작죄　　　　　　　　④ 허위신고죄

17 다음 중 관세법상 과세가격 결정방법에서 제1방법의 적용이 가능한 것은?

① 해당 물품을 자선용으로만 사용하도록 하는 제한

② 해당 물품을 특정용도로만 사용하도록 하는 제한

③ 해당 물품을 판매할 수 있는 지역의 제한

④ 해당 물품을 특정인에게만 판매할 수 있도록 하는 제한

18 다음 중 탄력관세제도에 대한 설명으로 잘못된 것은?

① 원활한 물자수급 또는 산업의 경쟁력 강화를 위하여 특정물품의 수입을 촉진할 필요가 있는 경우 100분의 40의 범위의 율을 기본세율에서 빼고 관세를 부과할 수 있다. 이 경우에는 수량을 제한할 수 없다.

② 특정물품의 수입을 억제할 필요가 있는 경우에는 일정한 수량을 초과하여 수입되는 분에 대하여 100분의 40의 범위의 율을 기본세율에 더하여 관세를 부과할 수 있다.

③ 관세를 부과하여야 하는 경우 대상 물품, 수량, 세율, 적용기간 등은 대통령령으로 정한다.

④ 농림축수산물인 경우에는 기본세율에 동종물품·유사물품 또는 대체물품의 국내외 가격차에 상당하는 율을 더한 율의 범위에서 관세를 부과할 수 있다.

19 캐나다로 수출된 제품에 클레임이 제기되어 해당 물품을 다시 수입하고자 한다. 이와 관련된 다음의 설명 중 가장 적절한 것은?

① 수출된 제품이 해외에서 사용되지 않고 수출신고 수리일부터 2년 내에 다시 수입되는 경우 재수입면세를 적용받을 수 있다.

② 최초 캐나다로 수출 시 수출용원재료에 대한 관세환급을 받았더라도 재수입할 때 관세를 감면받을 수 있다.

③ 클레임 물품을 정상품으로 다시 수출하는 조건으로만 감면받을 수 있다.

④ 감면신청서를 제출하지 못한 경우라도 예외적으로 수입신고가 수리된 해당 물품이 보세구역에 장치되어 있다면 수입신고일로부터 15일 이내에 감면신청서를 제출하여 감면을 받을 수 있다.

20 다음 중 관세법상 HS의 통칙 및 CODE에 대한 설명으로 올바른 것은?

① HS 구성 요소 중 품목분류 시 법적인 효력을 가지는 것은 류의 용어와 관련되는 부 또는 류의 주이다.

② 우리나라의 경우 HSK(HS of Korea) 10단위 체계를 사용하고 있는데, 8단위까지는 세계 공통으로 사용하고 있다.

③ HS품목분류표의 [통칙 3]은 협의품명 우선 분류원칙, 주요특성 분류원칙, 최종호 분류원칙 등으로 구성되어 있다.

④ 호란 류를 품목에 따라 세분한 것으로 HS 코드 앞부분 6자리를 말한다.

21 수입물품의 관세율이 다음과 같고, 수입물품의 과세가격이 10,000,000원이라면 수입통관 시 납부하여야 할 관세액은 얼마인가? (단, 각 관세율이 적용될 수 있는 요건은 충족되었으며, 부가 가치세 등 내국세와 지방세는 계산에서 제외된다.)

> 가. 덤핑방지관세율 : 15%
> 나. 일반특혜관세율 : 10%
> 다. FTA 협정관세율 : 2%
> 라. 기본관세율 : 8%

① 1,700,000원
② 1,500,000원
③ 1,000,000원
④ 200,000원

22 다음 관세법령상 수입통관에 대한 설명으로 올바른 것을 모두 기재한 것은?

> A. 저작권법에 따른 저작권, 식물신품종 보호법에 따라 설정등록된 품종보호권을 침해한 물품 의 수입은 할 수 없고 수출은 가능하다.
> B. 수입하려는 물품을 지정장치장에 반입한 자는 반입일로부터 30일 이내에 수입신고 하여야 한다.
> C. 수입신고는 관세사만이 할 수 있다.
> D. 입항 전 수입신고가 된 물품은 우리나라에 도착한 것으로 본다.

① A, B
② A, C
③ B, D
④ C, D

23 A법인은 외국에서 구매한 소비재 물품을 수입통관하여 국내에서 B에게 증여할 예정이다. 수입 통관 단계에서 A법인이 수입하는 물품에 대해 세관장이 부과할 수 있는 조세를 열거한 것으로 잘못된 것은?

① 관세, 농어촌특별세, 개별소비세, 법인세
② 관세, 부가가치세, 교통에너지환경세, 지방소비세
③ 부가가치세, 개별소비세, 지방교육세, 주세
④ 부가가치세, 지방소비세, 교통에너지환경세, 개별소비세

24 수출에 따른 관세환급과 관련한 다음의 설명 중 잘못된 것은?

> 중소기업 주식회사 커스브로는 생산시설을 보유한 중소기업 한국공업에 수출제품 금속절단기의 생산을 의뢰하고 있다. 해당 제품의 생산을 위해 주식회사 커스브로는 금속절단기를 직접 기획하고 디자인을 설계하였고, 생산에 필요한 모든 주재료를 구매하여 한국공업에 무상으로 제공하였다. 한국공업은 해당 재료로 제품을 생산하며, 완성된 제품은 주식회사 커스브로가 인수하여 미국 바이어에게 1대당 USD 30,000에 유상 수출한다.

① 미국에 유상수출하는 금속절단기에 대해서는 관세환급이 가능하다.
② 금속절단기에 물리적으로 결합된 재료와 금속절단기의 포장용품은 관세환급대상 원재료이다.
③ 주식회사 커스브로는 생산시설을 보유하고 있지 않으므로 간이정액환급신청인이 될 수 없다.
④ 주식회사 커스브로가 간이정액환급 비적용승인을 받은 경우에는 개별환급을 신청할 수 있다.

25 수출신고수리일이 2019년 5월 10일(유상수출)인 경우, 관세환급특례법상 관세환급신청 시 수출용원재료 환급에 사용할 수 있는 수입신고필증으로 잘못된 것은? (환급을 제한하는 기타 다른 조건은 없다)

① 수입신고수리일이 2017년 5월 10일인 수입신고필증
② 수입신고수리일이 2017년 6월 5일인 수입신고필증
③ 수입신고수리일이 2018년 5월 10일인 수입신고필증
④ 수입신고수리일이 2019년 5월 15일인 수입신고필증

26 다음 중 관세환급특례법에 규정된 정액환급률표와 간이정액환급제도에 대한 설명으로 잘못된 것은?

① 관세청장은 중소기업 수출물품에 대한 관세 등의 환급 절차를 간소화하기 위하여 필요하다고 인정하는 경우, 수출물품별로 정액환급률표를 정하여 고시할 수 있다.
② 정액환급률표를 적용받을 수 있는 자는 관세청장에게 정액환급률표를 정하여 고시할 것을 요청할 수 있다.
③ 정액환급률표에 정하여진 금액은 해당 물품을 생산하는 데 드는 수출용원재료를 수입한 때에 납부하는 관세 등으로 보아 환급한다.
④ 수출신고필증에 수출화주와 제조자가 다른 경우에는 수출화주가 관세 등의 환급을 신청하여 간이정액환급액을 환급받을 수 있다.

27 아래 한-미 FTA 원산지결정기준에 따라 미국에서 땅콩버터를 수입하는 경우 이에 대한 설명으로 올바른 것은?

품목번호	품목명	원산지기준	비고
2008.11	땅콩버터	다른 류에 해당하는 재료(제1202호의 깃을 제외한다)로부터 생산된 것	제1202호 : 땅콩

① 비원산지재료의 코드와 땅콩버터의 코드가 2단위 변경을 요하는 세번변경기준에 해당한다.
② 부가가치기준이 세번변경기준보다 상위 개념이므로 부가가치기준을 만족하는 경우에는 위 원산지결정기준을 만족하지 않아도 된다.
③ 위 원산지기준을 만족하는 제품을 일본 현지에서 수입하는 경우 한 미 특혜관세를 적용받을 수 있다.
④ 세번변경기준을 만족하면서 원재료 중 땅콩은 반드시 미국산이 아니어도 된다.

28 다음은 FTA에 따른 원산지 결정기준과 관련된 설명이다. 잘못된 것은?

① 세번변경기준은 HS코드를 일정단위 이상 변경하는 공정을 수행한 국가를 원산지로 인정하는 기준이다.
② 세번변경기준이 충족된다 하여도 한국에서 단순한 조립이나 포장과 같은 작업만을 수행한 경우에는 한국산 원산지물품으로 인정하지 않는다.
③ 세번변경기준에 의해 원산지로 결정된 경우에도 해당 물품이 생산·가공 또는 제조된 이후에 원산지가 아닌 국가에서 선적된 경우에는 그 물품의 원산지로 인정하지 아니하는 것이 원칙이다.
④ 가공공정기준은 해당 물품의 전부를 생산·가공 또는 제조한 국가를 원산지로 인정하는 기준이다.

29 FTA에 따른 관세혜택을 적용받기 위한 FTA원산지증명 및 협정관세 적용신청과 관련된 설명이다. 다음 중 제시한 사례에 대한 설명으로 잘못된 것은?

> (주)KITA는 중국으로부터 천연가스(HSK 2711.21−0000)를 수입하고자 한다. 관련된 수입관세율은 다음과 같다.
> • 기본관세 : 3%
> • 할당관세 : 2% (적용기간 : 2019.1.1.~2019.3.31.)
> • 한국−중국 FTA 관세율(2019년) : 2%

① 2019년 2월 3일 수입신고하는 경우에는 할당관세 2%를 적용할 수 있다.

② 2019년 3월 31일 부산항에 입항하여 4월 1일에 수입신고하는 경우, 일반(비특혜)원산지증명서를 수령한 수입자는 기본관세 3%를 적용한다.

③ 한국−중국 FTA원산지증명서를 수령한 수입자는 2019년 2월 3일 수입신고 시 한국−중국 FTA관세율 2%를 적용할 수 있다.

④ 2019년 4월 1일 수입신고 및 수리를 받으면서 FTA를 적용하지 못해 기본관세 3%를 적용한 수입자는 2021년 3월 31일까지 FTA 사후적용을 할 수 있다.

30 ㈜KITA는 국내제조업체로 아래 원재료내역서를 기초로 한국−베트남 FTA 원산지증명서를 발급받고자 한다. 다음 중 원산지판정을 위한 내용으로 잘못된 것은?

> BOM [원재료내역서]
> ■ 완제품 품명 : 소스(Sauce) (HS Code : 제2103.90호)
> ■ 적용협정 : 한국−베트남 FTA
> ■ 원산지결정기준 : CTH or BD 40%
> ■ 원재료 사용내역
>
> | No. | 품명 | 세번부호 | 단가 | 소요량 | 금액 | 원산지 | 공급자 |
> |---|---|---|---|---|---|---|---|
> | 1. | 설탕 | 1702.90 | − | − | − | | "갑"회사 |
> | 2. | 고추장 | 2103.90 | − | − | − | | "을"회사 |
> | 3. | 전분 | 1108.12 | − | − | − | | "병"회사 |
>
> * 다른 고려사항은 없다.

① CTH기준을 선택한 경우, 원산지판정시 소스(Sauce) HS Code 4단위와 원재료인 설탕·고추장·전분의 HS Code 4단위의 변경 여부를 확인하여야 한다.

② 소스(Sauce)의 한국−베트남 FTA 원산지결정기준은 선택기준이다.

③ ㈜KITA는 고추장에 대하여 공급자인 "을"회사로부터 고추장이 한국산이라는 원산지(포괄)확인서를 받아야 한다.

④ BD 40%는 집적법 방식으로 40% 이상의 역내 부가가치가 발생한 것을 한국산으로 인정한다는 기준이다.

02 무역결제

31 다음 결제방식에 따른 위험 및 위험관리 방안으로 잘못된 것은?

① O/A 방식에서 수출업자는 한국무역보험공사에 수출보험을 가입한다.

② 선수금방식(T/T advance)에서 수출업자는 수입업자에게 A/P(Advance Payment) Bond 를 요구한다.

③ COD 방식에서 수출업자는 수입업자가 물품을 수령하지 않는 경우 대금수령과 물품회수가 불확실하다.

④ CAD 방식에서 수입업자는 수출국에 있는 자신의 검사 대리인에게 요청하여 PSI를 실시한다.

32 송금결제방식에 관한 설명으로 옳지 않은 것은?

① CAD, COD 방식은 수출물품 또는 선적서류가 수입상에게 인도되어야만 외화채권으로 성립 되어 대금결제가 이루어진다.

② CAD, COD는 상품 혹은 서류와 상환으로 대금이 지급된다는 측면에서 보면 동시결제방식 이지만 선적 이후에 상품 대금이 지급되기 때문에 "Open Account(O/A)", "European D/P"와 같이 사후송금방식의 일종으로 볼 수 있다.

③ 수입자가 물품확인을 원한다면 COD보다는 CAD를 선호할 것이다.

④ CAD는 D/P와 유사하지만 환어음이 사용되지 않으며 선적서류는 은행을 경유하지 않고 수 출자가 수입자에게 직접 발송하여 대금을 청구하는 방식이다.

33 추심결제방식거래와 관련된 추심은행의 의무와 면책에 대한 설명으로 잘못된 것은?

① 추심은행은 서류의 종류 및 통수가 맞는지를 확인하고 서류의 내용에 대해 심사할 의무가 있다.

② 추심은행은 지급인이 자기은행의 고객이면 직접 서류를 제시하고, 그렇지 않으면 지급인의 거래은행으로 송부한다.

③ 추심은행은 접수된 서류가 추심지시서에 열거된 것과 외관상 일치하는지를 확인해야 한다.

④ 추심은행은 화환추심과 관련된 물품의 보관이나 보험가입 등에 대해 특별한 지시를 받은 경 우라 하더라도 이에 따를 의무가 없다.

34 추심결제방식과 신용장방식과의 비교 내용으로 옳은 것을 모두 고르시오.

> A. 적용되는 국제규칙이 신용장과 다르다.
> B. 신용장 거래보다 낮은 은행수수료가 적용된다.
> C. D/P, D/A 거래는 선하증권상의 수하인이 신용장방식과 달리 원칙적으로 수입상이 되며 통상 지시식으로 발행토록 요구된다.
> D. D/P 방식은 신용장의 sight L/C 방식과 유사한 거래이나 은행의 지급확약이 없다는 차이가 있다.
> E. 신용자 방식과 동일하게 은행을 통해 선적 서류가 수입자에게 전달된다.
> F. 선적서류 작성과 관련하여서는 신용장 방식과 동일하게 작성된다.

① A, B, C, D, E ② A, B, C, D, E, F
③ A, B, C, D ④ A, B, D, E, F

35 무역보험에 대한 설명으로 옳지 않은 것은?

① 무역보험은 운송 중에 발생하는 운송위험에 대해 담보하는 해상보험이 보상해주지 않는 대금결제위험으로부터 보호하고자 정부주도하에 운영하는 비영리 정책보험을 말한다.
② 우리나라의 대표적 무역보험서비스 제공기관은 K-SURE이며 수출보험뿐만 아니라 수입보험, 환변동보험 서비스도 제공한다.
③ 수입보험의 경우 선급금 지급 후 2년 이내에 선적하여야 하는 수입거래가 대상거래이며 중계무역도 포함한다.
④ 단기수출보험은 결제기간 2년 이내의 일반수출뿐만 아니라 위탁가공무역, 중계무역, 재판매 거래 등도 대상이 된다.

36 선적통지부 결제 방식(O/A, Open Account)에 대한 설명으로 옳지 않은 것은?

① 일반적으로 Seller's market의 상황에서 활용되는 송금결제방식 중 하나이다.
② Open Account 거래는 수출상이 물품의 선적을 완료하고 해외의 수입자에게 동 사실을 통지함과 동시에 채권이 발생하는 거래를 말한다.
③ 'O/A Nego'를 통하여 대금을 조기에 회수하고자 하는 수출상은 먼저 거래은행과 당해 외상수출채권의 양수도에 관한 상담을 통하여 거래승인을 얻은 후, 이에 관한 여신거래약정을 체결하여야 한다.
④ O/A 방식 거래에서 수출자는 선적완료 후 거래은행과의 약정에 따라 선하증권 등 선적서류 사본을 거래은행에 제시하고 외상채권을 매각함으로써 조기에 현금화할 수 있다.

37 Forfaiting에 대한 설명으로 적절하지 않은 것은?

① 수출거래에서 생성되는 환어음 등 청구권이 자유롭게 유통 가능한 증서를 이전의 어음 소지인에게 상환청구권을 행사함이 없이 매입하는 것이다.

② Forfaiting은 Sight L/C, usance L/C 뿐민 아니라 D/A 거래도 대상이 된다.

③ Country risk, Bank risk 등을 감안하여 할인율이 차등 적용된다.

④ 신용장 방식에서 수출상에 대한 무상환청구권으로 전환되는 시점은 선적서류를 접수한 수입국 신용장 개설은행으로부터 선적서류에 대한 인수의사를 통보하는 시점이다.

38 신용장 결제방식에 관한 특징으로 옳은 것을 모두 고르시오.

> A. 신용장은 개설은행의 조건부지급확약서로서 그 조건이란 수출상이 매매계약의 내용을 실질적으로 이행하는 것이 아니고 신용장에 기재된 조건에 일치하는 서류를 제시하는 것이다.
> B. 수출상은 내도된 신용장을 근거로 무역금융의 지원을 받을 수 있다.
> C. 신용장에서 제시 언어에 대해 침묵한 경우 서류는 영어로 작성되어야 한다.
> D. 수익자는 신용장 조건에 일치하는 서류를 제시하면 수출대금을 회수할 수 있다는 확신을 가질 수 있다.
> E. 개설의뢰인은 신용장 조건과 일치하는 서류의 제시가 있으면 물품의 상태 등을 이유로 대금지급을 거절할 수 없다.

① A, C, D, E   ② A, B, D, E

③ A, D, E   ④ A, B, C, D, E

39 신용장 거래 당사자 중 통지은행(Advising Bank)의 책임에 대한 설명으로 옳지 않은 것은?

① 통지은행이 신용장에 명기된 수수료 부담자로부터 통지 수수료의 징수가 불가능하게 된 경우, 통지를 지시한 개설의뢰인이 부담해야 한다.

② 통지은행의 의무는 개설은행의 신용도를 파악하는 것이 아니며, 지급이행 또는 매입할 어떠한 확약 없이 수익자에게 신용장 및 모든 조건변경을 단순 통지하는 것이다.

③ 통지은행 또는 제2통지은행을 이용하는 은행은 신용장 조건변경 통지하기 위하여 동일한 은행을 이용하여야 한다.

④ 통지은행 및 제2통지은행은 신용장 또는 조건변경을 통지함으로써 신용장 또는 조건변경의 외관상의 진정성에 관하여 스스로 충족하였다는 것을 의미한다.

40 신용장 거래에 따른 Negotiation 및 Honour에 대한 설명으로 틀린 것은?

① Negotiation이란 일치하는 제시에 대하여 지정은행이, 지정은행에 상환하여야 하는 은행영업일 또는 그 전에 대금을 지급함으로써 또는 대금지급에 동의함으로써 환어음 및/ 또는 서류를 구매(purchase)하는 것을 의미한다.

② Negotiation은 신용장에서 약정하고 있는 서류들을 첨부한 일체를 거래은행이 매입하여 수익자에게 미리 대금을 지급하는 것이다.

③ Honour란 신용장이 인수에 의하여 이용 가능하다면 수익자가 발행한 환어음을 인수하고 만기에 지급하는 것을 말한다.

④ Negotiation은 Honour의 일종으로 볼 수 있다.

41 신용장의 해석(Interpretations)과 관련하여 옳은 것을 모두 고르시오.

A. 선적일을 결정하는 데 'to', 'until', 'till', 'from', 'between'이라는 용어가 사용된 경우 당해 일자를 포함하고, 'before'와 'after'라는 단어는 명시된 일자를 제외한다.

B. 서류에 사용하도록 요구되지 않았다면 "신속하게(prompt)", "즉시(immediately)" 또는 "가능한 한 빨리(as soon as possible)"라는 단어들은 무시된다.

C. 서류의 발행자를 표현하기 위하여 사용되는 "first class(일류)", "well known(저명한)", "qualified(자격 있는)", "independent(독립적인)", "official(공적인)", "competent(능력 있는)" 또는 "local(현지의)"라는 용어들은 수익자를 포함하여 서류를 발행하는 모든 서류 발행자가 사용할 수 있다.

D. 특정일자 앞의 'Within'은 해당 일자를 포함하므로 'Shipment is to be made within 2 June.'인 경우 6월 2일이 선적의 최종일이 된다.

E. 'first half'는 지정한 달의 1일부터 15일까지, 'second half'는 지정한 달의 16일부터 말일까지를 의미한다.

F. 만기를 정하기 위하여 "from"과 "after"라는 단어가 사용된 경우에는 명시된 일자를 포함한다.

① A, B, C, D, E, F   ② A, B, C, D, E

③ A, C, D, E   ④ A, B, D, E

42 사기거래배제의 원칙(Fraud Rule)과 지급정지명령(Injunction)에 관한 설명으로 틀린 것은?

① 사기거래배제의 원칙은 독립·추상성을 악용하는 것을 방지하기 위한 원칙이다.

② UCP 600에는 사기나 위조에 관한 규정을 마련하고 있지 않기 때문에 Injunction은 신용장의 본질을 훼손하는 것으로 볼 수 있다.

③ Fraud Rule은 신용장 조건과 일치하는 서류의 제시가 위조 또는 사기에 의한 허위라는 의심이 드는 경우에 은행은 곧바로 이를 수리할 의무가 없으며 지급 거절을 할 수 있다는 것을 말한다.

④ 지급정지명령이란 우리나라의 가처분에 해당하는 것으로 신용장 거래에서는 신용장 개설은행에 대금 지급을 금지하는 법원의 결정을 의미한다.

43 신용장 거래에서 서류 심사에 따른 결과로 불일치 서류에 대한 거절 통지를 하는 경우로써 틀린 내용은?

① 지정에 따라 행동하는 지정은행, 확인은행(있는 경우) 또는 개설은행이 결제(honour) 또는 매입을 거절하기로 결정하는 때에는, 제시자에게 그러한 취지로 1회만 통지하여야 한다.

② 거절통지는 전신(telecommunication)으로, 또는 그것의 이용이 불가능하다면 다른 신속한 수단으로, 제시일의 다음날로부터 기산하여 3영업일의 종료 시보다 늦지 않게 이루어져야 한다.

③ 개설은행이 결제(honour)를 거절하거나 또는 확인은행이 결제(honour) 또는 매입을 거절하고 그 취지의 통지를 한 때에는, 그 은행은 이미 지급된 상환 대금을 이자와 함께 반환 청구할 권리를 갖는다.

④ 개설은행 또는 확인은행이 불일치 통지 규정에 따라 행동하지 못하면, 그 은행은 서류에 대한 일치하는 제시가 아니라는 주장을 할 수 없다.

44 UCP 600 제16조(불일치서류, 권리포기 및 통지)에 관한 내용으로 '개설의뢰인과의 권리포기 교섭'에 관한 설명 중 틀린 것은?

① 개설은행은 제시가 일치하지 않는다고 판단하는 때에는, 자신의 독자적인 판단으로 하자에 대한 권리포기(waiver)를 위하여 개설의뢰인과 교섭할 수 있다.

② 개설은행은 하자통지 전문을 발송하기 전에 개설의뢰인과 교섭할 수 있다.

③ 선적서류가 신용장의 조건과 불일치 한다 하더라도 개설의뢰인이 개설은행에 'waiver'의 의사표시를 한다면 수익자는 대금을 지급받을 수 있다.

④ 개설은행의 권리포기 교섭으로 인하여 서류 심사기간에 규정된 기간은 해당 교섭기간만큼 연장된다.

45 수익자증명서(Beneficiary certificate)에 대한 설명으로 옳은 것을 모두 고르시오.

A. 신용장에서 일정한 사실에 대하여 수익자가 담보, 확인하는 것을 요구하는 경우 수익자가 해당 사실을 보증하기 위하여 직접 작성하는 서류를 말한다.

B. 신용장에서 수익자의 증명서를 제시하도록 요구하는 경우 신용장 조건에 따라 제시된 서류는 신용장과 동일한 제목과 또는 유사한 제목으로 기재되어도 되고 심지어 제목이 기재되지 않아도 된다.

C. 수익자 증명서에 기재되는 정보나 증명사항은 신용장에서 요구되는 것과 동일할 필요는 없으나, 신용장에 명시된 요건이 충족되었음이 명백하게 표시되어야 한다.

D. 수익자증명서는 수익자나 그 대리인에 의하여 서명되어야 한다.

① A, B
② A, B, C
③ B, C, D
④ A, B, C, D

46 UCP상 상업송장(Commercial Invoice)과 관련한 내용으로 옳지 않은 것은?

① 상업송장은 (제38조가 적용되는 경우를 제외하고는) 수익자가 발행한 것으로 보여야 한다.
② 상업송장은 개설의뢰인 앞으로 발행되어야 한다.
③ 상업송장은 서명될 필요 없으며, 신용장과 같은 통화로 발행될 필요 없다.
④ 지정에 따라 행동하는 지정은행, 확인은행이 있는 경우의 확인은행 또는 개설은행은 신용장에서 허용된 금액을 초과하여 발행된 상업송장을 수리할 수 있고, 이러한 결정은, 문제된 은행이 신용장에서 허용된 금액을 초과한 금액을 결제(honour) 또는 매입하지 않았던 경우에 한하여, 모든 당사자를 구속한다.

47 신용장 거래의 유효기일, 선적기일, 서류 제시기한과 관련한 내용으로 틀린 것은?

A. 신용장은 제시를 위한 유효기일을 명시하여야 하며, 지급 이행 또는 매입을 위하여 명시된 유효기일은 제시를 위한 유효기일로 본다.

B. 수익사 또는 그를 대리하는 제시는 최종 제시일이 휴업일인 경우를 제외하고는 유효기일 또는 그 이전에 행하여야 한다.

C. 유효기일 또는 최종 제시일이 불가항력의 사유에 언급된 이외의 지정된 은행의 휴업일인 경우에는 최초의 다음 은행영업일까지 연장된다.

D. 최종 선적일(Latest Shipping Date, S/D)은 유효기일 또는 최종 제시일이 최초의 다음 은행영업일까지 연장되는 경우 동일하게 다음 은행영업일까지 연장된다.

E. UCP 600에 따른 하나 이상의 운송서류 원본이 포함된 제시는, 이 규칙에서 정하고 있는 선적일 후 21일보다 늦지 않게 수익자에 의하거나 또는 그를 대신하여 이루어져야 하고, 어떠한 경우라도 신용장의 유효기일보다 늦게 이루어져서는 안 된다.

① D   ② C, D
③ A, E   ④ C

48 신용장 조건변경의 효력발생시기로 틀린 것을 모두 고르시오.

A. 개설은행은 조건 변경서를 발행한 시점부터 취소 불능의무를 부담한다.

B. 확인은행은 조건변경에 확인을 확장하여 통지할 때 그 확인을 확장한 시점부터 취소 불능의무를 부담한다.

C. 확인은행은 조건변경에 대한 확인의 추가가 없는 경우 그 사실을 개설은행에게 통고하고, 수익자에게 확인 없이 통고하여야 한다.

D. 수익자의 경우 조건변경에 대한 승낙을 조건변경을 통지한 은행에게 통보한 시점부터 효력이 발생한다.

E. 승낙 또는 거절의 통고 없이 신용장과 변경된 조건에 일치하는 서류를 수익자가 제시하는 경우 조건변경에 대한 승낙으로 볼 수 없고, 그 제시는 무시된다.

① A, D   ② B, E
③ C, D   ④ D, E

49 신용장 거래에서 분할선적(Partial shipment)과 할부선적(Instalment shipment)에 대한 설명으로 틀린 것은?

① 동일한 운송수단에 동일한 운송을 위하여 출발하는 선적을 증명하는 둘 이상의 운송서류의 제시는 동일한 목적지를 표시하고 있는 한, 상이한 선적일 또는 상이한 적재항, 수탁지 또는 발송지를 표시하더라도 분할선적으로 보지 않는다.

② 동일한 운송 형태에서 둘 이상의 운송수단의 선적을 증명하는 둘 이상의 운송서류의 제시는 운송수단이 동일한 일자에 동일한 목적지로 출발하는 경우에도 분할선적이 된다.

③ 제시가 2조 이상의 운송서류를 구성하는 경우 이들 운송서류상의 가장 빠른 선적일을 선적일로 간주한다.

④ 할부선적은 신용장에 명시된 선적일정에 따라 선적되어야 하며, 동 선적일정에 따른 선적이 되지 않은 경우 동 선적분을 포함한 향후 선적분에 대해 신용장의 효력이 상실된다.

50 UCP 600에 따른 운송서류의 일반적인 수리요건에 관한 설명으로 틀린 것은?

① 무고장(Clean)이라는 단어는 운송 서류상에 반드시 작성되어야 한다.

② 운송서류는 물품이 갑판에 적재되거나 적재될 것이라는 표시를 하여서는 안 된다. 물품이 갑판에 적재될 수도 있다고 기재하는 운송서류상의 조항은 수리될 수 있다.

③ 운송서류는 스탬프 또는 다른 방법으로 운임에 추가되는 요금을 언급할 수 있다.

④ 무고장 운송서류란 물품 또는 그 포장에 명확히 하자가 있는 상태를 표시하는 조항 또는 단서를 기재하고 있지 않는 것을 말하며, 은행은 해당 무고장 운송서류만을 수리한다.

51 양도가능신용장(Transferable L/C)에 대한 설명으로 틀린 것을 모두 고르시오.

> A. 양도은행이란 신용장을 양도하는 지정은행 또는 모든 은행에서 사용될 수 있는 신용장에 있어서 개설은행으로부터 양도할 수 있는 권한을 특정하여 받아 신용장을 양도하는 은행을 말하며, 개설은행은 양도은행이 될 수 없다.
> B. 양도가능신용장은 "Transferable"이라는 문구 또는 유사한 표현인 "assignable"가 있어야 한다.
> C. 원신용장에 확인이 추가되었다면, 양도된 신용장도 확인이 추가된 신용장이다.
> D. 양도는 제2수익자의 요청에 의하여 그 이후의 어떠한 수익자에게도 양도될 수 없다.
> E. 달리 합의된 경우를 제외하고, 양도 시 양도와 관련하여 발생한 모든 수수료(요금, 보수, 경비 또는 비용 등)는 개설은행이 지급해야 한다.
> F. 조건변경을 거절한 제2수익자에게는 원신용장의 조건이 유효하게 적용된다.
> G. 신용장은 원신용장의 조건에 따라서만 양도가 가능하다. 다만, 신용장의 금액, 신용장에 명기된 단가, 유효기일, 제시를 위한 기간, 최종선적일 또는 정해진 선적기간 중 일부 또는 전부는 감액 또는 감축될 수 있다.

① A, C, F   ② B, E, G

③ A, B, E   ④ B, F, G

52 신용장 거래에서 보험서류와 부보범위(Insurance Document and Coverage)에 대한 설명으로 틀린 것은?

① 보험서류는 부보금액을 표시하여야 하고 신용장과 동일한 통화로 표시되어야 한다.

② 신용장에 부보 범위에 부보금액에 대한 명시가 없는 경우, 부보금액은 최소한 물품의 CIF 또는 CIP 가액의 110%가 되어야 한다.

③ CIF 또는 CIP 가액을 서류로부터 결정할 수 없는 경우, 부보금액의 범위는 지급이행(Honor) 또는 매입 금액 또는 송장에 나타난 물품에 대한 총 가액 중 더 작은 금액을 기준으로 산출되어야 한다.

④ 신용장이 "전위험(all risks)"에 대한 부보를 요구하는 경우에 "전위험(all risks)" 표시 또는 문구를 포함하는 보험서류가 제시되는 때에는, 제목에 "전위험(all risks)"이 포함되는가에 관계없이, 또한 어떠한 위험이 제외된다고 기재하는가에 관계없이 수리된다.

53 환율 변동에 대한 다음의 예시 중 변동 방향이 틀린 하나는?

① 미국 연방공개시장위원회(FOMC)의 기준금리 인상 전망
② 한국 무역수지, 올해에도 대규모 흑자 기록할 것으로 예상
③ 중국 인민은행, 외국인 직접투자 유도 목적으로 위안화 환율을 과감하게 절상하기로 결정
④ 국내 주식시장에서 외국인 투자자의 주식매수 대거 확대 전망

54 현재 USD/KRW 현물환율과 통화별 금리가 아래와 같다면 USD/KRW 3개월 만기 선물환율은 얼마로 산출되는가? (앞쪽 통화가 기준통화이다.)

> USD/KRW 현물환율 : 1,200원
> USD 3개월 금리 : 연 1.5%
> KRW 3개월 금리 : 연 2.5%

① 1,197.00원 ② 1,194.00원
③ 1,203.00원 ④ 1,206.00원

55 외환시장에서 주요 통화의 현물환율 및 3개월물 스왑레이트가 다음과 같이 거래되고 있다. 이러한 스왑레이트를 기준으로 판단할 때 어떤 통화의 금리가 가장 높은 것으로 추정되는가? (환율 표기에서 앞쪽의 통화가 기준통화이다.)

(스왑레이트 단위 : pip)

	EUR-USD	USD-JPY	AUD-USD
Spot	1,1250 - 1.1255	123.35 - 123.40	0.7725 - 0.7730
3 Months Swap	3.5 - 7.5	2.5 - 1.5	6.5 - 3.5

① EUR(유로화) ② AUD(호주 달러)
③ JPY(일본 엔화) ④ USD(미국 달러)

56 아래 기업의 상황에 대한 설명 중 잘못된 것은?

> 제품 생산의 원자재 중 일부는 국내에서 원화로 구입하며, 일부 원자재는 일본에서 수입하고 엔화로 지급한다. 생산된 제품은 미국으로 수출하여 달러로 대금을 수취한다.

① USD/KRW 환율이 상승하면 달러 포지션에서는 이익이 발생한다.
② JPY/KRW 환율이 하락하면 엔 포지션에서는 손실이 발생한다.
③ 환위험을 헤지하기 위해서는 엔은 Long 헤지, 달러는 Short 헤지를 해야 한다.
④ 이 기업의 엔은 숏포지션, 달러는 롱포지션이다.

57 커스브로는 부품을 일본에서 수입하고 수입대금은 엔화로 결제하며, 완제품은 미국에 수출하고 수출대금은 달러로 수취한다. 해당 거래에 따른 환율 변동 위험을 헤지하기 위하여 3개월 선물환거래를 하려고 한다. 은행이 제시한 USD/YEN의 현물환율(앞 쪽 통화가 기준통화)과 스왑레이트가 다음과 같다면 커스브로가 거래하는 환율로 가장 적절한 것은? (은행의 수수료가 없다고 가정)

(스왑레이트 단위 : pip)

	Bid	Offer
Spot	120.10	120.20
3 Months Swap	2	1

① 120.08
② 121.20
③ 122.50
④ 118.10

58 커스브로는 수입업체로서 화장품을 수입 시 달러로 수입대금을 지급한다. 최근 달러/원 환율(앞 쪽 통화가 기준통화)이 상승 추세여서 수입대금 결제시점에 외환 관련 손실을 우려하고 있다. 이 경우 통화옵션을 통한 환위험을 헤지한다면 어느 거래가 가장 적절한가?

① 달러/원 콜옵션 매도 + 옵션 프리미엄 수령
② 달러/원 풋옵션 매도 + 옵션 프리미엄 수령
③ 달러/원 풋옵션 매입 + 옵션 프리미엄 지급
④ 달러/원 콜옵션 매입 + 옵션 프리미엄 지급

59 옵션 프리미엄에 대한 설명으로 틀린 것은?

① 옵션 프리미엄(가격)은 내재가치와 시간가치로 이루어진다.
② 내재가치가 외가격 상태인 경우 시간가치만 존재한다.
③ 만기일까지 기간이 길면 길수록 콜옵션 및 풋옵션의 옵션 프리미엄은 증가한다.
④ 콜옵션의 경우 기초자산의 가격이 행사가격보다 낮은 경우에 내재가치를 가진다.

60 ㈜커스브로의 외환포지션과 환율의 변동이 다음과 같을 때 환율변동으로 인한 손익은 얼마인가?
(환율표시는 앞쪽 통화가 기준통화)

환율	변동 전	변동 후
USD/KRW	1,100	1,200
USD/JPY	100	120

포지션	USD	예금 : 100,000원 외상 매출금 : 200,000원
	JPY	외상 매입금 : 4,000,000원 차입금 : 30,000,000원

① 9,800만원 이익
③ 6,400만원 이익
② 400만원 손실
④ 3,800만원 손실

03 무역계약

61 다음 Incoterms 규칙에 대한 설명으로 올바른 것을 모두 기재한 것은?

> A. Incoterms에서는 원칙적으로 위험이전과 제품의 인도시점을 동일하게 규정하고 있다.
> B. CFR, CIF, CPT, CIP와 같이 'C'조건은 위험과 비용부담의 분기점이 상이하다.
> C. Incoterms에서 매도인의 보험계약이 의무로 규정되어 있는 조건은 CIF와 CIP 조건이며 그 이외 9가지 조건은 매도인, 매수인 양 당사자 모두 보험계약 체결의무는 없다.
> D. Incoterms에서는 대금지급 시기 및 소유권의 이전시기에 관하여 규정하고 있다.

① A, B, C
③ A, C, D
② A, B, D
④ B, C, D

62 Incoterms 2020 특징에 대하여 옳은 것을 모두 고르시오.

> A. 현재 Incoterms 2020이 사용되고 있으나 종전 버전의 사용이 금지되는 것은 아니다. 구 버전의 규칙이 더 현실적이고 명확하다고 생각하는 경우 구버전을 사용할 수 있으며, 이를 준거분규로 명확히 해야 한다.
> B. Incoterms는 국제매매계약 및 국내매매계약에 모두 적용 가능하다.
> C. 무역계약에서 Incoterms를 사용하고자 한다면 물품인도 장소를 'FOB 조건은 선적항, FCA 조건은 지정장소'와 같이 명확하게 정할 필요가 있다.
> D. Incoterms는 유체물의 거래에 적용되며, 컴퓨터 프로그램을 비롯한 무형재 거래에는 사용할 수 없다. 다만, 컴퓨터 프로그램을 CD 등의 매체에 담아 거래하는 경우에는 적용 가능성이 있다.
> E. 준거법상의 임의규정과 인코텀즈의 규정이 상충되는 경우 인코텀즈의 규정에 따라 계약을 이행하면 된다.
> F. 비용부담의 귀속문제, 즉 매도인의 부담으로 귀속되는 비용들이 어떤 것인가는 곧 물품단가의 견적을 좌우하므로 대단히 중요하다.

① A, B, C, D
② A, B, C, E, F
③ A, B, D, E, F
④ A, B, C, D, E, F

63 Incoterms가 다루지 않는 사항에 대하여 모두 고르시오.

> A. 매매계약의 존부　　　　　　　　B. 매매물품의 성상
> C. 대금지급의 시기, 장소, 방법 또는 통화　　D. 제재의 효력
> E. 관세 부과　　　　　　　　　　　F. 수출 또는 수입의 금지
> G. 불가항력 또는 이행가혹　　　　　H. 지식재산권

① A, B, C, D, E, F, G, H
② A, B, C, D, E, F, G
③ A, B, C, D, E, F, H
④ A, B, C, E, F, G

64 Incoterms에 대한 설명 중 가장 잘못된 것은?

① E조건과 F조건에서는 수입자가 운송계약을 체결하고, C조건과 D조건에서는 수출자가 운송계약을 체결하게 된다.

② F조건 뒤에는 도착항을 표시하고, C조건 뒤에는 선적항을 표시한다.

③ 거래당사자에게 보험부보의 의무가 주어진 조건은 CIF, CIP이다.

④ 수출지 또는 수입지의 거주자가 각각 상품의 수출, 수입통관을 하는 것이 원칙이나 EXW와 DDP는 예외가 된다.

65 다음은 무역계약의 법률적 성격에 대한 설명이다. 잘못된 것은?

① 무역계약은 일반적으로 매도인의 청약에 대하여 매수인의 승낙이 이루어짐으로써 계약이 체결되는 쌍무계약의 성격을 갖고 있다.

② 무역계약은 형식에 상관없이 당사자 간의 의사표시에 의하여 계약이 성립되는 불요식계약의 성격을 갖고 있다.

③ 무역계약은 그 성격상 반드시 서면에 의하여 체결되어야 할 필요는 없으며, 구두, 서면 또는 전화, 행위에 의한 계약체결이 가능하다.

④ 무역계약은 매도인의 물품공급과 매수인의 대금지급이 이루어진다는 측면에서 유상계약의 성격을 갖고 있다.

66 다음 중 청약과 승낙에 대한 설명이 잘못된 것은?

① 청약은 계약체결의 제안으로서 그 내용이 구체적이고 확정적이어야 하며, 단순히 청약서라는 표제를 가지고 있다는 사실만으로 청약으로 취급할 수 있는 것은 아니다.

② 청약이 피청약자에게 도달하기 전에는 그 의사표시에 유효기간이 기재되어 있는가의 여부를 고려하지 않고 언제라도 철회가 가능하다.

③ 청약에 기재된 내용 중 납기를 변경하는 내용으로 구성된 승낙의 의사표시는 그것이 청약의 유효기간 내에 발송되었다면 계약을 성립시킬 수 있다.

④ 국제물품매매계약에 관한 유엔협약(1980)에 따르면 통신수단을 구분하지 않고 승낙의 효력은 도달주의를 택하고 있다.

67 청약의 특성에 대한 설명이 잘못된 것은?

① Free Offer는 발행이 되어도 구속력이 없어서 청약자가 피청약자의 동의 없이도 언제든지 임의로 그 내용을 변경 또는 취소할 수 있다.

② Free Offer는 피청약자가 승낙한다 하더라도 즉시 계약이 성립되지 않으며 청약사가 최종확인을 하여야만 계약이 성립된다.

③ Firm Offer가 법률상 Offer로서의 효력이 발생되면 당사자는 이에 구속이 되며, 그 유효기간 내에는 청약자가 그 내용을 변경 또는 취소할 수 없다.

④ Offer란 무역거래에서 매도, 매수인 중 매도인이 물품을 판매하기 위해 제안하는 것을 말한다.

68 승낙의 요건으로 옳지 않은 것은?

① 승낙은 절대적이고 무조건적이어야 한다.

② 승낙은 불특정 다수에 의해 이루어질 수 있다.

③ 승낙은 청약에서 정한 방법과 유효기간 내에 이루어져야 한다.

④ 승낙할 때에는 경상의 원칙에 따라 청약 내용 그대로 승낙해야 한다.

69 승낙의 방법에 대해서 설명한 내용으로 옳지 않은 것은?

① 청약에 대한 승낙의 방법에는 제한이 없으나, 청약에서 승낙방법을 지정한 경우에 다른 방법을 이용하여 승낙하더라도 계약은 성립되지 않는다.

② 청약자(Offeror)의 청약(Offer)에 대한 동의를 표시하는 피청약자(Offeree)의 진술(Statement) 또는 그 밖의 행위(Other conduct)는 승낙이 된다.

③ 승낙의 방식이나 방법은 원칙적으로 자유이고, 특별한 제한은 없다.

④ 승낙의 과정을 생략하고 물품인도나 대금지급 등의 계약 내용을 이행하는 것은 승낙이 될 수 없다.

70 다음의 내용이 해당되는 무역계약서 조항은 무엇인가?

> The Buyer shall defend, indemnify and hold the Seller harmless from and against any or all loss, damage, liability or expense, including but not limited to the attorney's fees, arising out of or in relation to the product liability brought by the third parties for death or injury to person(s) or damage to or destruction of property caused or resulting from the sale, resale, use, consumption or other disposal of the products after the delivery by the Seller thereof.

① Severability Clause   ② Product Liability Clause
③ Recitals Clause   ④ Consideration Clause

71 다음 내용이 해당되는 무역계약서의 조항은 무엇인가?

> This Contract supersedes all previous agreements and understandings between the parties with respect to the sale and purchase of Product, and may not be modified except by a written document which expressly states the intention of the parties to modify this Contract, and signed by the duly authorized representatives of the parties.

① Liquidated damages Clause
② Jurisdiction clause
③ Hardship Clause
④ Entire Agreement Clause

72 다음은 무역계약서에 약정된 조항으로 해당 조항의 명칭과 해석이 올바르게 된 것을 모두 고르시오.

> A. Consideration Clause : 계약에 따른 행위의 약속에 대해 제공되는 대가나 행위에 관한 조항
> B. Indemnification Clause : 계약위반 및 계약 불이행에 대한 손해배상관련 조항
> C. Escalation Clause : 가격상승에 대비 가격상승을 위한 조항
> D. Liquidated Damages Clause : 계약위반시 손해배상액을 미리 결정해놓는 조항

① A, B, C, D   ② A, B, C
③ A, B, D   ④ B, C, D

73 무역계약의 이행불능과 관련한 Frustration에 대한 설명으로 옳지 않은 것은?

① Frustration의 성립요건에는 계약목적물의 멸실, 새로운 법의 적용 등 후발적 위법, 주요 공급원의 예기치 못한 폐쇄와 같은 사정의 본질적인 변화 등이 있다.
② Frustration의 성립은 계약해제와 같은 효과를 지닌다.
③ Frustration은 계약 성립 후 계약 이행 전에 당사자들이 예상하지 못했던 사태가 발생하여 당사자 의지와는 무관하게 계약이행이 불가능해진 상황을 말한다.
④ Frustration을 방지하기 위하여 불가항력 조항이나 Hardship 조항을 삽입한다.

74 CISG의 설명으로 올바른 것을 모두 고르시오.

> A. 동 협약은 국제계약에 적용되며, 양 당사자가 서로 다른 국가에 영업소를 두기만 하면 된다. 따라서 당사국의 국적이 달라야 한다거나 타국으로 물품이 이동돼야 한다는 부가적인 조건은 요구하지 않는다.
> B. 동 협약은 계약당사자의 영업소가 소재하는 다른 두 국가가 모두 체약인 경우에 적용되며, 1개국만 체약국인 경우는 직접 적용할 수 없다.
> C. 동 협약은 일반 법원뿐만 아니라 중재법정에서도 적용된다.
> D. 동 협약은 계약당사자들의 국적을 묻지 않으며 그들이 상인인지 여부를 묻지 않지만, 그 당사자 간의 계약이 상사매매인 경우에만 적용되며 민사계약에는 적용되지 않는다.

① B, C　　　　　　　　　　② A, B, C
③ A, C, D　　　　　　　　　④ A, B, C, D

75 비엔나 협약의 적용이 배제되는 거래가 아닌 것은?

① 물품을 제조 생산하여 공급하는 계약
② 노무·그 밖의 서비스의 공급이 주된 부분인 계약
③ 부선의 매매
④ 전기의 매매

76 CISG상 계약해제(Avoidance)의 효력에 관하여 옳은 것을 모두 고르시오.

> A. 계약의 해제란 이미 성립되어 있는 계약의 효력을 계약 성립 시로 소급하여 소멸시킴으로써 처음부터 그 계약이 없었던 것과 같은 법률 효과를 발생시키는 계약당사자의 의사표시이자 법률행위를 말한다.
> B. 계약의 해제는 이미 발생한 모든 손해배상 의무를 제외하고 양 당사자를 계약의 의무로부터 면하게 한다.
> C. 계약해제의 의사표시는 상대방에게 통지 없이도 성립된다.
> D. 계약의 전부 또는 일부를 이미 이행한 자는 상대방에게 자기가 그 계약에 의해 이미 공급하거나 지급한 것을 반환하도록 요구할 수가 있다.
> E. 일방의 당사자는 상대방의 불이행이 자신의 작위(Act) 또는 부작위(Omission)에 기인하는 경우 상대방의 불이행에 대해 구제수단을 주장할 수 없다.

① A, C, D, E   ② B, C, D, E
③ A, B, D, E   ④ A, B, C, D

77 국제물품매매계약에 관한 유엔협약(Vienna Convention)에서 규정하고 있는 매도인의 계약 위반에 대한 구제조치를 모두 고른 것은?

> A. 계약대로의 이행청구권   B. 대체품 인도청구권
> C. 대금감액 청구권   D. 손해배상 청구권
> E. 물품명세 확정권   F. 이행기 추가기간 설정권
> G. 계약해제권

① A, B, C, D, E, F, G   ② A, B, D, E, F, G
③ A, C, D, F, G   ④ A, D, E, F, G

78 수량조건에 관한 설명에서 그 연결이 올바른 것을 모두 고르시오.

> A. 중량 : Long Ton - 1,016kgs
> B. 용적 : CBM(Cubic Meter)은 가로, 세로 및 높이가 각각 1.5m씩인 부피를 의미한다.
> C. 컨테이너 : TEU는 Twenty-Foot Equivalent Unit으로 20피트 컨테이너를 말한다.
> D. 부피 : 1 M/T (Measurement Ton)은 480SF, 40 Cubic Feet이다
> E. 길이 : 1 Inch는 약 2.5399cm를 말한다.
> F. 개수 : Gross - 10 dozen (10X12 pcs)

① A, B, C, D   ② A, D, E, F
③ A, B, E, F   ④ A, C, D, E

79 무역계약의 기본 조건 중 선적조건에서 선적지연 (Delayed Shipment)에 대한 설명으로 옳지 않은 것은?

① 선적지연은 선적기한 내에 선적을 이행하지 않거나 약정된 기한을 경과하여 선적하는 경우를 말한다.
② 불가항력 사태가 발생할 경우를 대비하여 매매계약 시에는 불가항력조항을 설정하여 두어야 한다.
③ 불가항력에 의한 선적지연의 경우 수출자는 면책된다.
④ 불가항력에 의한 선적지연의 경우라도 선적기간은 일정기간 동안 자동으로 연장되지 않는다.

80 무역계약의 품질조건에 대한 설명으로 잘못된 것은?

① FAQ, GMQ, USQ 등의 조건은 주로 공산품 거래에서 활용되는 조건이다.
② ISO, KS 등으로 매매계약을 체결하였다면 sales by grade의 방법이다.
③ original sample을 받은 당사자가 그 형태나 색상 또는 규격이나 소재 등의 물품명세에 대하여 일부 또는 전부를 수정하여 거꾸로 제시하는 견본을 counter sample이라고 한다.
④ 매도인의 입장에서 봉제완구와 같은 비규격품인 잡화류는 same as the sample이라는 표현보다는 as per sample이라는 표현으로 계약을 체결하는 것이 market claim을 예방할 수 있다.

81 무역계약의 포장조건(Packing Terms)에 대한 설명으로 잘못된 것은?

① 포장조건은 포장의 방법, 포장의 종류, 화인 등에 대하여 약정하는 조건을 말한다.

② 외장이란 운송하기에 편리하도록 내부결속 등을 통해 개장된 물품을 포장하는 것을 말한다.

③ 화인이란 화물의 식별 그리고 취급을 용이하게 하기 위해 포장의 겉면에 특정한 기호나 문자 따위를 표시하는 것을 말하며, 도착항에서 물품이 양하되지 않거나 함부로 취급됨으로써 손상이 발생될 가능성을 방지하기 위해 활용된다.

④ 거래당사자가 화인을 표시하기로 합의하였다면 Main Mark, Port Mark 및 Case Number 는 반드시 표시해야 하는 필수적인 것들이며, 중요 화인의 표시가 누락된 화물을 NM cargo 라고 한다.

82 분쟁해결방법에 관한 설명으로 잘못된 것은?

① Amicable settlement – 당사자 쌍방이 자주적인 교섭을 통해 합의점을 발견함으로써 분쟁을 원만하게 해결하는 방법으로서, 계약서상에는 당사자가 서로 양보할 것, 분쟁을 종료할 것, 그 뜻을 약정할 것 등 3가지 요건을 필요로 한다.

② Intercession – 당사자의 일방 또는 쌍방의 의뢰에 따라 제3의 기관이 해결방안을 제시하거나 조언하는 것을 말한다.

③ Mediation – 당사자 쌍방의 합의에 따라 공정한 제3자를 조정인으로 선임하여 해결하는 것을 말하며, 중재절차의 개시 후에 진행될 수 있는 분쟁해결방법이다.

④ Arbitration – 당사자 쌍방의 중재합의에 따라 공정한 제3자를 중재인으로 선정하여 중재판정부를 구성하고 그 판정부에서 내려진 중재판정으로, 분쟁을 해결하는 방법이다.

83 상사중재에 관한 설명으로 잘못된 것은?

① 중재합의의 실효성을 확보하기 위해서는 일반적으로 중재지, 중재기관, 준거법이 중재조항 속에 포함되어 있어야 한다.

② 상사중재의 주요한 특징은 전문가에 의한 판단, 단심제, 신속한 분쟁해결, 저렴한 비용 등이 있다.

③ 중재합의가 존재하는데 중재와는 별도로 일방이 법원에 소송을 제기할 경우 상대방의 항변에도 불구하고 법원은 이를 각하할 수 없다.

④ 중재합의의 형식적 성립요건은 서면주의이므로 반드시 문서에 의해야 한다.

84 상사중재의 특징이 모두 올바르게 기재된 것은?

> A. 자발적 분쟁해결방법
> B. 중재인의 전문성
> C. 선세계 모든 국가에서 강제집행의 가능성
> D. 저렴한 비용
> E. 판정결과에 대한 높은 예측 가능성

① A, B, D   ② A, B, C, D
③ A, B, C, E   ④ A, B, C, D, E

85 AIR WAYBILL에 관한 설명이다. 잘못된 것은?

① 항공화물운송장은 IATA에 의해 양식과 발행 방식이 규정되어 있다.
② 항공화물운송장은 선하증권과 같이 제3자에게 양도함으로써 유통성을 갖고 있다.
③ 항공화물운송장은 송하인이 작성하여 제출함이 원칙이지만 항공사나 항공사의 권한을 위임받은 대리점에 의해 발행되는 것이 일반적이다.
④ 항공화물운송장에는 송하인과의 항공운송계약 체결의 증거와 운임청구서 등의 기능이 있다.

86 항공운송 운임에 대해 옳지 않은 것을 고르시오.

① 항공화물은 사고 발생 시 항공운송인의 최대 배상 한도액이 정해져 있으므로 이 한도액 이상으로 보상받으려면 품목분류요율을 지불하여야 한다.
② Commodity Classification Rates는 화물의 특성, 가격 등을 고려하여 몇 가지 특정 품목, 특정지역 간에 적용되는 요율을 말한다.
③ General Cargo Rates는 일반적으로 모든 화물에 적용되는 가장 기본적인 요율이다.
④ IATA(국제항공운송협회)에서 지나친 운임경쟁을 방지하고자 화물운임 및 수수료 등을 결정하고 있다.

87 다음 중 선하증권에 대한 설명이 잘못된 것은?

① 선하증권상에 'Shipper's Load, Count and Seal'이라고 기재되었다면 FCL 화물이라고 볼 수 있다.

② UCP 600에서는 Liner와 Forwarder 중 누가 선하증권을 발행하여야 하는지의 여부에 대하여 언급하고 있지 않다.

③ Surrendered B/L은 빠른 통관을 위해서 사본으로 물품을 통관할 수 있는 편의를 제공하는 것이며 통상 화주가 운송인의 요청에 따라 발행하는 것이다.

④ 선하증권 원본의 발행은 1통으로도 가능하나 분실 등에 대비하여 그 이상을 한 세트로 하여 발행할 수 있다. 일반적으로 3통을 한 세트로 발행하는데 각 통은 내용이 동일하고 동등한 효력을 가진다.

88 ICC(B)와 ICC(C) 두 조건에서 담보되는 손해를 모두 기재한 것은?

> A. 공동해손 희생손해
> B. 투하
> C. 지진, 화산의 분화, 낙뢰
> D. 선적, 하역작업 중 해수면으로 낙하, 추락하여 발생한 포장 단위당 전손
> E. 조난항에서 양하 작업에 기인한 손해

① A, B, E ② B, C, D
③ C, D, E ④ A, B, D

89 노트북 100대를 ICC(B) 조건, 보험금액 USD 30,000으로 부보하였다. 추락손으로 인해 40대가 손상되어 목적지에서 손상된 세탁기 40대를 대당 USD 200에 매각하였다. 손상이 없었을 경우 판매되었을 금액이 대당 USD 400인 경우 보험자가 지급해야 할 보험금 산출이 올바른 것은?

① USD 6,000 ② USD 4,000
③ USD 16,000 ④ USD 12,000

90 해상적하보험에서 위험부담의 원칙과 입증책임에 대한 다음의 설명 중 올바른 것을 모두 기재한 것은?

A. 보험자가 보상하는 위험을 약관에 일일이 열거하고, 그 열거된 위험만을 담보하는 방식을 열거책임주의라고 한다.

B. 입증책임으로만 본다면 피보험자의 입장에서는 포괄책임주의가 열거책임주의보다 유리하다고 할 수 있다.

C. 포괄책임주의의 경우 피보험자의 입증책임은 없으며 보험자가 청구된 손해가 증권상 혹은 법률상 규정된 면책위험에 해당됨을 입증하지 못하는 한 보험 사고로 인정된다.

D. 열거책임주의의 경우, 피보험자는 보험목적물이 보험이 개시되기 전, 후를 불문하고 보험이 종료되는 시점 혹은 그 이전에 멸실 혹은 훼손되었으며 그 손해의 원인이 증권상 열거되어 있는 특정 위험이라는 것을 입증해야만 한다.

E. 보험자가 보상하는 위험을 약관에 구체적으로 열거하지 않고 면책위험 이외 일체의 위험 또는 사고를 보상위험으로 하고 있는 방식을 포괄책임주의라고 한다.

① A, B, D ② C, D, E
③ A, B, C ④ A, B, E

04 무역영어

91 다음은 국제물품매매계약에 관한 유엔협약(CISG) 제4조의 내용이다. 다음 ( ) 안에 들어가기 적합한 것을 고르시오.

This Convention governs only the ( ) of the contract of sale and the rights and obligations of the seller and the buyer ( ) from such a contract. In particular, except as otherwise expressly

( ) in this -Convention, it is not concerned with:

(a) the ( ) of the contract or of any of its provisions or of any usage;

(b) the effect which the contract may have on the ( ) in the goods sold.

① validity - raising - stipulated - formation - property
② validity - arising - provided - formation - property
③ formation - arising - stipulated - validity - risk
④ formation - arising - provided - validity - property

92 다음은 비엔나 협약의 일부로 ( ) 안에 들어갈 단어를 순서대로 나열한 것은?

> (1) Until a contract is concluded an offer may be ( ) if the revocation reaches the offeree before he has dispatched an acceptance.
>
> (2) However, an offer cannot be ( ) :
>
>   (a) if it indicates, whether by stating a fixed time for acceptance or otherwise, that it is ( );
>
>   or
>
>   (b) if it was reasonable for the offeree to rely on the offer as being ( ) and the offeree has acted in reliance on the offer

① revoked – canceled – irrevocable – revocable
② revoked – revoked – irrevocable – irrevocable
③ canceled – revoked – irrevocable – revocable
④ canceled – canceled – irrevocable – revocable

93 Incoterms 2020의 소개문에 따른 Incoterms 규칙이 하지 않는 역할로써 다음 ( ) 안에 해당하지 않는 것은?

> The Incoterms® rules do NOT deal with the following matters : ( )

① whether there is a contract of sale at all.
② the time, place, method or currency of payment of the price.
③ intellectual property rights.
④ transfer of risk and delivery of the goods

94 Incoterms 2020의 DPU의 '사용자를 위한 설명문' 이다. 다음 (   )안에 들어갈 단어로 알맞은 것은?

> Delivery and risk : "Delivered at Place Unloaded" means that the seller delivers the goods—and transfers risk—to the buyer
> • when the goods,
> • (   ) from the arriving means of transport,
> • are placed at the disposal of the buyer
> • at a named place of destination or
> • at the agreed point within that place, if any such point is agreed.
> The seller bears all risks involved in bringing the goods to and (   ) them at the named place of destination. In this Incoterms® rule, therefore, the delivery and arrival at destination are the same. DPU is the only Incoterms® rule that requires the seller (   ) goods at destination. The seller should therefore ensure that it is in a position to organise unloading at the named place. Should the parties intend the seller not to bear the risk and cost of unloading, the DPU rule should be avoided and (   ) should be used instead.

① once unloaded – unloading – to unload – DAP
② once unloaded – loading – to unload – DAP
③ once unloaded – loading – to load – DDP
④ unloaded – unloading – to unload – DDP

95 UCP 600에 따른 내용으로 틀린 것은?

① Complying presentation means a presentation that is in accordance with the terms and conditions of the credit, the applicable provisions of these rules and international standard banking practice.

② Confirmation means a definite undertaking of the confirming bank, in addition to that of the issuing bank, to honour or negotiate a complying presentation.

③ Honour means : (a) to pay at sight if the credit is available by sight payment. (b) to incur a deferred payment undertaking and pay at maturity if the credit is available by deferred payment. (c) to accept a bill of exchange ("draft") drawn by the applicant and pay at maturity if the credit is available by acceptance.

④ Banking day means a day on which a bank is regularly open at the place at which an act subject to these rules is to be performed.

96 화환신용장통일규칙(UCP 600)의 원본서류 및 사본(Original Documents and Copies)에 대한 내용으로 틀린 것은?

① At least one original of each document stipulated in the credit must be presented.

② If a credit requires presentation of copies of documents, presentation of either originals or copies is not permitted.

③ Unless a document indicates otherwise, a bank will also accept a document as original if it appears to be written, typed, perforated or stamped by the document issuer's hand.

④ Unless a document indicates otherwise, a bank will also accept a document as original if it appears to be on the document issuer's original stationery.

97 다음 ( ) 안에 들어갈 내용으로 옳은 것은?

> In the case of documents payable at sight the presenting bank must make presentation for payment without delay. In the case of documents payable at ( ) the presenting bank must, where acceptance is called for, make presentation for acceptance without delay, and where payment is called for, make presentation for payment not later than the appropriate maturity date.

① a tenor other than sight
② a tenor and sight
③ sight other than a tenor
④ sight

98 다음 〈보기〉의 내용으로 적합한 것은?

> 〈보기〉
> We have received your offer of June 2. After a careful examination, we decided to accept your offer if you can reduce the price per set from USD 100 to USD 110.

① This is an offer subject to being unsold.
② This is a counter offer.
③ This is an acceptance of the offer.
④ This is an offer subject to market fluctuation.

99 일반거래조건협정서(Agreement on General Terms and Conditions of Business) 상의 항목과 그 내용이 부합되지 않는 것은?

① Marine Insurance : All shipment shall covered by ICC(B) including WAR & SRCC Risks for an amount 10% in excess of invoice value, if no other conditions are particularly agreed upon. All payment shall be made out in Dollar and claims payable in London.

② Inspection : Sellers shall not be responsible for any delay in shipment due directly or indirectly to force majeure, such as fires, floods, earthquakes, tempests, strikes, lockouts, mobilization, war, prohibition of export, and any other contingencies which may prevent shipment within the period stipulated.

③ Payment : Drafts shall be drawn under Irrevocable Letters of Credit at ninety(90) days after sight, documents attached, for the full invoice value.

④ Trade Terms : The trade terms used herein such as CIF, CIP and FOB shall be in accordance with Incoterms 2020.

100 다음은 무역분쟁 해결방법에 관한 설명이다. (   )에 들어갈 용어로 가장 올바른 것은?

> (   ) is the most low—cost and quick measure of dispute resolution, and can be enforced in foreign countries because it has the same force and effect as a final judgment of the court.

① Arbitration
② Intercession
③ Waiver of claim
④ Amicable settlement

101 다음 내용에 해당하는 가장 적합한 결제방식은?

> (   ) is a form of export trade finance involving the discount of trade—related debt obligations due to mature at a future date without recourse to the exporter/endorser. (   ) is typically medium—term finance concluded at a fixed interest rate, although it can also be arranged on a floating interest—bearing basis for periods from six months to ten years or more.

① Collection
② Open Account
③ Forfaiting
④ Factoring

102 다음 내용에 따른 신용장을 고르시오.

> This type of L/C needs not draft which instead calls for payment by a demand. If conforming documents are presented, the issuer normally sends a letter or executes a document notifying the beneficiary that it will honor at a specified date. The operation of this L/C is strikingly similar to that of an acceptance credit.

① Payment L/C   ② Deferred Payment L/C
③ Sight L/C   ④ Acceptance L/C

103 수입업자가 수입국에서 화물을 찾기 위하여 보세창고에 제시하여야 하는 서류는 무엇인가?

① Original Bill of Lading
② Letter of Shipping Guarantee
③ Delivery Order
④ Surrendered Bill of Lading

104 다음 신용장 조건에 대한 설명으로 옳지 않은 것은?

> 46A DOCUMENTS REQUIRED :
> + SIGNED COMMERCIAL INVOICE IN TRIPLICATE.
> + PACKING LIST IN TRIPLICATE.
> + FULL SET OF CLEAN ON BOARD MARINE BILL OF LADING, MADE OUT TO SHINHAN BANK MARKED FREIGHT PREPAID AND NOTIFY APPLICANT
> + INSURANCE POLICY OR CERTIFICATE ENDORSED IN BLANK. FOR AT LEAST 110 PCT OF FULL CIF VALUE COVERING INSTITUTE CARGO CLAUSES (A), INSTITUTE WAR CLAUSES (CARGO) AND INSTITUTE STRIKES CLAUSES (CARGO) WITH CLAIMS PAYBLE AT DESTINATION IN THE CURRENCY OF THE INSURED AMOUNT

① 해상운임은 선불이며, 착화통지처는 수입업자이다.
② 보험증권은 백지배서로 발행되어야 한다.
③ 선적서류는 서명된 상업송장, 포장명세서, 선하증권, 보험증권이나 부보증명서가 첨부되어야 한다.
④ 선하증권의 발행통수는 전통이며 본선적재 고장부선하증권으로 발행된다.

105 협회적하약관[ICC (C), 2009]에서 담보위험이 아닌 것은?

① washing overboard   ② jettison

③ general average sacrifice   ④ fire or explosion

106 거래처 소개의뢰를 제의하는 무역통신문의 내용을 순서대로 나열한 것은?

> A. The inclosed catalogue shows full kinds of automobiles now enjoying a good sale and we will appreciate it if you will kindly introduce us to the reliable importers who are interested in doing business with us for this line.
>
> B. We are pleased to introduce ourselves to you as one of most reputable exporters of Automobiles of various kinds who have been engaged in sale of this line for more than fifty years in European countries under the name of INDUSTRY enjoying a good sale and are now desirous of expanding our market to your district.
>
> C. We solicit your close relationship with us for the mutual advantage and eagerly await your kind reply.
>
> D. As for our business standing, we are allowed to refer you to the Hana Bank; Ltd. Seoul Main Office, located at 1, Chong－Ro, Seoul.

① C - B - D - A   ② C - A - B - D

③ B - A - D - C   ④ B - A - C - D

107 다음 문장 표현 중 무역서신 작성 기본원칙(5C's)에 따라 가장 적합하게 작성된 것은?

① You are requested to answer immediately without fail.

② Please send me two pairs of slippers for my boy at an early date.

③ We have drawn on you our sight draft No. 503 for the invoice amount US$ 4,000 under L/C No. 345/1245 of the Bank of America.

④ Allow us to take this opportunity to thank you for tyour letter which we have just received. In reply we wish to state that we shall be very glad to send you a copy of our booklet "Electronics" in compliance with your request.

108 다음 주어진 서신의 목적을 가장 잘 나타낸 것은?

> Dear Mr. Bufford,
>
> Thank you for your letter of May 20, 2014 regarding our offer (No. WSR−0925).
>
> We have discussed your proposal with our sales department and have concluded that we could extend additional 5% discount to you. We believe that the price of US$50,000 FOB Korea is an exceptionally good value for a long−term business relationship.
>
> We hope that this special price reduction is of some assistance to you in making your decision.
>
> Also, as you mentioned, if you want, you can send engineers to visit our factory here in order to check the quality and conditons of the goods we offer.
>
> We will look forward to your final decision.
> Best regards,

① An acceptance to the offer (No. WSR−0925).
② A reply to the letter which requested price reduction.
③ An invitation for engineers to the factory.
④ A proposal to have a long−term business relationship.

109 다음 신용조회에 따른 서신 회신 내용으로 적절하지 않은 것은?

> We would be obliged if you could give us any information on their financial standing, business conduct and general reputation.

① Any expenses connected with this inquiry will be promptly paid by us on receipt of your bill.
② We are of opinion that they may be rated as A1 and you would not run the least risk in opening connection with them.
③ We would advise you to proceed with caution in your dealings with the firm in question.
④ Their business policy has been very active, and they have many connections both at home and abroad.

110 다음 ( ) 안에 가장 적합한 것은?

Under such circumstances we have to ask you your most competitive price on the particular item, your sample No. 5 which is ( ).

① by good demand
② in good demand
③ on good demand
④ against good demand

111 다음 ( ) 안에 들어갈 용어를 순서대로 나열한 것은?

All goods sold in accordance ( ) this agreement shall be shipped ( ) the stipulated time. The date of bills of lading shall be ( ) as conclusive proof of the date of shipment. Unless ( ) agreed upon, the port of shipment shall be at the Seller's option.

① with – within – taken – expressly
② with – in – taken – otherwise
③ of – within – taken – otherwise
④ of – within – took – expressly

112 다음 밑줄 친 ( )에 들어갈 표현으로 적당하지 않은 것은?

We placed an order with you last November, but it has not arrived as of January this year in spite of repeated telephone calls to your customer services department. This kind of service is completely unsatisfactory. (_____)

① please credit our account.
② I would appreciate your sending us a replacement.
③ Would you please send the right one as soon as possible?
④ We urge you to pay our money by the end of this weekend unless you ship our order right away.

113 다음 내용이 설명하고 있는 선하증권을 고르시오.

> A bill of lading which does not have the printed full terms and conditions of the contract of carriage but instead contains a reference to the carrier's conditions, normally stating that an original copy is available on request.

① Local B/L
② Red B/L
③ Stale B/L
④ Short form B/L

114 다음 내용과 일치하지 않는 문장을 고르시오.

> If you can guarantee shipment on or before May 5, we are prepared to make a trial order. We reserve the right of cancellation on the execution of this order after this date.

① We reserve the right to cancel until May 5.
② This order is subject to your shipment before May 5.
③ If you can ship by May 5, we can place an order with you.
④ We can cancel your order if you cannot ship the goods before May 5.

115 다음 ( ) 안에 들어갈 단어로 알맞은 것은?

> ㉠ In the case of (A), notice of abandonment shall be given.
> ㉡ Where the ship concerned in the adventure is missing, and after the lapse of a reasonable time no news of her has been received, (B) may be presumed.

① A : an actual total loss   B : a constructive total loss
② A : a total loss   B : a constructive total loss
③ A : a constructive total loss   B : an actual total loss
④ A : a particular average   B : a general average

116 다음 ( )에 들어갈 단어로 적절하지 않은 것은?

> We would like to keep this offer ( ) until the 15th of November.

① in force
② valid
③ useful
④ effective

117 다음 용어에 대한 설명으로 잘못된 것은?

① confirming bank : the bank which adds its own undertaking to that of the issuing bank

② Abandonment : Imports made by parties other than the factory—authorized importer

③ pilferage : loss by petty stealing

④ bill of lading : A document issued by a shipowner to a shipper of goods. It serves as a receipt for the goods, contract of carriage, and document of title

118 다음 서신을 읽고 문장의 순서를 바르게 연결한 것은?

Dear Mrs. Lowe,

Thank you for your letter today, and we are enclosing the catalogue and price list you asked for :

A. We would be delighted to add you to our list of customers throughout the world and promise you an excellent product with first—class service. We would be glad to accept orders for any number of pieces, and can mix sets if required.

B. You will see that we can offer a wide selection of dinner and tea services ranging from the rugged "Greystone" earthenware breakfast sets, to the delicate "Ming" bone china dinner service.

C. Our prices are quoted C.I.F. Eastern Canadian seaboard ports and we are offering a special 10% discount off all net prices, with delivery within three weeks from receipt of order.

D. You can choose from more than fifty designs which include the elegance of Wedgwood, the delicate pattern of Willow, and the richness of Brownstone glaze.

If there is any further information you require, please contact us, and once again thank you for your letter.

Sincerely.

① A - B - C - D   ② A - D - B - C

③ B - A - C - D   ④ B - D - A - C

119 다음은 신용조회의 일부이다. (   ) 안에 들어갈 단어로 적합한 것은?

> We also want to know your export prices, possible quantity discounts, and payment terms. If the Celltopia Ⅱ is of the standard we require and the prices quoted are (   ), we will (   ) a substantial order. Your prompt reply would be greatly (   ).

① appropriate - place - considered
② appropriate - process - considered
③ competitive - place - appreciated
④ alternative - place - appreciated

120 다음은 비즈니스 서한의 일부이다. 문맥상 (   )안에 들어갈 가장 적절한 단어는?

> Dear Sir,
>
> 중 략 -
>
> Could you tell us if the CDs are leading brand names or made by small independent companies, and whether they would be suitable for domestic recording? We would appreciate it if you could send us some samples. If the quality of your goods is satisfactory, we may (   ) a substantial order. We would also like to know if you offer any trade discounts.
>
> yours faithfully

① answer   ② keep
③ take   ④ place

01 대외무역법령에서 규정하고 있는 수출입의 정의가 잘못된 것은?

① 거주자가 비거주자에게 산업통상자원부장관이 정하여 고시하는 방법으로 용역을 제공하는 것은 수출이다.

② 수출할 것을 목적으로 물품 등을 수입하여 보세구역 및 보세구역 외 장치의 허가를 받은 장소 또는 자유무역지역 이외의 국내에 반입한 후 재수출하는 수출입의 형태는 중계무역이다.

③ 비거주자가 거주자에게 정보통신망을 통한 전송과 그 밖에 산업통상자원부장관이 정하여 고시하는 방법으로 전자적 형태의 무체물을 인도하는 것은 수입이다.

④ 가공임을 지급하는 조건으로 외국에서 가공할 원료의 전부 또는 일부를 수탁가공업자에게 수출하거나 외국에서 조달하여 공급하여 주고, 이를 가공한 후 가공물품 등을 수입하거나 외국으로 인도하는 수출입은 위탁가공무역이다.

02 무역 관련 기본공고인 '수출입공고'에 대한 설명 중에서 잘못된 것은?

① 수출입공고는 물품 등의 수출입의 금지, 제한, 승인, 신고, 한정 및 그 절차 등을 규정하는 고시이다.

② 수출입공고에는 수출금지품목, 수출제한품목 및 수입제한품목을 고시하고 있다.

③ 수입수량제한조치, 특정국 물품에 대한 특별수입수량제한조치를 시행하는 경우 수입제한을 기본공고인 수출입공고에 고시한다.

④ 하나의 수출입물품에 대해 통합공고의 수출입 요건확인 내용과 수출입공고의 제한내용이 동시에 적용될 경우에는 통합공고상의 요건확인 내용과 수출입공고의 제한내용 중 둘 중 하나만 충족되어도 수출 또는 수입이 가능하다.

03 다음은 전략물자의 수출입에 관련된 설명이다. 올바른 것을 모두 기재한 것은?

> A. 전략물자의 고시 및 수출허가와 관련된 규정에서 국제수출통제체제의 원칙에 따라 국제평화 및 안전유지와 국가안보를 위하여 수출허가 등 제한이 필요한 물품 등에는 대통령령으로 정하는 기술도 포함된다.
> B. 전략물자 또는 전략물자에는 해당되지 아니하나 대량파괴무기와 그 운반수단인 미사일의 제조 등의 용도로 전용될 가능성이 높은 물품 등을 수출하려는 자는 상황허가를 받아야 한다.
> C. 전략물자의 수출허가 및 상황허가의 기준은 평화적 목적에 사용, 안전유지와 국가안보에의 영향, 수입자와 최종 사용자 등이 거래에 적합한 자격을 가졌는지 여부 및 그 사용 용도에 대한 신뢰성 등이다.
> D. 전략물자를 수입하려는 자는 산업통상자원부장관이나 관계 행정기관의 장에게 수입목적 등의 확인을 내용으로 하는 수입목적확인서의 발급을 신청할 수 있으며, 이에 따라 발급된 수입목적확인서의 유효기간은 1년이다.
> E. 무역거래자는 전략물자 판정에 관한 서류와 수출허가, 상황허가, 환적허가, 중개허가에 관한 서류 등을 5년간 보관하여야 한다.

① A, B, C   ② A, D, E
③ B, C, D, E   ④ A, B, C, D, E

04 다음은 대외무역법령에서 규정하고 있는 수입물품 원산지표시의 일반원칙에 대한 설명이다. 올바른 것을 모두 기재한 것은?

> A. 수입물품의 원산지는 '국명' 또는 '국명 산(産)', 'Made in 국명' 또는 'Product of 국명', 'Made by 물품 제조자의 회사명, 주소, 국명' 등에 대해 한글, 한자 또는 영문으로 표시할 수 있다.
> B. 수입물품의 원산지는 최종구매자가 해당 물품의 원산지를 용이하게 판독할 수 있는 크기의 활자체로 표시하여야 한다.
> C. 수입물품의 원산지는 최종구매자가 정상적인 물품구매과정에서 원산지표시를 발견할 수 있도록 식별이 용이한 곳에 표시하여야 한다.
> D. 수입물품의 원산지는 제조단계에서 인쇄(printing), 낙인(branding), 주조(molding), 박음질(stiching) 등으로 표시하는 것이 원칙이나 물품의 특성상 이러한 방식으로 표시하는 것이 불가능할 경우 날인(stamping), 라벨(label), 스티커(sticker) 등을 사용하여 표시할 수 있다.
> E. 최종구매자가 수입물품의 원산지를 오인할 우려가 없는 경우에는 United States of America를 USA로, Netherlands를 Holland 등 통상적으로 널리 사용되고 있는 국가명이나 지역명을 사용하여 원산지를 표시할 수 있다.

① A, B, C   ② A, C, D
③ B, C, D, E   ④ A, B, C, D, E

05 다음은 수출 또는 수입실적의 인정금액과 인정시점에 대한 설명이다. 잘못된 것은?

① 중계무역에 따른 수출실적은 CIF 기준의 수출금액에서 FOB 기준의 수입금액을 뺀 차액인 가득액을 입금일 기준으로 인정한다.

② 외국인수수입의 경우에 수입실적은 외국환은행에서 지급한 금액을 지급일 기준으로 인정한다.

③ 외국박람회 등에 출품한 수출승인 면제대상인 물품을 현지에서 매각된 경우에 수출실적은 외국환은행 입금액을 입금일 기준으로 인정한다.

④ 내국신용장 또는 구매확인서로 외화획득용 원료 또는 물품을 공급한 경우에는 수출실적은 외국환은행 결제액 또는 확인액을 대금결제일 기준으로 인정한다.

06 무역거래자와 수출을 지원하기 위한 대외무역법상 정부 간 수출계약 조항에 대한 설명으로 잘못된 것은?

① 정부 간 수출계약이란 국제교역에서 정부가 계약서상의 책임과 주체를 담당하고, 실질적인 계약의 이행은 민간업자가 부담하는 정부 간 거래(GtoG)형태를 말한다.

② 정부 간 수출계약에서 당사자 지위를 수행하는 정부 간 수출계약 전담기관은 대한무역투자진흥공사(KOTRA)이다.

③ 정부 간 수출계약의 체결, 변경, 해지 등 대통령령으로 정하는 사항을 심의 및 의결하기 위해서 전담기관에 정부 간 수출계약 심의위원회를 둔다.

④ 정부는 정부 간 수출계약과 관련하여 일정한 경제적 이익을 갖게 되는 범위 내에서 보증채무 등 경제적 책임 및 손실을 부담할 수 있다.

07 다음 대외무역법「수입수량제한조치」에 대한 설명 중에서 잘못된 것은?

① 특정물품의 급격한 수입증가로 인한 국내산업의 피해를 구제하기 위한 조치이다.

② 국제적으로 세이프가드(safeguard)라고도 한다.

③ 덤핑방지관세나 상계관세보다 발동이 용이하다.

④ 무역위원회는 국내산업의 피해에 대한 조사 및 세이프가드 조치를 건의한다.

08 다음은 대외무역법령에서 규정하고 있는 전략물자의 수출입에 관한 설명이다. 잘못된 것은?

① 수출허가 유효기간 – 2년

② 상황허가 유효기간 – 1년

③ 상황허가 판정 유효기간 – 2년

④ 중개허가 유효기간 – 1년

09 대외무역법령에서 특정거래형태에 대한 설명으로 잘못된 것은?

① 국내에서 외국으로 물품의 이동이 있고, 그 대금의 영수는 국내에서 이루어짐으로써 대금결제 상황을 확실히 확인할 수 있는 거래도 이에 해당한다.

② 대외무역법의 규정에 따른 수출 또는 수입의 제한을 회피할 우려가 있는 거래를 말한다.

③ 산업 보호에 지장을 초래할 우려가 있는 거래나 대금결제 없이 물품 등의 이동만 이루어지는 거래는 특정거래형태에 포함된다.

④ 특정거래형태의 인정 절차, 인정의 유효기간, 그 밖에 필요한 사항은 산업통상자원부장관이 정하여 고시한다.

10 대외무역법령에서 무역업고유번호에 대한 설명으로 올바른 것은?

① 산업통상자원부장관은 수출입 거래가 질서 있고 효율적으로 이루어질 수 있도록 전산관리체제를 개발·운영하기 위하여 무역거래자별 무역업고유번호를 부여할 수 있다.

② 무역업 고유번호를 부여받으려는 자는 우편, 팩시밀리, 전자우편, 전자문서교환체제(EDI) 등의 방법으로 산업통상자원부장관에게 신청하여야 하며, 산업통상자원부장관은 접수 즉시 신청자에게 고유번호를 부여하여야 한다.

③ 무역거래자는 내국신용장 및 구매확인서 발급 시 무역업고유번호를 반드시 기재하여야 한다.

④ 무역업고유번호를 부여받은 자가 합병, 상속, 영업의 양수도 등 지위의 변동이 발생하여 기존의 무역고유번호를 유지 또는 수출입실적 등의 승계를 받으려는 경우에는 무역업고유번호를 반드시 신규로 발급받아야 한다.

11 물품의 통관을 위한 관세법상의 신고에 대한 설명이다. 잘못된 것은?

① 대외무역법에 규정된 바에 따라 수출입공고에 규정된 대로 수출승인을 받은 물품은 관세법에 의한 수출신고가 생략된다.

② 정상적인 무역상품으로 대외무역법에 의해 수입승인이 면제되는 물품이라도 관세법에 규정된 수입신고는 하여야 한다.

③ 수출하고자 하는 물품이 전략물자에 해당되어 대외무역법이 규정한 바에 따라 관련기관의 허가를 받은 물품일지라도 관세법에 규정된 수출신고는 하여야 한다.

④ 대외무역법상의 외국인수수입에 해당하는 거래의 경우 관세법상 수입신고 대상이 아니다.

12 다음은 관세법상 용어의 의미와 관련된 사례이다. 잘못된 것은?

① 부산항 보세구역 내 있는 물품을 경기도 성남 본사의 사업장으로 반입하기 위해서는 수입통관 절차를 거쳐야 한다.

② 사우디아라비아로부터 인천공항 보세구역에 도착한 물품이 계약상의 'A' 제품이 아닌 'B' 제품이다. 수입상은 사우디아라비아 수출자에게 클레임을 제기하고 사우디아라비아로 되돌려 보내려 한다. 이를 위해서는 관세법상의 수출통관절차를 거쳐야 한다.

③ 관세법상 수출신고가 수리된 물품은 국내사업장 창고에 있더라도 외국물품으로 본다.

④ 수입신고 수리전 반출승인을 얻어 반출된 물품은 수입신고 수리 전이라 하더라도 내국물품으로 본다.

13 우리나라에서 사우디로 수출된 제품을 바이어의 클레임으로 우리나라로 다시 수입하고자 한다. 이와 관련된 다음의 설명 중 잘못된 것은?

① 우리나라에서 수출된 제품이 해외에서 제조·가공·수리 또는 사용되지 아니하고 수출신고 수리일부터 2년 내에 다시 수입되는 경우 재수입면세를 적용받을 수 있다.

② 최초 사우디로 수출 시 수출용원재료에 대한 관세환급을 받은 경우에는 재수입면세 적용이 되지 않는다.

③ 원칙적으로 관세감면신청은 수입신고 수리 전에 신청하여야 한다.

④ 예외적으로 수입신고 수리 전에 감면신청서를 제출하지 못한 경우에는 물품의 보세구역 장치 여부를 불문하고 수입신고수리일로부터 15일 이내에 감면신청서를 제출하여 감면을 받을 수 있다.

14 커스브로(주)는 호주에서 꿀을 수입하여 인천공항 보세창고에 보관하고 있다. 보관 중 식약처 식품수입신고에 따른 정밀검사 결과 부적합통보를 받았다. 이에 대한 처리 내용과 관련된 다음의 설명 중 관세법상 올바른 것은?

① 수입물품에 대해 호주 수출자에게 클레임을 제기하고 수입신고한 후 다시 수출신고하여 되돌려 보낸다.

② 식약처 정밀검사 결과가 나오기 전에 먼저 세관 수입신고를 하였다면 수입신고 수리를 받아야 한다.

③ 수입물품을 호주로 반송시키기 위한 운송비 등 제반비용이 많이 발생될 경우 세관장의 승인을 받아 폐기할 수 있다.

④ 세관장은 폐기승인을 받은 외국물품 중 폐기 후에 남아 있는 부분에 대하여는 관세를 부과할 수 없다.

15 다음의 기사와 관련된 설명 중 관세법상 잘못된 것은?

> 인천세관, 1천억대 '짝퉁' 명품시계 적발
> ─ 2024.10.27. XX일보 기사 중 일부 발췌 ─
> 인천세관은 고가 유명브랜드 시계를 위조한 이른바 짝퉁 명품시계 989억원(진품시가) 상당을 적발해, 27일 인천 중구 항동 인천본부세관 강당에 진열해 놓고 있다. 위조 명품시계는 스피커 내부공간이나 원단 안쪽에 은닉하는 수법으로 밀수되었다.

① 설정등록된 상표권이나 저작권 등을 침해하는 물품은 수출입할 수 없다.
② 중국으로부터 부산항으로 수입되어 일본으로 향하는 환적신고된 물품이 상표권을 침해한 경우 해당 상표권자가 담보를 제공하고 통관보류를 요청하더라도 국내 수입되는 것이 아니므로 통관보류를 할 수 없다.
③ 관세청장은 상표권 등 지식재산권을 침해하는 물품을 효율적으로 단속하기 위하여 필요한 경우에는 해당 지식재산권에 관한 사항을 신고하게 할 수 있다.
④ 여행자 휴대품으로서 소량을 개인용도에 사용하기 위해 수입한 물품에 대해서는 상표권 침해여부 검토 대상이 아니다.

16 다음 중 관세법상 관세징수권의 소멸시효 중단사유에 해당하는 것을 모두 나열한 것은?

A. 납세고지	B. 경정처분
C. 통고처분	D. 고발
E. 압류	

① A, B, E
② A, C, E
③ B, C, D, E
④ A, B, C, D, E

17 중국에서 수입되는 H형강의 관세율이 다음과 같다면, 이에 대한 설명 중 가장 올바른 것은?

> – 기본관세(A) : 8%
> – 덤핑방지관세(I) : 32% [부과대상물품] 에이치(H) 형강
> [공급국] 중국 [직용기간] 2021 – 07 – 30 ~ 2026 – 07 – 29
> – WTO협정관세(C) : 0%
> – 한 – 중 FTA관세(FCN1) : 0%

① 중국산 H형강에는 2015년 7월 30일부터 5년간 덤핑방지관세가 부과되며, 덤핑방지관세 부과요청은 관세청장에게 한다.

② 덤핑방지관세 대상이며 한 – 중 FTA 원산지증명서를 구비하지 않은 경우, 수입 통관 시 적용되는 관세율은 40%가 된다.

③ 덤핑방지관세 대상이며 한 – 중 FTA 원산지증명서를 구비한 경우, 수입통관 시 적용되는 관세율은 32%이다.

④ 상기물품을 수출용원재료로 사용한 제품을 수출한 경우, 수입시 납부했던 관세 모두를 환급받을 수 있다.

18 다음은 관세법상 보세구역에 관한 설명이다. 잘못된 것은?

① 수입물품을 수입통관하기 전에 보세구역에서 세관장의 허가를 받아 견본품을 반출할 수 있다.

② 자율관리보세구역으로 지정을 받고자 하는 경우 보세사를 채용하여야 한다.

③ 보세구역에 보관중인 물품이 도난된 경우 관세 등의 납세의무자는 수입화주이다.

④ 관세법상 수출신고 수리된 물품은 외국물품임에도 보세구역에 장치하지 않을 수 있다.

19 수입물품에 대한 세관장 확인과 관련된 관세법상 규정에 대한 설명 중 잘못된 것은?

① 수입을 할 때에는 법령에서 정하는 바에 따라 허가 · 승인 · 표시 또는 그 밖의 조건을 갖출 필요가 있는 물품인 경우, 세관장에게 그 허가 · 승인 · 표시 또는 그 밖의 조건을 갖춘 것임을 증명하여야 한다.

② 신속통관이 필요한 경우에는 수입 허가 · 승인 · 표시 또는 그 밖의 조건의 면제를 받아 통관할 수 있다.

③ 신규로 물품을 수입하고자 하는 무역업체의 경우에는 수입관세율 뿐만 아니라 각 수입물품에 대해 개별 법령에서 정하고 있는 수입 허가 · 승인 · 표시 또는 그 밖의 조건에 대한 사전 체크를 하는 것이 좋다.

④ 여행자 휴대품으로서 법령에서 정하는 바에 따라 필요한 허가 · 승인 · 표시 또는 그 밖의 조건이 갖추어지지 아니한 것은 세관장이 이를 유치할 수 있다.

20 커스브로 통상은 미국 A사로부터 의료용품 1,000개를 미화 300,000불에 수입하고자 한다. 거래를 위한 협상과정에서 A사가 미화 1,500불 상당(CIF가격)의 의료용품 5개를 견본으로 송부하여 우리나라에 도착하였다. 이 물품의 통관과 관련한 다음의 설명 중 올바른 것을 모두 기재한 것은?

> A. 해당 의료용품은 소액의 견본이고 무상으로 수입되는 것이므로 KITA통상은 수입신고를 할 필요가 없다.
> B. 수입하는 물품의 과세가격은 수입물품의 도착가격(CIF)인 1,500불이다.
> C. 해당 의료용품은 견본품임을 이유로 관세가 면제된다.
> D. 관세부과 여부는 커스브로 통상이 수입신고하는 날의 법령에 따라 결정된다.

① A, C   ② B, C
③ A, D   ④ B, D

21 물품의 거래내용이 다음 보기와 같다면 해당 물품의 관세부과를 위한 과세가격으로 올바른 것은?

> A. 무역계약상 거래금액은 CFR USD 20,000이나 송품장(INVOICE)에 표시된 금액은 CFR USD 15,000이다.
> B. 계약에 따라 매도인에게 CFR USD 20,000에서 USD 15,000이 송금방식으로 선지급되었고, USD 5,000은 매도인의 국내 소재 자회사에 중개료 명목으로 수입통관이 완료된 후 별도 지급될 예정이다.
> C. 매도인은 선적항에서 목적항까지 운송계약을 체결하고 운임 USD 1,000을 지불하였다. 매수인은 USD 500으로 해상운송보험에 가입하였다.

① USD 15,500   ② USD 16,500
③ USD 20,500   ④ USD 21,500

22 다음 보기의 상황에서 관세부과를 위한 과세물건의 확정 시기는?

> A사는 신선식품을 네덜란드 B사로부터 항공편으로 수입하여 판매한다. 이번 거래에서 도착한
> 물품을 하역하는 과정에서 확인한 결과 일부 물품이 변질된 것이 확인되어 즉시 클레임을 제기
> 하였고, B사가 이를 수용해 대금을 감액하기로 합의하였다. 합의가 종료된 다음 A사는 수입신
> 고를 하였다.

① A와 B 사이에 무역계약이 체결된 때
② 거래물품이 항공기에 적재가 완료되어 네덜란드에서 항공화물운송장이 발행된 때
③ 거래물품이 적재된 항공기가 우리나라에 도착하여 하역준비가 완료된 때
④ A사가 수입신고를 한 때

23 다음 중 수출용원재료에 대한 관세 등 환급에 관한 특례법상 환급대상 수출에 따른 환급대상 원
재료에 대한 설명으로 잘못된 것은?

① 관세법에 따라 유상수출된 케미컬 제품에 화학적으로 결합된 수출용 원재료는 관세환급이
가능하다.
② 외국에서 개최되는 박람회에 피부미용기기가 대가의 수령 없이 무상 수출된 경우에도 해당
물품에 물리적으로 결합된 원재료에 대해 환급이 가능하다.
③ 전자제품을 수입한 상태 그대로 외국으로 유상 수출하는 경우에는 해당 수출물품에 대해 환
급이 가능하다.
④ 화장품을 생산하여 유상 수출한 경우, 화장품의 포장용품은 환급대상 원재료이다.

24 다음 중 『수출용 원재료에 대한 관세 등 환급에 관한 특례법』에 따른 관세 등의 환급에 대한 설명
으로 올바른 것은?

① '환급'이란 수출용원재료를 수입하는 때에 납부하였거나 납부할 관세 등을 관세법 등의 규정
에도 불구하고 관세환급특례법에 따라 수입자에게 되돌려 주는 것을 말한다.
② '소요량'이란 수출물품을 생산(수출물품을 가공 · 조립 · 수리 · 재생 또는 개조하는 것을 포
함)하는 데에 드는 원재료의 양으로서 생산과정에서 발생된 손모량은 제외된 양이어야 한다.
③ '정액환급률표'란 관세청장이 환급액을 정액으로 기재한 표로서, 세관장은 해당 환급액을 납
부세액으로 간주하여 환급한다.
④ '분할증명서'란 외국으로부터 수입된 원재료로 생산된 물품을 다음 단계의 중간원재료 생산
업체 또는 수출물품 생산업체에 공급하는 경우, 당해 수출용원재료 수입할 때 납부세액을
증명하는 서류이다.

25 아래 자료에 대하여 「수출용원재료에 대한 관세 등 환급에 관한 특례법령」상 간이정액환급을 받기 위한 설명으로 올바른 것은? (단, ㈜커스브로는 중소기업기본법에 의한 중소기업이다.)

> 수출자 : ㈜KITA
> 수출신고수리일 : 2021.2.10
> 품명 : 노트북 컴퓨터
> HS CODE : 8471.30−1000
> 수출금액(FOB) : 10,000,000원
> 간이정액환급액 : 10원

① ㈜커스브로는 국내 임가공위탁 생산한 노트북컴퓨터를 수출한 경우, 법령상 조건을 충족하였다면 간이정액환급이 가능하다.

② ㈜커스브로가 환급을 받는다면 환급액은 100,000원이다.

③ ㈜커스브로가 환급신청일이 속하는 연도의 1월 1일부터 환급신청일까지의 환급실적이 6억원 이상이라면 간이정액환급액은 일정비율로 감소한다.

④ ㈜커스브로는 중소기업이므로 환급신청기한은 수출신고수리일로부터 3년이다.

26 다음과 같은 물품 수입신고 시 FTA 협정에 따른 관세혜택을 적용받기 위해 필요한 FTA 원산지증명과 관련된 다음의 설명 중 적절하지 않은 것은?

> (주)커스브로은 베트남으로부터 여성용 양말(HSK:6115.99−0000)을 수입하고자 한다. 관련된 수입관세율은 다음과 같다.
> • 기본관세 : 13%
> • WTO 협정관세 : 16%
> • 한−아세안 FTA 관세율 : 5%
> • 한−베트남 FTA 관세율 : 0%

① 베트남산이라는 일반(비특혜)원산지증명서를 수령한 경우 FTA 관세율을 적용받을 수 없다.

② 베트남 수출자는 한−아세안 FTA 또는 한−베트남 FTA에 따른 FTA 원산지증명서 중 선택하여 증명서 발행이 가능하다.

③ 수입자가 보다 낮은 세율을 적용받고자 하는 경우, 베트남 수출자에게 한−베트남 FTA에 따른 FTA 원산지증명서 발행을 요청할 수 있다.

④ 수입신고 시에 FTA 원산지증명서를 구비하지 못한 경우, 실제 납부해야 하는 관세율은 16%이다.

27 다음 중 FTA 원산지결정기준의 일반기준에 대한 설명이다. 잘못된 것은?

① 미소기준 : 당해 물품에 사용된 비원산지재료의 금액 또는 수량이 일정기준 이하로 미미한 경우에는 부가가치기준을 충족하지 않더라도 원산지물품으로 인정하는 기준이다.

② 누적기준 : 체약상대국에서 발생한 생산요소를 자국에서 투입한 것과 합사할 수 있도록 허용하는 기준이다.

③ 직접운송원칙 : 원산지요건을 충족한 물품이라도 협정 상대국에서 국내로 직접 운송되지 않는 경우 원산지물품으로 인정되지 않는 원칙이다.

④ 불인정공정 : 완전생산기준 실질변형기준 등을 충족하여도 그 물품이 역내국에서 단순작업 또는 공정만을 거쳐 생산된 물품인 경우 원산지물품으로 인정하지 않는 기준이다.

28 다음 중 FTA 협정에 따른 원산지증명서에 대한 설명으로 올바른 것은?

① 한-아세안 FTA와 한-칠레 FTA 협정에서는 기관발급(증명) 원산지증명서를 사용한다.

② 한-미 FTA 원산지증명서의 유효기간은 4년이다.

③ 한-미 FTA 협정에서는 수입자가 원산지증명서를 발행하는 것이 불가능하다.

④ 한-EU FTA는 원산지제품의 수출금액이 600유로 이상인 경우 인증수출자만이 원산지증명이 가능하다.

29 다음 중 「자유무역협정의 이행을 위한 관세법의 특례에 관한 법률」에 따른 FTA 세율 적용과 관련한 설명으로 올바른 것은?

① 협정관세란 협정에 따라 체약상대국을 원산지로 하는 수입물품에 대하여 관세를 철폐하거나 세율을 연차적으로 인하하여 부과하여야 할 관세 및 기타 수입 시 부과되는 제세를 말한다.

② 협정관세는 체약상대국으로부터 수입된 모든 물품에 대하여 적용할 수 있다.

③ 체약상대국에서 생산된 수입물품은 협정에서 정하는 원산지결정기준에 적합한 물품만 협정관세를 적용할 수 있다.

④ 협정에서 정하는 원산지결정기준을 충족하는 물품은 원산지가 아닌 국가를 경유하여 운송되거나 원산지가 아닌 국가에서 선적된 경우에도 협정 관세를 적용할 수 있다.

30 다음 중 구매확인서와 내국신용장에 대한 설명으로 잘못된 것은?

① 구매확인서 혹은 내국신용장을 받고 수출자에게 수출용 물품을 공급한 공급자에게도 수출실적이 인정된다.

② 구매확인서 혹은 내국신용장을 받고 수출자에게 수출용 물품을 공급한 공급 자는 영세율 세금계산서는 수출자에게 발행하여야 한다.

③ 구매확인서, 내국신용장을 발급차수에 제한이 없다.

④ 구매확인서를 발급받으려는 자가 전산설비를 갖추지 못하였거나 기타 부득이한 사유로 전자문서를 작성하지 못하는 때에는 관세청장에게 위탁하여 신청할 수 있다.

02 무역결제

31 송금결제방식에 대한 설명으로 옳지 않은 것은?

① 우리나라의 수출입 거래 모두 송금결제방식이 가장 큰 비중을 차지한다.

② 신용장, 추심방식에 비해 낮은 은행 수수료를 부담한다.

③ 송금결제방식은 환어음을 사용하므로 어음법이 적용된다.

④ 대금결제는 SWIFT를 통하면 보다 신속하고 정확하게 진행될 수 있다.

32 송금결제방식에 관한 설명으로 올바른 것을 모두 기재한 것은?

A. 수출입 거래 당사자 간의 신용을 바탕으로 하는 거래 방식
B. 거래내용이 은행에 노출되는 거래 방식
C. 신용장, 추심방식에 비해 낮은 은행 수수료를 부담
D. 관련된 국제규칙이 존재하지 않는 거래 방식
E. 전체 거래과정의 흐름이 신용장, 추심방식보다 신속하지 않은 거래 방식
F. 선적서류가 은행을 경유하여 대금이 지급되는 거래 방식

① A, D, F
② A, C, D
③ B, C, F
④ C, D, E

33 D/A 거래의 순서로써 가장 올바른 것은?

> A. 추심은행이 추심의뢰은행으로 인수통보
> B. 수출업자의 선적 및 추심의뢰
> C. 수입업지에게 시류 송부
> D. 추심은행이 추심의뢰은행으로 대금송금
> E. 수출업자와 수입업자 간 D/A 조건으로 매매계약 체결
> F. 수입업자가 만기에 추심은행으로 수입대금결제
> G. 추심은행이 수입업자에게 서류도착 통보 및 서류인수 요구

① E - B - G - C - F - A - D
② E - B - G - C - D - A - F
③ E - B - G - C - A - D - F
④ E - B - G - C - A - F - D

34 추심결제방식의 종류에 관한 설명으로 틀린 것은?

① D/A 방식에서는 수입자가 서류를 인도받는 시점부터 수출자는 화물에 대한 소유권을 상실한다.

② 추심지시서에는 상업서류가 인수인도(D/A) 또는 지급인도(D/P) 중 어느 조건으로 지급인에게 인도되어야 하는지를 명시해야 한다. 그러한 명시가 없는 경우에는, 상업서류는 인수인도(D/A)로만 인도되어야 한다.

③ D/P Usance는 추심은행이 Usance 기간 동안 서류를 보관했다가 이후에 수입자에게 제시해 대금의 지급과 상환으로 서류를 인도하는 방식의 거래를 말한다.

④ D/P 결제방식에서 수출상은 위험회피방안으로 수출보험(Export insurance), 보증신용장(Stand-by credit), 은행보증서(Bank guarantee) 등을 활용할 수 있고, 수입상은 보증신용장(Stand-by credit), 은행보증서(Bank guarantee) 등을 활용할 수 있다.

35 선적통지부 결제 방식(O/A, Open Account)과 타 결제방식과의 비교로 옳지 않은 것은?

① COD(Cash On Delivery)는 수출업체가 선적을 완료하고 그 물품이 수입국가에 도착하면 수입자가 물품을 인수하면서 대금을 결제하는 점에서 Open Account 거래와 다르다.

② 일반적인 사후송금방식의 거래에서는 선적서류 또는 물품이 수입상에게 인도된 후에야 수출채권이 성립하는 데 반하여, O/A 거래는 '선적통지조건의 기한부 사후송금 결제방식'의 거래를 말한다.

③ 신용장 방식에 비해 거래가 단순하고 은행의 서류 심사가 불필요하나, O/A 방식에서 수입자는 물품 인수 시 대금결제 유예를 통한 현금 유동성 활용에는 불리하다.

④ 수입자의 지급지연이 발생하는 경우 추심은행에 신용기록이 남지 않는다는 측면에서 O/A가 D/A보다는 수입자에게 유리하다고 볼 수 있다.

36 L/G(Letter of Guarantee)와 T/R(Trust Receipt)에 대한 설명으로 옳지 않은 것은?

① 신용장 방식의 경우에는 L/G에 의해 인수한 화물에 대해 손해가 발생할 경우 합리적인 기간 내에 클레임을 제기할 수 있다.

② L/G는 수입화물이 운송서류 원본보다 도착지에 먼저 도착하는 경우 수입자와 신용장 개설은행이 연대 보증하여 선사에 출하는 일종의 보증서로써 선하증권 원본대신 제출하고 선사로부터 화물인도지시서를 발급받아 수입화물을 인도받을 수 있다.

③ 항공운송에서는 L/G와 유사한 항공화물인도승낙서가 사용된다.

④ 신용장 개설은행은 수입보증금을 적립하지 않고 L/G를 발급받고자 하는 수입업자에게 T/R을 요구할 수도 있다.

37 국제팩터링(International Factoring)에 대한 설명으로 옳지 않은 것은?

① 수출자가 수입자에게 물품을 외상으로 판매한 후 외상매출채권을 팩토링 회사에 양도하여 매출채권 관리 및 전도금융의 수혜 등의 금융서비스를 제공받는 금융기법을 말한다.

② 수출자는 매출채권을 수출팩터에게 양도함으로써 수출대금을 조기에 즉시 현금화할 수 있다.

③ 팩터링을 제공하는 팩터는 국제팩터링기구에 가입된 회원이어야 한다.

④ 수출상이 부담하는 팩터링 수수료에는 수출팩터 수수료로 구성되며 수입팩터 수수료는 제외된다.

38 신용장(L/C, Letter of Credit)에 적용되는 관련 규정의 해석 순서에 관하여 순서대로 나열한 것은?

A. ISBP	B. 신용장 자체의 조건
C. 매매 당사국의 국내법률	D. UCP 600
E. ICC Opinion	

① C - B - D - A - E

② E - D - B - A - C

③ B - D - A - E - C

④ D - B - A - C - E

39 신용장의 Additional Conditions에 다음과 같이 표시된 경우 관련된 신용장은 무엇인가?

> Advance drawing for 10% of this credit amounts is available against beneficiary's simple receipt accompanied by their written undertaking that they will pay the advance payment by shipment in compliance with the terms and conditions of credit.

① Revolving Credit
② Escrow Credit
③ Standby Credit
④ Red Clause Credit

40 일반적인 신용장 거래 절차에 관하여 순서대로 나열한 것은?

> A. 개설의뢰인이 개설은행에게 신용장 개설 의뢰를 요청
> B. 통지은행이 신용장을 수익자에게 통지
> C. 수출자와 수입자 간의 신용장 거래를 통한 매매계약을 체결
> D. 수익자의 일치하는 서류 제시로 은행에 지급·인수·매입을 요청
> E. 개설은행의 신용장 발행 후 통지은행에 전달
> F. 개설은행의 신용장에 따른 대금을 결제

① C - A - E - D - B - F
② C - A - E - B - D - F
③ C - A - B - E - D - F
④ C - A - B - D - E - F

41 다음 중 'Standby Credit'에 적용될 수 있는 국제규칙 대하여 고르시오.

> A. URC 522
> B. UCP 600
> C. URDG 758
> D. ISP 98

① A, C
② A, D
③ B, C
④ B, D

42 **Issuing Bank에 관한 설명으로 옳지 않은 것은?**

① 개설은행은 신용장을 통지하는 시점부터 지급이행할 취소 불능의 의무를 부담한다.

② 개설은행의 지정은행에 대한 상환의무는 개설은행의 수익자에 대한 의무로부터 독립적이다.

③ 개설의뢰인의 신청 또는 그 자신을 위하여 신용장을 개설한 은행을 개설은행이라고 한다.

④ 인수신용장 또는 연지급신용장의 경우 일치하는 제시에 대응하는 대금의 상환은 지정은행이 만기 이전에 대금을 먼저 지급하였거나 또는 매입하였는지 여부와 관계없이 만기에 이루어져야 한다.

43 **ISBP 745에서 규정한 용어의 해설이 잘못된 것은?**

① 기간경과서류 수리 가능(stale documents acceptable) : 신용장의 유효기일 이전에 제시되는 것을 전제로 서류가 선적일 후 달력상 21일 후에도 제시될 수 있다는 의미이다. 이는 또한 신용장에서 제시기간을 기간경과서류 수리 가능이라는 조건과 함께 명시한 경우에도 적용된다.

② 제3자 서류 수리 불가(Third party documents not acceptable) : 제3자가 작성한 서류는 수리할 수 없다는 것으로 3자 물류업체가 발행한 운송서류는 수리될 수 없다.

③ 선적서류(shipping documents) : 환어음, 전송보고서 그리고 서류의 발송을 증빙하는 특송영수증, 우편영수증 및 우편증명서를 제외한 신용장에서 요구하는 모든 서류를 의미한다.

④ 제3자 서류 수리 가능(third party documents acceptable) : 이는 환어음을 제외하고, 신용장이나 UCP600에서 발행인이 명기되지 않은 모든 서류는 수익자 이외의 기명된 자연인이나 실체에 의하여 발행될 수 있음을 의미한다.

44 **확인은행에 대한 설명으로 옳지 않은 것은?**

① 확인은행은 1차 조건변경 내용에 대하여 확인을 거절하였다고 할지라도, 이후 차수의 조건변경에 대해서는 확인을 추가할 수도 있다.

② 확인은행은 개설은행의 지정은행이다.

③ 확인은행은 신용장을 통지하는 시점으로부터 취소가 불가능한 결제(honour) 또는 매입의 의무를 부담한다.

④ 확인은행의 다른 지정은행에 대한 상환의무는 확인은행의 수익자에 대한 의무로부터 독립적이다.

45 다음 중 신용장 조건변경에 대한 설명으로 올바른 것을 모두 기재한 것은?

> A. 수익자가 조건변경에 대하여 통지 후 5영업일 이내 아무런 의사표시를 하지 않으면 묵시적으로 동의한 것으로 간주된다.
> B. 신용장의 조건변경은 개설은행, 매입은행, 확인은행의 동의로 가능하다.
> C. 조건변경에 대하여 일부만을 수락하는 것은 거절의 의사표시로 본다.
> D. 수익자가 조건변경서를 통지받은 시점부터 개설은행이 조건변경에 대하여 의무를 부담한다.

① A, C ② C
③ B, D ④ B

46 신용장의 기본원칙 중 Principle of Independence에 대한 설명으로 틀린 것은?

① 신용장은 그 본질상 그것의 근거가 될 수 있는 매매계약 또는 기타계약과는 독립된 거래이다.
② 개설은행은 신용장의 필수적인 부분으로서 근거계약의 사본, 견적송장 등을 포함시키고자 하는 어떠한 시도도 저지하여야 한다.
③ 수익자는 특정한 경우에는 은행들 사이 또는 개설의뢰인과 개설은행 사이의 계약관계를 원용할 수 있다.
④ 매매계약과 신용장은 별개로 보아 제시된 서류가 신용장의 조건에 일치하는 경우 개설은행은 대금을 지급하여야 한다.

47 UCP 600이 적용되는 신용장에서 요구하는 원본서류와 사본에 관한 설명으로 틀린 것은?

① 은행은 서류 발행자의 원본 서류용지 위에 작성된 것으로 보이는 것은 원본으로 취급한다.
② 신용장이 서류 사본의 제시를 요구하는 경우 원본 또는 사본의 제시가 모두 허용된다.
③ 은행은 서류 발행자의 손으로 작성된 것으로 보이는 것은 사본으로 취급한다.
④ 적어도 신용장에서 명시된 각각의 서류의 원본 한 통은 제시되어야 한다.

48 신용장 거래에서 '확인'의 요건에 대하여 설명으로 틀린 것은?

① 확인은행은 매입신용장의 경우에는 소구권을 가지고 매입할 수 있다.
② 개설은행의 확인에 관한 수권 또는 요청이 존재해야 한다.
③ 일부기간에 한정하여 확인하거나 일부 금액에 대해서 확인하는 조건부 확인이 가능하다.
④ 확인신용장이 아닌 신용장을 통지받은 통지은행은 확인해줄 의무가 없다.

49 신용장통일규칙(UCP 600) 제6조에 의하면 신용장은 유형에 따라 4가지로 나눠지고 이 중 어느 유형으로 사용 가능한지 명기되어야 한다. 다음 보기 중에서 이 4가지 유형을 정확히 열거한 것은?

A. sight payment credit	E. deferred payment credit
B. acceptance credit	F. negotiation credit
C. confirmed credit	G. unconfirmed credit
D. with recourse credit	H. without recourse cred

① A, B, C, D   ② A, B, E, F
③ A, B, C, D   ④ A, F, G, D

50 신용장에 참여하는 은행의 면책에 대한 설명으로 틀린 것은?

① 은행은 어떤 서류의 방식, 충분성, 정확성, 진정성, 위조 여부 또는 법적 효력 또는 서류에 명시되거나 위에 추가된 일반 또는 특정조건에 대하여 어떠한 책임(liability or responsibility)도 지지 않는다.

② 개설은행이나 통지은행은 비록 자신의 판단하에 다른 은행을 선정하였더라도 그가 다른 은행에 전달한 지시가 이행되지 않은 데 대하여 어떤 책임도 지지 않는다.

③ 은행은 천재지변, 폭동, 소요, 반란, 전쟁, 테러행위 또는 어떤 파업 또는 직장폐쇄 또는 자신의 통제 밖에 있는 원인에 의한 영업의 중단으로부터 발생하는 결과에 대하여 어떠한 책임도 지지 않는다. 은행은 자신의 영업이 중단된 동안에 만료된 신용장하에서는 결제(honour) 또는 매입을 하지 않는다.

④ 은행은 물품의 신용장 거래상 운송인, 운송주선인의 이행능력 또는 신용상태에 문제가 있는 경우에만 손해 배상의무 또는 책임을 진다.

51 UCP 600의 내용에 관한 내용 중 잘못된 것은?

① 신용장의 유효기일 또는 서류의 제시기일이 제시가 되어야 하는 은행이 불가항력적 사유 외의 사유로 영업을 하지 않는 날인 경우, 유효기일 또는 경우에 따라 최종제시일은 그 다음 첫 은행영업일까지 연장된다.

② 신용장 금액 또는 신용장에서 표시된 수량 또는 단가와 관련하여 사용된 'about', 'approximately'라는 단어는 그것이 언급하는 금액, 수량 또는 단가에 관하여 10%를 초과하지 않는 범위 내에서 많거나 적은 편차를 허용한다.

③ 신용장에 별도의 명시가 없는 경우 분할청구 또는 분할선적은 허용된다.

④ 단가의 감액 없이 상품전량이 선적된 경우, 분할선적이 금지되어 있더라도 신용장 금액의 10% 부족이 허용된다.

52 신용장의 해석(Interpretations)에 있어서 옳지 않은 것은?

① 서류의 발행자를 표현하기 위하여 사용되는 "first class(일류)", "well known(저명한)", "qualified(자격 있는)", "independent(독립적인)", "official(공적인)", "competent(능력 있는)" 또는 "local(현지의)"라는 용어들은 수익자를 제외하고, 해당 서류를 발행하는 모든 서류 발행자가 사용할 수 있다.

② 서로 다른 국가에 위치한 같은 은행의 지점들은 본·지점의 관계로 하나로 본다.

③ 적용 가능한 경우 단수형으로 된 단어들은 복수형을 포함하고 복수형으로 된 단어들도 단수형을 포함한다.

④ 'on or about' 또는 그 유사한 표현은 양 일자를 포함하여 지정일 이전 5일에서 지정일 5일까지 발생하여야 한다는 내용으로 해석된다.

53 외환거래에 대한 설명으로 틀린 것은?

① 우리나라 기업이 우리나라 은행에서 달러를 차입하는 경우는 외환거래로 보지 않는다.

② 무역 및 국제 자본거래와 관련된 실수요 외환거래보다 투기적 목적의 외환 거래가 더 많다.

③ 수출대금으로 획득한 외화를 환전하거나 수입대금의 결제를 위한 외화획득을 위해 이루어지는 외환거래는 '실수요 외환거래'라 한다.

④ 토마토(주)는 수입대금 50만 달러의 결제를 위하여 보유하고 있던 외화예금 30만 달러를 사용하고 20만 달러는 원화로 결제한 경우 외환거래로 보지 않는다.

54 선물환 거래(Forward Exchange Transaction)에 대한 특징으로 틀린 것은?

① 선물환 거래는 신용도에 따라 증거금을 요구하는 경우도 있다.

② 선물환 거래는 만기일이 도래하기 전에 반대 거래를 통해 중도 청산이 가능하다.

③ 선물환 거래는 두 당사자 간의 합의에 의하여 거래규모와 만기일을 자율적으로 정한다.

④ 선물환 거래는 장외시장에서 당사자 간의 1대1 거래이다.

55 통화선물거래 증거금에 대한 설명으로 틀린 것은?

① 선물거래소는 매일 증거금에 대하여 일일정산을 실시한다.

② 거래하는 사람의 신용도에 따라 증거금 납부 여부가 달라진다.

③ 변동증거금을 정해진 기한에 납부하지 않으면 선물계약이 강제로 청산된다.

④ 증거금의 종류에는 개시증거금, 유지증거금, 추가증거금이 있다.

56 ㈜커스브로의 달러 포지션이 다음과 같다. 이 경우 USD/KRW 환율(앞쪽 통화가 기준통화)이 100원 상승하면 얼마의 이익 또는 손실이 발생하는가?

> 달러 예금 500,000
> 달러 외상 매출금 1,000,000
> 달러 외상 매입금 300,000
> 달러 차입금 1,500,000

① 1억 2천만원 손실   ② 5천만원 이익
③ 0   ④ 3천만원 손실

57 달러/원 현물환율(앞쪽 통화가 기준통화)과 통화별 금리는 다음과 같다. 간편식을 통한 선물환율을 산출할 경우 달러/원 3개월 만기 선물환율과 가장 가까운 것은?

> 달러/원 현물환율 : 1,200원
> 달러 3개월 금리 : 연 3.5%
> 원화 3개월 금리 : 연 2.5%

① 1,200원   ② 1,194원
③ 1,197원   ④ 1,191원

58 행사가격이 1,200원인 달러 콜옵션 150,000달러를 프리미엄 120만원으로 매입하고, 동시에 행사가격이 1,100원인 달러 풋옵션 150,000달러를 프리미엄 150만원에 매입하였다. 이 경우 발생 가능한 최대 손실 금액은 얼마인가?

① 30만원   ② 150만원
③ 무한대   ④ 270만원

59 은행이 고시한 환율표가 다음과 같을 때 커스브로(주)가 T/T로 수령한 달러화 수출 대금을 은행에 매도할 경우 어떤 환율이 적용되는가?

통화명	현찰		전신환		T/C 사실 때	외화수표 파실 때	매매기준율
	사실 때	파실 때	보내실 때	받으실 때			
미국 USD	1185.28	1144.52	1176.30	1153.50	1178.87	1152.76	1164.90

① 1153.50   ② 1164.90

③ 1144.52   ④ 1152.76

60 커스브로(주)는 중국에 노트북을 수출하고 3개월 후에 달러화를 수취할 예정인데, 환율변동 위험을 헤지하려고 은행에 선물환율을 문의하였다. 다음의 경우 이 회사는 어떤 환율로 거래할 수 있는가?

구분	Bid	Offer
Spot Rate	1,120.00	1,125.00
3개월 Swap Rate	10	15

① 1,120.10   ② 1,124.85

③ 1,130.00   ④ 1,140.00

03 무역계약

61 Incoterms 2020에 관한 특징으로 옳은 것을 고르시오.

① 현재 Incoterms 2020이 사용되고 있으며, 종전 버전의 사용은 금지된다.

② 무형재인 컴퓨터 프로그램을 CD 혹은 USB 메모리스틱 등의 매체에 담아 거래하는 경우 적용될 수 없다.

③ Incoterms는 물품매매계약에 따른 매도인과 매수인의 역할만을 다루기 때문에, 일부 조건에서 운송계약체결의무, 보험계약체결의무를 규정하고 있으나 운송 및 보험계약 체결하의 권리, 의무를 다루고 있지는 않다.

④ 준거법상의 임의규정과 Incoterms의 규정이 상충되는 경우 준거법상의 임의규정에 따라 계약을 이행하면 된다.

62 다음의 내용만을 가정하여 거래가 진행될 경우 Incoterms 규정에 따른 수출단가 산정을 잘못한 것은?

A. 품목 : Book Case

B. 마진을 포함한 1개당 단가 : USD 5.0

C. 매도인공장으로부터 선적항까지 1개당 운송료(통관비용포함) : USD 0.5

D. 선적항부터 도착항까지의 1개당 해상운임 : USD 1.0

E. 선적항부터 도착항까지의 1개당 운송보험료 : USD 0.5

F. 도착항으로부터 목적지(Named Plae)까지 1개당 내륙 운송료 : USD 1.0

---

① CFR 조건일 경우 USD 6.5

② EXW 조건일 경우 USD 5.5

③ CIF 조건일 경우 USD 7.0

④ DAP 조건일 경우 USD 7.5

63 Incoterms 2020의 개정사항에 대한 설명으로 옳지 않은 것은?

① DPU 조건에서 지정 목적지는 '터미널'뿐만 아니라 어떤 장소든지 수입국의 지정 장소로 그 범위가 확대되었다.

② FCA 규칙에서 물품의 인도는 본선 적재 전에 완료되므로 수취식선하증권이 발행되며, 이는 신용장 방식에서 은행의 수리 거절사유가 될 수 있다.

③ 매도, 매수인과의 별도의 합의가 없다면 CIF 및 CIP 규칙에서는 매도인이 최소부보 조건인 ICC(C) 조건으로 부보를 해야 한다.

④ Incoterms 2020에서는 종전의 Incoterms 2010에서 도입된 당사자의 보안(Security) 관련 의무사항이 운송의무 및 비용조항으로 명시적으로 강조됐다.

64 Incoterms 규칙 중 해상 및 내수로운송 전용조건에 관한 특징으로 옳지 않은 것은?

① 해상 및 내수로운송 전용조건 : FAS, FOB, CFR, CIF

② FOB, CFR, CIF 조건에서 매도인이 본선에 물품을 적재하여 인도하는 것뿐만 아니라 이미 선박에 선적된 물품을 구매하여 공급하는 것도 가능하다.

③ FOB, CFR, CIF 조건에서는 매도인이 선박내로 물품을 반입·인도해야 하지만 현실적으로는 컨테이너 운송이 보편화되면서 선박에 반입되기 전에 운송인에게 인도되는 것이 보편적이므로 FCA, CPT, CIP 조건으로 하는 것이 바람직하다.

④ FAS, CFR, CIF 규칙에서 인도지점으로 물품이 본선에 적재(On board the vessel)된 때에 인도되는 것으로 규정하고 있다.

65 조건부청약의 유형에 대한 설명으로 옳은 것을 모두 고르시오.

> A. Offer on Sale or Return은 청약과 함께 대량의 물품을 송부하여 피청약자가 일정한 기한 내에 이를 판매하게 하고, 판매되지 않은 것은 반품하도록 조건을 붙인 청약이다.
>
> B. Sub-con offer는 피청약자가 승낙을 하여도 그것만으로 계약이 성립되지 않고 청약자의 최종확인이 있어야 비로소 계약이 성립되는 청약을 말한다.
>
> C. Offer Subject to Prior Sale 청약이 승낙되었다 하더라도 바로 팔리지 않고 남은 상품의 재고가 있거나, 선착순 판매조건으로 계약이 성립되는 청약이다.
>
> D. Offer on approval은 청약 상에 가격이 확정되어 있지 않고, 시세에 따르도록 하는 내용의 청약이다.

① A, B, D   ② B, C, D

③ A, C, D   ④ A, B, C

66 승낙(Acceptance)으로 볼 수 없는 경우가 아닌 것은?

① 매수인의 외상거래를 요구하는 청약에 대해 매도인이 유효기일 이내에 물품을 선적한 경우

② 매수인이 발행한 청약에 대하여 매도인이 수출물품의 환적을 허용하는 내용을 추가로 기재한 매매계약서를 서명하여 송부한 경우

③ 매도인의 신용장방식 거래 요청에 대해 매수인이 환어음을 발행한 경우

④ 청약자는 피청약자에게 피청약자의 양식으로 구매주문서(Purchase Order)를 작성하여 보내줄 것을 요청하였고, 이에 대해 피청약자는 전화상으로 승낙의 의사를 표시한 경우

67 부가조건부 승낙에서 원청약의 실질적 변경으로 보는 조건을 모두 고르시오.

A. 대금	B. 물품의 품질
C. 수량	D. 인도시기
E. 인도장소	F. 상대방에 대한 책임범위

① B, C, D, E, F   ② A, B, C, D, E, F

③ A, B, C, D, E   ④ A, B, C, F

68 무역거래에서 청약과 승낙에 관한 기술로서 올바른 것을 모두 기재한 것은?

> A. 청약은 계약당사자가 될 특정인에게 하는 행위이다.
> B. 조건부 승낙도 청약에 대한 승낙으로 간주한다.
> C. 승낙의 방식이나 방법은 원칙적으로 자유이고, 특별한 제한은 없다.
> D. Offer Sheet, Proforma Invoice는 매도인이 청약 시 주로 사용하는 문서이다.
> E. 청약은 그 제시된 내용과 매매조건에 당사자가 구속되는 것이다.

① A, B, C   ② B, C, D, E
③ A, C, D, E   ④ A, C, E

69 무역계약의 법적성질에 대한 설명으로 옳지 않은 것은?

① 동시이행 항변권은 유상계약에서 발생되는 권리로서, 일방이 그 의무를 이행하지 않으면서 상대방에 대해 먼저 이행을 청구하는 경우에 상대방이 갖는 권리이다.
② 무역계약은 계약의 성립을 위하여 일정한 형식이나 절차를 요하지 않는 불요식 계약의 특성을 갖는다.
③ 무역계약은 매매당사자 일방의 거래제의에 대하여 상대방이 이를 승낙하면 계약이 성립되는 낙성계약의 성격을 갖는다.
④ 무역계약은 불요식 계약의 성격에 따라 의사표시의 방법인 구두, 전화, 문서, 행동 등 어떠한 방식에 의해서도 계약을 성립시킬 수 있다.

70 무역계약서 조항에 관한 해설로 잘못된 것은?

① Non-Waiver clause : 장기공급계약에서 수출자의 반복된 선적지연에 대해 클레임을 제기하지 않았더라도 수입자의 권리행사가 가능하다는 내용을 규정
② Infringement clause : 계약내용의 일부가 어떠한 사유로 실효 또는 무효화 되더라도 그 계약 전체가 실효 또는 무효로 되는 것은 아니라는 조항
③ Proper law : 계약 내용의 해석상 다툼 등에 대비하여 특정한 법률을 정하는 규정
④ Termination clause : 계약을 종료시킬 수 있는 사정, 방법 등을 다루는 규정

71 다음은 무역계약서 조항의 일부이다. 이 조항에 대한 설명으로 잘못된 것은?

> Should issuing the letter of credit be delayed for causes for which the Buyer is liable, Buyer shall pay the Seller amount equal to [two tenth of one percent(0.2%)] of the amount of relevant letter of credit per each full week as liquidated damages net cash or sight draft within [three days] from receipt of relevant bill from the Seller.

① 상대방이 계약을 위반하는 경우 손해배상액을 청구하기 위해서는 계약위반 사실과 손해액을 입증해야 한다. 손해액을 입증하는 것이 쉬운 일이 아니기 때문에 이 조항을 계약체결 시에 약정하는 경우가 일반적이다.

② Liquidated damages Clause이다.

③ 약정된 금액보다 더 많은 손해가 발생되었음을 입증하는 경우 추가적인 손해액까지 보상받을 수 있다.

④ 해당 조항을 매매계약서에 기재한 경우에 손해액을 입증하지 않아도 된다.

72 무역계약서 조항의 설명으로 옳지 않은 것은?

① Confidentiality Clause : 무역거래나 기술도입의 과정에서 알게 된 비밀정보는 철저히 보호되어야 하며, 상대방의 비밀정보를 누설하거나 도용해서는 안 된다는 조항

② Product Liability Clause : 제조되고 판매된 물품이 소비자나 기타의 제3자의 신체 또는 재산에 손상, 손해를 발생시킨 경우에는 그 제조자, 수출자, 수입자, 판매 내지 유통자, 원자재나 부품의 생산자 등 여러 사람에게 제조물배상책임을 물을 수 있는 바, 이러한 책임을 매도인과 매수인이 약정하는 조항

③ Escalation Clause : 해당 계약에 대하여 제3자에게 계약을 양도 금지하거나 허용하는 경우 그 양도조건을 기재한 조항

④ Privity Clause : 계약체결 당사자의 법적지위가 본인 대 본인(Principal to principal)인지, 대리인 대 대리인(Agent to agent)인지를 기재하는 조항

73 다음에서 설명하는 내용에 적합한 무역계약서 조항은?

> If any one or more of the provisions in this contract shall be declared invalid, illegal or unenforceable in any respect under any governing law, by any arbitration or by court of competent jurisdiction, the validity, legality and enforceability of the remaining provisions contained herein shall not in any way be affected or impaired.

① severability clause ② infringement clause

③ liquidated damages clause ④ product liability clause

74 비엔나 협약에서 규정하는 매수인의 의무 중 대금지급의무와 관련된 내용으로 옳지 않은 것은?

① 물품에 대한 위험이 이전된 후에는 물품을 수령하지 못했더라도 대금지급 의무는 소멸하지 않는다.
② 매수인이 대금지급장소를 정한 경우에는 그 장소에서 지급하여야 한다.
③ 매수인이 대금을 특정 기일에 지급하여야 할 의무가 없는 경우에는 계약 및 동 협약의 규정에 따라 매도인이 물품 또는 물품을 처분할 수 있도록 하는 서류를 매수인의 임의처분하에 적치하였을 때에 대금을 지급해야 한다.
④ 중량을 기준으로 대금을 정하는 경우에는 물품의 총중량에 의하여 대금을 결정하는 것으로 한다.

75 매수인의 계약불이행에 대한 매도인의 통상적 조치를 순차적으로 나열한 것은?

A. 계약해제 통보
B. 이행기의 추가설정
C. 계약대로의 이행청구
D. 손해배상청구

① C - A - B - D
② B - C - D - A
③ C - B - A - D
④ B - C - A - D

76 CISG에 규정된 구제조치 중 이행기 전 이행정지에 관한 내용을 옳지 않은 것은?

① 이행기 전 이행정지는 매도인과 매수인 모두 취할 수 있는 조치이다.
② 계약당사자 어느 일방의 의무불이행이 명확히 예견되는 경우에도 자신의 의무 이행을 정지할 수 없다.
③ 의무불이행 사유가 명확히 되기 전에 매도인이 물품을 발송한 경우 매수인이 물품을 취득할 수 있는 증권을 소지하고 있더라도 물품이 매수인에게 교부되는 것을 저지할 수 있다.
④ 이행을 정지한 당사자는 물품의 발송 전후에 관계없이 즉시 상대방에게 그 이행정지를 통지하여야 하며, 상대방이 이에 관하여 적절한 보상을 제공한 경우 이행을 계속하여야 한다.

77 비엔나 협약(CISG, Vienna Convention 1980)에 대한 특징으로 옳은 것을 모두 고르시오.

> A. CISG(Vienna Convention)는 국제물품매매거래에서의 계약문제를 주로 규정한다.
> B. 국제사법 규칙에 의하여 체약국법이 적용되는 경우 간접적용된다.
> C. CISG는 Incoterms 2020과 같이 국내거래에도 적용된다.
> D. CISG 규정과 당사자 합의가 충돌하는 경우 사적자치의 원칙에 따라 당사자 합의가 우선적으로 적용된다.
> E. 비엔나 협약은 물품으로 인하여 야기된 자연인의 사망 또는 신체적인 상해에 대한 매도인의 책임에 대해서는 적용하지 별도로 규정하고 있다.

① A, B, C
② B, D, E
③ A, B, D
④ A, D, E

78 무역계약의 품질조건에 관한 내용으로 옳지 않은 것은?

① 분쟁 발생 시 입증용으로 사용할 수 있도록 하는 것을 Filed Sample이라고 한다.
② GMQ는 공인검사기관 또는 공인표준기관의 판정에 의해서 정해진 보통품질을 표준품의 품질수준으로 결정하는 방법이다.
③ 거래목적물이 아직 생산되기 전에 미리 이루어지는 매매를 선물거래라고 하며 곡물류나 원유에 많이 이용된다.
④ SD는 Sea Damaged의 약어로 선적품질조건에 양륙품질조건이 혼합된 조건으로서 원칙적으로 선적품질조건이지만, 예외적으로 수분에 의한 손상, 운송 중 해수(Sea Water) 또는 응결(Condenstion) 등에 기인하는 품질 손해에 대하여는 매도인이 부담하는 조건부 선적품질조건이다.

79 수량조건 중 수량 표현에 대한 상세 내용으로 옳지 않은 것은?

① FEU는 Forty-Foot Equivalent Unit으로 40피트 컨테이너를 말한다.
② dozen(12개), small gross(12×10개), gross(12×12개), great gross(12×12×12개)
③ CBM(Cubic Meter)은 가로, 세로 및 높이가 각각 1m씩인 부피를 의미하며, 통상 운임 및 부대비용 산출 시 활용된다.
④ English ton은 미국계 중량톤으로 907kg을 말한다.

80 무역계약의 선적조건 중 선적일자 해석에 관한 내용으로 옳지 않은 것은?

① 선적 기간을 정하기 위하여 "before"와 "after"라는 단어는 당해 일자를 포함한다.

② 선적일을 결정하는 데 'to', 'until', 'till', 'from', 'between'이 사용되는 경우 해당 일자를 포함한다.

③ 선적일과 선적기간과 관련하여 'on or about' 표현은 양 일자를 포함하여 지정일 이전 5일에서 지정일 5일까지 발생하여야 한다는 내용으로 해석된다.

④ 'begin'은 1일부터 10일까지, 'middle'은 11일부터 20일까지, 'end'는 21일부터 말일까지이며, 당해일을 포함한다.

81 화인(Shipping Mark)에 대한 설명으로 옳지 않은 것은?

① Port Mark는 화물의 오송을 방지하기 위한 것이다.

② Main Mark은 다른 화물과의 식별을 용이하게 하기 위한 기호로써 수화인(Consignee)의 표시이다.

③ Port Mark가 누락된 화물이 다른 항구에 양륙한 때에 Hague Rule(1924) 등 국제운송 법규상으로도 운송인이 그로 인한 손해배상 등 일체의 책임을 지지 않게 되어 있다.

④ Care Mark는 주의표시이므로 반드시 문자로 표시되어야 한다.

82 중재에 대한 설명으로 잘못된 것은?

① Mediation은 조정인이 제시한 조정안을 쌍방이 수락함으로써 분쟁을 해결하는 방법이며, 당사자 중 일방이 조정인이 제시한 조정안을 거부할 수 있다.

② 단심제로 운영되는 중재판정은 법원의 확정판결과 동일한 효력을 가지며, 중재합의는 사전합의뿐만 아니라, 분쟁이 발생된 이후에 당사자들이 그 분쟁을 중재에 의하여 해결하기로 합의한 경우에는 사후합의도 가능하다.

③ 무역계약 당사자 간의 분쟁해결을 위한 중재합의는 반드시 문서로 하여야하며, 직소의 원칙에 의거하여 중재합의가 있는 경우에도 소송이 유리하다고 판단될 경우 곧바로 소송을 제기할 수 있다.

④ 당사자 계약서 작성 시에 미래의 분쟁발생에 대비하기 위해서는 중재조항과 재판관할조항 중 하나를 선택하여 명기하는 것이 필요하다.

83 대체적 분쟁해결제도 중 알선(Intercession)에 대한 설명 중 옳지 않은 것은?

① 알선이란 당사자의 일방 또는 쌍방의 의뢰에 따라 제3의 기관이 해결방안을 제시하거나 조언하는 것을 말한다.

② 알선은 공정한 제3자가 당사자의 일방 또는 쌍방의 의뢰에 의하여 분쟁사건에 개입하여 그 해결을 위해 조언하는 것을 말하며, 무역거래에서 알선기관은 각국의 상공회의소가 대표적이다.

③ 알선은 상대방의 수락 없이 일방이 실시할 수 없으며, 양 상대방의 수락이 필요하다.

④ 알선의 조언은 구속력이 없어 어느 일방 또는 쌍방이 불복할 수 있다.

84 다음 중 무역계약의 법원(Source of Law)에 대한 설명으로 잘못된 것은?

① 무역계약과 관련된 국제법은 비엔나 협약과 같은 상관습 법의 성격을 지닌 것과 Incoterms 와 같이 조약의 성격을 지닌 것으로 구분된다.

② 당사자 합의에 따라 일방 당사자가 속한 국가의 국내법도 준거법이 될 수 있다.

③ 국제매매거래에 수반된 매도인과 매수인의 의무를 정형화하여 무역거래에 쓰여지는 조건들을 정형거래조건이라고 한다.

④ 무역계약에서 당사자 간의 약정이 국제규칙보다 우선적으로 적용된다.

85 복합운송증권에 대한 설명으로 잘못된 것은?

① 명칭이 FIATA 복합운송 선하증권(FBL)이라고 표시되어 있음에도 불구하고 실제로 단일운송수단만 사용된 경우에도 FBL 표준이면 약관이 적용된다.

② 현재 우리나라를 비롯하여 세계적으로 통용되고 있는 선하증권 형식의 복합운송증권인 FIATA B/L이 보편적으로 사용되고 있다.

③ 복합운송증권은 운송인뿐만 아니라 운송주선인에 의해서도 발행이 가능하다.

④ 복합운송증권은 실제운송인에 의해서 발행되고 선하증권과 동일하게 화물이 본선에 선적되고 나서 발행된다.

86 다음 수출입 물류요금에 대한 설명 중에서 잘못된 것은?

① S/C(Service Contract Rates)는 선사가 계약기간 중 일정량의 화물을 선적할 것을 미리 약속한 화주에게 Tariff 상의 일반적인 운임에 비해 저렴한 수준으로 적용하는 우대운임이다.

② D/F는 서류발급비로서 수출 시는 B/L charge, 수입 시는 D/O charge라고도 부른다.

③ Detention charge는 화주가 허용된 Free Time 내에 컨테이너 터미널에 장치된 컨테이너를 반출해 가지 않을 경우에 선박회사에 지불하는 요금이다.

④ FAK rate는 화물의 종류나 내용에는 관계없이 화물의 중량이나 용적에 따라 전 품목에 동일한 운임률을 적용하는 것이다.

87 다음 중 부정기선의 운송계약과 용선방법에 대한 설명이 올바른 것을 모두 기재한 것은?

A. 항해용선계약은 선주와 용선자가 단일 항해운송을 약정하는 것으로 항로, 화물, 기일 등은 이들 당사자가 나의 약정에 의해 결정된다.

B. 정기용선계약은 일정기간 동안 선복의 전부 혹은 일부를 용선하는 계약을 의미한다.

C. 정기용선계약의 용선자는 다시 제3자에게 정기용선 또는 항해용선을 주어 운임의 차액을 얻으려는 상업목적으로 화주는 일정기간 연속해서 대량의 화물운송이 필요할 때 정기용선을 한다.

D. 나용선계약은 선박자체만을 임차하고 선원, 항세, 급유비, 수리비, 항해비용, 선체보험료 등 항해에 필요한 일체의 인적, 물적 요소를 용선자가 부담하는 임대차 계약이다.

① A, B

② A, D

③ B, C, D

④ A, B, C, D

88 다음은 보험의 목적이 전시화물인 적하보험증권상 보험조건란에 기록된 보험조건이다. 밑줄 친 문구에 대한 설명으로 올바른 것은?

Conditions

INSTITUTE CARGO CLAUSES(A)

ALL ITEMS PROFESSIONALLY SHIPPED AND PACKED

① 보험에 가입된 모든 화물은 전문적인 포장이 된 상태임을 피보험자가 고지하였다.

② 포장상태와 관련되어 발생된 손해에 대해서는 보험자는 면책임을 규정하는 면책조항이다.

③ 명시담보로서 피보험자 등이 반드시 지켜야 할 의무사항이다.

④ 위 사항이 위반되었을 경우 보험은 효력이 발생하지 않아 무효의 계약이 된다.

89 토마토(주)는 미국에서 사료용 옥수수 1,000M/Ton을 수입하던 중, 선박에 화재가 발생하였고 화재를 진압하고 나서 목적항인 부산항에 예정 스케줄대로 도착하여 화물을 검정한 결과 50M/Ton의 보리가 화재로 인하여 완전 멸실되었다. 다음 보험조건 중에서 이 손해에 대한 보상이 가능한 조건을 모두 기재한 것은?

A. ICC(All Risks)	B. ICC(A)
C. ICC(WAIOP)	D. ICC(WA 3%)
E. ICC(B)	F. ICC(C)
G. ICC(FPA)	

① A, B, C, D, E, F, G   ② A, B, D, E
③ A, B, C, E   ④ A, B, C, D, E

90 위부(Abandonment)에 관하여 옳은 것을 모두 고르시오.

A. 피보험자가 보험자에게 보험목적물에 대한 손해를 추정전손으로 하기 위하여 소유권과 제3자에 대한 구상권을 보험자에게 양도하는 것을 말한다.
B. 위부는 조건부나 기한부로 이루어져서는 안 되고 무조건적(Unconditional)이어야 한다.
C. 위부는 보험자의 명시적 또는 묵시적 행위뿐만 아니라 침묵도 승낙으로 볼 수 있다.
D. 위부는 추정전손의 성립요건을 만족시켜야 한다.
E. 위부의 통지는 서면으로만 해야 한다.

① A, B, E   ② A, B, D
③ A, C, D   ④ A, D, E

04 무역영어

91 다음은 CISG의 적용범위에 관한 내용으로 ( )에 들어갈 적당한 것은?

> (1) This Convention applies to contracts of sale of goods between parties whose places of business are in different States:
> (a) ( ); or
> (b) when the rules of private international law lead to the application of the law of a Contracting State.

① when either a State or the other State is Contracting State
② when a State is Contracting States
③ when neither a State nor the other State is Contracting State
④ when the States are Contracting States

92 다음은 Vienna Convention(1980) 제2조에 관한 내용으로 옳은 것은?

> This Convention does not apply to sales:
> ㄱ. of goods bought for personal, family or household use, unless the seller, at any time before or at the conclusion of the contract, neither knew nor ought to have known that the goods were bought for any such use;
> ㄴ. by auction;
> ㄷ. on execution or otherwise by authority of judgement;
> ㄹ. of stocks, shares, investment securities, non negotiable instruments or money;
> ㅁ. of ships, vessels, hovercraft or aircraft;
> ㅂ. of electronics.

① ㄴ, ㄷ, ㅂ
② ㄱ, ㄴ, ㅁ
③ ㄱ, ㄴ, ㅂ
④ ㄴ, ㄷ, ㄹ

93 다음은 UCP 600 제30조 '신용장 금액, 수량 그리고 단가의 허용치'에 대한 내용이다. ( )에 순서대로 들어갈 단어로 알맞은 것은?

> a. The words "about" or "( )" used in connection with the amount of the credit or the quantity or the unit price stated in the credit are to be construed as allowing a tolerance not to exceed ( ) more or ( ) less than the amount, the quantity or the unit price to which they refer.
> b. A tolerance not to exceed ( ) more or ( ) less than the quantity of the goods is allowed, provided the credit does not state the quantity in terms of a stipulated number of packing units or individual items and the total amount of the drawings does not exceed the amount of the credit.

① some ‑ 10% ‑ 5% ‑ 10% ‑ 5%
② almost ‑ 5% ‑ 5% ‑ 10% ‑ 10%
③ circa ‑ 10% ‑ 10% ‑ 10% ‑ 10%
④ approximately ‑ 10% ‑ 10% ‑ 5% ‑ 5%

94 화환신용장통일규칙(UCP 600)에 따른 상업송장에 대한 내용으로 틀린 것은?

① A commercial invoice need to be signed.
② A commercial invoice must appear to have been issued by the beneficiary.
③ A commercial invoice must be made out in the name of the applicant.
④ A commercial invoice must be made out in the same currency as the credit.

95 Incoterms 2010에서 2020으로 변경한 사항들 중에서 틀린 것은?

> Returning to the changes made by ICC to the Incoterms® 2010 rules in the Incoterms® 2020 rules, these are:

① Different levels of insurance cover in CIF and CIP
② Change in the three‑letter initials for DAP to DPU
③ Inclusion of security‑related requirements within carriage obligations and costs
④ Explanatory Notes for Users

96 Incoterms 2020에서 FOB에 관한 내용으로 틀린 것은?

① The risk of loss of or damage to the goods transfers when the goods are on board the vessel, and the buyer bears all costs from that moment onwards.

② The seller must deliver the goods either by placing them on board the vessel nominated by the buyer at the loading point, if any, indicated by the buyer at the named port of shipment or by procuring the goods so delivered.

③ The seller must contract or procure a contract for the carriage of the goods from the agreed point of delivery, if any, at the place of delivery to the named place of destination or, if agreed, any point at that place.

④ The seller bears all risks of loss of or damage to the goods until they have been delivered in accordance with A2.

※ 다음 서신에 대한 물음에 답하시오(97~98번).

Gentlemen :

We have received your letter (a) June 20 and are grateful (b) your supply of samples which are quite up to our expectation, while your terms and conditions are agreeable to us.

We have investigated with interest your quotations and your minimum quantity acceptable. (c) your samples have impressed us very favorably we regret the business cannot be completed (d) your present prices, as they are very high compared with those from your competitors.

As we intimated to you in our last letter, our requirements for this line are fairly large, but the competition in this line is very keen.

Under such circumstances, we have to ask for your most competitive prices on the particular item, your sample No. 10 which is in good demands. We trust you will make every effort to revise your prices.

---

97 위 서신의 내용으로 올바르게 표현한 것은?

① Firm Offer

② Counter Offer

③ Offer Subject to Prior Sale

④ Offer Subject to Market Fluctuation

98 서신의 ( ) 안의 a, b, c, d 순서대로 들어갈 단어로 적당한 것은?

① for - to - Even though - at   ② of - at - Because - with

③ of - for - Although - at   ④ for - with - Though - on

99 다음 일반거래조건각서(Memorandum or Agreement on the General Terms and conditions of Business)에 포함된 내용으로 오류가 있거나 타당성이 결여된 것은?

① Quality : The quality of goods to be shipped should be fully equal to the sample on which an order is given.

② Offers : All offers are to be considered "firm" subject to reply being received within four days from, and including the day of despatch.

③ Shipment : The date of B/L shall be taken as conclusive proof of the day of shipment.

④ Insurance : The shipments are to be covered on W.A., including risks of Theft, Pilferage and Non–Delivery, for a sum equal to the amount of invoice plus 10%.

100 다음 내용에 해당하는 무역계약조항을 고르시오.

> If any or more of the provisions contained in this Agreement shall be declared unlawful, the validity, legality and enforceability of the remaining provisions contained herein shall not in any way be effected.

① Entire Agreement Clause   ② Confidentiality Clause

③ Liquidated damages Clause   ④ Severability Clause

101 다음 환어음의 대한 설명으로 틀린 것은?

BILL OF EXCHANGE

No. EF−42495   JAPAN APRIL 27, 2006
FOR CAN$ 10,275.00

At 60 days after sight on the FIRST bill of exchange (Second of the same tenor and date being unpaid) pay to Japan International Bank or order the sum of CANADA DOLLAR TEN THOUSAND TWO HUNDRED AND SEVENTY−FIVE ONLY.

Value received and charge the same to account of VP INTERCANADA, LTD.
Drawn under Bank of Canada. L/C No. 123 dated March 18, 2006

To : Bank of Canada   HPK Trading Co. Ltd.
       Toronto Canada   Hiroshima Honda
                              Hiroshima Honda, President

① The drawer of this Bill of Exchange is HPK Trading Co. Ltd.
② The issuing bank under this Bill of Exchange is Bank of Canada.
③ The drawee of this Bill of Exchange is VP INTERCANADA, LTD.
④ This Bill of Exchange is negotiable by endorsement.

102 다음 내용에 알맞은 신용장을 고르시오.

A credit intended to assist the exporter in the production or procurement of the goods contracted. The credit is payable at a time prior to the shipment of the goods and against a document other than a transport document.

① Revolving L/C   ② Back to back L/C
③ Usance L/C   ④ Red Clause Credit

103 신용장 거래에서 shipping document로 볼 수 없는 서류는 무엇인가?

① Certificate of Origin   ② Bill of Exchange
③ Commercial Invoice   ④ Marine Bill of Lading

104 다음 대금결제방법 중 환어음 발행이 필요하지 않은 것은?

① Document against Payment
② Document against Acceptance
③ Cash Against Document
④ Documentary Credit

105 영국해상보험법(MIA, 1906)의 보험증권에 관한 내용이다. (   ) 안에 들어갈 단어로 알맞은 것은?

> (   ) is a policy which does not specify the value of the subject - matter insured, but, subject to the limit of the sum insured, leaves the insurable value to be subsequently ascretained, in the manner herein—before specified.

① A floating policy
② A valued policy
③ An unvalued policy
④ A voyage policy

106 다음은 거래문의서에 대한 답신의 일부이다. (   ) 안에 들어갈 단어로 적절한 것은?

> If you place an order for 1,000 sets, we can offer you 10% of (   ) discount (   ) net prices. As to our terms of payment, we always deal on payment by sight draft, cash (   ) documents. However, we would be prepared to review this condition next time once, we have established a firm trading association with you.

① quantity - off - against
② quality - from - against
③ quantity - off - on
④ quality - from - on

107 다음 서신의 답신으로 적당하지 않은 것은?

Subject: Order No. 12342 for sports merchandise

Dear Sir / Madam,

I am writing in relation to our recent order No. 12342, for sports merchandise.

The order arrived at our warehouse yesterday. However, we could not find a packing list when we checked the boxes. There was just a delivery note taped to the outside of the boxes.

Also, the boxes were in poor condition and the attached notes appear to have been just printed off from our original order and were completely inaccurate. We are currently working through the goods that arrived to see exactly what is missing.

I would also like to raise an issue with the boxes. Rather than sending our order in three (3) very large boxes, we would be grateful if in the future you could send them in a number of smaller boxes.

Please contact me about this at your earliest convenience.

Sincerely,

---

① Please check the contents of the boxes against the packing list that we have just sent separately.

② We have already checked each box and compared the delivery note with your original order for you.

③ With regards to the packing list, if you could not find one with the goods, we must accept responsibility for that. Therefore, I have attached a copy for your convenience.

④ We are very sorry to hear about the problems you had with the boxes and in particular with the packing list. In the future, we will split your order into a number of smaller boxes to make our goods easier to handle.

108 다음 비즈니스 서신의 목적을 가장 잘 설명한 것은?

> In the next few months, we are expecting to significantly expand our services and increase the volume of materials we will need from you per month. Therefore, we would appreciate a discount based on the new volume of our orders. We are very happy doing business with you and hope that you understand our situation. We look forward to receiving your price lists for the increased volume.

① Letter thanking for the discounted price
② Letter accepting the increased volume of order
③ Letter informing of expanding business services and volume
④ Letter asking for a discounted price for the next order

109 다음 문장을 읽고, (   ) 안에 들어갈 가장 적절한 단어는?

> Today we have learned that the amount (USD13,500) of money which we remitted to your bank account yesterday was wrong. It should be USD13,200.
>
> When you shipped our order two months ago, your original invoice amount was wrong. On September 20, 2015, you and I agreed that the invoice amount should be USD13,200, as per price adjustment, and you sent the revised invoice (No: TG55) to me for our remittance.
>
> But our Foreign Exchange Section remitted the wrong amount, using your original invoice. We want you to (   ) the balance (USD300) by our next remittance.

① open   ② offset
③ pay   ④ charge

110 다음 서신의 내용으로 올바르지 않은 것은?

> I am writing concerning our invoice No. H1983 for USD1,950.00 which is enclosed. It appears that this invoice has not yet been settled. I see from our records that since we began trading you have cleared your accounts regularly on the due dates. That is why I wondered if there is any problem that I can help you out. Please let me know if I can be of assistance.

① There has been repeated request for payment of the invoice No. H1983.

② The invoice (No. H1983) has been sent together with this letter.

③ There was no problem with payment before.

④ The purpose of this letter is to request payment.

111 다음 (   ) 안에 들어갈 단어로 옳은 것은?

> Due to the unexpected strike of stevedores at Pusan, no export cargoes can be cleared (   ), and so your order (   ) L/C NO. 312−58 will be delayed (   ) the period of the strike.

① out - under - during

② for - under - out

③ out - of - under

④ off - on - during

112 다음 Purchase Note의 내용에 대한 설명 중 틀린 것은?

> This is to confirm the purchase of the follwing goods on the terms and conditions stated below :
> • Article : Lysine Amino Acid
> • Price : US$ 3.00/kg, CIF Hamburg
> • Quantity : 10 M/T
> • Packing : In Paper Bag with PE Lining of 50 kgs
> • Shipment : During June, 2007, latest by 5 July
> • Insurance : To be covered on I.C.C. (B) including War Risks for 10% over the invoice amount
> • Payment : Draft at 30 d/s under an Irrevocable Credit
> Unless otherwise specified, this contract is subject to General Agreement previously exchanged.

① 종이 백에 포장하고 50kg씩을 묶어 PE 포장

② 취소불능신용장 하에서 30일짜리 기한부 어음 결제

③ 송장가액의 10% 이상 금액에 대하여 전쟁위험을 포함하여 ICC(B) 조건으로 부보

④ 기타 조건들은 일반거래조건협정서에 따름

113 다음 계약서에서 계약조건의 예로 적절하지 않은 것은?

SALES CONTRACT

Date : February 11, 2021

Dear sirs,

This is to confirm sales to your company of the under mentioned commodity in accordance with the following terms and conditions ;

• Commodity : (　　A　　)

• Quantity : 1,000sets

• Unit Price : (　　B　　)

• Amount : U.S. $ 100,000.00 CIF Vancouver

• Shipment from : Pusan, Korea

• Destination : Vancouver, Canada

• Latest Date of Shipment : (　　C　　)

• Terms of Payment : (　　D　　)

• Remarks : 1) Partial shipment not allowed

　　　　　　 2) The detailed bank account of ABC will be informed to STU by fax later.

① A : Car Stereo Speaker

② B : U.S. $100.00

③ C : A. S. A. P.

④ D : T/T remittance to ABC's designed to bank account

114 다음 (　　　) 안에 들어갈 단어로 적절한 것은?

Where particular terms and conditions contain contradictory clauses to this agreement, clauses printed in handwriting shall (　　　).

① control

② prevent

③ prevail

④ effect

115 다음 내용을 순서대로 나열한 것은?

> ㉠ We prefer to open an L/C when we start business with a new business partner. Once both of us can trust each other after doing business for months, we want to change our L/C transactions to T/T remittance.
>
> ㉡ Please send a copy of your L/C application to us before you submit it to your issuing bank so that you and we can cross－check whether or not there is any mistake in the application.
>
> ㉢ We need your offer sheet so that we can open an L/C in your favor.
>
> ㉣ Enclosed herewith, please find our best offer whose validity is until the end of this month.

① ㉠ - ㉡ - ㉢ - ㉣   ② ㉢ - ㉡ - ㉠ - ㉣
③ ㉣ - ㉢ - ㉠ - ㉡   ④ ㉠ - ㉢ - ㉣ - ㉡

116 다음 (   ) 안에 들어갈 서류의 이름으로 알맞은 것은?

> In order to obtain the clean bill of lading, the shipper signs a (   ) to the carrier on the basis of which may be obtained the clean bill of lading, although the dock or mate's receipt showed that the shipment was damaged or in bad condition.

① Trust Receipt   ② letter of credit
③ letter of guarantee   ④ letter of indemnity

117 다음 중 환어음(Bill of Exchange)에 나타나는 문구로서 적절하지 않은 것은?

① Notify Party
② At sight
③ Pay to the order of ABC Bank
④ charge the same to account of

118 클레임과 관련하여 다음 빈칸에 적절하지 않은 단어는?

Claims, if any, shall be (   ) by cable within fourteen days after arrival of goods at destination, certificates by recognized surveyors shall be sent by registered airmail with out delay.

① filed   ② lodged
③ taken   ④ made

119 다음 (   ) 안에 들어갈 단어로 적합한 것은?

Our revised price (   ) covers the cost of production and then we shall not be able to make any (   ) shading of price in spite of our eagerness to materialize an initial business.

① hard – further   ② scarcely – farther
③ barely – further   ④ still – farther

120 다음 무역서한을 순서대로 나열한 것은?

㉠ We trust, therefore, you will make every effort to revise your prices. Thank you very much for your effort.

㉡ Your present prices actually are not competitive in this market. Therefore, we are unable to place an order with you at this time, even though we are favorably impressed with your samples.

㉢ We have received your fax of March 31, 2010. Thank you for the supply of samples No. 5423/1 which are according to our expectation.

㉣ Under such circumstances, we have to ask for your most competitive prcies on the particular items, your samples No. 624533/2 which are in high demand.

① ㉡ - ㉠ - ㉢ - ㉣   ② ㉡ - ㉣ - ㉢ - ㉠
③ ㉢ - ㉡ - ㉣ - ㉠   ④ ㉢ - ㉣ - ㉠ - ㉡

01	02	03	04	05	06	07	08	09	10
①	④	③	②	②	④	④	③	①	③
11	12	13	14	15	16	17	18	19	20
③	③	④	②	②	②	③	①	④	③
21	22	23	24	25	26	27	28	29	30
①	③	①	③	①	④	①	④	④	④
31	32	33	34	35	36	37	38	39	40
②	③	①	②	③	①	②	②	①	④
41	42	43	44	45	46	47	48	49	50
④	③	②	④	④	③	①	②	③	①
51	52	53	54	55	56	57	58	59	60
③	③	①	③	②	②	①	④	④	③
61	62	63	64	65	66	67	68	69	70
①	④	①	②	①	③	④	②	④	②
71	72	73	74	75	76	77	78	79	80
④	①	②	②	①	③	④	④	④	①
81	82	83	84	85	86	87	88	89	90
②	③	③	①	②	①	③	①	①	④
91	92	93	94	95	96	97	98	99	100
④	②	④	①	③	②	①	②	②	①
101	102	103	104	105	106	107	108	109	110
③	②	③	④	①	③	③	②	①	②
111	112	113	114	115	116	117	118	119	120
①	②	④	①	③	③	②	④	③	④

01 산업통상자원부장관은 무역과 통상을 진흥하기 위하여 매년 다음 연도의 통상진흥 시책을 **세워야 한다** (can이 아닌 must이다).

02 무역업고유번호를 부여받은 자가 합병, 상속, 영업의 양수도 등 지위의 변동이 발생하여 기존의 무역업고 유번호를 유지 또는 수출입실적 등의 **승계를 받으려는 경우에는** 변동사항에 대한 증빙서류를 갖추어 무역 업고유번호의 승계 등을 **한국무역협회장에게 신청할 수 있다.**

03 E. 실질적 변형을 일으키는 제조공정에 투입되는 부품 및 원재료를 수입 후 **실수요자에게 직접 공급하는** 경우 원산지를 표시하지 않고 해당 물품의 최소포장, 용기 등에 수입 물품의 원산지를 표시할 수 있다. (규정 제75조)

04 전략물자에 해당되는 기술의 이전 방식에는 전화, 팩스, 이메일 등 정보통신망을 통한 이전과 기록매체나 컴퓨터 등 정보처리장치를 통한 이전 등이 있으며 지시, 교육, 훈련, 실연 등 구두나 행위를 통한 이전도 **포함**된다(영 제32조의3).

05 무상으로 수출·수입하여 무상으로 수입·수출하거나, 무상으로 수입·수출할 목적으로 수출·수입하는 것으로서 사업 목적을 달성하기 위하여 부득이하다고 인정되는 물품은 수출입승인을 면제할 수 있다(영 제19조).

06 대외무역법의 벌칙은 위반행위자의 소속법인까지 처벌하는 양벌규정은 **적용된다.**

07 수출·수입실적의 확인 및 증명 발급기관으로 지정받으려는 자는 동 증명서 발급에 필요한 인력 및 시설 등을 갖추고 있음을 입증할 수 있는 서류를 첨부하여 **산업통상자원부장관**에게 신청하여야 한다(규정 제28조).

08 ① 원산지표시대상물품이 대형 포장 형태로 수입된 후에 최종구매자가 구매하기 이전에 국내에서 소매단위로 재포장되어 판매되는 물품인 경우에는 재포장 판매업자(수입자가 판매업자인 경우를 포함한다)는 재포장 용기에 수입 물품의 원산지가 분명하게 나타나도록 원산지를 표시하여야 한다. 재포장되지 않고 낱개 또는 산물로 판매되는 경우에도 물품 또는 판매용기·판매장소에 스티커 부착, 푯말부착 등의 방법으로 수입품의 원산지를 표시하여야 한다.
② 중국산임을 표시해야 한다.
④ 원산지표시는 식별하기 쉬운 위치에 표시해야 한다.

09 '컴퓨터시스템 설계 및 자문업' 또한 용역의 일종이다(영 제3조).

10 해외에서 위탁가공하기 위해 국내에서 물품을 조달하여 무환으로 외국에 수출한 경우에도 구매확인서 발급대상이 된다.

11 수입을 위탁받아 수입업체가 대행수입한 물품인 경우에는 그 물품의 수입을 위탁한 자가 납세의무자가 된다(법 제19조 제1항).

12 ① A가 구입한 쌍안경의 HS는 **제9005호**에 해당한다(2단위 "류", 4단위 "호", 6단위 "소호").
② 법적인 목적상 품목분류는 호의 용어 및 주에 따라 분류함이 원칙이다. 이 물품의 **소호**는 9005.10이다.
④ A가 구입한 쌍안경에 대한 국제협약상 유효한 분류범위는 **9005.10**까지이다(국제협약상 유효한 분류범위는 6단위 소호까지이다).

13 천재지변 등으로 인한 기한 연장(법 제10조) 또는 분할납부(법 제107조)는 **1년**의 범위 내에서 관세 납부기한을 연장하거나 분할납부를 허용할 수 있다.

14 무상으로 수입하더라도 관세를 부과한다(수출업자와 수입업자 사이의 결재방식이 무상인 것이지, 수입물품 자체의 '가치'가 무상(0원)은 아니기 때문이다. 관세평가는 해당 물품의 '가치'를 구해가는 과정임).

15 과세전적부심사 또는 이의신청은 납세의무자 등이 임의적으로 선택할 수 있는 제도이므로, 과세전적부심사를 거치지 아니하더라도 심판청구를 제기하는 데에는 문제가 없다.

16 **세액결정에 영향을 미치기 위하여** 과세가격 또는 관세율 등을 거짓으로 신고하거나 신고하지 아니하고 수입한 자는 관세포탈죄로 처벌받는다(법 제270조).

17 물품의 처분 또는 사용에 제한이 있다고 할지라도 거래가격에 실질적으로 영향을 미치지 아니하다고 인정하는 제한인 경우 제1방법이 적용 가능하다.

> 영 제21조(처분 또는 사용에 대한 제한의 범위)
> 법 제30조제3항제1호의 규정에 의한 물품의 처분 또는 사용에 제한이 있는 경우에는 다음 각호의 경우가 포함되는 것으로 한다.
> 1. 전시용·자선용·교육용 등 당해 물품을 특정용도로 사용하도록 하는 제한
> 2. 당해 물품을 특정인에게만 판매 또는 임대하도록 하는 제한
> 3. 기타 당해 물품의 가격에 실질적으로 영향을 미치는 제한
>
> 영 제22조(거래가격에 영향을 미치지 아니하는 제한 등)
> ① 법 제30조제3항제1호 단서에서 "거래가격에 실질적으로 영향을 미치지 아니한다고 인정하는 제한이 있는 경우 등 대통령령으로 정하는 경우"란 다음 각 호의 어느 하나에 해당하는 제한이 있는 경우를 말한다.
> 　1. 우리나라의 법령이나 법령에 의한 처분에 의하여 부과되거나 요구되는 제한
> 　2. **수입물품이 판매될 수 있는 지역의 제한**
> 　3. 그 밖에 해당 수입물품의 특성, 해당 산업부문의 관행 등을 고려하여 통상적으로 허용되는 제한으로서 수입가격에 실질적으로 영향을 미치지 않는다고 세관장이 인정하는 제한

18 100분의 40의 범위의 율을 기본세율에서 빼고 관세를 부과할 수 있다. 이 경우 필요하다고 인정될 때에는 그 수량을 제한할 수 **있다**(법 제71조 제1항).

19 ② 최초 캐나다로 수출 시 수출용원재료에 대한 관세환급을 받은 경우 재수입할 때 관세를 감면받을 수 **없다.**
③ 재수입면세의 적용요건의 경우 '정상품으로 다시 수출하는 조건'은 없다.
④ 감면신청서를 제출하지 못한 경우라도 예외적으로 수입신고가 수리된 해당 물품이 보세구역에 장치되어 있다면 **수입신고수리일**로부터 15일 이내에 감면신청서를 제출하여 감면을 받을 수 있다.

> 법 제99조(재수입면세)
> 다음 각 호의 어느 하나에 해당하는 물품이 수입될 때에는 그 관세를 면제할 수 있다.
> 1. 우리나라에서 수출(보세가공수출을 포함한다)된 물품으로서 해외에서 제조·가공·수리 또는 사용(장기간에 걸쳐 사용할 수 있는 물품으로서 임대차계약 또는 도급계약 등에 따라 해외에서 일시적으로 사용하기 위하여 수출된 물품이나 박람회, 전시회, 품평회, 국제경기대회, 그 밖에 이에 준하는 행사에 출품 또는 사용된 물품 등 기획재정부령으로 정하는 물품의 경우는 제외한다)되지 아니하고 수출신고 수리일부터 **2년** 내에 다시 수입되는 물품. 다만, 다음 각 목의 어느 하나에 해당하는 경우에는 관세를 면제하지 아니한다.
> 　가. 해당 물품 또는 원자재에 대하여 관세를 감면받은 경우
> 　나. 이 법 또는 「수출용원재료에 대한 관세 등 환급에 관한 특례법」에 따른 환급을 받은 경우

> 다. 이 법 또는 「수출용 원재료에 대한 관세 등 환급에 관한 특례법」에 따른 환급을 받을 수 있는 자 외의 자가 해당 물품을 재수입하는 경우. 다만, 재수입하는 물품에 대하여 환급을 받을 수 있는 자가 환급받을 권리를 포기하였음을 증명하는 서류를 재수입하는 자가 세관장에게 제출하는 경우는 제외한다.

20 ① HS 구성 요소 중 품목분류 시 법적인 효력을 가지는 것은 **통칙, 주와 호의 용어**이다.

② 우리나라의 경우 HSK(HS of Korea) 10단위 체계를 사용하고 있는데, **6단위**까지는 세계 공통으로 사용하고 있다.

④ 호란 류를 품목에 따라 세분한 것으로 HS 코드 앞 부분 **4자리**를 말한다.

21 관세는 과세가격(과세표준)과 관세율의 곱으로 이루어진다.

1. 과세가격 = 10,000,000원

2. 관세율 = 15%(1순위인 덤핑방지관세율 추가하여 부과) + 2%(2순위인 FTA 협정관세율) = 총 17%

3. 10,000,000 × 17% = 1,700,000원

22 A. 저작권법에 따른 저작권, 식물신품종 보호법에 따라 설정등록된 품종보호권을 침해한 물품의 수출입 모두 불가하다(법 제235조).

C. 신고는 화주 또는 관세사등의 명의로 하여야 한다. 다만, 수출신고의 경우에는 화주에게 해당 수출물품을 제조하여 공급한 자의 명의로 할 수 있다(법 제242조).

23 수입물품에 대하여 세관장이 부과·징수하는 **부가가치세, 지방소비세, 담배소비세, 지방교육세, 개별소비세, 주세, 교육세, 교통·에너지·환경세 및 농어촌특별세**("내국세등", 내국세등의 가산세 및 강제징수비를 포함한다)의 부과·징수·환급 등에 관하여 「국세기본법」, 「국세징수법」, 「부가가치세법」, 「지방세법」, 「개별소비세법」, 「주세법」, 「교육세법」, 「교통·에너지·환경세법」 및 「농어촌특별세법」의 규정과 이 법의 규정이 상충되는 경우에는 이 법의 규정을 우선하여 적용한다(법 제4조).

24 커스브로는 생산시설을 보유한 중소기업 한국공업에 수출제품 금속절단기의 생산을 의뢰하고 있으므로, 굳이 커스브로가 생산시설을 보유하지 않더라도 관세환급을 받을 수 있다.

25 수출신고를 수리한 날이 속하는 **달의 말일**부터 소급하여 2년 이내에 수입된 해당 물품의 수출용원재료에 대한 관세등을 환급한다. 따라서 2019년 5월 31일을 기준으로 소급하여 2년 이내에 수입신고수리가 된 원재료에 대해서 환급할 수 있다. 즉, 2017년 5월 10일에 수입신고수리된 수입신고필증에 대해서는 환급에 사용할 수 없다.

26 간이정액환급률표는 기획재정부령이 정하는 자가 생산하는 수출물품에만 적용한다. 이 경우 수출자와 수출물품의 생산자가 다른 경우에는 수출물품의 **생산자(제조자)**가 직접 관세등의 환급을 신청하는 경우에 한한다.

27 ② 해당 원산지결정기준에 부가가치기준은 없다. 또한 부가가치기준이 세번변경기준보다 상위개념도 아니다.

③ 한-미 FTA 특혜관세를 적용하기 위해서는 미국산 물품을 미국에서부터 수입해야 하는 것이 원칙이다.

④ 세번변경기준을 만족하면서 원재료 중 **땅콩은 반드시 미국산**이어야 한다.

28 가공공정기준은 해당 물품의 생산, 가공 또는 제조의 **주요 공정**을 수행한 국가를 원산지로 하는 것이다. 해당 물품의 전부를 생산·가공 또는 제조한 국가를 원산지로 인정하는 기준은 완전생산기준이다.

29 **수입신고 수리 전까지** 협정관세의 적용신청을 하지 못한 수입자는 해당물품의 **수입신고 수리일**로부터 **1년** 이내에 대통령령으로 정하는 바에 따라 협정 관세의 적용을 신청할 수 있다(본 사례에서 2021년의 경우 1년을 초과하였으므로 FTA 사후적용 불가).

30 BD 40%는 **공제법** 방식으로 40% 이상의 역내 부가가치가 발생한 것을 한국산으로 인정한다는 기준이다.

31 선수금방식에서 수입자가 사전송금에 따른 위험을 관리하기 위하여 수출자에게 신용 있는 은행이 발행한 A/P Bond를 요구한다.

32 수입자가 물품확인을 원한다면 계약물품을 수입자가 검사한 후 현물과 대금을 교환하는 방식인 현물상환 방식(COD, Cash On Delivery)을 선호할 것이다.

33 은행은 서류를 더 이상 심사하지 않고 추심지시서에 기재된 서류의 종류 및 통 수가 맞는지의 여부만을 확인하고 접수된 대로 제시한다.

34 추심결제방식과 신용장 방식과의 비교 내용으로 모두 옳은 내용이다.

35 수입보험의 경우 중계무역은 제외한다.

36 O/A는 일반적으로 Buyer's market의 상황에서 활용된다.

37 Sight L/C는 거래 대상이 아니다.

38 C. 신용장에서 제시 언어에 대해 침묵한 경우 서류는 어느 언어로 사용해도 상관없다.

39 통지은행이 신용장에 명기된 수수료 부담자로부터 통지 수수료의 징수가 불가능하게 된 경우, 통지를 지시한 개설은행이 부담해야 한다.

40 매입(Negotiation)은 결제(Honour)라고 볼 수 없다.

41 C. 서류의 발행자를 표현하기 위하여 사용되는 "first class(일류)", "well known(저명한)", "qualified(자격 있는)", "independent(독립적인)", "official(공적인)", "competent(능력 있는)" 또는 "local(현지의)"라는 용어들은 수익자를 제외하고, 해당 서류를 발행하는 모든 서류 발행자가 사용할 수 있다.
F. 만기를 정하기 위하여 "from"과 "after"라는 단어가 사용된 경우에는 명시된 일자를 제외한다.

42 Fraud Rule 신용장 거래 시 사기의 명백한 증거가 있는 경우 제시 서류가 신용장의 조건에 일치하더라도 은행은 대금 지급을 거절할 수 있는 원칙을 말한다.

43 거절통지는 전신(telecommunication)으로, 또는 그것의 이용이 불가능하다면 다른 신속한 수단으로, 제시일의 다음날로부터 기산하여 5영업일의 종료 시보다 늦지 않게 이루어져야 한다.

44 권리포기 교섭이 이루어진다고 해도 서류 심사기간에 규정된 기간은 연장되지 않는다.

45 A, B, C, D 모두 수익자증명서에 대한 내용이다.

46 상업송장은 신용장과 같은 통화로 발행되어야 한다.

47 D. 최종 선적일(Latest Shipping Date, S/D)은 유효기일 또는 최종 제시일이 최초의 다음 은행영업일까지 연장되었다 하더라도 연장되지 않는다.

48 B. 확인은행은 조건변경에 확인을 확장하여 그 변경을 통지한 시점부터 취소 불능의무를 부담한다.
E. 승낙 또는 거절의 통고 없이 신용장과 변경된 조건에 일치하는 서류를 수익자가 제시하면 이는 수익자의 조건 변경에 대한 수락으로 간주된다.

49 제시가 2조 이상의 운송서류를 구성하는 경우 이들 운송서류상의 가장 늦은 선적일을 선적일로 간주한다.

50 무고장(Clean)이라는 단어는 운송서류상에 작성될 필요가 없다.

51 A. 개설은행도 양도은행이 될 수 있다.
B. 양도가능신용장은 "Transferable"이라는 문구가 있어야 한다. 만약 유사한 표현이 기재된 신용장을 수취한 경우에 반드시 개설은행에 그 의도를 확인하고 양도가능을 의도하는 것이라면 "Transferable"이라는 표현으로 변경하도록 지시하여야 양도가 가능하게 된다.
E. 달리 합의된 경우를 제외하고, 양도 시 양도와 관련하여 발생한 모든 수수료(요금, 보수, 경비 또는 비용 등)는 제1수익자가 지급해야 한다.

52 CIF 또는 CIP 가액을 서류로부터 결정할 수 없는 경우, 부보금액의 범위는 지급이행(Honor) 또는 매입금액 또는 송장에 나타난 물품에 대한 총 가액 중 더 큰 금액을 기준으로 산출되어야 한다.

53 ①은 환율이 상승하는 경우, ②, ③, ④는 환율이 하락하는 경우의 예시다.

54 선물환율 = 현물환율 + [현물환율 × (상대통화금리(%) − 기준통화금리(%) × 개월 수/12]
따라서 1,200 + [1,200 × (2.5 − 1.5)% × 3/12] = 1,203.00원이 된다.

55 Bid(매입률) > Offer(매도율)의 차이가 가장 큰 AUD의 통화가 금리가 가장 높을 것으로 추정된다.

1	기준통화의 금리가 낮음	Bid(매입률) < Offer(매도율)	선물환 프리미엄	선물환율 > 현물환율
2	기준통화의 금리가 높음	Bid(매입률) > Offer(매도율)	선물환 디스카운트	선물환율 < 현물환율

56 수취하는 수출대금인 달러는 롱포지션이며, 원자재비로 지급하는 엔화는 숏포지션이다. 숏포지션의 경우는 환율이 상승하면 환차손, 환율이 하락하면 환차익이 나타난다. 따라서 엔 포지션에서는 환차익이 발생한다.

57 스왑레이트를 통한 선물환율 계산은 다음에 따른다.
Bid 값이 Offer 값보다 큰 경우 현물환율에 스왑레이트를 차감하여 선물환율을 계산
즉, Bid (매입률) > Offer (매도율)인 경우, '선물환율 = 현물환율 − 스왑레이트'로 계산한다.
따라서 '매입률 = 120.10 − 0.02 = 120.08'이 된다.

58 환율상승 위험에 대한 헤징 목적의 경우 콜옵션을 매입하고 풋옵션을 매도한다. 따라서 콜옵션을 매입하는 경우 매입자는 옵션 프리미엄을 지급하고 해당 권리를 가진다.

59 콜옵션의 경우 기초자산의 가격이 행사가격보다 높은 경우에 내재가치를 가진다.

60 USD의 예금과 외상 매출금은 외화자산이며, JPY의 외상매입금과 차입금은 외화부채이다.
USD의 경우는 롱포지션으로 환율이 상승하면 환차익이 나타나고, JPY의 경우는 숏포지션으로 환율이 하락하면 환차익이 나타난다. USD의 경우는 환율이 100만큼 상승하여 환차익이 30,000,000원(300,000×100)이다.
JPY/KRW의 경우는 환율이 11에서 10으로 하락하였기에 34,000,000원의 환차익이 계산된다. 따라서 총 6,400만원의 이익이 나타난다.

61 Incoterms에서는 대금지급 시기 및 소유권의 이전시기에 관하여 규정하고 있지 않다.

62 Incoterms 2020 특징으로 모두 옳은 내용이다.

63 Incoterms가 다루지 않는 사항
㉠ 매매계약의 존부, ㉡ 매매물품의 성상, ㉢ 대금지급의 시기, 장소, 방법 또는 통화, ㉣ 매매계약 위반에 대하여 구할 수 있는 구제수단, ㉤ 계약상 의무이행의 지체 및 그 밖의 위반의 효과, ㉥ 제재의 효력, ㉦ 관세 부과, ㉧ 수출 또는 수입의 금지, ㉨ 불가항력 또는 이행가혹, ㉩ 지식재산권, ㉪ 의부위반의 경우 분쟁해결의 방법, 장소 또는 준거법, ㉫ 매매물품의 소유권 및 물권의 이전

64 일반적으로 F조건 뒤에는 선적항이 표시되고, C조건 뒤에는 도착항이 표시된다.

65 ①은 무역계약의 낙성계약의 성격을 말하고 있다.

66 해당 내용은 청약에 조건을 추가, 제한 또는 변경을 한 승낙으로써 청약의 거절이자 반대청약이다.

67 청약은 매도인만이 할 수 있는 것은 아니며 매수인도 할 수 있다.

68 청약이 대상을 특정한 경우 승낙은 그 특정인에 의해 이루어져야 한다.

69 승낙의 과정을 생략하고 물품인도나 대금지급 등의 계약 내용을 이행하는 것은 "Performing An Act"라고 하며, 이 경우 승낙이 없었다고 하더라도 승낙으로 간주하여 계약을 성립시킨다.

70 해당 내용은 제조물배상책임조항(Product Liability Clause)을 말한다.

71 해당 내용은 완전합의조항(Entire Agreement Clause)에 대한 설명이다.

72 무역계약서에 약정된 조항으로 A~D 모두 옳다.

73 Frustration이 성립되는 경우 장래의 계약이행을 소멸시키는 계약 해지의 효과를 가진다.

74 D. 계약의 민사적·상사적 성격은 이 협약의 적용 여부를 결정하는 데에 고려되지 아니한다.

75 물품을 제조 생산하여 공급하는 계약인 OEM 계약에는 CISG가 적용 가능하다.

76 C. 계약해제의 선언은 그것이 상대방에게 통지되었을 경우에만 효력이 있다고 규정하고 있다(CISG 26조).

77 대체품 인도청구권과 대금감액 청구권은 매수인의 구제조치이다.

78 B. CBM(Cubic Meter)은 가로, 세로 및 높이가 각각 1m씩인 부피를 의미한다.
F. Gross는 12 dozen으로 '(12 × 12PCs)'이다.

79 불가항력에 의한 선적지연의 경우 수출자는 면책되며, 이 경우 선적기간은 일정기간 동안 자동으로 연장된다.

80 FAQ, GMQ, USQ 등의 조건은 주로 비공산품 거래에서 활용되는 조건이다.

81 해당 설명은 내장에 대한 설명이며, 외장이란 운송 중 파손을 방지하기 위하여 상자 등에 넣어 포장하는 것을 말한다.

82 조정(Mediation, Conciliation)은 중재절차의 개시 **전**에 진행될 수 있는 분쟁해결방법이다.

83 중재합의가 있는 경우 바로 법원에 소송을 제기하는 것은 불가하다.

84 C. 중재판정은 뉴욕협약의 체약국에게 국제적 효력을 가진다.
E. 법률에 의하지 않으므로 결과 예측이 어렵다.

85 항공화물운송장은 양도성이나 유통성이 없는 비유통증권이다.

86 한도액 이상으로 보상받으려면 종가요금을 지불하여야 한다.

87 수출업자는 수입업자가 화물을 빨리 인도받는 편의를 제공하기 위해서 수출업자와 수입업자가 합의하에 수출국 운송인에게 Surrender를 신청하는 것이 관례이다.

88 C, D는 ICC(B)에서 담보되는 손해이다.

89 보험금액 = 30,000 × (40/100) = 12,000USD
정상가격 = 40 × 400 = 16,000USD, 손상가격 = 40 × 200 = 8,000USD이므로 12,000 × (16,000 − 8,000)/16,000이므로 정답은 USD 6,000가 된다.

90 포괄책임주의의 경우 피보험자는 발생한 손해가 **보험기간 중에 발생했다는 사실은 증명**하여야 한다. 열거책임주의 조건으로 부보하여 보험사고가 발생한 경우 피보험자는 **보험기간 중의** 사고라는 것을 입증하여야 하고 발생된 손해의 구체적인 근인까지 입증책임을 갖는다.

91 이 협약은 매매계약의 **성립** 및 그 계약으로부터 **발생하는** 매도인과 매수인의 권리의무만을 규율한다. 이 협약에 별도의 **명시규정이 있는** 경우를 제외하고, 이 협약은 특히 다음과 관련이 없다.
(가) 계약이나 그 조항 또는 관행의 **유효성**
(나) 매매된 물품의 **소유권**에 관하여 계약이 미치는 효력

92 해당 내용은 CISG 16조에 대한 내용으로 청약의 취소와 관련된 내용이다.
(1) 청약은 계약이 체결되기까지는 취소될 수 있다. 다만, 상대방이 승낙의 통지를 발송하기 전에 취소의 의사표시가 상대방에게 도달되어야 한다.
(2) 그러나 다음의 경우에는 청약은 취소될 수 없다.
(가) 승낙기간의 지정 그 밖의 방법으로 청약이 취소될 수 없음이 청약에 표시되어 있는 경우, 또는
(나) 상대방이 청약이 취소될 수 없음을 신뢰하는 것이 합리적이고, 상대방이 그 청약을 신뢰하여 행동한 경우

93 위험의 이전과 물품의 인도는 인코텀즈에서 규정하고 있다.

94 once unloaded − unloading − to unload − DAP

95 환어음의 발행인은 개설의뢰인이 아닌 수익자가 되어야 하므로 '(c) to accept a bill of exchange ("draft") drawn by the **beneficiary** and pay at maturity if the credit is available by acceptance.'이 된다.

96 신용장이 서류 사본의 제시를 요구하는 경우, 원본 또는 사본의 제시가 모두 허용되므로 'is not permitted'가 아닌 'is permitted'가 된다.

97 해당 내용은 URC 522 제6조 '일람출급 / 인수'에 관한 내용이다.
[제6조] 일람출급 / 인수
서류가 일람출급인 경우에는 제시은행은 지체없이 지급을 위한 제시를 하여야 한다. **서류가 일람출급이 아닌 기한부지급조건인 경우에는** 제시은행은 인수가 요구되는 때에는 지체없이 인수를 위한 제시를 그리고 지급이 요구되는 때에는 적합한 만기일 내에 지급을 위한 제시를 해야 한다.

98 청약을 받은 자가 가격을 변경하여 다시 제시하고 있으므로 반대청약(Counter Offer)에 해당한다.

99 ②는 불가항력 조항인 Force majeure에 대한 내용이며, Inspection인 검사에 대한 내용이 아니다.

100 가장 저렴하고, 신속한 분쟁해결 방안으로 법원의 최종 판결과 동일한 효과를 가지는 것은 중재(Arbitration)이다.

101 해당 내용은 환어음이나 약속어음을 소구권 없이 고정이자율로 할인하여 매입하는 금융기법인 포페이팅에 대한 설명이다.

102 환어음의 발행 없이 인수신용장(Acceptance L/C)과 유사하게 사용되는 기한부신용장을 말하는 것으로 연지급 신용장(Deferred Payment L/C)을 말한다.

103 해당 내용은 화물인도지시서(Delivery Order)에 대한 내용이다.

104 CLEAN ON BOARD MARINE BILL OF LADING은 무사고선하증권을 말하며, 사고부선하증권은 Foul or Dirty B/L을 말한다.

105 갑판유실(washing overboard)은 ICC (A), (B)에서 담보되며 (C)에서는 담보되지 않는다.

106 거래소개 서한의 경우 '자사소개 - 거래처 소개 의뢰 - 신용조회처 소개 - 끝인사'의 정형화된 순서로 이루어진다.

107 ①은 예의성에 어긋난 표현, ②는 명료성에 어긋난 표현, ④는 간결성에 어긋난 표현이다.

108 본 서신의 도입부에 5%의 추가할인을 언급한 것으로 보아 해당 서신의 목적은 '가격인하를 요청한 서신에 대한 회신'으로 볼 수 있다.

109 ①은 신용조회에 따른 회신 내용이 아닌, 신용조회 요청 회사의 수수료 부담 내용을 말한다.

110 해당 내용에는 '수요가 많은' 의미를 가진 in demand가 적합하다.
① by demand : 요구에 따라　　② in demand : 수요가 많은
③ on demand : 요구가 있으면　　④ against demand : 요구에 반하여

111 in accordance with : ~에 따라서, within : ~ 이내에, be taken as : ~ 간주되다, expressly : 명확히

112 주문한 물품이 도착하지 않았다는 내용의 회신으로 대체품을 요구하는 것은 적당하지 않은 표현이다.

113 다음은 약식선하증권(Short Form B/L)에 대한 설명이다. 약식선하증권이란 선하증권의 필수기재사항은 전부 기재되어 있으나 상세정보는 다른 서식에 작성한 약식의 선하증권을 말한다.

114 본 주문은 5월 5일까지 취소할 권리를 보장하는 것이 아니라 5일 5일 이전에 선적이 되지 않으면 취소할 권리를 보장한다는 내용이다.

115 ㉠ 추정전손(a constructive total loss)은 위부 통지로 이루어진다.
㉡ 선박의 행방불명되고 상당한 기간이 경과된 경우 현실전손(an actual total loss)으로 간주한다.

116 ③은 유용한의 의미를 가지며, ①, ②, ④는 유효한의 의미를 가진다.

117 ②에 대한 내용은 병행수입(gray import)에 대한 내용이다.

118 B. 귀사는 당사의 투박한 "Greystone" 토기의 아침식사 세트부터 섬세한 "Ming" 본차이나 디너 서비스에 이르기까지 다양한 종류의 저녁 식사와 차 서비스를 제공할 수 있다는 것을 볼 수 있을 것입니다.

D. 귀사는 Wedgwood의 우아함, Willow의 섬세한 무늬, Brownstone glaze의 풍부함을 포함한 50개 이상의 디자인 중에서 선택할 수 있다.

A. 귀하를 전 세계 고객 목록에 추가하게 되어 매우 기쁘게 생각하며 최고의 서비스를 제공하는 우수한 제품을 약속드립니다. 당사는 얼마든지 주문을 받을 수 있으며, 필요하다면 세트를 섞을 수 있습니다.

C. 당사의 가격은 CIF 동부 캐나다 연안 항구기준으로 제시되었으며, 주문 접수 후 3주 이내에 배송을 포함하여 모든 정가에서 10% 특별 할인을 제공합니다.

119 우리는 또한 귀사의 수출 가격, 가능한 수량 할인, 결제 조건을 알고 싶습니다. 셀토피아 Ⅱ가 당사가 요구하는 기준에 적합하고 견적가격이 경쟁력이 있다면 당사는 대량주문할 예정입니다. 신속히 회신주시면 감사하겠습니다.

120 만약 귀사의 상품의 품질이 만족스럽다면, 우리는 상당한 주문을 할 수 있습니다. 'place a substantial order'은 대량으로 주문하다라는 뜻을 지니고 있다.

제2회 정답 및 해설

01	02	03	04	05	06	07	08	09	10
②	④	④	④	①	④	③	①	①	①
11	12	13	14	15	16	17	18	19	20
①	②	④	③	②	④	③	③	②	④
21	22	23	24	25	26	27	28	29	30
③	④	②	③	①	④	①	④	③	④
31	32	33	34	35	36	37	38	39	40
③	②	④	②	③	①	④	①	④	②
41	42	43	44	45	46	47	48	49	50
④	①	②	③	②	③	③	①	②	④
51	52	53	54	55	56	57	58	59	60
④	②	④	②	②	④	③	④	①	①
61	62	63	64	65	66	67	68	69	70
③	②	③	④	④	①	②	③	①	②
71	72	73	74	75	76	77	78	79	80
③	③	①	④	③	②	③	②	④	①
81	82	83	84	85	86	87	88	89	90
④	③	③	①	④	③	④	③	①	②
91	92	93	94	95	96	97	98	99	100
④	②	④	①	②	③	②	③	①	④
101	102	103	104	105	106	107	108	109	110
③	④	②	③	③	①	②	④	②	①
111	112	113	114	115	116	117	118	119	120
①	③	③	③	④	④	①	③	③	③

01 "중계무역"이란 수출할 것을 목적으로 물품등을 수입하여 보세구역 및 보세구역외 장치의 허가를 받은 장소 또는 자유무역지역 이외의 **국내에 반입하지 아니하고** 수출하는 수출입을 말한다.

02 하나의 수출입물품에 대해 통합공고의 수출입 요건확인 내용과 수출입공고의 제한내용이 동시에 적용될 경우에는 통합공고상의 요건확인 내용과 수출입공고의 제한내용이 **모두 충족되어야만** 수출 또는 수입이 가능하다.

03 모두 옳은 표현이다.

04 모두 옳은 표현이다.

05 중계무역의 경우 **수출금액(FOB 가격)**에서 **수입금액(CIF 가격)**을 뺀 차액인 가득액을 입금일 기준으로 인정한다.

06 정부는 정부 간 수출계약과 관련하여 어떠한 경우에도 **경제적 이익을 갖지 아니하고**, 보증채무 등 경제적 책임 및 손실을 **부담하지 아니한다**(법 제32조의2).

07 긴급관세는 (수출자가 별다른 잘못을 하고 있지 않은) 공정무역에 대한 조치이므로 (수출자가 잘못된 행위를 하고 있는) 불공정무역에 대한 조치인 덤핑방지관세나 상계관세보다 발동이 상대적으로 **어렵다.**

08 수출허가의 유효기간은 **1년**이다(영 제42조의2).

09 **외국에서 외국으로** 물품 등의 이동이 있고, 그 대금의 지급이나 영수가 **국내에서** 이루어지는 거래로서 대금 결제 상황의 **확인이 곤란**하다고 인정되는 거래가 특정거래 형태이다.

10 ② 무역업고유번호를 부여받으려는 자는 우편, 팩시밀리, 전자우편, 전자문서교환체제(EDI) 등의 방법으로 **한국무역협회장**에게 신청하여야 하며, 한국무역협회장은 **접수 즉시** 신청자에게 고유번호를 부여하여야 한다(규정 제24조).
③ 무역거래자는 내국신용장 및 구매확인서 발급 시 무역업고유번호는 필수기재사항이 아니다.
④ 무역업고유번호를 부여받은 자가 **합병, 상속, 영업의 양수도** 등 지위의 변동이 발생하여 기존의 무역업고유번호를 유지 또는 수출입실적 등의 승계를 받으려는 경우에는 변동사항에 대한 증빙서류를 갖추어 무역업고유번호의 **승계** 등을 한국무역협회장에게 신청할 수 있다.

11 수출승인을 받았다고 할지라도 수출신고가 생략되지는 않는다.

12 보세구역에 반입된 물품이 수입통관절차를 거치지 아니하고 다시 외국(사우디아라비아)으로 반출하려고 하므로 수출통관절차가 아닌 **반송통관절차**가 적절하다.

13 예외적으로 수입신고 수리 전에 감면신청서를 제출하지 못한 경우에는 해당 수입신고수리일부터 15일 이내 (해당 물품이 보세구역에서 **반출되지 아니한 경우로 한정**한다) 감면신청서를 제출할 수 있다(영 제112조).

14 ①, ② 수입요건(식품수입신고)이 갖추어지지 않았으므로 수입신고하는 것은 부적절하다.
④ 세관장은 폐기승인을 받은 외국물품 중 폐기 후에 남아 있는 부분에 대하여는 관세를 부과한다(잔존물과세).

15 중국으로부터 부산항으로 수입되어 일본으로 향하는 환적신고된 물품이 상표권을 침해한 경우 해당 상표권자가 담보를 제공하고 통관보류를 요청하는 경우 할 수 있다(법 제235조).

16 관세징수권의 소멸시효는 다음 각 호의 어느 하나에 해당하는 사유로 중단된다(법 제23조).
1. 납부고지
2. 경정처분
3. 납부독촉
4. 통고처분
5. 고발
6. 「특정범죄 가중처벌 등에 관한 법률」 제16조에 따른 공소제기
7. 교부청구
8. 압류

17 덤핑방지관세는 1순위 세율이므로 적용세율이 무엇이든 간에 무조건 추가하여 부과된다. 이외의 세율로는 기본관세, WTO 협정관세, 한-중 FTA관세가 있다. 2순위 세율(WTO 협정관세, 한-중 FTA관세)가 기본관세보다 세율이 낮아 2순위 세율이 우선하여 적용된다. 따라서, 한-중 FTA 원산지증명서를 구비한 경우, 수입통관 시 적용되는 관세율은 32%(덤핑방지관세 32% + 한-중 FTA관세 0%)이다.

> 관세율은 다음 각 호의 순서에 따라 적용한다(법 제50조 제2항).
> 1순위 : 덤핑방지관세, 상계관세, 보복관세, 긴급관세, 특정국 물품긴급관세, 농림축산물에 대한 특별긴급관세, 조정관세(법 제69조 제2호)
> 2순위 : 국제협력관세, 편익관세
> 3순위 : 조정관세(법 제69조 제1호·제3호·제4호), 할당관세, 계절관세
> 4순위 : 일반특혜관세
> 5순위 : 잠정세율
> 6순위 : 기본세율

18 도난물품이나 분실물품인 경우에는 다음 각 목에 규정된 자가 납세의무자가 된다(법 제19조).
가. 보세구역의 장치물품 : 그 **운영인** 또는 **화물관리인**
나. 보세운송물품 : 보세운송을 신고하거나 승인을 받은 자
다. 그 밖의 물품 : 그 보관인 또는 취급인

19 신속통관이 필요하다고 해서 수입 허가·승인·표시 또는 그 밖의 조건에 대한 면제를 받을 수 있는 규정은 없다(신속통관보다는 국민보건, 사회안전이 더 중요한 가치이다).

20 A, C. 소액의 견본, 무상수입, 견본품인 경우 소액물품 면세를 고려해 볼 수 있을 뿐이지 수입신고 자체가 생략되거나 관세가 무조건적으로 면제되는 것은 아니다(법 제94조 소액물품 면세를 적용하기 위해선 금액 기준 등 면세적용요건을 고려해 보아야 한다.).

21 과세가격은 거래금액(CFR USD 20,000) + 보험료(USD 500)를 더하여 USD 20,500이다(CFR이므로 거래금액에 운임이 이미 포함되어 있음).

22 사례는 복잡해 보이나, 결국 과세물건의 원칙적인 확정시기에 영향을 줄만한 사유는 없으므로 과세물건 확정 시기는 수입신고를 할 때이다(법 제16조).

23 외국에서 개최되는 박람회·전시회·견본시장·영화제 등에 출품하기 위하여 무상으로 반출하는 물품의 수출 중에서 외국에서 **외화를 받고 판매된 경우**에 한하여 환급대상 수출로 인정한다.

24 ① "환급"이란 제3조에 따른 수출용원재료를 수입하는 때에 납부하였거나 납부할 관세등을 「관세법」 등의 규정에도 불구하고 이 법에 따라 **수출자**나 **수출물품의 생산자**에게 되돌려 주는 것을 말한다.
② "소요량"이란 수출물품을 생산(수출물품을 가공·조립·수리·재생 또는 개조하는 것을 포함)하는 데에 드는 원재료의 양으로서 생산과정에서 정상적으로 발생되는 손모량을 **포함**한 것을 말한다.
④ 세관장은 수출용원재료가 **내국신용장등**에 의하여 거래된 경우(제5조제3항을 적용받는 경우는 제외한다) 관세등의 환급업무를 효율적으로 수행하기 위하여 대통령령으로 정하는 바에 따라 **제조·가공 후** 거래된 수출용원재료에 대한 납부세액을 증명하는 서류("**기초원재료납세증명서**")를 발급하거나 **수입된 상태 그대로** 거래된 수출용원재료에 대한 납부세액을 증명하는 서류("**수입세액분할증명서**")를 발급할 수 있다.

25 ② ㈜커스브로가 환급을 받는다면 환급액은 10,000원이다(환급액은 FOB 금액 10,000원당 10원임, 즉, 본 사례에서는 10,000,000원(수출금액) × 10원/FOB 10,000원 = 10,000원이다.).

③ ㈜커스브로가 환급신청일이 속하는 연도의 1월 1일부터 환급신청일까지의 환급실적이 6억원 이상이라면 원칙적으로 간이정액환급을 적용할 수 없다.

④ 관세등을 환급받으려는 자는 대통령령으로 정하는 바에 따라 물품이 수출등에 제공된 날부터 **2년** 이내에 관세청장이 지정한 세관에 환급신청을 하여야 한다.

26 수입신고 시에 FTA 원산지증명서를 구비하지 못한 경우, 실제 납부해야 하는 관세율은 13%(**기본관세**)이다(원산지증명서를 구비하지 못하였으므로 한-아세안 FTA 관세율 및 한-베트남 FTA 관세율을 적용할 수 없으며, 기본관세가 WTO 협정관세(2순위)보다 낮으므로 세율적용의 우선순위에 따라 기본관세율이 적용됨).

27 미소기준 : 당해 물품에 사용된 비원산지재료의 금액 또는 수량이 일정기준 이하로 미미한 경우에는 **세번변경기준**을 충족하지 않더라도 원산지물품으로 인정하는 기준이다.

28 ① 한-칠레 FTA에서는 자율발급 원산지증명서를 사용한다.

③ 한-미 FTA 협정에서는 수입자가 원산지증명서를 발행하는 것이 **가능**하다.

④ 한-EU FTA는 원산지제품의 수출금액이 **6,000유로** 이상인 경우 인증수출자만이 원산지증명이 가능하다.

29 ① 협정관세란 협정에 따라 체약상대국을 원산지로 하는 수입물품에 대하여 관세를 철폐하거나 세율을 연차적으로 인하하여 부과하여야 할 **관세**를 말한다.

② 협정관세는 체약상대국으로부터 수입된 물품 중 협정관세 적용요건을 충족하는 물품에만 적용할 수 있다.

④ 협정에서 정하는 원산지결정기준을 충족하는 물품은 원산지가 아닌 국가를 경유하여 운송되거나 원산지가 아닌 국가에서 선적된 경우에는 원칙적으로 협정관세를 적용할 수 없다.

30 구매확인서를 발급받으려는 자가 전산설비를 갖추지 못하였거나 기타 부득이한 사유로 전자문서를 작성하지 못하는 때에는 **전자무역기반사업자**에게 위탁하여 신청할 수 있다.

31 송금결제방식은 환어음을 사용하지 않으며 따라서 어음법이 적용되지 않는다.

32 B. 거래내용이 제3자에게 노출되지 않고 수출입업자 당사자만이 그 내용을 알 수 있어 영업 비밀을 지킬 수 있다.

E. 추심, 신용장 방식에 비해 무역거래 흐름이 가장 신속하게 이루어지는 결제방식이다.

F. 서류는 은행을 경유하지 않고 직접 수출업자가 수입업자에게 송부한다.

33 ① 수출업자와 수입업자간 D/A 조건으로 매매계약 체결

② 수출업자의 선적 및 추심의뢰

③ 추심은행이 수입업자에게 서류도착 통보 및 서류인수 요구

④ 수입업자에게 서류 송부

⑤ 추심은행이 추심의뢰은행으로 인수통보

⑥ 수입업자가 만기에 추심은행으로 수입대금결제

⑦ 추심은행이 추심의뢰은행으로 대금송금

34 추심지시서에는 상업서류가 인수인도 (D/A) 또는 지급인도 (D/P) 중 어느 조건으로 지급인에게 인도되어야 하는지를 명시해야 한다. 그러한 명시가 없는 경우에는, 상업서류는 지급과 상환(D/P)으로만 인도되어야 한다.

35 신용장 방식에 비해 거래가 단순하고 은행의 서류 심사가 불필요하며, O/A의 경우 수입자는 물품 인수 시 대금결제 유예를 통한 현금 유동성 활용에 유리하다.

36 신용장 거래에서 수입화물선취보증서에 의해 인수한 화물에 대한 손해는 클레임을 제기할 수 없다.

37 수출상이 부담하는 팩터링 수수료에는 수출팩터 수수료뿐만 아니라 수입팩터 수수료도 포함된다.

38 관련 규정 해석 적용 순위는 '매매 당사국의 국내법률 → 신용장 자체의 조건 → UCP → ISBP → ICC Opinion'으로 이루어진다.

39 해당 내용은 선대신용장, 전대신용장인 Red Clause Credit과 관련되어 있다.

40 ㉠ 수출자와 수입자 간의 신용장 거래를 통한 매매계약을 체결
㉡ 개설의뢰인이 개설은행에게 신용장 개설 의뢰를 요청
㉢ 개설은행의 신용장 발행 후 통지은행에 전달
㉣ 통지은행이 신용장을 수익자에게 통지
㉤ 수익자의 일치하는 서류 제시로 은행에 지급·인수·매입을 요청
㉥ 개설은행의 신용장에 따른 대금을 결제

41 보증신용장에는 'ISP98(보증신용장통일규칙)'과 적용 가능한 경우 'UCP600(신용장통일규칙)'이 적용된다.

42 개설은행은 신용장을 발행하는 시점부터 지급이행할 취소 불능의 의무를 부담한다.

43 '제3자 서류 수리 불가(Third party documents not acceptable)'는 어떠한 의미도 갖지 않으며 무시되어야 한다.

44 확인은행은 신용장에 확인을 추가하는 시점으로부터 취소가 불가능한 결제(honour) 또는 매입의 의무를 부담한다.

45 A. 수익자가 일정기간 내에 조건변경을 거절하지 않으면 조건변경이 효력을 가진다는 규정은 무시된다.
B. 개설은행, 있는 경우 확인은행, 수익자의 전원 합의가 있어야 조건변경 또는 취소가 가능하다.
D. 개설은행은 조건 변경서를 발행한 시점부터 취소 불능의무를 부담한다.

46 수익자는 어떠한 경우에도 은행들 사이 또는 개설의뢰인과 개설은행 사이의 계약관계를 원용할 수 없다.

47 서류가 달리 표시하지 않으면, 은행은 서류 발행자의 손으로 작성, 타이핑, 천공서명 또는 스탬프된 것으로 보이는 서류를 원본으로 수리한다.

48 확인은행은 매입신용장의 경우에도 소구권 없이 매입하여야 한다.

49 UCP 600 제6조에 따르면 '신용장은 그것이 일람지급, 연지급, 인수 또는 매입 중 어느 것에 의하여 사용될 수 있는지를 명기하여야 한다'라고 명시하고 있다.

50 은행은 물품의 송하인, 운송인, 운송주선인, 수하인, 보험자, 기타 당사자의 이행능력 또는 신용상태에 대하여 어떠한 의무나 책임을 지지 않는다.

51 ④의 경우 신용장 금액의 5% 초과하지 않는 부족이 허용된다.

52 서로 다른 국가에 위치한 같은 은행의 지점들은 다른 은행으로 본다.

53 ④의 경우는 외환거래로 본다.

54 ②는 통화선물거래에 대한 설명이다.

55 거래하는 사람의 신용도가 높든 낮든 상관없이 누구나 증거금을 납부하여야 한다.

56 달러 예금과 외상 매출금은 외화자산, 달러 외상 매입금과 차입금은 외화 부채로 볼 수 있으므로 해당 달러포지션은 숏포지션으로 볼 수 있다. 숏포지션은 환율이 상승하면 환차손이 일어나므로, 300,000 ×100원만큼의 환차손이 나타난다.

57 선물환율 = 현물환율 + [현물환율 × (상대통화금리(%) − 기준통화금리(%) × 개월 수 / 12]이므로, 1,197 = 1,200 + [1,200 × (2.5 − 3.5)% × 3 / 12]이 된다.

58 옵션 매입자가 권리를 행사하여 얻는 이익은 무제한이나, 손실은 옵션 프리미엄으로 한정된다. 따라서 해당 최대 손실은 프리미엄의 합계인 270만원이 된다.

59 기업이 T/T로 수령한 달러화 수출 대금을 은행에 매도할 경우 전신환매입율인 1153.50 환율이 적용된다.

60 스왑레이트를 통한 선물환율 계산은 다음에 따른다.
Bid 값이 Offer 값보다 작은 경우 현물환율에 스왑레이트를 더하여 선물환율을 계산한다.
즉, Bid(매입율) < Offer(매도율)인 경우, '선물환율 = 현물환율 + 스왑레이트'로 계산한다.
따라서 수취한 달러를 매도해야 하므로 적용 환율은 '매입률 = 1,120.00 + 0.1 = 1,120.10'이 된다.

61 ① 현재 Incoterms 2020이 사용되고 있으나 종전 버전의 사용이 금지되는 것은 아니다.
② Incoterms는 유체물의 거래에 적용되며, 컴퓨터 프로그램을 비롯한 무형재 거래에는 사용할 수 없다. 다만, 컴퓨터 프로그램을 CD 등의 매체에 담아 거래하는 경우에는 적용 가능성이 있다.
④ 준거법상의 임의규정과 인코텀즈의 규정이 상충되는 경우 인코텀즈의 규정에 따라 계약을 이행하면 된다.

62 EXW 조건인 경우 단가는 USD 5.0이다. 매도인공장으로부터 선적항까지 1개당 운송료는 제외된다.

63 Incoterms 2010의 CIP 규칙에서는 매도인이 최소부보 조건인 ICC(C) 조건, Incoterms 2020의 경우 최대부보 조건인 ICC(A) 조건의 부보를 해야 하는 것으로 되어 있다.

64 FAS의 인도지점은 본선 적재가 아닌 지정선적항에서 매수인이 지정한 선박의 선측(부두 또는 바지(barge))에 물품이 놓인 때 또는 이미 그렇게 인도된 물품을 조달한 때이다.

65 D는 시황 조건부 청약(Offer Subject to Market Fluctuation)에 대한 설명이며, Offer on approval은 점검 후 구매조건청약을 말한다.

66 ①의 경우는 승낙으로써 계약을 성립시킨다.

67 대금, 대금지급, 물품의 품질과 수량, 인도시기와 장소, 상대방에 대한 책임범위, 분쟁해결에 관한 조건은 원청약을 실질적으로 변경하는 것으로 본다.

68 조건부 승낙은 원청약에 대한 거절이자 새로운 청약을 구성한다.

69 동시이행 항변권은 쌍무계약에서 발생되는 권리이다.

70 권리침해조항(Infringement Clause)이란 매수인이 제공한 규격에 따라 매도인이 물품을 생산하여 매수인에게 인도한 경우에는 그 생산으로 인하여 제3자의 산업재산권 침해하게 된 경우에는 그로 인한 모든 책임은 매수인이 부담하며 매도인에게는 아무런 피해를 주어서는 안 된다는 조항을 말한다.

71 손해배상액의 예정조항(Liquidated damages Clause)이며, 해당 조항은 약정된 금액보다 더 많은 손해가 발생되었음을 입증하는 경우에도, 약정된 금액까지만 청구할 수 있다.

72 Escalation Clause 조항은 외환시세나 국제상품가격의 급등락에 대비하여 계약상의 상품가격 등을 조정할 수 있도록 정하는 조항을 말하며, ③은 양도조항에 대한 설명이다.

73 해당 내용은 분리가능조항(Severability Clause)에 대한 설명이다.

74 중량을 기준으로 대금을 정하는 경우에는 물품의 총중량이 아닌 순중량에 의한다.

75 일반적으로 가장 먼저 계약을 불이행한 당사자에게 특정이행(C)을 청구한다.

76 이행기 전 이행정지의 경우 계약당사자 어느 일방의 의무불이행이 명확히 예견되는 경우에는 자신의 의무이행을 정지할 수 있다.

77 C. CISG는 영업소가 상이한 국가에 있는 당사자 간의 물품매매계약에 적용되기 때문에 Incoterms 2020과 달리 국내거래에는 적용되지 않는다.
   E. 동 협약은 물품으로 인하여 야기된 자연인의 사망 또는 신체적인 상해에 대한 매도인의 책임에 대해서는 적용하지 않는다.

78 판매적격품질조건(GMQ, Good Merchantable Quality)은 잠재적 하자가 있을 가능성이 높은 목재, 광석류, 냉동 어류 등의 거래에 있어서 인도 당시 판매할 수 있는 상태의 품질로 제공할 것을 약정하는 데 사용되는 조건이다.

79 영국계 L/T(English ton, Long Ton)은 1,016kgs, 프랑스계, 유럽식 M/T(French ton, Metric Ton)은 1,000kgs, 미국계 S/T(American ton, Short Ton)은 907kg을 말한다.

80 선적 기간을 정하기 위하여 "before"와 "after"라는 단어는 당해 일자를 **제외**한다.

81 'Fragile', 'No Hooks', 'This side up' 등의 주의표시(Care Mark)는 문자 및 상징적 그림으로 표시하여도 무방하다.

82 중재합의의 경우 직소금지의 원칙이 적용된다.

83 알선은 상대방의 수락 없이 일방이 실시할 수 있다

84 비엔나 협약의 경우 조약의 성격을 지녔으며, Incoterms의 경우가 상관습 법의 성격을 지니고 있다.

85 복합운송증권은 본선적재 전에 복합운송인이 수탁 또는 수취한 상태에서 발행이 가능하다.

86 지체료(Detention charge)는 화주가 선사로부터 빌린 컨테이너를 Free Time(무료사용기간) 내에 선사가 지정한 장소에 반납하지 못하는 경우 선사에게 지불하는 요금을 말한다.

87 부정기선의 운송계약과 용선방법에 대한 설명으로 A~D 모두 옳다.

88 보험증권 상에 담보의 내용이 기재되거나 첨부되는 것으로 해당 내용을 육안으로 확인할 수 있는 담보를 말한다.

89 5% 가량의 손해가 발생하였으므로, 면책률에 관계없이 모두 보상된다.

90 C. 위부의 승낙은 보험자의 명시적 또는 묵시적 행위에 의해 이루어지며, 단순한 침묵은 승낙으로 볼 수 없다.
　 E. 위부의 통지는 전부 또는 일부를 서면 또는 구두로 할 수 있다.

91 해당 내용은 CISG 제1조에 관한 내용으로 빈칸의 경우 직접적인 적용을 말한다.
　 (1) 이 협약은 다음의 경우에, 영업소가 서로 다른 국가에 있는 당사자 간의 물품매매계약에 적용된다.
　　 (a) 해당 국가가 모두 체약국인 경우, 또는
　　 (b) 국제사법 규칙에 의하여 체약국법이 적용되는 경우

92 ㄷ. on execution or otherwise by authority of **law**
　 ㄹ. of stocks, shares, investment securities, **negotiable instruments** or money
　 ㅂ. of **electricity**.

93 a. 신용장 금액 또는 신용장에서 표시된 수량 또는 단가와 관련하여 사용된 "about" 또는 "approximately"라는 단어는, 그것이 언급하는 금액, 수량 또는 단가에 관하여 10%를 초과하지 않는 범위 내에서 많거나 적은 편차를 허용하는 것으로 해석된다.
 b. 만일 신용장이 수량을 포장단위 또는 개별단위의 특정 숫자로 기재하지 않고 청구금액의 총액이 신용장의 금액을 초과하지 않는 경우에는, 물품의 수량에서 5%를 초과하지 않는 범위 내의 많거나 적은 편차는 허용된다."

94 상업송장은 서명될 필요는 없다. 따라서 'A commercial invoice **need not be** signed.'가 된다.

95 DPU로 명칭이 변경된 규칙은 DAT이다.

96 FOB의 경우 seller는 운송계약의 의무가 없으며, ③의 경우 C조건의 seller의 운송계약 의무를 말한다.

97 해당 서신 마지막에 가격 인하에 대한 내용을 요구하는 것으로 반대청약(Counter Offer)으로 볼 수 있다.

98 a. letter of + 날짜 : ~ 일자의 서신을 의미한다.
 b. be grateful for ~ : ~에 대하여 고마움을 느끼다.
 c. Although : 비록 ~이긴 하지만
 d. at present price : 현재 가격으로

99 품질조건의 견본매매(Sales by Sample)에서 'be fully equal to'의 표현보다는 'be similar to' 또는 'be about equal to'의 표현이 market claim 예방에 도움이 되므로 적절한 표현이다.

100 해당 내용은 계약 내용의 일부가 어떠한 사유로 실효 또는 무효화되더라도 그 계약 전체가 실효 또는 무효화 되는 것을 방지하기 위하여 설정되는 조항인 분리가능조항(severability clause)을 말한다.

101 drawee는 환어음의 금액을 만기일에 지급을 위탁받은 채무자인 지급인을 말하며, 지급인은 To 이하에 기재되는 자를 말한다. 따라서 Bank of Canada를 말한다. 또한 신용장거래에서 지급인은 개설은행을 말한다.

102 해당 내용은 수익자가 수출에 따른 물품의 생산·가공 등에 필요한 자금을 미리 융통 받기 위하여 물품의 선적과 관련된 선적서류 발행 전에 신용장 금액을 수익자 앞으로 전대하여 줄 것을 수권하고 있는 신용장인 선대신용장(Red Clause Credit)을 말한다.

103 hipping documents에는 air waybill, bill of lading, commercial invoice, certificate of origin, insurance certificate, packing list를 포함하여 물품의 통관 및 인도를 위해 필요한 기타 서류를 말하며, 환어음은 포함하지 않는다.

104 송금결제방식인 서류상환방식(CAD, Cash Against Documents)에는 환어음이 필요하지 않다.

105 보험계약 체결 시 보험목적물의 가액을 기재하지 않고 손해발생 시에 보험금액의 안도에 따라 보험가액을 확정하는 보험증권은 미평가보험증권(Unvalued Policy)을 말한다.

106 quantity discount : 수량할인, Cash Against Documents : 서류상환방식

107 서신은 배송받은 물품과 관련하여 Packing List가 문제가 있다는 것이므로 이와 관련된 회신 내용이 들어 가야 한다.

108 Therefore 이하 문장에 따르면, 다음 주문에 대해 할인된 가격을 요구하는 서신이다.

109 offset : 상쇄하다

110 본 서신은 기존에는 없었던 송장(No. H1983)의 결산에 대해 요청을 하고 있는 것이다.

111 clear out : 출항하다, 떠나다

112 보험에서 10%는 송장가액의 10% 금액을 의미하는 것이 아닌, 송장가액의 110% 금액을 의미한다.

113 ③의 선적일은 A. S. A. P.와 같이 추상적으로 작성되는 것은 적절하지 않다. 명확한 날짜를 명시하는 것이 적절한 표현이다.

114 계약과 상반되는 특정 조항이 있는 경우 수기로 작성된 조항이 **우선한다**(prevail).

115 ㉠ 당사는 새로운 사업 파트너와 사업을 시작할 때 신용장을 개설하는 것을 선호합니다. 우리가 몇 달 동안 거래한 후 서로 신뢰할 수 있게 되면, 신용장 거래를 T/T 송금으로 바꾸고 싶습니다.
　㉢ 신용장을 개설할 수 있도록 귀사의 오퍼시트가 필요합니다.
　㉣ 동봉하니, 이달 말까지 유효할 수 있는 당사의 오퍼를 받아주시기 바랍니다.
　㉡ 신용장 신청서 사본을 발행은행에 제출하기 전에 우리에게 보내주시면 신청에 실수가 있는지 여부를 교차 확인할 수 있습니다.

116 고장부선하증권을 무고장선하증권으로 바꾸어 받기 위해서는 파손화물보상(letter of indemnity)이 필요하다.

117 Notify Party인 착화통지처는 환어음에는 나타나지 않으며 주로 운송 서류상에 기재된다.

118 '클레임을 제기하다'의 뜻을 가진 표현은 'file a claim', 'submit a claim', 'lodge a claim', 'make a claim'이 있다.

119 수정가격이 제조원가를 충당할 수 없으므로 더 이상의 가격 인하가 어렵다는 내용이다.
barely : 거의 ~ 아니게, further : 더 이상의, 추가의, shading of price : 가격인하, eagerness : 열의, in spite of : ~에도 불구하고

120 해당 서한은 가격조정에 대한 내용을 다루고 있다.

01 증권경제전문 토마토TV가 만든 교육브랜드

토마토패스는 24시간 증권경제 방송 토마토TV · 인터넷 종합언론사 뉴스토마토 등을 계열사로
보유한 토마토그룹에서 출발한 금융전문 교육브랜드 입니다.
경제 ·금융· 증권 분야에서 쌓은 경험과 전략을 바탕으로 최고의 금융교육 서비스를 제공하고 있으며
현재 무역 · 회계 · 부동산 자격증 분야로 영역을 확장하여 괄목할만한 성과를 내고 있습니다.

뉴스토마토	Tomato tv	토마토 증권통	e Tomato
www.newstomato.com	tv.etomato.com	stocktong.io	www.etomato.com
싱싱한 정보, 건강한 뉴스	24시간 증권경제 전문방송	가장 쉽고 빠른 증권투자!	맛있는 증권정보

02 차별화된 고품질 방송강의

토마토 TV의 방송제작 장비 및 인력을 활용하여 다른 업체와는 차별화된 고품질 방송강의를 선보입니다.
터치스크린을 이용한 전자칠판, 핵심내용을 알기 쉽게 정리한 강의 PPT,
선명한 강의 화질 등 으로 수험생들의 학습능력 향상과 수강 편의를 제공해 드립니다.

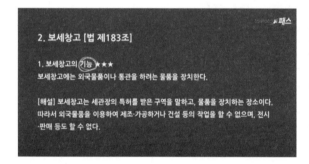

03 최신 출제경향을 반영한 효율적 학습구성

토마토패스에서는 해당 자격증의 특징에 맞는 커리큘럼을 구성합니다.
기본서의 자세한 해설을 통해 꼼꼼한 이해를 돕는 정규이론반(기본서 해설강의) · 핵심이론을 배우고
실전문제에 바로 적용해보는 이론 + 문제풀이 종합형 핵심종합반 · 실전감각을 익히는
출제 예상 문제풀이반 · 시험 직전 휘발성 강한 핵심 항목만 훑어주는 마무리특강까지!
여러분의 합격을 위해 최대한의 효율을 추구하겠습니다.

정규이론반   핵심종합반   문제풀이반   마무리특강